PARAPHRASE

DES

# INSTITUTS DE JUSTINIEN.

---

Se trouve aussi à Paris

CHEZ E. VIDECOQ JEUNE ET FROMENT, LIBRAIRES,

6, cour du Harlay, au Palais de Justice

CORBEIL, IMP. DE CRÉTÉ

# PARAPHRASE GRECQUE

DES

# INSTITUTS DE JUSTINIEN

## PAR LE PROFESSEUR THÉOPHILE,

TRADUITE EN FRANÇAIS;

PRÉCÉDÉE D'UNE INTRODUCTION ET DE DIVERS TRAVAUX CRITIQUES,

Accompagnée de Notes juridiques et philologiques, conférée avec les Commentaires de Gaius, les Règles d'Ulpien, les Sentences de Paul, le Digeste et le Code, l'Ecloga des Basiliques de Lowenklaau, et le Manuel d'Harménopule,

ET SUIVIE

**De la traduction des Fragments de Théophile et d'un Appendice philologique**

**PAR M. J. C. FRÉGIER,**

AVOCAT A LA COUR ROYALE D'AIX,

MEMBRE DE L'ATHÉNÉE DES LETTRES, ARTS ET SCIENCES DE PARIS.



La Paraphrase de Théophile est le plus ancien et le meilleur commentaire des Instituts.

CUJAS, *ad leg. 54 de ædil. Edict.*

HUGO, *Manuel de l'histoire du Droit romain.*

**PARIS,**

VIDECOQ FILS AINÉ, LIBRAIRE-ÉDITEUR,

1, PLACE DU PANTHÉON,

PRÈS LA FACULTÉ DE DROIT DE PARIS.

**1847**

A MONSIEUR CHARLES GIRAUD,

MEMBRE DE L'INSTITUT

ET DU CONSEIL ROYAL DE L'INSTRUCTION PUBLIQUE

Hommage de mon profond dévouement et de ma vive reconnaissance,

J$^{H}$ C. FRÉGIER,

Avocat à la Cour royale d'Aix

Paris, 1er février 1847

# LETTRE DE M. E. BONNIER.

Professeur de Droit à la Faculté de Paris

## A Monsieur Charles Giraud

---

Paris, [illegible] mars 1847.

*Monsieur le Conseiller,*

Vous me demandez ce que je pense de la traduction que va publier M. Frégier, de la *Paraphrase grecque des Instituts de Justinien, par le professeur Théophile*, traduction dont le manuscrit m'a été récemment communiqué par l'auteur. Je puis vous répondre avec confiance, qu'en encourageant cette publication, vous ferez une œuvre éminemment utile à la science du Droit.

La vocation de notre siècle pour les études historiques réagit chaque jour davantage sur l'enseignement de la législation romaine. L'impulsion donnée par la *Thémis* a ranimé chez nous, depuis trente ans, les travaux d'une érudition consciencieuse, qui rappelle les beaux jours du seizième siècle. Appelé, par votre haute position universitaire, à diriger cet heureux mouvement des esprits, vous donnez vous-même chaque jour la preuve des heureux résultats qu'on peut recueillir, en puisant, avec intelligence, aux sources originales, et vous pouvez dire avec Cujas, d'après votre propre expérience,

> Multum, crede mihi, refert, a fonte bibatur,
> Quæ fluit, an pigro quæ latet unda lacu.

Aussi n'ignorez-vous pas quel immense parti on peut tirer, pour l'étude du Droit romain, de la Paraphrase de Théophile. Malheureusement, nos étudiants sont loin d'être des hellénistes, et bien peu sont en état de comprendre le texte grec du professeur byzantin ; les traductions latines mêmes ne sont pas non plus à la portée du plus grand nombre : ce qui prouve peut-être, soit dit en passant, que le baccalauréat ès lettres n'offre guère la garantie d'études sérieuses, et qu'il y a quelque chose à réformer dans l'organisation de cette institution. Populariser Théophile, en donnant une traduction française entièrement calquée sur le texte grec, et non moins élégante qu'exacte, c'est une entreprise bien digne de vos encouragements, Monsieur le Conseiller, et en accordant votre précieux suffrage au jeune érudit qui s'est voué à ce labeur, vous donnerez une nouvelle preuve de votre zèle éclairé pour la science que vous représentez dans les conseils de l'État.

Ce travail, du reste, n'est point une simple traduction. Il est accompagné de Notes exégétiques, philologiques et historiques, qui, réparties dans une juste proportion, éclairent le texte sans jamais l'étouffer par un luxe d'érudition parasite. Vous lirez aussi avec un bien vif intérêt l'*Introduction* où M. Frégier résume avec précision les opinions émises sur Théophile par les plus illustres interprètes, et la *Dissertation* où il fait ressortir de la manière la plus frappante les arguments qui établissent l'identité de l'auteur de la *Paraphrase* et du rédacteur des *Instituts*. Dans ces deux morceaux l'auteur fait preuve d'une rectitude de jugement qui ne se trouve pas toujours chez les Érudits, en même temps que d'une grande étendue de connaissances.

Recevez l'assurance de la considération distinguée avec laquelle je suis,

Monsieur le Conseiller,

Votre tout dévoué,

E. BONNIER

Professeur de Législation criminelle et de Procédure civile et criminelle à la Faculté de Droit de Paris.

# INTRODUCTION.

Theophilus transtulisse in græcum sermonem Institutiones videtur, non ob eam solam causam quo romanæ linguæ ignaris gratificaretur, verum etiam ut, explicatis difficultatibus omnibus et quasi novo quodam illato lumine commendatitius vulgo hoc opus redderet, et tyrones quoque minus laboris vel fastidii in discendis jurisprudentiæ rudimentis perciperent.

(Viglius Zuichem, *Præfat. ad Theoph.*, § 21).

# INTRODUCTION.

> La Paraphrase de Théophile est le plus ancien et le meilleur commentaire des Instituts.
>
> (Hugo, *Lehrbuch der Geschichte des römischen Rechts.*)

Rien de ce qui touche à la science du juste et de l'injuste, à la connaissance des choses divines et humaines, au droit, ne saurait être indifférent aux yeux de quiconque recherche l'origine, la nature, l'étendue et le but des rapports qui le lient à ses semblables, la base sur laquelle reposent les droits et les devoirs de la société et des individus, en un mot, la raison de l'harmonie universelle qui règne dans le monde moral, comme dans le monde intellectuel et physique : c'est que le droit, pour l'être intelligent, moral et sociable, pour l'homme, est la condition de tout progrès, la raison même, la vie.

Voilà pourquoi, partout où se révèle un de ces développements de la sociabilité humaine, qu'on nomme civilisation, l'histoire nous montre, conservé avec un soin religieux tout ce qui, de près ou de loin, monuments, institutions, traditions, livres, se réfère à cet ensemble de règles qui constituent le droit d'un peuple.

Or, parmi les nations qui, depuis l'origine des sociétés humaines se sont succédé à travers les siècles, il en est une qui, puisant aux sources les plus pures de la raison et de la conscience, l'expression littérale de son droit, ou, ce qui est la même chose, sa législation, a justement mérité qu'on regardât les monuments qu'elle nous en a laissés comme le fondement et le type de toute bonne législation.

C'est ainsi que le droit de la plupart des peuples de l'Europe moderne n'est, à peu de chose près, qu'une émanation plus ou moins directe du droit romain, et que là où les prescriptions de ce dernier n'ont pas force de loi, elles sont du moins invoquées comme raison écrite.

Ce fait singulier nous explique à lui seul les travaux innombrables sur la législation romaine qu'à partir du douzième siècle les jurisconsultes européens n'ont cessé de produire avec une incroyable activité : ils avaient trop bien compris l'immense utilité théorique et pratique d'une étude consciencieuse de ce droit pour ne pas remonter à ses origines, en sonder toutes les profondeurs, en éclaircir toutes les obscurités, en analyser tous les textes, en systématiser toutes les branches : de là tant d'œuvres remarquables, d'histoire, de philologie, d'exégèse juridique; de là, le zèle infatigable avec lequel, de nos jours encore, tant d'illustres savants recueillent, compulsent, étudient tout ce qu'un heureux hasard, ou de patientes recherches présentent à leurs méditations.

Aussi est-ce une chose bien digne de remarque, qu'après le livre par excellence, la Bible, il en est peu qui aient été l'objet de plus nombreux et plus savants commentaires que celui qui, sous le nom de *Corpus juris*, renferme la collection législative de Justinien. Destinés à devenir, le premier, le code religieux de tous les peuples, le second, le code civil d'une grande nation; dépositaires, l'un de la raison de Dieu, l'autre de la raison de l'homme, tout le monde conçoit sans peine que ces deux livres aient de tout temps fixé l'attention de tous ceux qui veulent s'élever aux sublimes hauteurs de la législation divine et de la législation humaine.

Mais, de tous les ouvrages que nous devons au successeur de Justin, il n'en est point qui, jusqu'à présent, ait été le thème d'un plus grand nombre de travaux de tout genre, que celui qui contient l'exposé des principes élémentaires du droit romain. Je veux parler des Instituts. Et l'on ne doit pas en être surpris. Quand l'œuvre immense de cette foule de jurisconsultes qui, depuis l'indiscrète publication du livre de Flavius, l'an 430 de Rome, jusqu'au sixième siècle de notre ère, forme une chaîne continue de commentateurs des diverses sources du droit, loi des Douze Tables, édits des Préteurs, réponses des Prudents, sénatus-consultes, plébiscites, constitutions des princes, quand, dis-je, cette œuvre immense eut été résumée, analysée, et, si je puis ainsi parler, emprisonnée dans les mesquines (1) proportions d'une laborieuse et nécessairement imparfaite compilation, on dut tout naturellement songer à présenter, dans le cadre étroit d'un faible volume, les notions générales, élémentaires, de la science; à composer dans un ordre clair et méthodique, un manuel assez substantiel pour ne rien omettre de nécessaire à la complète intelligence du Digeste et du Code; en un mot, on dût s'occuper d'une introduction à l'étude des lois, et c'est ce que fit Justinien dans ses Instituts.

Mais les Instituts, véritables préliminaires de la science pratique du droit, indispensable *Enchiridium* de l'étudiant, laissaient néanmoins beaucoup à désirer, en tant qu'introduction juridique, soit sous le rapport historique, soit sous le rapport que j'appellerais volontiers technique : il était impossible de renfermer dans un aussi petit volume, des notions complètes sur toutes les parties du droit, considéré comme science tout à la fois théorique et pratique, empruntant à la raison humaine ses principes fondamentaux, et son développement à l'histoire. D'ailleurs, Justinien, en faisant rédiger les Instituts, ne s'était peut-être pas placé à un point de vue assez élevé, assez philosophique, pour dominer l'ensemble de la théorie du droit : il avait trop facilement cédé

(1) Pour ne parler ici que des Pandectes, on y a mis à contribution les ouvrages de trente-neuf jurisconsultes; et, près de deux mille livres (*volumina*), composés d'environ trois millions de lignes, y furent réduits à cinquante d'environ cent cinquante mille lignes :

Tantæ molis erat romanam condere *legem* !

au désir de donner aux jeunes élèves un guide pratique dans la voie qu'ils allaient parcourir, dans la carrière des affaires (1) : à son insu, il s'attacha trop exclusivement, sous certains rapports du moins, au côté usuel, pratique, de la législation. De là vient que son livre, quoique d'une incontestable utilité, en tant qu'initiation à la jurisprudence, n'a pas, à vrai dire, et ne peut pas avoir une haute portée scientifique.

Gardons-nous cependant de penser que pour nous, que plus de douze siècles séparent de Justinien, l'imperfection que nous signalons dans son œuvre, puisse être contre lui l'objet d'un sérieux reproche. Justinien, nous l'avons déjà dit, s'adressait aux élèves des écoles qu'il avait fondées ; il est dès lors facile de comprendre pourquoi, dans ses Instituts, il a passé sous silence des notions dont ils devaient entendre l'exposé et l'explication de la bouche des professeurs. C'était assez pour lui de leur offrir, dans son œuvre, la substance de tous les ouvrages de droit écrits jusqu'à son règne, le recueil des principes généraux extraits des meilleurs auteurs, un traité abrégé de jurisprudence pratique (2). Ce but éminemment important, si l'on considère que, dans la pensée de Justinien, les Instituts n'étaient

(1) Tam aures quam animæ vestræ... quod in ipsis rerum obtinet argumentis accipiant... Et vosmetipsos sic eruditos ostendite, ut spes vos pulcherrima foveat, toto legitimo opere perfecto, posse etiam nostram rempublicam in partibus ejus vobis credendis gubernari. Inst. proœm., § 3 et 7.

(2) Totius legitimæ scientiæ prima elementa. Inst. proœm., § 4.

pas seulement un Manuel que devaient apprendre les élèves, mais encore un code sommaire que les maîtres étaient obligés de leur enseigner, on peut dire, à sa louange, qu'il sut heureusement l'atteindre, et nous pourrions ajouter que, sous le rapport du choix et de la division des matières, de la clarté de l'exposition, de l'ordre et de la méthode, à l'imitation de Gaïus, il a fait régner dans son livre, les Instituts méritent, sans contredit, d'être comptés parmi les œuvres les plus utiles et les plus remarquables.

Mais, quelle qu'en soit la valeur, il ne faut pas se dissimuler, ainsi que nous l'avons précédemment indiqué, qu'eu égard à plusieurs parties importantes du droit dont le flambeau de l'histoire pouvait seul dissiper l'obscurité, il est à regretter qu'ils ne donnent que de rares et trop souvent insuffisantes notions; et, sans entrer ici dans des détails qui trouveront leur place ailleurs, qui ne sait que plusieurs titres, notamment ceux *de hæreditate fideicommissaria,* et *de litterarum obligatione*, ont besoin, pour être pleinement compris, d'une explication historique qu'on y chercherait vainement? Combien de matières, dont elles n'offrent que des fragments épars, et qui partout ne laissent, dans l'esprit du jeune étudiant, que des idées incohérentes et obscures! Et puis, comme l'a fort bien fait observer Viglius (1), que de mots, que de choses qui ne peuvent être sainement entendues qu'à l'aide

(1) *Præf. ad. Carol. V.*

de définitions et d'exemples que, pour les raisons déjà exposées, Justinien a cru pouvoir omettre !

Il était donc dans les destinées des Instituts, ce livre que le savant Fabrot appelait avec tant de raison un livre d'or, *liber aureus,* d'être successivement annotés, expliqués, commentés par la plupart des jurisconsultes qui, à dater du douzième siècle enseignèrent publiquement le droit. Longtemps en possession du privilége d'être interprétés, préférablement au Digeste et au Code, dans les universités du moyen âge, c'est sur eux surtout que durent se concentrer les principaux efforts de la science pendant près de trois siècles; car tandis qu'on se contentait de faire des gloses sur le Code et sur les Pandectes, nul doute qu'on ne composât des commentaires sur les Instituts.

Mais, avant la découverte de Théophile et de Gaius, que pouvaient les plus louables efforts, les investigations les plus profondes, en présence de textes extraits pour la plupart d'ouvrages qui depuis longtemps n'étaient plus? Evidemment les plus grands génies, sans en excepter notre immortel Cujas, devaient plus d'une fois échouer devant d'insurmontables difficultés : aussi qu'arriva-t-il? Au lieu de conclusions positives, certaines, force fut à la science, trop souvent aux abois, de ne donner que des probabilités et des conjectures. Dans l'impuissance radicale de trouver dans les livres de droit, échappés aux ravages des temps et de la barbarie, un supplément à certains passages des Instituts, on les chercha dans les données plus ou moins hasardées qu'on emprunta aux fragments du Digeste, aux constitutions du Code, aux Basiliques, aux abrégés plus ou moins exacts qui en furent fait jusqu'à Irnérius, enfin, aux textes juridiques parsemés çà et là dans des ouvrages d'histoire, de philosophie, et de littérature antiques. Mais cette multitude de commentateurs à qui on ne pourrait, sans injustice, contester une connaissance approfondie de tous les monuments de la législation romaine découverts de leur temps, une rare sagacité, une patience éprouvée, une incomparable érudition, eussent-ils tous égalé celui que, d'un commun accord, on a proclamé le prince des commentateurs, ne pouvaient nullement, en vertu de leur propre conception, combler les nombreuses lacunes d'un texte dont ils ne possédaient que des lambeaux.

Que fallait-il donc pour montrer, sous leur vrai jour, des points de droit faussement interprétés, offrir une explication satisfaisante de matières dont jusque-là on n'avait guère connu que le nom, donner une définition exacte et certaine de mots dont le vrai sens était encore problématique? La réponse est facile : il ne fallait rien moins qu'un livre qui, embrassant, comme les Instituts, et sur le même plan, toutes les parties de la science, suivît pas à pas leur texte pour le corriger, le modifier, l'étendre ou le restreindre suivant les cas; un livre qui fournît des documents historiques sur des faits ou des objets juridiques à peine mentionnés dans les Instituts; qui, sous le triple rapport de l'exégèse, de l'histoire interne et de l'histoire externe de la législation du peuple-roi, en présentât un résumé lucide et consciencieux; un livre enfin qui, sorti de la plume d'un contemporain de Justinien, d'un des jurisconsultes distingués à qui ce prince confia sa pensée législative, pût être, à bon droit, réputé un précieux commentaire des Instituts.

Mais ce livre, où le trouver ? Sans doute, il devait exister quelque part un commentaire des éléments de Justinien. Il était naturel de penser que, parmi les ouvrages de jurisprudence publiés entre la promulgation de la compilation justinianienne et celle des Basiliques, on ne manquerait pas de découvrir un jour une explication exégétique du manuel impérial; mais, cette explication, quel en serait le mérite? serait-elle ou non contemporaine du texte? remplirait-elle ainsi la condition sans laquelle elle ne pourrait qu'imparfaitement satisfaire aux besoins de la science? n'était-il pas à craindre que l'exécution scrupuleuse de la constitution de Justinien qui paraissait interdire sur ses recueils de lois, tout travail autre qu'une traduction littérale, κατὰ πόδα, n'eût privé la science d'un puissant secours? Telles étaient les questions dont les jurisconsultes du seizième siècle attendaient impatiemment la solution.

Enfin cette solution arriva : un savant Italien, Angelo Poliziano, plus connu parmi nous sous le nom d'Ange Politien, l'illustre littérateur à qui, pour me servir des expressions d'un de nos meilleurs historiens du droit romain (1), échut la gloire de

(1) M. Giraud, *Histoire du droit romain*, p. 461. [illegible]

faire sortir la jurisprudence de la barbarie dans laquelle l'avaient plongée les élèves de Barthole, annonça dans ses *Miscellaneæ* la découverte, à la bibliothèque de Saint-Marc, de Venise, d'un manuscrit grec, intitulé *Paraphrase du professeur Théophile*. C'était là précisément l'objet des vœux unanimes du monde juridique.

Comme on le pense bien, la découverte du professeur de Florence excita partout une vive et profonde sensation. Déjà, au quinzième siècle, l'étude du droit romain, personne ne l'ignore, était depuis longtemps en grand honneur dans toute l'Europe ; on touchait à l'époque, à jamais célèbre dans les fastes de la jurisprudence, où brillaient d'un éclat qui n'a pas encore été éclipsé, les sommités de la science juridique. En Italie, Alciat, Paul Manuce, Favre ; en France, Hotoman, Charondas, Cujas, et son rival Doneau ; en Belgique, Viglius de Zuichem, Paul Mérule, Giphanius ; en Espagne, Antoine Augustin, Mendoza, Suarès de Retez ; en Allemagne enfin, Sichard, Lowenklaau, Haloander. Qu'on juge de l'impression que dût produire sur ces intelligences avides de savoir, la découverte d'un commentaire grec écrit par un professeur de droit, αντεκενσωρ, un contemporain de Justinien, sur les Instituts de cet empereur, dont il avait été l'un des principaux rédacteurs. Peut-être la paraphrase du professeur de Constantinople venait-elle éclaircir les endroits ténébreux du Digeste, révéler de nombreuses erreurs échappées à ceux qui avaient essayé de concilier entre eux les textes les plus discordants, les plus inconciliables des Instituts, du Digeste et du Code, détruire des doctrines jusque-là réputées inattaquables, changer sous plus d'un rapport la face de la science !

Ajoutez à cela cet enthousiasme de la renaissance qui, au seizième siècle, enflammait encore tant de têtes blanchies dans de pénibles labeurs sur les ouvrages importés en Occident par les savants de Constantinople; certes, il n'en fallait pas tant pour faire naître dans la république des lettres, et surtout parmi les jurisconsultes, un violent désir de connaître et d'étudier le manuscrit dont la découverte fut de toute part saluée comme l'apparition d'un nouvel astre sur l'horizon scientifique.

Aussi, voyez ce qui se passe au milieu de ces universités célèbres qui réunissent dans leur sein tout ce que le monde chrétien possède de littérateurs, de philosophes, de jurisconsultes, de savants de tout genre. A peine Politien a-t-il signalé à leur attention la présence, dans la bibliothèque de Saint-Marc, du Commentaire de Théophile, que de tous côtés on s'empresse d'en demander des copies ; si bien que, s'il faut en croire le docte historien du paraphraste grec, Mylius (1). le zèle de plusieurs jurisconsultes cisalpins, à la tête desquels il distingue Conrad Herebachius et Viglius de Zuichem, alla jusqu'à solliciter du chef de l'empire germanique, Charles-Quint, la faveur de franchir les monts, munis de

(1) Mylii *Historia Theophili*, c. x, § 3. Reitz, *Theophil.*, t. II, pag. 1061.

la recommandation impériale pour obtenir du doge de Venise la permission d'examiner à loisir les livres déposés par Bessarion dans la bibliothèque de Venise, et au nombre desquels était le manuscrit de Théophile. Bientôt, grâce aux longs et pénibles travaux d'hommes non moins remarquables par leurs connaissances juridiques que par leur habileté dans la langue grecque, tels que Viglius, Doujat, D. Godefroi, Fabrot, on vit se succéder avec une étonnante rapidité de si nombreuses éditions de la Paraphrase des Instituts, qu'en parcourant la liste de celles publiées de 1534, date de l'édition princeps de Viglius, jusqu'en 1771, époque de celle d'Otton Reitz, la dernière qui ait paru, on est forcé de reconnaître que presque tous ceux qui, aux seizième et dix-septième siècles, se livraient à l'étude du droit romain, convaincus avec Viglius de l'importance de l'ouvrage de Théophile, partageaient l'opinion de Mylius, lequel, dans son enthousiasme pour le professeur de Constantinople, ne craint pas de placer son livre au nombre de ceux dont Horace avait dit (1) :

> Vos exemplaria græca,
> Nocturna versate manu, versate diurna

ou bien encore (ce que nous n'admettons pas davantage) estimaient avec le même Viglius (2), que

(1) Horat, *Ars poetica.*
(2) Viglii Zuichem, *Præfat. ad Carol. imper. August.*, § 26. — Reitz, *Theoph.*, t. II, pag. 1155.

non-seulement le manuscrit trouvé par Politien avait pleinement répondu à l'attente générale, mais encore qu'il était indispensable et à ceux qui cultivent le droit ou toute autre science, et à ceux qui veulent être versés dans les affaires publiques et privées.

Ici se présentent deux questions étroitement liées entre elles, comme on s'en convaincra bientôt : Quelle est la valeur juridique des Instituts de Théophile? quelle en est l'histoire littéraire? Ces questions résolues, nous terminerons cette Introduction par quelques considérations sur l'utilité d'une traduction française de la Paraphrase grecque.

On a dit, avec raison, des livres ce que l'on dit des hommes : leur destinée est parfois singulière : *habent sua fata libelli.* Telle est celle du Commentaire de Théophile.

Enseveli dans un profond oubli pendant plus de mille ans, tour à tour élevé jusqu'aux nues et rabaissé jusqu'à l'abîme, il est des auteurs qui en ont fait le plus pompeux éloge, d'autres qui lui ont contesté tout mérite, et même ont révoqué en doute son authenticité. Ce n'est que depuis le dernier siècle, que, triomphant enfin des arguties de ses détracteurs, il est entré en possession d'une estime justement acquise, et que nul désormais n'osera plus lui refuser.

L'auteur de la magnifique édition de 1771, dans ses *Judicia et testimonia eruditorum virorum* (1), nous

(1) Reitz, *Theoph.*: Eruditorum virorum, imprimis vetustiorum æqua iniqua de Theophilo paraphraste testimonia et judicia, t. I.

a laissé le tableau des diverses opinions émises sur l'œuvre de Théophile par les jurisconsultes et les savants les plus distingués dans la littérature du droit. On y voit, comme dans deux camps opposés, les panégyristes les plus outrés et les détracteurs les plus acerbes ; d'une part, l'expression d'un enthousiasme exagéré, de l'autre, l'accent du plus profond mépris. Peut-être ne sera-t-il pas sans intérêt de retracer ici les principaux traits de ce tableau, ne fût-ce que pour préparer le lecteur à juger notre auteur en pleine connaissance de cause.

Ecoutons d'abord Politien (1) : « Le livre de Théophile, dit-il, est important pour la science : ce n'est pas seulement une traduction littérale des Instituts impériaux, sur les *peregrini*, les déditices, certains us et coutumes de l'ancien droit ; on y trouve de précieux renseignements. Viglius (2) consacre à son éloge plusieurs pages de la longue, mais éloquente et savante préface de son édition. Suivant lui, Théophile a répandu sur plusieurs endroits des Instituts une vive lumière ; non content de définir beaucoup de mots difficiles à comprendre, il a encore expliqué plusieurs choses sur lesquelles les auteurs étaient grandement divisés. Par des exemples, par des προθεωρία, qu'il appelle *Evidentialia*, et que nous nom-

(1) *Miscellanea*, cap. LXXXIV. Ritus quidam consuetudinesque Romanorum veteres uberius aliquanto et laxius in græco ipso quam in latino codice referuntur, ut peregrinis hominibus, atque a Romanorum more consuetudineque alienis res tota penitus innotesceret.

(2) Vig. Zuich, *Præf.*, § 21, sqq.

nommerons prémisses, notions préliminaires; par une méthode pleine de clarté et de logique, il a singulièrement simplifié l'étude des lois : sa Paraphrase enfin est un de ces bons traités élémentaires dont on peut dire qu'ils ne sont ni trop concis, ni trop prolixes, nec *parcus* nec *nimius*. Jacques Court (1) (Jacobus Curtius), élégant plutôt que fidèle traducteur latin de Théophile, bien qu'à certains égards, il restreigne les éloges de Viglius, ne laisse pas que de reconnaître la haute utilité de la Paraphrase. Le savant évêque de Tarragone, Antoine Augustin (2), n'hésite pas à en placer l'auteur au premier rang des interprètes des Instituts, et affirme qu'elle est le meilleur de ses commentaires; Capellus (3) le préfère pour la science et l'exactitude à Tribonien lui-même; notre grand Cujas (4), dont l'erreur

(1) J. Curt. *Εἰκαστῶν* lib. II, cap. ult. : Edidit et magno studiosorum bono in vulgus emisit Viglius Zuichemus... græcas Theophili antecessoris juris Institutiones quas ego deinde, ut majore cum fructu populo innotescerent, utcumque in latinam linguam converti.

(2) Ant. August. *Emendat.*, lib. III, cap. VIII : Quo libro nullus exstat ad nos Justiniani libros intelligendos aptior.

(3) Jac. Capell., cap. XXXVI : Qui sane Triboniano non paulo doctior et accuratior fuit.

(4) J. Cuj. *Not. posterior, ad tit. de inoffic. testam.* Emendari ex veteribus, et ex *Theophilo*, nostro interprete fidelissimo et antiquissimo. — Id. *Paratit. Cod.* lib. VIII, tit. I. Hæc est mens *Theophili* gravissimi auctoris. — Id. *Observ.* lib. XXVII, c. XXXIII : Theophilus quo ex græcis talis, tamque eruditus interpres nemo. — Id. *Ad leg.* 19, *D. de rebus cred.* Quod tibi Theophilus noster explicat peritissime ex intima jurisprudentia. Fuit hic auctor, ut et vetustissimus, ita et juris peritissimus : ita ut ab iis quæ scribit, non sit temere recedendum. — Id. *Ad leg.* 54. *de edict.* : Nec audit Theophili interpretationem, quo nullus melior, aut antiquior Institutionum interpres. — Id. *Ad l.* 2, *D. de usu et usufructu legat.*.

momentanée sur le siècle et le nom de Théophile inspira à notre compatriote Fabrot de si vifs et si justes regrets, ne craint pas de l'appeler le plus ancien, le plus fidèle, le meilleur commentateur des Instituts de Justinien, un auteur grave, le plus érudit et le plus estimable des interprètes grecs, un habile jurisconsulte de l'opinion duquel on ne doit pas s'écarter sans de puissants motifs, et qui a le plus abondamment puisé aux sources internes de la jurisprudence romaine. Dans son livre, *de Clarissimis Interpretibus,* Guido Panzirol (1) dit que tous ceux qui commencent l'étude du droit peuvent se contenter des Instituts et de la Paraphrase. Mercerius (2), dans son *Conciliator,* compte Théophile parmi les auteurs grecs qu'il faut consulter dans le doute; Broœus (3) lui décerne le titre d'*eruditissimus paraphrastes;* Ernstius (4) estime que de tous les jurisconsultes grecs, il est celui qui a le mieux mérité des jeunes étudiants, et le nomme *doctissimus jurisconsultus;* suivant Majansius, on trouve dans les Instituts grecs bien des renseignements utiles qu'on

Nihil optimus ille interpres affert, quod non sumat ex intima jurisprudentia.

(1) Lib. II, cap. II. Qui igitur rudes ad legum studia accedunt primum universas juris Institutiones, solo adhibito Theophilo interprete, percurrant.

(2) Pag. in 51: Si quis locus suspectus fuerit... suppetias tecerint græci interpretes, Theophilus a quo græcæ editæ sunt Institutiones, etc.

(3) *Chronolog. juris historia.*—Sed ab omnibus Theophilus harum Institutionum paraphrastes eruditissimus est distinguendus, quod hic non libris Basilicis, sed Justinianeis operibus hæserit.

(4) Vide *Observ.*, l. I, c. VIII: Optimus ac de tyronum juris studiis optime meritus.

ne saurait trouver ailleurs; D. Doujat (1), Heineccius (2), Ev. Otton (3) en portent le même jugement que Cujas et Ernstius. Enfin, le biographe de Justinien, Pierre de Ludewig (4), qui décore Théophile du beau titre de prince des commentateurs grecs, dit que son Commentaire est principalement utile pour corriger les erreurs échappées aux copistes des Instituts.

Jetons maintenant nos regards sur le camp opposé : à la tête des adversaires de Théophile, j'aperçois l'un des plus fameux jurisconsultes d'Italie, le grand homme qui, devançant de trois siècles le génie de Montesquieu, chercha le premier à concilier le droit avec l'histoire en les éclairant l'un par l'autre : vous avez nommé Alciat (5) : à l'entendre, Théophile n'est guère plus précieux pour l'histoire et la littérature du droit que ne l'est Accurse lui-même. Connanus (6), commentateur estimé du droit

(1) Doujat, édit. Théoph. : Hæ Institutiones sunt utilissimæ tyronibus ob doctrinæ sanitatem mira perspicuitate conjunctam... Et ailleurs, lib. V, epist. v : Theophili Paraphrasis multa continet, scitu dignissima, quæ alibi non reperias.

(2) Heineccius, *Præf. ad Comm. Vinnii*. Laudanda quoque est Vinnii nostri opera, quam in conferenda Theophili Paraphrasi posuit, sane quam utilissime.

(3) Ever. Otto. *Comm. ad Inst.*, pag. 16 et 17. Ipse... veteres juris auctores legit, et tot formulas antiquitatis et verba τόπικα nobis servavit quot alius nemo.

(4) *Vita Justiniani*, cap. II, § 3, pag. 35 et sqq. : Princeps earumdem Institutionum interpres græcus est Theophilus .. maxime haberi solet ad sphalmata tollenda latinorum scribarum.

(5) *Parerg.*, lib. V, c. XXIII : Non valde Accursio nostro doctior quod ad historias et humanitates studia attinet.

(6) *Comm. Jur. civ.*, lib. II, c. XV, § 15; mais peut-être au lieu de *parum*, faut-il lire : *haud parum*. — Reitz, t. I, pag. XXXII.

romain, va plus loin encore ; il l'accuse de précipitation et d'inexactitude dans ses recherches, *parum diligens indagator* : Merillus (1) l'accuse de fourmiller d'erreurs. Gundlingius nous apprend que le même Merillus avait résolu d'écrire des *Animadversiones in Theophilum,* et que l'*Apologia pro Græcis* de Fabrot l'empêcha de réaliser son projet : Cujas (2) lui-même, comme nous l'avons indiqué, victime un instant d'un énorme anachronisme, lui reprocha d'être le servile imitateur d'Accurse, et cette opinion, qu'il rétracta bientôt, fut aveuglément adoptée et soutenue par plusieurs jurisconsultes allemands. J. Godefroi (3), le même à qui nous devons la meilleure édition du *Corpus juris* annoté, trouve avec Trekellius (4) qu'il y a dans Théophile du bon et du mauvais, des explications précieuses et de grandes erreurs ; en-

(1) Ex Paraphrasi ipsius deprehenditur quæ scatet multis perperis interpretationibus et a mente Justiniani alienis (*Voy.* notre Dissertation sur Théophile, *infra*).

(2) Ad § 2 Inst. *de actionibus*. Theophilum putat scripsisse post Accursium, nec ei plusquam Accursio credendum, et plerumque solere eum imitari, ut multis locis verbum ex verbo exprimat.

(3) Jac. Gothofredi *Manuale juris*. Habet hic author, Theophilus multa quæ textu Institutionum non continentur, partim bene, partim male dicta.

(4) Alb. Dick. Trekell. *de Testamenti factione*, p. 30, not. Libenter quidem fateor auctorem hunc in explicandis Institutionibus egregia multa præstitisse, eumque sæpe in illustrandis quoque antiquitatibus bonos auctores in oculis habuisse, adeoque eum dignum esse qui a cupida legum juventute, frequentius legatur... Negari tamen non potest eum aliquando etiam nobis fabulas pro veris historiis obtrudere, pro more sequiorum temporum, immo interdum quoque eum vera falsis miscere, quando nempe bonos auctores quos ad manus habuit, non satis intellexit, etc.

tin, François Hotmann (1), l'auteur présumé des fameuses *Vindiciæ contra tyrannos*, le traite sans pitié; s'il faut l'en croire, Théophile ne dit presque jamais que des choses inexactes, fausses, ridicules.

Tel est le fidèle résumé des opinions des principaux jurisconsultes du seizième siècle sur la Paraphrase grecque : cette grande divergence n'eut pas seulement pour objet la Paraphrase elle-même, mais encore l'existence et le nom de son auteur. Était-elle contemporaine des Instituts? était-elle l'œuvre de Théophile, l'un des trois rédacteurs des Éléments de Justinien ? Jusque vers le milieu du dix-huitième siècle, ces questions partagèrent les esprits, et là peut-être est la cause du discrédit que pendant longtemps parut éprouver Théophile. Les uns affirmaient que l'auteur de la Paraphrase grecque était le collaborateur de Tribonien et de Dorothée, et c'était l'opinion la plus généralement admise ; les autres soutenaient que le prétendu Théophile des Instituts n'était autre que le Théophilitzos (2) des Basiliques ; d'autres enseignaient qu'il avait vécu après Accurse (3).

(1) Comment. Inst. ad § 17, *de inut. stipulat.* Non raro absurdum, falsum, nugatorium.

(2) Il ne faut pas le confondre avec Théophilitzès, l'un des scoliastes des Basiliques.—Cujacii *Recitat. ad tit. Inst. de actionibus.* —Celui dont il est parlé au texte est auteur d'une Ἐκλογή novellarum, d'un épitome des Basiliques, et de scolies sur l'Abrégé des lois de Léon.—Fabric. *Biblioth. Græc.* v. 10, pag. 547.

(3) Ruhnkenius soutint qu'il avait existé deux Théophile, *Trésor*

Broœus (1), Mylius (2), Galvanus (3), Gundlingius, (4) Otton, Vinnius, Heineccius et l'illustre Brisso embrassèrent la première de ces opinions; Ficherus, J. Godefroi (5), Gravina (6), Reynold, et surtout Merillus (7), le grand adversaire de Théophile et de tous les commentateurs grecs, suivirent la seconde; la troisième fut soutenue par Alciat, Hotoman, Viglius (8), et pendant quelque temps par Cujas et Fabrot (9) eux-mêmes.

Aujourd'hui, il n'est plus permis de douter que la Paraphrase grecque n'appartienne à un professeur de droit, au Théophile des Instituts (10), et après les magnifiques éloges qu'en ont fait les plus éminents jurisconsultes d'outre-Rhin, Hugo, Savigny, Schrader, Warnkœnig, et parmi nous l'auteur de la savante *Introduction historique* aux Éléments d'Heineccius, son mérite ne peut plus être raisonnablement méconnu de personne.

*de Meermann* (Préf. du tom. III, p. 2, et dans sa *Delineatio historiæ, ad titul. de orig. juris*, p. 271). Georges Beyer ne craint pas d'admettre l'existence de trois jurisconsultes du même nom.

(1) *Chronolog. juris historia*

(2) Myl., *Hist. Theophili.*

(3) Aurel Galvanus, *de Usuf.*, pag. 193.

(4) Nic. Mer. Gundling *Commentatio de Theoph. Paraph. Inst. græca*, Reitz, t. II, pag. 1027.

(5) *Manuale juris.*

(6) *De Ortu et progressu juris civilis.* — Grotius pensait que Théophile avait vécu avant la promulgation des Basiliques. — *Florum sparsio*, pag. 6.

(7) Emund. Merill., *Obs.*, cap. XXVII, in fine.

(8) *Vid. supra*, not.

(9) Fabrot, *Apologia pro Grecis*. — Reitz, *Excurs*, t. II, pag. 1023.

(10) *Voyez* ci-après notre Dissertation.

Mais quel est ce mérite? En quoi consiste-t-il? La réponse à cette double question se rattachant intimement à une autre qui la préjuge, savoir ce qu'était Théophile, il nous paraît logique de résoudre d'abord cette dernière.

Mylius a écrit une remarquable dissertation historique sur Théophile : il est en quelque sorte jusqu'à présent le seul biographe de notre auteur : c'est donc à lui que nous emprunterons tout ce que nous allons en dire (1).

Parmi les dignités que les Césars de Constantinople accordaient aux hommes d'un mérite éminent, celle de *comes consistorii* tenait sans contredit le premier rang : on donnait le titre de *Comte du Consistoire* aux grands dignitaires de l'Empire, aux magistrats, aux jurisconsultes qui suivaient le prince au conseil, *consistorium*, comme les comtes militaires le suivaient sur le champ de bataille : c'était, en quelque sorte, pour employer une expression toute moderne, les conseillers de la couronne, c'est-à-dire, les personnages à qui leurs talents, leurs services civils ou militaires, et disons-le aussi, leur souplesse et leurs intrigues avaient ouvert la route des plus hautes faveurs : mais tous les *comites consistorii* n'étaient pas également avancés dans les bonnes grâces de l'empereur. Tous n'ajoutaient pas à leur

(1) On peut voir dans le t. I, pag. 274 et sqq., de l'*Histoire du droit byzantin*, par M. Mortreuil, un excellent aperçu biographique sur Théophile. *Voyez* encore la *Notice sur Fabrot*, par M. Ch. Giraud, de tous les historiens modernes du droit romain, celui qui, en France, a présenté le travail le plus complet sur notre auteur.

titre de comte, les mêmes épithètes honorifiques. Les uns, en effet, avaient celle de *spectabilis*, les autres celle d'*illustris*, ou même quelquefois de *magnificentissimus*. Or Justinien, dans ses Instituts, appelle Théophile *comes consistorii* (1), et, conjointement avec Dorothée et Tribonien, *vir illustris*, et dans le Code *vir magnificentissimus* : et les Instituts et la Paraphrase elle-même nous apprennent encore qu'il était *antecessor* (ἀντικένσωρ), c'est-à-dire, suivant Turnèbe, jurisconsulte distingué, d'un mérite supérieur dans la connaissance et l'enseignement du droit.

Justinien le qualifie encore de *juris magister*, et de *juris doctor* (Constitut. *summa reipublic.*, § 2 ; Constitut. *tanta*, § 9), soit parce qu'il l'avait nommé professeur à Constantinople (2), soit parce qu'il l'avait chargé de présider à l'enseignement juridique dans cette capitale de l'empire.

Cela posé, qui, mieux que l'homme à qui sa science valut l'insigne honneur d'entrer dans le conseil intime d'un prince législateur, d'être associé à son œuvre, d'être honoré des titres les plus flatteurs, pouvait léguer à la postérité, sur le texte d'une loi qu'il avait lui-même rédigé, une paraphrase, un commentaire qui fît parfaitement connaître la lettre et l'esprit de ce texte, et en rendît le sens accessible aux plus communes intelligences?

Voilà, en peu de mots, le fruit qu'on peut retirer des Instituts de Théophile. C'est qu'ils ne sont pas.

(1) Constit. *hæc quæ necess.*, 1

(2) Et non à Béryte, comme l'ont pensé quelques auteurs

comme on pourrait d'abord le croire, servilement calqués sur le texte latin : suivant la remarque de Mylius, ils sont de tous les ouvrages des jurisconsultes byzantins, le seul qui offre un commentaire achevé, et qui, à la différence des scolies des Basiliques, puisse être étudié indépendamment du texte qu'il explique. Pour nous, afin de caractériser d'une manière nette et concise l'appréciation critique de la Paraphrase, nous dirons qu'elle est, à certains égards, aux Instituts de Justinien ce que sont à ces Instituts, les Commentaires de Gaius. Isolés, les Instituts de Justinien faisaient regretter des développements qu'il était réservé à notre siècle de trouver dans l'ouvrage d'un jurisconsulte qui vécut dans l'âge d'or de la jurisprudence romaine, et à qui Justinien crut devoir emprunter la division, la distribution des matières, et même plus d'une fois ses propres expressions.

Mais les Commentaires de Gaius, si précieux pour le droit ancien et celui qui était en vigueur sous Marc-Aurèle, avaient été composés près de trois siècles avant Justinien, et l'on sait que, dans cet intervalle, le droit romain déchut tellement de son antique splendeur que, sur plus d'une matière, la jurisprudence sous ce dernier prince ne fut plus, à vrai dire, que l'ombre de ce qu'elle était, du temps de l'auteur des Commentaires. Si donc, comme il l'a quelquefois tenté, Justinien voulait éclairer le droit par l'histoire, et rappeler dans ses Instituts le droit antérieur, ce n'était pas assez pour lui d'interroger Gaius ; il lui fallait encore s'adresser aux ouvrages des jurisconsultes intermédiaires et aux recueils législatifs postérieurs, placer en tête de tous les titres de ses éléments des notions historiques à l'instar de celles qui précèdent le titre *de testamentis ordinandis*, *de successione agnatorum legitima*. Or, ce qu'a omis Justinien, Théophile l'a fait. Pour s'en assurer, on n'a qu'à jeter les yeux, entre autres, sur le titre *des Affranchis* (περὶ ἀπελευθέρων), *des Legs* (περὶ ληγάτων), *de la loi Aquilia* (περὶ νόμου Ἀκυιλίου), *des Interdits* (περὶ τῶν διαλέξεων), et plusieurs autres qu'il serait trop long de citer, lesquels, au jugement de la plupart des commentateurs de l'école historique, font du livre de Théophile un guide nécessaire, indispensable pour la saine interprétation des Instituts (1).

Sans doute, et c'est là un reproche auquel Théo-

(1) Outre la Paraphrase des Instituts, Théophile écrivit des commentaires sur les trois premières parties (τὰ πρῶτα) du Digeste (*); il ne nous en reste que des fragments recueillis par Reitz, sous le titre de *Fragmenta Theophili ex commentationibus ad priores tres Digestorum partes*, on en trouvera la traduction avec le texte en regard, dans notre Appendice. — M. Heimbach, dans son édition des Basiliques, t. II, p. 19, 102, 104, 105, 106 et 112, a publié plusieurs autres fragments inconnus de Fabrot, de Ruhnken et de Reitz; parmi ces fragments ne figure pas la scolie sur *la stipulation aquilienne* (fragmentum græcum), attribuée à Théodore d'Hermopolis, par Angelo Maï, qui la découvrit en 1816, et par Schoel (*Hist. de la littérat. grecq.*, t. VII, p. 240). Le fragment que le savant Humbold (*Opuscul. academ.* II, p. 5, 38) attribue à Théophile, n'appartient probablement ni à Théophile, ni à Théodore d'Hermopolis.

(*) D'après la constitution de Justinien *ad antecessores*, §§ 2-7, les élèves de première année, ou Justinianistes, étaient tenus de suivre un cours d'explication des Instituts, et des quatre premiers livres du Digeste appelés τὰ πρῶτα — Les τὰ πρῶτα de Théophile étaient accompagnés d'un index (ἰνδιξ). *Schol. ad Theoph. apud Reitz*, p. 117 et 1066.

phile ne saurait échapper (1), quelques-unes de ses notions historiques manquent d'exactitude, et ses étymologies, de même que ses définitions, ne sont pas toujours bien trouvées (2); mais sans dire, avec Mylius, pour justifier Théophile, que le soleil lui-même a des taches, ou, avec Fabrot, que Théophile n'était pas un dieu, mais un homme, pouvant, en cette qualité, s'appliquer le fameux vers de Térence :

> Homo sum, nihil humani a me alienum puto,

ne pouvons-nous pas d'un seul mot le venger de tout ce que ce reproche a de grave, en faisant remarquer, d'une part, que ses erreurs étymologiques n'ont aucune importance, et, d'autre part, que la nature de ses erreurs historiques, comme l'ont judicieusement observé Fabrot, et d'autres avant lui, forcent toute critique impartiale de les attribuer à d'ineptes ou négligents copistes?

Nous ne saurions être aussi heureux à l'égard de son style; quoiqu'en dise Reitz, la langue que parlait Théophile n'était pas celle du beau siècle de Périclès. Elle est, il faut en convenir, un mélange bizarre de grec et de latin, une langue barbare dans laquelle il est souvent fort difficile de reconnaître autre chose que le tour et la physionomie de la véritable langue

(1) Mylius lui-même déclare que celui qui soutiendrait sans rougir, que Théophile est exempt de toute tache, aurait *robur et æs triplex circa frontem*. Myl. *Hist. Theoph.* — Reitz, t. II, pag. 1046

(2) Comme quand il fait dériver stipulatio de *stips*, au lieu de *stipes* ou *stipula*.

des Hellènes, un idiome *novus et hybridus*, au dire même de Mylius (1). Nous avouons encore qu'au premier abord on a le droit d'être étonné que Théophile ait écrit d'un style aussi étrange la paraphrase d'un texte qui, certes, n'est pas toujours sans élégance ; mais on cesse de l'être, si on songe qu'il voulut moins composer un ouvrage élégamment écrit qu'un commentaire simple, lumineux d'un livre élémentaire. Or comment, loin d'atteindre ce but, n'aurait-il pas, au contraire, couru le risque de n'être pas compris de la majorité de ses lecteurs, si, dans un siècle où la langue et la bonne littérature grecque étaient si profondément tombées en décadence, il n'eût parlé le langage vulgaire (2)?

Quant à la manière dont il a traité son sujet, nous dirons que les défauts de son style sont largement rachetés par la clarté de la méthode, la simplicité de l'exposition, la lucidité de la pensée, et l'art avec lequel il a su choisir ses exemples (*θέματα, ὑποθέσεις*), qualités indispensables à tout écrivain didactique, et que Théophile possède à un degré peu commun.

Qu'il nous soit permis maintenant de placer à côté de notre appréciation personnelle de la Paraphrase grecque, celle qu'en a faite un auteur que nous ai-

(1) Myl., *Hist. Theoph.*, cap. v, § 2, où il l'appelle encore, et avec raison, *vulgo conceptus*.

(2) Notre conjecture est confirmée par ce passage de la *Novelle* 7, c. 1, de Justinien: *διόπερ αὐτὴν καὶ προσθήκαμεν, καὶ οὐ τῇ πατρίῳ φωνῇ τὸν νόμον συνεγράψαμεν, ἀλλὰ ταύτῃ τῇ κοινῇ τε καὶ Ἑλλάδι, ὥστε ἅπασιν αὐτὸν εἶναι γνώριμον, διὰ τὸ πρόχειρον τῆς ἑρμηνείας.* Voy. aussi Nov. 66, c. 1, § 2. Évidemment il s'agit ici du grec vulgaire

mons à citer ; elle est, à notre avis, le résumé exact des opinions les plus recommandables.

« La Paraphrase de Théophile, dit M. Ch. Giraud, est la plus concise et la plus lumineuse explication des Instituts. Les hommes qui furent employés à dépecer les écrits des jurisconsultes romains, pour en composer le Digeste, avaient étudié dans les sources dont on voulait effacer jusqu'au souvenir ; l'explication de Théophile offre donc un intérêt spécial et précieux, parce qu'il a pu compulser les livres originaux dont son témoignage nous tient lieu, et parce que tous ceux qui ont écrit après lui ont été privés de cet avantage : il est tel titre des Instituts, celui *de interdictis*, celui *de litterarum obligationibus*, entre autres, qui reçoit une singulière lumière de la Paraphrase de Théophile ; si nous ne possédions ni les Instituts de Gaius, ni les Sentences de Paul, ni les Fragments d'Ulpien, Théophile serait le monument à consulter pour avoir des notions romaines sur beaucoup de matières, par exemple, sur la distinction des deux domaines ; et, malgré la découverte de Gaius, malgré la possession des deux livres de Paul et d'Ulpien, Théophile est encore un guide inappréciable ; et M. Hugo, dans son *Histoire du droit*, M. de Savigny, dans son *Traité de la possession*, M. Schrader, dans le premier volume de son *Corpus juris*, ont prouvé quelle riche moisson on pouvait y recueillir (1). »

(1) Giraud, *Hist. du droit rom.*, pag. 412, Epil. *Voy.* encore sa *Notice sur Fabrot*.

Après avoir lu ces lignes, qui ne se demanderait ce que nous nous demandâmes nous-mêmes, lorsque, pour la première fois, elles tombèrent sous nos yeux? Pourquoi, à une époque et dans un pays où, de toutes parts, on s'efforce de vulgariser les monuments de la science juridique, ceux surtout qui ont trait à ses éléments et à son histoire; où les Commentaires de Gaius ont été traduits plusieurs fois; où même on ne reculait pas naguère devant la version des cinquante livres du Digeste et des douze livres du Code, pourquoi un livre aussi peu volumineux et aussi important que la Paraphrase de Théophile n'a-t-il pas, lui aussi, reçu l'honneur d'une traduction française? Pourquoi, depuis plus d'un siècle, n'a-t-il été fait en France, aucun travail spécial sur le paraphraste grec (1)? Au seizième siècle, alors que le latin était la langue consacrée dans toutes les Universités, Jacques Court en publia une élégante traduction latine, plus d'une fois réimprimée; mais aujourd'hui que la langue de Cicéron a depuis longtemps cédé parmi nous le sceptre à la langue de Bossuet, n'est-il pas permis de penser que si on ne veut ouvrir les trésors de la science qu'à quelques adeptes privilégiés seulement, il faut en révéler les secrets dans notre propre langue?

Telles sont les puissantes considérations qui nous

(1) En Allemagne, on en a publié une traduction allemande, et Degen a fait des remarques sur l'époque où vécut Théophile. *Bemerkungen über das Zeitalter des Theophilus.*—Lunebourg, 1809, in-8°, pag. 27-46. — Il en a été donné, à Athènes, en 1836, une édit. in-8°, en grec vulgaire.

ont engagé à publier une traduction française de Théophile. Reitz nous apprend, dans son *Prodromus*, qu'en 1688 un avocat du Parlement de Paris en fit imprimer une dans cette ville; mais cette traduction, fort rare aujourd'hui, et d'ailleurs fort inexacte, parce qu'elle était plutôt calquée sur la version latine de Curtius ou de Doujat que sur le texte grec, fut complétement oubliée du vivant même de son auteur (1). Celle que nous osons présenter au public aura donc du moins le mérite de la nouveauté : puisse-t-elle ne pas avoir que celui-là !

Pour donner à notre travail toute l'étendue dont il nous a paru susceptible, nous avons cru devoir accompagner le texte de notes exégétiques, philologiques et historiques, toutes les fois qu'il en a été besoin ; car nous avons soigneusement cherché à éviter deux écueils également funestes, ce luxe intempestif de citations et d'annotations qui engendre l'ennui et la satiété, et cette sobriété excessive qui, au lieu d'appeler, repousse l'attention du lecteur.

Sauf quelques rares additions nécessaires , soit pour les rectifier, soit pour les compléter, nous avons, en général, scrupuleusement reproduit les notes de D. Godefroi, qui enrichissent la plupart des additions de la Paraphrase et notamment celle de Reitz.

Presque toujours nous avons fidèlement suivi le texte de l'édition de Reitz, si préférable à celle de Fabrot.

Après les remarquables travaux philologiques de

(1) Nous n'avons pu nous la procurer.

Viglius, Nannius, Rescius, Godefroi et Fabrot, si savamment mis à profit dans l'édition de 1771, nous ne pouvions, sans une inexcusable témérité, ne pas accepter un texte qui, de l'aveu des plus habiles hellénistes et des plus savants jurisconsultes, ne laisse rien à désirer.

Il n'entrait pas dans notre plan de reproduire dans notre traduction les savants documents que Reitz a réunis dans son édition. Préoccupé, avant tout, de cette pensée que c'est à la jeunesse surtout que doit s'adresser un livre élémentaire, nous avons soigneusement élagué de notre travail tout ce qui ne nous a pas paru marqué au coin d'une incontestable utilité.

Présenter aux jeunes étudiants l'exacte traduction française d'un ouvrage qui est l'indispensable complément des Instituts, en éclaircir les endroits obscurs, difficiles ou incomplets, en conférer le texte avec celui des Commentaires de Gaïus, du Πρόχειρον ou Manuel d'Harménopule et de l'Ecloga indiquer les lois du Digeste et du Code qui s'y rapportent, tel est le but que nous nous sommes proposé.

Heureux si nos efforts ne sont pas inutiles à la science! Dès le début de notre travail, nous avons espéré que la jeunesse des écoles, pour laquelle nous l'avons principalement entrepris, n accueillerait pas sans intérêt la traduction d'un livre qui, de l'aveu de nos premiers jurisconsultes, est une abondante mine de notions historiques sur les Antiquités du droit romain ; qu'un commentaire que Viglius, Godefroi, Doujat, Fabrot (1), Otton Reitz éditèrent, et que Cujas proclama le meilleur commentaire des Instituts, qu'un ouvrage enfin dont toutes les illustrations de la science contemporaine recommandent l'étude, mériterait peut-être de trouver de nombreux lecteurs. Puisse notre espoir ne pas être déçu !

(1) Fabrot consacra dix années de sa vie à restituer le texte de Théophile et à l'annoter (Ch. Giraud, *Notice sur Fabrot*).

# DISSERTATION

Sur la question de savoir si Théophile, l'auteur de la Paraphrase des Instituts de Justinien, est l'un des rédacteurs de ces Instituts.

> Si argumenta, quibus adhuc pro vera Theophili aetate pugnatum est, conjunguntur et nova a me inventis cumulentur, vix dubito quemquam fore qui pyrrhonium amplius et scepticum agere velit : neque enim res historica demonstrationibus mathematicis, sed evidentibus sane quae tamen sufficientibus documentis indiget.
>
> Otto Reitzius, *Memorabilia e Scholiis Basilicorum excerpta* Prol., § 7, t. II, p. 1235.

L'ouvrage parvenu jusqu'à nous sous le titre de *Paraphrase grecque des Instituts de Justinien, par le professeur Théophile*, appartient-il à Théophile, professeur de droit à Constantinople et l'un des rédacteurs des Instituts? Telle est la question que nous essaierons de résoudre.

Nous l'avons déjà dit, dans notre Introduction, les jurisconsultes du seizième et du dix-septième siècle n'ont pas, à beaucoup près, partagé sur ce point la même opinion, et, hâtons-nous d'en convenir, pour quiconque lit attentivement la Paraphrase grecque, il est facile de comprendre la cause de leur dissentiment (1).

Cependant, vers le milieu du siècle dernier, depuis la publication de l'*Histoire de Théophile* par Mylius, et surtout de-

(1) Voy. *supra*, Introd., pag. XIX et XX.

puis l'excellente édition de notre auteur par Guill. Otton Reitz (1), toute divergence à cet égard a cessé parmi les savants, et nul d'eux ne songe aujourd'hui à remettre en question ce qui fut pour leurs devanciers, d'il y a deux siècles, un sujet de vives discussions et de violents discords (2). Tous, en effet, posent, comme un fait acquis, et désormais incontestable, l'identité du paraphraste et du rédacteur des Instituts de Justinien.

Pourquoi donc, dira-t-on peut-être, pourquoi cette dissertation sur un fait historique dont on ne doute pas plus aujourd'hui, dans le monde savant, que des conquêtes d'Alexandre ou de l'existence de César? Pourquoi présenter comme pouvant être douteux et incertain ce dont on est partout pleinement convaincu?

Nous nous sommes fait cette objection, et néanmoins nous avons persisté à penser que ce travail ne laisserait pas que d'être utile à quelques-uns de nos lecteurs et nécessaire à beaucoup d'autres.

Qu'on se rappelle, en effet, que c'est principalement à la jeunesse des écoles que nous destinons cet ouvrage (3); or, si, par l'impression que nous avons nous-même éprouvée à la première lecture de la Paraphrase, il nous est permis de juger de celle qu'éprouveront à leur tour la plupart de ceux qui la liront sans connaître les preuves qui démontrent l'identité de son auteur avec le collaborateur de Tribonien et de Dorothée, n'est-il pas à craindre que, trompé par des raisons plus spécieuses que solides, on ne vienne à douter qu'il ait été contemporain de Justinien, ou même peut-être, à croire qu'il n'a vécu que longtemps après ce prince?

Mais s'il en est ainsi, (et pour notre part, nous n'estimons pas qu'il en puisse être autrement), si, d'un autre côté, le

(1) Reitz nous apprend que de son temps tout jurisconsulte de quelque mérite tenait pour certain que le Théophile de la Paraphrase était réellement le Théophile des Instituts. Præf., § 45. Il en est de même aujourd'hui. *Voy.* Ch. Giraud, *Notice sur Fabrot.* — Mortreuil, *Hist. du droit byzantin*, t. I, p. 275.

(2) Les partisans de Théophile appelaient ses adversaires *Theophilomastiges.*

(3) Voy. *supra*, Introduction, pag. XXXII.

mérite et le crédit de la Paraphrase de Théophile dépendent en grande partie de la réponse affirmative à la question que nous allons examiner, il est facile de concevoir que cette dissertation peut n'être pas sans quelque utilité.

Nous la diviserons en deux parties : dans la première, nous nous efforcerons d'établir par une série d'inductions logiques qu'en dehors de tout texte précis, une saine et loyale critique doit faire pencher la balance du côté de notre opinion : dans la seconde, nous démontrerons par des textes positifs, irréfragables, que le Théophile à qui nous devons la Paraphrase grecque est, en réalité, et ne peut point ne pas être le professeur de ce nom que Justinien associa à Tribonien et à Dorothée pour la rédaction des Instituts.

---

SOURCES : Instit. Justin., prooem., § 3. — Paraphr. Theophili, ibid. — Digest., præf., 1, inscriptio *de conceptione*. D. § 2. — Dig., præf., 11 *de confirm*. D. § 9, 11, 21. — *Ibid*., ad magn. Senat. § 9, 11 ; C. const. 1, *de nov. Cod. faciend*., § 1 : C. const. 11, *de Justinian. Cod. confir*., § 2 — Basilic. Fabrot., t IV, p. 281 sqq., 761 sqq., 819, et t. II, p. 182, 183, et § 4, C. IV, 280 D. — *Comm. ad Digest*., 751 D. — III, 149 D. III, 176, 1, 180 a, 184 æ, 212 a, 249 b ; D. 287 a, 295 x, 298 i, 319 B. — III, 271 B. — III, 258 pr. — III, 147 D, 155 m, 177 *in fine*, 214 a, 292 a, 310 c. — VII, 261 C. — Mathæi Blastaris *Hist. juris*, in Fabric. *Biblioth. græc*., t. XII.

BIBLIOGRAPHIE : Suarès, *Notit. Basilicorum*. — Jo. Henric. Myli J. u. D. *Theophilus*, annoté par Reitz, Excursus III, p. 1024, c. I, II, III. — Jo. Gott. Sammet., *Conjecturæ de Theophil. vita et ἑρμήνεια Institutionum*, et ses *Opuscula*, VIII, p 211 sqq. — Brunquell., *Hist. juris*, part. III, c. II, Car. Annib. Fabroti *Pro græcis Βασιλικῶν interpretibus et Theophilo antecessore Apologia*. — *Thesaur. juris* Ott., t. III, Excurs. I, de Reitz, § 2, 3, 4, 5, t. II, p. 1023. — Nic. Hier. Gundling, pars II, art. 2, p. 105 sqq., Halæ, 1715, traduit de l'allemand en latin et annoté par Reitz, Excurs. II, t. II,

p. 1027, § 1, 2, 3, 4, 5, 6, 8. — Heinec. Præfat. in Vinnii Commentar. — Ejusd. *Historia jurisprud.* § 50. — Silberad. *eod. loco.* — Gull. Ott. Reitzii *Memorabilia ex Scholiis Basilicor.*, t. II, p. 1252. — Ch. Giraud, *Notice sur Fabrot.* — A. Mortreuil, *Hist. du droit byzantin*, t. I, p. 125 sqq., 274 sqq.

# I

Nous pourrions, à l'exemple de Mylius, recueillir, avec un soin religieux, tous les arguments qu'une critique, suivant nous trop subtile, des recherches trop minutieuses, et des déductions quelquefois hasardées, n'ont pas manqué de fournir à son esprit éminemment investigateur puis, pour suppléer à l'insuffisance de ces arguments isolément considérés, soutenir avec Reitz lui-même, que réunis en faisceau, ils peuvent terrasser nos adversaires, ou du moins les forcer de déposer les armes.

Mais à quoi bon déployer un immense luxe d'érudition, pour établir des faits douteux, et dont plusieurs, fussent-ils certains, ne sont pas rigoureusement concluants? Nous préférons une critique plus large, nous dirions volontiers, plus courtoise. En accordant aux partisans de l'opinion adverse tout ce que nous pouvons leur accorder sans trahir les droits d'une critique éclairée, nous ne voulons leur opposer que des arguments dont ils ne puissent s'empêcher de reconnaître eux-mêmes la loyauté et la convenance.

Commençons par exposer nos raisons :

1° Théophile, en parlant d'une constitution des empereurs Théodose le Jeune et Valentinien (1), rendue l'an 426 de J. C., dit que cette constitution a été *récemment* publiée par les *derniers* empereurs. Voici ses expressions : *αἱ τῶν πρὸ βραχέως βεβασιλευκότων διατάξεις περὶ λεγιτίμης διαδοχῆς διαλεγόμεναι* (2). Que si nous comparons au texte de Justinien, le texte de Théophile, nous voyons que l'Empereur se contente de rappeler les constitutions promulguées avant lui,

(1) L. 1, 2, 7, et penult. C. Theod. *de legit. hæred.*
(2) Paraph., lib. III, tit. III, § 5.

*anteà*, tandis que Théophile, paraphrasant cet endroit, dit formellement que ces constitutions sont émanées de princes qui ont régné peu de temps avant lui, πρὸ βραχέως βεβασιλευκότων. En outre, Conradi, dans ses *Notes sur l'Histoire du droit de Beyer* (1), remarque après beaucoup d'autres auteurs qu'au § 13, lib. III, tit. I, Théophile, faisant allusion à une constitution (2), de Valentinien, de Théodose, et d'Arcadius, s'exprime en ces termes : οἱ δὲ πρὸ ὀλίγου βεβασιλευκότες ἐνιαυτῶν οὐ κατέλιπον ἀδιόρθωτον τὸ τοιοῦτον ἐπίταγμα, tandis que le texte latin dit seulement *Divi Principes*.

Or, comment Théophile eût-il pu parler de la sorte, si, comme l'ont cru quelques-uns, sur la foi d'un passage mal interprété du moine Cedrenus, il avait vécu sous le règne de l'empereur Michel III (3) ?

Dira-t-on que l'auteur de la Paraphrase a fort bien pu, en consultant le Code Théodosien, indiquer des dates que Justinien n'avait pas mentionnées, et que, pour faire ces légères additions à la lettre des Instituts latins, il n'était pas nécessaire d'être contemporain de Justinien : qu'ainsi les textes précités ne prouvent pas que Théophile est autre que celui dont parle Cedrenus ? L'objection ne serait pas sans portée, nous en convenons franchement, si nous avions la prétention de puiser dans ces textes la preuve sans réplique de notre assertion : mais, considérée pour ce qu'elle vaut, c'est-à-dire, comme preuve indirecte, il nous paraît qu'elle peut triompher de cette difficulté ; conçoit-on, en effet, qu'un professeur du neuvième siècle eût, sans réflexion aucune, sans aucun développement, énoncé comme des lois publiées naguère, des constitutions promulguées depuis près de quatre siècles ? Qu'on nous prouve donc autrement que par de vaines allégations, qu'en plein neuvième siècle il a pu entrer dans la pensée d'un jurisconsulte, d'un professeur de droit, de faire sur les Instituts impériaux un travail semblable à celui que, parmi nous, Gauthier,

(1) Page 31, § 271, not. C.

(2) L. 4 *huj. tit.* C. Theod. et l. 9 C. Justin. *de suis et legitimis.*

(3) Hug. Grot. *Flor. Sparsio*, p. 6.— Michel III, dit l'Ivrogne, né en 836, mort en 867, c'est-à-dire, quatre siècles environ après Arcadius et Théodose le Jeune, son fils.

l'auteur du *Theophilus renovatus* (1) a fait sur ces mêmes Instituts? Mais qui ne voit que tel ne pouvait être le dessein d'un professeur à cette époque, et, comme l'observe Reitz, qui pourrait un instant douter que si la Paraphrase grecque n'était pas contemporaine de Justinien, elle n'eût dû avoir nécessairement beaucoup plus d'étendue et prendre les dimensions d'un commentaire proprement dit?

Ajouterait-on, pour affaiblir notre induction, que la constitution de Valentinien, de Théodose et d'Arcadius remontant à l'année 389, c'est-à-dire 144 ans avant les Instituts, c'est à tort que Théophile assure qu'elle a été rendue depuis peu, πρὸ ὀλίγων... ἐνιαυτῶν? Voici notre réponse : Théophile, en parlant ainsi, se réfère moins à la date réelle de cette constitution qu'à celle de la mort de Théodose, auteur du Code qui la renferme : or, Théodose le Jeune mourut en 450, environ trente ans seulement avant la naissance de Justinien.

Passons à un autre argument.

Théophile, à qui Justinien avait prodigué les titres les plus magnifiques, lui prodigue (2) à son tour les plus pompeuses épithètes : tantôt il l'appelle κράτιστον, très-puissant, tantôt εὐσεβέστατον, très-pieux, tantôt γαληνότατον, sérénissime, tantôt μέγιστον, très-grand, et, parle-t-il de l'impératrice Théodora, qui, de comédienne qu'elle était, devint l'épouse de Justinien, il l'appelle très-pieuse, εὐσεβεστάτην (3). Or (4), il est bon de remarquer ici qu'Harménopule, dans son Πρόχειρον, nomme simplement Justinien le successeur de Justin, tandis qu'il qualifie du titre de σόφος, le prince mort peu avant qu'il écrivit son Manuel.

Théophile appelle encore Justinien δεσποτης et ἡμετερος βασιλευς (5). Or, il est constant 1° qu'il ne nomme jamais ainsi les autres empereurs, Antonin, Sévère, Adrien, etc.; 2° que la qualification de δεσποτης ne se donne qu'aux empereurs vivants, et que celle de θειότατος dont Théophile honore ces princes

(1) *Voy. infra*, Notice bibliographique, p. 65.

(2) Inst., proœm., § 3. — Dig., const. *summa reipublicæ*, § 2. — C. *de veter. jur. enucleand.*, l. 3.

(3) Paraph., lib. II, tit. VI, § 14 *in fine*.

(4) Harmenop., Πρόχειρον, περι τῶν νόμων.

(5) C'est ainsi que Pomponius appelle *nostrum*, Gaius, son contempo-

n'appartient qu'à ceux qui sont morts (1); d'où la conséquence que Justinien vivait encore au moment où Théophile écrivait sa Paraphrase.

Mais avançons : si peu qu'on soit versé dans l'histoire du droit romain, et surtout du Digeste, on n'ignore pas que Tribonien, ce dépeceur de textes juridiques, ainsi qu'on l'a pittoresquement surnommé, souleva contre lui, et comme jurisconsulte, et comme magistrat, la colère des juristes du moyen âge, et l'indignation des savants de la renaissance; et que sa mémoire a été flétrie par une foule d'*animadversiones* et de *diatribes* (2), à telles enseignes que, pour n'en donner ici qu'un exemple, Harménopule ne craint pas de le stigmatiser de ces terribles paroles: *pour lui tout fut venal, même les lois*. Et cependant, Théophile qui, suivant quelques auteurs, aurait vécu après Accurse, aurait eu l'impudence, ou plutôt la sottise de le qualifier du titre superbe de ὑπερφυέστατον κυέστορα! Pourquoi cela? Dans le système de nos adversaires, impossible d'en donner une raison plausible, à moins qu'on ne se lance dans le vaste champ des suppositions et des hypothèses. Dans notre opinion, au contraire, rien n'est plus simple, rien n'est plus naturel; Théophile était le collègue de Tribonien.

Mais voici un fait on ne peut pas plus probant en faveur de notre opinion : il est facile de remarquer que notre auteur ne cite jamais que la première édition du Code, à l'exemple des Instituts eux-mêmes : quant aux Novelles, il n'en parle jamais. Mais si Théophile a écrit longtemps après Justinien, et partant après la promulgation du Code *repetitæ prælectionis*, pourquoi ne cite-t-il pas cette seconde édition qui rendit la première inutile (3)?

nian — L. 39, D. *de stip. servorum*; l. 73, § 1, D. *de legatis*. — Instit., lib. II, tit. I, § 25.

(1) Paraph., § 12 et 14, lib. II, tit. VI; lib. I, tit. XXV, § 6 et 10; lib. II, tit. VII, § 3. — *Voy*. Dufresne, *Gloss. græc.*, v° Θειοτης. — Jacq. Godefroy, sur la loi dernière, au Code Théod., tit. *de actionibus certo tempore finiendis;* nov. 8 de Valentinien, au même Code. — Spanheim, *de Præstantiâ numismatum*. — Allemann., *ad Procop. Anecdot.*, p. m. 22.

(2) Nous ne citerons que l'*Anti tribonianus* d'Hotmann.

(3) Ever. Otto, *Comm. ad Institut.*, p. 16-17. — *Thesaurus Meermann*.

Ce n'est pas tout : on sait que Théophile rédigea les Instituts conjointement avec Tribonien et Dorothée, et qu'il fut l'un des sept rédacteurs du Code, parmi lesquels on compte aussi ces deux rédacteurs des Instituts : un an après leur publication, en 534, Justinien donna une nouvelle édition du Code dont il confia le soin à Tribonien, à Dorothée et à trois autres jurisconsultes; or, si, à cette époque, Théophile n'était pas mort, ou s'il n'avait pas déjà atteint un âge fort avancé, il semble que le professeur qui jusque-là avait été l'inséparable collaborateur de Tribonien et de Dorothée, que le jurisconsulte à qui Justinien accorde de si grands éloges et de si vifs témoignages d'estime, devait figurer parmi les rédacteurs du nouveau Code. Ajoutez à cela que Justinien avait chargé de la confection de l'ancien Code des professeurs ou jurisconsultes, au nombre desquels se trouve Théophile, de la composition du Digeste huit professeurs, *antecessores*, présidés par le questeur Tribonien, et parmi lesquels nous trouvons encore Théophile; et de la rédaction des Instituts ce même Tribonien et les deux professeurs, Théophile et Dorothée. Quant au Code *repetitæ prælectionis*, trois avocats, Jean, Constantin, Menna, et, en outre, Tribonien et Dorothée reçurent l'ordre de le rédiger. Mais il n'est nullement question de Théophile dans la constitution *de emendatione Codicis*. Vainement chercherait-on la raison de ce fait singulier autre part que dans la mort de Théophile, survenue, après la constitution *de confirmando Codice* et avant celle *de Codicis emendatione*, ou bien encore, dans son extrême vieillesse à cette époque. Si, en effet, Théophile vivait encore, lors de la composition du Code *repetitæ prælectionis*, ou n'était pas trop avancé en âge pour pouvoir se livrer une quatrième fois à des travaux législatifs, il eût évidemment concouru à la rédaction du nouveau Code, n'était-il pas aussi naturel que sage de déléguer pour la seconde édition d'un ouvrage, tous ceux qui avaient déjà travaillé à la première?

On objectera, sans doute, que ce n'est là qu'une présomp-

t. V, p. 8. — Heimbach, *de Basilic. origin.*, p. 24. — Mackeldey, *Manuel de droit romain*, § 67, édit. 1831. — Berriat-Saint-Prix, *Hist. du droit rom.*, p. 197. — Ortolan, *Hist. de la legislat. rom.*, p. 320

tion puissante, il est vrai, mais qui n'en est pas moins qu'une simple présomption. Mais cette présomption ne s'élève-t-elle pas à la hauteur d'une preuve, si on considère que nulle part, ni dans sa Paraphrase, ni dans son Explication du Digeste, ni tacitement, ni expressément, Théophile ne cite aucune source de droit postérieure aux Instituts, et si, comme nous le verrons plus tard, il est certain qu'il a reçu d'un jurisconsulte contemporain de Justinien, comme lui chargé de la rédaction du Digeste, un qualificatif qui ne peut convenir qu'à un individu déjà mort (1)?

L'argument que nous venons d'exposer est, à notre avis, corroboré par la judicieuse remarque de Jacques Sirmond, reproduite par Reitz, savoir, qu'il est infiniment probable qu'il y a eu deux éditions des Instituts, comme du Code lui-même, et que c'est la première que Théophile a suivie dans sa Paraphrase. Indépendamment des textes nombreux qu'ils invoquent à l'appui de leur opinion, ne peut-on pas dire que, pour détruire les antinomies existant entre les Instituts et le Code, et faire ce qu'il avait déjà fait pour mettre le Code et le Digeste en parfaite harmonie, Justinien dut publier une seconde édition de ses Instituts? Cela posé, on explique, sans peine, les différences qu'on remarque entre les Instituts tels que nous les avons, et le texte de la Paraphrase, et l'objection qu'on voudrait en tirer contre nous, devient pour nous, au contraire, un puissant élément de démonstration.

Dirons-nous maintenant qu'à l'exemple de Théophile, les sept jurisconsultes contemporains de Justinien cités dans les Basiliques, et que Stephanus nomme *μακαρῖται, beati, defuncti*, se servent, dans les fragments qui nous en sont restés, de termes latins qu'on ne rencontre pas dans les Scholies des contemporains de Constantin Porphyrogénète, sous le règne de qui fut publiée la *τῶν Βασιλικῶν ἀνακάθαρσις*, communément appelée les Basiliques? Ce qui ne doit pas étonner, puisque du vivant et par ordre de Justinien, ses œuvres législatives avaient été traduites en grec, s'il faut en croire Blastarès, dans l'Introduction au *Syntagma canonum*. Dès lors, il devenait complétement inutile de reproduire dans une

(1) Μακαρίτης.

Ce n'est pas tout : on sait que Théophile rédigea les Instituts conjointement avec Tribonien et Dorothée, et qu'il fut l'un des sept rédacteurs du Code, parmi lesquels on compte aussi ces deux rédacteurs des Instituts : un an après leur publication, en 534, Justinien donna une nouvelle édition du Code dont il confia le soin à Tribonien, à Dorothée et à trois autres jurisconsultes ; or, si, à cette époque, Théophile n'était pas mort, ou s'il n'avait pas déjà atteint un âge fort avancé, il semble que le professeur qui jusque-là avait été l'inséparable collaborateur de Tribonien et de Dorothée, que le jurisconsulte à qui Justinien accorde de si grands éloges et de si vifs témoignages d'estime, devait figurer parmi les rédacteurs du nouveau Code. Ajoutez à cela que Justinien avait chargé de la confection de l'ancien Code des professeurs ou jurisconsultes, au nombre desquels se trouve Théophile ; de la composition du Digeste huit professeurs, *antecessores*, présidés par le questeur Tribonien, et parmi lesquels nous trouvons encore Théophile ; et de la rédaction des Instituts ce même Tribonien et les deux professeurs, Théophile et Dorothée. Quant au Code *repetitæ prælectionis*, trois avocats, Jean, Constantin, Menna, et, en outre, Tribonien et Dorothée reçurent l'ordre de le rédiger. Mais il n'est nullement question de Théophile dans la constitution *de emendatione Codicis*. Vainement chercherait-on la raison de ce fait singulier autre part que dans la mort de Théophile, survenue, après la constitution *de confirmando Codice* et avant celle *de Codicis emendatione*, ou bien encore, dans son extrême vieillesse à cette époque. Si, en effet, Théophile vivait encore, lors de la composition du Code *repetitæ prælectionis*, ou n'était pas trop avancé en âge pour pouvoir se livrer une quatrième fois à des travaux législatifs, il eût évidemment concouru à la rédaction du nouveau Code, n'était-il pas aussi naturel que sage de déléguer pour la seconde édition d'un ouvrage, tous ceux qui avaient déjà travaillé à la première?

On objectera, sans doute, que ce n'est là qu'une présomp-

t. V, p. 5. — Heimbach, *de Basilic. origin.*, p. 24. — Mackeldey, *Manuel de droit romain*, § 67, édit. 1831. — Berriat-Saint-Prix, *Hist. du droit rom.*, p. 197. — Ortolan, *Hist. de la législat. rom.*, p. 290.

tion puissante, il est vrai, mais qui n'en est pas moins qu'une simple présomption. Mais cette présomption ne s'élève-t-elle pas à la hauteur d'une preuve, si on considère que nulle part, ni dans sa Paraphrase, ni dans son Explication du Digeste, ni tacitement, ni expressément, Théophile ne cite aucune source de droit postérieure aux Instituts, et si, comme nous le verrons plus tard, il est certain qu'il a reçu d'un jurisconsulte contemporain de Justinien, comme lui chargé de la rédaction du Digeste, un qualificatif qui ne peut convenir qu'à un individu déjà mort (1)?

L'argument que nous venons d'exposer est, à notre avis, corroboré par la judicieuse remarque de Jacques Sirmond, reproduite par Reitz, savoir, qu'il est infiniment probable qu'il y a eu deux éditions des Instituts, comme du Code lui-même, et que c'est la première que Théophile a suivie dans sa Paraphrase. Indépendamment des textes nombreux qu'ils invoquent à l'appui de leur opinion, ne peut-on pas dire que, pour détruire les antinomies existant entre les Instituts et le Code, et faire ce qu'il avait déjà fait pour mettre le Code et le Digeste en parfaite harmonie, Justinien dut publier une seconde édition de ses Instituts? Cela posé, on explique, sans peine, les différences qu'on remarque entre les Instituts tels que nous les avons, et le texte de la Paraphrase, et l'objection qu'on voudrait en tirer contre nous, devient pour nous, au contraire, un puissant élément de démonstration.

Dirons-nous maintenant qu'à l'exemple de Théophile, les sept jurisconsultes contemporains de Justinien cités dans les Basiliques, et que Stephanus nomme *μακάριται*, *beati*, *defuncti*, se servent, dans les fragments qui nous en sont restés, de termes latins qu'on ne rencontre pas dans les Scholies des contemporains de Constantin Porphyrogénète, sous le règne de qui fut publiée la *τῶν Βασιλικῶν Συνάθροισις*, communément appelée les Basiliques? Ce qui ne doit pas étonner, puisque du vivant et par ordre de Justinien, ses œuvres législatives avaient été traduites en grec, s'il faut en croire Blastarès, dans l'Introduction au *Syntagma canonum*. Dès lors, il devenait complétement inutile de reproduire dans une

(1) Μακαρίτης.

langue étrangère, inconnue de beaucoup de gens, des idées qui étaient passées dans la langue nationale, vulgaire.

Ici nous prévoyons une objection qui porte sur l'ensemble de l'argumentation de notre première partie : comment, dira-t-on, comment se fait-il que dans la préface de sa seconde édition de Théophile, Fabrot qui, dans cette même préface, professe pour l'auteur de la Paraphrase une estime qui va jusqu'à l'admiration, n'ose pas cependant affirmer que Théophile a été le collègue de Tribonien? Certes, le doute chez un homme comme Fabrot, n'est pas chose de peu d'importance.

Il est vrai que le savant éditeur et traducteur des Basiliques n'assure pas formellement que Théophile est le professeur de Constantinople dont parlent les Instituts; il avoue cependant que les *verba typica* qui abondent dans la Paraphrase, démontrent évidemment (*constat*) qu'il est un auteur très-ancien qui a lu les vieux jurisconsultes, tels que Caius, Ulpien, etc., et il est *tenté* de croire qu'il est antérieur aux Basiliques (1). A quelle époque a-t-il donc vécu? c'est ce que Fabrot ne dit pas. N'était-il pas dès lors logique de conclure que Théophile avait été le collaborateur de l'ex-questeur du sacré palais de Justinien? n'était-ce pas là comme la conséquence forcée de l'opinion qu'il avait adoptée sur de si graves motifs?

A tous ces arguments qui, nous le répétons, n'ont pas un caractère rigoureusement apodictique, il nous serait facile d'en ajouter beaucoup d'autres indiqués par Reitz et développés par Mylius; mais fidèles au plan que nous nous sommes tracé, nous les passerons sous silence.

Nous pourrions donc, dès à présent, aborder la seconde partie de notre travail; mais auparavant, plutôt pour satisfaire la curiosité du lecteur que pour le préparer mieux encore à admettre une solution que l'examen de notre seconde proposition ne lui permettra pas de rejeter, peut-être ne sera-t-il pas hors de propos de rappeler et de réfuter sommairement les objections de détail qu'on oppose aux arguments de notre première partie; ces objections sont spécieuses, sans doute, mais, comme on va s'en convaincre, manquent de fondement.

(1) Dans son *Apologia pro græcis interpretibus*, il nous apprend qu'il fut sur le point de succomber à la *tentation*.

On a dit : il est difficile de supposer que Théophile dont on veut faire un contemporain de Justinien n'ait pas parlé de sa personne et de ses dignités, quand il pouvait par là donner un si grand prix à son œuvre ; mais on en peut dire autant de la plupart des historiens de l'antiquité, et même d'un grand nombre d'historiens modernes. Du reste, qu'avait-il besoin de parler de lui, si, comme l'ont prouvé Trekellius et Reitz, la Paraphrase est une dictée du professeur à ses élèves, une sorte d'*academica prælectio* (1)? Thalelée, l'œil de la loi, τῆς νομικῆς ὀφθαλμός (2), avait bien paraphrasé le Code, et nulle part il ne s'était nommé!

Si Theophile, ajoute-t-on, est le collaborateur de Tribonien, comment expliquer tant d'erreurs (3) historiques? Mais, dirons-nous à notre tour, ne sait-on pas que ces erreurs sont presque toutes des erreurs de copistes (4)? et d'ailleurs, Tribonien n'a-t-il pas, lui aussi, commis des erreurs? et Justinien lui-même en est-il exempt dans les Instituts?

=Mais Théophile a transcrit littéralement plusieurs passages des Basiliques, c'est-à-dire, d'un ouvrage plus ancien que lui de trois siècles : donc Theophile n'a pas vécu du temps de Justinien. —Nous démontrerons plus bas que la vérité est dans la proposition inverse (5). Qu'il nous suffise maintenant de dire avec Hoffmann qui n'est pas suspect en cette matière, que les scholiastes des Basiliques ont transcrit plusieurs passages de Thalélee, l'un des rédacteurs du Digeste.

—On insiste : dans la dernière Paraphrase du titre *de vulgari substitutione*, en traduisant *Antonius* au lieu de *Tiberius*, Théo-

(1) Reitz, præf. — Alb. dict. Trekel., *Observat. contemporal.*, manusc. cité par Reitz, à la fin de ses *Judicia et Testimonia eruditorum virorum.* —Makeldey, *Manuel de droit romain*, Introduction, partage la même opinion.

(2) *Schol Basil.*, V, p. 732, édit. Fabrot.

(3) Gundlingius, p. 14, obs. 2. — Everard Otto, *de Nuptiis consobr.*, cap II, § 3, dans l'édition de Reitz, t. II.

(4 Nous pourrions ajouter, suivant la judicieuse observation de M. Giraud, *Notice sur Fabrot*, que plusieurs de ces erreurs doivent être imputées aux critiques eux-mêmes.

(5) *Vid.* Fabrot, *Apologia pro Græcis*. Après avoir appelé Theophile « le plus ancien professeur de droit, *longe antiquissimum antecessorem*, » il ajoute que les Basiliques l'ont souvent copié presque mot pour mot.

phile a suivi la version vulgaire des Instituts : d'où il suit (remarquez la conséquence, elle est digne d'être notée), que Théophile vivait longtemps après Justinien, à une époque où la plupart des manuscrits des Instituts étaient corrompus. Mais, avant tout, on devrait prouver : 1° que le texte de la Paraphrase n'a subi aucune altération (Fabrot prouve précisément le contraire) ; 2° que les premiers manuscrits des Instituts portaient Tiberius et non Antonius. Or, cette preuve, où la trouver ?

Théophile, poursuit-on, se donne dans la Paraphrase des éloges que Justinien lui décerne dans le procemium des Instituts, éloges qu'il eût évidemment supprimés, s'il en était l'auteur. — On oublie sans doute que l'office du paraphraste est bien moins d'abréger que d'étendre le texte qu'il doit, autant que possible, reproduire avec exactitude. Mais dans le *Procemium* et dans le § 7, titre *quibus alien.* des Instituts, Tribonien ne se décerne-t-il pas à lui-même le titre fastueux d'*eminentissimus* ? oserait-on cependant en conclure que Tribonien est étranger à la rédaction des Instituts ?

Arrivons à l'objection qu'on a longtemps regardée comme la plus forte de toutes. Justinien, nous dit-on, dans sa préface *de confirmat.*, Digest. § 21, prohibe impérieusement tout commentaire du Digeste et des Instituts, et même toute traduction grecque de ces ouvrages, à moins qu'elle ne soit κατὰ πόδα ; comment donc aurait-il laissé Théophile violer le premier la loi ? A cela nous répondons qu'il n'est pas exact de dire que cette prohibition s'applique aux Instituts comme au Digeste ; qu'il nous paraît résulter, au contraire, du texte de la constitution précitée, comparé avec celui de la constitution *ad magnum senatum* § 20 et 21, qu'elle n'a que le Digeste en vue (1);

(1) Silberad., sur Heineccius *Inst. jur.*, 401, not. *y.* — Pour repousser l'objection tirée du κατὰ πόδα de Justinien, Homberg zu Wach, *Praef. ad Novell.*, dans le *Corpus juris* de Gebauer et de Spangenberg, t. III, et après lui, M. Ch. Giraud, dans sa *Notice sur Fabrot*, ont argumenté de ces mots : « interpretationibus et verbosis perversionibus, etc., » pour prouver que Justinien n'avait voulu proscrire que ces énormes commentaires qui avaient embrouillé la jurisprudence, loin de l'éclairer. Quelque respect que nous professions pour l'opinion de ces deux savants, nous n'avons pas cru devoir nous appuyer sur un texte qui ne nous paraît rien moins que décisif, à moins qu'on ne prête au mot *interpretationibus*, un sens bien différent de son acception naturelle.

que d'ailleurs tout porte à croire que la Paraphrase a été faite du consentement du prince dont son auteur était le conseiller et le confident législatif : nous disons ensuite que la Paraphrase n'est autre chose qu'une dictée recueillie par les élèves de Théophile (1), ce que prouvent l'etat matériel des manuscrits les plus anciens, les diverses manières dont les mots latins sont écrits, de nombreux ἀνακόλουθα, des renvois au Digeste ou aux leçons suivantes, de fréquentes répétitions et beaucoup d'ἀνακεφαλαιώσεις, c'est-à-dire, des récapitulations qui ouvrent la plupart des titres, etc. En outre, le passage de Blastarès précédemment allégué, prouve sans réplique que la prohibition de Justinien fut par lui rapportee, ou, ce qui est plus probable, ne s'appliquait ni aux jurisconsultes ni aux professeurs qui avaient composé le Digeste (2).

Voilà, sans en omettre une seule, nous le croyons du moins, toutes les objections de nos adversaires : comme on le voit, sérieusement examinées, elles ne méritent guère ce nom, puisqu'elles laissent subsister dans toute leur force les arguments auxquels on les oppose.

Mais hâtons-nous de sortir du domaine du raisonnement, pour entrer dans celui des textes . les textes sont des faits, et les faits, a dit Montesquieu, sont le meilleur raisonnement.

## II

Au premier rang de nos adversaires, de ceux que Mylius et Fabrot désignent par la dénomination générique de *Theophilomastiges,* se distingue Chr. Godof. Hoffmann, savant jurisconsulte allemand à qui nous devons une histoire du droit

(1) Reitz, Præfat. § 44, n° 1, p. 1059 sqq., 1066 sqq ; 1175, sqq. — Degen, *Bemerkungen uber das Zeitalter . der Theophilus* Lunebourg. 1809 in-8°, p. 27-46. — Mortreuil, *Hist. du droit byzant.* t. I, p 123, 124.

(2) Les Instituts furent commentés par Etienne et Dorothée, tous deux professeurs ; le Digeste par Théophile, Dorothée, Etienne, Isidore ; le Code par Etienne, Thalélée, Théodore d'Hermopolis, Anatole, Isidore, Phocas, les Novelles, par Athanase, Théodore d'Hermopolis, Philoxène, Symbatius. Tous ces commentateurs furent contemporains de Justinien, et pour la plupart collaborateurs de Tribonien. Voy. *Præf. ad Digest.*

justement estimée. Après avoir réuni dans son ouvrage (1), avec une partialité non équivoque, les principaux arguments pour et contre l'opinion que nous soutenons, reconnaissant comme nous le faible d'une argumentation basée sur de simples inductions, il a fort bien démontré qu'elle ne pouvait satisfaire les exigences d'une impitoyable critique : mais, comme nous aussi, il a parfaitement compris que si on parvenait à prouver péremptoirement que Stephanus ou Étienne dont les Scholies des Basiliques rapportent des textes nombreux où se trouve le nom de Théophile, était incontestablement contemporain de Théophile le corédacteur des Instituts et du Digeste, on donnerait à la démonstration le dernier degré d'évidence (2).

Eh bien! cette preuve décisive, telle que l'aurait voulue Hoffmann, elle est trouvée, et c'est à Reitz qu'était réservé l'honneur de la développer et de l'exposer au grand jour.

Ici notre tâche devient plus facile : nous n'avons qu'à suivre la voie que Reitz nous a frayée.

Il ne s'agit que de prouver que plusieurs des jurisconsultes dont on cite dans les Basiliques des passages qu'on nomme Scholies, et au nombre desquels il faut placer Théophile, sont les mêmes à qui Justinien ordonna la composition du *Corpus juris.*

Posons d'abord quelques principes :

On pense généralement que les *Scholies* ou brèves annotations dont les Basiliques sont enrichies, ont été puisées dans les écrits des jurisconsultes les plus estimés, dans les publications officielles, et quelquefois dans les vieux monuments du droit romain · cette opinion, fondée sur d'excellentes raisons philologiques et juridiques, acquiert, suivant nous, un nouveau poids, quand on songe à la décadence profonde des lettres et de la jurisprudence dans le neuvième siècle : certes, à cette époque d'ignorance et de barbarie, on devait s'estimer heureux de pouvoir rattacher à un texte devenu quelquefois inintelligible des fragments d'ouvrages composés dans un temps où la jurisprudence jetait encore quelque éclat et renfermant les

(1) Chr. Godofredi Hoffmann *Hist. juris*, vol. 1, p. 631, sqq.

(2) *Palmarium argumentum*. C'est aussi l'opinion d'Heineccius. *Præf in Vinn. Com.*

commentaires faits par les rédacteurs du texte lui-même.

Il y a plus : la manière (1) dont ces fragments sont cités dans les Basiliques, nous offre la preuve qu'ils étaient extraits d'ouvrages publiés depuis plusieurs années par ces hommes assez haut placés dans le monde des jurisconsultes, pour que leur nom fût à leurs yeux une recommandation suffisante.

Démontrons maintenant par des textes que notre auteur est le corédacteur des Instituts : d'une part, Stephanus, l'un des collaborateurs des Pandectes, appelle *μακάριται*, décédés, Dorothée, Théophile et Thalélée, ses contemporains (2). D'autre part, Théodore Hermopolite, un des *διατάξεων ἐξηγηταί*, appelle ses maîtres Domninus, Heros Patricius et Stephanus (3) : ce qui établit positivement que Dorothée, Théophile, Thalélée, et ces trois derniers jurisconsultes, étaient tous contemporains, ou vivaient à peu près dans le même temps.

Ce point ne saurait être contesté. Mais, ces jurisconsultes ont-ils vécu sous Justinien? On ne peut en douter. Voici nos

(1) Exemple : Στεφάνου Θεόφιλος μὲν ὁ μακαρίτης αὐτῶς ἐθεμάτισεν.

(2) Dans l'édition des *Basiliques* d'Heimbach, *Voy* t. II, p. 555, 558, 579, 608, 626 et 629, et t. I, p. 763.

(3) Schol. Theod. (ὁ πολυμαθὴς ἐμὸς διδάσκαλος). Basil. VI, p. 217, édit. Fabrot. — (ὁ μὲν κοινὸς διδάσκαλος), Basil. I, p. 722, édit. Heimbach. — (ὁ ἐμὸς διδάσκαλος), Basil. II, p. 417, édit. Heimbach. — M. A. Mortreuil (*Hist. du droit byzantin*), contrairement à l'opinion de Reitz, (*Memorabil. ex Schol. Basilic.*) et de Heimbach (*Anecdota*, I, p. 203), estime que Théodore Hermopolite n'était pas élève de Patricius et de Domninus : le texte qu'ils invoquent contre celui des Basiliques que nous venons de citer, pourrait tout au plus, suivant nous, jeter quelque doute sur l'opinion contraire : qu'importe, en effet, que dans une scholie des Basiliques, Constantin de Nicée, jurisconsulte du onzième siècle dont il sera parlé plus bas, désigne Stephanus ou Etienne, commentateur du temps de Justin, par la même dénomination que Domninus ? Il reste toujours à prouver que dans le premier comme dans le second cas, les mots ὁ διδάσκαλος ἡμῶς, ne doivent pas être pris dans leur sens naturel Au surplus, hâtons-nous d'ajouter que quelque opinion qu'on embrasse sur ce point, on est forcé d'admettre que Théodore Hermopolite a été le contemporain de Stephanus. M. Mortreuil en convient, t. I, p. 291-292 — 311 et 322. Le texte formel de Blastarès (*Voy. infrà*) ne laisse là-dessus aucun doute : or, n'eussions-nous que cette preuve, elle suffirait pour justifier notre proposition.

preuves : incontestablement Théophile, Dorothée, Thalélée, Stephanus (1) et Théodore étaient contemporains : le Digeste et le Code nous ont transmis leurs noms, de même que celui de tous les autres rédacteurs de ces recueils juridiques, tels que Phocas, Isidore, Anatolius. Or, les Basiliques nous ont conservé des fragments de tous ces jurisconsultes ; il faut donc nécessairement de deux choses l'une : ou croire que trois siècles après la mort de Justinien, il s'est trouvé huit jurisconsultes (2) du même nom que ceux dont parle ce prince dans son Code et dans son Digeste, lesquels nous ont laissé dans les Basiliques et sous la forme de scholies des extraits de leurs ouvrages, qu'il leur eût été si facile d'incorporer et de fondre avec le texte ; ou bien, (ce qui, convenons-en, paraît plus naturel), admettre que ces jurisconsultes ne sont autres que ceux dont les Recueils législatifs du successeur de Justin nous apprennent non-seulement le nom, mais encore les fonctions et les titres ; dans le premier cas, on veut d'une hypothèse tout à fait gratuite, déduire sans preuve aucune un fait certain et positif : dans le second cas, on part d'un principe certain pour arriver à une conséquence qui, jusqu'à preuve contraire, est aussi certaine que son principe ; impossible de sortir de cet inexorable dilemme

(1) M. Mortreuil, p. 290 de son ouvrage sur le droit byzantin, pense, avec Zachariæ, *Anecdota*, pag. 179, et en s'appuyant sur un texte des Basiliques, t. II, p. 627, édit Heimbach, qu'il ne s'agit pas ici de Stephanus, l'un des rédacteurs du Digeste, mais bien d'un autre Stephanus, d'abord professeur de droit à Béryte, et ensuite attaché à l'école de Constantinople : nous adoptons sans hésiter cette opinion. Reitz, au contraire, t. II, *Excurs.* xx, p. 1240, croit que le Stephanus dont il est question dans les Basiliques, est le Stephanus de la constitution *tanta*, § 9, au Digeste ; quoi qu'il en soit, dans l'une et dans l'autre opinion, nous pouvons, à juste titre, nous prévaloir du texte précité des Basiliques, puisqu'il est indubitable que le professeur Stephanus, de même que le jurisconsulte du même nom, l'un des rédacteurs du Digeste était contemporain de Justinien.

(2) Remarquons que l'un d'eux Théodore, appelle ses maîtres, ainsi que nous l'avons dit, Heros Patricius et Domninus, deux commentateurs des Codes Grégorien et Théodosien ; et que ces deux jurisconsultes, à qui les Basiliques ont emprunté des scholies, doivent, comme contemporains de Théodore, grossir la liste des huit que nous venons de nommer : singulier hasard, s'il en fut jamais !

Nos adversaires l'ont parfaitement compris.

Aussi frappés, malgré eux, de la force probante de ces textes, ont-ils cherché à en détruire l'autorité : — le Stephanus des Basiliques, d'après eux, aurait été le maître de Constantin Nicæus qui vécut après Constantin Ducas, dans la seconde moitié du onzième siècle : en outre, on trouve le nom de Théodore dans une novelle de Léon le Philosophe qui fit faire la première édition des Basiliques, Βασιλικαὶ διατάξεις. Telles sont les misérables arguties auxquelles on est forcé de recourir pour soutenir une opinion qui croule de toutes parts : avec une pareille manière de raisonner, il n'est rien assurément qu'on ne puisse rendre problématique. Stephanus, dit-on, a été le maître de Nicæus : que conclure de là ? N'a-t-il pas pu exister, au onzième siècle, un autre Stephanus que le collaborateur de Tribonien ? Qu'importe, du reste, qu'il appelle Stephanus son maître, διδάσκαλος ? Ne peut-il pas n'avoir ainsi appelé Stephanus, que parce qu'il en suivait les doctrines, de même qu'aujourd'hui le disciple d'une école appelle de ce nom le fondateur de cette école ? N'est-il pas plus naturel de penser que Nicæus fut l'élève de cet Antonius Stephanus que Nicolas Comnène dans ses Scholies sur le Compendium des lois léoniennes, nous dit avoir été juge et magistrat, et qui n'était certainement pas le scholiaste des Basiliques ? Quant à Théodore, il est probable que son nom a été altéré, ou plutôt qu'il s'agit, dans la novelle de Léon, de Théodore Anagnostes dont le même Comnène cite la Σύνοψις grecque des canons. D'ailleurs, nous raisonnons ici dans l'hypothèse où les Scholies des Basiliques auraient été publiées postérieurement à leur texte : que serait-ce si, avec plusieurs auteurs (1), nous soutenions qu'elles l'ont été simultanément ? Que deviendrait alors l'objection touchant Stephanus, et conséquemment Théodore son élève ?

Terminons maintenant notre dissertation par la citation d'un texte qui imprimera le cachet d'une irrésistible évidence à la

(1) Macieiowski, *Hist. jur. rom.*, p. 208. —Heimbach, *de Basilicorum origine, fontibus, scholiis, atque nová editione adornanda*, Lips., 1825, in-8°.—Suares. *Notitia Basilicorum*, édition de Pohl, Lips., 1804, in-8°. — Ch. Giraud, *Introduct. aux Eléments d'Heineccius*, p. 448.

démonstration que nous venons de fournir. Mathieu Blastarès que nous avons cité plus haut s'exprime en ces termes (1) « Quand le Digeste et ses Épitomes, ou, comme on dit, les Instituts eurent été composés, quelques jurisconsultes pensèrent qu'on avait omis dans ce recueil abrégé de lois plusieurs choses importantes. Aussi reçurent-ils l'ordre d'écrire des *paratitla*, renfermant le supplément de ce qui avait été omis d'utile sur chaque titre. L'empereur, en effet, fit travailler dans ce but grand nombre d'exégètes et de personnes placées sous leur direction. — Stephanus commenta longuement le Digeste. Cyrille en fit un commentaire abrégé Dorothée adopta une rédaction intermédiaire. L'antécesseur Thalélée publia un long commentaire du Code : Théodore Hermopolite en fit un court commentaire, et Anatolius un autre plus court encore ; quant à Isidore, il en fit un plus abrégé que celui de Thalélée, mais plus étendu que celui de ces deux derniers jurisconsultes (2). »

(1) Il ne sera pas inutile de remarquer, avec M. A. Mortreuil, à qui nous devons de profondes recherches sur l'histoire du droit byzantin, que le seul renseignement historique relatif aux commentaires dont la législation de Justinien fut l'objet, en Orient, au sixième siècle, nous a été transmis par Mathieu Blastarès qui écrivait vers le milieu du quatorzième siècle. *Hist. du droit byzantin*, t. I, p. 122.

(2) On nous pardonnera de reproduire ici en entier le texte grec de Blastarès. Ἔδοξέ τισι πολλὰ τῶν καιριωτέρων ἐν ταῖς σπουδαῖς θείσαις συντομίας παραλελεῖφθαι. Διὸ πάλιν ὁρισθὴ, καὶ ἐγένετο τὰ λεγόμενα Παράτιτλα καθ' ἕκαστον τίτλον ἀναπληρώσεις ἔχοντα τῶν παραλελειμμένων χρησίμων. Ἐξηγηταῖς δὲ καὶ ὑπουργοῖς οὐκ ὀλίγοις ὁ βασιλεὺς εἰς ταῦτα ἐχρήσατο. Στέφανος δέ τις εἰς πλάτος τὰ Δίγεστα ἐξηγήσατο· Κύριλλος κατ' ἐπιτομήν, Δωρόθεος μέσῃ τάξει ἐχρήσατο. Θαλέλαιος κήνσωρ τοὺς Κώδικας εἰς πλάτος ἐξέδωκε. Θεόδωρος Ἑρμοπολίτης συντετμημένως, ἔτι δὲ συντομώτερον Ἀνατόλιος· ὁ δὲ Ἰσίδωρος στενώτερον μὲν τοῦ Θαλελαίου, πλατύτερον δὲ τῶν λοιπῶν δύο*. Contrairement à l'opinion de Reitz, nous pensons que par le mot πλάτος de notre texte, il faut entendre avec Mylius (*Hist. Theoph.* cap. v, § 2) *paraphrase, explication, commentaire*. Et, en effet, en admettant la traduction de Reitz (*textum plenum*), comment expliquer le texte de Blastarès?

* Math. Blastar., *Syntag. canon.*, in *præf.* — Beveregius, *Synodic.*, t. II. — Anton. August., *Collect. const. græcor.*, [illegible], in-8°. A l'exemple de l'auteur de la savante *Histoire du droit byzantin*, nous avons suivi le texte d'Augustinus, qui parle

On nous opposera peut-être qu'il ne résulte pas invinciblement de ce texte, que Théophile, l'un des trois rédacteurs des Instituts, ait composé la Paraphrase qui porte son nom, et que de cela seul qu'Etienne, Cyrille, Dorothée, Thalélée, Théodore d'Hermopolis, Anatole et Isidore ont interprété le Digeste ou le Code d'une manière plus ou moins étendue, il ne suit pas néanmoins que le Théophile contemporain de Justinien ait fait une paraphrase sur les Instituts.

Nous pourrions, à la rigueur, nous contenter de répondre avec l'auteur de l'*Histoire du droit byzantin*, que les renseignements donnés par Blastarès sont évidemment incomplets; qu'en effet, ils ne mentionnent ni ces commentaires très-importants sur les Instituts et les Novelles, ni d'autres travaux positivement écrits sur le Digeste et le Code, dont nous connaissons des fragments. Nous pourrions dire encore avec le même auteur que Blastarès paraît n'avoir possédé aucun commentaire de l'école du sixième siècle dans sa rédaction originale et entière; qu'il a seulement connu leur existence par les Basiliques où ces commentaires ont été mis en œuvre, soit comme texte, soit comme scholies; que d'ailleurs, s'étant borné à citer ceux dont l'usage avait été le plus constant dans le recueil grec, il n'a pas remarqué les scholies plus rares empruntées aux interprétations des Instituts ou des Novelles, et aux autres dont l'usage avait eté fort restreint (1); qu'ainsi, bien que le passage precité de Blastarès laisse clairement supposer l'existence de la Paraphrase de Theophile, il est facile de comprendre pourquoi ce jurisconsulte du quatorzième siècle n'en a pas fait mention.

Mais voici, suivant nous, quelque chose de plus concluant, et si l'on peut ainsi parler, de plus topique.

Justinien n'ignorait pas que malgré les efforts de Constantin le Grand (2) pour implanter la langue de Rome à Byzance, en la substituant à la langue grecque, cependant, peu après la mort de ce prince, les Grecs, secouant le joug de la langue

de Cyrille et de Dorothée, à la différence de celui publié par Berevegius et Fabricius, *Bibl. græc.* vol. XII et adopté par Mylius et Reitz

(1) Mortreuil, *Hist. du droit byzantin*, t. I, p. 123

(2) Eusèbe, *Vie de Constantin*, l. III, c. XIII et *passim*.

latine, reprirent insensiblement leur idiome national, ou plutôt, un idiome moitié grec, moitié latin : aussi le voyons-nous déclarer dans sa novelle 7, c. 1 (1), que c'est pour en faciliter l'intelligence à tout le monde, ἅπασι, qu'il a publié cette novelle en langue vulgaire, τῇ κοινῇ καὶ Ἑλλάδι, et dans sa novelle 65, cap. 1, § 2 (2); que, pour arriver au même résultat, il l'a tout à la fois promulguée en grec et en latin.

Ajoutez à cela que sous le règne de ce prince, comme sous celui de Théodose le Jeune, dans toutes les académies de l'empire, l'enseignement émanait de professeurs de l'une et de l'autre langue, et que même à Constantinople, les professeurs grecs étaient plus nombreux que les professeurs latins.

Ceci posé, quand Blastarès nous apprend que des travaux exégétiques en langue grecque furent faits du vivant de Justinien, par des professeurs de droit, sur les recueils législatifs de ce prince, bien qu'il nous nomme ensuite plusieurs commentateurs du Digeste et du Code, sans nous parler d'aucun commentaire sur les Instituts, n'est-il pas naturel de penser que de même que Thalélée, Dorothée, Théodore, etc., leur contemporain Théophile, professeur de droit à Constantinople, se livra à des travaux d'exégèse, et que la paraphrase grecque des Instituts dont les plus anciens manuscrits ont pour titre Θεοφίλου ἀντικήνσωρος Ἰνστιτοῦτα, est véritablement l'œuvre de Théophile, l'un des trois rédacteurs de ces Instituts? Et cette opinion, fondée sur d'aussi solides raisons, ne devient-elle pas une incontestable vérité, si, comme nous l'atteste Blastarès, soit pour rendre plus intelligible le texte des lois, soit pour suppléer à son imperfection et à ses lacunes, Justinien crut nécessaire de faire traduire et commenter le Digeste et le

(1) Διότι γενομένων ἡμῖν ἰσοτύπων διατάξεων περὶ τοῦ μέτρου τῆς ἐνστάσεως τῶν παίδων, τῆς μὲν τῇ Ἑλλήνων φωνῇ γεγραμμένης διὰ τὸ τῷ πλήθει κατάλληλον... τῆς δὲ τῇ Ῥωμαίων... διὰ τὸ τῆς πολιτείας σχῆμα.

(2) Διόπερ αὐτὴν καὶ προὐθέναμεν, καὶ οὐ τῇ πατρίῳ φωνῇ τὸν νόμον συνεγράφομεν, ἀλλὰ ταύτῃ τῇ κοινῇ τε καὶ Ἑλλάδι ὥστε ἅπασιν αὐτὸν εἶναι γνώριμον διὰ τὸ πρόχειρον τῆς ἑρμηνείας.

Code? Pourquoi, en effet, par les mêmes motifs, le même empereur n'aurait-il pas, pour atteindre plus facilement le but qu'il s'était proposé dans le prœmium de ses Instituts, ordonné la traduction et le commentaire grec de ces Instituts? Pourquoi, d'ailleurs, Théophile, ce professeur qui, de l'aveu de tout le monde, commenta les quatre premiers livres des Pandectes (τὰ πρῶτα) qu'on expliquait immédiatement après les Instituts dans la première année du quinquennium de l'enseignement juridique, n'aurait-il pas également commenté et paraphrasé les Instituts?

Ajoutez enfin (ce qui ne peut être douteux pour personne), que de deux scholies des Basiliques et d'un manuscrit de la Bibliothèque royale de Paris, ressort la preuve positive et textuelle qu'Etienne, Théophile et Dorothée ont commenté les Instituts (1).

Qu'on relise maintenant le texte précité de Blastarès, et l'on se convaincra que ce n'est pas sans raison que nous l'avons rapporté dans la seconde partie de cette dissertation.

En résumé, il est constant que les recueils juridiques de Justinien ont été traduits et commentés en grec par les jurisconsultes qui avaient rédigé ou colligé le texte latin; que des fragments des commentaires précédés de leur nom, ont été insérés dans les Basiliques; que ces fragments sont empreints d'un caractère d'authenticité qui force toute critique loyale d'en faire remonter la date à une époque antérieure à la publication de l'œuvre de Constantin Porphyrogénète, et qu'enfin cette époque est celle de Justinien.

Que si, à ces preuves tirées de textes irrécusables, vous rattachez les arguments rationnels qui les corroborent si puissamment, alors, nous l'affirmons sans crainte d'être démentis par personne, aucun doute sérieux, aucune difficulté raisonnable ne peut plus s'élever sur la solution que nous avons donnée à notre question, et nous pouvons, à juste titre, répéter avec le dernier éditeur de Théophile, le savant critique Reitz, ces mots de notre épigraphe (2) : « Vix dubito quemquam

(1) C. Theod. *de studiis urb. Rom.*, l. 2, 3; C. Theod. *de professoribus et medicis*, l. 1, 2; C. Theod. *de extraord. mun.*, l. 15 et 18.

(2) Basil. II, p. 554, édit. Fabrot; 11, p. 397, édit. Heimbach. — Schol. 1, p. 370; 11, p. 21, édit. Heimbach; 11, pag. 527, édit. Heimbach. — Humboldt, *Dissert.*, Lipsiæ, 1817, in-8°.

« fore qui pyrrhonium amplius et scepticum agere velit :
« neque enim res historica demonstrationibus mathematicis,
« sed evidentibus sanæque rationi sufficientibus documentis
« indiget. »

---

# NOTICE HISTORIQUE

## SUR LES PRINCIPAUX AUTEURS ET LES PRINCIPAUX OUVRAGES CITÉS DANS LES NOTES DE LA TRADUCTION.

*Institutes ou Commentaires de Caius.* Ces Commentaires sont placés dans les modernes editions des Pandectes à la suite du *Fragmentum veteris Jurisconsulti.* Ils avaient été abrégés par Arianus, dans le *Breviarium Alaricianum.* Cet ouvrage, malgré de nombreuses lacunes, n'a pas laissé que de faire révolution dans la science. Le meilleur texte est celui qu'en ont donné MM. Gœschen et Bluhme ; nous en avons plusieurs traductions, parmi lesquelles nous citerons celle de M. Pellat.

Ulpien (Domitius), profond jurisconsulte, dont les écrits ont fourni plus d'extraits aux Pandectes de Justinien que tous les autres jurisconsultes ensemble, fut préfet du prétoire sous Héliogabale et Alexandre Sévère, et périt en 230, de la main même des prétoriens. Outre des fragments insérés au Digeste, nous avons encore de lui une partie d'un traité important intitulé : *Liber regularum singularis.*

Paul (Julius Paulus), autre jurisconsulte célèbre, assesseur d'Ulpien dans la préfecture du prétoire. Le Digeste ne renferme que quelques fragments de lui. Il avait écrit des notes sur Papinien, et quatre livres de Sentences (*Sententiæ receptæ*), dont une partie a été insérée dans la compilation de Justinien, et le reste, formant une portion beaucoup plus considérable, se retrouve dans le *Breviarium Alaricianum;* il est comme appendice dans certaines editions du *Corpus juris,* notamment dans celle de Galisset, à la suite des *Regulæ* d'Ulpien. La meilleure édition des *Receptæ sententiæ* est celle d'Arndts, Bonn, 1833.

*Codes Grégorien et Hermogénien.* — Longtemps avant les Codes Grégorien et Hermogénien, les difficultés des recherches de jurisprudence avaient fait sentir le besoin de faire pour les constitutions impériales ce que fit Théodose II pour les jurisconsultes autorisés en vertu de la *loi des citations*. Sous Septime Sevère, Papirius Justus avait résumé, dans un recueil de dix livres, la substance des constitutions d'Antonin et de Verus, que Justinien et Théophile appellent *divi fratres* : le grammairien Dosithée recueillit les rescrits d'Adrien ; Ulpien réunit dans son traité *de Officio proconsulis*. toutes les constitutions rendues contre les chrétiens, et le jurisconsulte Paul colligea les décrets impériaux.

Les Codes Grégorien et Hermogénien vinrent satisfaire un nouveau besoin, celui de réunir dans un même volume et de conférer entre eux, les divers éléments de la jurisprudence romaine, en un mot, de créer une espèce de codification.

Le Code Grégorien renfermait les constitutions impériales publiées depuis Adrien jusqu'à Constantin, Hermogénien, continuateur de l'œuvre de Grégorien, ajouta à ces constitutions celles de Dioclétien et de Maximien. Il ne nous reste que soixante-trois fragments du premier et trente du second.

A l'exemple de Grégorien et d'Hermogénien, compilateurs des constitutions des empereurs païens, Théodose le Jeune, l'auteur de la loi des citations, recueillit celles des empereurs chrétiens depuis Constantin jusqu'à lui ; son Code fut rédigé par huit jurisconsultes, présidés par l'ex-consul Antiochus, le seul dont le nom nous soit connu. Il fut publié en 438. Le Code de Justinien le remplaça en Orient. En Occident, il fut en vigueur jusqu'au douzième siècle, époque de l'introduction de la compilation justinianéenne.

*Novelles Théodosiennes.* — Ces novelles sont de Théodose le Jeune, et postérieures au Code de ce prince ; elles ont été réunies dans le *Jus civile ante-justinianeum*, de Berlin. On appelle *Post-Théodosiennes* les novelles de Marcien, Sévère, Léon et Anthémius, recueillies après celles de Théodose le Jeune.

*Code de Justinien*, publié en 534, œuvre de dix jurisconsultes, parmi lesquels figure Tribonien, l'un des rédacteurs des Pandectes et des Instituts, et Théophile, l'auteur de la Paraphrase. Il est divisé en douze livres : c'est un recueil des constitutions des prédécesseurs de Justinien.

Plus tard, pour mettre le Code en harmonie avec le Digeste, Justinien en fit faire une nouvelle édition qu'il nomma *Codex repetitæ prælectionis*, et qui fut promulguée en 534. C'est celle que nous possédons.

*Novelles de Justinien.* — On donne ce nom aux constitutions publiées par Justinien depuis l'année 535 jusqu'en 559. Elles furent pour la plupart écrites en grec : on en compte cent soixante-huit, dont cent soixante de Justinien, deux de Justin, trois de Tibère et trois des Eparques ou préfets du prétoire.

Julien, professeur en droit à Constantinople, en publia un abrégé (*Epitome* ou *liber Novellarum*), en 570.

*Authentiques.*—Extrait des novelles intercalées dans le Code à la suite des lois qu'elles étaient destinées à compléter ou à réformer . nous les devons aux interprètes du moyen âge, et principalement à Irnérius.

*Digeste* ou *Pandectes.* — Recueil de textes empruntés aux écrits des plus célèbres jurisconsultes. On a dit avec raison que le Digeste avait été fait les ciseaux à la main. Cette vaste compilation est divisée en sept parties et en cinquante livres, renfermant un nombre inégal de titres composés de lois ou fragments subdivisés en paragraphes, à la tête desquels est un *principium.*

*Notes* ou *Gloses de Godefroi.* — Denys Godefroi, le savant éditeur et commentateur du Code Théodosien, combina entre elles les trois éditions des Pandectes, faites avant lui, savoir . la Vulgate, la Norique, la Florentine, et en composa une quatrième, plusieurs fois réimprimée, qu'on appelle l'édition *usuelle :* il l'enrichit de notes précieuses auxquelles il renvoie dans celles qu'il a mises dans son édition de Théophile.

*Basiliques.* — Compilation grecque des lois romaines, extraites des Instituts, des Pandectes, du Code, des Novelles, des écrits des principaux jurisconsultes grecs et des canons des conciles. Elle a été parfaitement caractérisée par ce passage de l'*Introduction à l'histoire du droit romain :* « A l'exception de cette dernière source (les canons des conciles), les Basiliques sont pour le droit romain à peu près ce qu'est la version des Septante à l'Ancien Testament. Elles furent publiées vers la fin du neuvième siècle, par l'empereur Léon, sous le titre de Βασιλικαὶ διατάξεις, c'est-à-dire Constitutions impériales. Mais ce nouveau Code eut le sort du premier Code de Justinien. Cinquante-cinq ans après, Constantin Porphyrogénète en ordonna la révision, et la nomma των Βασιλικῶν ἀνακάθαρσις. Nous n'avons que cette seconde édition ; elle est divisée en six parties et en soixante livres. Jusqu'à la prise de Constantinople, elles formèrent la base du droit commun en Orient.

*Scholies des Basiliques.*—Notes ou annotations qui accompagnent le texte des Basiliques, et en font pour ainsi dire partie intégrante. Reitz a fait, sur ces scholies, un travail d'érudition fort remarquable : c'est l'*excursus* xx, tom. II, p. 1234 de son Théophile.

Πρόχειρον ou *Manuel d'Harménopule.* — Constantin Harménopule, jurisconsulte grec, né à Constantinople en 1320, auteur d'un Προχείρου νόμων (Manuel de droit), plus connu parmi nous sous le nom de *Promptuarium juris*, divisé en six livres. Il ne tarda pas d'avoir force de loi chez les Grecs modernes, et il l'a conservée jusqu'à ce jour. La meilleure édition de cet auteur a été publiée à La Haye en 1768, dans le Supplement du *Thesaurus juris.*

Ἐκλογή (Eclogue ou Recueil), *Abrégé élémentaire des Basiliques ;* celle que nous citons dans cet ouvrage est la *Synopsis major* des Basiliques, publiée par Lowenklau et completée par Ch. Labbé.

Varron (Terentius Varro), né à Rome l'an 106 avant Jésus-Christ. Ses vastes et nombreuses connaissances lui valurent le titre de plus savant des Romains. Il a composé, entre autres ouvrages, un livre *de Lingua latina*, dont il ne reste que des fragments récemment publiés par M. Egger (Paris, 1838).

Denys d'Halicarnasse, historien et critique grec, auteur de plusieurs ouvrages de rhétorique et d'un célèbre traité *des Antiquités romaines :* il vivait dans le premier siècle de l'ère chrétienne.

Aulu-Gelle (Aulus Gellius, ou Agellius), grammairien latin, qui vivait vers l'an 130 après Jésus-Christ ; nous avons de lui un ouvrage fort intéressant au point de vue philologique et juridique, mais qui malheureusement ne nous est pas parvenu en entier. Il l'intitula *Noctes Atticæ* (Nuits Attiques), parce qu'il le composa à Athènes, pendant les soirées d'hiver.

Festus (Sextus Pomponius), écrivain latin mort au commencement du quatrième siècle de notre ère, abréviateur du traité de Valerius Flaccus, *de Verborum significatione*. Nous n'avons que des fragments de son ouvrage. La plus complète et la plus recente édition de cet auteur est due aux soins de M. Egger (Paris, 1839). Le lombard Paul Warnefrise, vulgairement nommé Paul Diacre, qui vivait vers le milieu du huitième siècle, a fait à son tour un abrégé de Festus.

Donat, grammairien latin, précepteur de saint Jérôme; nous avons de lui deux traités de grammaire et un commentaire sur Térence.

Martianus Capella, philologue latin, né à Madaure, près de Carthage, dans le cinquième siècle de notre ère, auteur d'une encyclopédie intitulée *Satyricon*, en neuf livres, dont les deux premiers sont un roman philosophique qui a pour titre *de Nuptiis Philologiæ et Mercurii*, et les sept autres, des traites élémentaires sur les arts libéraux. L'ouvrage de Capella fut en grand honneur dans le moyen âge. La meilleure édition de cet auteur est celle de Leyde, 1599, par Hug. Grotius.

Cassiodore (Aurelius), né à Squillace, en Calabre, vers l'an 480, premier ministre de Théodoric, roi des Goths. On lui doit quatre livres sur les arts libéraux, et une *Histoire des Goths*, dont nous n'avons qu'un extrait par l'historien Jornandès. La meilleure édition de Cassiodore est celle de D. Goret, 2 vol. in-folio. Rouen, 1719, et Rennes, 1729.

Boece (Annius Manlius Torquatus Severinus), homme d'État et philosophe, qui nous a laissé, entre autres ouvrages, un traite célèbre *de Consolatione philosophiæ*, et des commentaires sur les *Topiques* de Cicéron.

Procope, historien grec, sénateur et préfet de Constantinople, mort en 565; tour à tour panégyriste outré et violent détracteur de Justinien : il a composé des Ἀνέκδοτα, ou histoires secrètes espèces de satires contre Justinien. Ses œuvres font partie de la Byzantine. On trouve dans cet auteur des renseignements utiles sur l'histoire du droit sous Justinien.

Isidore de Séville (Saint), évêque de la ville de ce nom, auteur d'un livre *de Originibus et Etymologiis linguæ latinæ;* mort au commencement du septième siècle.

Suidas, lexicographe grec, dont nous avons un *Lexicon*, compilation peu judicieuse où se trouvent des fragments précieux d'anciens auteurs : on croit qu'il mourut du neuvième au dixième siècle.

Hesychius, célèbre grammairien grec d'Alexandrie, qui vivait vers le septième siècle de notre ère, nous a laissé un *Lexicon* grec, que Casaubon estimait le plus savant ouvrage de l'antiquité en ce genre; la meilleure édition de ce lexique est celle de Schow, Leipsik, 1792.

Marculphe, célèbre moine français du huitième siècle; on a de lui un recueil des formules, des contrats et actes publics, publié en 1613, par Jérôme Bignon; environ 50 ans plus tard, Nivard, jurisconsulte d'Angers, en donna une seconde édition supérieure à la première.

Ange Politien (Angelo Poliziano), professeur de littérature grecque et latine à Florence, auteur d'un grand nombre d'ouvrages parmi lesquels des commentaires sur les Pandectes; il vivait de 1454 à 1494.

Viglius von Zuichem, célèbre jurisconsulte, né dans la Frise en 1507, mort en 1577, connu par des commentaires sur une partie des Instituts, sur le titre *de rebus creditis* du Digeste, et surtout par son édition *princeps* de Théophile.

Curtius (Jacobus), Jacques Court, jurisconsulte distingué du seizième siècle : outre sa traduction latine de Théophile, il a composé plusieurs livres Εἰκαστῶν, c'est-à-dire de conjectures. On les trouve dans le t. IV du *Trésor* d'Otton.

Fabrot (Charles Annibal), un des premiers jurisconsultes du dix-septième siècle, né à Aix, en Provence, en 1580, mort à l'âge de 79 ans, fut d'abord avocat et professeur de droit dans sa ville natale. Il eut pour amis intimes les principaux personnages de son temps, entre autres, le garde des sceaux Guill. Duvair, le chancelier Séguier et l'illustre Peyresc; il a traduit ou publié les Basiliques, Cedrenus, Nicetus, Anastase le bibliothécaire, et les œuvres de Cujas, et composé des *Enucleationes*, une *Prælectio de vita et honestate clericorum*, des *Disquisitiones de justo partu et numero puerperii*. — Voir l'excellente *Notice sur Fabrot*, par M. Ch. Giraud.

# NOTICE BIBLIOGRAPHIQUE

SUR LES MANUSCRITS GRECS DE LA PARAPHRASE DE THÉOPHILE, CONSULTÉS PAR REITZ ET SUR LES DIVERSES ÉDITIONS DE NOTRE AUTEUR.

Nous avons extrait de la savante préface de Reitz ce qu'on va lire sur les différents manuscrits de la Paraphrase.

### BIBLIOTHÈQUE DE FLORENCE.

1 Theophili antecessoris Institut. Justiniani, cum arbore consanguinitatis ad finem. Ms. fol. græc.

2 Justiniani imp. Institution. lib. IV. Traducti a Theophilo antecess. Ms. fol. græc (Codex bonus et antiquus).

3. Inst. Just. imp. Theophili antecessoris. Ms. 4 maj. græc. (Codex insignis ac egregius).

4. Theophili antecessoris Instit. Justinianeæ Comm. in Instit. Ms. græc., in-4.

5 Instit. Just Theophili antecess. libri posteriores III. (Ce manuscrit contient toute la Paraphrase, à partir du titre II du livre II). Ms. 4. græc.

Vid. Gulliene Langii Catalogus Biblioth. Florent. — P. Montfaucon, Bibliotheca bibliothecarum. Ms. Nova.

### BIBLIOTHÈQUE DE SAINT-MARC DE VENISE.

Institut. græc. (sur parchemin c'est le manuscrit du cardinal Bessarion). — Vid. Introduction.

### BIBLIOTHÈQUE DE PARIS.

Theophil. antecess. Institut. lib. IV.
Theophili Institutiones

### BIBLIOTHÈQUE DU CARDINAL RADULPHE.

Theophili antecessoris Instit. lib. IV. — Trois manuscrits. C'est d·

ces manuscrits que Fabrot a fait son édition, et que François Pithou a extrait ses *lectiones variantes* sur Théophile.

### BIBLIOTHÈQUE ROYALE DE TURIN.

Theophili Antiocheni Institut. juris civil., in-4, græc.

### BIBLIOTHÈQUE DU VATICAN.

Liber Institutorum

Le père Montfaucon dans son *Diarium italicum*, parle, mais d'une manière générale et vague, d'un *liber institutionum* que Gundlingius estime être de Theophile; mais s'il en était ainsi, le P. de Montfaucon en aurait certainement fait mention dans sa *Bibliothèque des bibliothèques*.

## ÉDITIONS DE THÉOPHILE.

### ÉDITIONS GRECQUES.

*Ἰνστίτουτα Θεοφίλου ἀντικήνσωρος*. Bâle, 1534, in-fol. C'est l'édition *princeps* de Viglius.

*Ἰνστίτουτα Θεοφίλου ἀντικήνσωρος*. Paris, 1534, in-8.

*Ἰνστιτουτίωνες* (sic) *Θεοφίλου ἀντικήνσωρος*, avec des notes de Rescius Nonnius. Louvain, 1536, in-8.

### EDITIONS LATINES.

Institutionum juris civilis libri quatuor Anvers, 1536, in-8. C'est l'édition princeps de Jac. Curtius

Id., 1539, in-8; deuxième édition de Curtius.

Id., 1539, in-8; Poitiers, 1539.

Lyon, cinq éditions douteuses, 1545. in-12 —1554, in-8. — 1558, in-8 — 1572. in-8. — 1581, in-8.

Genève, cinq éditions, 1598. — 1610, in-16. — 1628, in-16. — 1651. in-24. — 1638, in-16, douteuse.

Autre édition de Louvain, 1573, in-12.

Edition d'Anvers, 1594, in-12.

Edition de Venise, 1588. in-12.

Edition de Doujat, Paris, 2 vol. in-8, 1681.

Edition de Leyde, par C. André Duker, contemporain de Reitz.

Edition de Bohmer. Halæ, 1728, in-4.

Nouvelle édition de Doujat. Venise, 1738, in-4.

### ÉDITIONS GRÆCO-LATINES.

Edition de Neithard. Bâle, 1544, in-8. Mauvaise édition, dont Mylius a dit avec raison : *Si Theophilum exhibeat, tantum abest ut potius exanime et exsangue cadaver.*

Édition de Lyon, texte grec d'après Viglius, corrigé par Mylius, et texte latin d'après Curtius, publiée en 1544, in-8.

Autre édition de Lyon (douteuse), 1580, in-16.

Édition tripartite (grecque-latine, texte de Justinien), avec notes et parallèles de D. Godefroi. Genève, 1587, in-4.

Id., 1598, in-4.

Id., Lyon, 1608, in-4.

Édition græco-latine, Genève (douteuse), 1590, in-12.

Id., apud Stoer. 1610, in-16.

Première édition de Fabrot d'après trois manuscrits de la Bibliothèque Royale, et d'autres qui lui furent remis par Nancellius et Mentellius : Fabrot a corrigé en plusieurs endroits la version latine de Curtius, et enrichi son édition de notes, tirées en grande partie d'un scholiaste grec dont les annotations encore manuscrites, sont à la Bibliothèque Royale. Paris, 1638, in-4.

Deuxième édition de Fabrot, fort préférable à la première, tant pour le texte grec que pour la version latine. Paris, 1657.

On peut reprocher à Fabrot d'avoir quelquefois plié le texte à la traduction latine de Curtius, persuadé, qu'il était, mais à tort, qu'indépendamment du manuscrit de Viglius, Curtius avait consulté d'autres manuscrits.

Édition de Guill. Otton Reitz, jurisconsulte et philologue allemand. 2 vol. in-4°. La Haye, avec une nouvelle traduction latine en regard, etc.

C'est l'édition la plus nette, la plus correcte, et la plus complète de la Paraphrase de Théophile et des Fragments de cet auteur : Reitz a restitué le texte dans toute sa pureté, rappelé dans ses notes les savantes *variantes lectiones* de Fr. Pithou, et recueilli toutes les observations juridiques et philologiques faites sur Théophile par Viglius, Godefroy, Fabrot, Cujas, Duker, Jean de Nispen, G. Meermann, Trekellius, etc., etc., et composé ou reproduit divers travaux critiques sur Théophile, dont quelques-uns sont non moins remarquables qu'utiles (1).

(1) En voici la liste : Gul. Ottonis Reizii Præfatio. — Eruditorum judicia et testimonia de Theophilo.—Lectiones variantes ex Ms. Pithœano (François Pithou).—Fragmenta Theophili nunc primum collecta tam ex Institutionibus quam ex commentationibus in Digesta. — Gull. Ott. Reizii Prooemium de variis editionibus græcorum titulorum, *de verborum significatione* et *de regulis juris.* — Titulus *de verborum significatione*

## *Traduction française.*

Paraphrase de Théophile sur les Instituts de l'empereur Justinien, traduction du grec en français et à côté le texte latin du même empereur, par M. F. C. avocat au parlement, à Paris, 2 vol. 1688.

*Voir* notre Introduction. Cette traduction est moins faite sur le texte grec que sur la traduction latine de Curtius, suivant Reitz, elle n'a guère de remarquable que la préface : pour nous, nous croyons pouvoir dire sans hésiter que le critique allemand a été beaucoup trop indulgent envers le traducteur français (1).

Disons maintenant un mot de notre travail.

Contrairement à notre devancier, nous avons voulu faire une traduction entièrement calquée sur le texte grec, et, pour éviter le reproche qu'on a justement adressé à Curtius, nous

græco, cum nova versione et variantibus lectionibus — Titulus *de reg. juris*; etc.— Fabroti Apologia pro Theophilo. — Gundlingii Commentatio de Theophilo cum ἐπικρίσει Gull. Ott. Reitzii — Mylii Historia Theophili; Vindiciæ Theophili. Ejusd. de prætore peregrino, de jure Quiritium avec notes par Reitz et deux appendices de Vonckius et de Trekellius — Mylii Dissertatio posthuma de SC. Sabiniano, de tribus L. Aquiliæ capitibus, ad § 1 et 2, de jure naturali, gentium et civili.—Gull. Ott. Reitzii Prodromus Theophilinus superiorum editionum historiam enarrans.— Les préfaces de toutes les éditions antérieures à celle de Reitz et parmi lesquelles il faut remarquer celle de Viglius de Zuichem.—Gull. Ott. Reitzii, de græcis rubricis Theophilo adjudicandis, de τριετή corrupto in τετραετή Proœm. Instit., de controversia fratrem inter et patruum defuncti exorta, de L. Sisenna de prætore peregrino.— Divers travaux, dont trois de J. Sirmond, de Jacq. Godefroi et d'Ever. Otton, et une ἐπίκρισις de Reitz, de nuptiis consobrinorum.—Plusieurs dissertations juridiques et historiques parmi lesquelles il faut remarquer celles de Reitz, de adoptione filii familias, pro nepote, et celles de Gundlinger, de curialibus et decurionibus, et de litt. obligationibus. — Gull. Ott. Reitzii Memorabilia ex scholiis Basilicorum excerpta, œuvre de profonde et consciencieuse érudition.— Gull. Ott. Reitzii Glossarium Theophilinum

(1) En 1677, il parut à Toulouse un petit commentaire in-4o sur les Instituts ayant pour titre : Theophilus renovatus, auctore Dan. Galtier, c'est une imitation de la Paraphrase de Théophile. En 1746, Chr. de Beaurieux fit paraître à Francfort-sur-le-Mein une Conférence des Institutes de Justinien avec la Paraphrase, intitulée : Divi Fl. Justiniani Institutionum ex Theophili Paraphrasi illustratarum libri IV

avons plutôt visé à la fidélité et à l'exactitude qu'à la concision et à l'élégance. Nous ne dirons pas cependant avec Curtius, que nous avons toujours traduit *verbum verbo*, ni avec Reitz, κατὰ πόδα. nous ne pouvions, à leur exemple, tenter une chose impossible. On sait, en effet, que le génie de la langue latine et surtout de notre langue ne peut pas se prêter à une traduction complétement littérale de la langue grecque : imiter la manière de notre auteur, conserver le tour de sa pensée, et varier, autant que possible, nos expressions, quand il les a variées lui-même ; voilà ce que nous avons essayé de faire.

Nous ne terminerons pas cette notice bibliographique sans consacrer quelques lignes au savant éditeur dont les remarquables travaux nous ont été d'un si grand secours.

L'édition de Reitz accuse une immense érudition, une rare habileté dans les langues grecque et latine, et une connaissance approfondie de la science et de la littérature juridique. Aussi s'accorde-t-on à la regarder comme un chef-d'œuvre. Peut-être pourrait-on néanmoins reprocher à Reitz d'avoir fait une édition beaucoup trop volumineuse ; ce qui tient en grande partie aux longueurs, souvent inutiles, de notes philologiques, dans lesquelles il a déployé un luxe de citations qui prouve, à coup sûr, la vaste érudition de leur auteur, mais ne fait pas toujours honneur à son goût littéraire. Ajoutez à cela de nombreuses dissertations qu'il rapporte en entier, bien qu'il lui eût suffi de les analyser ou de les résumer, et qui lui méritent en quelque sorte le reproche qu'il adresse lui-même à Mylius. *extra oleas vagatur*. En un mot, pour exprimer toute notre pensée sur l'édition de Reitz, nous dirons que, comme œuvre scientifique, elle est, sans contredit, le plus beau monument que pût élever à l'honneur du jurisconsulte byzantin, un jurisconsulte du dix-huitième siècle, et, qu'à tous égards, elle surpasse de beaucoup toutes les éditions qui l'ont précédée. Mais peut-être nous sera-t-il permis de penser, que comme œuvre littéraire; elle n'a pas toute la perfection dont elle était susceptible.

## PRINCIPALES ABRÉVIATIONS.

Inst. — Institutes de Justinien.

D. — Digeste.

C. — Code.

Ga. Comm. — Commentaires de Gaius.

Paul. Sent. — Sentences de Paul. — Ulp. Fragm. Fragments d'Ulpien

Basil. — Basiliques.

Eclog. — Eclogue.

L. 1, § 3, D. *de obligationibus*. — Loi première, paragraphe troisième, au Digeste, titre *de obligationibus*.

L. 23, § 1, C. *de legatis*. — Loi vingt-troisième, paragraphe premier, au Code, titre *de legatis*.

Inst., t. II, liv. IV. — Instituts, titre deuxième, livre quatrième.

Harmenop. I, II. — Πρόχειρον ou Manuel d'Harménopule, livre premier, titre second.

Eclog., I, II, c. IV. — Eclogue, livre premier, titre deuxième, chapitre quatrième.

# PARAPHRASE[1]

DES

# INSTITUTS DE JUSTINIEN

---

## CONSTITUTION CONFIRMANT LES INSTITUTS (2).

(1) Aux yeux des jurisconsultes grecs, un recueil de textes était susceptible de diverses sortes d'interprétation : on pouvait, en effet, expliquer ces textes d'une manière détaillée, étendue, *summa libertate* : c'était l'objet du commentaire proprement dit; ou bien les interpréter avec moins de développements, et en suivant, presque toujours, pas à pas, la lettre du texte : c'était celui de la *paraphrase*, qu'il ne faut pas confondre avec la *métaphrase*, sorte d'interprétation plus restreinte que la paraphrase elle-même. Si, dans l'élucidation d'un texte, on s'attachait moins à la lettre qu'à l'esprit de ce texte, on ferait une ἑρμηνεία, un commentaire. Dans le sens le plus générique de ce mot, l'ἑρμηνεία est le contre-pied du κατὰ πόδα, ou traduction littérale, servile, *secundum pedem, misere verbis alligata*, suivant l'énergique expression de Reitz : l'ἑρμηνεία qui porte sur tous les textes d'un recueil sans exception ne diffère pas du πλάτος. Cf. *supra* notre Dissertation, pag. 32, note 2. Les jurisconsultes byzantins connaissaient encore : le σύντομος, le συντετμένος ou ἐπιτομή, abrégé de l'ἑρμηνεία : l'ἴνδιξ (du latin *index*), espèce de table de matières disposées suivant l'ordre même du texte, destinée à indiquer sommairement l'objet de chaque paragraphe du texte, et, autant que possible, avec les termes mêmes de la loi : les παράτιτλα, annotations rappelant sur chaque titre d'un recueil de lois les dispositions analogues éparses dans les autres parties du même recueil : on en trouve un exemple dans la Τῶν ἐκκλησιαστικῶν διατάξεων συλλογή : les παραπομπαί, *annotationes similium locorum* : les παραγραφαί, simples annotations : enfin les σημειώσεις et les σχόλια, *notæ*. Nous mentionnerons encore la μέσῃ τάξει ἐξήγησις, espèce d'interprétation intermédiaire.

(2) En grec ἰνστίτουτα : c'est ainsi que les jurisconsultes grecs

C'est le propre de la Majesté (1) impériale (2), non-seulement de briller de l'éclat des armes, mais encore de s'appuyer sur les lois, pour que l'État soit également bien gouverné pendant la guerre et pendant la paix, et que l'Empereur des Romains ne se couvre pas moins de gloire en terrassant l'ennemi dans les combats qu'en repoussant par la force des lois les iniquités de la chicane (3), se montrant ainsi non moins religieux observateur des lois que redoutable par ses triomphes.

1. Ce double but, à force de soins et de veilles, et avec l'aide de Dieu, notre Empereur l'a atteint : les nations barbares (4) soumises par ses armes attestent ses belliqueuses sueurs et sa valeur dans les combats, convaincues par expérience de sa supériorité sur elles ; et l'Afrique (5), ainsi qu'une foule innombrable d'autres provinces, qu'après un intervalle de plusieurs années (6), ses victoires, effet d'une protection divine, ont remises sous le joug romain et rattachées à son empire, en sont l'éclatant témoignage.

2. Or, de même que la loi elle-même, tous les peuples sont

et, entre autres, Harmenopule l. 1, § 8, appellent les Instituts; les Latins disent *institutiones*. Lact. div. Instit. I, c. 1.

(1) Μεγαλοφροσύνης, mot à mot, magnanimité, μεγάλη φρὴν, *magnus animus* : nous avons cru néanmoins devoir traduire cette expression par celle de *majesté*, soit parce que le mot latin dont Théophile nous donne ici la traduction, signifie *majesté*, soit parce que, dans notre langue, le mot magnanimité réveille une idée qui n'était certainement pas celle de Théophile.

(2) Βασιλικῆς, mot à mot royale : c'est ainsi que les Latins ont dit *lex regia* dans Théophile. βασιλεὺς est toujours synonyme d'αὐτοκράτωρ.

(3) Συκοφάντων ἀδικίας, littéralement, les injustices des calomniateurs. *Voy.* § 1, D. *de regul. Caton.*; l. 2, § 1, D. *ad Tertull.* v, 177, et 234, D. *de verb. signif.*; l. 65, D. *de reg. jur.*

(4) Les Perses dans la Syrie, les Vandales dans l'Afrique et l'Italie, les Goths dans l'Italie et la Sicile.

(5) Procop., *de Bello vandalico*, I, *in fine*.

(6) L'Afrique fut reconquise par Justinien 95 ans et l'Italie 60 ans, après que ces provinces eurent secoué le joug romain

régis par des lois qu'il a promulguées et mises en ordre (1).
Il a établi une harmonie parfaite dans les Constitutions impériales, auparavant éparses, sans ordre, et contraires entre elles : et, comme il existait trois Codes, savoir, le Code Grégorien, le Code Hermogénien, et le Code Théodosien (2) ; qu'il y avait, en outre, plusieurs Constitutions postérieures au Code Théodosien, et que parmi celles insérées dans ces recueils régnait beaucoup de contradiction et d'antinomie, notre excellent Empereur, voulant qu'on supprimât celles qui, n'étant plus en vigueur, portaient les mêmes prescriptions, ou étaient en opposition avec d'autres constitutions qui les avaient abrogées, a ordonné la rédaction d'un Code, qu'il a appelé du nom de sa Sérénité. Il a aussi jugé dignes de son attention les innombrables volumes des anciennes lois ; et, chose que personne n'eût osé espérer, il a, Dieu aidant, corrigé et renfermé dans un seul volume, celles des opinions des anciens qui étaient généralement admises.

3. Cela fait (3), après avoir convoqué Tribonien, ce très-

(1) Πᾶς δὲ δῆμος, ὑπὸ νόμων ἐγγραφέντων τε ὑπ' αὐτοῦ καὶ συνταχθέντων ἰθύνεται, καθὸ καὶ νόμος αὐτός. Dans l'édition græco-latine d'Anvers, les mots : καθὸ καὶ νόμος αὐτός, sont traduits par ceux-ci : *sicut et jus ipsum*, et dans les éditions qui ont précédé celle de Fabrot, par ceux-ci : *quasi ipse lex sit* nous préférons avec Reitz la première version à la seconde. Elle nous paraît non-seulement plus conforme au sens grammatical de notre paragraphe et au génie de la langue grecque, mais encore il concorde parfaitement avec la fin de la nov. 105 : Πάντων δὲ δὴ τῶν εἰρημένων ἡμῖν ἡ βασιλέως ἐξῃρήσθω τυχή, ᾗ γε καὶ αὐτοὺς ὁ Θεὸς τοὺς νόμους ὑποτέθεικε, νόμον αὐτὴν ἔμψυχον καταπέμψας ἀνθρώποις.

(2) Harmenop., l. 1, § 7, et notre Notice historique, p. 1 et 2.

(3) τοῦτο δὲ πράξας... Dans toutes les éditions de Théophile antérieures à celle de Reitz, au lieu de πράξας, on lit : πράξαι. La comparaison de la deuxième partie du § 2 avec le § 3, démontre évidemment à ceux qui savent que Dorothée, Théophile et Tribonien n'ont rédigé conjointement que les Instituts, qu'il faut lire : πράξας, et non πράξαι. *Voy.* notre Appendice.

glorieux maître et ex-questeur du sacré palais, ainsi que Théophile et Dorothée, personnages illustres et antécesseurs (1), dont plus d'une fois il a pu parfaitement connaître l'habileté, l'intelligence dans les lois, et l'extrême fidélité à ses ordres, notre très-divin Empereur les a chargés de composer, en son nom et d'après ses instructions, des Instituts (2), ou une introduction à l'étude des lois, afin que les jeunes gens puissent en apprendre les premiers éléments, non plus dans des textes surannés (3), jadis en vigueur, mais aujourd'hui tombés en désuétude, et qu'on ne peut plus lire sans ressembler aux amateurs de fables, mais bien dans un livre émané de la Splendeur impériale, dans lequel rien d'inutile, rien de déplacé ne frappe leur oreille ou leur esprit, et qui leur enseigne ce qui s'observe dans la pratique des affaires.

Ainsi, la lecture des Constitutions impériales, ce but qu'après trois (4) ans les étudiants atteignaient à peine,

(1) Théophile était professeur de droit à Constantinople : Dorothée, qui fut aussi professeur de droit dans cette ville, l'avait d'abord été à Béryte. L. 2, § 9, et l. 3, C. *de veter. jur. enucleand.*—Hesychius, *Lexic.*, v° Ἀντικήνσωρ, entend par ce mot, non-seulement les jurisconsultes proprement dits, νομικοὶ, c.-à-d. οἱ νόμους εἰδότες, οἱ νόμων ἔμπειροι, mais encore, comme Théophile, les professeurs de droit, οἱ τῶν νόμων διδάσκαλοι. Ἀντικήνσωρ nous paraît dériver du latin *antecedere*, marcher devant.

(2) Εἰσαγωγάς, littéralement, introduction. *Voy.* Harmenop, I, 1, § 2 et 8, qui appelle encore les Instituts πάσης νομικῆς παιδεύσεως πρῶτα στοιχεῖα, à l'exemple de Théophile, § 4 *in fine*.

(3) Ἀρχαίων μύθων, *antiquas fabulas*. *Voy.* l. *unic.* C. *de nudo jure Quirit. tollendo*.

(4) Dig. *præf.*—Justinien, Inst. *hic*, dit quatre ans, *quadriennium* nous pensons avec Hotoman, Fabrot, Vinnius et Reitz, et malgré les efforts inouïs de Mylius pour prouver le contraire (Myl. *Vindic.*, c. 1, § 4), qu'il y a ici erreur de la part de Théophile, ou plutôt, ce qui nous paraît plus probable, que le texte a été corrompu, et qu'au lieu de τριετῆ, c'est τετραετῆ qu'il faut lire. Voy. l'*excursus* VII, de Reitz, t. II, p. 1177.

maintenant ils l'atteignent, pour ainsi dire, tout d'un coup, heureux d'être trouvés dignes de l'honneur d'entendre de la bouche même de l'Empereur les premières et les dernières leçons de la science des lois.

En effet, le présent recueil, renfermant les premiers éléments de la science du droit, est tout entier composé des paroles mêmes de l'Empereur, et quiconque étudie les lois doit, après avoir lu les commentaires des lois anciennes, se livrer à la lecture des Constitutions.

4. Voilà pourquoi, après la confection du Code (1), ont été composés les 50 (2) livres du Digeste ou Pandectes (3), dans lequel on a réuni toute la législation des anciens, recueillie par le très-glorieux Tribonien, et plusieurs (4) autres illustres et très-éloquents personnages; et voilà pourquoi aussi (5), après la composition des Pandectes, notre

(1) Il s'agit ici du Code *repetitæ prælectionis*. Voy. notre Notice historique, p. 2.

(2) Reitz, dans sa traduction latine, a souligné le mot *quinquaginta*, parce qu'on ne lit dans le texte grec, ni nom de nombre, ni lettre numérique. Nous pensons, comme lui, que la lettre ν qui signifie cinquante, a été omise dans les manuscrits de la Paraphrase, à cause du voisinage du ν qui termine la conjonction οὖν.

(3) De πᾶν et δέχεσθαι. *Voy.* notre Notice historique, p. 3.—Harmenop., l. I, § 6.— C. l. 1, § 12, *de vet. jur. enucleand.*

(4) Il s'agit ici des treize autres (λοιπῶν) jurisconsultes, dont parle Justinien. *Præf. Digest.* Il ne sera pas inutile de remarquer que longtemps avant Justinien, Ulpien, Modestin, Sabinus, Julien, Alfenus, Varus, Celsus, Marcellus, etc., avaient composé des pandectes ou digestes, mais moins étendus.

(5) Reitz a paru embarrassé, *hic*, note 10, par la comparaison du μετὰ ταῦτα μὲν, qui ouvre ce paragraphe, avec le μετ' ἐκεῖνα δὲ, qui en commence le second membre. Pour nous, en sous-entendant πράγματα après ταῦτα, et en faisant rapporter ἐκεῖνα aux βιβλία τῶν Διγέστων ἤτοι Πανδέκτων, nous croyons avoir saisi le véritable sens de ce paragraphe qui, ainsi expliqué, ne présente aucune difficulté sérieuse.— *Voy.* à l'Appendice la reproduction du texte grec de ce paragraphe, et les observations dont nous l'avons accompagné.

Sérénissime Empereur a fait diviser en quatre livres l'introduction au susdit Digeste, laquelle doit présenter les éléments de l'éducation juridique.

5. On y a brièvement exposé le droit jadis en vigueur, et celui que la désuétude avait obscurci, la sollicitude de l'Empereur l'a éclairé d'un nouveau jour.

6. Ces Eléments, tirés de tous les instituts écrits par les anciens et principalement des Commentaires de Gaius (1), tant de ceux qu'il a faits en forme d'instituts, que de ceux où il traite des affaires qui se présentent chaque jour, ainsi que de plusieurs autres ouvrages, lesdits trois savants personnages les ont présentés au grand Empereur, et sa Sérénité, après les avoir lus, a pensé qu'il fallait, en vertu d'une constitution, leur accorder la plénitude de sa propre autorité.

7. Notre très-clément Empereur exhorte donc, par la présente constitution, les jeunes gens à qui il s'adresse, à recevoir ces lois avec le plus grand zèle et le plus vif empressement, et à puiser dans leur lecture assez d'instruction pour concevoir la douce espérance de partager, à la fin de leurs études juridiques, le gouvernement des diverses parties de son empire.

## TITRE I.

### DE LA JUSTICE ET DE LA LOI (2).

Il faut, avant tout, connaître la définition de la justice. Or, la justice (3) est la volonté ferme (4) et persévérante de

(1) Auteur d'instituts ou commentaires en IV livres, découverts en 1816 par Niebuhr, dans un palimpseste de Vérone. *Voy.* notre Introduction, p. XXV, et notre Notice historique, p. 56.

(2) Harmenop. II. — Eclog. 1. — D. 1, *de justitia et jure*. — L'inscription de ce titre n'est pas de Théophile, mais de Viglius. Vig. *Præf. ad Carol. V*, § 28, t. II, de l'édition de Reitz.

(3) Eclog. 2, 1, § 10. — L. 9, D. *de justitia et jure*.

(4) Aristote, *Ethic.*, II, IV, définit l'homme juste celui qui βεβαίως καὶ ἀμετακινήτως δικαίως πράττει.

rendre à chacun son droit. Disons maintenant comment se définit la jurisprudence.

La jurisprudence (1) est la connaissance des choses divines et humaines, et la science du juste et de l'injuste.

Après ces notions générales, désireux de commencer ici l'exposition des lois et du droit de l'empire romain, il nous a paru que la méthode d'enseignement la plus avantageuse était de suivre d'abord une marche simple et facile, sauf à entrer ensuite dans des explications plus précises et dans de plus grands développements; autrement, si dès les premiers pas, nous accablions sous la multitude et la variété des matières l'esprit faible et novice des jeunes gens, il arriverait

(1) *Νομικὴ δέ ἐστι θείων τε καὶ ἀνθρωπείων πραγμάτων γνῶσις, τῶν δὲ δικαίων καὶ ἀδίκων ἐπιστήμη...* Mieux que le texte latin, le texte grec nous fait comprendre ce que les Romains entendaient par jurisprudence, et nous explique comment cette définition, si pompeuse qu'elle paraisse de prime abord, est cependant à l'abri de tout reproche d'exagération : pour qui connaît la langue grecque, la seule lecture de notre texte justifiera notre remarque. Nous avons traduit la seconde partie de la définition par ces mots : *et la science*, etc., qui ne rendent qu'imparfaitement, il est vrai, le *τῶν δὲ δικαίων*, etc., de Théophile, mais suffisent pour indiquer toute sa pensée.

Nous ne saurions résister au désir de citer ici le lumineux commentaire que M. Étienne, professeur de droit romain à la faculté de droit d'Aix, a fait sur cette définition dans ses *Institutes traduites et expliquées* : « Toute science, dit-il, est fille de la philosophie entendue dans le sens antique : la philosophie, en effet, comprenait tout le champ du raisonnement humain : elle embrassait les sciences physiques, morales et religieuses, en un mot, les choses divines et humaines. La science morale ou juridique supposait donc d'abord une connaissance plus ou moins profonde des choses divines et humaines (*notitia*), mais ensuite la connaissance parfaite du juste et de l'injuste, *justi atque injusti scientia*. » On ne pouvait mieux caractériser la différence de signification qui existe entre les mots *notitia* et *scientia*, *γνῶσις* et *ἐπιστήμη*.

Cette définition philosophique de la jurisprudence appartient à Ulpien, qui était disciple du Portique. L. 10. D. *huj. tit.*

de deux choses l'une : ou ils abandonneraient cette étude, ou bien, effrayés par le travail, et luttant contre le découragement qui détourne si souvent la jeunesse de la science, nous les amènerions plus lentement au point, où par une route plus facile ils pourraient parvenir en moins de temps, sans efforts, et animés d'une noble espérance.

Or (1), voici les trois préceptes du droit : vivre honnêtement (2), ne léser personne, rendre à chacun son droit (3).

Cette étude a deux points (4), ou objets distincts : le droit public et le droit privé ; on appelle droit public celui qui a pour objet la constitution de l'empire romain ; droit privé, celui qui concerne les intérêts de chaque citoyen : or, nous devons dire du droit privé qu'il est tripartite, car il se compose des préceptes du droit naturel, du droit des gens et du droit civil (5).

## TITRE II.

### DU DROIT NATUREL, DU DROIT DES GENS ET DU DROIT CIVIL.

Le droit (6) naturel est celui qui s'étend à tous les animaux (7) vivant sur la terre, dans l'eau et dans l'air ; car la nature n'a pas borné son action à l'homme seulement,

(1) Harmenop., I, § 18.—L. 19, § 1, *de just. et jure.*

(2) L. 2, D. *de legibus.*

(3) Ἀλλότριον ἀγαθὸν δοκεῖ εἶναι ἡ δικαιοσύνη. Arist., *Ethic.*, V.

(4) Eclog. 2, 2, c. XVI. — Harmenop., I, I, § 22.

(5) L. 1, § 2, D. *de just. et jure.*

(6) Harmenop., I, I, § 13, 14.— Eclog. 2, 2, c. XIV.— L. 1, § 3, D. *de just. et jure.*

(7) Ici νόμιμον, droit, est évidemment synonyme de κανών, règle. C'est dans ce sens que les jurisconsultes romains et quelques jurisconsultes modernes, parmi lesquels se distingue l'auteur de *l'Explication historique des Instituts*, qui nous paraît s'être inspiré de la pensée de Montesquieu, ont pu définir le droit naturel, le *droit des êtres animés.*—L. 1, D. *de just. et jure.*— Cicer., *de finibus*, l. IV, c. IX. — Gell., II, *Noct. attic.*—Plut., I. *de Legib.*— Cic., *de Legib.*, XIV.

mais elle a encore soumis à des règles immuables l'animal qui vit dans l'air ou sur la terre ; elle n'a pas même permis que celui qui vit dans la mer manquât jamais des soins de sa providence. L'union du mâle et de la femelle (1), union que nous appelons mariage ; l'éducation et le soin des enfants, sont autant d'exemples du droit naturel. Nous voyons, en effet, que non-seulement les hommes, mais encore les animaux, sont comptés parmi les observateurs du droit. Or, la nature, voyant que tout animal était une proie de la mort, a trouvé pour les parents une espèce d'immortalité dans le mariage et la procréation des enfants, qui en est la suite, dans l'amour, l'éducation (2) de leurs enfants et le droit que ces enfants ont de leur succéder.

Nous avons dit plus haut (3) qu'il est plusieurs espèces de droit, droit naturel, droit des gens, droit civil. Or, après avoir parlé de la définition du droit naturel et donné des exemples de ce droit, nous devons parler aussi du droit des gens (4).

Car quiconque fonde un État et veut le revêtir de l'ornement des lois, doit avoir soin de prendre pour base de ces lois, ou le droit des gens que par abus (5) nous appelons aussi droit naturel, ou le droit civil soit écrit, soit non écrit.

Qu'est-ce que le droit des gens? Le droit des gens est le droit qui régit tous les hommes qui veulent vivre selon la raison. En voici des exemples (6) : décapiter les homicides, (car il faut que la peine soit de même nature que le

(1) Eclog. 2, 2, c. XIV. — Arist., *Polit.*, l. I.

(2) Harmenop., l, 1, § 14. — *Voy.* notre Appendice.

(3) Nov. 22.

(4) Harmenop., I, 1, § 15.

(5) Le droit des gens, *gentium jus*, proprement dit, fait observer ici D. Godefroi, est le droit τῶν λελογισμένως βιοῦν ἐθελόντων, tandis que le droit naturel, *jus naturæ*, dans le sens rigoureux du mot, est le droit οὐ μόνον ἀνθρώπων, ἀλλὰ καὶ τῶν πάντων ζώων.

(6) Voy. pour d'autres exemples, Harmenop. l. 1, § 15, et Eclog. *huj. tit.*

crime) châtier l'adultère (1); punir le voleur sur ses biens, parce qu'il nous lèse dans nos biens; reconnaître le bienfait qu'on a reçu quand on était dans la nécessité; le devoir pour l'esclave d'obéir aux ordres raisonnables de son maître; contracter, vendre, acheter, louer, prendre à bail, faire un dépôt, établir une société, faire un prêt, une donation, un testament (2).

Qu'est-ce que le droit civil (3)? C'est le droit qu'on appelle local et usuel, lequel est circonscrit dans un lieu spécial, destiné à l'usage de ce lieu seulement, et ne doit protéger que ce lieu, ne s'exercer que dans ce lieu. Exemple (4): pressée par la famine, et n'éprouvant pas de plus grand besoin que celui des vivres devenus excessivement rares, la ville d'Athènes recourut au blé de l'étranger (5): or, celui qui eût voulu apaiser la famine, qu'eût-il ordonné, sinon que tous les commerçants en blés seraient exempts d'impôts? Aussi, après la promulgation d'une loi accordant pareille immunité, vit-on accourir vers l'Attique une foule de marchands, soit pour profiter de la famine, afin de vendre sur-le-champ leur blé, soit parce qu'ils ne payaient aucun droit de vente. Or, comme ils y vinrent en grand nombre,

(1) L. 42, D. *de verb. signif.*

(2) On a longtemps agité la question de savoir si le testament est de droit civil ou de droit des gens: Viglius, Connanus, Covarruvias, Perrenonius, Cujas, Fabrot, Mylius, Vinnius, Ev. Otton et Heineccius ont soutenu la seconde opinion avec Théophile. Duaren, Fornerius, Faber, Merillus, et pendant quelque temps Cujas, adoptèrent la première. Nous pensons avec Reitz et Meermann qu'une distinction peut seule résoudre cette difficulté: elle consiste à dire que l'origine du testament est du droit des gens, et sa forme du droit civil; c'est ainsi qu'il faut entendre ce passage de Quintilien, Inst. *de orat.*: « Sunt enim quædam non laudabilia *natura*, sed *jure* concessa, et aliquid *æquum*, sed prohibitum *jure*, ut *libertas testamentorum*. »

(3) Eclog. 2, 2, c. XIV, 10.

(4) L'Eclogue compte parmi les contrats de droit civil la novation et l'emphytéose. Eclog. 1, 2, c. 14.

(5) Harmenop., I, § 16.

il est certain qu'on y importa une grande quantité de blé : cette loi donc n'était utile qu'aux Athéniens. Et, en effet, chez les Alexandrins, et autres peuples qui ont du blé en abondance, il n'eût pas été moins ridicule qu'inutile de faire une pareille loi. Nous trouvons un autre exemple de droit civil dans la ville de Lacédémone, qui, en vertu d'une loi (1) publiée par Lycurgue, interdisait aux étrangers de pénétrer dans ses murs, de peur que le contact des étrangers ne corrompît les mœurs des Lacédémoniens. Cette loi n'était en vigueur que chez les Lacédémoniens, tandis qu'elle était un objet de mépris pour les Athéniens, qui étaient si loin de chasser les étrangers d'Athènes, qu'ils avaient dressé un autel (2) à la Miséricorde et faisaient un si bon accueil à ceux qui venaient les visiter, que plus d'une fois, par un excès d'humanité, ils n'hésitèrent pas à combattre pour eux.

1. Tout peuple donc observe un droit écrit ou un droit non écrit, composé en partie de lois qui lui sont propres, c'est-à-dire, du droit civil, et en partie de lois qui lui sont communes avec d'autres peuples, c'est-à-dire, du *jus gentium :* car l'ensemble des lois que se donne une cité, s'appelle *jus civile*, et celui que la raison naturelle a établi chez tous les hommes et que tous les peuples observent, s'appelle *jus gentium ;* or, le peuple romain se sert tantôt du droit civil et tantôt du droit des gens : nous dirons en son lieu quelle est la nature de chacun de ces droits (3).

2. Mais le droit civil porte le nom de la cité qu'il régit, tel est, par exemple, le droit des Athéniens ou des Lacédémoniens : aussi, peut-on avec raison et avec vérité, appeler *jus civile Atheniensium vel Lacedæmoniorum*, c'est-à-dire.

(1) *Vid.* Suidas, v° ξενηλατεῖν, où il parle de la ξενηλασία, ou droit de chasser les étrangers - de ξένος, étranger, et λατειν (ἐλαύνειν). chasser, repousser, éloigner.

(2) Pausanias parle de cet autel dans ses *Attica*.

(3) L. 9, D. *de justitia et jure.* — Gaius, *Comm.*, I, § 1.

droit civil des Athéniens ou des Lacédémoniens, les lois de Solon, législateur des Athéniens ou celles de Dracon (1), législateur des Lacédémoniens ; c'est ainsi que le droit observé par le peuple romain s'appelle *jus Quiritium*, c'est-à-dire observé par les Quirites (2), car les Romains sont appelés Quirites de Quirinus, c'est-à-dire Romulus, qui se vantait d'être issu de Mars ; mais si on dit simplement *jus civile*, sans ajouter le nom d'une cité, on veut parler du droit romain, comme lorsque nous disons le Poete, sans ajouter de nom propre, nous entendons chez les Grecs. Homère, et Virgile chez les Latins.

Quant au droit des gens, il est commun à tout le genre humain : car l'usage et les besoins de la vie ont forcé notre espèce à découvrir ou établir plusieurs sortes de droits, c'est ainsi que des guerres se sont élevées et ont amené à leur suite la captivité et l'esclavage, également contraires au droit naturel, la nature ayant fait tous les hommes libres De ce droit (3) des gens découlent presque (4) tous les contrats, l'achat, la vente, la conduction, la location, le dépôt, le prêt et une foule d'autres.

(1) Dracon, farouche législateur des Athéniens, vivait dans le septième siècle avant J.-C. Au rapport de Plutarque (*Vie de Solon*), l'orateur Démade disait que ses lois étaient écrites non avec de l'encre, mais avec du sang, δι' αἱματος, οὐ διὰ μέλανος Δρακων ἐγραψε. Ses lois furent abolies par celles de Solon on en trouve sept dans la *Jurisprudentia vetus* de Prateus. — Inutile de répéter ici ce que nous avons dit dans notre Dissertation sur les prétendues erreurs échappées à Théophile : évidemment au lieu de Δράκοντος, il faut lire Λυκούργου ; ou peut-être, faut-il avec Vonck ajouter la conjonction ἢ après Δράκοντος, et sous-entendre νομοθετου, de même que Élien a sous-entendu γυναῖκα dans la phrase suivante : γυναῖκας τῶν Ἑλλήνων ἐπαινοῦμεν, Πενελοπην, Ἄλκέστιν καὶ τὴν (γυναῖκα) Πρωτεσιλάου. Elian, XIV, 5, II 45.

(2) Festus, v° *Quirites*.

(3) L. 5, D. *de just. et jure*.

(4) Justinien, *hic*, dit aussi *omnes pene contractus*, presque tous les contrats, et c'est avec raison : car la stipulation et les *nomina*

3. Après avoir parlé de la première division du droit en droit naturel, droit des gens et droit civil, et caractérisé chacun de ces droits par des définitions et des exemples, arrivons à la seconde division : le droit est (1) écrit ou non écrit. Le droit écrit comprend la *Lex* (2), les Plébiscites, les Sénatus-consultes, les Constitutions impériales, les Edits des magistrats, les Réponses des prudents.

4. C'est ici le lieu d'apprendre combien les Romains ont de législateurs (3), quels sont ces législateurs, et quelle est la dénomination des lois émanant de chacun d'eux. Il y a six législateurs chez les Romains : le Sénat, le Prince, le Peuple, la Plèbe, les Magistrats de la ville de Rome, les Prudents. Mais qu'est-ce que le peuple? C'est la réunion de tous les citoyens (4) de toute condition, des simples particuliers comme des sénateurs; or, le droit établi par le peuple s'appelle *lex*, parce que le peuple faisait la loi par écrit : car le mot *lex* désigne généralement tout le droit écrit, et c'est de la loi qu'émanent les autres sources du droit. Mais, comme le peuple est le premier des législateurs, il

*transcriptitia* dérivent du droit civil. Gaius, *Comm.*, III, 93, 133. — L. 5, D. *de just. et jure.* C'est donc à tort que Fabrot et Vinnius ont prétendu que Théophile n'a dit σχεδὸν, *presque*, que δι' εὐλαβείας φιλοσόφων.

(1) Eclog. 2, 2, c. XIV. — L. 6, § 1, D. *de just. et jure.*

(2) L. 6, D. *de just. et jure.* — Gaius, *Comm.*, I, § 2.

(3) Eclog. 2, 1, c. IV. Il est à remarquer que dans cet endroit de l'Ἐκλογή, au lieu de *lex*, comme dans Justinien et Théophile, ou *leges*, comme dans Papinien, l. 7, D. *de just. et jure*, on lit : ἀπὸ Δωδεκαδέλτου (loi des Douze Tables). Le § 4 de notre titre démontre que le mot *lex* avait chez les Romains un sens plus étendu (4. Inst. *hic*).

(4) Κοινῆς τύχης σύνοδος, mot à mot, réunion de l'état commun (de la république), et non de la fortune publique, suivant la traduction de Curtius corrigée par Fabrot : Curtius a commis plusieurs erreurs de ce genre; elles ont été relevées par Nannius dans son énergique *Apologia super annotatiunculis in Theophilum*, qui forme l'article 4 du Ve *excursus* de Reitz, t. II, p. 1146.

a fallu honorer d'une dénomination commune à tout le droit écrit, le droit qu'établissait le peuple. Voici comment se faisait la loi : le peuple approuvait la proposition faite par un magistrat sénateur (1), un consul, par exemple, qui lui demandait s'il fallait établir telle loi.

La Plèbe (2) se compose de tous les Romains, moins les sénateurs (3). La loi par elle établie se nommait plébiscite, c'est-à-dire, loi acceptée et ratifiée par la Plèbe ; car c'est sur la proposition d'un magistrat plébéien, c'est-à-dire d'un tribun (4) (que nous appelons démarque), que la Plèbe établissait des lois (5).

La Plèbe diffère du Peuple comme l'espèce du genre ; en effet, par le mot peuple, on désigne tous les citoyens, y compris les patriciens et les sénateurs, tandis que sous le nom de plèbe sont compris tous les citoyens, moins (6) les patriciens et les sénateurs.

5. En troisième lieu, le sénat chez les Romains établissait des lois. Le sénat est une assemblée composée de l'élite des citoyens, laquelle n'admet dans son sein aucun simple particulier ; la loi par lui établie porte le nom spécial de *Senatusconsultum* (7), c'est-à-dire, décision du sénat. Mais, dira-t-on peut-être, comment, alors qu'il était si facile au peuple de se rassembler et de créer à lui seul la *lex*, c'est-à-dire la loi, a-t-on pu lui donner de si diverses dénominations ? En voici la raison : dans une ville aussi populeuse que Rome, la discorde et la sédition, ainsi que cela arrive souvent, se glissèrent parmi le Sénat et la Plèbe apparem-

(1) Ajoutez : un dictateur, ou un préteur ; quant à l'*interrex* et au censeur, ils n'avaient pas le droit de proposer des *leges*.

(2) Eclog. 2, 1. — L. 238, D. *de verb. signific.*

(3) Eclog. 2, 1. Rien ne prouve que les édiles plébéiens aient joui de ce droit.

(4) L. 2, § 8 et 12, D. *de orig. jur.* — Gaius, *Comm.*, I, § 3.

(5) L. 238, D. *de verb. signific.* — Isid. I, c. IV. — Festus, v° *Populus*.

(6) L. 2, § 20 et 21. *de orig. jur.*

(7) Gaius, *Comm.*, I, § 46. — Festus, v° *Senatus decretum*

ment parce que le sénat voulait tenir le premier rang. C'est pourquoi on se divisa, on se sépara, et chaque corps eut une action et un gouvernement à part; mais, comme on ne pouvait vivre sans rapports mutuels, au sein d'une même république, les sénateurs, pour apaiser les contestations et éteindre les procès, établirent certaines lois : de son côté, la plèbe en fit autant. Aussi, est-ce avec raison que les lois décrétées par les deux ordres prirent des noms divers; car ce qu'établissait le sénat ne pouvait s'appeler *lex*, puisque la plèbe n'intervenait pas pour y consentir; il fallut donc l'appeler *sénatus-consulte*, c'est-à-dire, décret du sénat, du nom de ses auteurs : car *senatus* signifie sénat, et *consulere*, pourvoir. Or, comme le sénat statuait par des lois sur toutes les contestations à naître, on donna justement à ces lois le nom de *sénatus-consulte* : d'autre part, la plèbe, au milieu de laquelle pouvaient s'élever tant de contestations, établissait à son tour des lois qu'on ne pouvait appeler *lex*, le sénat ne leur ayant pas donné son adhésion: on les nommait donc plébiscites (1), c'est-à-dire, lois émanées de la plèbe. Or, comme il ne pouvait régner entre les deux ordres de l'État d'éternelles dissensions, un homme animé de l'amour de la patrie, Hortensius (2), les engagea à mettre fin à leurs discordes et à leurs divisions, et leur en montra si bien les suites funestes qu'il les amena à une réconciliation. Leur réunion une fois opérée, la plèbe voulut que les lois par elle établies fussent obligatoires pour les sénateurs eux-mêmes : de son côté, le sénat demanda que les sénatus-consultes eussent force de loi pour la plèbe. Les deux ordres ne pouvant donc s'accorder entre eux, parce que le sénat dédaignait d'accepter les plébiscites, et que la plèbe, irritée, ne voulait point se soumettre aux sénatus-consultes, leurs discordes allaient se renouveler, lorsque enfin le même Hor-

(1) L. 1, § 20 et 24, *de orig. jur.*

(2) L. 2, § 8, *de orig. jur.* — La réconciliation du sénat et de la plèbe date de la loi Hortensia *de plebiscitis*, 280 avant J. C. Aulu-Gelle, liv. XV, c. XXVII. — Pline, liv. XVI, c. X.

tensins, apaisant leurs discordes, leur persuada de recevoir leurs lois respectives, et de s'y conformer. Or, les lois établies par la plèbe ou le sénat seulement, ne pouvaient plus dès lors être appelées *lex*, puisqu'elles n'émanaient plus de leur consentement simultané. Mais, comme le plébiscite rendu par la plèbe avait le même effet que la loi, et obtenait les mêmes résultats, en d'autres termes, était obligatoire pour tous, *legis vigorem habet*, c'est-à-dire, il a force de loi : mais dans la suite, quand le nombre des Romains se fut tellement accru (1) qu'il leur fût difficile de se réunir ensemble pour faire des lois, il parut très-juste et très-naturel que le seul sénat créât (2) les lois lui-même, comme représentant de tout le peuple.

6. Nous avons parlé de trois législateurs, le peuple, la plèbe, le sénat. Maintenant que nous avons défini chacun d'eux, et que nous avons dit comment ils créaient les lois, parlons d'un quatrième législateur : or, le quatrième législateur, chez les Romains, c'est le prince.

Mais, qu'est-ce que le prince? Le prince est celui qui a reçu du peuple le pouvoir (3) de commander : les lois qu'il établit portent le nom générique (4) de *constitutio*, c'est-à-dire, constitution ou disposition : or, on divise les constitutions en trois espèces (5), l'*Epistola*, l'*Edictum* et le *Decretum* (6).

(1) On peut voir dans Suétone, *in Tiber.*, c. XXX, et Tacite, *Ann.*, c. XV, la véritable cause du fait, qu'à l'exemple des *Instituts*, Théophile explique d'une manière flatteuse pour le prince, mais peu conforme à la vérité.

(2) L. 2, § 9 et 12, D. *de orig. jur.*

(3) Allusion à la fameuse loi *Regia*, dont il est question plus bas, dans le même paragraphe.

(4) L. 1, D. *de const. princip.*

(5) C'est ainsi que plus haut § 4, *hic*, Théophile a défini la loi, *lex*, κοινὸν τοῦ ἐγγράφου νόμου ὄνομα. — L. 1, D. *de const. princip.* — Ecl. 2, 6, c. 11. — Harmenop., I, v, § 34.

(6) Dans l'[illegible], il est, en outre, fait mention de la *de plano interlocutio*.

Et qu'est-ce que l'*Epistola* (1)? C'est la réponse du prince à la demande qu'un magistrat (judiciaire) lui adresse relativement à un cas douteux ; par exemple : il arriva dans une province, qu'à la mort d'un individu qui ne laissait aucun héritier ni parmi les ascendants, ni parmi les descendants, deux autres personnes, le frère et l'oncle paternel du défunt, se disputèrent l'hérédité, l'un et l'autre voulant la recueillir exclusivement, l'un comme frère, l'autre comme oncle paternel ; or, comme il n'y avait aucune loi qui eût décidé ce cas, le président de la province en référa au prince ; et le prince, après en avoir pris connaissance, lui répondit qu'il devait préférer le frère du défunt.

Le prince fait encore la loi par *Decretum* (2). Mais, qu'est-ce que le *decretum*? C'est la sentence du prince sur une contestation portée devant lui, comme dans la même espèce : deux individus étaient en procès relativement à une hérédité comme frère et oncle paternel du défunt, pour savoir qui des deux était appelé à cette hérédité préférablement à l'autre. Le prince, après les avoir entendus l'un et l'autre, décide que c'était le frère qui devait être préféré : voilà la loi du prince. Le mot Décret vient de *decernere*, qui signifie discerner : car il prononce suivant ce qui, d'après son discernement, lui paraît juste et équitable. La sentence du magistrat s'appelle aussi *decretum* ; mais ce *decretum* diffère de celui du prince, en ce que le *decretum* de celui-ci décide tout à la fois la question qui lui est soumise et celle de même nature qui pourra surgir plus tard, tandis que le *decretum* du magistrat ne décide que celle qui lui est actuellement soumise ; ajoutez à cela qu'on peut appeler de son *decretum*.

Le prince fait encore la loi par *Edictum* (3). Mais, qu'est-ce

(1) L. ult. C. *de divers. rescript.* ; l. 1, D. *de const. principum.*

(2) Servius, *in Æneid.*, lib. XII.

(3) Dion. Halycarn. 5. — Donat. *in Eunuch.*, act. III, sc. v.

que l'*edictum*? Toute loi portée spontanément (1) par le prince dans l'intérêt de ses sujets. Le mot *Edictum* vient de *edicere*, qui signifie dire d'avance, réprimer tous les désordres qui peuvent régner plus tard parmi les sujets de l'Empire : souvent, en effet, le prince se dit que des sujets sont victimes de nombreux abus : si, par exemple, l'individu qui prête cent sols à intérêt stipule que tous les ans on lui donnera huit (2) sols, à titre d'intérêt. Le prince estimant que c'était là un abus (3), et indigné contre ceux qui s'en rendaient coupables, a publié une constitution (4) qui veut qu'on ne donne tous les ans à titre d'intérêt que six sols, pour un prêt de cent sols : or, que les constitutions du prince aient la même force que la *lex*; c'est ce dont personne ne doute. Mais, dira-t-on peut-être, pourquoi les sénatus-consultes qui étaient rendus par un grand nombre de sénateurs, n'eussent-ils jamais été exécutoires contre les plébéiens ? et réciproquement, pourquoi les plebiscites qui étaient rendus par une plèbe innombrable, n'eussent-ils jamais été exécutoires contre les sénateurs, si Hortensius ne leur eût persuadé à tous de les rendre exécutoires contre tous indistinctement? Pourquoi cela, puisque les constitutions du prince, c'est-à-dire d'un seul homme, obligent, d'après vous, tout le monde sans exception? Nous dirons que, pour savoir la raison de ce fait, il faut bien comprendre la définition du prince : le prince, en effet, est celui qui a reçu du peuple le pouvoir de commander : et le peuple représente et le sénat et la plèbe. Voilà pourquoi la plèbe ne s'opposait pas plus aux constitutions du prince que le sénat ne les critiquait lui-même ; car, autrement, ils se seraient mis en contradiction avec leurs propres suffrages. C'est le peuple, en effet, qui a créé le prince, par la loi

(1) L. 3, C. *de leg.*
(2) *Voy.* notre Appendice
(3) *Voy. inf.*, lib. IV, tit. vi, 3.., 33
(4) L. 26, C. *de usuris*

Regia (1) relative à l'empire, laquelle lui a conféré tout pouvoir sur le peuple : ainsi donc tout ce qu'ordonne le prince se nomme *constitutiones*.

Or, parmi les constitutions, il en est qui sont personnelles (2) et qui ne font pas exemple (3), parce que telle n'est pas la volonté du prince, comme, lorsque pour récompenser quelqu'un qui a bien mérité de la république, il le dispense du payement de l'impôt public. Si donc, plus tard, un autre individu a rendu, comme le premier, ou même plus que lui, des services à la république, il ne pourra, en vertu de cette loi, en demander la même récompense, parce que cette loi est inhérente à la personne (de celui en faveur de qui elle a été établie). Pareillement, si le prince inflige à un délinquant une peine plus forte qu'à un autre délinquant, ou, par contraire, lui pardonne, tout cela ne fera pas davantage exemple ; c'est-à-dire, que ceux qui plus tard commettront le même délit n'obtiendront pas la même grâce, et ne seront pas frappés d'une peine plus forte que la peine ordinaire. Car tout cela n'a pour objet que les personnes (dont il s'agit dans tel cas particulier). Ainsi donc, les constitutions personnelles ne s'étendent pas au delà de celui pour qui elles

(1) On appelle ainsi la loi qui constitua le prince dans les pouvoirs, en vertu desquels il pouvait statuer *vice populi*. Voy. l'*Introduction à l'histoire du droit romain* de M. Ch. Giraud, p. 221, et suiv. — Juvénal, satyr. X, nous explique cette immense concession du peuple romain en faveur d'un seul homme, de l'empereur :

> . . . . . . . Qui dabat olim  
> Imperium fasces, legiones, omnia, nunc se  
> Continet, atque duas tantum res anxius optat  
> Panem et Circenses

L. 1, § 7, C. *de veter. jur. enucleand.* ; L. 1, D. *de const. princip.*, L. 2, D. *de orig. jur.*

(2) Gaius, *Comm.*, 1, § 5. — L. 2, § 11 et 12, D. *de orig. jur.* — Harmenop., 1, 1, § 54. — Eclog. 2, 6, 2. — L. 1 *in fine*, D. *de const. princip.*

(3) Harmenop. et Eclog., *iisdem locis*.

ont été établies, tandis que les constitutions générales s'appliquent à toutes personnes et à toutes choses.

Nous avons parlé de quatre législateurs, le peuple, la plèbe, le sénat, le prince : en cinquième lieu, font la loi chez les Romains, les magistrats du peuple romain (1), qu'ils soient assis sur le siége consulaire (2) ou sur la chaise curule. Or, il y a un grand nombre de magistrats, et de divers degrés. Mais on entend par cette dénomination générique les *magistratus populi romani* (c'est-à-dire, les magistrats du peuple romain). Or, les magistrats ne faisaient la loi ni par *epistola*, ni par *decretum*, mais seulement par *edictum*. Mais pourquoi le prince peut-il également faire la loi par *decretum* et par *edictum*, tandis que les magistrats ne le peuvent que par *edictum* seulement? En voici la raison : les fondateurs de la république romaine voulant lui donner de bonnes lois, s'efforcèrent de n'en créer que d'irréprochables, et ils atteignirent leur but en permettant

(1) Martian. Capell. 5. — Boet., *in Topic. Cicer.*, dit : « Edicta magistratuum sunt, quæ prætores urbani vel peregrini, vel ædiles curules jura dixere » — L. 2, § 10, 12, 21, 32, D. *de origin. jur.* — Gaius, *Comm.*, I, § 6. — *Voir*, sur les préteurs et les magistrats du peuple romain, l'*Introduction a l'histoire du droit romain* de M. Ch. Giraud, p. 117 et seq.; — Et, sur le *prætor peregrinus* et sur le *prætor urbanus*, la dissertation de Mylius, *excursus* III, art. 5, t. II, de l'édition de Reitz. Les édits des préteurs et des principaux magistrats formaient le droit honoraire, *jus honorarium* (Inst., *hic*.—Theoph. *Paraphr. infra, eod. paragraph. in fine*).

(2) Σελλη τῇ ὑπατικῇ. *Voy.* la fin de ce paragr. Cette *sella* était nommée curule du *currus* (char) des consuls et des préteurs. *Ibid.* 20, 12. — Aussi, Festus définit-il les magistrats curules : *qui curru vehebantur*. — *Vid.* sur la *sella prætoria* l. 1, D. *de postulando*, l. 7, D. *de servit. rustic.*; l. 49, D. *de legib.* — Les magistrats du peuple romain, *magistratus populi romani*, sont le plus souvent désignés dans les auteurs par les trois majuscules M. P. R.; il ne faut pas les confondre avec les magistrats particuliers des cités.

au prince, et non aux magistrats, de faire des lois, tant par *decretum* que par *edictum*, persuadés que le magistrat aurait été fortement soupçonné d'avoir rendu sa décision ou pour complaire à un ami, ou après avoir reçu des présents, ou pour satisfaire sa haine. Mais le prince est au-dessus de ces soupçons; car il ne peut être séduit par l'appât de l'or, lui qui est non-seulement maître (1) de nos fortunes, mais encore de nos personnes, et l'amitié ne peut pas lui faire transgresser la loi; car le prince qui a de l'affection pour quelqu'un peut lui en donner une preuve beaucoup plus éclatante. Il n'agira pas non plus par haine: car le prince ne hait aucun de ceux qui sont sous sa domination, puisque celui qu'il hairait serait immédiatement compté parmi les morts. Quant aux magistrats (2), on ne leur a permis de faire des lois que par *edictum*, parce qu'ils le proposent (3) avant l'affaire qu'ils doivent juger, c'est-à dire, avant que l'affaire et ses circonstances aient été développées devant eux, et qu'ainsi il est à l'abri de tout fâcheux soupçon. Or, c'est principalement au préteur urbain, au préteur des pérégrins et aux *ædiles curules* qu'on a permis de faire (4) des lois: or, le préteur urbain est ainsi nommé de *præcedere* (5),

(1) *Vide* Cujac. *Observation.*, lib. XV, cap. XXX.—A notre avis, ce tribut de louanges exagérées, payé par l'auteur de la Paraphrase au prince dont il explique les Instituts, peut être regardé comme une des plus fortes preuves morales de l'identité de Théophile, collaborateur de Justinien, et de Théophile le paraphraste.

(2) Ici, comme plus haut, même paragraphe, il s'agit des magistrats du peuple romain.

(3) L. 7, D *de jurisdictione.* — Eclog. 3-7.

(4) Théophile semble confondre ici deux choses très-distinctes, le *jus legis ferendæ*, et le *jus leges edicendi*: mais il faut remarquer que le mot *lex* (νόμος, νομοθετεῖν) se prend quelquefois dans le sens d'*edictum*. C'est ainsi que les édits des censeurs s'appelaient *leges censoriæ*. Cicer., *de Divinat.*, III. — *Voy.* Brisson, *de Formulis*, P. R. III, 10, et VI, 81. — Cujac. *Observ.*, VII, XXV.

(5) Ou mieux *de præeundo*. Varr. 4, *de Lingua latina*, num. 14

c'est-à-dire, précéder et commander, et d'*urbs*, nom qu'on donne à Rome parce qu'elle est la ville (*urbs*) par excellence; car le préteur urbain ne rendait la justice qu'aux citoyens qui étaient à Rome même. Quant à l'autre préteur, il s'appelait préteur pérégrin (1), de *præcedere* et de *peregrinus*, parce qu'il ne rendait la justice qu'aux étrangers et aux gens de passage. Or, comme il y avait à Rome une multitude innombrable, et que le préteur urbain ne pouvait juger toutes les affaires, on créa le préteur pérégrin pour rendre la justice aux pérégrins.

Les *ædiles curules* (2) établissaient aussi des lois : on les a ainsi nommés (3) parce qu'ils étaient chargés de veiller à la décoration et à la propreté des temples; car *ædes* (4) veut dire temple, et *cura* (5), soin. Ils devaient veiller, en effet, à ce que personne, avant d'avoir atteint sa quarantième année (6), ne remplît les fonctions sacerdotales : ou plutôt, on les a ainsi appelés parce qu'ils étaient chargés de présider aux marchés (7), car, en grec, les *ædiles curules* sont les ἀγορανόμοι, ou plutôt, voici l'étymologie qui nous paraît la plus exacte : quand la plèbe se sépara du sénat, à l'instar des sénateurs à qui la justice était rendue par un consul,

et 16. — Nonnius, 1, n. 9, 9, *ead.* 2 et 5. — Festus, v° *Prætoria porta.* — L. 2, § 27, D. *de orig. jur.*

(1) L. 2, § 28, D. *de orig. jur*; l. 9, § 4, *de dolo.*

(2) L. 2, § 26, D. *de orig. jur.*; l. 1, D. *de ædilit. edict.*

(3) Cf. Festus, v° *Ædiles.* — Varr., *de Lingua latina*, 4.

(4) Cf. Dionys. Halyc. *Antiquit.*, VI, 90.

(5) Ou plutôt *de curia.*

(6) De ce que les *Novelles*, 137, c. II, et 123, c. XIII, veulent que le prêtre et l'évêque aient au moins trente ans, Fabrot et plusieurs jurisconsultes estimés, tels que Doujat et Ev. Othon, ont conclu que Théophile a commis une erreur juridique, comme si notre auteur avait entendu parler en cet endroit du sacerdoce chrétien. Au surplus, nous avons démontré dans notre Dissertation que la *Paraphrase* de Théophile a précédé le Code *repetitæ prælectionis*, et partant, les *Novelles.*

(7) L. 65, D. *de ædil. edict.*

elle se choisit un magistrat à qui devaient s'adresser ceux qui avaient besoin de son intervention, et pour cette raison on le nomma *adilis* : plus tard, par euphonie, on ajouta à ce mot la lettre *e*, d'où vient le mot *ædilis*. On les nommait encore *curules*, parce qu'ils siégeaient sur une chaise consulaire ; leurs édits étaient observés même dans les provinces, et on donnait au recueil des lois faites par les magistrats, le nom de (1) *jus honorarium*, parce que c'est par respect pour les magistrats et pour les auteurs de ces lois qu'on était tenu de s'y conformer. Quant aux édiles (en particulier), ils pouvaient faire des lois sur certains objets, et leurs édits furent réunis et incorporés à l'édit des deux preteurs, urbain et pérégrin.

8. En sixième lieu font encore la loi les Prudents (2) :

(1) L. 2, § 10 et 12, D. *de orig. jur.*; l. 7, D. *de justitia et jure*.

(2) Gaius, *Comm.*, 1, § 7. — *Voy.* le *Commentaire* de Vinnius sur le § 8 des Instituts, et l'*Introduction* de M. Ch. Giraud, p. 1. 4.

Les *prudents*, *prudentes*, σοφοι, s'appelaient aussi *jurisconsulti*, *consulti*, *jurisperiti*, *periti*, *jurisprudentes*, *auctores juris*, *juris studiosi*. Ce n'est qu'à partir du règne d'Adrien que les *responsa prudentum* obtinrent en quelque sorte force de loi, *legis rigorem*. Avant Auguste, nous ne voyons pas que le peuple ou le sénat ait jamais permis aux prudents *jura condere*, τὸ νομοθετεῖν, comme dit Théophile ; aussi Vinnius, dans son *Commentaire*, et Heineccius, dans son *Antiquitatum jur. rom. syntagma*, accusent-ils notre auteur d'avoir avancé un fait que rien ne justifie ; nous croyons avec Reitz que ce reproche n'est pas aussi fondé qu'il le paraît d'abord. En effet, ne pourrait-on pas dire que le peuple, le sénat, ou le prince accordaient aux *responsa prudentum* cette autorité que la loi ne leur reconnaît pas expressément ? Au surplus, la preuve de l'assertion de Théophile ne semble-t-elle pas résulter d'un Fragment de Pomponius sur les sources du droit civil : Cf. l. 2, § 5 et 6, 12 et 35, D. *de orig. jur.* Ce jurisconsulte y met sur la même ligne la loi des Douze Tables et les actions de la loi qui furent, comme on sait, une création des jurisconsultes ou *prudents*, et c'est en parlant et de la loi des Douze Tables et des *legis actiones* qu'il ajoute : *ex quibus constituebatur quis quoquo anno præesset privatis*.

j'appelle prudents ceux à qui le peuple (1), le sénat ou le prince ont permis de créer des lois ; or, les lois par eux établies reçoivent la dénomination générique de *responsum prudentum* (2), c'est-à-dire, réponse des prudents, parce que c'était par leurs consultations et leurs réponses qu'ils faisaient des lois.

Or, le *responsum* comprend la *sententia* et l'*opinio*. Mais qu'est-ce que la *sententia*? C'est une réponse décisive et expresse, telle que celle-ci : il est permis de faire cela; il n'est pas permis de faire cela. L'*opinio* est une réponse incertaine et douteuse, telle que celle-ci : je crois qu'il est permis de faire cela; je crois qu'il n'est pas permis de faire cela. On leur accorda le droit de faire publiquement des lois ou de les interpréter, et on les nomma *jurisconsultes*, c'est-à-dire, consultés sur la loi; car, *consulere*, c'est consulter. Telle est l'autorité de leurs *sententiæ* et de leurs *opiniones*, que le juge n'ose pas s'écarter de leurs réponses, comme le déclare expressément la Constitution de l'empereur (3). Voilà donc les sources du droit écrit, c'est-à-dire, les volontés du peuple ou de la plèbe, du sénat, du prince, (les édits) des magistrats de Rome, et les reponses des prudents.

(1) L. 12, § 47, D. *de orig. jur.*

(2) De là les *libri responsionum*, *sententiarum*, *opinionum*.

(3) Quel est cet empereur? Denys et Jacques Godefroy pensent qu'il s'agit ici de Valentinien : Hotoman partage leur sentiment; suivant Ritter, Fabrot et Reitz, Théophile parle d'Auguste, et leur opinion nous paraît préférable, par la raison que Théophile ne nous semble avoir voulu indiquer, par le seul titre de βασιλεύς, que le prince qui le porta le premier et dont il devint en quelque sorte, le nom patronymique. Si on considère, en outre, que toutes les fois que Théophile parle d'un empereur autre qu'Auguste, c'est toujours en le désignant par son nom ou par une dénomination qui ne convient qu'à lui, on ne sera nullement ébranlé par l'argument que Denys et Jac. Godefroy ont cru trouver en faveur de leur opinion dans la loi. 1, C. Théod., *de responsis prudentum*.

9. Le droit non écrit (1) est celui qu'ont validé un long usage (2) et le consentement de ceux qui le suivent.

10. C'est donc avec raison qu'on dira que le droit civil se divise en droit écrit et en droit non écrit. Il paraît, en effet, devoir son origine (3) aux institutions de deux villes (différentes), d'Athènes et de Lacédémone. Tel était l'usage dans ces deux cités, qu'à Lacédémone on confiait les lois à la mémoire (4), tandis qu'à Athènes on ne respectait et on n'observait que celles qui étaient consignées par écrit (5).

11. Quant aux *jura gentium*, on les observe chez toutes les nations, établis qu'ils sont par la divine Providence, source de leur force et de leur immutabilité (6), tandis que tout ce qu'établit le droit civil, c'est-à-dire, le droit que se constitue une cité, ou tout ce qui émane du consentement tacite (7) du peuple, ou des autres sources des lois (8), éprouve souvent des changements.

## TITRE III.

### DU DROIT DES PERSONNES (9).

Après avoir dit ce que c'est que la justice, traité de la division générale des lois, et appris combien il y avait autrefois de législateurs et comment on a nommé les lois faites

(1) *Vid. Comment.* Vinn., *hic.*

(2) L. 32, pr. et § 1; l. 33, 35, *de legibus.* — Harmenop., I, 1, § 42. — Eclog. I, 2, c. XXXII.

(3) Dionys. Halycarn., X. — Harmenop., I, 1, § 30.

(4) On trouve dans Plutarque, *Vie de Lycurgue*, une loi conçue en ces termes : μὴ χρῆσθαι νόμοις ἐγγράφοις.

(5) Andocidæ Orat. I, ἀγράφῳ νόμῳ τὰς ἀρχὰς χρῆσθαι.

(6) Harmenop., I, 1, § 25.

(7) L. 32, D., *de legibus*; l. 8, D. *de orig. jur.*; l. 31 et 32, § 1. — Eclog. 1, 2, c. XXXII.

(8) Harmenop., I, § 26, 27.

(9) D. *de jure personar.* — Harmenop., Πρόχειρ., tit. XVIII — Eclog. 1, 46.

par chacun d'eux; après avoir appris enfin que parmi les lois les unes sont écrites et les autres non écrites, passons à une autre matière, et apprenons quels sont les objets du droit romain. Le droit a trois objets, les personnes (1), les choses, les actions : les personnes, quand nous disons, un tel est sénateur, ou plébéien; les choses, quand il s'agit de savoir si le testament fait par un tel est valable ou inutile; les actions, quand on est en doute si telle ou telle action compète à un tel. Mais il faut traiter en premier lieu des personnes, des choses ensuite. et enfin des actions. Or, voici comment se lient (2) entre eux les trois objets de droit : là où il y a des personnes, évidemment il y a des choses, et là où il y a des choses, il doit nécessairement être question d'actions : il faut donc parler (d'abord) des personnes. Vainement, en effet, connaîtrions-nous les lois, si nous ne connaissions en même temps les personnes pour qui les lois ont été faites.

Or, voici (3) la principale division des personnes : les hommes sont libres ou esclaves.

1. On peut définir la liberté (4), (d'où vient la dénomination d'hommes libres), la faculté naturelle à chacun de faire ce qui lui plaît, à moins que la force ou la loi ne s'y opposent : la force, lorsque voulant faire une chose que la loi ne me défend pas, quelqu'un m'en empêche par violence; la loi, quand par des menaces on m'empêche de faire ce que je veux : c'est ainsi que la crainte du maître empêche l'esclave (5) de faire ce qu'il voudrait faire.

(1) L. 1, D. *de stat. homin.* — Gaius, *Comm.*, 1, § 8.

(2) L. 2, D. *de stat. homin.*

(3) L. 3, D. *de stat. homin.* — Gaius, *Comm.*, 1, § 9. — Basil., 46, 1. — Harmenop., I, XVIII, § 1.

(4) L. 4, D., *de stat. homin.* — Harmenop., I, XVIII, § 2. — Eclog., 46, 1, c. II.

(5) Harmenop., I, III, et tit. XVIII

2. La servitude est une institution (1) du droit des gens qui soumet un homme au pouvoir d'un autre homme, contrairement au droit naturel; car la nature nous a faits libres, et c'est la guerre seule qui a créé l'esclavage, puisque le droit de la guerre veut que les vaincus deviennent la propriété des vainqueurs.

3. On nomme les esclaves *servi*, parce que les généraux (2) d'armée étaient dans l'usage de conserver et de préserver ainsi de la mort les prisonniers qu'ils voulaient vendre : c'est donc de *servare* que dérive la dénomination de *servi* (3) qu'on appelle encore *mancipia* (4), parce qu'ils sont pris avec la main sur les ennemis.

4. Or, les esclaves ou naissent tels ou le deviennent. Naissent esclaves ceux qui doivent le jour à nos esclaves : ils le deviennent par le droit des gens, c'est-à-dire par la captivité ou par le droit civil. Si un homme libre majeur de vingt ans se laisse vendre (5) pour partager le prix de la vente, ce qui a lieu quand je traite avec un individu pour qu'il me vende au prix de vingt pièces de monnaie, par exemple, à condition qu'il en touchera cinq et qu'il m'en donnera quinze, celui qui fait un pareil traité perd, en vertu d'une législation particulière aux Romains, cette liberté qu'il a déshonorée, et dont il s'est montré indigne en livrant pour un peu d'or la liberté qui lui appartenait de droit.

5. La condition d'esclave n'admet aucune division (6),

(1) L. 4, § 1, D. *de stat. pers.*—Harmenop., I, III. — Eclog., 45, 1, c. II.

(2) L. 25, § 1, D. *de verb. signif.*, l. 4, § 1, *de stat. homin.* — Eclog., 2, 2.

(3) L. 5, § 1, D. *de statu homin.* — Harmenop., I, XVIII, § 1.

(4) C'est ainsi que saint Isidore de Séville définit etymologiquement le mot *mancipium*. *Quidquid manu capi subdique potest.*

(5) L. 5, § 1, D. *de statu homin.*; l. 40, D. *de liberali causa.*

(6) L. 5 pr., D. *de statu homin.* — *Vid. infra*, tit. V *in fine*, le passage où Théophile appelle l'esclavage ἄτομος (indivisible). — *Voy.* aussi Harmenop., I, XVIII, § 5.

car on ne peut dire qu'ils sont plus ou moins esclaves : la servitude est donc indivisible ; mais, parmi les hommes libres, nous trouvons plusieurs différences ; ils sont, en effet, ou ingénus ou affranchis.

## TITRE IV.

### DE L'INGÉNUITÉ (1).

Nous avons dit (2) qu'on divise les hommes libres en ingénus et en affranchis.

Or, l'ingénu est celui qui est libre en naissant et qui n'a jamais porté le joug de la servitude : peu importe qu'il soit né du mariage de deux ingénus, ou de deux affranchis, ou d'une personne ingénue et d'une personne affranchie.

Mais si quelqu'un naît d'une mère libre et d'un père esclave, il ne sera pas moins ingénu. Il en sera de même de celui qui naît d'une mère libre (3) et d'un père incertain, c'est-à-dire, d'une union illicite. La conception illicite de l'enfant ne peut préjudicier à son ingenuité ; il suffit que la mère ait été libre au moment de la naissance (4), bien qu'à l'instant de la conception elle fût esclave : que si, au contraire, elle a conçu libre (5) et qu'ensuite elle ait accouché après qu'elle est devenue esclave, pour s'être laissé vendre et avoir retiré une partie du prix de la vente, l'enfant sera libre ; car l'enfant qui est encore dans le sein de sa mère ne doit pas souffrir du malheur de celle-ci.

(1) Harmenop., I, XVIII, § 5.

(2) L. 5, § 2, D., *de stat. homin.* — Harmenop., I, XVIII, § 6 et 7.

(3) De là la maxime *πορνογέννητος ἕπεται τῇ μητρί*, *spurius ou vulgo conceptus matrem requirit.* — L. 19, *de stat. homin.*, l. 11, C. *de opere libert.*; l. 9, Cod. *de ingen. manumiss.* — Eclog. 46, 2.

(4) L. 5, § *ult.*, D, *de stat. homin.* — Paul., *Sent.*, II, XXIV, § 1.

(5) Paul., *Sent.*, II, XXIV, § 1.

Or, de ce que nous avons dit, savoir : qu'il suffit à l'enfant pour être libre que sa mère l'ait été au moment de l'accouchement, et que quand elle a conçu dans la liberté et enfanté dans la servitude l'enfant n'en est pas moins libre, voyez la question qui s'est élevée : une esclave (1) affranchie au moment de la conception, redevient esclave quelque temps après ; ainsi redevenue esclave, elle accouche; examinons si son enfant est libre ou esclave : nous disons qu'il est libre ; car il suffit (2) à l'enfant conçu que sa mère ait été libre à un moment quelconque de la gestation : ce qui est également vrai (3).

1. L'ingénu qui, ignorant sa condition d'ingénu, vit dans l'esclavage, et devient ensuite affranchi, n'en demeure pas moins ingénu, nonobstant l'affranchissement ; et les Constitutions impériales ont plus d'une fois décidé qu'une manumission (4) inutile ne forme point un préjugé contre l'ingénuité : or, comment un ingénu peut-il être affranchi? Disons-le en posant une espèce : j'avais à mon service une femme libre : elle a accouché, et est morte laissant, par exemple, un enfant d'un an. Peu après, il arrive que je meurs moi-même : mon héritier, trouvant cet enfant dans mon domaine, l'a cru esclave, et l'enfant lui-même, devenu homme, ignorait encore son état ; mais, ayant enfin connu la loi et sa véritable condition, l'erreur de l'héritier non plus que la sienne propre n'a rien changé à son ingénuité, et si mon héritier lui accorde le bienfait de l'affranchissement, lequel, ainsi qu'il a été dit, sera superflu, l'esclavage n'étant qu'apparent, il n'aura nui en rien à sa véritable ingénuité.

(1) Harmenop. II, XVIII, § 8.
(2) L. 3, § *ult.* D. *de stat. homin.*—Paul., *Sentent.*, II, XXIV, § 3.
(3) *Vide inf.*, tit. V, *in princip.*
(4) L. 22, C. *de probat.*; *l.* 2, C. *de ingen. manumiss.* — Paul., *Sentent.*, V, I, § 2.

## TITRE V.

DES AFFRANCHIS (1).

Nous avons dit quels sont les ingénus; parlons maintenant des affranchis : est affranchi (2) quiconque est délivré d'une juste et légitime servitude. Conséquemment, est affranchi quiconque a été délivré d'une juste et légitime servitude. J'ai ajouté dans la définition le mot *juste* (3) pour distinguer l'affranchi d'avec celui qui est esclave par ignorance de sa condition : j'ai ajouté légitime, parce que la nature ne connaît pas d'esclaves, et que la servitude est une création du droit de la guerre. L'affranchissement s'appelle chez les Romains *manumission*.

Et qu'est-ce que la manumission (4)? C'est la *datio libertatis*, c'est-à-dire, la dation de la liberté : car, tant qu'un individu est dans l'esclavage, il est sous notre puissance et dépend entièrement de nous; mais, une fois affranchi, il est libéré de cette sujétion : or, l'affranchissement tire son origine du *jus gentium*, c'est-à-dire, du droit des gens,

(1) Περὶ ἀπελευθέρων. Un jurisconsulte philologue (Marcile) a reproché à Théophile de n'avoir pas employé les mots περὶ ἀπελευθερίων au lieu de περὶ ἀπελευθέρων, parce que, suivant lui, le mot grec ἀπελεύθερος répond au mot latin *libertinus*, employé par Justinien, et parcequ'il y a une différence réelle entre *libertinus* qui signifie affranchi, par opposition à *ingenuus*, et *libertus*, qui exprime l'affranchi, considéré relativement à son patron. Contrairement à l'opinion de Marcile, partagée par Meermann (*Animadvers. critic. in Gaii Inst.*, lib. I, tit. 1), nous estimons, en nous appuyant sur les lois 4, D. *de just. et jur.*, 14, et 15, § 8, D. *de stat. homin.*, que les mots *libertus*, *libertinus*, ἀπελεύθερος, ἀπελευθέριος, peuvent être indifféremment pris l'un pour l'autre : ajoutez que les Basiliques et le Πρόχειρον d'Harmenop. se servent également du mot ἀπελεύθερος, et qu'il est probable que celui d'ἀπελευθέριος, que Marcile aurait voulu lui substituer, n'appartient pas à la véritable langue grecque

(2) L. 6, D. *de stat. homin.* — Gaius, Comm. I, § 6; — Harmenop. V, 3, § 1; — Eclog. 46, 1, c. I, *in fine*.

(3) Eclog., *eod. loc.*

(4) L. 4, D. *de just. et jur.*

parce que, suivant le droit naturel, tous les hommes naissent libres. En effet, la liberté n'était pas connue quand l'esclavage ne l'était pas. Mais le droit des gens ayant introduit la servitude, le bienfait de la liberté parut avantageux, et au lieu que la nature nous avait donné à tous le nom d'homme (c'est là, en effet, notre nom à tous), le *jus gentium* établit trois classes d'hommes; car d'après ce droit les hommes sont libres, ou, au contraire, esclaves. La troisième classe est celle des affranchis, c'est-à-dire, de ceux qui ont cessé d'être esclaves.

Nous avons dit que parmi les hommes les uns sont libres et les autres esclaves : que l'esclavage est indivisible (1), et que la liberté comprend deux classes d'individus : l'une des ingénus, l'autre des affranchis. L'ingénuité est indivisible aussi, insusceptible qu'elle est de plus ou de moins. Examinons l'affranchissement, qui lui aussi est indivisible aujourd'hui, bien qu'autrefois il y en eût trois sortes, comme nous le dirons dans la suite. Nous avons défini plus haut l'affranchissement.

1. Il a lieu de plusieurs manières : en effet, d'après nos sacrées constitutions, nous pouvons affranchir ou (2) dans les saintes églises, ou devant le magistrat, auquel cas l'affranchissement s'appelle *vindicta* (3) (nous dirons plus bas l'origine de ce mot), ou au milieu de nos amis (4), en d'autres termes, *inter amicos*, ou par lettre (5) ou par testament (6), ou par tout autre acte de dernière volonté,

(1) Δουλείαν ἄτομον. Nous avons traduit mot à mot; Théophile veut dire qu'il n'y a qu'une seule sorte de servitude, tandis qu'il y a, en un sens, deux sortes de liberté : celle des ingénus et celle des affranchis.

(2) Harmenop., I, XVIII, § 9. — L. 1 et 2, C. *de his qui in eccles.*

(3) Ulp., *Fragm.*, I, §§ 6, 7, 8, 9 et 10.

(4) Les affranchis *inter amicos* devenaient Latins.

(5) Les affranchis *per epistolam*, devenaient aussi Latins.

(6) Les affranchis *per testamentum* devenaient citoyens romains. D. et C., tit. *de manum. testament.*

et par une foule d'autres moyens introduits soit par les anciennes constitutions, soit par celles de notre Empereur.

2. La liberté peut être légitimement conférée en tout temps aux esclaves, même les jours de fête, et non-seulement quand les magistrats sont dans leur prétoire, mais encore où qu'on les rencontre, lors, par exemple, qu'un préteur à Rome, le proconsul ou le président dans les provinces, vont au théâtre, aux bains ou dans un édifice public; enfin, toutes les fois que, pour une cause quelconque, ils se montrent en public.

Les affranchis se divisent en trois classes (1) : autrefois, en effet, les affranchis obtenaient tantôt une liberté entière et légitime, et devenaient citoyens romains; tantôt une liberté moins étendue qui les rendait *Latini Juniani* d'après la loi *Junia Norbana*, laquelle institua cette classe d'affranchis. La loi *Ælia Sentia* (2), établit les *dedititii*. elle porte, en effet, que si quelqu'un, pendant qu'il était esclave, a subi une des peines par elle énumérées; si, par exemple, en punition d'un crime, il a été marqué au front du sceau de l'infamie, ou jeté dans une prison publique, ou que, battu de verges, il ait avoué son crime, et que s'étant ensuite réconcilié avec son maître, il ait été affranchi par lui, il deviendra affranchi déditice. Elle les a nommés déditices à l'instar des pérégrins. En effet (3), quelques pérégrins indignés d'être les tributaires des Romains, et voulant se révolter contre les Romains, prirent jadis les armes

(1) Ulp., sqq. *Fragm.*, I, § 5 et 7. — Gaius, I, §§ 12, 15, 16 et 17.

(2) La loi *Junia Norbana* fut rendue en 772, sous le règne de Tibère, et sous le consulat de L. C. Scipion et de Cn. Junius Norbanus; et la loi *Ælia Sextia*, en 757, sous le règne d'Auguste, et sous le consulat de Sextus Ælius et de C. Sextus.

(3) Théophile est le seul auteur qui raconte ce fait, et y voie l'origine des affranchis déditices. On ne saurait s'empêcher d'adopter cette explication, si on songe que les affranchis latins furent ainsi nommés κατὰ μίμησιν Latinorum.

contre eux; mais les Romains ayant engagé le combat, ils furent vaincus par eux, et, ne pouvant résister à leur valeur, ils furent contraints de déposer leurs armes et de se livrer à la discrétion de leur vainqueur. Les Romains ayant voulu les traiter avec humanité leur accordèrent la vie, leur donnant pour toute peine une dénomination ignominieuse, celle de *déditices*, parce qu'ils s'étaient livrés à eux. Voilà pourquoi ces affranchis furent appelés déditices par la loi *Ælia Sentia*, afin qu'après avoir partagé la honte des déditices (1), ils partageassent aussi leur dénomination.

Mais déjà depuis longtemps les déditices étaient tombés en désuétude, et le titre de Latin était devenu moins commun: aussi, notre Empereur désirant tout compléter et tout mettre en ordre, a-t-il, dans deux constitutions, corrigé les imperfections des anciennes lois, en abolissant la distinction des Déditices et des Latins, en ramenant ainsi à son premier état la législation relative aux affranchis, et en ne comptant plus qu'une seule (2) classe d'affranchis, par la raison que dès le berceau de l'empire romain, il n'y en avait qu'une seule qui pût acquérir la même liberté que le patron, puisque le patron et l'affranchi étaient également citoyens romains, avec cette seule différence que celui qui recevait la liberté devenait affranchi, tandis que celui qui la donnait était ingénu.

4. Une constitution de notre très-divin Empereur, rendue sur l'avis de son très-illustre questeur Tribonien, et rangée au nombre des décisions qui ont mis fin aux discussions de l'ancien droit, a supprimé les Déditices. En outre, toujours sur l'avis de ce très-glorieux questeur, l'Empereur, par une autre constitution, l'une des plus belles parmi les constitutions impériales, a fait disparaître les Latins Juniens et aboli toutes les formes de cet affranchissement, voulant ainsi que

(1) C. *de dedit. libert. tollend.* C. *de latin. libert. tollend.*
(2) *Vid. infra*, tit. VIII, *in princip.*

tous les affranchis fussent citoyens romains, sans distinguer, comme autrefois, l'âge de l'affranchi, le genre de propriété de l'affranchissant et le mode d'affranchissement. Or, il faut dire ici ce qui s'observait dans l'ancien droit; retenez avant tout ces notions préliminaires : Il est chez les Romains un âge légitime et un âge naturel, une propriété légitime et une propriété naturelle, un mode légal d'affranchissement et un mode naturel d'affranchissement; or, l'âge naturel est l'âge au-dessus de trente ans, non que la nature ne connaisse d'âge au-dessous de trente ans (car tout âge est naturel); mais parce que la loi fait exclusivement mention de celui au-dessus de trente ans; voilà pourquoi j'ai dit que c'est là l'âge légitime. Il y a aussi, comme je l'ai déjà dit, une propriété naturelle et une propriété légitime. La propriété naturelle est appelée *in bonis* (1) et propriété bonitaire, et la légitime est appelée *jure Quiritium*, c'est-à-dire dérivant du droit des Romains, des Quirites : (les Romains doivent le nom de Quirites à Romulus dont ils tirent leur origine), et le propriétaire l'est *jure quiritario*. Que si quelqu'un avait l'une et l'autre propriété, on l'appelait *pleno jure dominus*, c'est-à-dire, propriétaire en vertu d'un droit plein et entier, puisqu'il avait les deux propriétés légitime et naturelle. Il y a aussi un mode légal d'affranchissement et un mode naturel d'affranchissement : le mode légitime avait lieu de trois manières, *vindicta, censu, testamento* : la *vindicta* était l'affranchissement fait devant le magistrat: on l'appelait *vindicta quia vindicabatur mancipium in naturalem libertatem*, parce qu'on réclamait la liberté naturelle d'un esclave ; ou bien encore, ce nom vient-il peut-être d'un certain Vindicius qui révéla, pendant qu'il était esclave, une conjuration près d'éclater contre les Romains et fut publiquement affranchi, et c'est pour honorer sa mémoire qu'on appelait affranchi par la *vindicta* quiconque était affranchi devant le magistrat.

(1) L. *unic.*, C. *de nudo jure Quirit. tollend.*

L'affranchissement *censu* se faisait de cette sorte : le *census* était une tablette ou un registre sur lequel les Romains écrivaient (1) le montant de leur fortune, afin qu'en temps de guerre chacun contribuât, suivant ses facultés, aux dépenses publiques. Lors donc que, par ordre de son maître, un esclave écrivait sur le *census* qu'il était libre, il était délivré de la servitude.

Il y avait affranchissement *testamento*, quand quelqu'un affranchissait dans son testament son propre esclave légitime. Il y avait aussi trois modes naturels d'affranchissement : *inter amicos*, *per mensam* et *per epistolam* : *inter amicos*, lorsqu'en présence de ses amis on affranchissait quelqu'un ; *per mensam*, quand, pour lui conférer la liberté, on admettait son esclave à sa table ; *per epistolam*, lorsqu'on permettait par lettre à son esclave absent de vivre en liberté. Ces principes posés, examinez ce qui nous reste à savoir : comme trois choses étaient requises pour l'affranchissement d'un esclave, savoir, qu'il eût dépassé sa trentième année, et que son maître en eût la propriété légitime, c'est-à-dire, *in jure Quiritium*, que l'esclave fût affranchi *vindicta*, *censu* ou *testamento*, et enfin qu'il n'eût pas été noté d'infamie ; celui qui était ainsi pleinement affranchi devenait tout à fait citoyen romain. Que si, bien que l'esclave n'eût pas été noté d'infamie, il n'y avait pas concours de ces trois conditions légitimes, ou parce que l'esclave était âgé de moins de trente ans, ou parce que son maître n'était que maître bonitaire, n'en ayant pas la propriété légale, ou parce que l'affranchissement avait eu lieu *per mensam*, ou *per epistolam*, ou *inter amicos* ; si, dis-je, il manquait deux de ces conditions, ou même toutes les trois, celui qui avait été ainsi affranchi devenait *Latinus Junianus* : mais celui qui était noté d'infamie devenait déditice. Tel était l'ancien droit. Mais aujourd'hui qu'il n'y a qu'un seul genre d'affranchissement, quiconque est affranchi devient tout à fait

(1) Dionys. Halycarn. *Antiquit.* IV, x.

citoyen romain, sans aucun égard à la propriété du maître, au mode d'affranchissement et à l'âge de ses esclaves.

## TITRE VI.

### QUELS SONT CEUX QUI NE PEUVENT ÊTRE AFFRANCHIS ET POUR QUELLES CAUSES.

Ce qui précède nous a appris de combien de manières se fait l'affranchissement. Maintenant il est nécessaire de dire qu'il n'est pas permis à tout maître de conférer la liberté (à son esclave); car si on affranchit *in fraudem creditorum* (1), c'est-à-dire au préjudice et en fraude des créanciers, l'affranchissement est nul. En effet, la loi *Ælia Sentia* (2) interdit un pareil affranchissement, ne voulant pas qu'on puisse diminuer son avoir au préjudice de ceux qui nous ont fourni de l'argent au moment du besoin. La même loi qui contient ces prescriptions, accorde à quelques débiteurs la faculté d'affranchir, bien que par là ils amoindrissent leur avoir, je veux parler des insolvables. Or, est insolvable (celui à qui il ne reste rien après le payement de ses dettes ou bien celui) qui doit plus qu'il ne possède. Un insolvable donc était profondément affligé, moins par la pensée des peines de la vie qu'on peut, en quelque sorte, éviter que de ce qui arriverait (3) après sa mort, persuadé qu'elle couvrirait sa mémoire d'infamie; car il n'est pas (4) d'homme sensé qui recueille une succession ne présentant aucun avantage à celui qui l'accepte, mais au contraire entraînant une infinité de charges et de procès. Aussi, personne n'acceptant la succession de l'insolvable, faut-il que les créanciers fassent vendre ses biens et livrent

(1) Eclog., 283. — Caius, *Com.*, I, § 36 et 47. — Ulp. *Fragm.*, I, § 15.

(2) D. *qui et a quib. manum. liberi non fiant*, et *ad leg. Æliam.*

(3) *Nov.* 60.

(4) *Infr.* in tit., § 1, nov. 135.

ainsi sa mémoire à l'infamie. Car les créanciers ne disent pas qu'ils vendent les biens de l'héritier, mais ceux du défunt lui-même.

1. Voilà pourquoi la loi *Ælia Sentia* permet à l'insolvable, s'il a des esclaves, d'instituer l'un d'eux héritier *cum libertate,* afin qu'après sa mort il devienne forcément son héritier *solus* et *necessarius : solus,* parce que l'insolvable ne peut en instituer qu'un seul, et pas davantage ; car la loi ne parle que d'un seul ; *necessarius,* parce que l'esclave devient héritier même malgré lui ; or, il devenait héritier à défaut de tout héritier testamentaire, soit qu'il n'eût pas été institué d'autre héritier, soit que l'institué ne voulût pas être héritier. Le but de cette loi éminemment sage était donc de donner pour héritier aux insolvables, dont nul ne voulait accepter l'hérédité, un esclave qui devait satisfaire les créanciers, et leur payer ce qui leur était dû. Que s'il ne le faisait pas, on vendait, non plus les biens du défunt, mais bien ceux de l'héritier, et on épargnait ainsi toute ignominie à la mémoire du défunt, ce qui était tout à la fois avantageux au défunt et à l'affranchi. En effet, bien qu'il diminuât son avoir de la valeur d'un esclave, l'insolvable échappait à l'ignominie, et l'esclave, bien que frappé d'ignominie, recevait la liberté pour récompense.

2. Mais quoique l'esclave (1) ait été institué sans affranchissement, il n'en devient pas moins libre. Ainsi le veut généralement une constitution de notre Empereur, que le défunt soit insolvable ou non ; et c'est par ce motif d'humanité que l'esclave est affranchi par la seule institution d'héritier. Il n'est pas croyable, en effet, qu'un maître, loin d'accorder la liberté à celui qu'il a eu soin d'instituer héritier, veuille, au contraire, le laisser dans la servitude, et n'avoir aucun héritier de ses biens.

3. Il faut maintenant rechercher dans quel sens on est

(1) Harmenop. III, XVIII, § 24. — L. ult. C. *de necess. hæred. instituend.*

censé affranchir *in fraudem creditorum* (1). Quelques jurisconsultes disaient qu'on affranchissait *in fraudem creditorum* (2), quand on devait plus qu'on ne possédait ; d'autres, qu'il y avait fraude quand, déduction faite des dettes, il ne restait plus rien au débiteur dont le patrimoine actuel suffisait pour désintéresser les créanciers, mais qui, par suite de la dation de liberté, n'ayant pas assez de biens pour pouvoir satisfaire ses créanciers, préjudiciait à leurs droits. Mais il a prévalu d'examiner, non-seulement si l'affranchissant est insolvable, mais encore s'il a conféré la liberté pour forclore les créanciers ; car la dation de la liberté n'est prohibée qu'autant qu'on voit (dans cet acte) *consilium* et *eventus*. Que s'il y a concours de ces deux circonstances, l'esclave ne devient pas libre, et si l'une manque, l'esclave obtient la liberté.

Vous trouverez l'une et l'autre, le *consilium* et l'*eventus*, dans l'espèce suivante : Un homme avait pour trois cents écus d'or ; il devait trois cents écus d'or ; pour frauder des créanciers, il a voulu affranchir ses esclaves qui valaient trois cents écus ; et, de cette sorte, il n'a plus que deux cents écus de biens. Il y a ici l'une et l'autre condition, le *consilium* et l'*eventus* ; car le débiteur a agi dans une intention frauduleuse, et l'événement préjudicie aux *creditores*.

L'*eventus* manque si, par exemple, un homme ayant pour mille écus de biens, et croyant cependant en avoir trois cents, en devait quatre cents, et a affranchi *in fraudem creditorum* ses esclaves qui valaient cent écus : ici le *consilium* est très-coupable, puisqu'il avait pour objet le préjudice des créanciers ; cependant l'événement ne leur préjudicie en rien ; car, déduction faite du prix des esclaves affranchis, il reste assez de biens pour remplir les créanciers de ce qui leur est dû.

Le *consilium* manque dans ce cas, par exemple : Un homme avait pour mille écus de biens, et en devait quatre

(1) Eclog. 48, 3, c. *περὶ ἐλευθερουμένων εἰς βλάβην τῶν δανειστῶν.*
(2) L. 10, D., *qui et a quib. manum. liberi non fiunt.*

cents; il a quitté sa patrie; et ensuite sa maison ayant été brûlée ou détruite, il a éprouvé une si grande perte que le montant de ses biens n'a plus été que de trois cents écus. Ignorant encore la diminution de son patrimoine, il a affranchi, pour les récompenser de leur dévouement quelques esclaves qui valaient cent écus. Dans ce cas, il n'y a pas intention frauduleuse; mais l'événement préjudicie aux créanciers, le reste des biens du débiteur ne suffisant pas pour remplir les créanciers (de ce qui leur est dû). Et, en effet, il croyait avoir un patrimoine assez considérable pour acquitter toutes ses dettes; et voilà pourquoi il a affranchi ses plus dévoués esclaves, prouvant parfaitement qu'il n'avait aucune intention frauduleuse. Pour l'*eventus*, il a été très-malheureux, parce que sa fortune n'a pas, ainsi qu'il le croyait, excédé ses dettes : c'est que quelquefois, dans l'ignorance où nous sommes du montant de notre fortune, nous la croyons plus grande qu'elle n'est en réalité. Ainsi donc, pour nous résumer, un affranchissement est nul, toutes les fois qu'on affranchit des esclaves dans une intention frauduleuse, et que l'acte même de l'affranchissement préjudicie aux créanciers.

Nous avons appris plus haut que la loi *Ælia Sentia* annulle les affranchissements faits *in fraudem creditorum*, parce qu'elle ne veut pas que l'affranchissant puisse, par son fait, léser les droits d'autrui : la loi même prohibe l'affranchissement fait par des mineurs de vingt ans (1), non pour réprimer aucune injustice, mais pour protéger les mineurs affranchissants; car la loi savait qu'à cet âge on cède aux adulations des esclaves, et que, de cette sorte, on laisse diminuer son patrimoine; aussi la loi *Ælia Sentia*, qui ne l'ignorait pas, les a-t-elle prémunis contre ces pièges, et ne leur a-t-elle permis d'affranchir leurs esclaves

(1) Gaius, *Comm.*, I, § 38 et 38. — Ulp. *Fragm.*, I, § 13. — L. 9, § 1, D. *de auct. tut.* — Harmenop. III, XVIII, § 18. — Nov. 5, c. II, 45. — Eclog. 26, c. II.

qu'autant que l'affranchissement aura lieu devant le magistrat pour une cause légitime approuvée dans le *concilium* ; mais avant tout, disons ce qu'est le *concilium*; nous dirons ensuite les causes légitimes d'affranchissement. Le *concilium* (1) est la réunion de certaines personnes à une époque déterminée de l'année. Le *concilium* avait lieu, non-seulement à Rome, mais encore dans les provinces; il se tenait au temps du *conventus*. Et qu'est-ce que le *conventus* (2)? C'est une époque fixée pour terminer les procès; car les Romains qui consacraient presque toute l'année à la guerre, forcés par les rigueurs de l'hiver de quitter un instant les armes, et ne pouvant d'ailleurs vivre sans contestations, au sein de la république, vaquaient pendant quelque temps aux affaires du Forum pour terminer leurs différends, établissant, à cet effet, un grand nombre de juges qu'ils appelaient *recuperatores, quia per eos unusquisque debitum recipiebat*, parce que chacun recevait par eux ce qui lui était dû. Ce temps se nommait *conventus*; car *convenire*, signifie se réunir. Or, les juges et les plaideurs se réunissaient aux mêmes époques, et le dernier jour du *conventus* avait lieu le *concilium*. Et voici comment il se tenait dans les provinces : le magistrat siégeait sur son tribunal, environné de vingt citoyens. appelés *recuperatores peregrini. quia per eos mancipium naturalem libertatem recipiebat*, parce que l'esclave recevait par eux sa liberté naturelle (car vous savez que la nature nous a tous faits libres); et c'est devant eux que les affranchissants exposaient leurs légitimes causes d'affranchissement. A Rome, le *concilium* avait lieu un

(1) C. *de vindict. libert.*, *et apud victum manumissione*. — D. *de manum vindicta*.

(2) On appelait ainsi des espèces de sessions ou *assises* présidées à Rome par les préteurs, et, dans les provinces, par les proconsuls, les préteurs, ou les préfets; elles étaient spécialement consacrées à l'administration de la justice, *judicii causa*, dit Festus, v° *Conventus*.

jour de *conventus*, le préteur, siégeant sur son tribunal, ayant pour assesseurs cinq sénateurs et cinq chevaliers romains (1). La dignité de chevalier romain le cédait à celle de sénateur.

5. Après avoir parlé du *concilium*, parlons des légitimes causes d'affranchissement. Il y a légitime cause, lorsqu'un mineur de vingt ans veut affranchir son père ou sa mère que la nature a faits ses parents, et la volonté d'un maître ses esclaves. Mais comment (2) cet enfant, né en servitude, peut-il être libre et citoyen romain, et ses parents devenir sa propriété? Supposez qu'ils soient tous trois dans le domaine d'un seul et même maître; que le maître en mourant ait institué le fils pour héritier, et qu'ainsi, le fils demeure le maître de ses parents comme de tous les objets de la succession : plus tard, le fils, ne voulant pas voir les auteurs de ses jours dans un honteux esclavage, les affranchira dans le *concilium*. Il y a encore légitime cause, quand on dit : cet individu est mon fils ou ma fille (3). Supposez, en effet, qu'épris d'amour pour son esclave, un homme en ait eu un fils ou une fille, cet enfant sera esclave comme né d'une femme esclave. Il en est de même, si l'on dit : un tel est mon frère naturel, une telle est ma sœur naturelle. En effet, puisque mon père a eu de son commerce avec son esclave, des enfants qu'il n'a pas affranchis, la loi m'en a rendu le maître après sa mort; mais comme ils me sont unis par les liens d'une parenté naturelle, je les ai affranchis. Il y a encore cause légitime, si l'on dit : L'individu que je veux affranchir est mon précepteur ou ma nourrice (4), ou mon père nourricier (5), mon *alumnus* ou mon *alumna*, ou ce qu'on appelle ordinairement mon γαλαθρεπτος ou mon

(1) Ulp., *Fragm.*, I, § 13.
(2) L. 10 et 21, C. *de probationibus*.
(3) L. 11, D. *de manum. vind.*
(4) L. 13, D. *de manum. vindict.*
(5) L. 13 et 14, D. *de manum. vindict.*

*συναθρέπτη*, c'est-à-dire, mon frère et ma sœur de lait (1). Il en est de même, si je veux, *procuratoris habendi gratia*, affranchir mon esclave, afin que, devenu libre, il gère sans obstacle toutes mes affaires ; ou encore, si j'affranchis une fille esclave *matrimonii causa* (2), c'est-à-dire pour l'épouser ; car c'est parce qu'il n'y a pas de mariage entre un homme libre et une femme esclave que je l'ai voulu affranchir. Mais il faut que celui qui affranchit une femme *matrimonii causa*, l'épouse dans les six mois suivants, s'il n'y a pas légitime cause d'empêchement : si, par exemple, celui qui l'a affranchie est devenu sénateur, parce qu'un sénateur (3) ne peut épouser une affranchie ; mais l'affranchi *procuratoris habendi causa* (4), doit avoir plus de dix-sept ans.

6. Si une légitime cause, vraie ou fausse, a été énoncée dans le *concilium*, on ne peut, si l'affranchissement a eu lieu, le faire révoquer (5) ; car, une fois alléguée, on peut encore s'opposer à son admission, et par là retarder la dation de la liberté : mais, une fois la liberté conférée (à un es-

(1) *Συναθρέπτος ὁ συναθρέπτη*. — Nannius a cru à tort, suivant nous, qu'au lieu de l'*συνθρεπτος* et de l'*συναθρέπτη* du texte, il fallait lire : *ὁμαθρεπτος*, *ὁμοθρεπτη*, pour faire ainsi parfaitement concorder ces expressions avec celle de *ὁμογαλακτος* qui vient à leur suite (*Vid.* notre Appendice) et indique une idée de simultanéité; mais par malheur, notre critique n'a pas remarqué que *συναθρεπτος* est grec, tandis qu'*ὁμαθρεπτος* ne l'est pas.

(2) L. 13 *in fine*, l. 14, § 1 et 2; l. 15, § 4; l. 19, D. *de manum. vindict.*; l. 21, D. *qui et a quib. manum.* — Gaius, *Comm.*, I, § 19 et 33.

(3) L. 23 et 44, D. *de ritu nuptiarum*. Justinien, dans ses Novelles, a abrogé la loi *Papia Poppæa* et les lois du Code 1, *de nat. lib.*, et 7 *de incœpt. nupt.* dont Théophile reproduit ici les dispositions : ce qui prouve, suivant la judicieuse remarque de Reitz, que Théophile a écrit sa Paraphrase avant les Novelles. Voy. notre Dissertation.

(4) L. 12 et 13, D. *de manum. vindict.*

(5) Si ce n'est, dit Harmenopule, *ἐξ ἀχαριστίας*, pour cause d'ingratitude.

clave), vainement dira-t-on que la cause n'était que feinte : on ne sera cru de personne.

7. De ce que nous avons déjà dit, savoir, que le mineur de vingt ans ne peut affranchir, s'il ne déclare dans le *concilium* qu'il a une légitime cause (d'affranchissement), découle une conséquence absurde : il arrive, en effet, que le majeur de quatorze ans peut faire des legs considérables, tester, instituer des héritiers, disposer de ses biens à son gré, et qu'il ne peut affranchir un esclave (1); le sens absolu de cette loi est donc ridicule, parce qu'elle permet le plus et refuse le moins (2). En effet, qu'on transmette ses biens à qui on veut et qu'on ne puisse ensuite affranchir un esclave, c'est, à notre avis, une insupportable absurdité. Aussi notre très-divin Empereur, frappé de cette absurdité, a-t-il ordonné que de même que l'adolescent peut disposer de tous ses biens par testament, de même, quoique mineur de vingt ans, il pourra affranchir par testament. Or, comme chez les Romains la liberté est inappréciable (3), et que pour cette raison la loi *Ælia Sentia* prohibe toute dation de liberté avant vingt ans, l'empereur a pris un moyen terme, et n'a permis au mineur de vingt ans de conférer par testament la liberté à son esclave (4) qu'autant qu'il aura dix-sept ans révolus, et commencé sa dix-huitième année : or, comme les anciens permettaient au majeur de dix-sept ans de plaider (5) pour autrui, pourquoi ne dirions-nous pas qu'il aura un jugement assez solide pour libérer un esclave de la servitude ? Car celui qui est assez habile pour plaider

(1) Gaius, *Comm.*, I, § 40. — Πρόχειρ., XVIII, § 18. — L. 20, C. *de liberal. caus.*; L. 9, § 1, D. *de manum. vindict.*

(2) L. 21, D. *de regul. jur.*

(3) L. 176, § 1, *de regul. jur.*; *infra*, § 1, lib. II, tit. XIX. — Harmenop., I, XVIII, § 10 et 11.

(4) D'après la novelle 119, c. II, on peut affranchir à l'âge où l'on peut tester; d'où résulte la preuve que Théophile a écrit avant la publication des Novelles de Justinien.

(5) L. 1, § 3, D. *de postulando.*

utilement la cause d'autrui, saura, sans contredit, sauvegarder ses propres intérêts ; aussi, le mineur de vingt ans ne pourra-t-il pas affranchir *inter vivos*, mais, après sa dix-septième année, il pourra affranchir par testament. Or, notre Empereur, partageant l'espace de six années qui sépare la quatorzième de la vingtième, a maintenu pour les trois premières années la prohibition de la loi *Ælia Sentia*, et accordé le droit d'affranchir après la dix-septième.

## TITRE VII.

### DE L'ABROGATION DE LA LOI FUSIA (1).

Ainsi donc, la loi *Ælia Sentia* ne permettait pas au maître de vingt ans d'affranchir son esclave. Or, il y avait encore une autre loi relative aux affranchissements, la loi *fusia caninia* qui voulait qu'on ne pût affranchir par testament qu'un nombre déterminé (2) d'esclaves ; mais notre très-pieux Empereur (3), par sa constitution, a aboli cette loi comme contraire à la liberté, et ennemie des affranchissements, estimant qu'il était inhumain d'accorder, d'une part, aux vivants la faculté d'affranchir tous leurs esclaves, à moins qu'il ne survînt quelque obstacle : ce qui avait lieu quand, par exemple, l'affranchissant avait moins de vingt ans, ou que l'affranchissement avait été fait *in fraudem creditorum*, et, d'autre part, de ne pas permettre aux mourants d'affranchir à leur gré leurs esclaves.

(1) Suivant l'opinion la plus généralement adoptée, cette loi fut rendue l'an 761 de Rome, sous le règne d'Auguste et sous le consulat de Furius Camillus et C. Caninius Gallus. On l'appelle tantôt *lex Furia*, tantôt *lex fusia*, comme le prouve le texte de la Paraphrase. *Vid.* Vopiscus, *in Vita Taciti*.

(2) Ulp., *Fragm.* I, § 24. — Paul., *Sent.* IV, § 14. — Gaius, *Comm.* I, § 42.

(3) C. *de leg. Furia Canin. tollend*

## TITRE VIII.

### QUELS SONT CEUX QUI DÉPENDENT D'EUX-MÊMES OU D'AUTRUI (1).

Nous avons achevé de traiter de la première division des personnes qui comprend, avons-nous dit, les hommes libres et les esclaves : nous avons ajouté que la servitude est quelque chose d'indivisible ; que les hommes libres se divisent en ingénus et en affranchis ; que l'ingénuité est indivisible aussi ; qu'il y avait autrefois trois espèces d'affranchissements ; que, parmi les affranchis, les uns devenaient citoyens romains, les autres *Latins Juniens*, d'autres, Déditices : nous avons dit encore que notre très-pieux Empereur, par différentes constitutions, a supprimé la division des Déditices et des Latins, de sorte qu'aujourd'hui il ne reste plus qu'un seul genre d'affranchissement, de même qu'un seul genre d'ingénuité. Parlons maintenant de la seconde division des personnes ; car parmi les hommes (libres), les uns sont en puissance d'autrui (2), les autres en leur propre puissance, c'est-à-dire que les uns dépendent d'eux-mêmes, les autres d'autrui.

Apprenons donc d'abord ce qui concerne ceux qui sont en puissance d'autrui ; nous saurons par là ce qui concerne ceux qui sont en leur propre puissance : il est, en effet, évident que quiconque n'est pas compté parmi les premiers, l'est parmi les seconds : or, la puissance sur autrui s'appelle *potestas* : nous l'avons ou sur nos esclaves, ou sur nos enfants.

1. Et d'abord, examinons ce qui concerne ceux qui sont

(1) Ce titre est la traduction littérale des expressions latines consacrées dans la langue juridique des Romains, *sui vel alieni juris esse*. presque toujours Théophile appelle le *sui juris* αὐτεξούσιος de αὐτός soi-même, et ἐξούσιος libre, maître, *sui potens*. Quant à l'*alieni juris*, il le nomme ordinairement ὑπεξούσιος, de ὑπο, sous, et ἐξούσιος.

(2) Ulp., *Regul.*, l. 1, tit. IV.—D. *huj. tit.*—Gaius, *Comm.*, I, § 48.

*in potestate* (1) de leurs maîtres : la *potestas* est un pouvoir absolu ; le pouvoir sur les esclaves est *juris gentium* (2) ; car il s'exerce non-seulement chez les Romains, mais encore parmi les autres nations, et ce pouvoir est si grand qu'il nous confère sur les esclaves *vitæ necisque potestatem*, c'est-à-dire le droit de vie et de mort ; en sorte que nous pouvons les tuer impunément, et que tout ce qu'acquièrent les esclaves appartient à leurs maîtres (3).

2. Mais aujourd'hui (4), il n'est plus permis à aucun sujet de l'empire romain ni de tuer son esclave sans un motif prévu par les lois, ni même de le maltraiter sans mesure. En effet, la constitution de l'empereur Antonin établit que quiconque, sans juste cause, tuera son propre esclave, subira la même peine que le meurtrier de l'esclave d'autrui : or, il y a juste cause quand un maître surprend son esclave en flagrant délit d'adultère (5) avec sa femme, ou bien quand l'esclave portant sur lui une main criminelle, il l'a mortellement frappé de son épée : dans les deux cas, l'homicide reste impuni.

Et non-seulement ce prince a prohibé le meurtre illégitime des esclaves, mais il a encore réprimé la trop grande rigueur des maîtres, par une autre constitution qui doit son origine au fait suivant : un certain Julius (6) Sabinus traitait cruellement ses esclaves qui, ne pouvant supporter l'excessive sévérité de leur maître, l'abandonnèrent et se réfugièrent, les uns dans les édifices sacrés, les autres auprès des statues des Empereurs : or, Ælius Martianus, président de la province, passant par là, ils implorèrent son secours ; celui-ci, sur les questions qu'il leur adressa, ap-

(1) Gaius, *Comm.*, I, § 49, 50 et 51.
(2) L. 1, § 2, D. *huj. tit.*
(3) L. 1, § 1, D. *huj. tit.* — Gaius, *Comm.*, I, § 52.
(4) L. 1, § 3, D. *huj. tit.*, D. *ad leg. Cornel. de sicariis.*
(5) L. 24, *ad leg. Jul. de adulter.* ; l. 96, D. *de verb. obligat.*
(6) L. 2, D. *de his qui sunt sui.*

prit et leur condition et la cause de leur retraite : mais ne trouvant pas de loi qui statuât sur un cas semblable, il en référa à l'empereur, pour en connaître la solution ; il lui exposa le fait avec toutes ses circonstances. L'empereur, vivement ému, décréta qu'il ne fallait pas s'en rapporter aveuglément aux accusations des esclaves contre leur maître (1), l'esclave étant l'ennemi naturel de son maître, mais qu'il devait appeler à son tribunal, et là instruire la cause : que si la rigueur des maîtres est insupportable, ils doivent être forcés de vendre, à de bonnes conditions (2), les esclaves qu'ils maltraitent, et le prix leur en sera remis ; il dit à de bonnes conditions, de peur que le maître, irrité contre son esclave, ne mette à la vente des conditions onéreuses, stipulant, par exemple, que l'esclave restera dans les fers (3), ou ne sera jamais affranchi (4), ou qu'il habitera un pays d'un air trop malsain pour ceux qui n'y sont pas habitués. Car, en vertu de ces pactes, le maître vendeur aurait encore la faculté de maltraiter l'esclave après la vente. Cet empereur ajoute (5) avec raison que l'esclave

(1) Festus, v° *Quot servos.* — Senec., epist. XLVII. — Arist., *Polit.*, I, IV *in fine.*

(2) Cf. l. 25, D. *de statu liber.* ; l. 2, D. *de his qui sunt sui.* — Gaius, *Comm.*, 1, § 53.

(3) L. 17, D. *de ædil. edict.*

(4) L. 7, § 5, D. *de interdictis et relegatis.* ; l. ult., § 2, D. *de pœnis* ; l. 46, D. *de ædil. edict.* ; l. 4, C. *de ædil. act.*

(5) Jo. Leunclavius, l'un des critiques qui ont, à tort, pensé que Théophile avait vécu après les Basiliques, a argumenté en faveur de son opinion, de la ressemblance frappante qu'il a remarquée entre le texte des Basiliques et celui de la Paraphrase, relativement au rescrit d'Antonin, et en a conclu que Théophile avait emprunté ce fragment aux Basiliques (lib. II, notat., sect. 4). Sans répéter ici ce que nous avons dit dans notre Dissertation, et même sans rappeler les observations, peu concluantes, à notre avis, de Reitz sur cet endroit de la Paraphrase, qu'il nous suffise de dire qu'il ne serait pas plus exact de penser que les Basiliques ont copié la Paraphrase, que de soutenir que la Paraphrase a copié les Basiliques ; c'est ce

sera vendu et que le prix en sera remis à son maître, afin que, d'une part, l'esclave échappe, au moyen de la vente, aux rigueurs de son maître, et d'autre part, que le maître, recevant le prix de la vente de l'esclave, n'éprouve aucune perte et ne puisse pas se plaindre, en disant qu'on l'empêche par là de commander ses esclaves : car le prince accorde des faveurs à ses sujets, même malgré eux : or, il pourrait arriver que les esclaves, dans l'impossibilité d'échapper aux rigueurs de leurs maîtres, se donnassent la mort, ou qu'en prenant la fuite, ils privassent leurs maîtres de leur prix : ainsi donc, l'empereur a protégé les intérêts respectifs des maîtres et des esclaves. Il importe, en effet, à l'État que nul n'abuse de sa chose. Voici la teneur du rescrit adressé à Ælius Martianus : Il faut sans doute laisser intacte la puissance des maîtres sur leurs esclaves, et n'y porter aucune atteinte, c'est-à-dire, n'affaiblir en aucune manière les droits des maîtres ; mais il importe aux maîtres eux-mêmes qu'on vienne au secours des esclaves à qui ils font endurer des sévices, la faim, par exemple, ou toute autre injustice insupportable. Il ne faut donc pas refuser aux esclaves ce qu'ils demandent si justement : connaissez donc des plaintes des esclaves appartenant à la famille de Julius Sabinus, lesquels se sont réfugiés auprès de nos statues, et si vous êtes convaincu que Sabinus les a traités avec inhumanité, ou les a forcés de commettre quelque action infâme, ordonnez qu'on les vende, afin qu'ils ne rentrent jamais dans la propriété du vendeur : que si Sabinus ose éluder cette constitution en vendant les esclaves à première vue, mais avec la clause secrète qu'ils lui seront revendus, l'Empereur sévira avec la plus grande rigueur contre quiconque éludera ainsi sa constitution.

qui résulte de la comparaison du texte de Théophile avec celui des Basiliques. *Voy.* l'Appendice.

## TITRE IX.

### DE LA PUISSANCE PATERNELLE.

Nous savons, par ce qui précède, que nous avons *in potestate* nos esclaves et nos enfants. Or, après avoir traité de la puissance sur les esclaves, il nous reste à parler des enfants *in potestate* (1), c'est-à-dire en puissance ; car nous avons *in potestate* les enfants que nous avons eus de justes noces.

1. Or, les noces sont appelées par les Latins (2) *nuptiæ sive matrimonium* : mais qu'est-ce que les noces? l'union de l'homme et de la femme se promettant de vivre, ou vivant dans une indivisible communauté (3).

2. Le droit d'avoir nos enfants *in potestate* est un droit

(1) L. 3, D. *de his qui sunt sui.* — Ulp., *Fragm.*, v, § 1. — Gaius, *Comm.*, I, § 55.

(2) Ulp., *Fragm.*, I, § 3. — Contrairement à l'opinion commune professée par M. Ducaurroy (*Inst nouvellement expliquées*) et d'après laquelle le mariage se faisait chez les Romains par le seul consentement, M. Ortolan (*Explication historique des Instituts*) pense que le mariage romain était un contrat réel, qui n'existait que par la tradition : or, suivant M. Ducaurroy, *nuptiæ* signifie les cérémonies du mariage, et *matrimonium* le contrat du mariage; pour les *nuptiæ*, la présence de la femme, pour le *matrimonium*, son consentement suffit. On voit que le savant professeur argumente de l'étymologie du mot *nuptiæ ;* mais M. Ortolan lui oppose des textes nombreux et topiques, entre autres les lois 1, 2, 5, 10, 11, 12 § 1, 16, 23, D., 35, 15, 50, 17, 30. Peut-être aurait-il pu ajouter (et certes l'autorité d'un jurisconsulte qui s'est spécialement appliqué à définir les mots et les choses, ne devait pas être passée sous silence dans l'examen d'une question de ce genre), peut-être, disons-nous, aurait-il pu ajouter que Théophile, dans sa définition du mariage, se contente de rappeler purement et simplement le texte des Instituts, au lieu de l'étendre ou de l'expliquer, comme il le fait ailleurs. Ne résulterait-il pas de là que les *nuptiæ* et le *matrimonium* n'étaient qu'une seule et même chose, et qu'ainsi l'argument étymologique de M. Ducaurroy doit être rejeté?

(3) L. 1, D. *de ritu nupt.* — Ulp., *Fragm.*, v, § 2. — Harmenop. I, IV, § 1.

propre (1) aux Romains : car nulle part on n'a sur ses enfants une si grande puissance que chez les Romains : aussi est-elle (2) *juris civilis*, tandis que celle que nous avons sur les esclaves est *juris gentium*.

3. Conséquemment, l'enfant né de ma femme et de moi (3) est sous ma puissance, de même que l'enfant né de celui qui est sous ma puissance et de sa femme, c'est-à-dire que mon petit-fils et ma petite-fille seront pareillement sous ma puissance : il en est de même de l'arrière-petit-fils, et de l'arrière-petite-fille, et ainsi de suite ; mais ceux qui naissent de ma fille ne tomberont pas sous la puissance de leur aïeul maternel, c'est-à-dire sous la mienne, mais seront en la puissance de leur père.

## TITRE X.

### DES NOCES.

Les Romains contractaient entre eux de justes noces (4), lorsqu'ils observaient les prescriptions de la loi relatives aux noces : or, il faut que les garçons soient pubères et les filles nubiles (5), c'est-à-dire, que les uns aient accompli leur quatorzième année, et que les autres aient plus de douze ans. Nous disons qu'il en doit être ainsi, que ceux qui veulent contracter mariage soient en la puissance d'autrui, ou en leur propre puissance ; mais nous exigeons une autre condition de ceux qui sont en puissance d'autrui, savoir, le consentement des parents (6) sous la puissance desquels se trouvent ceux qui veulent s'unir en mariage : c'est ce que veulent la raison civile et la raison naturelle ; la raison civile, en vertu d'un droit propre aux Romains, c'est-à-dire,

(1) L. 3, D. *de his qui sunt sui*. — Gaius, *Comm.*, § 1.
(2) L. 2, 15, D. *de verb signif.*
(3) L. 4, D. *de his qui sunt sui*.
(4) L. 3, 31, D. *de donat. inter vir. et ux.*
(5) L. 4, D. *de rit. nupt.*; l. 24, C. *de nupt.* — Harmenop., IV, I, § 2.
(6) Paul., *Sent.*, I, XIX, § 2. — Ulp., *Fragm.*, V, § 2, 4 et 6. — L. 2, D. *de rit nupt.* — Harmenop., IV, § 3.

la puissance (paternelle) ; la raison naturelle, parce qu'il est juste que ceux qui ont élevé leurs enfants jusqu'à cet âge, c'est-à-dire, les parens, jouissent de cet honneur, c'est-à-dire, consentent aux noces : or, il faut que le consentement du père précède les noces, c'est-à-dire, que le père y consente (1) ; de là s'est élevée cette question : le fils (2) ou la fille d'un furieux désiraient de contracter mariage ; or, pour être furieux, le père n'a pas cessé d'avoir ses enfants (3) *in potestate;* en effet, ce n'est pas la raison du père qui met ses enfants *in potestate* (car nous ne pouvons pas dire que la perte de la raison entraîne contre lui la ruine de sa puissance), mais bien la naissance des enfants en légitime mariage. Les enfants d'un furieux voulaient donc contracter mariage ; mais étant en puissance, ils avaient besoin du consentement de leur père, que sa fureur empêchait de donner son consentement (4). Nous recherchons s'ils peuvent se marier ; que si nous pretendons qu'il y a consentement du père, pourvu qu'il déclare qu'il est satisfait du mariage de ses enfants, on ne peut dire avec vérité qu'un homme en fureur puisse consentir ; que si nous admettons qu'il y a consentement, parce que le père, instruit du projet de ses enfants, ne s'y est pas opposé, et qu'ainsi rien n'empêche la célébration du mariage, nous nous trompons encore ; en effet, le silence du furieux ne vaut pas consentement, puisque celui-là seul consent par son silence qui, connaissant toute la portée d'un acte quelconque, peut y former obstacle, s'il n'en est pas satisfait ; mais le furieux garde le silence, parce qu'il est en proie à sa fureur, et non parce qu'il voit ce mariage avec plaisir. Or, comme sur ce point il y avait vive controverse parmi les jurisconsultes,

(1) Cf. l. 7 *in fine, de sponsal.;* l. 11, D. *de stat. homin.;* l. 5, C. *de nuptiis.*

(2) l. 8, D. *de his qui sunt sui*; l. 9, D. *de rit.;* l. 18, C. *de episcop. audient.*; l. 25, C. *de nupt.*

(3) L. 20, D. *de stat. homin.*

(4) Cf. l. 2, C. *de contract. empt.;* l. 8, D. *de opt. legat.*

notre Empereur a publié une constitution qui a mis fin à leurs doutes en accordant au fils du furieux la faculté de contracter de légitimes noces, sans être obligé d'attendre le consentement de son père (faculté précédemment accordée à la fille), ce qui ne fut jamais douteux à l'égard de la fille, à la charge pour lui d'observer les prescriptions de ladite constitution.

1. Or, de ce que nous avons dit, savoir : qu'il y a justes noces, quand un Romain, majeur de quatorze ans, épouse une Romaine de plus de douze ans, suit-il qu'il y ait justes noces, si on épouse sa mère, sa sœur ou sa fille? Nullement ; car il est des mariages qui sont prohibés.

Or, pour bien comprendre ceci, retenez bien ces notions préliminaires. La parenté (1) est un terme générique ; elle se divise en trois espèces (2): celle des ascendants, celle des descendants, et celle des collatéraux ; les ascendants sont ceux qui nous ont donné le jour, tels que notre père, notre mère, notre aïeul et autres personnes d'un degré plus élevé : les descendants sont ceux qui nous doivent le jour, tels que le fils, la fille, le petit-fils, les petites-filles et autres d'un degré inférieur. Les collatéraux sont ceux qui ne nous ont pas donné le jour, et qui ne l'ont pas reçu de nous, mais qui ont avec nous une commune origine : tels sont le frère, la sœur, l'oncle, la tante, le cousin, la cousine et leurs descendants. Or, la parenté collatérale se divise en deux branches, celle des agnats (3) et celle des cognats : les agnats nous sont unis par les mâles, tels que le frère consanguin et la sœur consanguine ; les enfants d'un frère, et ceux d'un fils de frère, un petit-fils, une petite-fille, un oncle paternel et ses enfants, le petit-fils et la petite-fille d'un fils d'oncle, ou la tante paternelle, et, en un mot, nous disons que l'agnation passe de degré en

(1) L. 1, D. *de gradibus*.—Harmenop., I, VI.—Eclog. 28, 5, c. II.
(2) Nov. 158, c. I. — Eclog., 45, 5, c. VIII.
(3) L. 4, § 2 *in fine*. D. *de gradibus*.

degré, tant qu'elle ne rencontre pas de femme qui ouvre la cognation. Or, les cognats (1) sont ceux qui nous sont unis par les femmes, tels qu'un frère utérin (et non un frère consanguin) et ses descendants, une sœur utérine et les enfants d'une sœur utérine : ils sont tous cognats entre eux, parce que la personne de la sœur détruit l'agnation. Les agnats sont aussi appelés *legitimi*, c'est-à-dire légitimes, et *cognati*, c'est-à-dire naturels; mais les cognats seuls sont parents naturels sans être en même temps parents légitimes. En effet, les parents que reconnaît la loi, la nature les reconnaît aussi; tandis que quelquefois la loi ne reconnaît nullement ceux que reconnaît la nature. Cette parenté s'établit (2) de deux manières, par la nature, et par la loi, ou par l'adoption : par la nature, quand les enfants naissent de justes noces; par l'adoption, quand celui qui a un fils en prend un autre à titre d'adoption; car l'enfant que j'adopte est l'agnat de mon fils naturel et de mon frère adoptif; il est encore leur cognat, l'adoption lui donnant aussi pour cognats ceux qu'elle lui donne pour agnats (3); mais l'adoption, qui est un acte légitime (4), s'unit facilement à l'agnation qui, elle aussi, est légitime; car les choses légitimes s'unissent (naturellement) aux choses légitimes. Or, l'agnation, ainsi unie à l'adoption, entraîne avec elle la nature (la parenté naturelle), c'est-à-dire la cognation, et ceux que l'adopté appelle agnats, il les nomme aussi cognats, et ceux qu'il appellerait cognats, s'il était mon fils naturel,

(1) L. 10, § 2 et 6 *in fine*, D. *de gradibus*.

(2) Ou, comme le dit Modestinus, l. 4, § 2, D. *de gradibus*, la parenté se considère sous deux rapports différents chez les Romains; il y a chez eux une parenté civile, et une parenté naturelle : quelquefois la parenté, *cognatio*, dérive tout à la fois de l'un et de l'autre droit (c.-à-d. du droit civil, ou de la loi, et du droit naturel, ou de la nature) : c'est celle qui découle des justes noces; quelquefois de la loi seulement (enfant adoptif), quelquefois de la seule nature (enfants *vulgo concepti*).

(3) L. 23, D. *de adoption*.

(4) *Infra*, § 2 *huj. tit.* et lib. I, tit. XI.

il ne les appelle ni agnats, ni cognats, parce qu'il est mon fils adoptif; car la cognation qui vient de la nature est réputée ne pas exister dans l'adoption.

Maintenant que vous avez ces notions préliminaires, voyez-en l'application : nous avons dit plus haut, que le Romain qui s'unit à une Romaine ne contracte pas toujours de justes noces, parce qu'il existe (quelquefois) des empêchements de mariage.

En effet, entre ascendants (1) et descendants (2), les noces sont prohibées à l'infini, nul ne pouvant prendre pour femme sa mère, son aïeule, sa fille ou sa petite-fille naturelles ou adoptives (3), quand même (4) l'adoption serait dissoute par l'émancipation; car celui qui fut appelé père ou aïeul naturel doit rougir (5) de porter le nom de père ou aïeul adoptif.

2. Et même entre collatéraux, il existe un empêchement, mais qui n'est pas, il est vrai, perpétuel; en effet, entre (6) frère et sœur, il ne peut y avoir de noces, qu'ils soient consanguins ou utérins seulement.

Mais si une femme devient ma sœur adoptive (7), tant que durera l'adoption, les noces seront prohibées entre nous; mais une fois l'adoption dissoute par mon émancipation ou la sienne, les noces pourront, sans contredit, avoir lieu entre nous; en effet, l'adoption qui est légitime (8) ayant été dissoute par l'émancipation, qui est légitime aussi, je ne vois donc plus entre eux aucune espèce de pa-

(1) L. 53 et 54, D. *de rit. nupt.* — Eclog., 28, 5, c. II.

(2) L. 53, D. *de rit. nupt.* — Harmenop., IV, VI, XXI.

(3) L. 55, D. *de rit. nupt.*

(4) L. 55, § 2, *de rit. nupt.*; l. 14, D. *de rit nupt.*; l. 13, D. *de adopt.* — Eclog., 28, 5, c. VII et X.

(5) *Voy.* Gaius, *Comm.*, § 58 et 59. — Ulp., *Fragm.*, 155, 6. — Paul., *Sent.* II, XIX, § 3 et 4. — Harmenop., IV, XXI. — *Voy.* notre Appendice.

(6) L. 35, § 1, D. *de verb. oblig.*; l. 16, C. *de nupt.* — Eclog., 28, 5, c. III et X.

(7) L. 17, D. *de rit. nupt.*, l. 35, *de verb. oblig.*

(8) Cf. l. 77, D. *de reg. jur.* — Paul., *Sent.*, II, XXV, § 4. — L. 6, C. *de emancip. liber.* — *Infra*, lib. III, tit. I.

renté. En effet, tandis qu'auparavant nous étions tous deux en la même puissance, et que j'appelais ma sœur adoptive agnate et cognate, maintenant que l'émancipation a dissous l'adoption, je ne l'appellerai plus agnate ; car l'adoption, qui est un acte légitime, ayant cessé d'exister, ne produit plus de parenté légitime, c'est-à-dire d'agnation, et, à son tour, l'agnation étant détruite, il n'existe plus de cognation. Or, si je ne peux appeler agnate celle qui fut ma sœur adoptive, je ne puis donc l'appeler cognate.

Si donc quelqu'un veut adopter son gendre, il doit d'abord émanciper sa fille (1), et si celui qui a un fils veut adopter sa bru, il doit, avant tout, émanciper son fils ; s'il ne le fait pas, l'adoption de son gendre et de sa bru (2) fera dissoudre leurs noces ; car les époux seront frère et sœur. Or, entre frère et sœur, même adoptifs, il ne peut y avoir de noces.

3. Il ne m'est pas permis d'épouser la fille (3) de mon frère ou de ma sœur, pas même leur petite-fille (4), bien que nous soyons parents au quatrième degré (5) seulement, et qu'à ce degré (6) je puisse épouser la fille de mon oncle ou de ma tante : tenez, en effet, en règle générale, que je ne puis épouser la petite-fille de celui dont je ne puis épouser la fille. Si mon père naturel adopte une femme et qu'il en naisse une fille, je puis épouser cette fille qui est ma cognate, puisqu'elle m'est unie par les femmes. Or, nous avons déjà dit que la cognation naturelle n'existe pas dans l'adoption.

(1) L. 67, § 3, D. *de rit. nupt.* — *Infra*, lib. I, tit. XI *in princ.* — C'est ce que fit Claude pour adopter Néron, son gendre (Suét., *Claud.*, c. XXVII).

(2) L. 17, pr., § 1, et l. penult., § 3, D. *de rit. nupt.*

(3) L. 17, C. *de nupt.*, l. ult. C. *de nupt.*

(4) L. 39, D. *de rit. nupt.*

(5) Paul., *Sent.*, II, XIX, § 3. — Gaius, *Comm.*, I, § 62. — Ulp., *Fragm.*, V, § 6.

(6) *Voy.* notre Appendice.

4. Les enfants de deux frères ou de deux sœurs, d'un frère ou d'une sœur (1), ne peuvent s'unir par mariage.

5. Je ne puis épouser ni mon *amita* (l'*amita* est la tante paternelle) quand même elle ne serait qu'adoptive, ni ma *matertera* (la *matertera* est la tante maternelle), parce qu'elles me tiennent lieu de mère (2). Par la même raison, je ne puis épouser ni ma grand' *amita*, ni ma grand' *matertera*, parce qu'elles me tiennent lieu d'aïeules. Ma grand' *amita* (3) est la sœur de mon aïeul; mon père l'appelle *amita*, et moi grand'*amita*; ma grand' *matertera* (4) est la sœur de mon aïeule; ma mère l'appelle *ma-*

(1) D'après les Instituts, au contraire, le mariage entre cousins germains (*consobrini*) est permis (*jungi possunt*). D'où vient donc cette contradiction entre le texte et le commentaire? Il est peu de questions qui aient plus longtemps exercé la sagacité des interprètes : on peut voir, sur ce point, dans l'Excursus x, t. II de Reitz, diverses dissertations dont une de Jacq. Godefroy et d'Everard Otton, l'auteur du *Thesaurus*. Reitz, dans son ἐπίκρισις, qui termine cet *excursus*, arrive à cette conclusion peu satisfaisante : *ego certi nihil statuere audeo*. Pour nous, après avoir scrupuleusement étudié tous les textes et pesé tous les arguments invoqués par les auteurs soit pour, soit contre l'assertion de Théophile, nous estimons que Justinien, conformément à la loi 3, C. Théod. *de incest. nupt.*, a prohibé le mariage entre *consobrini*, comme l'enseigne Théophile : 1° l'examen attentif, au point de vue grammatical, du § 5 de ce titre démontre évidemment, que la négation devrait se trouver dans le § 4; 2° Cujas, dans ses premières notes sur les Instituts, Contius, Hotomann, Dumoulin, Fabrot, nous apprennent qu'elle était dans les plus anciens manuscrits. On dira peut-être que la loi 11, C. *de nupt.*, permet le mariage entre les enfants de frère et sœur. Mais on ne doit pas oublier que le Code *repetit. prælect.*, celui que nous avons, a été promulgué après les Instituts, qu'il a quelquefois corrigés. Quoi qu'il en soit, il est certain que la contradiction que nous venons de signaler entre les Instituts et la Paraphrase, ne peut s'expliquer que par les variations du droit sur la matière qui en est l'objet.

(2) *Voy.* Festus, v° *Matertera*, qu'il décompose en *mater altera*.

(3) L. 1, § 6; l. 10, § 15, D. *de gradib.*

(4) L. 1, § 6; l. 10, § 15, D. *de gradib.*

*tertera*, et moi ma grand' *matertera*. J'ai dit que je ne puis épouser mon *amita*, quand même elle ne serait qu'adoptive (1) ; il n'en est pas de même de ma *matertera* (2).

Mais comment (3) puis-je avoir une *amita* adoptive ou une grand *amita* adoptive? Dans ce cas, par exemple : mon aïeul paternel, ayant déjà un fils qui est mon père, a adopté une femme que mon père appelait sa sœur adoptive, et que moi j'appelle ma tante adoptive.

Et comment puis-je avoir une grand' *amita* adoptive? Dans celui-ci : supposez que mon bisaïeul paternel ayant déjà un fils qui est mon aïeul, a adopté une femme que mon aïeul appelait sa sœur adoptive, et mon père son *amita* adoptive, et que moi j'appelle ma grand' *amita* adoptive. Or, voici pourquoi nous avons ajouté au mot *amita* celui d'adoptive, et non à celui de *matertera*. C'est que l'*amita* m'étant unie par les mâles se trouve être tout à la fois mon

(1) L. 17, § 2, D. *de rit. nupt.* — Ulp., *Fragm.*, v, § 6. — Paul., *Sent.* XI, XIX, § 3. — Gaius, Comm., I, § 62.

(2) Harmenop., VI, XIV, § 22, dit le contraire; voici ses expressions : ἀλλ' οὐδὲ τοῦ πατρὸς ἢ τῆς μητρὸς μοῦ θεῖον, εἰ καὶ εἰσὶ θεῖαι. Qui des deux a raison? Justinien nous semble, au premier abord, laisser la question indécise; néanmoins, en vertu de l'adage, *qui de uno dicit de altero negat*, peut-être serait-on fondé à penser que Justinien, qui ne dit pas de la *matertera* ce qu'il dit de l'*amita*, pour le cas où cette dernière est adoptive, a entendu donner à la question que nous examinons la solution de la Paraphrase. On peut objecter, sans doute (*Explic. hist. des Instituts*, t. I, p. 206), que si Justinien ne parle pas de la *matertera* adoptive, c'est parce qu'on ne pouvait avoir par adoption que des tantes paternelles, les enfants ne suivant pas la famille de leur mère : mais il est facile de répondre, avec le § 10 de notre titre, que la mère peut adopter *ad solatium liberorum amissorum*, auquel cas, la sœur de la mère adoptive devient évidemment la *matertera* adoptive de l'enfant adopté par celle-ci. C'est, d'ailleurs, ce que suppose le texte précité d'Harménopule : quant à l'antinomie de ce texte avec celui de la Paraphrase, elle s'explique par les changements profonds éprouvés par la législation romaine, au siècle d'Harménopule.

(3) Eclog., 28, 3, c. II.

agnate et ma cognate, puisque mon agnat est incontestablement mon cognat : quant à la *matertera*, son adoption n'empêche nullement mon mariage avec elle; en effet, puisqu'elle ne m'est unie que par les femmes, elle est simplement ma cognate; et, malgré l'adoption, elle n'a avec moi aucune espèce de parenté, en vertu de la règle qui veut que la cognation naturelle soit réputée ne pas exister dans l'adoption. C'est donc parce que, dans ce cas, les noces ne sont pas prohibées que je n'ai pas posé d'hypothèse pour la *matertera* adoptive.

Mais comment puis-je avoir une *matertera* par adoption? Dans celui-ci, par exemple : mon aïeul paternel, ayant déjà une fille qui est ma mère, a adopté une femme que ma mère appelait sa sœur adoptive, et que moi j'appelle ma *matertera* adoptive.

6. Nous avons parlé plus haut des noces prohibées pour cause de parenté; il en est d'autres qu'empêche non plus la parenté, mais l'alliance. Or, l'alliance (1) est le lien produit par le mariage entre certaines personnes en dehors de toute parenté : ainsi, par exemple, je ne puis épouser ma belle-fille, la fille de ma femme ou ma bru, parce qu'elles me tiennent lieu de filles (2) ; or, ma bru (3) est l'épouse de mon fils, et ma belle-fille (4), la fille de ma femme. Mais, à ce qui précède, il faut ajouter le mot *autrefois*, et dire : je ne puis épouser celle qui fut *autrefois* ma bru, ou celle qui fut autrefois ma belle-fille; car (5) par l'addition du mot *autrefois*, nous indiquons que les personnes qui produisaient l'alliance n'existent plus. Et je ne puis cependant m'unir à elle par mariage, pas

(1) L. 4, § 5, D. *de gradib.* — *Voy.* Festus, v° *Adfinis.* — Eclog., 23, 3, c. II. — Harmenop., IV, VI, περὶ ἀγχιστείας.

(2) Ulp., *Fragm.*, v, § 6. — Paul., *Sent.*, II, XIX, § 5. — L. 14, § 4, D. *de rit. nupt.*; l. 4, § 7, *de gradib.*

(3) L. 4, § 6, D. *de gradib.*

(4) *Voy.* Festus, v° *Privignus.* — L. 4, § 6, D. *de gradib.*

(5) L. 7, C. *de nupt.*

même après la mort des personnes qui étaient cause de l'alliance, parce que, par respect pour l'alliance, je dois m'abstenir d'une semblable union. Or, si je dis : celle qui fut autrefois ma bru, c'est pour indiquer que mon fils, qui était son époux, est mort ; et si je dis : celle qui fut autrefois ma belle-fille, c'est pour indiquer que sa mère, qui était mon épouse, est morte. En effet, si l'une est encore ma belle-fille, et l'autre encore ma bru, à plus forte raison ne pourrai-je pas les épouser, puisque autrement un seul homme aurait deux femmes (1) ou une seule femme deux maris ; car si j'épouse ma bru, elle aura deux maris, mon fils et moi ; si j'épouse ma belle-fille, j'aurai deux femmes, ma femme actuelle et sa fille, qui est ma belle-fille. Or, on a établi contre les bigames la peine capitale. Que personne donc ne traite de l'empêchement du mariage, résultant du respect dû à l'alliance, sans parler de l'empêchement plus grand encore provenant de la bigamie, et entraînant la peine capitale.

7. Je ne puis épouser celle qui fut autrefois ma belle-mère ou ma *metrya* (2), parce qu'elle me tient lieu de mère ; or, ma belle-mère est la mère de mon épouse, et ma *metrya* est l'épouse de mon père, laquelle ne m'a pas donné le jour. Ici encore j'ai ajouté *autrefois*, pour indiquer que les personnes qui produisaient l'alliance n'existent plus maintenant, mon épouse ou mon père étant morts ; s'ils vivaient encore, il y aurait bigamie. Car si j'épouse ma belle-mère, j'aurai deux épouses (3), ma belle-mère et sa fille, et si j'épouse ma *metrya*, elle sera l'épouse de deux personnes, de mon père et de moi ; or, vous savez que la peine de la bigamie est une peine capitale.

8. Patrimus ayant déjà un fils de Titia, a épousé Patrina, qui a une fille de Titius : ou, en sens inverse, l'un avait une fille

(1) L. 18, C. *ad leg. Jul. de adult.* — Gaius, *Comm.*, I, § 63.

(2) L. 4, § 7, D. *de gradib.*; l. 14, § 4, D. *de rit. nupt.* — Ulp., *Fragm.*, v, § 6. — Paul., *Sent.*, II, xix, § 5.

(3) Paul., *Sent.*, II, xx. — Gaius, *Comm.*, I, § 63

et l'autre un fils ; ces enfants, vulgairement appelés ἀλληλοπρογονοι (1), peuvent fort bien s'unir en mariage, bien que du mariage contracté après leur naissance, il soit né un frère ou une sœur.

9. Mon (2) épouse, après avoir dissous le mariage par le *repudium*, s'est unie à un second mari : elle en a eu une fille ; la question est de savoir si je puis épouser sa fille. Je dis que cette fille n'est pas ma belle-fille, parce que ma belle-fille est celle qui est née avant mon mariage (avec sa mère) ; cependant l'honnêteté veut qu'on s'abstienne d'une pareille union. En effet, la femme de mon fils n'est pas ma bru, si le mariage n'a pas lieu, ni la fiancée de mon père ma *metrya*, s'il y a empêchement à leur mariage. Or, bien que pour les raisons que je viens d'exposer, je puisse les épouser, cependant Julien estime qu'on ne doit pas, pour cause d'honnêteté, contracter de tels mariages (3).

10. Mais la parenté servile (4) est-elle un empêchement aux noces ? Un esclave a été affranchi avec sa sœur ; il s'agit de savoir si les noces sont permises entre eux : à ne consulter que le droit strict (5), il semble qu'il n'y a pas entre eux de parenté, mais les droits du sang (*jura sanguinis*) empêchent leur union.

11. Il est plusieurs autres personnes que je ne puis épouser pour différentes raisons tirées d'un grand nombre de lois anciennes et rapportées au Digeste ou Pandectes, où notre très-divin Empereur les a fait insérer.

12. Mais si, contrairement à ce que nous avons dit (6) et

(1) Ἀλληλοπρογονοι, de ἀλλήλος, et προγονος (πρό avant, γενος, naissance) ; en latin : *comprivigni (cum præ geniti)*. On appelle ainsi les enfants nés, à chacun des époux, d'un mariage antérieur au leur. — L. 34, § 2, D. *de rit. nupt.*

(2) L. 12, § 3, D. *de rit. nupt.*

(3) L. 12, § 1, 2 et 3, D. *de rit. nupt.*

(4) L. 14, § 2, D. *de rit. nupt.*

(5) L. 1, § 1, D. *unde cognat.*

(6) Cf. l. ult. D. *de leg.* ; l. 3, § 1, D. *de donat inter vir. et ux.* ; l. ult., D. *de rit. nupt.*

sans tenir compte ni du respect dû à la parenté des ascendants et des descendants, ni des empêchements concernant les collatéraux, ni des prohibitions touchant l'alliance et la parenté entre affranchis ; si, dis-je, nonobstant toutes ces prohibitions, on contracte mariage, les conjoints n'auront ni le nom d'époux, ni le nom d'épouse (1), et leur union n'aura pas celui de noces (2), ni l'apport de la femme celui de dot (3). Mais comme cette sanction ne peut contenir l'audace des hommes sans frein, la loi a établi une peine plus grave ; elle veut, en effet, que les enfants issus de pareilles unions ne soient pas soumis (4) à la puissance paternelle : car la loi ne reconnaît pas les enfants provenant d'une union purement naturelle, parce qu'ils ne sont pas nés selon ses vœux ; et, en ce qui touche la puissance paternelle, ils sont assimilés aux enfants conçus dans la prostitution. En effet, ces derniers sont censés n'avoir pas de père, leur père étant incertain, à cause du grand nombre d'hommes qui ont eu commerce avec leur mère. Or, on a coutume de les appeler *spurii* d'un mot grec qui signifie *vulgo concepti* (σποράδην), conçus au hasard, ou *quasi sine patre filii*, c'est-à-dire, enfants nés sans père (5) ; conséquemment, on peut dire qu'à la dissolution d'une pareille union, il n'y a pas de répétition de dot (6), et ceux qui ont contracté des noces illégitimes ne subissent pas seulement les peines ci-dessus rapportées, mais encore quelques autres dont on peut prendre connaissance dans les Constitutions impériales (7).

(1) L. 18, C. *de nupt.*, *de incest. nupt.*, *de interd. matrim.* — Harmenop. IV, VI. — Eclog., 28, 5 ; περὶ κεκωλυμένων γάμων.

(2) L. 4, C. *de incest. nupt.* — Nov. 12.

(3) L. 52, D. *de rit. nupt.*

(4) Ulp., *Fragm.*, V, § 7.

(5) L. 1, D. *unde vir et uxor* ; l. 23, D. *de stat. homin.* ; l. 25, D. *de captiv. et postlim.* — Ulp., *Fragm.*, IV, § 2, V, § 7 et 8. — Gaius, *Comm.*, I, § 64.

(6) L. 52, D. *de rit. nupt.* — Harmenop., VI, 60. — Eclog., 28, 5, περὶ γάμων ἀθεμίτων.

(7) L. 4 et 6, C. I, *de incest. nupt.*

13. On peut y voir encore que quelquefois celui qui n'est pas. dès l'instant de sa naissance, *in potestate* de son père. devient plus tard *in potestate* (1); or, quel est cet enfant? J'étais en rapport d'intimité avec une femme que les lois ne m'empêchaient pas d'épouser; j'avais eu des rapports d'intimité avec elle, non en qualité d'épouse, mais en qualité de prostituée ou de concubine. De cette femme me sont nés des enfants ; ces enfants ne sont pas *in potestate*, parce qu'il n'y a pas eu préalable mariage, mais ils sont mes enfants naturels (2). Si (3), plus tard, je les offre (4) à la Curie (5), ils deviendront *in potestate*. Il en est de même si j'ai eu des rapports d'intimité avec une femme qui n'était pas mon épouse, et que je n'ai point épousée, non que la loi m'en empêchât, mais parce que je ne l'ai pas voulu ; un enfant est né d'elle : il n'est pas *in potestate ;* et, si ensuite, ainsi que l'a voulu la constitution de notre très-pieux Empereur, il existe un acte dotal, non-seulement les enfants nés avant la confection de cet acte, mais encore ceux qui naîtront postérieurement, seront sous ma puissance, conformément aux prescriptions de ladite constitution de notre très-divin Empereur (6).

## TITRE XI.

### DES ADOPTIONS (7).

Nous avons vu plus haut que nous avons *in potestate* nos enfants nés de justes nôces il faut savoir maintenant que

(1) Ulp., *Fragm.* VII, § 4. — Gaius, *Comm.*, I, § 65.

(2) Cf. l. 44, C. *de episcop et cler.*; l. 1 et 7, C. *de nat. lib.*. l. 1, C. Théod. *de nat. lib.* — Nov. 74, præf., § 1 *in fine*, et c. VI

(3) *Voy.* notre Appendice.

(4) Nov. 83, c. IV et VIII. — L. 3, C. *de nat. liber.*

(5) L. 53, C. *de episcop.*

(6) L. 11, C. *de nat. liber.*

(7) Harmenop., II, VIII. — Eclog., § 23, 1.

nous avons aussi *in potestate* nos enfants adoptifs (1).

Mais qu'est-ce que l'adoption ? (2) un acte légitime imitant la nature, et imaginé pour nous consoler (3) de la perte de nos enfants. En effet, que l'on n'ait pas d'enfants, soit parce qu'on ne s'est pas marié, soit parce qu'on n'en a pas de son mariage, soit parce qu'on les a perdus : pour réparer l'oubli de la nature ou le malheur de la fortune, on adoptera un enfant. Or, si j'ai dit que l'adoption a été imaginée pour la consolation de ceux qui n'ont pas d'enfants, ce n'est pas que ceux-là seuls adoptent qui n'ont pas d'enfants (4), puisque ceux qui en ont, peuvent incontestablement adopter, ainsi que nous l'avons déjà dit plus haut, dans l'espèce où nous avons démontré que pour adopter son gendre ou sa bru, on doit d'abord émanciper son fils ou sa fille : rien dans ce cas n'empêchant l'acte d'adoption, si ce n'est le mariage. Ainsi donc, en disant que c'est pour consoler ceux qui n'ont pas d'enfants que l'adoption a été introduite, j'ai voulu seulement indiquer ce qui arrive le plus souvent.

1. L'adoption (5) s'appelle en latin *adoptio ;* c'est là son nom générique (6) : elle se divise en deux espèces : en adrogation, et en adoption proprement dite. L'adoption se fait

(1) Gaius, *Comm.*, I, 97. — Ulp., *Fragm.*, VIII, § 1.—L. 1, D. *de adopt.* -

(2) On appelle acte légitime, *actus legitimus, νομίμη πρᾶξις*, celui dont la validité dépend de l'observation de certaines formes solennelles déterminées par la loi : ce sont les Prudents qui imaginèrent les *actus legitimi,* d'après l'esprit de la loi des Douze Tables (l. 2, § 7, D. *de orig. jur.*). — *Voy.* l'énumération de plusieurs d'entre eux dans la loi 77, D. *de regul. jur.* — Ils ont cela de particulier, qu'ils ne peuvent avoir lieu ni à terme, ni sous condition, ni par lettre, ni par procuration, mais seulement en présence de toutes les parties intéressées.

(3) L. 15, § 2, D. *de adopt.* ; l. 5, C. *de adopt.*

(4) Celui qui n'est pas marié peut également adopter. L. 30, D. *de adopt.*

(5) En grec *υἱοθεσία, filii institutio.*

(6) L. 1, § 2, D. *de adopt.*

de deux manières : ou par rescrit de l'Empereur, ou par l'ordre des magistrats.

Par rescrit de l'Empereur, nous adoptons ceux ou celles qui ne dépendent que d'eux-mêmes. Cette espèce d'adoption s'appelle adrogation ou prière. Par l'ordre des magistrats, on peut adopter ceux ou celles qui sont en puissance d'un parent naturel au premier degré, comme le fils ou la fille, soit à un degré inférieur, comme le petit-fils ou la petite-fille (1) : c'est là ce qu'on appelle proprement adoption. Ainsi, l'adoption est tout à la fois un terme générique et un terme spécial.

Autrefois il était pleinement permis d'adopter celui qui était sous la puissance d'autrui, et la *potestas* passait du père naturel au père adoptif.

Mais aujourd'hui (2) a été rendue par notre très-pieux Empereur une constitution (3) qui veut que si l'on adopte un enfant soumis à la puissance d'autrui, la puissance du père naturel ne soit plus dissoute, ne passe plus au père adoptif, et que l'adopté ne soit plus *in potestate* de l'adoptant, bien que la même constitution l'admette à sa succession *ab intestat*. Mais si son père naturel le donne en adoption, non à un étranger, mais à un parent qui est son aïeul maternel, ou bien, ce qui arrive assez souvent, si un émancipé qui a eu des enfants donne en adoption à son père ou à son aïeul paternel ces enfants nés après son émancipation : comme, dans ces deux hypothèses, les droits naturels, c'est-à-dire les droits qu'on tient de sa naissance, et ceux de l'adoption, se réunissent en une seule et même personne, ce fils sera sans contredit *in potestate* de son père adoptif, puisqu'il lui est uni et par la loi et par la nature, et il sera dans la famille et sous la puissance de son aïeul paternel.

(1) L. 1, § 1, D. *de adopt.* — Ulp., *Fragm.*, VIII, § 2, 3 et 4. — Gaius, *Comm.*, I, § 99.

(2) L. penult., D. *de adopt.*

(3) L. 10, C. *de adopt.*

3. Il y a donc plusieurs différences entre l'adrogation et l'adoption. En voici la première : l'adrogation se fait devant le prince, et l'adoption devant les magistrats.

La seconde différence est que l'adrogation ne s'applique qu'à ceux qui sont en leur propre puissance, et l'adoption qu'à ceux qui sont sous la puissance d'autrui.

Une troisième différence est que l'impubère ne pouvait autrefois être adopté; plus tard, on lui a permis de l'être, mais sous certaines conditions : ainsi, quand l'impubère maître de ses droits est adopté par rescrit du prince, il faut rechercher si l'adoption a eu une cause honnête, c'est-à-dire, si le futur père adoptif ne veut pas l'adopter pour satisfaire un amour honteux (1), et s'il est expédient (2) ou non au pupille d'être adopté. En effet, ce père adoptif est obéré (3) peut-être, ou bien prodigue, et le pupille riche; si un seul de ces faits est constaté, l'adoption n'aura pas lieu. Il faut encore que l'adrogateur donne caution devant une personne publique, c'est-à-dire un *tabellio* (4), que dans le cas où l'enfant par lui adopté mourrait impubère, il rendra ses biens à ceux qui seraient venus à sa succession s'il ne s'était pas donné en adoption. Mais l'adrogateur ne peut pas émanciper cet impubère sans avoir prouvé une juste cause d'émancipation, parce que, par l'adoption, tous les biens (de l'adrogateur et de l'adrogé), quoique non confondus entre eux, deviennent cependant communs; or, si l'impubère a tendu des embûches à son père adoptif, ou a mérité de toute autre manière d'être exclu de sa puissance, celui-ci (pourra évidemment l'émanciper) en lui rendant toutefois les biens qu'il avait acquis (5) par lui. Si le père adoptif meurt après l'avoir exhérédé, c'est-à-dire sans l'avoir

(1) L. 17, § 1, C. *de adopt.*
(2) Gaius, *Comm.*, I, § 102.
(3) L. 7. § 2, D. *de adopt.*
(4) L. 18, D. *de adopt.*, l. 17, C. *de adopt.*
(5) L. 22, D. *de adopt.*; l. 2, C. *de adopt.*

institué héritier, ou que, de son vivant, il l'ait émancipé sans juste cause, il est tenu de lui laisser le quart de ses biens, déduction préalablement faite de ceux apportés par l'impubère au père adoptif, ou dont l'impubère lui a procuré l'acquisition après son adoption. Rien de tout cela n'a lieu dans l'adoption de l'impubère qui est en puissance, d'abord parce que celui qui est en puissance est censé ne rien posséder, et ensuite parce qu'il peut veiller à l'accomplissement de toutes ces conditions, et ne donner son fils en adoption qu'après s'en être assuré.

4. Nous avons indiqué trois différences entre l'adrogation et l'adoption; disons maintenant ce qu'elles ont de commun : car des choses qui diffèrent en certains points peuvent se ressembler en d'autres. Or, voici la première ressemblance (entre l'adrogation et l'adoption) : il faut que l'adoptant soit plus âgé que l'adopté (1); l'adoption, en effet, a été établie à l'instar de la nature; or, la nature veut que le père soit plus âgé que le fils; car il serait monstrueux et contre nature de dire que le fils est plus âgé que le père. Ce que nous disons ici s'applique également aux enfants en puissance et à ceux qui n'y sont pas. Il faut que le père ait dix-huit ans (2) de plus que le fils; cet âge s'appelle (3) *plena pubertas*, c'est-à-dire pleine puberté, parce que ceux qui tardent le plus à devenir pubères, le deviennent à cette époque, par suite de leur développement physique.

5. Il y a encore une seconde ressemblance : car je puis adopter un petit-fils, une petite-fille (4), un arrière-petit-fils, une arrière-petite-fille, ainsi de suite, quand même je n'aurais pas de fils (5).

(1) L. 16 et 40, § 1, D. *de adopt.* — Ulp., *Fragm.*, XV, § 3. — Eclog., 1, c. LI.

(2) L. 40, § 1, D. *de adopt.* — Gaius, *Comm.*, § 106.

(3) L. 14, § 1, D. *de aliment.* — Paul. *Sent.*, III, IV, § 2. — Eclog., 33, 1, c. LI.

(4) L. 6, 10, 11, 43, 44, D. *de adopt.*

(5) L. 37 et 43, D. *de adopt.* — Ulp., *Fragm.*, VIII, § 7.

6. Ce que je vais dire est moins une ressemblance (entre l'adrogation et l'adoption) que quelque chose de propre à la troisième différence (dont nous avons parlé plus haut), puisqu'on ne peut l'appliquer à ceux qui sont en leur propre puissance ; je puis, en effet, adopter comme petit-fils le fils d'un autre et comme son petit-fils, rien ne me forçant à suivre l'ordre de la paternité naturelle (1).

7. Il y a encore une quatrième ressemblance : si on adopte un petit-fils comme né soit d'un fils naturel, soit d'un fils adoptif, ce fils doit aussi nécessairement consentir (à l'adoption). En effet, après la mort de l'adoptant, l'adopté devant retomber sous la puissance de celui dont il est censé être né par adoption, le fils qui occupe le degré intermédiaire entre le père adoptant et le petit-fils adoptif, doit consentir (2) (à l'adoption) pour ne pas avoir malgré lui un héritier (*suus*) ; si, au contraire, quelqu'un ayant un fils et un petit-fils, on donne au petit-fils en adoption, le consentement du fils n'est pas nécessaire.

8. Il y a une cinquième ressemblance entre l'adrogation et l'adoption : car quel que soit l'individu que j'aie adopté par adrogation ou par adoption (proprement dite, devant le prince, ou devant le préteur, ou le magistrat), je puis le donner (3) en adoption, pourvu qu'il ne me soit pas étranger ; c'est que dans ce cas, comme dans un grand nombre d'autres, il y a similitude parfaite entre l'adrogation et l'adoption.

9. L'eunuque nous fournit une sixième ressemblance entre l'adrogation et l'adoption. Retenez bien ces notions préliminaires : l'eunuque est un terme générique ; il y en a de trois sortes.

En effet, parmi les eunuques (4), les uns sont *Spado*-

(1) L. 12 et 41, D. *de adopt.*
(2) L. 6, 7 et 11, D. *de adopt.*
(3) L. 8, C. *de adopt.*
(4) L. 2, D. *de adopt.* — Eclog. 33, 1, c. LII. — Harmenop., VIII, § 2.

*nes* (1), les autres, *Castrati*, Θλίϐιαι (2). Sont *spadones* ceux qui, par un vice quelconque de la nature, ou par défaut de chaleur naturelle, ne peuvent se servir des parties génitales pour avoir des enfants, mais qui, délivrés de tout obstacle à la génération peuvent en avoir : sont θλίϐιαι ceux à qui leur nourrice ou peut-être leur mère ont arraché leurs testicules : sont *castrati*, ceux à qui on a coupé les parties génitales. Après ces notions préliminaires, continuons nos explications. Il s'agit de savoir si un eunuque peut adopter : nous disons que le *castratus* et le θλίϐιος ne peuvent adopter (3) ni celui qui est en sa propre puissance devant le prince, ni celui qui n'y est pas devant le magistrat ; car ceux (4) à qui la nature a refusé la faculté d'engendrer, la loi civile, qui suit le pas de la nature, la leur refuse aussi : or, les *castrati* et les θλίϐιαι ne peuvent pas même espérer d'avoir des enfants ; quant au *spado*, qui peut en avoir l'espérance, parce qu'il est probable qu'une fois délivré du vice de la nature (5), il pourra engendrer, il peut adopter et celui qui est en sa propre puissance et celui qui n'y est pas ; mais le *spado* qui adoptera celui qui n'est pas en sa propre puissance, ne l'aura pas *in potestate*, car l'adopté sera certainement un étranger pour lui. Et, en effet, comment le *spado* pourrait-il être aïeul paternel ou maternel, si on ne dit encore que n'est pas seulement *spado* celui qui dès le principe, n'ayant pu engendrer, espère le pouvoir un jour, mais encore celui qui, ayant pu d'abord engendrer, a été plus tard frappé d'une maladie qui l'en a empêché ?

10. Il y a (entre l'adrogation et l'adoption) une septième

(1) De σπάω, *avellere, contorquere, restringere.*

(2) De θλάω, *frangere,* ou θλίϐω, *comprimere.*

(3) Ulp., *Fragm.*, VIII, § 6. — Gaius, *Comm.*, I, § 103. — Harmenop., II, VIII, § 1.

(4) L. 16, D. *de adopt.*

(5) Cf. l. 9, D. *de liber. et posthum.* : l. 6, § 1, D. *de jure patr.*

ressemblance relative à la femme : la femme, en effet, ne peut (1) adopter ni par adrogation, ni par adoption (proprement dite) : car l'adoption nous donne la puissance paternelle, et la femme n'a pas même sous sa puissance ses enfants naturels ; or, la loi imite la nature : c'est donc avec raison que la femme ne peut adopter, si ce n'est avec la permission du prince, et pour se consoler de la mort de ses enfants, de sorte donc que la femme qui n'a pas eu des enfants ne pourra pas même adopter par rescrit impérial (2).

11. Outre les différences ci-dessus mentionnées (entre l'adrogation et l'adoption), il y a encore celle-ci : si j'adopte un homme qui ait un enfant sous sa puissance, cet enfant fuit (3) la condition de son père (4), et l'un me tiendra lieu de fils, et l'autre de petit-fils ; mais si j'adopte un homme en puissance, et qui ait un fils, cet homme deviendra seul mon fils adoptif, et laissera son fils auprès de son aïeul naturel. La raison en est évidente : c'est qu'étant lui-même en puissance, il ne peut avoir personne sous sa puissance. Or, que celui qui a un fils en puissance et a été adopté, entraîne son fils sous la même puissance paternelle, c'est ce qui résulte évidemment de l'adoption, par Auguste (5), de Tibère, devenu plus tard empereur ; adoption qui précéda celle de Germanicus, par ce même Tibère. Auguste, en effet, voulant adopter Tibère pour fils, et Germanicus pour petit-fils, et atteindre ce double but par une seule adoption, il n'oublia rien, pour faire d'abord adopter Germanicus par Tibère, après quoi il adopta lui-même Tibère.

(1) Ulp., *Fragm.*, VIII, § 9. — Gaius, *Comm.*, I, § 104.

(2) L. 5, C. *de adopt.* — L'empereur Léon, dans sa novelle 27, a, dans tous les cas, accordé aux femmes le droit d'adopter (Harmenop., II, VIII, § 4).

(3) Ulp., *Fragm.*, VIII, § 1. — L. 2 *in fine*, D. *de adopt.*

(4) L. 2, § 2, D. *de adopt.* — Ulp., *Fragm.*, VIII, § 8. — Gaius, *Comm.*, I, § 107.

(5) Suet., *Vita August.*, c. X et IX ; Cf. *Vita Tiberii*, c. XV.

12. Un maître a adopté son esclave. Il s'agit de savoir si l'adoption est valable et quel est son effet; d'après les anciens jurisconsultes, Caton (1) aurait dit que l'adoption n'était pas valable, parce qu'elle n'a lieu qu'en faveur des hommes libres; mais que cette adoption, bien que nulle comme telle, conférait la liberté à l'esclave, n'étant pas douteux que celui qui a voulu adopter un esclave a tacitement résolu de le délivrer de la servitude: seulement il n'a pas accompli ce qu'il avait promis, et a fait ce à quoi il ne songeait pas. Frappé de ces raisons, notre très-divin Empereur a ordonné que si quelqu'un se présente en justice, disant (2), dans l'acte introductif d'instance, et à propos d'un esclave: « Il est mon fils, » ces paroles ne le rendront pas son fils, mais le feront cesser d'être esclave.

## TITRE XII.

### DE QUELLE MANIÈRE SE DISSOUT LA PUISSANCE (3).

Nous avons précédemment enseigné quels sont ceux que nous avons *in potestate*, c'est-à-dire, nos esclaves, et nos enfants, tant naturels qu'adoptifs; nous avons ensuite parcouru les différences et les ressemblances qui existent entre l'adoption et l'adrogation, savoir: six différences et sept ressemblances. Examinons maintenant comment se dissout la *potestas*. La *potestas* que nous avons sur les esclaves se dissout par un mode quelconque d'affranchissement, et nous avons dit plus haut de quelle manière se fait l'affranchissement. Quant à la mort du maître, elle ne délivre pas de la servitude, mais amène un simple changement de maître.

(1) Gell., *Noct. Attic.*, V, XIX *in fine*.
(2) L. unic., § 10, C. *de latin.* — Harmenop., I, XVIII, § 25.
(3) Paul., *Sent.*, II, 25.—Nov. 81.—Harmenop., I, XVII, περὶ διαλυσεως ὑπεξουσιοτητος.

La *potestas* que nous avons sur nos enfants se dissout de plusieurs manières. Et en premier lieu, la mort (1) de l'ascendant rend l'enfant maître de ses droits. Or, vous devez savoir qu'on appelle *parentes* (2) tous les ascendants, et *liberi* (3), tous les descendants. Quand donc on dit que la mort du père rend le fils maître de ses droits, je dois distinguer. Si c'est le père qui est mort, sans contredit son fils ou sa fille seront maîtres de leurs droits; car c'est le moment de la mort de l'aïeul qu'il faut considérer, et s'il se trouve une personne intermédiaire, c'est-à-dire un fils en puissance paternelle, et que les petits-fils soient sous la puissance de leur aïeul au moment de sa mort, les petits-fils retomberont sous la puissance de leur père. Que si la personne intermédiaire meurt avant son père, ou est libérée de sa puissance, alors les petits-fils, ne devant pas retomber sous sa puissance, demeureront maîtres de leurs droits (4).

1. La déportation (5) du père dissout aussi la puissance paternelle. Si, en effet, un homme est accusé et convaincu d'un crime, et que le magistrat (6) prononce contre lui cette sentence, par exemple : *Volo te deportari in illam insulam*, c'est-à-dire, Je veux que tu sois déporté dans cette île, la loi, une fois la sentence prononcée, lui ôte, et le droit de cité (7), et ses biens. Ainsi, exclu de la cité romaine, il de-

(1) Ulp., *Fragm.*, I, § 2. — Harmenop., XVII, § 2.

(2) L. 51, D. *de verb. signif.*

(3) L. 36 *in fine*; l. 220, D. *de verb. signif.*

(4) L. 5, D. *de his qui sunt sui.* — Ulp., *Fragm.*, X, § 2 — Gaius, *Comm.*, I, §§ 124, 126, 127.

(5) Cf. Ulp., *Fragm.*, X, § 3. — L. 1, § 2, D. *de legat.*; 3 et 17, § 1, D. *de pœnis*; l. 1, C. *de hæred. instit.* — Eclog., 60, 51, c. XXII : περὶ τῶν περιοριζομένων.

(6) En grec ἄρχων, de ἄρχειν, commander, signifie le magistrat par excellence, comme ἄστυ à Athènes, et *urbs* à Rome, signifiaient la ville par excellence : ici ἄρχων indique le préfet de la ville, *præfectus urbis.*

(7) L. 15, D. *de interd. et releg.* — Basilic., LX, 54, où les de-

vient pérégrin (1); et, de cette sorte, son fils cesse d'être *in potestate* par la *deportatio* (2) (de son père), de même que par sa mort; car l'enfant romain ne peut être sous la puissance d'un pérégrin, les Romains seuls ayant leurs enfants *in potestate;* mais si l'enfant devient *deportatus*, il cesse aussi d'être en puissance paternelle; devenu pérégrin, il ne peut être sous la puissance d'un Romain; que si, rappelé par l'acte impérial, il recouvre la cité, tout sera remis pour lui dans son premier état (3).

2. Si le père n'est pas *deportatus*, mais seulement *relegatus* (4), ce qui arrive quand le magistrat dit : *Relego te in illam insulam*, ou, en d'autres termes : Je vous relègue dans cette île, » la loi ne lui ôte pas le droit de cité (5); aussi, vit-il dans la même position juridique, continuant d'avoir ses enfants sous sa puissance (6); et réciproquement, si les enfants sont *relegati*, ils ne sont pas libérés de la puissance paternelle.

3. Un homme a été accusé d'un crime; déclaré coupable, le magistrat a prononcé contre lui cette sentence : Je vous envoie aux mines (7), ou bien : « Je vous livre aux bêtes; » il devient sur-le-champ esclave, déchu qu'il est, en vertu de cette condamnation, et de la cité et de la liberté, et ses enfants deviennent maîtres de leurs droits (8).

4. Un enfant en puissance paternelle a fait une expédition

portés sont appelés *ἀπολιδες*, sans cité, de *ἀ* privatif, et *πολις*, ville, cité.

(1) L. 10, § 5, D. *de in jus voc.*

(2) L. 6, D. *de interd. et releg.* — Ulp., *Fragm.*, x, § 3. — Gaius, *Comm.*, I, § 128.

(3) Paul., *Sent.*, IV, VIII, § 24. — L. 1 et 9, C. *de sent. pass.*

(4) D. *de interd. et releg.*, l. 8. — C. *de pœn.* — Eclog., LX, 51 : *περὶ τῶν ἐξορίστων*, et 52 : *περὶ τῶν περιοριζομένων*.

(5) L. pen., D. *de interd. et releg.* — Basil., LX, 54.

(6) L. 4, D. *de interd. et releg.*

(7) L. 8, 17, 29 et 88, D. *de pœn.* — Eclog., 60, 51 : *περὶ τῶν μεταλλιζομένων*.

(8) La novelle 22, c. VIII, a aboli la peine des mines.

militaire (1), ou bien il est devenu sénateur (2), ou consul (3), il n'en demeure pas moins soumis à la puissance de son père; car la dignité de général, non plus que celle de consul, ne rend pas un enfant maître de ses droits. Que si l'enfant en puissance paternelle devient patrice (4), il est libéré de la puissance de son père, dès l'instant qu'il a reçu son diplôme de patrice, suivant une constitution (5) de notre Empereur. Qui souffrirait, en effet, qu'un père pût par l'émancipation briser les liens de sa puissance, tandis que la Majesté impériale ne pourrait soustraire à la puissance paternelle celui que le prince s'était choisi pour père (6).

5. Mon père a été fait prisonnier (7) par les ennemis, et par là est évidemment devenu leur esclave. Il s'agit de savoir si moi, fils de prisonnier, je suis sous ma propre puissance ou sous la sienne. Je ne puis dire que je suis sous ma propre puissance, puisqu'il peut y avoir *postliminium*. Le *postliminium* (8) est un droit qui fait rentrer dans leur premier état ceux qui reviennent de l'ennemi : nous dirons plus

(1) L. 7, C. *de patr. potest*; l. 3, C. *de castr. pecul.*

(2) L. 18 *in fine*, D. *de judic.* l. ult., D. *de pet. hæred.*

(3) D'après la novelle 83, la dignité de consul affranchit de la puissance paternelle.

(4) Nov. 87, c. I et II. — Harmenop., I, XVIII, § 4. — Suivant Suidas, le patrice est ainsi nommé, parce qu'il est pour ainsi dire le père de la république. — Cassiod., *Var.*, lib. VI, c. III, *in formul.* Patriciatus.

(5) L. 3, C. *de consul.*

(6) On connaît ce distique mordant de Claudien contre le patrice Eutrope, le fameux favori d'Arcadius, après la confiscation des biens de cet eunuque :

> Direptas quid plangis opes quas natus habebit ?
> Non aliter poteras principis esse pater.
> (Claud., l. II, v. 49.)

(7) L. 12, § 1 et 6, D. *de captiv.* — Ulp., *Fragm.*, X, § 4. — Paul., *Sent.*, II, XXV, § 1. — Gaius, *Comm.*, 1, § 129.

(8) L. 19, D. *de captiv. et postl.* — Harmenop., II, VII, § 2. — Eclog., 31, 1, c. XVI. — Festus, v° *Postliminium*.

bas pourquoi ce droit s'appelle *postliminium*. Ainsi donc, à son retour, le père reprend la *potestas* sur ses enfants; car le *postliminium* le fait considérer comme étant toujours resté dans la cité et n'en étant jamais sorti; néanmoins, je ne puis dire que dans l'intervalle j'aie été sous sa puissance. Comment, en effet, moi Romain, aurais-je été sous la puissance d'un esclave de l'ennemi? Dans l'intervalle, la puissance paternelle est donc en suspens (1). Que si mon père revient, je serai sous sa puissance, et s'il meurt chez l'ennemi, je deviendrai maître de mes droits, c'est ce dont personne ne doute; mais il s'agit de savoir à partir de quel moment je suis censé avoir été libéré de sa puissance : est-ce au moment de sa captivité? est-ce au moment de sa mort chez l'ennemi?

Ces deux opinions n'ont rien de commun entre elles; supposez (2), en effet, qu'un homme ayant deux fils et une fortune de deux mille écus, a été pris par l'ennemi; l'un de ces enfants, soigneux de ses affaires, ayant pris dans les biens de son père mille écus qu'il a mis dans le commerce, est parvenu à gagner mille écus; l'autre, au contraire, grâce à sa négligence, n'a rien gagné; quelque temps après (la captivité de leur père), on leur annonce qu'il est mort chez les ennemis. Ils songent donc à partager l'hérédité paternelle, et le fils négligent de dire : « Notre père étant réellement mort, nous sommes dès lors devenus maîtres de nos droits. conséquemment tout ce que tu as gagné par tes soins appartient à notre père, et nous devons partager les trois mille écus, c'est-à-dire, prendre chacun quinze cents écus.» Et le fils soigneux de ses affaires de lui répondre : «Du moment que notre père a été pris, nous sommes devenus maîtres de nos droits; or, le prisonnier qui ne retourne pas dans sa patrie est censé mort à partir de ce moment; donc,

(1) L. 2, D. *unde liber.* — Basil., 45, 1.
(2) Harmenop., I, XVII, § 7.

puisque j'étais maître de mes droits, tout ce que j'ai acquis, je l'ai acquis pour moi même et non pour un autre. » Nous préférons cette (dernière) opinion.

Mais si mon fils ou mon petit-fils a été pris par l'ennemi, nous disons également que le droit de puissance paternelle est en suspens. En effet, à cause du *postliminium*, je ne puis pas dire que je n'ai plus mon enfant sous ma puissance, étant possible qu'il revienne. Mais comment l'enfant une fois sorti de ma puissance sera-t-il de nouveau et immédiatement (1) soumis à cette même puissance? C'est que non-seulement le *postliminium* me rend la puissance que j'avais sur autrui, mais encore me conserve la puissance que d'autres avaient sur moi : d'un autre côté, je ne puis dire que j'ai conservé ma puissance sur mon enfant. Comment, en effet, puis-je avoir sous ma puissance un esclave de l'ennemi? Ainsi donc, mon droit de puissance sera en suspens (2).

5. Le mot *postliminium* (3) vient a *limine* et *post*, c'est-à-dire porte et après; aussi est-ce avec raison que nous disons de celui qui, après avoir été pris par les ennemis, atteint ensuite la frontière, qu'il est revenu par *postliminium*. En effet, de même que le seuil d'une maison en est comme la frontière, ainsi nos anciens ont voulu que la frontière de l'empire romain en fût comme la porte : et voilà pourquoi la frontière est encore appelée *limes*, pour signifier l'extrémité et la borne. Le *postliminium* a donc été ainsi nommé de ce que celui qui a été pris par les ennemis revient par le seuil d'où il avait été perdu, et non-seulement (4) celui

(1) C'est-à-dire de plein droit, sans l'intervention d'aucun acte juridique, *ipso jure*. Il n'en était pas de même de la femme : elle ne pouvait rentrer sous la puissance de son mari que de son consentement (L. 8 et 14, D. *de captiv.*).

(2) Harmenop., I, XVII, § 5.

(3) L. 19, § 5, *de captiv.* — Eclog., 34, 1, c. XLIV. — Isid., *Orig.*, V, c. ult.

(4) L. 29 *in fine*, D. *de captiv.*; l. 12, C. *de captiv.* : Cf. l. 26, D. *de captiv.*

qui échappe à l'ennemi, ou est renvoyé par lui, jouit du *postliminium*, mais encore celui que nous reprenons sur les ennemis vaincus (1).

6. La *potestas* est encore dissoute (2) par l'émancipation. Mais qu'est-ce que l'émancipation? Un acte (3) renfermant trois émancipations ou trois affranchissements, ou une seule émancipation et un seul affranchissement. Autrefois l'émancipation se faisait de la manière suivante : étaient présents cinq témoins, un zygostate qui portait une balance et une pièce d'airain, et une tierce (4) personne. Celle-ci achetait en leur présence l'enfant des mains de son père, à qui, en guise de prix, il donnait une pièce de monnaie, et l'enfant tombait ainsi sous la puissance de ce tiers, en qualité d'esclave; le tiers l'affranchissait par la *vindicta*, et en vertu d'une convention tacite, l'enfant rentrait de nouveau dans la *potestas* de son père, celui-ci le vendait une seconde fois, et de la même manière, et l'acheteur l'affranchissait encore par la *vindicta*, et cette fois encore, en vertu d'une convention tacite, l'enfant retournait sous la puissance de son père; celui-ci le vendait encore, et ainsi était dissoute la *potestas* : l'enfant était présumé affranchi par la *vindicta* et devenait par là maître de ses droits. Ainsi donc, trois émancipations et trois affranchissements dissolvaient la *potestas* (5). La vente ainsi faite s'appelle émancipation ; trois

(1) L. 26, D. *de capt.*

(2) Ulp., *Fragm.*, x, § 1. — Paul., *Sent.*, II, xxv, § 2 et sq. — Gaius, *Comm.*, I, § 119, 132, 134. — L. 5, C. *de dolo*, l. 4, C. *de emancipat. liber.*

(3) Voy. *supra*, lib. I, tit. x, § 2, et *in f.* lib. II, § 4.

(4) Μέσος, mot à mot, une (personne) intermédiaire. Il s'agit ici de l'*emptor contracta fiducia*: par la clause de *fiducia*, le père obligeait l'*emptor* à lui rendre l'enfant qu'il achetait. *Ei lege dedit*, dit Gaius en parlant du père mancipateur, *ut sibi remanciparet.* — Gaius, *Comm.*, I, § 118, 132, 140. — Voy. *les Institut. expliquées* de M. Etienne, t. I, pag. 136, et les *Comm.* de Vinnius, *hic.*

(5) *Voy.* notre Appendice.

émancipations et trois affranchissements (1) rendent donc un enfant maître de ses droits ; or, l'enfant était vendu afin qu'il fût censé tombé en servitude et qu'ainsi la liberté lui fût utilement conférée ; car l'homme libre ne pouvait être affranchi ; mais la fille, le petit-fils et la petite-fille et autres personnes en descendant, devenaient maîtres de leurs droits par un seul affranchissement. Or, cela avait encore lieu par (2) rescrit du prince (3), mais autrefois seulement. Mais aujourd'hui notre auguste Empereur a rendu une constitution (4) qui a perfectionné cette partie de la législation. Et en effet, abolissant l'ancien mode d'émancipation et les ventes symboliques (5), il permet aux ascendants de se présenter devant le juge ou le magistrat compétent (6), et d'affranchir en leur présence ses fils, ses filles, ses petits-fils et ses petites-filles de sa puissance sur eux, en disant simplement : « J'émancipe cet enfant et le mets hors de ma puissance ; » et si, après l'émancipation, celui ou celle qui a été émancipé ou émancipée meurt en l'état d'un testament et sans enfants, l'édit du préteur donne au parent affranchissant, sur les biens de l'enfant décédé (7), les mêmes droits qu'il accorde au patron sur les biens de l'affranchi mort sans enfants et avec un testament ; et si les enfants émancipés sont impubères, le père émancipateur sera leur tuteur, la charge de la tutelle étant une suite de la dation de la liberté (8).

(1) Ces trois ventes n'étaient nécessaires que pour l'émancipation du fils, *filius*, car Gaius nous apprend qu'une seule suffisait pour tous les autres descendants et les filles : *feminæ vel nepotes masculi ex filio una emancipatione de patris, vel avi exeunt potestate et sui juris efficiuntur.*

(2) L. 8, C. *de emancip. liber.*

(3) *Voy.* Appendice.

(4) L. 6, C. *de emancip. liber.*

(5) Gaius définit l'émancipation, *imaginaria quædam venditio.*

(6) Harmenop., I, CXVII, § 8.

(7) L. 1, D. *Si quis a parent. manumiss.*

(8) L. 3, § 10, D. *de legit. tut.* — *Infra*, lib. I, tit. XVII, *proœm.*

7. Un individu avait un fils et un petit-fils ou une petite-fille sous sa puissance ; il peut (1) émanciper son fils et retenir ses petits-fils sous sa puissance, ou, en sens contraire, émanciper ses petits-fils et garder son fils *in potestate*; s'il a un arrière-petit-fils ou une arrière-petite-fille, nous disons qu'il pourra de même émanciper son arrière-petit-fils et garder sous sa puissance son fils et ses petits-fils, ou, en sens contraire, émanciper son fils et ses petits-fils et retenir son arrière-petit-fils, ou même les émanciper tous.

8. Il est un autre mode de dissolution de la *potestas*. Si, en effet, je donne en adoption à mon aïeul paternel ou maternel le fils que j'ai sous ma puissance, ma *potestas* est dissoute et transportée sur l'aïeul : ce qui a lieu par un acte formel devant le magistrat compétent : car il faut que le père se présente devant lui contradictoirement avec l'aïeul qui doit prendre son fils sous sa puissance avec le consentement de l'adopté et sans opposition de sa part, et déclare sa volonté en disant qu'il donne cet enfant en adoption. Alors le droit de puissance passe à l'aïeul. Nous avons déjà dit, en effet, que, dans ce cas, l'adopté transmettait (à l'adoptant) les droits de sa famille et soumettait l'adopté à sa puissance (2).

9. Un homme avait (3) sous sa puissance un fils dont l'épouse était grosse; il a émancipé son fils et l'a donné en adoption à son aïeul. Plus tard il lui est né un petit-fils ; il s'agit de savoir sous la puissance de qui sera cet enfant, de l'aïeul ou du père. Nous disons qu'il sera *in potestate* de l'aïeul, parce que dans les justes noces nous considérons le moment de la conception (4). Or, lors de la conception, le

(1) L. 28, D. *de adopt.* — Harmenop., I. XVII, § 10.
(2) L. 25, D. *de adopt.* ; L. 11, C. *de adopt.*
(3) Harmenop., I. XVII, § 11.
(4) Ulp., *Regul.*, v, § ult.

fils qui a engendré cet enfant était en puissance; c'est donc avec raison que l'enfant sera soumis à la puissance de son aïeul naturel. Si, (1) au contraire, il est conçu et naît après l'émancipation ou l'adoption, il tombera sous la puissance de son père ou de son aïeul adoptif (2).

10. Nous devons encore savoir qu'en règle générale le fils qui est en ma puissance, qu'il soit naturel ou adoptif, ne peut nullement (3) m'imposer l'obligation de l'émanciper.

## TITRE XIII.

### DES TUTELLES (1).

Nous avons dit que parmi les hommes les uns sont esclaves, les autres libres, et que parmi les hommes libres, les uns sont ingénus, les autres affranchis. Nous avons dit aussi qu'il y avait une seconde division à faire, les uns étant maîtres de leurs droits, les autres ne l'étant pas. Après avoir donc parlé de la puissance sur les esclaves et de celle que les justes noces ou l'adoption nous donnent sur nos enfants; et après avoir traité de la dissolution de ces puissances, passons à une autre division.

Parmi ceux qui sont maîtres de leurs droits, les uns sont en tutelle ou en curatelle : les autres ne sont ni en tutelle ni en curatelle; et comme il en est plusieurs qui ne sont soumis ni à l'une ni à l'autre, parlons de ceux qui sont

(1) L. 15, D. *de capt.*

(2) L. 7, § 1 et 2, D. *de senat.* — Ulp., *Fragm.*, v, § 10. — Gaius, *Comm.*, I, § 89 et 135.

(3) L. 31 et 33, D. *de adopt.* — Gaius, *Comm.*, I, § 137. — L. 4, C. *de emancip.* — Remarquez cependant que le fils peut quelquefois, comme l'indiquent les Instituts, *ullo pene modo*, forcer son père de l'émanciper. — *Voy.* L. ult., D. *Si a parent. quis*, L. 92, D. *de cond. et dem.* —De son côté, le fils ne pouvait être émancipé malgré lui.—Paul., *Sent.*, XXV *in fine.*— *Novell.*, 89, c. XI.

(1) Eclog., 37, 1. — Harmenop., V, XI.

en tutelle et en curatelle ; car ceux qui ne sont pas comptés parmi les seconds, le sont évidemment parmi les premiers. Occupons-nous (1) d'abord de ceux qui sont en tutelle : or vous devez préalablement savoir (2) que la tutelle est étrangère à ceux qui sont en puissance et ne regarde que ceux qui sont maîtres de leurs droits.

1. Et d'abord définissons la tutelle. La tutelle, ainsi que la définit Servius, est un droit (3), et une puissance donnée sur une tête libre, établie pour défendre celui qui, à raison de son âge (4), ne peut se défendre lui-même, et permise par le droit civil.

2. Sont donc tuteurs ceux qui ont ladite puissance et ladite autorité ; ils doivent gérer les affaires et conserver les biens du pupille. Ils tirent ce nom de la nature même de leurs devoirs (5) : en effet, on les appelle en latin *tutores quasi tuitores*, parce qu'ils doivent veiller avec le plus grand soin sur les affaires du pupille et défendre partout sa personne. c'est ainsi qu'on nomme *æditui* (6) les prêtres *qui ædes tuentur*, c'est-à-dire, chargés de la garde des temples.

3. Disons en premier lieu quels sont ceux à qui on laisse des tuteurs. Les ascendants laissent, par testament des tuteurs aux enfants qui sont en leur puissance. En effet, bien que nous ayons dit tantôt que la tutelle est étrangère à ceux qui ne sont pas en puissance, cependant, et c'est ce que vous devez encore savoir, on laisse des tuteurs à ceux qui sont en puissance, mais seulement pour le temps qui suit la mort de leur père, alors que les enfants

(1) Gaius, *Comm.*, I, § 142, 143.

(2) Voy. *infra*, lib. I, tit. XXIII, § 4.

(3) L. 1 *pr.*, D. *de tutel.* — Harmenop., V, XI, § 1.

(4) L. 4, § ult., D. *rem pupil. salv. fore.* — Ulp., *Fragm.*, XI, § 5. — Harmenop., V, XI, § 1, et I, III, § 18.

(5) L. 3, § 4, D. *de carb. edict.*

(6) Varr., *de Ling. lat.*, VI, où il les appelle *œditumi*. — Fest vo *Æditimus*.

deviennent maîtres de leurs droits ; car ce n'est qu'à cette époque que les dispositions testamentaires sortent à effet. Ainsi donc, les ascendants peuvent laisser (1) par testament des tuteurs à leurs enfants impubères qui sont en leur puissance sans distinction de sexe. On peut aussi en laisser aux petits-fils et aux petites-filles, lorsqu'après la mort de l'aïeul ils ne doivent pas retomber sous la puissance de leur père (2). Conséquemment, si quelqu'un a un fils ou un petit-fils sous sa puissance et que par testament il laisse un tuteur à son petit-fils sous sa puissance, (il faut distinguer) : si à l'époque de la mort du testateur l'enfant intermédiaire était sous sa puissance, les petits-fils n'auront pas de tuteur testamentaire, parce que retombant sous la puissance de leur père après la mort de leur aïeul, ils ne pourront en aucune manière avoir un tuteur : car nous avons déjà dit, qu'autre chose est n'être pas maître de ses droits, autre chose être en tutelle (3). Que si la personne intermédiaire se trouve en puissance à l'époque de la mort (de l'aïeul), comme la mort de cet aïeul rendra le petit-fils maître de ses droits, la dation de la tutelle sera valable, parce qu'elle sera faite pour un enfant maître de ses droits.

4. Que nous puissions laisser un tuteur à nos enfants réellement existants (4), cela est évident. En est-il de même des posthumes, des enfants nés après notre mort ? Nous disons : oui, parce que dans plusieurs cas ils passent pour être déjà nés (du vivant de leur père); or, on donne valablement des tuteurs aux posthumes, alors que nés de notre vivant ils auraient été en notre puissance, n'étant primés

(1) Ulp., *Fragm.*, XI, § 15 — L. 1 *pr.* et § 2, L. 120, D. *de verb. signif.* — Plus tard, on put aussi donner un tuteur par codicille. L. 32 *in fine*, D. *de ann. tut.*

(2) Ulp., *Fragm.*, XI, § 14 et 15. — Gaius, *Comm.*, I, § 144, 146.

(3) *Supra*, *hoc titul.*, *proœm. in fine*.

(4) L. 1, § 1, et 16, D. *de testam. tutel.*

par aucun de ces enfants qu'on appelle siens (*sui*) (1).

5. Si un père laisse un tuteur, par testament, à son enfant émancipé, cette dation de tutelle ne sera point valable d'après le droit civil, conformément à ce que nous avons déjà dit, savoir, que les tuteurs testamentaires ne sont donnés qu'aux enfants qui sont sous notre puissance; mais le préteur ou le magistrat accomplissant la volonté du défunt *confirme* une telle dation de tutelle, c'est-à-dire la valide *sine inquisitione* (2), en d'autres termes, sans rechercher si le tuteur est riche ou peut administrer les biens du pupille; car le témoignage du défunt suffit pour lui fournir sur ce point la preuve la plus complète.

## TITRE XIV.

QUELS TUTEURS PEUVENT ÊTRE DONNÉS PAR TESTAMENT.

Après avoir dit quels sont ceux qui laissent des tuteurs (par testament), apprenons quels sont ceux qu'on peut choisir pour tuteurs. Or, nous laissons pour tuteurs non-seulement ceux qui sont maîtres de leurs droits, mais encore ceux qui ne le sont pas (3).

1. Nous donnons aussi valablement pour tuteur testamentaire notre esclave *cum libertate*. Que si je laisse à mon fils mon esclave pour tuteur, sans lui conférer la liberté par testament, mais qu'au contraire je le laisse pour tuteur *sine libertate*, c'est-à-dire sans liberté, on a cru devoir dans l'intérêt des impubères accorder la liberté directe (4) à

(1) Gaius, *Comm.*, I, § 147.

(2) Cf. l. 1, § 1 et 2, D. *de conf. tut.*; l. 7, D. *de ann. legat.*; l. 8, 9, 10, D. *de conf. tut.*; l. 4, D. *de test. tut.*

(3) L. 9, D. *de his qui sui juris*, l. 7, D. *de tut.*—Ulp., *Fragm.*, XI, § 16.

(4) Cf. l. 32, § 2, D. *de testam. tut.*; l. 10 *in fine*, D. *de test. tut.*; l. 24, D. *de fideicomm. libert.*

l'esclave, et par là, le droit d'exercer valablement la tutelle. J'ai dit : *la liberté directe*, afin que l'esclave, délivré de la servitude au moment même de la mort du testateur, puisse dès lors entrer sans difficulté en tutelle ; car si la liberté était fidéicommissaire (1), il devrait encore être affranchi par le pupille.

Mais il est nécessaire de dire plus clairement encore, ce qu'on entend par là ; retenez bien ces notions préliminaires. On peut trouver dans un testament différentes dispositions : il en est par lesquelles nous instituons un héritier, d'autres par lesquelles nous faisons des legs, d'autres par lesquelles nous donnons des tuteurs, d'autres encore par lesquelles nous laissons la liberté ou un fidéicommis ou la liberté fidéicommissaire. Nous instituons un héritier, en disant : *Illum hæredem esse jubeo*; c'est-à-dire, J'ordonne qu'un tel soit héritier ; c'est là ce qu'on appelle institution d'héritier. Nous léguons en ces termes : *Huic lego decem*, c'est-à-dire, je lègue à un tel dix (solides); cela s'appelle dation de legs. Nous donnons un tuteur en disant : *Illum filio meo tutorem do* (2); c'est-à-dire, Je donne un tel pour tuteur à mon fils : et cela s'appelle dation de tuteur. Nous laissons la liberté en disant : *Ille servus meus liber esto*; c'est-à-dire, Qu'un tel mon esclave soit libre, et cela s'appelle dation de liberté. Or, toutes ces dispositions s'appellent *directes* (3) ; mais il n'en est pas de même de celles par lesquelles nous laissons une somme d'argent; ce qui a lieu en ces termes : *Rogo te, hæres, ut des illi decem solidos*, c'est-à-dire : « Je vous prie, mon héritier, de donner à un tel dix solides; » cela s'appelle fidéicommis. Il n'en est pas de même encore de celle par laquelle nous laissons la liberté en ces termes : *Rogo te, hæres, ut servum illum manumittas*, c'est-à-dire, Je vous prie, mon héritier, d'affranchir cet esclave qui m'ap-

(1) Paul., *Sent.*, IV, XIII, § ult.
(2) L. 16 et l. penult., D. *de test. tut.*
(3) Voy. *infra*, lib. II, tit. XXIV, § ult.

partient; cela s'appelle dation de liberté fidéicommissaire; or, les termes d'où résulte le fidéicommis s'appellent *precaria* (1), c'est-à-dire rogatoires, et c'est par le mot *esto* que nous laissons la liberté directe, et par celui de *rogo* la liberté précaire. Mais, il y a cette différence entre ces deux sortes de liberté que la directe sort à effet dès que l'héritier institué accepte l'hérédité et délivre l'esclave de la servitude, tandis que la précaire a besoin du fait de l'héritier, c'est-à-dire, que l'héritier affranchisse l'esclave devant le magistrat (2), ou par un des moyens déjà indiqués. Après ces notions préliminaires, continuons l'explication de notre matière. Nous avons dit que si je laisse mon esclave pour tuteur à mes enfants *sine libertate*, la liberté directe lui sera tacitement conférée, et que cette liberté est ainsi appelée parce qu'il n'est pas besoin du fait de l'héritier, et qu'elle compète à l'esclave par la seule vertu du testament; si, au contraire, elle était fidéicommissaire et que le pupille eût été institué héritier, il ne pourrait affranchir l'esclave qui lui aurait été laissé pour tuteur. Vous savez, en effet, que le mineur de vingt ans ne peut, d'après la loi *Ælia Sentia*, affranchir son esclave, s'il ne fait approuver une juste cause par le *concilium*. Mais, dira quelqu'un, c'est aussi une juste cause. — Nous répondons d'abord que nous ne l'avons pas comptée parmi les justes causes précédemment énumérées du *consensus* et de l'approbation du tuteur, et quand même nous l'aurions comptée parmi elles, nous aurions encore besoin du *consensus* et de l'autorité (3) du tuteur. — Mais comment celui qui, loin d'être tuteur, est encore esclave, comment pourrait-il consentir? Si le testateur (4) croyant

(1) Paul., *Sent.*, I, § 6 — L. 28, § pen., D. *de libert. caus.*; l. 78, D. *ad Sc. Trebell.*

(2) Voy. *supra*, lib. I, t. v, § 4.

(3) L. 11, D. *de fideicomm. libert.*

(4) L. 22, D. *Qui test. tutores*. l. 24, § 9, D. *de fideicomm. libert.*

que son esclave était libre l'a laissé comme tel pour tuteur, nous ne disons pas qu'ici encore la liberté lui ait été tacitement conférée : car dans le cas précédent nous la lui avons accordée d'après l'intention du défunt; mais, dans le cas présent, impossible de trouver dans l'esprit du défunt une telle intention. Et, en effet, comment le pourrait-on, le défunt ayant cru que l'esclave était libre?

L'esclave d'autrui est inutilement (1) nommé par testament, si l'institution est pure et simple. Il peut l'être utilement, s'il l'est en ces termes : Qu'un tel, esclave d'un tel, soit tuteur *cum liber erit*, c'est-à-dire, lorsqu'il sera libre; mais nous donnerions inutilement pour tuteur notre esclave, sous cette condition, par exemple : que notre esclave soit tuteur *cum liber erit*; c'est-à-dire, lorsqu'il sera libre. Et la raison en est évidente : c'est que nous ne devons pas livrer au hasard ce qui dépend de notre volonté.

2. Si je laisse pour tuteur testamentaire un fou ou un mineur (2), ils deviendront tuteurs : l'un, quand il recouvrera sa raison : l'autre, quand il aura vingt-cinq ans révolus.

3. Un tuteur peut être valablement donné *ad certum tempus vel ex certo tempore* : *ad certum tempus*, quand nous disons : Qu'un tel soit tuteur jusqu'à deux ans d'ici; *ex certo tempore*, par exemple : Pour qu'il soit tuteur deux ans après ma mort. On peut aussi donner un tuteur sous condition, par exemple : Qu'un tel soit tuteur, *si navis ex Asia venerit*, si le navire arrive d'Asie Nous pouvons encore laisser un tuteur, *ante hæredis institutionem*, avant l'institution d'héritier, comme quand nous disons : Qu'un tel soit tuteur de mon fils et qu'il soit mon héritier (3).

4. Nous ne pouvons laisser un tuteur (4) pour une chose

(1) Cf. l. 10, § 4, D. *de test. tut.*

(2) L. 1, D. *Quod fals. tut. auct.*; l. 11, D. *de tut.*; l. 32, § 2, D. *de test. tut.*

(3) L. 8, § 2, D. *de test. tut.* — Gaius, *Comm.*, II, § 231.

(4) L. 12, § 2, l. 14, D. *de test. tut.* — Harmenop., V. XI, § 9. — Eclog., 37, 2, c. XXII.

ou une affaire déterminée ; en disant, par exemple : Qu'un tel soit tuteur pour tel fonds de terre ou pour tel procès ; car le tuteur se donne à la personne, et non à une affaire ou à une chose (1).

5. Si on laisse un tuteur à ses filles ou à ses (2) fils, on est censé le laisser aussi à ses enfants posthumes. En effet, par la dénomination de fils ou de fille, on entend encore le fils ou la fille posthume ; mais les petits-fils sont-ils compris sous la dénomination de fils, en sorte que le même tuteur soit censé avoir été donné au fils et au petit-fils, et qu'ainsi les petits-fils soient désignés par le mot *filiorum ?* Nous répondons : Oui, sans doute, si le testateur n'a pas dit *filiis*, mais *liberis* ; en effet, s'il a dit : *Filiis meis tutorem do*, les petits-fils ne sont pas compris (3) parmi eux ; car autre chose est la dénomination de fils, autre celle de petit-fils. Mais s'il a dit (4) : *Posthumis do tutorem*, tous les enfants nés de lui, fils ou petits-fils, n'auront pas d'autre tuteur que celui qui a été donné (par testament).

## TITRE XV.

### DE LA TUTELLE LÉGITIME DES AGNATS (5).

Nous avons dit que les ascendants peuvent laisser un tuteur testamentaire à leurs enfants *in potestate*. Mais quel sera le tuteur, s'il n'y en a pas de testamentaire, ce qui arrive quand le père est mort *ab intestat*, ou qu'ayant fait un testament, il a oublié de leur laisser un tuteur, ou bien encore

(1) Harmenop., V, XI, § 6 et 9.

(2) L. 5, D. *de test. tut.*

(3) L. 6, D. *de test. tut* — *Eclog.*, 2, 2, c. CIV. — Basil., 37, 11, c. III ; Basil., 2, 2, c. CI I.

(4) L. 5 et 6, D. *de test. tut.*

(5) Voy. *infra*, lib. II, tit. XVII. — D. et C. *de leg. tut.*

quand le tuteur nommé est mort du vivant du testateur? dans ces divers cas, quel sera le tuteur des enfants du défunt? La loi des Douze-Tables leur donne les agnats pour tuteurs (1).

1. Mais quels sont les agnats? Retenez bien ces notions préliminaires : la cognation (2) est un terme générique ; il y en a trois sortes, celle des ascendants, celle des descendants et celle des collatéraux. Sont nos ascendants, ceux qui nous ont donné le jour. Le père, la mère, l'aïeul, l'aïeule, le bisaïeul, la bisaïeule, et autres d'un degré plus élevé. Sont descendants, ceux à qui nous avons donné le jour; le fils, la fille, le petit-fils, la petite-fille, l'arrière-petit-fils et l'arrière-petite-fille, et autres d'un degré inférieur. Sont collatéraux, ceux de qui nous n'avons pas reçu et à qui nous n'avons pas donné le jour, mais qui ont avec nous une commune origine, tels que le frère, la sœur, l'oncle, la tante, le cousin, la cousine, et leurs descendants. La parenté collatérale se divise en deux branches, celle des agnats (3) et celle des cognats. Sont agnats, ceux qui nous sont unis par des mâles, tels que le frère consanguin et ses enfants, la sœur consanguine, l'oncle parternel et ses enfants, et la tante paternelle. Quant aux cognats, ce sont ceux qui nous sont unis par les femmes, comme la sœur utérine et ses enfants, la tante maternelle et les enfants de la tante paternelle; les agnats s'appellent aussi *legitimi*, c'est-à-dire légitimes, et cognats, c'est-à-dire naturels, parce que ceux que reconnaît la loi, la nature les reconnaît aussi (4), tandis que les cognats ne s'appellent que parents naturels, parce que ceux que reconnaît la nature, la loi ne les reconnaît pas tou-

(1) L. 1 et 5, D. *de legit. tut.*— Ulp., *Fragm.*, XI, § 3. — Gaius, *Comm.*, I, § 155. — L. 1, C. *de legit. tut.*

(2) Voy *supra*, l. I, tit. X, § 1. — Harmenop., IV, VI, § 1.

(3) L. 7, D. *de legit. tut.* — Ulp., *Fragm.*, XI, § 4.

(4) L. 196, § 1, D. *de verb. signif.*; l. 7, D. *de leg. tut.* — Gaius, *Comm.*, I, § 156.

jours. Après ces notions préliminaires, continuons notre explication. Puisqu'aucune personne testamentaire ne doit être tutrice, il faut que les parents légitimes, c'est-à-dire les agnats qui sont unis au pupille par les mâles, soient tuteurs. Or, on appelle agnats, par exemple, le frère consanguin, son fils ou son petit-fils, et ceux qui ne nous sont unis que par les femmes ne sont pas agnats, mais seulement cognats, en vertu d'un lien de parenté naturelle. Ainsi le fils de ma tante maternelle n'est pas mon agnat, mais mon cognat, et je suis son cognat, parce que les enfants suivent la famille du père et non celle de la mère. Voilà pourquoi le fils de ma tante maternelle est mon cognat, bien qu'elle soit mon agnate. Quelle en est donc la raison? c'est que l'agnation est interrompue par l'existence d'une personne du sexe féminin, c'est-à-dire ma tante. Sachez donc, en général, que je suis le parent de quiconque est le mien.

2. Ainsi que je l'ai dit, il y a lieu à la tutelle des agnats, non-seulement lorsque le père qui pouvait laisser un tuteur testamentaire ne teste pas, mais encore quand il meurt *intestat* (1), par rapport à la tutelle; ce qui arrive, et dans le cas où le défunt a laissé un tuteur qui est mort avant lui, et dans le cas où il a oublié, en testant, de laisser un tuteur à son fils.

3. Mais le droit d'agnation lui-même s'éteint presque toujours (2) par toute *capitis diminutio*, l'agnation n'étant qu'une création de la loi, tandis que le droit de cognation ne se perd pas par toute *capitis diminutio*. Et la raison en est dans la nature même de l'agnation : c'est que la raison civile, c'est-à-dire la *capitis diminutio*, peut détruire les droits civils, c'est-à-dire les droits d'agnation, et non les droits naturels, c'est-à-dire, les droits de cognation (3).

(1) L. 6, D. *de leg. tut.*

(2) Cf. lib. II, tit. XVI, § 6. — L. 4, C. *de leg. tut.*

(3) L. 8, D. *de capit. minut.* — Ulp., *Fragm.*, XI, § 9. — Gaius *Comm.*, I, § 158 et 163.

# TITRE XVI.

## DE LA DIMINUTION DE TÊTE (1).

Nous avons dit que le plus souvent la *capitis diminutio* détruit le droit d'agnation : définissons donc la *capitis diminutio* (2). La *capitis diminutio* est le changement d'un premier état, ou encore, un malheur qui change ou diminue l'état de celui qui l'éprouve. Or, il y a trois *capitis diminutiones* (3) : la grande, qu'on appelle *maxima*, la *minor* que quelques-uns nomment *media*, c'est-à-dire, moyenne, et la *minima* ou petite. Il y a donc trois *capitis diminutiones* : la grande, la moyenne et la petite.

1. Il y a grande *capitis diminutio* (4) quand on perd tout à la fois et la liberté, et la cité : ce qui arrive à ceux qui deviennent esclaves de la peine en vertu d'une sentence terrible qui les condamne à être livrés aux bêtes ou aux flammes : ce qui arrive encore aux affranchis convaincus d'ingratitude envers leurs patrons et à ceux qui se sont laissé vendre *ad pretium participandum*. Chacun de ces

(1) Περὶ ἀρχῆς ἐλαττουμένης, mot à mot : de la diminution de dignité. Pour exprimer la *diminutio capitis*, les Grecs disent indifféremment. τῆς πρώτης καταστάσεως ἐλάττωσις, diminution de son premier état : καταστάσεως ἐναλλαγή, changement d'état ; κεφαλῆς ἐναλλαγή, *capitis permutatio*. κεφαλῆς ἐλάττωσις, *capitis minutio*, diminution de tête. Théophile préfère presque toujours l'expression latine, *capitis diminutio*. — *Eclog.*, 46, 2; 16, 2, c. VII, et 8, c. XXXIII. — Basil., 46, 2. — Paul *Sent.*, I, VII, § 1. — L. 2, D. *de in integ. restit.*; l. 1, D. *de capit. min.*

(2) L. 1 et 11, D. *de cap. minut.*—Ulp., *Fragm.*, XI, § 10. — Gaius, *Comm.*, I, § 160.

(3) L. 11, D. *de cap. minut.* — Ulp., *Fragm.*, XI, § 11 — Gaius, *Comm.*, I, § 160.

(4) L. 6, § 6, D. *de injust. rupt.*; l. 6, § 1, D. *de agnoscend. et alend. liberis.* — Eclog., 16, 8, c. XXXIII.

individus étant frappé de la grande *capitis diminutio*, perd en même temps la liberté et la cité.

2. Il y a moyenne *capitis diminutio* (1) lorsqu'en perdant la cité, la liberté reste intacte : ce qui arrive *cui aqua et igni interdictum fuerit*, ou à celui qui est déporté dans une île (2) ; car l'un et l'autre, quoique libres encore, sont déchus du droit de cité romaine, et en cela, il y a entière identité de position ; mais il y a cette différence que le déporté est détenu dans un lieu déterminé, c'est-à-dire, une île, tandis que celui *cui aqua et igni interdictum est*, est repoussé de tous lieux.

3. Il y a petite *capitis diminutio* (3), quand on conserve la cité et la liberté, mais qu'on perd son état actuel : ce qui arrive à ceux qui, étant maîtres de leurs droits, sont donnés en adoption (4), et demeurent ainsi dépendants d'autrui, ou, en sens inverse, à celui qui, de dépendant qu'il était, est devenu indépendant (5) ; car alors, il n'y a que changement de dépendance, au lieu d'indépendance.

4. Mais l'esclave affranchi éprouve-t-il la *capitis diminutio* ? Nous disons : Non. Et, en effet, jusqu'à l'affranchissement, il n'a pas formé une tête, et (6) ce n'est que depuis l'affranchissement qu'il commence à en former une et à être reconnu par la loi (civile).

5. Ceux que l'empereur prive de leur dignité ne souffrent pas de *capitis diminutio*, c'est-à-dire que celui (7) qui a été exclu du sénat n'est pas *capite diminutus*.

(1) L. 11, D. *de capit. minut.* — Gaius, *Comm.*, I, § 161. — Fest., v° *Deminutus capite.*

(2) L. 2, § 1, D. *de pœn.* — Ulp., *Fragm.*, XI, § 12.

(3) L. 11, D. *de capit. minut.* — Ulp. *Fragm.*, XI, § 13. — Gaius, *Comm.*, I, § 162. — Eclog., 16, 8, § 10 et 33.

(4) L. 2, § 2, D. *de capit. minut.* — Ulp., *Fragm.*, XI, § 13.

(5) Ainsi, sous Justinien, il existe deux causes de *minima capitis diminutio*, l'adoption et l'émancipation : dans l'ancien droit, on en connaissait une troisième, l'*in manum conventio* (Ulp., *Frag.*, XI, § 13).

(6) L. 1, § 1 *in fine*, D. *de cap. minut.*

(7) L. 5, D. *de senat.* — L'exclusion du sénat n'enlevait que l'*existimatio* (L. penult., D. *de extraord. cognit.*).

6. Mais l'agnation se détruit d'ordinaire par la *capitis diminutio* : nous verrons bientôt pourquoi nous avons ajouté (1) : *d'ordinaire*. La cognation, au contraire, ne se détruit pas d'ordinaire par la *capitis diminutio*. J'ai dit : *d'ordinaire*, parce que la petite *capitis diminutio* ne change rien aux droits de cognation (2), tandis que la grande *capitis diminutio* détruit la cognation (3). Si, en effet on devient esclave, on cesse d'être cognat avec ceux dont on était le cognat, et si, libre d'abord, on est plus tard devenu esclave, on ne recouvre pas son ancienne cognation, c'est-à-dire, celle qu'on avait avant l'esclavage. Il y a plus : que quelqu'un éprouve la moyenne *capitis diminutio*, le déporté (4), par exemple, la cognation alors n'en est pas moins dissoute.

7. Quand donc un pupille n'a pas de tuteur, vous savez maintenant qu'à défaut de tuteur testamentaire, il y a lieu à la tutelle des agnats. S'il y a plusieurs agnats, la tutelle n'est pas indistinctement déférée à l'un d'eux, mais seulement à ceux du plus proche degré ; si, par exemple, il y a pour agnats un frère et un oncle, le frère est préféré ; s'il y a plusieurs agnats, au même degré, comme aussi plusieurs frères et plusieurs oncles, ils seront tous concurremment appelés (5) (à la tutelle).

(1) Nous ne trouvons nulle part l'accomplissement de la promesse que Théophile fait ici, de même qu'en plusieurs autres endroits de son ouvrage, que nous aurons soin de signaler au lecteur : ce qui prouve ce que nous avons dit dans notre dissertation, que la Paraphrase de Théophile est une dictée faite par le professeur à ses élèves, une *academica prælectio*.

(2) L. 5, D. *unde cognat.*

(3) L. 8, D. *de capit. minut.*; L. 8, D. *de regul. jur.*

(4) L. 1, § 4 et 8, D. *ad Sc. Tertull.*; L. 7, D. *unde cognat.*

(5) L. 9, D. *de leg. tut.* — Gaius, *Comm.*, I, § 164. — Festus, v° *Nancitor.* — Bien que tous les frères du pupille soient tous appelés conjointement à la tutelle, cependant un seul d'entre eux pourra être chargé de l'administration (L. 5, § 1, D. *de legit. tut.*).

## TITRE XVII.

### DE LA TUTELLE LÉGITIME DES PATRONS.

L'affranchi et l'affranchie avaient besoin d'un tuteur à cause de leur jeune âge; mais quel sera ce tuteur? Sera-ce un tuteur testamentaire? car on ne laisse de pareils tuteurs que quand on a des impubères sous sa puissance. Or, ne sont pas sous notre puissance ceux qui ont été affranchis de la servitude, puisqu'ils n'ont pas d'ascendant. Sera-ce un tuteur légitime? Mais comment celui qui ne peut avoir d'ascendant, aura-t-il des parents collatéraux dont l'idée renferme nécessairement celle d'ascendant? Quel sera donc leur tuteur? La loi des Douze-Tables appelle à leur tutelle les patrons (1) et les enfants des patrons, conformément à ce que j'ai dit plus haut, que la charge de la tutelle suit la dation de la liberté. On appelle aussi cette tutelle légitime parce qu'elle a été établie par la loi des Douze-Tables (2).—Mais, dira-t-on, en lisant cette loi, on ne trouve rien sur cette tutelle? Nous répondons que si la loi des Douze-Tables n'en parle pas expressément, cependant on peut l'y trouver par voie d'interprétation; car elle dit quelque part: Si quelqu'un meurt sans enfants, et, *ab intestat*, que les agnats (3) viennent à son hérédité. Et, ailleurs, elle dit encore: Si quelqu'un a besoin d'un tuteur, que les agnats (4) gèrent sa tutelle. C'est qu'elle les a chargés de la tutelle, parce qu'elle leur a accordé les avantages de l'hérédité; voilà pour les ingénus. Arrivant ensuite aux affranchis: Si, dit-elle, un affranchi ou une affranchie meurt

(1) L. 1, D. *de legit. tut.*

(2) Cf. Ulp., *Fragm.*, XI. — L. 3, D. *de legit. tut.*; l. 11, D. *de jure patron.*, l. 6, § 1, D. *de verb. signif.*

(3) L. 53, D. *de verb. signif.* — Voy. *infra*, lib. III, tit. II.

(4) Ulp., XI, § 4. — L. 1 et 5 *pr.*, D. *de legit. tut.*; l. 1, C. *de legit. tut.* — Voy. *supra*, lib. I, tit. XV.

sans enfant, et *ab intestat* que les patrons ou les enfants des patrons recueillent leur hérédité (1). Il est vrai qu'elle n'a rien dit de la tutelle : mais comme elle appelait les patrons à l'hérédité des affranchis, à l'instar (2) des agnats, les anciens (jurisconsultes), recherchant l'esprit de la loi, furent invinciblement amenés à dire que les patrons, eux aussi, sont chargés de la tutelle (des affranchis), parce que, d'ordinaire, où est l'émolument (3) de la succession, doit être aussi la charge de la tutelle. J'ai dit : *d'ordinaire*, parce que si un impubère est affranchi par une femme, et que l'impubère meure affranchi, la femme est appelée à son hérédité, sans être cependant chargée de la tutelle, par la raison que les fonctions de tuteur n'appartiennent qu'aux hommes, et sont étrangères (4) aux femmes.

## TITRE XVIII.

### DE LA TUTELLE LÉGITIME DES ASCENDANTS.

J'ai émancipé, lorsqu'ils étaient encore pubères, mon fils, ma fille, mon petit-fils ou ma petite-fille : qui sera leur tuteur, puisqu'ils en ont besoin d'un? Car on ne laisse de tuteur testamentaire qu'autant qu'on a un impubère sous sa puissance. Sera-ce un agnat? Mais l'émancipation a détruit les droits d'agnation. Qui donc appellera-t-on à leur tutelle? Le père et l'aïeul à l'instar des patrons dont nous avons précédemment parlé ; ils seront tuteurs à l'instar des patrons, et on les appellera tuteurs légitimes (5).

(1) Ulp., *Fragm.*, XXIX, § 1 et *passim*.

(2) Ulp., *Fragm.*, XI, § 3.

(3) Gaius, *Comm.*, I, § 165. — Harmenop., II, § 20.

(4) L. 16 et ult., D. *de tut.*; L. 73, D. *de regul. jur.* — Gaius, *Comm.*, I, § 11.

(5) L. 3, § 10, D. *de legit. tut.* — Ulp., *Fragm.*, XI, § 3. — Gaius, *Comm.*, I, § 175.

# TITRE XIX.

## DE LA TUTELLE FIDUCIAIRE.

Outre ces tutelles, il en est encore une autre appelée *fiduciaria*. Si, en effet, j'émancipe, lorsqu'ils sont encore impubères, mon fils, ma fille, mon petit-fils, ma petite-fille, mon arrière-petit-fils ou mon arrière-petite-fille, je deviens, suivant ce qui a été dit au précédent titre, leur tuteur légitime (1), parce qu'à l'instar de celui qui affranchit d'une véritable servitude, celui qui affranchit une tête libre sera appelé à l'hérédité : si donc je meurs laissant deux enfants mâles, ils deviendront tuteurs fiduciaires (2) de l'impubère, de même que moi, par l'émancipation, je suis devenu son tuteur judiciaire.

Voici comment le père le sera de son fils : j'avais un fils majeur de plus de vingt-cinq ans et un petit-fils impubère; j'ai émancipé mon petit-fils; je serai son tuteur légitime. Après moi, son père sera son tuteur fiduciaire.

Mais, dira-t-on, pourquoi les enfants des patrons sont-ils appelés tuteurs légitimes, tandis que les enfants des ascendants émancipateurs des impubères prennent un autre nom? (En effet, les ascendants s'appellent tuteurs légitimes, et leurs enfants tuteurs fiduciaires) : voici la raison de cette différence : si, de mon vivant, je n'avais rendu mon fils maître de ses droits, il le serait devenu après ma mort, sans tomber sous la puissance de son frère ou de son oncle, et c'est pour cela que l'enfant de l'ascendant émancipateur n'aura pas la même tutelle que son père et s'appellera tuteur fiduciaire. Quant à l'affranchi, s'il ne l'eût pas été et qu'il fût resté en servitude, il serait incontestablement devenu l'esclave des enfants du défunt (3).

(1) L. 3, § 10, D *de legit tut.*
(2) L. 4, D. *de legit. tut.*
(3) Gaius, *Comm.*, I, § 175.

Tous les tuteurs dont nous venons de parler ne sont appelés à ces différentes tutelles qu'à l'âge de vingt-cinq ans révolus (1) : tel est l'âge que dans une de ses constitutions notre Empereur requiert pour toutes les tutelles et curatelles, convaincu avec raison qu'il serait absurde de confier l'administration des biens d'autrui à celui qui a besoin lui-même d'un administrateur (de ses propres biens).

## TITRE XX.

### DU TUTEUR ATTILIEN (2) ET DE CELUI QUI ÉTAIT DONNÉ EN VERTU DE LA LOI JULIA ET TITIA.

Un pupille ou une pupille avait besoin d'un tuteur : il n'en avait pas de testamentaire, pas même d'agnat ; il n'y avait pas lieu à la tutelle des patrons : pas de père qui dût être tuteur à l'instar des patrons ; il n'y avait pas lieu non plus à la tutelle fiduciaire. Qui sera donc appelé à la tutelle ? Nous répondons qu'à Rome le préteur urbain, assisté de la majorité des tribuns (3) du peuple (ils étaient au nombre de dix), ou, en d'autres termes, de six ou sept d'entre eux, donnait à ces pupilles, après enquête, conformément à la loi *Attilia*, un tuteur apte à ces fonctions. Le tuteur nommé, en vertu de cette loi, dont Attilius est l'auteur, se nommait tuteur Attilien. L'action de cette loi était fort circonscrite : on l'observait à Rome, et non au delà. A son exemple, on en établit deux (4) dans les provinces : la

(1) L. 4, D. *de legit. tut.* ; l. 5, C. *de legit. tut.*

(2) Ulp., *Fragm.*, XI, § 18. — Gaius, *Comm.*, I, § 185. — Harmenopule, V, XI, § 15, appellent λεγίτιμοι les tuteurs dont il est parlé dans ce titre, et que la loi 52, C. *de episc. et cler.*, appelle datifs, *tutores dativi*. C'est sans doute parce qu'ils sont donnés, en vertu de la loi, par des magistrats chargés de veiller à son exécution.

(3) Δημάρχων : ils furent créés sous le consulat de L. Minutius et de M. Horatius Pulvillus, l'an 260 de Rome...

(4) Β νόμοι Ἰούλιος καὶ Τιτιανός. — Les Instituts disent : *ex lege*

loi *Julia* et la loi *Titia*, qui ordonnaient qu'on donnât, de l'avis du président de la province, un tuteur à quiconque n'en aurait pas. C'est de ces lois qu'est venu à ce tuteur le nom de Julien-Titien.

1. Mais le tuteur Attilien ou Julien-Titien n'est pas seulement donné à celui qui n'a pas de tuteur, mais encore à celui qui en a un qui ne peut gérer la tutelle. Qu'arrivera-t-il, en effet, si un homme en mourant institue son fils héritier, et lui donne un tuteur sous cette condition (1) : *si navis ex Asia venerit*, ou bien *in diem* (2), par exemple, jusqu'à deux ans après sa mort ? tant que la condition ou le jour seront en suspens, on donnera le tuteur Julien-Titien. Il en est de même si le tuteur a été donné purement et simplement, et que l'héritier institué délibère sur l'adition d'hérédité. Supposez, en effet, qu'un étranger ait été institué héritier et que le fils du testateur ait été *exhœredatus*, supposez encore qu'un tuteur lui ait été laissé purement et simplement, et que, dans l'intervalle, l'héritier institué *délibère* ; dans ce cas-là encore, on donnera le tuteur Attilien ou Julien-Titien. Que si la condition se réalise, que le jour arrive ou que l'héritier accepte, le tuteur testamentaire entrera en tutelle, et ces tuteurs cesseront de l'être (3).

2. Que si celui qui est tuteur est pris par l'ennemi (4), on

*Julia et Titia* D'où s'est élevée la question de savoir si, comme l'enseigne Théophile, il s'agit ici de deux lois différentes, ou bien si, comme l'ont prétendu plusieurs auteurs tels que Fabrot et Vinnius, il ne s'agit que d'une seule et même loi : nous croyons avec Reitz que tous les arguments à l'aide desquels on soutient l'opinion contraire au texte de Théophile, ne sont que des conjectures qu'il est facile de repousser par d'autres conjectures et qui doivent nécessairement céder devant un texte aussi positif que celui de la Paraphrase. — *Voy.* G. O. Reitz *Exercit.* xi, t. II, p. 1197, 1198.

(1) L. 11, D. *de test.*

(2) *Voy.* notre Appendice.

(3) L. 15, § 5 et 8, D. *de tut.* — Gaius, *Comm.*, I, § 186.

(4) L. 15, D. *de tut.* ; l. 9, D. *de tut. et curat.* — Gaius, *Comm.*, I, § 187.

donnera à Rome un second tuteur Attilien, et dans les provinces, un nouveau tuteur Julien-Titien, lequel tuteur cessera de l'être, si celui qui a été pris par les ennemis s'enfuit du milieu d'eux, parce qu'à son retour il prendra la tutelle en vertu du droit de *postliminium*.

3. Tel était l'ancien droit : plus tard, on abolit la dation des tuteurs Attilien et Julien-Titien. En effet, les consuls d'abord (1) donnèrent des tuteurs aux impubères de l'un et de l'autre sexe *ex inquisitione* (2), c'est-à-dire, après s'être enquis de la fortune des tuteurs et de leur capacité pour la gestion des affaires d'autrui. Le préteur ensuite remplaçant les consuls, exerça le même pouvoir en vertu des constitutions (3); les lois précitées, la loi *Attilia* et la loi *Titia*, n'ayant rien dit de la caution que doivent fournir les tuteurs pour garantir la conservation des biens des impubères ni des moyens de forcer les tuteurs à bien administrer les biens du pupille.

4. Dans notre droit naturel, le préfet de la ville ou le préteur à Rome (4) donne des tuteurs suivant leur juridiction particulière, parce qu'il est des impubères à qui le préfet et non le préteur peut choisir un tuteur. Dans les provinces, les présidents des provinces, et certains magistrats (5), par leur ordre, et alors seulement que la fortune

(1) Cf. l. 1, § 1, D. *de confirm. tut.* — Suétone nous apprend, dans la *Vie de Claude*, c. XXIII, qu'en vertu d'une constitution de ce prince, ces tuteurs étaient donnés par les consuls.

(2) Voy. *infra*, lib. II, tit. XXIV, *pr.*

(3) L. 1, C. *de tut. illustr.*

(4) L. 45, § 3, D. *de excusat. tut. vel curat.*

(5) Στρατηγός, chef militaire, général, *dux* : par extension, celui qui est revêtu d'un pouvoir public, *publica persona*, magistrat. Les Basiliques prennent aussi ce mot dans ce sens. — *Voy.* encore Harmenop., V, XI, § 19. — Il s'agit ici des *magistratus municipales* ou duumvirs (l. 3, D. *de tutorib.*, l. 2, D. *ad Sc. Tertullianum*).

des impubères n'est pas considérable, établissent les tuteurs (1).

5. Mais notre Empereur supprimant par une de ses constitutions (2), toutes distinctions de personnes, a voulu que, sans attendre l'ordre des présidents de provinces, les défenseurs des cités (3), conjointement avec les très-sages évêques de ces mêmes cités et les autres personnes publiques, c'est-à-dire les magistrats, et, dans la cité d'Alexandrie, le *Juridicus*, choisissent des tuteurs ou des curateurs dans le cas où la fortune du pupille ou du mineur ne s'élèverait qu'à cinq cents solides, et après avoir exigé la caution légale prescrite par la même constitution, laquelle caution tombe à la charge des magistrats qui la reçoivent, si ceux qui l'ont fournie sont insolvables.

6. Il est conforme au droit naturel que les impubères soient en tutelle : il est juste, en effet, que ceux dont l'âge est encore trop tendre (4) soient placés sous la direction d'autrui.

7. Les impubères une fois devenus pubères auront contre leur tuteur la réclamation de tutelle (5).

## TITRE XXI.

### DE L'AUTORISATION (6) DES TUTEURS.

Puisque nous savons qu'on donne un tuteur pour l'administration des biens du pupille, vous devez savoir encore

(1) Ajoutez avec Justinien, *Instit.*, *hic*, *ex inquisitione*. — L. 1 et 5, D. *de tut. et curat.*; l. 45, § 6, D. *de administ. et peric. tut. et curat.*

(2) L. 30, C. *de episc. audient.*

(3) *Civitatum defensores*, défenseurs des cités (Nov. 15).

(4) L. 1, D. *de minor.* — Gaius, *Comm.*, I, § 189. — Harmenop., V, XI, § 1.

(5) L. 1, § 3, *de tut. et ration.* — Ulp., *Fragm.*, XI, § 25. — Gaius, *Comm.*, I, § 191.

(6) Ulp., *Fragm.*, XI, § 25, 26, 27. — Eclog., 8, c. XXVII.

que dans certains cas l'autorisation du tuteur est nécessaire au pupille, et que tout ce que fait le pupille sans cette autorisation est nul. Il est des cas où l'autorisation du tuteur n'est pas nécessaire, celui, par exemple, où le pupille a fait avec moi cette stipulation : Promettez-vous de donner dix écus (1)? pour la validité de cette stipulation l'autorisation du tuteur est superflue (2). Que si le pupille lui-même s'engage par stipulation, le consentement du tuteur peut seul valider cette stipulation : c'est que l'on a voulu que l'impubère pût faire sa condition meilleure et augmenter sa fortune *sine tutoris auctoritate*, c'est-à-dire sans l'autorisation du tuteur, et ne pût la faire pire (3) sans l'intervention, dans l acte, de l'autorisation du tuteur ; d'où la conséquence que dans des cas où naissent de la part des contractants des actions (réciproques) comme dans le louage (4), le mandat, le dépôt (car le déposant a l'action directe, et le dépositaire qui a fait des impenses à raison de la chose déposée, l'action contraire du dépôt) (5), s'il n'intervient l'autorisation du tuteur, celui qui contracte avec les pupilles s'obligera envers eux, et ceux-ci ne seront tenus de rien envers celui qui aura contracté avec eux (6).

1. Mais, sans autorisation, ils ne peuvent ni faire adition d'hérédité (7), ni demander une possession de biens (8), ni recevoir une hérédité fidéicommissaire, lors même que le fidéicommis serait avantageux et ne leur causerait aucun préjudice.

(1) L. 9, D. *de rebus cred.*; l. 1, C. *de auct. præst.*
(2) L. 9, D., et l. 1, C. *de auct. tut.*; l. 28, D. *de auct. præst.*— Gaius, *Comm.*, II, § 83.
(3) L. 28 *pr.*, D. *de pactis*.
(4) Ajoutez : dans l'achat et la vente, *Inst.* (*hic*).
(5) Ajoutez : et le commodat, l. 1, § 1, D. *de comm. et pignor.*
(6) L. 13, § 2, D. *de act. empt. et vend.*
(7) L. 9, § 3, et l. 11, D. *de auct. tut.*
(8) L. 21, D. *de auct. tut.*

2. Or, le tuteur (1) doit, présent en personne, autoriser l'impubère, s'il le juge convenable; s'il se présente trop tard ou qu'il soit absent, il ne peut valablement autoriser par lettre. Exemple : j'ai contracté avec un pupille ; il faut que le tuteur, présent au moment même du contrat, dise : « Je l'autorise (2). » Mais s'il était alors dans la ville où a été passé le contrat et qu'un jour après (3) le contrat, il vienne me dire : « J'autorise, » ou bien encore, si, ayant quitté la ville, il m'apprend par lettre qu'il autorise, cette autorisation, ainsi qu'il a déjà été dit, n'est pas valable.

3. L'impubère doit plaider *cum tutoris auctoritate*. D'où s'est élevée cette question : J'avais un procès avec mon pupille pendant sa tutelle, j'étais demandeur ou défendeur, peu importe ; le pupille ne pouvait, sans mon autorisation, se présenter en justice, et moi, de mon côté, je ne pouvais autoriser *in rem meam*, c'est-à-dire dans ma propre affaire ; or le procès était urgent. Dans ce cas, on donnait autrefois (4) un tuteur appelé pretorien, parce qu'il était donné par le préteur ; mais la suppression des formalités rigoureuses de l'ancien droit (en matière de tutelle) a entraîné celle du tuteur prétorien, et aujourd'hui on nomme un curateur (5) à sa place ; une fois nommé, le procès se poursuit, et dès qu'il est terminé le curateur cesse de l'être (6) : dans ce cas donc, le pupille est tout à la fois en tutelle et en curatelle. Mais, dans tout autre cas, je suis son tuteur, et ce n'est que pendant le procès qu'il a contre moi qu'il est sous l'autorité d'un curateur que lui donne (le magistrat).

(1) L. 9, § 5, D *de auct. tut.*
(2) L. 3, D. *de auct. tut.*
(3) L. 25, D. *de adquirend. hæred.*
(4) Ulp., *Fragm.*, XI, § 24. — Gaius, *Comm.*, I, § 184.
(5) Nov. 72, c. II.
(6) L. 2, § 2 et 19 ; l. 4, D. *de tut.*, l. 1, C. *de in lit. dand. tut. vel curat.*

## TITRE XXII.

### DE QUELLES MANIÈRES FINIT (1) LA TUTELLE.

Après avoir dit comment s'établit la tutelle, disons comment elle se dissout; or (2), ce qui s'établit d'une manière se dissout de même. La tutelle se dissout par la puberté, sans distinction de sexe. Les anciens jugeaient de la puberté (3) non-seulement par l'âge, c'est-à-dire par cela seul que l'impubère avait quatorze ans révolus, mais encore par le développement du corps (4), en sorte que si on avait ce développement physique avant sa quatorzième année, ou bien si, ayant plus de quatorze ans, on n'avait pas ce développement du corps, on n'était pas compté parmi les pubères; on ne l'était qu'alors qu'on réunissait les deux conditions (de l'âge et de la puberté) (5). Notre Empereur a donc pensé (6) qu'un pareil droit était indigne de la pudeur de son siècle et a voulu qu'on observât pour les hommes ce qu'on observait autrefois pour les femmes, de qui on n'exigeait que l'âge de douze ans révolus, dans la persuasion où l'on était qu'il est indécent d'inspecter l'état de leur corps. Notre Empereur a donc pensé qu'il n'était pas moins contraire à la pudeur d'inspecter le corps des hommes, et il a ordonné qu'on observât à l'égard des hommes ce qu'on observait à l'égard des femmes; c'est pourquoi il a rendu une constitution qui dispose que la puberté commencera pour les hommes à quatorze ans révolus, et, pour ce qui est des femmes, il a laissé les choses dans leur premier état, vou-

(1) C. *quando tut. esse desinunt.*
(2) L. 35, § 100 et 153, D. *de regul. jur.*
(3) Ulp., *Fragm.*, XI, § ult. — Harmenop., II, VIII, § 3. — Voy. *infra*, lib. II, tit. XXIV.
(4) L. 32, D. *de minor.*; l. ult., C. *quando tut. esse desinunt.*
(5) Gaius, *Comm.*, I, § 196.
(6) L. 3, C. *quando tut. esse desinunt.*

lant qu'elles soient réputées pubères après leur douzième année.

1. La tutelle ne se dissout pas seulement par les moyens ci-dessus exposés, mais encore dans le cas où les impubères sont tombés en captivité (1), ont été pris en adrogation (2), ou même sont devenus *deportati* ou déportés. Quelquefois, en effet, les *proximi pubertati* commettent des crimes frappés d'une peine semblable, ou bien redeviennent esclaves pour cause d'ingratitude envers leurs patrons, ou bien encore sont pris par l'ennemi. Ainsi donc la tutelle est également dissoute par la petite, la moyenne et la grande *capitis diminutio* (3).

2. Si on donne à l'impubère un tuteur testamentaire jusqu'à l'événement d'une condition déterminée, de celle-ci, par exemple : Soyez tuteur jusqu'à ce qu'un tel vaisseau arrive d'Asie, la tutelle sera dissoute (4) à l'événement de cette condition.

3. La mort du tuteur ou de celui qui est en tutelle dissout pareillement la tutelle (5).

4. Toute tutelle se dissout par la mort du tuteur, par la grande *capitis diminutio* qui le dépouille de la liberté, ou la moyenne qui lui fait perdre la cité ; mais la petite *capitis diminutio* du tuteur, laquelle a lieu quand il se donne en adrogation, ne détruit que la tutelle légitime, et les autres tutelles, soit la testamentaire, soit celle que donne le magistrat, restent intactes (6). Mais la *capitis diminutio* du pupille, même la petite, fait cesser toute tutelle (7) pour l'impubère qui de-

(1) L. 14 *pr.*, § 1 et 2, D. *de tutel.*

(2) L. 11, D., *de bon. poss. secund. tabul.* — Voy. *supra*, lib. 1, tit. XI.

(3) Voy. *supra*, lib. I, tit XVI, § 1. — L. 14, D. *de tut.*

(4) L. 8, § 2; L. 11, D. *de testam. tut.*; l. 6, § 1; l. 14 *in fine*, D. *de tutel.*; l. 14 pr. et § 5, D. *de tutel.*

(5) L. 4, D. *de tut. et de rat. tutel.*

(6) L. 7, D. *de capit. min.*; l. 5, § 5, D. *de legit. tut.*

(7) L. 14, D. *de tutel.*

viennent par là soumis à la puissance d'autrui : or, ne peuvent nullement être en tutelle ceux qui sont en puissance d'autrui.

5. On a donné un tuteur testamentaire pour deux ans ; à l'expiration de ce terme, il cesse d'être tuteur.

6. Cessent aussi d'être tuteurs ceux qui ont été exclus (1) de la tutelle comme suspects pour avoir mal administré les affaires du pupille, et ce, bien qu'ils proposent une *excusatio*, c'est-à-dire, une demande d'exemption de la tutelle pour une juste cause. Nous verrons plus bas quelles sont ces justes causes.

## TITRE XXIII.

### DES CURATEURS.

Nous avons dit que parmi ceux qui sont maîtres de leurs droits, les uns sont en tutelle, les autres en curatelle, et que d'autres encore ne sont ni en tutelle ni en curatelle. Maintenant que nous avons parlé des différentes espèces de tutelle, savoir, de la tutelle testamentaire (2), des agnats ou légitime, des patrons, qui comprend la tutelle des parents émancipateurs, enfin de la tutelle fiduciaire et de la tutelle Attilienne ou Julio-Titienne, que notre divin Empereur a remplacée par une autre qu'il a lui-même établie : maintenant, dis-je, que nous avons en outre expliqué comment se dissout la tutelle, parlons de la curatelle. Une fois pubères, les garçons, ainsi que les filles devenues pubères, sont en curatelle (3) jusqu'à vingt-cinq ans révolus, parce que, malgré leur puberté, ils ne sont pas encore d'âge à pouvoir diriger leurs affaires (4).

(1) L. 14, § 4, D. *de tut.;* l. 11, § 1, D. *de legit. tut* — Ulp., *Fragm.*, XI, § 23. — L. 11, § 1 et 2, D. *de test. tut.*

(2) Il y avait aussi une tutelle prétorienne dont parle l'historien Capitolin, dans la *Vie d'Antonin*. — Voy. *supra*, lib. I, tit. XXI, § ult.

(3) L. 3, D. *de minor.*

(4) L. 2, D. *de curat.* — Ulp., *Fragm.*, XII, § 4. — Gaius, *Comm.*, I, § 197. — Harmenop., V, XI, § 1.

1. Or, les curateurs sont donnés par les mêmes magistrats (1) que les tuteurs. On ne peut valablement donner un curateur par testament (2) : mais s'il est ainsi donné, il est confirmé par le préteur ou le président (3).

2. Pareillement, l'adolescent ne reçoit pas de curateur malgré lui, si ce n'est en cas de procès (4) : car on peut, comme nous l'avons déjà dit, donner un tuteur pour une affaire déterminée (5); or, il est plusieurs différences entre les tuteurs et les curateurs : en effet, le tuteur ne l'est que des impubères, tandis que le curateur l'est des pubères, et quelquefois des impubères (6). On donne valablement un tuteur par testament : mais il n'en est pas ainsi du curateur (7) ; nul n'a un curateur malgré lui, tandis qu'on a malgré soi un tuteur. On ne peut donner un tuteur pour une affaire déterminée, mais on peut fort bien, à cet effet, donner un curateur.

3. Outre les adolescents (8), les enfants, les prodigues quoique majeurs de vingt et un ans (9), sont en curatelle : ils sont sous la curatelle de leurs agnats, conformément aux Douze-Tables (10). Le préfet de la ville ou le préteur à Rome, et, dans les provinces, les présidents, donnent des

(1) L. 3, D. *de tut. et curat. dat*

(2) L. 1 *in fine*, D. *de confirm. tut.*; l. 6, C. *de negot.*; l. 7, C. *de test. tut.*

(3) L. 1, § 3, et 2, § 1, D. *de confirm. tut.*

(4) L. 2 *in fine*, § 4 et 5, D. *qui pet. tutor.*; l. 3, § 2 *in fine*, D. *de tutel.*; l. 7, § 2, D. *de minor.*; l. 43, D. *de procurat.*, l. 1, C. *qui pet tut.*

(5) Harmenop., V, XI, § 17.

(6) Harmenop., V, XI, § 16.

(7) L. 39, D. *de admin. tut.*; l. 1 *in fine*, D. *de conf. tutor*; l. 2, C. *eod. titul.*

(8) L. 1, D. et C. *de curat.* — Ulp., *Fragm.*, XII, § 2.

(9) L. 1, D. *de curat. furios.* — Ulp., *Fragm.*, XII, § 2. — L. 1[illegible], C. *de curat. furios.*

(10) L. 1, § 1, D. *de curat. furios.*

curateurs aux fous et aux prodigues, *ex inquisitione* (1), c'est-à-dire après enquête, lorsqu'il n'y a pas d'agnats survivants, ou s'il y en a qui ne soient pas aptes à la gestion des affaires.

4. Sont aussi en curatelle les insensés, les sourds, les muets (2) et ceux qui sont atteints d'une infirmité perpétuelle (3), parce qu'ils ne peuvent songer à leurs affaires (4).

5. Les pupilles eux-mêmes sont quelquefois en curatelle, quand, par exemple, le tuteur légitime manque d'aptitude; on lui donne alors, non un autre tuteur, mais un curateur (5) ; car il est une règle qui dit : [illegible] *tutor dari non potest*, c'est-à-dire, à qui un tuteur, un tuteur ne peut être donné (6).

Si un tuteur testamentaire ou donné par le magistrat est incapable d'administrer, et que cependant il dirige sans fraude les affaires du pupille, on lui adjoint ordinairement un curateur.

On a aussi coutume de donner des curateurs pour remplacer les tuteurs qui s'excusent de la tutelle, comme nous le verrons dans la suite.

6. Si le tuteur est malade, ou, que pour une autre cause, il ne puisse diriger les affaires du pupille; si, par exemple, il est trop occupé par ses propres affaires, ou si le pupille est éloigné, est absent ou *infans*, il peut, à ses risques, constituer un *actor* devant le préteur, ou devant le président de

(1) L. 13, D. *de curat. fur.*; l. 8, § 3, D. *de tut. et curat.*

(2) Harmenop., V, XI, § 13.

(3) *Morbus perpetuus*, ou *sonticus*. — *Voy.* Festus, v° *Sonticus morbus*.

(4) L. 12, D. *de tut. et curat.*; l. 2, D. *de curat. fur.*

(5) L. 13, D. *de tut.*, l. 11, § 1 et sqq., D. *de excusat. tutor.* — Harmenop., V, XI, § 15.

(6) L. 9, C. *de suspens. tut.*, l. 27, D. *de test. tut.*

la province, lequel *actor* est ainsi nommé, ***quia per acta constituitur***, parce qu'il est constitué (1) par un acte formel. Que si le pupille était présent, et qu'il pût parler, le procurateur était constitué ***cum tutoris auctoritate*** (2).

## TITRE XXIV.

### DE LA CAUTION DES TUTEURS ET CURATEURS (3).

Après avoir expliqué comment s'établit et se dissout la curatelle et dit que parmi ceux qui sont en curatelle les uns y restent jusqu'à vingt ans, les autres, pour cause d'infirmité ou de dérangement de leurs facultés jusqu'à leur guérison, posons maintenant quelques principes généraux qui s'appliquent à tous les administrateurs des biens d'autrui. Tout tuteur et tout curateur doit promettre, en présentant des garants, qu'il conservera intacts les biens de ceux dont on lui confie le soin, et le préteur veiller avant tout à la prestation de cette caution. Exceptez cependant du nombre des tuteurs qui doivent donner caution, le tuteur testamentaire qui n'est pas soumis à cette obligation (4), parce que le témoignage (5) du testateur prouve suffisamment sa capacité et son exactitude dans l'administration. Pareillement, on n'exige (6) pas de caution des tuteurs et des

(1) L. 13, D. *de tut.*; l. 10, § 7, D. *de excusat. tut.*; l. 24, D. *de administ. tutor.*

(2) Ce procurateur n'était pas autre chose qu'un agent de tutelle, que deux lignes plus haut Théophile appelle *actor*. — Cf. l. 24, D. *de adm. tut.*; l. 13, § 1, D. *de tutor.*; l. 11, C. *de procurat.*, et l. 31, § pén., *de neg. gest.*

(3) D. *de curat. hab.*

(4) L. 17, D. *de testam. tut.*; l. 7, D. *rem pupilli salv. fore.*

(5) L. 17, D. *de test. tut.*; l. 7, § 5, C. *de curat.* — Gaius, *Comm.*, I, § 199 et 200.

(6) L. 13 *in fine*, D. *de tut. et curat.*, l. 8, D. *de curat. furios.* — Gaius, *Comm.*, I, § 200.

curateurs *ex inquisitione*, après enquête ; car l'enquête des magistrats atteste leur aptitude. Et en effet, l'objet de l'enquête du magistrat est, d'ordinaire (1), de savoir si le tuteur a des mœurs irréprochables (2), s'il est riche, s'il a des *gages de vie* (3), c'est-à-dire s'il a des enfants ; celui qui a des enfants ne pouvant ignorer, comment il doit traiter des pupilles (4) dont il doit remplacer le père : enfin s'il chérit la terre qui l'a porté (c'est-à-dire la patrie) (5).

1. Cependant ces tuteurs eux-mêmes donnent quelquefois caution, si, en effet, deux ou plusieurs individus ont été donnés pour tuteurs ou pour curateurs par testament ou *ex inquisitione*, et que l'un d'eux garantisse à ce pupille ou à ce mineur l'intacte conservation de ses biens, ou le préfère à son cotuteur (6) ou à son cocurateur, et on le juge seul digne de la tutelle ou de la curatelle, parce que cette garantie est plus sûre pour l'enfant que le témoignage du défunt qui, de même que le magistrat dans son enquête, a pu se tromper. Aussi l'administration ne sera-t-elle confiée qu'à lui seul. L'autre ( curateur ) peut cependant contredire à l'offre de cette caution ; en présenter une lui-même, et se faire ainsi transférer la tutelle (ou la cotutelle). Lors donc qu'il y a plusieurs tuteurs testamentaires, nul ne peut dire à son cotuteur ou à son cocurateur : Donnez caution et chargez-vous de l'administration (7). Mais si l'un d'eux veut faire donner caution à l'autre, qu'il commence lui-même par fournir caution, afin que cet autre, excité par son exem-

(1) Harmenop., III, XI, § 2. — Voy. *supra*, tit. XX, § 5.

(2) L. 21, § 5, D. *de tut*

(3) Ἐνέχυρα βίου, *vitæ pignora*. — Harmenop., III, XI, § 4, se sert des mêmes expressions pour désigner les enfants ; le Code, l. 4, *de decurionib*, les appelle *pignus naturale*.

(4) Ὀρφανοί, orphelins *patre destituti*, suivant la loi 6, § 17. 18, D. *de excusat*. — Harmenop., III, XI, 30.

(5) L. 2, D *de justit*.

(6) L. 17, D. *de test tut.* ; l. 10, § 6, D. *de excusat*.

(7) L. 17, D. *de test. tut.* ; l. 7, D. *rem pupil. salv. fore*.

ple, donne deux cautions à son tour. Car en offrant une caution, je donne à mon cocurateur le choix de la recevoir et de me céder l'administration, ou de la fournir lui-même et de prendre l'administration. Si de tous les tuteurs testamentaires ou *ex inquisitione*, nul ne présente caution et que le défunt ait confié à une personne par lui clairement désignée, l'administration des biens de ses enfants, que cette seule personne les administre (1). Si au contraire le testateur n'a désigné personne, que celui-là seul administre qui aura été choisi par la majorité (2) des cotuteurs : ainsi le veut l'*edictum*, ou l'édit du préteur. Mais si les cotuteurs ne sont pas d'accord sur le choix de celui qui doit administrer, que les uns veuillent celui-ci, les autres celui-là (ou bien que la fortune du pupille soit assez considérable pour demander plus d'un administrateur) (3), que le préteur choisisse qui il voudra de l'un d'eux, et lui confie l'administration (4) des biens. Nous en disons autant pour le cas où plusieurs tuteurs ont été donnés *ex inquisitione*, car ici encore la majorité choisit celui qui doit administrer (5).

2. L'enfant devenu pubère, ou majeur n'aura pas seulement pour obligés les tuteurs et ses curateurs, à raison de l'administration de ses biens, mais encore ceux qui ont reçu les cautions des administrateurs. Il a contre eux l'action *in factum* qui le rend complètement indemne. Cette action se nomme aussi *subsidiaria*, parce qu'elle lui offre une dernière ressource. Si, en effet, ni les administrateurs des biens de l'enfant, ni leurs cautions ne rendent cet enfant indemne, ceux qui ont reçu leur caution seront soumis à l'action *in factum* (6) qui, pour cette raison.

(1) L. 3, § 1, D. *de admin. tut.*
(2) L. 3, § 6 et 19, D. *de testam. tut.*
(3) L. 24, D. *de admin. tut.*; l. 31 *in fine*, D. *de excus. tut.*
(4) L. 3, § 1, et l. 7, D. *de admin. et per. tut. vel curat.*
(5) L. 19, D. *de test. tut.*
(6) Plusieurs commentateurs, Meulle (*Observ.*, lib. VIII c. xxiv) à leur tête, ont fait un crime à Théophile d'avoir dit que

a été nommée *subsidiaria*. Or, on donne cette action lorsque ceux qui sont chargés de recevoir les cautions n'en ont pas reçu, ou n'en ont reçu que d'insolvables (1). On la donne aussi contre leurs héritiers (2), conformément aux réponses des prudents, et aux constitutions des empereurs.

3. Ces constitutions portent encore (3), que si les tuteurs ou curateurs une fois nommés refusent de fournir caution pour leur administration, ils y seront forcés *captis pignoribus* (4), c'est-à-dire, en saisissant leurs biens en gage, par l'ordre du magistrat.

Mais, ni le préfet de Rome, ni celui de la ville, ni le préteur, ni le président de la province (5) ne seront soumis à l'action subsidiaire (6); mais seulement ceux qui d'ordi-

l'action subsidiaire accordée au pupille était une action *in factum*. Fabrot, dans son *Apologia pro Græcis*, a repoussé cette accusation que Wessembach a de nouveau soutenue (*Disput. ad Pandect.*, LIII, § 6). Reitz, dans son *excursus* XIII, t. II. p 1199 et sqq., en a vigoureusement vengé notre auteur. Il s'agit simplement de savoir si, comme le dit Théophile, cette action est *in factum*, ou bien si, comme le veulent ses adversaires, en se fondant sur plusieurs textes, entre autres, sur la loi dernière, D. *de magist. convent*, elle n'est qu'une action utile (*utilis tantum*). — Or, pour trancher toute difficulté, il suffit de savoir qu'il est plusieurs actions *in factum* que l'on a mal à propos appelées *utiles*, et que l'action subsidiaire paraît être de ce nombre (Voy *Inst.*, *de oblig. quasi ex delicto*, § 1 et 5. — L. 1, 7 et 9, D. *Quod falso tut.*; l. 7 et 14, D. *de liber caus.*; l 10 et 14, D. *Quæ in fraud. credit* — Huber. *Digress.*, lib. I, c. XXXVIII, *in fine*).

(1) L. 1 *pr.*, § 11 et 12, D. *de magist. conv.*; l. 2, C, *eod. titul.*

(2) L. 4 et 6, D *de magist. convent.*

(3) L. 4, D. *de damno*; l. 1, D. *de administr. et per. tut. vel curat.*; l. 5 *pr.*, C. *de suspect. tut.*

(4) *Voy.*, sur la *pignoris capio*, Zimmer, *Traité des actions chez les Romains*, traduit par M. Étienne.

(5) *Voy.* notre Appendice.

(6) Ajoutez : ni contre tout autre magistrat qui a droit de donner des tuteurs *Neque quis alius*, disent les Instituts, *hic, cui tutores dandi jus est* (*Voy.* l. 1, § 1, D. *de magist. convent.*).

naire reçoivent ces sortes de cautions, (tels que les magistrats et les défenseurs des cités) (1).

## TITRE XXV.

### DES EXCUSES DES TUTEURS ET DES CURATEURS (2).

L'obligation de fournir caution dont nous venons de parler, n'est pas tout ce qu'il y a de commun entre les tuteurs et les curateurs : on peut y ajouter la faculté accordée à chacun d'eux, lorsqu'ils sont appelés à l'administration de la tutelle ou de la curatelle, de proposer des *excusationes*. En effet, la loi n'ignorant pas combien les soins d'une semblable administration sont pénibles et onéreux, a établi des excuses ou *excusationes* pour divers motifs, dont un seul suffit pour écarter le fardeau de cette administration. C'est ainsi que, d'ordinaire, nous pouvons nous excuser à raison de nos enfants (3), qu'ils soient en notre puissance, ou émancipés. Si, en effet, on a trois enfants à Rome, tous trois vivants, ou quatre dans l'Italie, ou cinq dans les provinces, on pourra sans contredit s'excuser de la tutelle et de la curatelle, à l'instar de ce qui a lieu pour les autres charges publiques. Or, il n'est pas douteux que la tutelle et la curatelle sont comptées parmi les charges publiques (4). Mais les enfants adoptifs ne comptent pas pour l'*excusatio*, tandis que les enfants naturels comptent, ainsi que nous l'avons dit, quand même ils auraient été donnés en adoption.

(1) Tels encore que les ταξεῶται, ou *apparitores* (huissiers), et les greffiers, *scribæ*, à la ville, et les ἰουρίδικοι Ἀλεξανδρίας, les juges d'Alexandrie, dans les provinces.

(2) Cf. D. *de excusat.*

(3) L. 2, § 2, 3, 4, 5, 6, 7 et 8, D. *de excusat. tutor.*; l. 1, C. *Qui numer. liber.*

(4) L. 2, § 2, D. *de vacat. et excus. muner.*, l. 1 et 2, C. *Qui num. liber. se excus.*

Les enfants de notre fils comptent, en cas de mort de la personne intermédiaire, parce qu'ils remplacent leur père : quant aux enfants de la fille, ils ne donnent pas lieu à *excusatio* (1).

Ainsi que je l'ai dit, on ne compte que les enfants vivants, et non ceux qui sont déjà morts. Mais pour ceux qui meurent à la guerre, on s'est demandé s'ils comptent (pour l'*excusatio*), et on a décidé qu'on ne doit compter que ceux qui meurent dans les rangs (2), dans la mêlée, parce qu'en mourant pour la patrie, ils sont réputés acquérir une gloire qui les rend immortels.

1. L'empereur Marc-Aurèle, dans ses constitutions semestrielles (3), veut que celui qui administre les *fiscalia*, ou les biens publics, soit excusé de la tutelle ou de la curatelle, tant que dure son administration. Et la raison en est évidente; car il arrivera nécessairement de deux choses l'une : ou le fisc sera lésé, parce que nous consacrerons nos soins aux affaires du pupille : ou il y aura préjudice pour les droits de l'enfant, parce que nous voudrons conserver sains et saufs les intérêts du fisc (4).

2. Les absents *reipublicæ causa* (5) sont non-seulement excusés de toute administration à venir, mais encore de celle dont ils étaient déjà chargés; mais si on s'absente après avoir commencé de gérer, l'excuse n'est point admise. Si, en effet, on est chargé d'une fonction publique, et que, dans l'intervalle, on s'absente *reipublicæ causa*, c'est-à-dire, pour le service de la république, on peut s'excuser. Mais on ne peut s'abstenir sans danger de l'administration

(1) L. 2, § 2, D. *de vacat. muner.*

(2) L. 18, D. *de excusat. tut.*; l. ult., D. *de vacat. muner.*

(3) C'est-à-dire, suivant toutes les probabilités, rendues dans des *concilia semestrialia*, à l'exemple d'Auguste et de Tibère, qui, au rapport de Dion Chrysostôme et de Suetone, tinrent des assemblées de ce genre.

(4) L. 10, C. *de excusat. tut.*

(5) L. 1 et 2, C. *Si tut. vel curat. reipub. caus. abfuerit.*

(tutélaire) que tant qu'on est absent *reipublicæ causa*, et dans l'intervalle, on est remplacé par un curateur (1) : quand on revient de son absence *reipublicæ causa*, on reprend le fardeau de la tutelle, sans jouir d'une année de *vacatio* ou de dispense (2), comme l'écrit Papinien dans le cinquième livre de ses *Réponses*. En effet, cette dispense d'un an n'est accordée à ceux qui reviennent de leur absence *reipublicæ causâ* que lorsqu'ils sont appelés à une nouvelle administration; conséquemment, si, pendant que je suis tuteur, je m'absente *reipublicæ causâ*, et qu'à mon retour je sois appelé à une autre administration, par exemple, le premier, le sixième ou le douzième mois après mon retour, en un mot, avant l'expiration de l'année, je puis m'excuser.

3. Celui qui exerce quelque magistrature (3) peut aussi s'excuser, suivant un rescrit de Marc-Aurèle ; mais une magistrature ne peut affranchir d'une tutelle déjà commencée (4).

4. J'ai eu un procès (5) avec un pupille ou un mineur; le procès ne m'excuse pas, à moins que la contestation ne porte sur la totalité de nos biens ou sur une hérédité.

5. Trois tutelles ou curatelles non sollicitées me dispensent d'une quatrième, tant que durent les trois tutelles, ou les trois curatelles. J'ai dit *non sollicitées*, parce que si j'ai recherché la tutelle ou la curatelle de quelqu'un, par la raison qu'elle est peu onéreuse (6), elle ne comptera pas

(1) Cf. l. 12, D. *de tut.*; l. 5, § 10, D. *de suspect.*, l. 9, D. *de curat. et rat. distrah.*

(2) L. 10 *pr.*, et § 2, D. *de excus. tut.*; l. 15 et 16, D. *de tut. et curat. dat.*

(3) Tous les magistrats ne jouissaient pas indifféremment de ce droit (l. 25, D. *de excus. tut.*).

(4) L. 17, § 5, D. *de excusat. tut.*; l. 5 et 6, § pen., D. *de jurisdict.*

(5) L. 21 et 20, D. *de excus. tut.*

(6) *Voy.* notre Appendice.

parmi les trois tutelles ou curatelles. Sachez, en effet, que ces trois tutelles se comptent, non d'après le nombre des personnes, mais d'après celui des patrimoines (1). Bien qu'un homme décède laissant trois enfants ou plus, dont je suis le tuteur ou le curateur, il n'y aura là pour moi qu'une seule tutelle, parce qu'il n'y a qu'un seul patrimoine (2).

6. La pauvreté (3) constitue aussi une excuse, d'après un rescrit des divins frères (Verus et Antonin) (4), et plus tard, de Marc-Aurèle seul. On peut donc trouver un cas où la pauvreté est utile.

7. Si, appelé à une tutelle, on prouve qu'on est incapable d'être tuteur, et qu'on ne peut suffire aux soins de l'administration tutélaire, ou bien encore, si on allègue une maladie qui ne permet pas même de gérer ses propres affaires, on admettra l'excuse (5).

8. Celui qui ne sait pas lire est aussi dispensé de la tutelle, suivant le rescrit du très-divin Antonin le Pieux, bien qu'on puisse quelquefois administrer les biens d'autrui, sans savoir lire (6).

9. Si on laisse son ennemi (7) pour tuteur à son fils, ce tuteur sera excusé ; mais ne sera pas excusé celui qui, du vivant du père, aura promis d'être le tuteur de ses enfants (8).

(1) L. 3, D. *de excus. tut.*

(2) L. 2, § 9, et l. 15, § 15, D. *de excus. tut.*

(3) L. 7 et 40, § 1, D. *de excus. tut.*

(4) Au lieu d'Antonin, lisez : Marc-Aurèle Antonin. Antonin le Pieux avait adopté Lucius Verus et Marc-Aurèle, que les Instituts, *hic*, appellent aussi *divi fratres*.

(5) L. 10, § 8, et 12 *pr.*, D. *de excus. tut* ; l. 2, § 7, D. *de vacat muner.*, *C.* tit. *Qui morbo.*

(6) L. 6, § 19, D. *de excus. tut.*

(7) C. *Si propt. inimicit.*

(8) Cf. l. 6, § 17, l. 15, § 1, D. *de excus. tut.*; l. 29 *in fine*, D. *de testam. tut.*

10. Nul ne pourra se faire excuser en disant qu'il n'était pas connu du père de l'enfant ; ainsi le veut une constitution des divins frères (1).

11. L'inimitié que j'ai eue contre le père des impubères ou des mineurs me dispense de leur tutelle (ou curatelle), pourvu que cette inimitié soit capitale (2), et qu'il n'y ait pas eu de réconciliation entre nous, dans l'intervalle. Si l'inimitié n'est pas capitale, elle ne donne pas d'*excusatio*.

12. Si quelqu'un conteste mon état (3), je ne serai pas tenu d'être tuteur de ses enfants.

13. Celui qui a plus de soixante-dix ans (4) est dispensé de la tutelle et de la curatelle. Quant au mineur de vingt-cinq ans (5), il pouvait autrefois s'en excuser, disant qu'il n'avait pas vingt-cinq ans, mais une constitution (6) de notre Empereur veut que, dans ce cas, il y ait empêchement, et non *excusatio*. Conséquemment, si un mineur de vingt-huit ans est appelé à une tutelle ou à une curatelle, il n'aura pas besoin d'excuse, ainsi que le veut cette sacrée constitution. Ainsi donc, ni le pupille, ni le pubère, ni le mineur ne seront appelés à la tutelle légitime ; car il serait contraire à l'esprit de la loi civile que ceux qui ont besoin d'un secours étranger pour la gestion de leurs propres affaires, et doivent être eux-mêmes sous la direction d'autrui, pussent devenir tuteurs ou curateurs d'un autre.

14. De même que le mineur ne peut, quand même il le

(1) L. 15, § 14, D. *de excus. tut.* — Nov. 90, c. I, § 1.

(2) Cf. l. 6, § 17, D. *de excus. tut.*, l. 102, D. *de verb. signif.* — Paul., *Sent.*, XI, XXVII, § 1. — Eclog., 4, 2, c. CCCIII.

(3) L. 6, § 18, D. *de excus. tut.* — Eclog., 7, 5, c. LXXXVI ; 2, 48, tit. XI, 49, 22 *passim*.

(4) L. 2, D. *de excus. tut.*; l. un., C. *Qui ætat.*; l. 1 et 2, C. *Qui ætat. vel professione*.

(5) L. 10, § 7, D. *de excus. tut.* — Ulp., *Fragm.*, XI, § 20.

(6) L. 5, C. *de legit. tut*

voudrait devenir ni tuteur ni curateur, le militaire (1) ne ne le peut pas davantage

15. Les grammairiens, les rhéteurs, les médecins de Rome, et ceux qui exercent ces professions dans leur pays, et sont compris dans le nombre fixé par la constitution, seront exemptés de la tutelle et de la curatelle. Il est, en effet, une constitution d'Antonin qui détermine combien dans chaque cité il doit y avoir de grammairiens, de rhéteurs et de médecins.

16. Celui qui a plusieurs (3) *excusationes* dont quelques-unes ne sont pas admises, peut faire valoir les autres dans les délais de l'*excusatio*.

17. Celui à qui on défère une tutelle ou une curatelle, et veut se soustraire à ces charges, doit faire valoir son *excusatio*, et non former appel, parce que l'appel n'est nécessaire que (4) lorsqu'on a préalablement fait valoir une *excusatio* qui a été rejetée. Or, celui qui veut proposer une *excusatio* doit le faire dans les cinquante jours continus et non utiles : car ce délai commence à courir du moment où il a appris qu'il était nommé tuteur. Doivent ainsi s'excuser tous les tuteurs, qu'ils soient testamentaires, légitimes, patrons, fiduciaires, ou donnés par le magistrat, ainsi que tous les curateurs, qu'ils soient donnés dans un cas particulier ou appelés par la loi. Et peu importe que les tuteurs ou curateurs résident dans la cité où ils ont été appelés à la tutelle ou à la curatelle, ou bien dans un rayon de cent milles autour du lieu de sa nomination, ou au delà, en comptant un jour par vingt milles, distance que peut parcourir dans un jour celui qui doit, pour proposer son *excusatio*, venir dans le lieu même où il a été nommé tuteur ou curateur ; et cela,

(1) L. 8, 9 et 10, D. *de excus. tut.*; l. 4, C. *Qui dare tut. vel curat.*; l. 16, C. *de re militari.*

(2) L. 1, § 1 et sqq., D. *de excus. tut.*

(3) L. 21, § 1, D. *de excus. tut.*

(4) L. 13, D. *de excus. tut.*

de telle sorte qu'arrivé dans la cité où il veut s'excuser, il ait encore un délai de trente jours. Aussi Scævola disait-il qu'on devait calculer ce délai de manière à ce que le tuteur n'eût jamais moins de cinquante jours pour s'excuser. Par exemple : au moment où il apprend sa nomination, le tuteur est à deux cents milles du lieu de sa nomination ; il lui faut voyager pendant dix jours ; il aura donc quarante jours à dater de son arrivée (dans ce lieu). Était-il à trois cents milles, il avait à voyager pendant quinze jours ; à dater de son arrivée il lui restera trente-cinq jours. S'il était à quatre cents milles, il comptera vingt jours pour son voyage : car vingt fois vingt font quatre cents ; à dater de son arrivée il n aura donc plus que trente jours. S'il est à cinq cents milles de distance, il comptera vingt-cinq jours pour son voyage, il ne lui restera donc plus que vingt-cinq jours, à dater de son arrivée. Mais s'il était à une distance de mille milles, il aurait cinquante jours pour son voyage, et après l'expiration de ces cinquante jours, il n'en aurait pas moins encore un délai de trente jours complets. Le tuteur donc, ainsi que le prouvent ces exemples, entre autres, aura quelquefois plus, jamais moins de cinquante jours de délai.

18. Un homme a été nommé tuteur (1) : il est censé l'avoir été pour tous ses biens de pupille indistinctement ; car nous ne disons pas qu'il est tuteur de ceci et qu'il ne l'est pas de cela.

19. J'étais tuteur d'un pupille devenu pubère ; on m'a nommé son curateur ; on ne peut me forcer de l'être malgré moi (2). Si donc un père me laisse pour tuteur testamentaire à son fils impubère, ajoutant que je serai curateur de ce même enfant, je ne serai pas obligé d'être son curateur ; c'est ce que décide un rescrit des divins Sévère et Antonin (3).

(1) L. 21, § 2, D. *de excus. tut.*
(2) Paul., *Sent.*, II, XXVII, § 2. — L. 5 et 20, C. *de excus. tut.*
(3) L. 101, § 2, D. *de condit*

20. Un mari a été nommé curateur de sa femme (1) : bien qu'il se soit déjà immiscé dans l'administration de ses biens, il peut faire valoir une *excusatio*.

21. Le tuteur s'est fait excuser sur de fausses allégations (2) : il n'en supportera pas moins les charges de la tutelle ; mais si son défaut d'administration a causé quelque préjudice au pupille, il sera tenu de le réparer.

## TITRE XXVI.

### DES TUTEURS ET CURATEURS SUSPECTS (3).

Après avoir parlé des *excusationes*, parlons de l'accusation (qu'on peut porter) contre les tuteurs et les curateurs suspects. C'est la loi des Douze Tables (4) qui a établi ce droit de les accuser.

1. Voyons quels magistrats connaissent de cette accusation ; quels sont les tuteurs qu'on écarte de la tutelle comme suspects ; et qui peut les accuser de l'être. A Rome, les suspects sont accusés devant le préteur ; dans les provinces, devant les présidents, ou même devant le *legatus* (ou lieutenant) du proconsul (5).

2. Après avoir parlé des juges, parlons des suspects. Il faut savoir que tous les tuteurs, testamentaires ou non, peuvent être indistinctement accusés, de sorte que le tuteur légitime lui-même peut être écarté comme suspect (6). Il en est de même si le tuteur est le patron. Mais remarquons que bien que le patron ait été écarté comme suspect, on doit

(1) L. 1, § ult., D. *de excusat. tut.*; L. 14, D. *de curat. fur.*, L. 2, C. *Qui dar. tut.*

(2) L. 1, C. *Si tut. vel curat. fals. allegat. excusatus sit.*

(3) D. et C. *de suspect. tut. et curat.*

(4) L. 1, § 2, D. *de suspect. tut. et curat.*

(5) L. 1, § 3 et 4, D. *de suspect. tut. et curat.*

(6) L. 4, C. *de suspect. tut. et curat.*

cependant ménager sa réputation (1), parce que l'accusation de suspect est une accusation infamante.

3. Nous devons parler maintenant de ceux qui peuvent accuser de suspicion : car il faut savoir que cette accusation est publique (2), c'est-à-dire qu'il est permis à tout citoyen d'intenter cette action. Je dis plus : les femmes elles-mêmes sont admises à porter cette accusation, conformément à une constitution des divins Sévère et Antonin. Mais ne le pourront que celles que dirige un irrésistible sentiment d'affection, telles que la mère, la nourrice, l'aïeule, la sœur elle-même. Bien plus, le préteur (3) y admet toute autre femme, qui se présente devant lui, animée (envers le pupille ou le mineur), d'un sentiment d'affection conforme à la pudeur de son sexe, et qui ne peut contenir son indignation à la vue du préjudice qu'a éprouvé l'impubère (ou le mineur).

4. Les impubères n'écarteront pas leurs tuteurs comme suspects ; mais les pubères pourront accuser leurs curateurs, mais d'après l'avis de leurs proches, tels que les cognats et ceux qui leur sont unis par alliance : ainsi le veut un rescrit de Sévère et d'Antonin (4).

5. Est suspect celui qui ne gère pas fidèlement la tutelle, quoiqu'il soit solvable (5), comme le dit Julien. Or,

(1) L. 1, § 5, D. *de suspect. tut. et curat.*

(2) Les Instituts, *hic*, disent *quasi publicam*, quasi-publique (Cf. l. 3, § 1, D. *de suspect. tut.*, et 21 *in fine*, D. *de admin. tut.*).

D'ailleurs, Théophile ne paraît pas attacher au mot *δημόσιον*, dont il se sert ici, le sens du mot latin *publica* : c'est ce qui résulte de la lecture du titre XVIII, lib. IV, de la Paraphrase, où il n'appelle pas les accusations publiques *publica judicia*, *δημόσια δικαστήρια*, mais bien *πουβλικὰ δικαστήρια*. Il est vrai que l'inscription du dernier titre est *περὶ τῶν δημοσίων δικαστηρίων* ; mais on sait que les inscriptions des titres de la Paraphrase n'appartiennent pas à son auteur.

(3) L. 1, § 6 et 7, D. *de suspect. tut. et curat.*

(4) L. 7, D. *de suspect. tut. et curat.*

(5) Et quand même il donnerait ou aurait déjà donné caution (l. 5, D. *de suspect. tut. et curat.*).

le tuteur peut être écarté comme suspect même avant d'avoir commencé sa gestion, suivant la réponse de Julien, confirmée par une constitution (1).

6. Celui qui est écarté comme suspect est infâme, si c'est pour dol; si c'est pour faute, il n'en est pas de même (2).

7. Celui qui est accusé comme suspect ne doit pas se mêler d'administration, tant que le procès n'est pas terminé: car, suivant Papinien, toute administration lui est interdite (3).

8. Si le tuteur ou curateur, poursuivi comme suspect, décède pendant l'instruction, le procès est éteint. Comment, en effet, peut-on écarter un mort (de la tutelle ou de la curatelle) (4)?

9. Si le tuteur ne comparaît pas pour faire fixer par le magistrat les *alimenta* du pupille, une constitution de Sévère et d'Antonin veut que le pupille soit envoyé en possession de ses biens, et qu'on nomme préalablement un curateur chargé de faire vendre les choses susceptibles de périr (5), telles que les bêtes de somme, les vêtements et autres de ce genre. Conséquemment, peut encore (6) être écarté comme suspect celui qui ne fournit pas des aliments au pupille.

10. Mais si le tuteur comparaît et prétend (7) que la pauvreté du pupille ne permet pas de lui fournir des aliments, et qu'ensuite il soit prouvé qu'il a menti, il sera renvoyé devant le préfet de la ville pour y être puni (de son

(1) L. 4, § 4, D. *de suspect. tut. et curat.*
(2) L. 39, § ult., D. *de procurat.*; l. 9, C. *de susp. tut. et curat.*
(3) L. 14, § 1, D. *de solut.*; l. 7, C. *de susp. tut. et curat.*
(4) L. 11, D., et l. 1, C. *de suspect. tut. et curat.*
(5) L. 7, § 2, D. *de suspect. tut. et curat.*
(6) L. 3, § 14, D. *de suspect. tut. et curat.*
(7) L. 3, § 15, D. *de suspect. tut. et curat.*; l. 4, D. *de offic. præfect. urbis.*

mensonge), comme celui qui a distribué de l'argent pour devenir tuteur.

11. L'affranchi, convaincu d'avoir mal géré la tutelle du fils ou du petit-fils de son patron sera, lui aussi, renvoyé devant le préfet de la ville, pour y être puni dans son corps (1).

12. Il faut savoir, enfin, que ceux qui administrent frauduleusement la tutelle ou la curatelle sont écartés de la tutelle, alors même qu'ils offrent la caution *rem pupilli salvam fore*, c'est-à-dire, garantissent l'intacte conservation des biens du pupille (2); car, loin de changer en rien les malveillantes intentions du tuteur, la caution lui donne toute liberté de dilapider plus longtemps les biens du pupille (3).

Nous regardons aussi comme suspect quiconque a de si mauvaises mœurs, qu'elles prouvent qu'il est suspect. Quant au tuteur ou curateur fidèle, actif et diligent, il ne doit pas, quoique pauvre, être écarté comme suspect (4).

*Ici finit, avec l'aide de Dieu, le premier livre des Instituts du professeur Théophile.*

(1) L. 2, D. *de susp. tut. et curat.*; l. 1, § 7, D. *de offic. præfect. urbis.*

(2) L. 5, D. *de susp. tut. et curat.*

(3) L. 6, D. *de susp. tut. et curat.*

(4) L. 8, D *de susp. tut. et curat.*; l. 17, § 14, D. *de adopt.*

# LIVRE II.

## TITRE I.

### DE LA DIVISION DES CHOSES (1).

Dans le livre précédent, après avoir d'abord énuméré les sources du Droit, et en avoir posé les divisions, nous avons dit que la législation romaine avait un triple objet : les personnes, les choses, les actions. Or, maintenant que nous avons traité à fond des personnes, dans le premier livre, où nous avons enseigné qu'il y a des hommes libres et des esclaves ; que, parmi les hommes libres, les uns sont ingénus, les autres affranchis ; qu'il est une autre division qui

(1) D. tit. *de divisione rerum et de adquir. rerum dominio*, — Eclog., περὶ δεσποτείας, etc., lib. I. — Harmenop., II, 1, περὶ νομῆς καὶ δεσποτείας.

A l'exemple de Fabrot, nous ne reproduirons pas ici le tableau synoptique qui, dans toutes les éditions antérieures à la sienne, figure en tête du second livre de la Paraphrase. Ce tableau, qui du reste ne présente aucune utilité sérieuse, n'est certainement pas de Théophile : dès lors nous avons cru pouvoir l'omettre ; nous dirons seulement qu'il renferme dans quatre colonnes parallèles l'énumération des choses communes (*communia*), κοινά, appartenant à une corporation (*universitatis*) τὰ τῆς ομάδος, qui n'appartiennent à personne (*nullius*), τα ὑπ' οὐδένος ; et, enfin, qui sont la propriété des particuliers (*singulorum*), τὰ τον καθ' ἕκαστον.

comprend ceux qui sont maîtres de leurs droits et ceux qui ne le sont pas ; maintenant, dis-je, que nous avons expliqué comment se constitue la possession : de combien de manières elle se dissout, et que parmi ceux qui sont maîtres de leurs droits, les uns sont en tutelle, les autres en curatelle ; maintenant, enfin, que nous avons traité de la constitution de la tutelle, de sa dissolution, des excuses, et de l'accusation contre les suspects, arrivons, par ordre de matières, au second livre des Instituts, et parlons de la division des choses : elle comprend en peu de mots une matière immense.

Or, voici la principale division des choses (1) : les unes sont dans notre domaine et dans notre patrimoine, les autres sont hors de notre patrimoine ou de notre domaine. En effet, d'après le droit naturel ou *jus gentium*, les unes sont communes à tous, les autres sont *publica* ou publiques ; les unes appartiennent à une *universitas*, les autres n'ont pas de maître : la plupart appartiennent à des particuliers, et s'acquièrent de diverses manières, comme on va le voir (2).

1. Sont choses communes à tous, d'après le droit naturel, l'air, l'eau courante (3), la mer et les rivages de la mer. Aussi peut-on librement aller sur le rivage de la mer, soit pour se promener, soit pour radouber un navire (4), pourvu, toutefois, qu'on respecte les fermes ou les habitations, les monuments, les édifices, et qu'on ne les endommage pas, parce que ces choses ne sont ni communes à tous, ni *juris gentium*, comme la mer (5).

2. Tous les fleuves et tous les ports sont publics, c'est-

(1) Gaius, *Comm.*, II, § 1

(2) L. 2, D. *de divis. rer.*

(3) ἀένναον ὕδωρ, mot à mot, eau qui coule toujours : ἀεὶ νάον, *aqua perennis*.

(4) Ajoutez : soit pour pêcher (l. 4, D. *de rer. divisione*).

(5) L. 2, § 1, D. *de rerum divisione*.

à-dire, du peuple romain (1) : aussi le droit de pêche, dans les ports et les fleuves, est-il commun à tout le monde.

3. Puisque j'ai dit que le rivage est *juris gentium*, comme la mer, il faut définir ici le rivage. Or, le rivage (2) est l'espace que couvrent les flots dans les plus hautes marées d'hiver. Mais nous pouvons aussi définir le rivage : l'endroit jusqu'où s'étendent les flots dans les plus hautes marées d'été.

4. L'usage des rives d'un fleuve est public (3), conformément au droit des gens, et de même que l'usage du fleuve lui-même. Et voilà pourquoi il est libre à chacun d'y faire aborder une barque, d'y amarrer les câbles aux arbres qui s'y trouvent, et d'y déposer le chargement d'un navire. Pareillement, il n'est défendu à personne de naviguer sur un fleuve. Ainsi donc, l'usage des rives, est, comme nous l'avons dit, public, ou *juris gentium*. Mais la propriété de ces rives appartient à ceux qui possèdent les terres adjacentes, ou contigues (à ces rives). Aussi les arbres qui s'y trouvent appartiennent-ils aux propriétaires des rives; car le dessus cède au dessous (4).

5. L'usage des rivages (5) de la mer est aussi public, de même que l'usage de la mer elle-même. C'est pourquoi, il est libre à chacun d'y bâtir des cabanes pour s'y reposer, comme aussi d'y faire sécher ses filets et de les retirer de la mer (6). Quant à la propriété des rivages, ils n'en sont pas

(1) L. 4, § 1, D. *de div. rer.*; l. 24, D. *de damn. infect.* (*Voy.* notre Appendice).

(2) L. 96, D. *de verb. signif.* — Eclog. 2, 4, § 140. — Harmenop., III, I, § 37.

(3) L. 2, D. *de flum.*; l. 5, D. *de divis. rer.* — Basilic., 46, 3.

(4) Ἕπεται γὰρ τὰ ἐπικείμενα τοῖς ὑποκειμένοις; c'est la traduction de l'adage latin : *superficies solo cedit* (Harmenop., II, I, § 34, et IV, § 79).

(5) L. 24, D. *de damn. infect.*

(6) L. 14, D. *de acquir. rer. domin.*; l. 5, § 1, D. *de div. rer.*

susceptibles, la mer et la terre qui couvre ses bords, c'est-à-dire, le sable, étant régis par le même droit (1).

6. Appartiennent à une corporation ou à une *universitas*, non à des particuliers, par exemple : les théâtres, les stades, les bains publics, les portiques des cités, et tout ce qui est commun aux habitants d'une cité (2).

7. N'ont pas de maître, les choses sacrées, religieuses et saintes ; car ce qui est *divini juris* ne peut être la propriété de personne (3).

8. Sont sacrées (4), les choses consacrées à Dieu (5), d'après les rites prescrits par les prêtres, telles que les églises, les tombeaux des martyrs (6), les oratoires (7), les offrandes destinées au service de Dieu, par exemple, des vases précieux (8). Une constitution de notre Empereur (9) défend de les aliéner ou de les engager, si ce n'est pour le rachat des captifs. Si en effet, un citoyen est pris par les barbares, et que la très-sainte église (10) de sa cité n'ait pas d'argent monnayé, on permet à l'évêque, ou à l'économe de la cité de vendre les vases précieux et de les engager pour en emprunter la somme nécessaire au rachat des captifs.

(1) L. 2 et 4, D. *de div. rer.*

(2) Eclog. 53, 17, c. x. — Harmenop., III, III, § 118. — *Infra*, lib. II, tit. IX.

(3) L. 6, § 1, D. *de divis. rer.*

(4) L. 1 et 6, § 2, D. *de divis. rer.* — Gaius, *Comm.*, § 9.

(5) L. 6, § 3, et l. 9, D. *de divisione rer.* — Gaius, *Comm.*, II, § 4.

(6) Μαρτύρια, littéralement, témoignage ; par extension, lieux où reposent les reliques des martyrs, *sedes martyrum* (l. 2, C. *de sacros. eccles.*) ; ou, comme le dit Matthieu Blastarès : *μαρτύρια τοὺς εἰς ὄνομα μάρτυρος ἀνεγερθέντας σηκούς*. On appelle *martyria* les tombeaux érigés en l'honneur d'un martyr.

(7) Εὐκτήρια, de εὐχή. — Nov. Leon., 4.

(8) Τίμια κειμήλια. — Justinien, dans sa nov. 120, c. x, les appelle *ἱερὰ σκεύη*.

(9) L. 21, C. *de sacrosanct. eccles.*, nov. 120, c. x.

(10) L. 33, § 4, 35 et 4, C. *de episcopis.* — Nov. 7, c. x et XII, nov. 123, c. XXIII.

Quant au lieu qu'on consacre soi-même, de sa propre autorité, personne ne l'appellera sacré ; car nous avons déjà dit une fois comment les choses deviennent sacrées. Nous dirons donc que ce lieu est profane, ou privé. Si un temple est renversé (1) par un tremblement de terre, ou s'écroule de vétusté, le lieu sur lequel s'élève ce temple, n'en reste pas moins sacré et sans maître, comme dit Papinien. Car une fois sacré, il ne peut, en aucune manière, cesser d'être sacré.

9. Parmi les choses sans maître, on compte encore les choses religieuses. Or, chacun peut à son gré rendre un terrain religieux, en y faisant inhumer un mort (2). Si ce terrain est commun, parce qu'on n'y a encore enseveli personne, et qu'ainsi il n'a pas encore été rendu religieux, nul ne peut, contre le gré d'un communiste (3), y déposer les restes (4) d'un homme ; mais si le monument est commun, on peut les y déposer, même contre le gré des communistes (5).

Mais si on a l'usufruit d'un fonds, (l'usufruit est un droit qui s'établit dans certains cas déterminés par loi, il ne peut conçu que par l'intelligence, et a pour effet de donner l'usage et la jouissance de la propriété d'autrui), si, dis-je, on a l'usufruit d'un fonds, et qu'un autre en ait la propriété, le propriétaire qui a dépose dans ce lieu les restes d'un homme, contre le gré de l'usufruitier, ne le rend pas religieux. Et, en effet, un fonds de terre devenu religieux, étant, dès lors, insusceptible de propriété, nous qui savons par la définition de l'usufruit, que ce droit ne peut

(1) L. 6, § 3, D. *de divis. rer.* ; l. 73, D. *de contrah. empt.* — Festus, v° *Sacer mons.*

(2) Harmenop., II, I, § 73.

(3) Festus, v° *Religiosus* et *Religiosum*.

(4) *Voy.* notre Appendice.

(5) Eclog. I, I, c. περὶ λειψάνων ἁγίων. — Harmenop., III, III, ap. XL.

exister que sur la propriété d'autrui, nous devons conclure que le consentement de l'usufruitier est nécessaire, et que rien de ce que fera le propriétaire au préjudice de l'usufruitier ne sera valable aux yeux de la loi. On peut, du consentement du propriétaire, déposer les restes d'un homme sur le fonds d'autrui, et le lieu (de la sépulture) devient aussi religieux. Et même, si on les y dépose à l'insu, ou contre le gré du propriétaire, pourvu qu'informé de l'inhumation (de cet homme), il (1) la ratifie, ce lieu n'en sera pas moins religieux (2).

10. Les choses saintes (3), telles que les murs, les portes, sont en quelque sorte *divini juris*, et sont insusceptibles de propriété. Or, nous avons dit que les murs sont saints, parce qu'on a établi la peine capitale contre ceux qui y portent atteinte, soit en enlevant des pierres, soit de toute autre manière. De là vient que nous nommons *sanctiones* cette partie des lois qui établit des peines contre ses infracteurs. Voilà pourquoi nous les appelons saints; c'est parce que le mot *sancire* signifie prémunir; or, comme les murs (d'une ville) nous prémunissent contre les dangers du dehors, on les appelle saints.

On peut encore donner à ce mot une étymologie tirée de la fable. On dit, en effet, qu'autrefois les dieux vivaient

(1) *Licet postea ratum (dominus) habuerit*, *Inst. hic.* — Conformément à la loi 6, § 4, D. *de rerum divis.*, quelques éditions des Instituts admettent la négation rejetée par Théophile, qui paraît avoir suivi la loi 6, § 5, D. *eod. titul.* Le texte de la Paraphrase est conforme à la leçon adoptée par Cujas et Heineccius, et au manuscrit de Florence, parfaitement d'accord avec les Basiliques. Au surplus, quelque version que l'on embrasse, on ne peut douter que dans tous les cas, le lieu de l'inhumation ne soit religieux, puisque le fait seul de l'inhumation lui donne ce caractère.

(2) L. 6, § 4, D. *de rer. divis.*; l. 6, § 6, D. *comm. divid.*; l. 2, § 7, D. *de relig.* — Gaius, *Comm.*, II, § 6.

(3) L. 1, 8 et 9, § 3 et 11, D. *de divis. rer.* — Gaius, *Comm.*, II, § 8 et 9. — Festus, v° *Sanctum*.

au milieu des hommes qu'ils préservaient de tous maux; mais que plus tard, ennuyés de vivre avec eux, ils les quittèrent. Ainsi privés de la protection des dieux, les hommes songèrent à se construire des murs pour remplacer la protection divine. Or, comme ce qui est précieux est saint, on a appelé choses saintes les murs et les portes inventés pour tenir lieu des choses les plus précieuses.

11. Parlons maintenant des choses qui appartiennent aux simples particuliers. Nous les acquérons de plusieurs manières; en effet, nous devenons propriétaires des unes d'après le droit naturel, qu'on nomme aussi, comme nous l'avons déja dit, *jus gentium* : et nous devenons propriétaires des autres d'après le droit strict, ou le droit civil, c'est-à-dire, spécial aux Romains.

Il est plus rationnel de commencer par enseigner le plus ancien droit (sur cette matière). Or, le plus ancien droit est sans contredit le droit naturel que la nature a créé en même temps que le genre humain, tandis que le droit civil, au contraire, n'a été établi qu'avec la fondation des cités, l'élection des magistrats et la rédaction des lois écrites (1).

12. Les bêtes sauvages, les oiseaux, les poissons, c'est-à-dire, tous les animaux qui naissent dans la mer, dans l'air (2) et sur la terre, deviennent immédiatement la propriété de celui qui s'en empare conformément au droit des gens. En effet, ce qui n'était jusque-là à personne, appartient suivant la raison naturelle au premier occupant (3); et peu importe que les bêtes sauvages et les oiseaux soient pris sur notre propre fonds, ou sur le fonds d'autrui, ou qu'on soit entré dans ce fonds pour chasser ou y tendre ses filets.

(1) L. 1, D. *de acquir. rer. domin.* — Gaius, *Comm.*, II, § 65

(2) L. 1, § 1, D. *de acquir rer. domin.* — Eclog. 50, 1, c. 1. — Harmenop., II, 1, § 12.

(3) L. 3 *pr.*, § 1 et 2, D. *de adquir. rer. domin.*; l. 16, D. *de servit. rust. præd.* — Gaius, *Comm.*, II. § 66.

On pourra cependant en être empêché (1) par le propriétaire du fonds qui s'en apercevra ; car celui-ci peut en interdire l'entrée. Mais celui qui prend quelqu'un des susdits animaux, en a la propriété, tant qu'il le garde en sa possession ; mais s'il lui échappe, et rentre dans sa liberté naturelle, il cesse d'être la propriété de celui qui l'avait pris, et redevient la propriété du premier occupant.

Un animal est censé recouvrer sa liberté naturelle lorsque nous cessons de l'apercevoir, ou que, l'apercevant encore, il nous est difficile de le reprendre. Comment, en effet, le reprendre, s'il a gagné un lieu trop élevé et inaccessible (2)?

13. On a agité cette question : J'ai blessé un cerf ou un sanglier, de telle sorte que je puis facilement les prendre ; (m'appartiennent-ils par cela seul)? Les uns disent que l'animal blessé est immédiatement devenu ma propriété; d'autres, qu'il ne m'appartient qu'autant que je l'ai blessé mortellement et que je le poursuis ; mais que si je cesse de le poursuivre, il cesse d'être ma propriété, pour devenir celle du premier occupant (3). Il est une troisième opinion, qui consiste à dire que je ne deviendrai le propriétaire de l'animal que j'ai blessé, qu'autant que je le prendrai.

Et c'est cette opinion, que notre Empereur a confirmée, par la raison, dit-il, que dans l'intervalle mille circon-

(1) L. 1, § 1 ; l. 3 *pr.* et § 1, D. *de adquir. rer. domin.*, l. 16, D. *de suscit. rust. præd.* — Gaius, *Comm.*, II, § 66.

(2) L. 3, § 2, et l. 5, D. *de acquir. rer. domin.* — Gaius, *Comm.* II, § 67.

(3) Gaius, l. 5, D. *de adquir. rer. domin.*, nous expose les deux opinions rapportées par Justinien dans ses Instituts, *hic*. Théophile nous en expose une troisième. Croirait-on que deux éditeurs de Théophile, Fabrot et Doujat, en ont pris texte pour lui reprocher une erreur? Comme s'il n'était pas naturel de penser que Théophile, loin de mentionner un avis qui ne reposerait que sur sa propre autorité, n'a fait que rappeler une opinion puisée dans des ouvrages qui ne sont pas arrivés jusqu'à nous!

stances peuvent nous empêcher de prendre l'animal. Et en effet, peut-être serai-je arrêté par une bête féroce que je rencontrerai sur mon passage; peut-être encore, m'enlèvera-t-elle l'animal que j'ai blessé; peut-être enfin, pour échapper à ma poursuite, l'animal que j'ai blessé est-il tombé dans des lieux inaccessibles où je ne puis aller le chercher.

14. Les abeilles sont (1) naturellement sauvages. Ainsi, les abeilles qui se sont abattues sur votre arbre, ne deviennent votre propriété qu'autant que vous les recueillez dans les ruches qu'on appelle en grec κυψέλλας. Il en est de même des oiseaux qui ont construit leur nid sur votre arbre; ils ne deviennent votre propriété qu'autant que vous les prenez. Si donc un autre recueille avant vous les abeilles dans ses propres ruches, il en deviendra propriétaire.

Mais chacun peut à son gré, enlever les rayons de miel (2) que les abeilles ont faits, bien qu'ils l'aient été dans mon fonds. Mais si, avant qu'un autre y ait touché, j'interdis l'entrée de mon fonds (ce que les lois me permettent de faire), rien ne m'empêchera de prendre moi-même les rayons.

L'essaim d'abeilles (3) qui s'envole de vos ruches, est censé vous appartenir, tant que vous l'apercevez et que la poursuite n'en est pas difficile; mais s'il échappe de vos regards, il devient la propriété du premier occupant.

15. Les paons et les pigeons sont naturellement sauvages. Et qu'on ne dise pas qu'ils ont l'habitude de s'envoler et de revenir: car les abeilles font aussi cela, et il est incontestable qu'elles sont naturellement sauvages. Et quelques per-

(1) L. 5, § 2, *de adquir. rer. domin.* — Eclog., 50, 1, c. II. — Harmenop., II, I, § 25.

(2) L. 5, § 5, D. *de adquir. rer. domin.*

(3) L. 5, § 4, D. *de adq. rer. domin.* — Eclog., 50, 1, c. II. — Harmenop., II, I, § 25.

sonnes ont des cerfs si bien apprivoisés qu'ils laissent leur maître pour aller dans la forêt et en revenir ensuite, et cependant ils sont naturellement sauvages.

Quant à ces animaux qui ont l'habitude d'aller et de venir, tels que les abeilles, les pigeons, les paons, les cerfs, voici la règle invariable (1) qui nous a été transmise : elle consiste à dire que ces animaux nous appartiennent, tant qu'ils ont l'esprit de retour (2) ; mais s'ils cessent de l'avoir, ils cessent de nous appartenir, pour devenir la propriété du premier occupant.

Or, comme nous ne pouvons savoir de nous-mêmes, si ou non ils ont cet esprit de retour, c'est à leur habitude de retour que nous le reconnaîtrons. Supposez, en effet, que ma biche ait l'habitude de me quitter pour aller dans la forêt, et revenir le même jour ou le lendemain ou le surlendemain, et qu'elle ne s'absente pas plus de trois jours, si, dans les trois jours pendant lesquels elle a l'habitude de revenir, elle est prise par quelqu'un, j'aurai contre celui qui l'aura prise une action *in rem* comme ayant été lésé dans mon droit de propriété. Que si le quatrième jour, on la prend à la chasse, je ne pourrai intenter aucune action contre le chasseur qui l'aura prise, parce qu'évidemment perdant l'habitude du retour, elle a méconnu mon droit de propriété sur elle.

16. Les poules et les oies domestiques ne sont pas naturellement sauvages, et ce qui le prouve, c'est qu'il y a d'autres poules que nous appelons sauvages, c'est-à-dire poules sauvages, et d'autres oies que nous nommons oies sauvages. Si donc vos oies (3) ou vos poules s'effarouchent et s'envolent, et échappent à vos regards, ces animaux n'en seront pas moins votre propriété, en quelque lieu qu'ils se trouvent ; et quiconque les garde pour en profiter, et avec

(1) Harmenop., II, II, § 24.
(2) Gaius, *Comm.*, II, § 68.
(3) Eclog., 50, 1, c. IV *in fine*. — Harmenop., II, I, § 25.

l'intention de vous les enlever, est censé commettre un vol, et partant est soumis à l'action *furti* (1).

17. Le butin fait sur l'ennemi est encore une acquisition naturelle : car le droit des gens veut (2) que tout ce que nous prenons sur l'ennemi, nous appartienne immédiatement. Aussi, les hommes libres que nous ferons prisonniers, deviennent-ils sur-le-champ nos esclaves; mais s'ils échappent à notre possession et retournent chez eux, ils reprennent leur ancien état.

18. Les pierreries, les diamants et tout ce qu'on peut trouver sur les rivages de la mer, deviennent à l'instant, et d'après la raison naturelle, la propriété de l'inventeur (3).

19. Les petits des animaux dont je suis le propriétaire, m'appartiennent, de même que les animaux dont ils sont nés (4).

20. L'*alluvio* (5) est aussi une acquisition naturelle; or, l'*alluvio* est un débordement ou un atterrissement. Tout ce qu'un fleuve ajoute à notre fonds par *alluvio*, nous appartient d'après le droit naturel. L'*alluvio* peut se définir, un accroissement insensible (6).

Est censé s'ajouter par *alluvio* à notre fonds ce qui s'y ajoute de telle sorte, qu'on ne puisse apprécier ni la quantité de terrain qui vient s'ajouter à notre propriété, ni à quel moment elle s'y ajoute. Supposez deux fonds appartenant l'un à vous, l'autre à moi ; un fleuve les traverse. Si peu à peu et insensiblement, le fleuve ajoute du terrain à mon fonds, j'en deviens propriétaire par *alluvio*.

21. Mais si la violence et l'impétuosité d'un fleuve vous

(1) L. 5, § 6, D. *de adquir. rer. domin.*

(2) L. 5 *in fine*, D *de adquir. rer. domin.* — Gaius, *Comm.*, II, § 69 — Eclog., 50, 1, c. IV. — Harmenop., II, I, § 32.

(3) L. 3, D. *de div. rer.*

(4) L. 6, D. *de adq. rer. domin.*

(5) L. 7, § 1, D. *de adquir. rer. domin.* — Gaius, *Comm.*, II, § 70. — Harmenop., II, I, § 38 et 41.

(6) L. 9, § 3, D. *de usufr.*

enlève une partie de votre fonds, et la réunit à mon propre fonds, évidemment cette partie de votre fonds ainsi ajoutée au mien, demeurera votre propriété : car elle ne s'est pas ajoutée insensiblement à mon fonds.

Que si sur la portion de terrain enlevée de votre fonds et ajoutée au mien, il y a des arbres, et que cette portion reste assez longtemps incorporée à mon fonds pour que ces arbres y poussent des racines, ces arbres deviendront ma propriété, à partir du jour où ils auront commencé à nourrir de ma terre les racines qu'ils y ont poussées (1).

22. Si une île (2) s'est formée au milieu de la mer (ce qui arrive rarement), cette île appartient au premier occupant : car elle n'appartenait à personne, et ce n'est qu'à l'instant de l'occupation qu'elle appartient à quelqu'un.

Si elle se forme dans un fleuve (ce qui arrive très-souvent), et qu'elle soit née au milieu d'un fleuve, elle appartiendra en commun aux propriétaires riverains des deux côtés, proportionnellement à la largeur que chaque fonds occupe sur sa rive. Supposons, par exemple, que l'île ait une étendue de 100 pieds, que le fonds riverain à droite de l'île ait une largeur de 100 pieds, et que celle de l'autre fonds ne soit que de 70 pieds, le propriétaire du fonds riverain à droite aura la propriété de cent pieds de large dans l'île, et le propriétaire du fonds riverain à gauche, de 70 seulement.

Si l'île est plus près d'une rive que de l'autre, elle appartiendra exclusivement au propriétaire le plus proche de la rive.

Si le fleuve qui traverse mon fonds se divise en deux bras, traverse ainsi mon fonds et l'entoure de toutes parts,

(1) L. 7, § 2, D. *de adquir. rer. domin.* — Gaius, *Comm.*, II, § 71.

(2) L. 7, § 3, D. *de adquir. rer. domin.* — Gaius, *Comm.*, II, § 72. — Eclog., 50, 1, c. x. — Harmenop., II, 1, 39.

et qu'ensuite, ses eaux plus bas, il ne forme qu'un seul fleuve, de sorte qu'il coupe le fonds en forme d'île, le fonds renfermé entre les deux bras du fleuve n'en restera pas moins ma propriété, parce qu'il m'appartenait auparavant.

23. Si, après avoir abandonné son lit en entier, le fleuve porte ailleurs ses eaux, son premier lit appartiendra aux propriétaires riverains, proportionnellement à la largeur de leurs héritages le long de la rive ; mais le nouveau lit, sera régi par le droit qui régissait le fleuve, c'est-à-dire qu'il deviendra public. Mais si, quelque temps après, il rentre dans son premier lit, alors le lit qu'il abandonne redevient la propriété des propriétaires riverains (1).

24. Il en est autrement (2), si un fleuve, en débordant, inonde mon fonds. Dans ce cas, nous ne disons pas que tout ce fonds devient public, ni qu'il change de propriétaire : car ce fonds n'en est pas moins à moi. D'où il suit que si le fleuve se retire des lieux qu'il couvrait de ses inondations, je reprendrai mon fonds, puisque la propriété n'en a pas été transférée aux propriétaires des fonds voisins; et le nouveau lit, devenu public, appartiendra aux propriétaires riverains, quand le fleuve se sera retiré.

25. Un individu (3) a fait une espèce avec la matière d'autrui. Il s'agit de savoir qui des deux est propriétaire de cette espèce, d'après la raison naturelle : de celui qui a transformé la matière en cette espèce, ou du propriétaire de la matière Exemple : avec les drogues (4) d'un autre, on a composé un emplâtre ou un collyre (5); ou bien, avec les raisins, les olives ou les épis d'autrui on a composé du vin,

(1) L. 7, § 5, D. *de adquir. rer. domin.*

(2) L. 7, § 6, D. *de adquir. rer. domin.*

(3) L. 7, § 7, D. *de adquir. rer. domin.* — Gaius, *Comm.*, II, § 79. — Eclog., 50, 1, c. VI. — Harmenop., II, I, § 27.

(4) L. 7, § 7, D. *de adquir. rer. domin.*; L. 18, § 10, D. *de instruct.* — Paul., *Sent.*, III, VI, § 62.

(5) L. 18, § 10, D. *de instruct.*

de l'huile, du blé ; ou bien encore, avec l'or, l'argent ou l'airain d'autrui, on a fait un vase ; ou bien, avec le vin et le miel d'un autre on a fait du *mulsum* ; ou un habit avec la laine d'autrui (1) ; ou avec les planches d'un autre, une embarcation.

Sur toutes ces hypothèses se sont élevées de nombreuses discussions entre les Sabiniens et les Proculéiens. Les Proculéiens disaient que celui qui avait fait l'espèce devenait propriétaire de son ouvrage ; les Sabiniens, au contraire, voulaient que le propriétaire de la matière le fût aussi de l'espèce.

Il y a eu une troisième opinion mixte qui tient tout à la fois de celle des Sabiniens et de celle des Proculéiens, et qui a été adoptée par notre auguste maître. Cette troisième opinion consiste à dire que si l'espèce peut reprendre l'état primitif de la matière dont elle est faite, le propriétaire de la matière sera aussi propriétaire de l'espèce ; et que si, au contraire, l'espèce ne peut revenir à l'état primitif de la matière, l'auteur de l'espèce en sera le propriétaire. Ainsi, dans l'hypothèse ci-dessus, le vase fait d'un lingot d'airain, d'argent ou d'or, peut, s'il est fondu, reprendre son ancienne forme de lingot d'airain, d'argent ou d'or. Au contraire, le vin, l'huile, le blé, ne peuvent redevenir raisin, olive, épi, et le *mulsum* ne peut se décomposer en vin et en miel. Voilà pour le cas où la matière appartenait en entier à autrui.

Que si j'ai fait une espèce avec votre matière et la mienne, par exemple, du *mulsum* avec mon vin et votre miel, un emplâtre avec mes drogues et les vôtres, un habit avec ma laine et la vôtre, il n'est pas douteux, dans ce cas, que l'auteur de l'espèce en sera le propriétaire : car, non-seulement il a fourni ses soins, mais encore une partie de la matière.

(1) L. 6, D. *de tritico*. — Harmenop., II, I, § 27 et 28.

26. Mais si on a brodé son habit avec la pourpre d'autrui, bien que la pourpre soit plus précieuse que l'habit, elle n'en sera pas moins regardée comme son accessoire (1), et le propriétaire de la pourpre aura contre celui qui l'a prise la *furti actionem* et la *furti condictionem*, soit qu'un même individu l'ait volée et en ait brodé son habit, soit que de deux individus différents, l'un l'ait prise, l'autre en ait brodé son habit. En effet, bien que le propriétaire de la pourpre ne puisse agir *in rem*, parce que la pourpre est en quelque sorte censée ne plus exister par elle-même, mais seulement par son adjonction à l'habit, cependant, on pourra toujours intenter la *condictio furti*. Car, quoique les choses détruites ou disparues ne puissent être revendiquées par l'action *in rem*, nous pourrons néanmoins intenter contre les voleurs et contre (2) tous possesseurs, bien

(1) L. 19, § 15, D. *de auro*. — Gaius, *Comm.*, II, § 79.

(2) Κατὰ πάντων νομέων, contre tous possesseurs. Justinien (*Institut*s, *hìc*), dit seulement, d'après Gaius (*Comm.*, II, § 79), *quibusdam possessoribus*; mais Cujas, Fabrot, etc., lisent : *quibusque*, c'est-à dire, *quibuscumque possessoribus*. Théophile ajoute : εἰ καὶ μὴ εἶεν κλέπται, bien qu'ils ne soient pas des voleurs, ce qui semble contredire la loi dernière (D. *de usufruct. quemadmod.*), qui dispose qu'on ne peut intenter la condiction *furti* que contre le voleur, et la loi 12, § *ult.*, D. *de condict. furti*, qui n'accorde que la condiction *incerti* contre le créancier gagiste, à qui on a enlevé l'objet donné en gage : comment donc expliquer cet endroit de la Paraphrase?

Nous regrettons qu'un de nos meilleurs commentateurs modernes du Droit romain, M. Ortolan, qui, dans son *Explication historique des Instituts*, a si bien justifié le κατὰ πάντων νομέων de Théophile, ne se soit pas posé cette question. Voici, suivant, nous, comment on peut la résoudre par le seul examen grammatical du texte des Instituts. Que dit Justinien? *Qui dominus fuit purpuræ, adversus eum qui subripuit, habet* furti actionem et condictionem, *sive ipse sit qui vestimentum fecit, sive alius; nam extinctæ res, licet vindicari non possint, condici tamen a furibus et quibusdam aliis possessoribus possunt*. Or, nous n'hésitons pas à penser que ce texte bien compris modifie les lois précitées du Digeste, de même

qu'ils ne soient pas voleurs, la *furti condictionem;* mais si le possesseur de l'habit qu'on a brodé de pourpre est le voleur lui-même, on aura contre lui la *furti actio* et la *condictio furtiva*. S'il n'est pas le voleur, il sera soumis à la *condictio furtiva*, et non à l'*actio furti*.

27. Des matières appartenant à deux propriétaires différents, ont été, par eux, volontairement (1) confondues : tout ce que produira la confusion sera commun à l'un et à l'autre. Par exemple : deux personnes ont mêlé leur vin, fondu ensemble des lingots d'argent ou d'or ; si les deux matières sont différentes et que le mélange de ces matières forme une substance particulière, si, par exemple, on a fait du *mulsum* avec du vin et du miel, ou bien de l'*elec-*

que le texte précédemment allégué des Commentaires de Gaius. N'est-il pas évident, en effet, que le mot *furti* est tout à la fois le complément d'*actionem* et de *condictionem;* mais alors, qui ne voit que le verbe *condici*, à la fin du paragraphe, est pris dans le sens de la *condictio* dont Justinien vient de parler, puisque rien n'indique que le substantif *condictionem* et le verbe *condici* ne s'appliquent pas également à *furibus* et à *quibusdam aliis possessoribus?*

Vainement objecterait-on qu'il n'est pas probable que Justinien ait voulu qu'on pût exercer une condiction *furtiva* contre tous autres individus que les auteurs du vol. Nous dirons qu'il l'est bien moins encore que Théophile, qui avait travaillé tout à la fois à la rédaction du Digeste et des Instituts, ait pu commettre une erreur aussi grave, aussi ἄδοξον, comme dit Vinnius, que celle que lui ont reprochée ces auteurs. Nous avouons cependant que raisonner ainsi, ce n'est pas résoudre, mais bien plutôt éluder les difficultés ; nous préférerions donc nous en tenir à notre première explication, ou bien encore soutenir que le mot *grécisé* de notre paragraphe, φουρτίβῳ, a été adjoint au mot κονδικτίω par une main étrangère. En effet, ce paragraphe et ceux du titre 1, lib. IV, relatifs au vol, prouvent que, dans la Paraphrase, les mots *furtum*, *actio furti*, *condictio furti*, sont presque toujours reproduits avec leur physionomie latine, ou littéralement traduits en langue grecque : κλοπή, κλοπιμαίων.

(1) L. 7, § 8, D. *de adq. rer. domin.;* l. 1, D. *de rei vindic.* — Harmenop., II, 1, § 32.

*trum* (1) avec de l'or et de l'argent, nous disons que le produit de ce mélange sera commun aux deux propriétaires. Il en sera ainsi, puisque c'est par la volonté des propriétaires que ces mélanges ont eu lieu. Il en sera de même si le pur hasard (2), et non la volonté des propriétaires opère la confusion de matières hétérogènes ou homogènes.

28. Si le blé de Titius se mêle avec le vôtre, et qu'il n'y ait qu'un seul tas, ce tas sera commun si le mélange a eu lieu par votre volonté, parce que chaque corps, (c'est-à-dire chaque grain), est devenu, par votre consentement, votre propriété commune.

Si le mélange a lieu par cas fortuit, ou si malgré vous, Titius a mêlé votre blé avec le sien, le tas de blé ne sera pas commun entre vous, parce que chaque grain est resté dans son premier état, et que le mélange ne l'a pas changé. Dans ce cas donc, le tas de blé ne sera pas commun, de même que le troupeau de brebis ne deviendra pas commun si les brebis de Titius se mêlent à vos propres brebis (3). Si vous ou Titius retenez le tas de blé, l'un des deux aura contre le possesseur l'action (4) *in rem*; or, l'*officium* (5) du juge sera d'estimer la quantité de blé afférente à chacun et de condamner le possesseur à livrer à l'*actor* une quantité de blé égale à celle qu'il possédait, et de même qualité.

29. Si on bâtit (6) sur son terrain avec les matériaux d'autrui, on devient propriétaire de ce qu'on a bâti, parce que la construction cède au sol.

(1) L. 7, § 8, D. *de acquir. rer domin.* — Isidor., *Orig.*, XVI, c. XXIII.

(2) Harmenop., II, I, § 33.

(3) L. 30, D. *in fine, de usucap.*

(4) L. 3 et 25, § 3, D. *de rei vindic.*

(5) *Infra*, § 2, lib. IV, tit. XVII.

(6) L. 7, § 10, D. *de acquir. rer. domin.*; l. 56, D. *ad legem Aquil.* — Harmenop., II, I, § 33.

Car il est évident, que le propriétaire de la matière ne perd pas irrévocablement la propriété de sa matière; mais seulement, tant que la construction sera debout, il ne pourra intenter, ni l'action en vendication, ni celle *ad exhibendum* (demande en exhibition d'un objet), conformément à la loi des Douze Tables (1), qui veut que nul ne soit forcé d'extraire les matériaux d'autrui employés dans sa maison, mais qu'on les paye au double en vertu de l'action personnelle, dite de *tigno juncto*. Il y a lieu à cette action, non-seulement, quand quelqu'un emploie dans sa maison la poutre qui m'appartient, mais encore quand il y a employé mes pierres, mes briques (2), ma colonne: car, par le mot *tignum*, on désigne tous matériaux propres à bâtir.

Or, si la loi des Douze Tables a voulu qu'on ne puisse m'intenter l'action *in rem*, ni celle *ad exhibendum*, à raison des matériaux que j'emploie dans ma maison, c'est afin que, si le juge me condamne à la restitution de l'objet réclamé, je ne sois point forcé à démolir ma maison pour satisfaire à la sentence, et par là, la loi des Douze Tables a pourvu d'une manière particulière à la conservation des édifices. Mais si, pour une cause quelconque, la maison s'écroule, le propriétaire de la matière peut assurément, s'il n'a déjà reçu le double de sa valeur, en vertu de l'action de *tigno juncto*, exercer et l'action *in rem* et l'action *ad exhibendum*.

30. Nous avons précédemment supposé le cas d'un homme qui bâtit sur son terrain (3) avec la matière d'autrui; maintenant supposons le cas inverse. Si avec mes matériaux j'ai bâti une maison sur votre sol, propriétaire

(1) D. *de tigno juncto*. — Festus, v° *Tignum*.

(2) Βήσαλον, littéralement, briques de 8 pouces, de *bes*, *bessis*, 8 pouces romains. — Vitr. l. V. — Jean Tzetzès, Chiliad. IX, dit: ὅταν δὲ πλίνθον... τὴν βήσαλον καλοῦμεν.

(3) L. 7, § 12, D. *de adquir. rer. domin.* — Harmenop., II, I, § 34 et 35.

du sol, vous le serez aussi de la maison, suivant la règle qui dit : le dessus cède au dessous. Ainsi donc, j'ai perdu la propriété de mes matériaux parce que j'ai sciemment bâti sur le sol d'autrui, et quand même la maison viendrait à tomber, je n'aurai pas l'action *in rem* pour reprendre ces matériaux.

Il est indubitable que si je suis en possession de la maison que j'ai bâtie, et que le propriétaire du sol invoquant la règle qui dit, que le dessus cède au dessous, exerce contre moi l'action *in rem*, il n'est pas douteux, dis-je, que si j'ai éte possesseur *bona fide*, croyant qu'elle m'appartenait, non-seulement le propriétaire me payera le prix de mes matériaux, mais encore le salaire des ouvriers ; et s'il s'y refuse, je repousserai son action par l'exception de dol, en disant (1) : « à moins que je n'aie acquis de bonne foi. » Que si j'ai possédé *male fide*, sachant que la maison appartenait à autrui, je n'aurai aucune exception, et je serai forcé à abandonner le sol avec les constructions que j'y ai faites : car on pourra me reprocher d'avoir sciemment bâti sur le sol d'autrui (2).

31. Si Titius (3) a planté sur son fonds l'arbre d'autrui, cet arbre sera de Titius ; mais si Titius a planté son arbre sur le fonds de Mævius il deviendra la propriété de Mævius, pourvu que, dans l'un et l'autre cas, l'arbre planté ait poussé des racines : car, jusqu'à ce qu'il ait poussé des racines, et se soit nourri de la terre qui l'entoure, l'arbre appartient à son ancien propriétaire ; mais du moment que cet arbre a pris racine, la propriété passe au maître du sol sur lequel il est planté.

Or, de là est née la question suivante : Mon voisin avait un arbre à l'extrémité de son fonds, près de mon petit coin de terre ; les racines de cet arbre s'étant insensible-

(1) L. 14, D. *de except. dol.*
(2) Gaius, *Comm.*, II, § 73 et 76.
(3) L. 7, § 13, D. *de adq. rer. dom.* — Gaius, *Comm.*, II, § 74.

ment étendues sous terre, ont atteint mon fonds et s'y sont nourries : à qui appartient l'arbre? Cette question ayant été proposée, on a décidé que cet arbre était devenu ma propriété. En effet, la raison naturelle n'admet pas que l'arbre ait un autre propriétaire que celui du fonds où ont poussé ses racines, et conséquemment l'arbre placé sur les limites des deux fonds, et dont les racines s'étendent sur l'un et l'autre fonds, deviendra commun.

32. Or, de même que les plantes (1) qui se nourrissent dans un fonds et y croissent, demeurent la propriété du maître de ce fonds, ainsi, les grains que l'on sème, tels que le blé, l'orge et autres céréales, cèdent au sol. Mais de même aussi que celui qui a bâti *bona fide* sur le fonds d'autrui peut, s'il est poursuivi *in rem*, se défendre par l'exception du dol; ainsi celui qui a ensemencé à ses frais le fonds d'autrui, sera garanti par l'exception du dol, s'il a agi *bona fide*.

33. On a pris mon papier ou mon parchemin; on a écrit dessus, ou on en a fait un livre. Ici encore, conformément à ce que nous avons dit du sol, le dessus cède au dessous: et quand même les lettres trouvées sur le papier ou le parchemin seraient d'or, je deviens propriétaire du livre, peu importe que le livre contienne un poëme, une histoire ou un discours de rhéteur. Conséquemment, si j'exerce l'action *in rem* contre l'auteur du livre, sans lui offrir le payement des frais d'écriture, je serai repoussé par l'exception de dol, pourvu que celui qui a écrit possède *bona fide* le papier ou le parchemin (2).

34. On a pris la planche d'autrui, et on y a peint (3) un tableau : on s'est demandé à qui appartient le tableau : les

(1) L. 9, D. *de adquir. rer. domin.* — Gaius, *Comm.*, II, § 75 et 76.

(2) L. 9, D. *de adq. rer. domin.* — Gaius, *Comm.*, II, § 77.

(3) L. 9, § 2, D. *de adq. rer. domin.*, l. 28, § 3, D. *de rei vind.* — Gaius, *Comm.*, II, § 78. — Harmenop., II, I, § 12.

uns disent que le peintre devient le propriétaire de la planche et que la planche cède à la peinture, quelle qu'elle soit ; les autres, que le propriétaire de la planche le devient de la peinture, celle-ci cédant à celle-là. Mais notre Empereur a préféré la première opinion, et veut que le peintre demeure le propriétaire du tableau. Il a pensé, en effet, qu'il serait ridicule qu'un tableau d'Apelles, un des premiers peintres de la Grèce, ou de Parrhasius (1), si renommé parmi les Romains, le cédât à une misérable planche.

Conséquemment, si le propriétaire de la planche est en possession du tableau, le peintre qui, intentant contre lui l'action *in rem* (2), ne paye pas la planche, sera repoussé par l'exception de dol. Que si le peintre possède le tableau, le propriétaire de la planche ne peut avoir l'action directe *in rem ;* car, par le seul fait de la peinture, il a perdu son droit de propriété. Mais on lui donne l'action *utilis in rem*, afin qu'en exerçant sa poursuite, il procède comme véritable propriétaire ; mais s'il intente l'action *utilis in rem*, sans payer les frais de peinture faits *bona fide* par le peintre, il sera repoussé par l'exception de dol. Or, tout ce que nous venons de dire n'a trait qu'à la propriété du tableau : car il n'est pas douteux que si le peintre ou tout autre individu a volé la planche, on doit donner au propriétaire l'action *furti* contre le voleur.

35. Croyant que vous étiez propriétaire j'ai acheté de vous le fonds d'autrui, ou bien, je l'ai reçu de vous par donation ou à tout autre juste titre, comme par *mutatio* et toujours *bona fide*. La raison naturelle veut que je devienne le propriétaire (3) des fonds perçus, pour m'indemniser de mes frais de culture et de mes soins. Si donc le propriétaire du fonds se représente plus tard, et revendique ses fonds par l'action *in rem*, il n'aura pas d'action contre moi

(1) *Voy.* notre Appendice. — Parrhasius était Grec de même qu'Apelles.

(2) Ajoutez de reste : l. 9, § 2, D. *de adquir. rer. domin.*

(3) L. 25, § 1, D. *de usuris.*

pour les fruits perçus et que j'ai consommés; mais si sachant que le fonds appartenait à autrui, je l'ai néanmoins retenu en ma possession, je ne gagnerai pas les fruits; mais au contraire, je serai incontestablement tenu d'abandonner tout à la fois le fonds et les fruits que j'en ai perçus, bien que je les aie consommés (1).

36. J'avais la propriété d'un fonds dont vous aviez l'usufruit : vous, usufruitier ne deviendrez propriétaire des fruits que si vous les percevez vous-même sur le fonds. Si donc, les fruits étant mûrs et non encore attachés au sol, vous venez à mourir, votre héritier ne les percevra pas, mais ils seront acquis au propriétaire (2). Et il en est à peu près de même du colon, c'est-à-dire, de celui qui prend un fonds à ferme (3). Si, en effet, je vous laisse mon fonds, vous ne deviendrez propriétaire des fruits que vous en percevrez, qu'autant que vous les aurez détachés du sol. (Mais le mot *fere* est ici superflu) (4).

37. Puisque j'ai parlé de l'usufruit d'un fonds, il faut que vous sachiez encore que l'usufruit d'un bétail comprend le croît aussi bien que le lait, le poil et la laine; ainsi les agneaux, les chevreaux, les veaux, les poulains tombent en naissant dans la propriété de l'usufruitier.

Mais les enfants d'une esclave ne sont point compris dans les fruits. Conséquemment, si je vous ai donné l'usufruit

(1) L. 4, § 2, D. *fin. regund.*; l. 15, D. *de usuris.*

(2) L. 13, D. *Quib. mod. ususfruct.*; l. 25, § 1, D. *de usuris.*

(3) L. 61, § 8, D. *de furt.* — Harmenop., III, VIII, § 3.

(4) Il est clair que la fin de ce paragraphe n'est pas de Théophile, mais bien de quelque inepte glossateur. Bien que le *fructuarius* et le *colonus* ne fassent également les fruits *siens* qu'autant qu'ils sont détachés du sol, il n'est pas vrai de dire qu'ils soient toujours placés sur la même ligne. Il est de principe, en effet, que le droit du fermier est un droit réel, *jus in re*, transmissible à ses héritiers, tandis que celui de l'usufruitier n'est qu'un droit personnel, *jus ad personam*, non transmissible (l. 10, § ult., C. *de locat.* — *Voy. infra*, lib. II, tit. III. — *Voy.* encore l. 26, D. *de furt.*, l. 12, D. *de usufruct.*). Or, comment supposer que Théophile ait ignoré ce principe élémentaire du droit?

de mon esclave, vous aurez pour fruits ses services et les ouvrages de ses mains; mais l'enfant qui en naîtra appartiendra au propriétaire : car il a paru absurde qu'un homme fût compté parmi les fruits, la nature ayant créé tous les fruits pour l'homme (1).

38. L'usufruitier d'un troupeau doit remplacer par le croît (2) les bêtes mortes, et en compléter le nombre primitif : telle est l'opinion de Julien. Exemple : Je vous ai donné l'usufruit d'un troupeau de cent brebis; trente brebis sont mortes; il vous en est né cinquante : il faut que vous en ajoutiez trente à celles que vous aviez d'abord, pour conserver toujours le même nombre, et vous aurez ainsi la propriété des vingt autres brebis. Mais si je vous ai donné l'usufruit d'un vignoble ou d'un fonds, vous devez remplacer les vignes mortes, c'est-à-dire, trop vieilles, de même que les arbres malades ou tombés : car vous êtes tenu d'entretenir avec soin et consciencieusement le fonds dont l'usufruit vous a été donné, et de le cultiver en excellent père de famille (3).

39. Quant au trésor trouvé dans notre fonds, le divin Adrien, fidèle observateur du droit naturel, l'accorde à l'inventeur et décide de même pour celui qu'on trouverait dans un lieu sacré ou religieux. Que si on trouve un trésor dans le fonds d'autrui, sans l'y chercher et par pur hasard, Adrien en accorde la moitié au propriétaire du sol; d'où la conséquence que, si on trouve un trésor dans une propriété impériale, on donnera à l'Empereur la moitié du trésor, et l'inventeur gardera l'autre. Que si on l'a trouvé dans un lieu appartenant au fisc ou à la cité, l'inventeur en obtiendra également la moitié, et le fisc ou la cité recevra l'autre moitié (4).

(1) L. 28, D. *de usur.*, l. 68, D. *de usufruct.*

(2) L. 10, § 2, *de jur. dot.*; l. 68, § 2, D. *de usufr.*

(3) L. 7 *in fine*; l. 18 et 59, D. *de usufruct.*

(4) L. 33 *pr.*, § 3 et 4, D. *de adquir. rer. domin.*; l. 3, § 10, *de jur. fisc.*

40. Il est encore un autre moyen d'acquérir : c'est la *traditio*. Mais, qu'est-ce que la *traditio?* c'est une translation de la main à la main (1), consistant en un acte de facile exécution, n'exigeant aucune solennité (2), et purement naturelle. En effet, rien n'est plus conforme à la nature que la confirmation de la volonté du propriétaire qui confère sa chose à autrui.

Or, voici les conditions requises pour la translation de la propriété par la *traditio :* il faut que celui qui *traditionne* soit propriétaire de la chose ; qu'il ait l'intention et la volonté d'en transférer la propriété ; qu'il fasse la *traditio*, que la chose *traditionnée* soit corporelle. Je dis *corporelle*, parce que les choses incorporelles, ne pouvant être touchées, sont insusceptibles de *traditio*. Je dis, que celui qui traditionne doit être propriétaire (de la chose traditionnée), parce qu'on ne peut transférer une propriété qu'on n'a pas. J'ai ajouté qu'il faut l'intention et la volonté de rendre propriétaire celui qui reçoit la chose traditionnée, pour distinguer la *traditio* de l'usage et du dépôt ; car, dans ces contrats aussi, il y a une chose corporelle et celui qui la traditionne est propriétaire ; mais il la livre dans l'espoir de la reprendre un peu plus tard. Et peu importe, suivant moi,

(1) *Ἡ ὑπὸ χειρὸς εἰς χεῖρα μετάθεσις, εὐαπάλλακτος καὶ ὑπερίεργος καὶ φυσικὴν τὴν πρᾶξιν ἔχουσα.* — Cujas, *Observ.*, l. IX, XIX, a critiqué cette définition comme manquant de clarté, soit parce qu'elle pourrait indiquer la tradition mutuelle, *reciproca*, à laquelle Théophile ne pensait pas assurément, soit parce qu'on peut donner de la main à la main, *de manu in manum*, sans cependant faire une véritable tradition, qu'il définit, *datio possessionis*. De son côté, Ulr. Huber, *Præl.*, p. 1, reproche à la définition de Théophile d'être incomplète, parce qu'elle est inapplicable aux immeubles. — Au contraire, suivant Janus a Costa (*Comm.*), Fabrot et Reitz, *not. hic*, elle est irréprochable. On ne saurait nier aujourd'hui que, sous plus d'un rapport, la définition de Théophile ne laisse beaucoup à désirer, et que celle de Cujas ne lui soit préférable (*Voy.* les *Comm.* de Warnkœnig et les *Instit.* de M. Étienne).

(2) Cf. l. 9, § 3, D. *de adq. rer. domin.* — Ulp., *Fragm.*, XIX § 3, 4, 5, 6 et 7.

la nature de la chose livrée par le propriétaire, que ce soit un fonds italien ou bien des possessions *stipendiariæ* ou *tributariæ*. Or, on appelle possessions *stipendiariæ* et *tributariæ* celles qui sont situées dans les provinces appartenant au peuple, par l'ordre de l'Empereur (1). Or, voici à quelle occasion on leur a donné ces noms. Jadis, un Empereur romain (2) maître de la terre entière et dont la valeur était l'objet de l'admiration universelle, partagea les provinces en deux classes, garda les unes pour lui, et distribua les autres au peuple.

Et celles qui furent distribuées au peuple furent appelées *stipendiariæ*, parce que *stipes* signifie contribution, ou l'action de recueillir peu à peu de l'argent et autres objets. Or, comme les provinciaux réunissaient, chacun dans une masse commune, une partie des produits de leurs terres, pour l'envoyer au peuple qui devait l'employer à son usage ou à ses plaisirs, on appela ces provinces *stipendiariæ*, et plus tard on nomma aussi *stipendiariæ*, les maisons et les fonds de province.

Quant aux provinces de l'Empereur, on les nomma *tributariæ*, du mot *tributum*, lourd impôt que l'Empereur exigeait des habitants de ses provinces, pour satisfaire aux dépenses considérables que nécessitait l'entretien des armées (3). Or, ceux à qui le peuple ou l'Empereur concédait des fonds *stipendiarii* ou *tributarii* n'en étaient pas propriétaires ; car la propriété de ces fonds appartenait au peuple ou à l'Empereur; mais ils en avaient l'usage et la jouissance, et pouvaient, à leur gré, les transférer à autrui et les transmettre à leurs héritiers. Mais les propriétaires des

(1) *Vid.* Appendice.

(2) Auguste. — Suet., *in Vita Augusti*.

(3) *Nam neque quies gentium sine armis, neque arma sine stipendiis, neque stipendia sine tributis haberi possunt* (Tacit., *Hist*., IV, 74). — *Voy.* M. Ch. Giraud, *Instit. du Droit romain*, p. 319.

fonds et des maisons d'Italie, en avaient la propriété. Tel était l'ancien droit; aujourd'hui une Constitution de notre Empereur veut qu'il n'y ait plus de différence entre les fonds italiens et les fonds *stipendiarii* ou *tributarii* (1). Mais si un propriétaire me *traditionne* sa chose à titre de donation ou de dot, ou à tout autre titre, comme par échange, il m'en transfère sans contredit la propriété (2).

41. Si le vendeur *traditionne* la chose vendue, elle ne tombe dans la propriété de l'acheteur qu'autant (3) que l'acheteur en aura payé le prix, ou en aura garanti le payement, soit en présentant Titius pour caution, soit en offrant un gage pour répondre du payement du prix. C'est ce qu'a établi la loi des Douze Tables, et c'est ce que veut aussi le *jus gentium*, source de justice naturelle et partant observée par tous les peuples.

Si donc le propriétaire d'une chose la traditionne à tout autre titre (qu'à titre de vente), il en transfère la propriété; mais si c'est à titre de vente, il ne la confère qu'autant qu'il a reçu le prix du payement. Que si le vendeur n'a pas reçu de prix et que l'acheteur ne lui ait donné ni répondant, ni gage; s'il a même suivi la foi de l'acheteur, ne doutant pas qu'il en reçût le prix, nous disons que dans ce cas la propriété passe immédiatement à l'acheteur.

42. Dès qu'il y a *traditio* (4), il est indifférent qu'elle ait été faite par le propriétaire lui-même, ou par tout autre, de son consentement.

43. Par la même raison, si je confie à quelqu'un la libre administration (5) de mes biens, et qu'il en vende et tradi-

(1) L. *unic.*, C. *de usucap. transform.*

(2) L. *unic.*, C. *de vind. jur. Quirit. toll.* — Cf. Ulp., *Fragm.*, XIX, § 3 et 7. — Gaius, *Comm.*, II, § 19, 20 et 21.

(3) L. 19 et 53, D. *de contrah. empt.* — Eclog., 39, 1, c. XV — Harmenop., III, III, § 4.

(4) L. 9, § 4, D. *de adquir. rer. domin.*

(5) L. 9, § 4, D. *de adquir. rer. domin.*; l. 58 et 59, D. *de procurat.*

tionne une partie, il en transfère la propriété à celui qui la reçoit; car il est censé agir du consentement du propriétaire.

44. On trouve (1) quelques cas où, indépendamment de toute livraison, la seule volonté suffit pour transférer la propriété. Par exemple, je vous ai prêté mon titre, loué mon champ, ou bien j'ai déposé chez vous mon assiette (2), si plus tard je vous les rends ou vous les donne, je vous en rends propriétaire dès l'instant de la vente ou de la donation, sans *traditio* aucune. En effet, ces choses étant déjà en votre propriété par cela seul que je veux qu'elles vous appartiennent, vous en avez la propriété, comme s'il y avait une *traditio* spéciale par cause de donation ou de vente.

45. J'ai renfermé dans un magasin diverses marchandises de la vente desquelles vous avez traité avec moi; une fois le contrat passé, vous m'en avez donné le prix. Si donc, étant tous deux près du magasin, je vous en livre les clefs, vous devenez immédiatement propriétaire de ces marchandises (3).

46. Souvent, par le seul fait de ma volonté, je transfère la propriété (de ma chose) à une personne que je ne connaissais pas, et de qui je n'aurais pu dire, avant la livraison (de cette chose), qui elle était (4). C'est ce qui ar-

(1) L. 9, § 5, D. *de adquir. rer. domin.*

(2) Μενσωριον : ce mot n'est pas plus grec que le *missorium* de la traduction de Reitz n'est latin : nous croyons qu'il faut lire μενσώριον, ce qui est sur la table (*mensa*), et, par suite, la chose même dans laquelle on mange — *Voy* Isid., *Orig.*, XX, c. IV, ou l'on voit que ce mot a la même signification que l'*aristophorum* de Festus, v° *Aristophorum*, c'est-à-dire, *vas in quo prandium fertur, ut discus.* — Voy. *infra*, lib II, tit. VI, § 4, où Théophile, comme pour ne pas répéter le mot μενσώριον, s'est servi de celui de δίσκος.

(3) L. 9, § 5, D. *de adquir. rer. domin.*

(4) L. 9, § 5, D. *de adquir. rer. domin.*; l. 7 *in fine*, D *de manumiss. testat.*; l. 2, C. *de consul. et non spargend. ab iis pecun.* — *Novell.*, 10, 5, c. I.

rive aux préteurs et aux consuls qui, en entrant dans Rome, ou dans les jeux publics, ont l'habitude de jeter de la monnaie au milieu de la foule. Celui qui en recueille quelques pièces, en devient immédiatement propriétaire, bien que celui qui les a jetées ignore ce que chacun en recueillera.

47. Conséquemment, il est évident que si je me dessaisis d'une chose dont je ne fais aucun cas (1), cette chose devient immédiatement la propriété du premier occupant : c'est ce que les anciens appellaient *pro derelicto*. Or, est *pro derelicto*, ce que le propriétaire abandonne avec l'intention de ne plus le posséder ; aussi n'est-il pas douteux qu'il cesse sur-le-champ d'en être propriétaire.

48 Il en est autrement des choses que, pendant la tempête, les marins jettent dans la mer, pour alléger le navire : car les choses ainsi jetées restent la propriété de ceux qui les jettent. En effet, il est évident que le jet a lieu, non parce que les propriétaires des choses jetées veulent en abandonner la propriété, mais bien plutôt pour échapper avec le navire aux dangers de la mer. Conséquemment (2) celui qui prend les objets échoués sur la côte, ou flottant au milieu des eaux, pour en profiter et en dépouiller les propriétaires, commet un vol.

Il est des choses qui se rapprochent fort de celles-là. Par exemple : je voulais aller quelque part ; vous aviez une *carruca* (3) avec laquelle je pouvais faire rapidement mon voyage ; je vous ai prié de m'y laisser monter et de me permettre d'y déposer mes effets, pour arriver plus tôt au but de mon voyage ; vous m'en avez donné votre parole, soit moyennant une somme quelconque, soit gratuitement ; j'ai donc déposé mes effets dans la *carruca* ; chemin faisant,

(1) L. 8 *in fine*, D. *de cont. empt.* ; l. 1 et 5, § 1, D. *pro derelicto*.
(2) L. 43, § 11, D. *de furtis*. — Harmenop., II, t. I, § 58.
(3) L. 13, D. *de auro*. — Paul., *Sent.*, V, VI, § 91. — Eclog., 20, 1, c. XII.

quelques-uns de ces effets tombent (1) à mon insu de la *carruca*: ils n'appartiennent pas à l'inventeur, mais j'en conserve la propriété, et on me donne, pour les ravoir, l'action *in rem* qu'on nomme *ad exhibendum*, l'action *furti* et la *furtiva condictio*, c'est-à-dire une action en revendication ou celle en éviction contre les voleurs.

## TITRE II.

### DES CHOSES CORPORELLES (2) ET INCORPORELLES.

Nous avons parlé plus haut de la division des choses. Nous avons dit que les unes sont naturelles, *naturales* ou *juris gentium*, les autres *publicæ*; qu'il en est qui appartiennent à des corporations, d'autres qui n'ont pas de maître, et que le plus grand nombre appartiennent à des particuliers. Nous avons dit encore que les choses deviennent notre propriété de plusieurs manières; que les moyens naturels d'acquérir sont: la chasse, le butin fait sur l'ennemi, les pierreries et les diamants trouvés sur le rivage (de la mer), le croît de nos animaux, l'*alluvio*, l'île qui naît dans la mer (chose rare), ou dans un fleuve (ce qui arrive fréquemment), et, ce qui ressemble beaucoup à l'île, le lit abandonné d'un fleuve; la confection d'une espèce avec la matière d'autrui, si l'espèce ne peut revenir à l'état primitif de cette matière; la confection d'une chose avec notre propre matière et celle d'autrui; l'adjonction de la pourpre d'autrui à notre propre habit; la confusion de matières appartenant à deux maîtres différents, qu'elles soient homogènes ou différentes entre elles, que la mixtion ait eu lieu du consentement des propriétaires, ou par pur hasard. Nous avons expliqué la règle qui dit, que le dessus cède

(1) L. 43, § 4, D. *de furtis*.
(2) L. 1, § 1, D. *de rer. divis*. — Gaius, *Comm*., II, § 12.

au dessous (1), comme on l'a vu dans plusieurs hypothèses : lors, par exemple, qu'on a bâti sur mon sol avec la matière d'autrui, lorsque j'ai construit avec ma matière une maison sur le sol d'autrui, ou lorsqu'on plante l'arbre d'autrui dans son propre fonds, ou son propre arbre dans la terre d'autrui et que cet arbre y pousse des racines. On suit encore cette règle, en matière d'ensemencement, ou d'écriture faite par autrui sur mon propre papier ou sur mon parchemin. Il en est tout autrement en matière de tableau : car, dans ce cas, la planche d'autrui cède à la peinture.

Est encore un moyen naturel d'acquérir, la possession *bona fide* d'un fonds par celui qui n'en est pas propriétaire : car, cette possession *bona fide* suffit pour le rendre propriétaire des fruits consommés. L'invention d'un trésor en donne, à l'inventeur, la propriété en tout ou en partie (suivant les cas). Et d'après les constitutions, la tradition est aussi un moyen naturel d'acquérir, mais nous n'avons dit tout cela qu'à l'égard des choses corporelles.

1. Or, comme parmi les choses (2), les unes sont corporelles et les autres incorporelles (est corporelle, la chose que non-seulement nous connaissons sous un nom spécial, mais encore qui tombe sous le toucher et sous la vue, telle qu'un fonds, une maison, un habit, un esclave ; est incorporelle, au contraire, la chose qu'on ne connaît qu'intellectuellement et qui ne tombe ni sous le toucher, ni sous la vue), comme, disons-nous, parmi les choses, les unes sont corporelles et les autres incorporelles, et que nous n'avons encore parlé que des corporelles, parlons maintenant des incorporelles. Or, est incorporelle la chose qui consiste en un droit, telle que l'hérédité. Mais qu'est-ce que l'hérédité? C'est un droit soumis à des règles déterminées, qui ne se conçoit qu'intellectuellement, et me rend propriétaire universel d'un patrimoine appartenant à autrui. L'usufruit

(1) L. 4, § 30 et 33, D. *de rer. divis* — Harmenop., II, tit. I, § 34, et tit. IV, § 39.

(2) L. 1, § 1, D. *de rer. divis.* — Gaius, *Comm.*, II. § 13.

aussi est incorporel. Or, l'*ususfructus* est un droit soumis à des règles déterminées, qui ne se conçoit qu'intellectuellement et me confère l'usage et la jouissance de la propriété d'autrui. Sont encore choses incorporelles, les obligations, de quelque manière qu'elles soient contractées. Or, comme nous le verrons plus tard, on peut contracter une obligation de plusieurs manières. Mais qu'est-ce qu'une obligation? C'est un lien de droit par lequel on est forcé de faire quelque chose (1).

2. Et qu'on ne dise pas que dans l'hérédité se trouvent des choses corporelles, puisque l'hérédité comprend des esclaves, des fonds de terre, des maisons, des livres. L'usufruit comprend aussi les fruits perçus sur les fonds, lesquels sont corporels. Qu'on n'ajoute pas que, ce qui nous est dû en vertu d'une obligation est le plus souvent corporel, comme un fonds de terre, un esclave, de l'argent. J'ai dit le plus souvent: car, ainsi que nous le verrons plus tard, il arrive plus d'une fois que ce que nous demandons en vertu d'une obligation est incorporel. Qu'on ne dise donc pas, que l'hérédité, l'usufruit, l'obligation, sont choses corporelles, par la raison que les choses qui en sont l'objet, sont, comme on l'a dit, corporelles. En effet, il faut remarquer que le droit qui me confère la faculté de recevoir l'universalité des biens d'autrui, ou de jouir des fonds d'autrui, ou de réclamer ce qu'on me doit, est incorporel, bien que leur objet soit chose corporelle (2)

3. Parmi les choses incorporelles sont encore les servitudes, soit urbaines, soit rurales. Mais qu'est-ce qu'une servitude? un droit soumis à des règles déterminées, qui ne peut être conçu qu'intellectuellement, et qui oblige un voisin à supporter les charges de son voisin. La servitude rurale (3) est aussi un droit soumis à des règles détermi-

(1) L. 1, § 1, D. *de divis. rer.* — Gaius, *Comm*, II, § 13.

(2) L. 1, § 1, D. *de divis. rer.* — Gaius, *Comm.*, II, § 14.

(3) Gaius, *Comm.*, II, § 14. — Eclog., 58, 1, c. II. — Harmenop., II, IV, § 126.

nées, qui n'est saisi que par l'intelligence, et qui oblige le propriétaire d'un fonds à supporter les charges du fonds voisin. L'*usus* est aussi (un droit incorporel). Mais qu'est-ce que l'*usus*? l'*usus* est l'usage d'une chose. Or, l'usage est un droit soumis à des règles déterminées, qui ne peut être conçu qu'intellectuellement, et me confère la faculté de me servir de la propriété d'autrui. L'*habitatio*, c'est-à-dire l'habitation, est aussi un droit incorporel. Mais qu'est-ce que l'*habitatio*? un droit soumis à des règles déterminées, qui ne peut être conçu qu'intellectuellement, et qui me permet d'habiter dans la maison d'autrui, droit entièrement distinct de l'*usus* et de l'*ususfructus*.

## TITRE III.

### DE LA SERVITUDE RURALE.

Parlons d'abord de la servitude rurale. Vous en connaissez la définition; mais il est nécessaire d'en énumérer les espèces. L'*iter*, l'*actus*, la *via*, l'*aquaeductus* sont des servitudes rurales. Mais qu'est-ce que l'*iter*? En voici un exemple : j'avais un fonds, vous aviez aussi un fonds voisin du mien; pour aller dans mon fonds, j'avais besoin de faire un long circuit; je vous ai prié de m'accorder l'*iter*, c'est-à-dire la faculté de traverser votre fonds (car ce n'est qu'en le traversant que je puis promptement arriver sur le mien); vous m'avez accordé l'*iter*, en sorte que je puis traverser votre fonds, mais sans bête de somme et sans chariot.

L'*actus* est le chemin (1). En voici un exemple : je vous prie de me laisser passer à travers votre fonds avec une bête de somme ou un chariot. Celui donc qui a l'*iter* n'a pas pour cela l'*actus*, puisqu'il ne peut traverser le fonds

(1) Ἐλίσια. Eclog., 58, 1, c. II. —Varron, IV, *de Lingua latina*. —Festus, v° *Actus*.

de son voisin, ni avec une bête de somme, ni avec un chariot. La *via* (1) est le droit d'aller sur le fonds d'autrui avec une bête de somme, en sorte que la *via* confère les mêmes droits que l'*actus*; il est cependant entre ces deux servitudes des différences que nous apprendra le Digeste.

L'*aquæductus* (2) est le droit de faire passer l'eau à travers le fonds d'autrui. Exemple : vous aviez un fonds abondant en eau, et moi, votre voisin, j'en avais un qui en manquait complétement; je vous ai prié de me laisser conduire l'eau de votre source dans mon fonds; vous m'avez accordé ce droit. Cette servitude s'appelle *aquæductus*.

1. Parlons maintenant des servitudes urbaines. Les servitudes urbaines sont celles qui concernent les bâtiments. On les appelle *urbanorum prædiorum*, des bâtiments de la cité, parce qu'on nomme *urbana prædia* tous les édifices quelconques, ceux même qui sont à la campagne (3).

Mais quelles sont les servitudes urbaines? celles, par exemple, qui m'obligent à soutenir le bâtiment de mon voisin. Les voici : j'avais une maison; vous aviez, vous, la maison voisine; je vous ai prié de me permettre de placer mes poutres (4) sur votre mur, ou de laisser tomber sur votre toit ou sur votre cour l'eau qui tombe de mon toit (5) ou d'une gouttière : ou bien, vous aviez vous-même ce droit sur ma maison, et je vous ai prié de ne pas laisser tomber sur mon toit ou dans ma cour l'eau de votre toit ou de votre gouttière; ou bien encore, je vous ai prié de m'accorder le droit de vous défendre d'exhausser votre maison, et de m'enlever ainsi le jour de ma maison (6).

(1) Eclog., 58, 1, c. II. — Harmenop., IV, § 126.

(2) Harmenop., II, II, § 125, l'appelle ὑδραγώγιον. — L. 1, D. *de serv. præd. rust.*

(3) L. 1, D. *comm. præd.*; l. 198, D. *de verb. signif.* — Eclog., 58, 1, c. I.

(4) Eclog., 58, 2, c. VI.

(5) Eclog., 58, 2, c. I. — Harmenop., II, IV, § 126.

(6) L. 2, D. *de serv. præd. urb.*

2. Parmi les servitudes rurales (car il faut maintenant y revenir) il est des jurisconsultes qui disent qu'on doit compter l'*aquæ haustus* qui me permet d'entrer dans votre fonds et d'y puiser de l'eau à la source (1) qui y coule; le droit d'abreuver mes troupeaux dans votre fonds (2); ou de les y faire paître (3), si l'herbe y abonde; d'y cuire de la chaux, ou d'en extraire du sable.

3. Or, ces servitudes s'appellent rurales ou urbaines, parce qu'elles ne peuvent exister sans fonds ou sans bâtiments. Nul, en effet, ne peut acquérir une servitude urbaine ou rurale, s'il n'a un fonds ou une maison; pareillement, nul ne peut devoir une seule de ces servitudes, s'il n'a une maison ou un fonds de terre.

4. Celui qui veut concéder une servitude par (4) convention et par stipulation, peut le faire; car, dès qu'on est convenu de concéder une servitude, celui en faveur de qui est faite la convention, stipule en ces termes : Promettez-vous d'être fidèle à la cession de telle servitude ? et si vous ne l'êtes pas, promettez-vous de me payer cent écus à titre de peine ? On peut encore condamner par testament son héritier (5) à concéder une servitude en disant : Je te condamne, mon héritier, à ne pas exhausser ta maison, de peur que tu ne nuises au jour de la maison voisine ; ou bien : Je te condamne, mon héritier, à souffrir que ton voisin appuie sa poutre sur ton mur, et à laisser tomber sur ton toit le *stillicide* du voisin, ou à souffrir que ton voisin exerce sur ton fonds la servitude d'*iter* ou d'*actus*, ou qu'il conduise l'eau de ton fonds sur son propre fonds.

(1) Harmenop., II, IV, § 115.
(2) *Id.*, II, IV, § 117.
(3) L. 1, § 1, D. *de serv. præd.* — Eclog., 5, c. III. — Harmenop., II, IV, § 117.
(4) L. 4, 11, 14, § *ult.*, et l. 16, D. *de servit.* — Harmenop., II, IV, § 127.
(5) L. 31, D. *de servit. præd.*; l. 16, D. *commun. præd.*

Ainsi donc, la servitude s'établit par pacte, par stipulation, et par testament (1).

## TITRE IV.

### DE L'USUFRUIT (2).

Après avoir parlé des servitudes rurales et urbaines, traitons de l'usufruit. Vous savez comment nous avons défini plus haut l'usufruit; néanmoins il ne sera pas hors de propos d'en donner encore ici une autre définition. L'usufruit est un certain droit (3) qui me fait user et jouir de la chose d'autrui, tant que dure la chose qui en est l'objet. En effet, comme l'usufruit, bien qu'incorporel, a cependant pour objet quelque chose de corporel (4), il doit nécessairement périr avec la chose corporelle. Par exemple, je vous ai conféré l'usufruit de mon esclave; vous en êtes l'usufruitier, et moi le propriétaire. Tant que vit l'esclave, l'usufruit existe; mais, à la mort de l'esclave, l'usufruit s'éteint.

1. L'usufruit est donc distinct de la propriété, et cela, de plusieurs manières. Par exemple, dans cette espèce: je vous ai légué l'usufruit de mon fonds; mon héritier en a la propriété, et vous, mon légataire, l'usufruit; ou, en cas inverse, je vous ai légué un fonds *deducto usufructu*, c'est-à-dire, déduction faite de l'usufruit (5): ici le légataire a la propriété, et l'héritier l'usufruit. Ou bien encore: j'ai légué à quelqu'un l'usufruit et à vous la propriété, et cela a lieu par testament.

(1) Harmenop., II, IV, § 127, ajoute: *ἡ διὰ χρονίας παρατάσεως*, par l'action du temps (par la prescription).

(2) Περὶ *χρήσεως καρπῶν*, littéralement, de l'usage des fruits. — Eclog., 6, 1.

(3) L. 1, D. *de usuf.*

(4) L. 2, D. *de usuf.*

(5) L. 6, D. *de usuf.*; l. 19, D. *de us. et usuf.*

Mais si on veut donner un usufruit autrement que par testament, on doit le donner par pactes et par stipulations. Or, pour que la séparation de l'usufruit d'avec la nue propriété ne rendît pas cette dernière complétement inutile, on a admis certains moyens d'éteindre l'usufruit et de le réunir à la propriété (1).

2 Or, l'usufruit se confère non-seulement sur un fonds ou une maison, mais encore sur un esclave, sur des bêtes de somme, et toutes autres choses, à l'exception de celles qui se consomment par l'usage: car, soit d'après la raison naturelle, soit d'après la raison civile, il ne peut y avoir d'usufruit sur ces choses. Mais quelles sont ces choses? ce sont, par exemple, le vin, l'huile, le blé, les vêtements (l'argent monnayé nous paraît devoir être rangé sur la même ligne, puisqu'il se consume en quelque sorte, par l'usage, et par l'échange continuel qui le fait sans cesse passer d'une main dans une autre). Or, comme on ne peut dire qu'on a l'usufruit de ces choses, on a rendu un sénatus-consulte pour établir qu'elles pourraient être l'objet d'un usufruit (2).

Si, en effet, quelqu'un, en mourant, institue un héritier, et vous lègue mille solides, mille setiers de vin ou d'huile, ou dix muids de froment, mais en usufruit seulement; par votre seule qualité de légataire, en recevant les solides, le vin, l'huile, vous en devenez propriétaire, et cela, contre les règles de l'usufruit, puisqu'on ne peut avoir d'usufruit que sur la chose dont la propriété appartient à autrui. Mais comme, d'après la loi, il ne peut y avoir d'usufruit sur ces choses, c'est donc avec raison qu'à leur égard on néglige l'observation des règles de l'usufruit, (car, ainsi que nous l'avons déjà dit, l'usufruit s'exerce sur la propriété d'autrui); mais vous me donnerez caution pour la restitution de tout ce que vous recevez (à

(1) L. 3 *pr.*, et § 2, D. *de usuf.*
(2) L. 1 et 3, D. *de usuf. ear. rer.*

titre d'usufruit) pour le cas où vous viendriez à mourir, ou bien pour celui où vous subiriez une *capitis deminutio*.

Or, cela a lieu non-seulement pour les choses dont il vient d'être parlé, mais encore pour toutes les autres; par exemple, pour les vêtements, pour la cire, en un mot, pour tout ce qui se consomme par l'usage. Ces choses tombent dans la propriété du légataire, à la charge d'en rendre l'estimation (ce que je ne dis pas de l'argent, l'argent ne pouvant s'estimer, puisque c'est par lui que s'estime tout le reste); mais le légataire doit donner caution qu'en cas de mort ou de *capitis deminutio*, il rendra l'estimation de ces choses. Ainsi donc, par son décret, le sénat n'établit pas l'usufruit sur ces choses (il ne le pouvait pas); mais à l'aide d'une *cautio*, c'est-à-dire d'une garantie, il créa une image de l'usufruit.

3. L'usufruit s'éteint (1) par la mort de l'usufruitier; par la grande et moyenne *capitis deminutio*; par le *non utendo* de la manière ou pendant le temps déterminés, ainsi qu'on le voit dans la constitution de notre Empereur.

Pareillement l'usufruit s'éteint par la cession qu'en fait l'usufruitier (2) au propriétaire : car s'il le cède à un étranger, la cession est sans effet, est complétement inutile. Que si l'usufruitier d'une chose en acquiert la propriété, l'usufruit s'éteint pareillement : c'est ce qu'on nomme *consolidatio*, c'est-à-dire consolidation (3), qui s'opère par la réunion (sur une même tête) de l'usufruit et de la propriété.

Que si on a l'usufruit d'une maison incendiée ou renversée par un tremblement de terre, ou qui s'est écroulée

(1) L. 1 et 3, D. *quibus mod. ususfruct. amitt.* — Paul., *Sent*, III, VI, § 28, 29, 30, 31, 32 et 33. — Caius, *Comm.*, II, § 30. — L. 16 et 17, C. *de usuf.*

(2) Paul., *Sent.*, III, VI, § 28 et 32.

(3) Σωρευσις, littéralement, accumulation. — L. 3 *in fine*, D. *de usufruct. adcrescend.*; l. 3, § 2, D. *quib. mod. ususf.* — Paul., *Sent.*, III, VI.

par vétusté, l'usufruit s'éteint tellement qu'il ne subsiste pas même pour le sol, car l'usufruitier avait obtenu l'usufruit de la maison et non du sol.

4. L'usufruit éteint d'une de ces manières se réunit à la propriété, et dès ce moment, le propriétaire de la chose en a la pleine et entière disposition, c'est-à-dire qu'il peut en percevoir les fruits; car, auparavant, comme il ne pouvait les percevoir, il n'était point censé en avoir la pleine disposition (1).

## TITRE V.

### DE L'USAGE ET DE L'HABITATION (2).

Après avoir traité des servitudes et de l'usufruit, il est logique de parler de l'*usus* et de l'*habitatio*. L'usage s'établit et s'éteint de la même manière que l'usufruit.

1. L'usage est moins avantageux (3) que l'usufruit. En effet, celui qui a l'usage d'un fonds, n'a que la faculté de prendre pour ses besoins de chaque jour, des légumes, des fruits, des fleurs, du foin, des feuilles, du bois (4). L'usager peut rester sur le fonds, pourvu qu'il ne gêne en rien le propriétaire et qu'il n'entrave pas les travaux de l'exploitation de ce fonds; mais il ne lui est pas permis de vendre l'usage, de le louer, de le donner, toutes choses que peut faire l'usufruitier (5).

2. Celui qui a l'usage d'une maison est censé n'avoir que la faculté d'y habiter seul (6) et non celle de transmettre à autrui son *habitatio* ou son droit d'habitation. On a demandé s'il lui est permis de recevoir un ami, et on

(1) Paul., *Sent.*, III, VI, § 28.
(2) L. 5, § 5, D. *de usuf.*; l. 1, § 1, D. *de us. et hab.*
(3) Eclog., 16, 9; 51, 4, c. IV.
(4) L. 10, § 5; l. 12, § 1, D. *de us. et habit.*
(5) L. 11, D. *de usu. et hab.*; l. 12, § 2, D. *de usuf.*
(6) Eclog., 16, 8, c. XXX et XXXI.

a admis qu'il le pouvait; il peut même avoir avec lui, dans la maison qu'il habite, sa femme, ses enfants, ses affranchis et d'autres personnes libres qu'il traite comme ses esclaves, tels que les gens à gages. Si l'usage d'une maison a été laissé à la femme, nul doute qu'elle ne puisse y habiter avec son mari (1).

3. Si on m'a concédé l'usage d'un esclave, je puis seul profiter de ses *operæ* et de ses services; il en est de même de l'usage d'une bête de somme (2).

4. Si on m'a légué du bétail (3), des brebis, par exemple, je ne puis user ni du lait, ni des agneaux, ni de la laine, parce que ce sont là des fruits, c'est-à-dire l'objet d'un usufruit et non l'usage. Ainsi, tout l'avantage que me confère l'usage des brebis, c'est de pouvoir les conduire dans mon fonds, et par là le fumer : car le fumier des brebis rend les fonds fertiles et la végétation abondante.

5. Si un droit d'habitation a été légué à quelqu'un ou constitué en sa faveur de toute autre manière, on ne doit voir là ni usage ni usufruit, mais un droit tout particulier (4). On a demandé si celui qui a le droit d'habitation peut le louer à un autre. Comme un grand nombre de jurisconsultes répondaient négativement, et que Marcellus seul permettait de le louer, notre très-pieux Empereur a publié une constitution (5) dans laquelle il décide la question, dans le sens de Marcellus, et pour l'utilité de ceux qui ont ce droit, leur permet, non-seulement de jouir eux-mêmes de l'habitation, mais encore de la louer à d'autres.

6. En voilà assez sur les servitudes, l'usufruit, l'usage et l'habitation. Nous parlerons ailleurs de ce qui concerne

(1) L. 2, § 1; l. 4, 6 et 8, D *de us. et hab.*
(2) L. 12, § 5 et 6, D. *de us. et hab.*
(3) L. 12, § 2, D. *de us. et hab.* — Eclog., 16. 9; 51, 4, c. IV.— 2, 10, § 10.
(4) L. 10, D. *de us. et hab.*
(5) L. 13, C. *de usuf.*

l'hérédité et les obligations. Après avoir traité sommairement des moyens naturels d'acquérir, disons comment nous pouvons acquérir d'après le droit légitime et civil.

## TITRE VI.

### DES CHOSES QU'ON ACQUIERT PAR L'USAGE ET DE CELLES QU'ON POSSÈDE DEPUIS LONGTEMPS (1).

Après avoir parlé des acquisitions naturelles, traitons des acquisitions civiles. Nul doute que celui qui me traditionne sa chose ne m'en transmette la propriété; mais que décider, si on me traditionne la chose d'autrui, dont je n'étais pas propriétaire? Dans ce cas aussi m'en transmet-on la propriété? Nous disons : Nullement. Comment, en effet, transmettre ce qu'on n'avait pas? Que me transmet-on donc? On me transmet la possession ou la détention (qu'on avait soi-même); ce qui n'est pas un chétif avantage : car si, dans l'ancien droit, je recevais une chose *bona fide* (être *bona fide*, c'est croire que son vendeur ou son donateur, ou celui qui a donné une chose à tout autre juste titre, tel que la *permutatio* ou l'échange, en est propriétaire), si, dis-je, je recevais *bona fide* une chose mobilière, j'en devenais propriétaire, après un an de possession, soit en Italie, soit dans les provinces; et si la chose était immobilière, s'il s'agissait d'un fonds ou d'une maison situés en Italie, je l'usucapais, c'est-à-dire, je l'acquérais par l'usage, après deux ans de possession, et la chose devenait ma propriété, conformément à la loi des Douze-Tables.

Et qu'on ne pense pas que cette loi fût injuste, parce que l'usucapion, c'est-à-dire la possession temporaire (2), faisait

(1) Περὶ τῶν ἐν χρήσει λαμβανομένων καὶ μακροῦ χρονου διακατεχομένων.

(2) Χρονικῆς νομῆς, c'est-à-dire, possession annale. Les jurisconsultes byzantins prennent souvent χρονος, temps, dans le sens d'*annus*.

acquérir à un individu la propriété dont elle dépouillait un autre: car c'est pour prévenir le dépérissement des biens que l'usucapion a été introduite. Si, en effet, on ne croyait pas être propriétaire de la chose qu'on possède, on n'en prendrait nul soin, dans la crainte qu'un jour, le véritable propriétaire venant à se représenter, on ne fût dépossédé par lui : car telle serait la cause de la négligence et de l'incurie des possesseurs, qui laisseraient les biens dans un tel abandon, qu'il en devrait nécessairement résulter leur détérioration et leur perte. Voilà pourquoi la loi des Douze-Tables, voulant prévenir un pareil désordre, a fixé un délai, un an pour les meubles, deux ans pour les immeubles, après lequel, le propriétaire ne se présentant pas, la chose reste à jamais dans les mains de son possesseur, sans que les propriétaires aient à se plaindre : car c'était bien assez pour eux d'un an ou de deux ans pour réclamer leurs biens (1). Voilà pour la loi des Douze Tables.

Mais notre Empereur, animé d'une pensée plus sage et plus humaine, a voulu que les propriétaires ne fussent pas privés si promptement de leurs biens, et n'a pas restreint à un lieu déterminé le bénéfice de sa constitution. Mais il a publié sur ce point une constitution générale, dans laquelle il déclare, d'une part, que les choses mobilières seront partout usucapées par trois ans ; et d'autre part, que les immobilières le seront par la possession de longue durée, laquelle s'accomplit par dix ans si les propriétaires sont présents, et par vingt ans, s'ils sont absents. Par exemple, vous m'avez livré un fonds ou une maison appartenant à Titius; je vous en croyais le propriétaire : partant, j'ai reçu la chose *bona fide*. Titius est-il sur le lieu? il me suffit de dix ans pour prescrire; est-il absent? il en faudra vingt. Il en est ainsi non-seulement des immeubles situés en Italie, mais encore de ceux qui le sont dans les provinces et qu'on

(1) L. 1, D. *de usurpat.* — Gaius, *Comm.*, II, § 42, 43, 44 et 46. — Paul., *Sent.*, V, II, § 3. — Harmenop., II, I, § 32.

appelait autrefois *stipendiaria* et *tributoria*, et il a voulu qu'il en fût ainsi dans tous les pays soumis à son empire, pourvu que partout il y ait préalable possession *bonæ fidei* (1).

1. Puisque nous avons dit que le possesseur *bonâ fide* peut usucaper, disons cependant qu'on peut trouver des cas où sa possession ne nous donne pas l'usucapion ; si, par exemple, on possède une personne libre ou une chose sacrée ou religieuse. En effet, l'usucapion nous faisant acquérir la propriété, et ces choses étant insusceptibles de propriété, évidemment elles ne sont pas soumises à l'usucapion. Nous devons en dire autant du cas où on possède un esclave fugitif appartenant à autrui ; il n'est pas soumis à l'usucapion (2).

2. Ni les choses *furtivæ*, ni celles *vi possessæ*, ne peuvent se prescrire, quoique possédées *bona fide*, même par dix ou vingt ans. Mais entendez par *furtivæ* les choses mobilières, et par *vi possessæ* les choses immobilières ; car la loi des Douze-Tables (3) et la loi *Atilia* prohibent l'usucapion des choses furtives, et la loi *Julia et Plautia* celle des *vi possessarum* (4).

3. Lors donc que quelqu'un vous demande si celui qui possède une chose à titre de vente, peut l'usucaper, il faut

(1) L. *unic.*, C. *de usuc. transfer.*

(2) L. 1, C. *de serv. fugit.* — Gaius, *Comm.*, II, § 45 et 48.

(3) *Quod subreptum erit, ejus rei æterna auctoritas esto* (Macr., *Saturn.*). — La loi *Atilia* ou *Atinia* est un plébiscite rendu sur la proposition du tribun Atinius Labéon, l'an 657 de Rome. A en juger par les fragments que nous en a conservés le Digeste, elle décide que les choses volées pourraient être acquises par prescription, une fois rentrées dans les mains de leurs propriétaires. Théophile, conformément aux Instituts, l'appelle *Atilia*, Ἀτίλιον νόμον ; mais, d'après Aulu-Gelle, *Noct. attic.*, XVII, VII, et les Pandectes florentines, l. 4, § 6 ; l. 33 *pr.*, *de usucap.*, la véritable version serait *Atinia*.

(4) L. 33 *pr.*, et § 2, D. *de usurpat.* — Gaius, *Comm.*, II, § 45. — Ce sont deux lois différentes, dont la première fut rendue l'an 746 de Rome, et la seconde l'an 665. — Nous pensons que la loi *Julia*, dont il est ici question, est la même que celle dont il est parlé au lib. IV, tit. XVII, § 8.

rechercher, en premier lieu, s'il possède *bona fide* ou *mala fide*, et si vous apprenez qu'il possède *bona fide*, arrivez tout de suite à la seconde question, et demandez si la chose est sacrée ou religieuse, si la personne est libre, si la chose est furtive ou *vi possessa*; et si vous trouvez dans la possession quelqu'un de ces vices, dites que l'usucapion n'a pas lieu à cause du vice inhérent à la chose possédée qui est furtive ou *vi possessa*.

Mais le voleur et le ravisseur peuvent-ils donc usucaper? Peut-être direz-vous inconsidérément qu'ils ne le peuvent nullement, à cause du vice inhérent à la chose, parce qu'elle est furtive ou *vi possessa*. Il ne faut pas dire cela; car vous oublieriez l'ordre des raisons énoncées plus haut; mais il faut dire qu'il n'y a pas lieu à l'usucapion, par la première raison, c'est-à-dire, parce qu'ils possèdent *mala fide* : car ils ont su qu'elle était furtive ou *vi possessa*. Et si le violent ou le voleur livre la chose à un autre qui la reçoit *bona fide*, alors, conformément à la première réponse, le détenteur de la chose la possédant *bona fide*, il n'y a pas d'obstacle à l'usucapion; mais il y en aura à cause du *vitium* inhérent à la chose possédée : car elle est furtive ou *vi possessa*. Or, qu'est-ce que la chose furtive? Est furtive, non-seulement la chose que l'on soustrait clandestinement pendant la nuit ou même pendant le jour, mais encore toute chose mobilière (1) appartenant à autrui et qu'on s'approprie contre la volonté du propriétaire. Or, s'approprier, c'est disposer d'une chose comme le propriétaire lui-même, et faire tout ce que peuvent faire les propriétaires. Mais si cela est vrai, la chose d'autrui ne pourra donc jamais être usucapée; car quiconque possède la chose d'autrui, se l'approprie contre la volonté du propriétaire. Or, s'il se l'approprie contre la volonté du propriétaire, il la rend furtive; mais si elle est furtive, l'usucapion est prohibée. La définition est donc imparfaite, et il faut y ajouter

(1) Gaius, *Comm.*, II, § 49 et 50.

ces mots : avec une intention frauduleuse (1), et dire que la chose furtive est non-seulement ce qu'on soustrait clandestinement pendant la nuit ou pendant le jour, mais encore toute chose mobilière appartenant à autrui que l'on s'approprie avec une intention frauduleuse contre la volonté du propriétaire ; de cette sorte, la définition est complète.

4. Or, nonobstant ce que nous venons d'ajouter, nous trouvons des cas où l'usucapion ne peut avoir lieu. Si, en effet, on possède la chose d'autrui, contre la volonté du propriétaire, on se l'approprie avec une intention frauduleuse, et l'on rend la chose furtive. Mais cela n'est pas exact : car il peut se faire que quelqu'un s'approprie la chose d'autrui contre la volonté du propriétaire, et cependant ne commette pas un vol, par cela seul qu'il n'a pas eu d'intention frauduleuse, dans cette espèce, par exemple : j'ai prêté mon livre à Titius, ou bien je lui ai loué mon esclave, ou bien encore j'ai déposé mon disque chez lui ; il est mort, vous laissant héritier ; vous avez trouvé ces objets dans l'hérédité ; soupçonnant qu'ils étaient de l'hérédité, vous les avez vendus ou donnés, ou constitués en dot à une personne *bona fide* ; voilà bien la chose d'autrui, que vous vous appropriez contre la volonté du propriétaire, et cependant la chose n'est pas furtive, parce qu'il n'y a pas intention frauduleuse. C'est pourquoi la personne qui recevra ces objets les usucapera sans nul doute, soit parce qu'elle possède *bona fide*, soit parce que la chose n'est entachée d'aucun vice de possession. Et, en effet, on ne peut dire que l'héritier vendeur *bona fide* commet un vol (2).

5. Cela a encore lieu dans une autre espèce (3) : je vous ai concédé l'usufruit de mon esclave (or, l'usufruit d'une

(1) L. 37, D. *de usucap.* ; l. 1, § 1 ; l. 4 et 53, D. *de furtis*. — Voy. *infra*, lib. IV, tit. I, § 5 et 18.

(2) L. 36, D. *de usurpat.* — Gaius. *Comm.*, II, § 50.

(3) L. 36, § 1 *in fine*, D. *de furt.*

esclave est l'œuvre de ses mains et ses services); elle a enfanté chez vous, et il est certain que le part appartient au maître, suivant ce que nous avons dit plus haut. Mais vous, dans la croyance que le part vous appartient en qualité d'usufruitier, vous l'avez vendu ou donné ; ici encore vous avez agi contre la volonté du propriétaire, et parce que vous n'avez pas d'intention frauduleuse, il n'y a pas vol; vous devez donc savoir, en somme, qu'il n'y a pas vol, sans qu'il y ait intention manifestement mauvaise : *furtum enim sine affectu furandi non committitur* (1).

6. Il est vrai que je vous ai posé un fort petit nombre d'espèces; mais les circonstances peuvent vous en fournir en grand nombre, dans lesquelles vous trouverez un individu s'appropriant la chose d'autrui contre la volonté du propriétaire, sans cependant la rendre furtive (2).

7. Voilà ce qui concerne les choses furtives. Quant à la *vi possessa*, on la reconnaît à la violence du fait qui la constitue, lors (par exemple), qu'on m'attaque, et qu'on m'expulse avec violence de ma maison ou de mon fonds; tandis que la chose furtive ne se reconnaît qu'en vertu des règles du droit. Si donc je vous ai expulsé avec violence d'un immeuble, je ne puis l'usucaper, car je le possède *mala fide*; et celui qui l'acquerra de moi *bona fide*, ne pourra pas davantage l'usucaper, à cause du vice inhérent à la chose, puisqu'elle est *vi possessa*. Que si elle est pure de toute violence, celui qui l'acquiert *bona fide*, peut l'usucaper.

Or, il est nécessaire de dire comment cela peut arriver. Un homme avait un fonds de terre; absent, il l'a laissé sans culture (3); présent, il ne s'en est nullement occupé. Ou encore : un homme est mort sans succession, et personne n'a recueilli son patrimoine; moi, voyant que son champ n'é-

(1) L. 36, § 1, et l. 37, D. *de usurp.* — Gaius, *Comm.*, II, § 50.
(2) L. 36, § 1, D. *de usurpat.* — Gaius, *Comm.*, II, § 50.
(3) L. 3, § 1, et l. 38, D. *de furt.*

tait possédé par personne, j'en suis entré en possession ; je ne pourrai en aucune manière l'usucaper : car je le possède *mala fide*, puisque je sais qu'il est à autrui ; si cependant je le livre à un autre qui le reçoive *bona fide*, l'usucapion a lieu, et le long temps, comme il a été dit, lui acquiert la propriété. Et, en effet, dans cette espèce, la première réponse ne s'oppose pas à l'usucapion, puisqu'il possède *bona fide* ; non plus que la seconde, puisque la chose n'est entachée d'aucun vice. Mais, dira-t-on, il a rendu la chose furtive ; et si je me suis approprié le fonds d'autrui, sachant qu'il est à autrui, je le rendrai furtif. —Mais cette raison est frivole : car on ne peut voler des immeubles (1).

En effet, on a rejeté et banni du droit civil, l'opinion des jurisconsultes qui pensaient (2) qu'on peut voler des immeubles ; car d'une part la chose n'est pas *vi possessa*, et d'autre part il n'y a pas non plus de violence. Il suit donc de là, que l'acquéreur *bona fide* devient propriétaire du champ, par la possession de dix ou vingt ans, en vertu des constitutions (3), qui déclarent que la possession longue et non équivoque ne peut être enlevée à personne.

8. Nous avons dit que les choses furtives et *vi possessæ* ne peuvent être usucapées. Quelquefois cependant ces choses ne sont pas soumises à l'usucapion, lors, par exemple, qu'elles sont rentrées (4) dans la possession du propriétaire : car alors, elles deviennent pures de tous les vices qui les entâchaient, et sont soumises à l'usucapion. Par exemple, vous avez enlevé l'esclave de Titius, ou bien vous vous êtes emparé par violence de son champ, et vous me les avez vendus ; dans cette espèce, l'usucapion était prohibée. Mais dans l'intervalle, il est arrivé que j'ai transféré la possession de

(1) L. 14, § 12, D. *quod metus causa*. — Harmen., II, I, § 68.
(2) L. 39, D. *de usurpat*. — Gaius, *Comm.*, II, § 51.
(3) L. 2, C. *de præscript long. temp.* ; l. *ult.*, C. *unde vi*.
(4) L. 4, § 6, D. *de usurpat. caus.* ; l. 13, § 2, D. *de verb. signif.* — Harmenop., II, I, § 53.

ces choses à Titius, leur propriétaire : dès lors elles cessent d'être furtives ou *vi possessæ*; si donc elles reviennent ensuite en ma possession, rien n'en empêchera l'usucapion.

9. Retenez ces notions préliminaires. Si un individu décède en l'état d'un testament, l'institué lui succède en qualité d'héritier. Mais s'il n'y a pas de testament, les enfants du défunt viendront à sa succession ; à leur défaut, les agnats, qui alors deviennent *hæredes*; à défaut d'agnats, les cognats qui deviennent *bonorum possessores*, c'est-à-dire, possesseurs des biens. Mais à défaut de tous ces individus, ou s'ils ne veulent pas se porter héritiers, les biens deviennent *vacantia*, adviennent au fisc; et tous ceux qui ont contre le défunt une action quelconque, soit *in rem*, soit personnelle, soit hypothécaire, l'exerceront contre le fils dans les quatre ans qui suivent le décès. Maintenant que vous connaissez ces notions, en voici l'application : nous avons dit plus haut que les choses furtives, ou *vi possessæ*, ne peuvent s'usucaper, par exemple, la chose du fisc (1) ne peut s'usucaper. Cependant, Papinien dit que si quelqu'un meurt sans successeur, ses biens demeurent *vacantia*. Que si, avant qu'ils aient été désignés comme tels, au fisc, un individu me vend ou me livre quelques-uns de ces biens à moi acquéreur *bona fide*, l'usucapion a lieu : car les choses ne sont pas encore devenues fiscales, puisque le fisc ne les a pas encore touchées; et ainsi l'ont voulu dans leurs rescrits, non-seulement l'empereur Antonin le Pieux, mais encore les divins Sévère et Antonin (2).

10. En dernier lieu (3), il faut encore savoir ceci : la chose qui peut être usucapée, doit être telle qu'elle soit exempte de tout vice, et qu'elle ait été acquise *bona fide*, ou reçue par donation, ou bien encore acquise à tout autre titre.

(1) L. 2, C. *de usucap.*
(2) L. 18, D. *de usurpat.*
(3) L. 24, § 1, D. *de usurp.*; l. 11, C. *de adquir. possess.*

11. Il faut aussi qu'il y ait une véritable (1) cause de possession : car l'erreur de la fausse cause ne donne pas lieu à l'usucapion. Par exemple, je possédais une chose que je croyais avoir achetée, bien que je ne l'eusse pas achetée, ou reçue par donation, bien qu'elle ne m'eût pas été donnée ; il y a obstacle à l'usucapion, parce qu'il y a erreur (2) sur la possession.

12. Un individu possédait *bona fide* un fonds appartenant à autrui ; il avait besoin du long temps (de la possession de longue durée), pour devenir propriétaire ; il est mort après huit ou neuf ans (de possession), laissant un héritier civil, ou un successeur prétorien ; son héritier (3), ou son *bonorum possessor*, continuant à posséder tout le reste du temps (nécessaire pour l'accomplissement de la prescription), le gardera irrévocablement, bien qu'il croie que le fonds est à autrui (4) : car la plus insigne mauvaise foi du successeur ne peut vicier la possession commencée *bona fide*. Que si, au contraire, quelqu'un possède *mala fide* un fonds appartenant à autrui, son héritier, ou son *bonorum possessor*, bien qu'ignorant que le fonds est à autrui, ne pourra s'appuyer sur sa *bona fides*, parce que la possession a commencé *mala fide* dans la personne du défunt (5).

Or, ce que nous avons dit touchant la possession de longue durée, la constitution de notre très-divin maître (6), l'étend aussi à l'usucapion, de sorte que la posses-

(1) L. 27, D. *de usurp.* ; l. 6, D *pro derel.* ; l. 2, D. *pro legat.* ; l. 3 et 4, C. *pro hæred.* — Harmenop., II, I, § 50.

(2) L. 2 et 11, D. *pro empt.* ; l. 1, D. *pro donat.* ; l. 3, D. *pro legat.* ; l. 5, § 1, D. *pro suo.* — Harmenop., II, I, § 50.

(3) L. 14, § 1, l. 15, § 2, D. *de divers. et temp. præscript.* — Eclog., 11, c. X. — Harmenop., II, I, § 72.

(4) L. 2, § 19, D. *pro empt.*

(5) L. 11, D. *de div. et temp. præscript.* ; l. 3, C. *commun. de usucap.*

(6) L. *unic.*, C. *de usucap. transf.*

sion d'une chose mobilière commencée *bona fide* par le défunt, profite aussi à son successeur pour l'accomplissement de l'usucapion, et que le délai (nécessaire à l'usucapion) continue de courir, bien qu'il (le possesseur) sache que la chose est à autrui; et qu'au contraire, si le défunt a commencé à posséder dans une intention frauduleuse, la possession *bonæ fidei* ne sert de rien à l'héritier.

13. Mais si quelqu'un a acheté *bona fide* la chose d'autrui (1), la possède pendant un certain temps, et ensuite la vend et que, de son côté, celui qui l'acquiert de cet acheteur la possède aussi (quelque temps), la jonction de ces deux possessions fait acquérir la propriété au second acheteur; ainsi le veut un rescrit de Sévère et Antonin (2).

14. Il a été rendu en forme d'édit par l'Empereur *Marcus* (3) (Marc-Aurèle), une constitution qui veut, que celui qui acquiert du fisc la chose d'autrui, en devienne propriétaire, après cinq ans (de possession). Or, cet édit était nécessaire à ceux qui ne pouvaient (auparavant) devenir par moins de cinq ans propriétaires de la chose acquise; par exemple, si elle était furtive, auquel cas, l'acheteur retourné après cinq ans (de possession), repoussait le demandeur par sa prescription. Voilà ce qu'ordonna le très-divin *Marcus* (Marc-Aurèle).

Le très-divin Zénon (4) a aussi rendu une constitution qui veut que celui qui acquiert du fisc, ou en reçoit quelque chose par donation ou en vertu d'un échange, ne puisse aussitôt se croire en (parfaite) sécurité; que, soit qu'il défende, soit qu'il demande, *il emporte la meilleure pierre* (5), et que pendant quatre ans, le propriétaire de la chose ait

(1) L. 14, § 2, D. *de div. et temp. præscript.*

(2) L. 2, § 20, D. *de empt.*

(3) L. 3, C. *si adv. fisc.* — Harmenop., III, III, § 93 et 95.

(4) L. 2, C. *de quadr. præscript.*

(5) Τὴν καλλίονα αὐτὸν ἀποφέρεσθαι ψῆφον, locution qui équivaut à celle-ci : obtenir le sort le plus favorable.

action contre le fisc. Or, cette constitution a établi ce droit non-seulement touchant la propriété, mais encore touchant le *gage*, afin qu'après les quatre ans, le propriétaire et le créancier ne perdent pas, l'un, l'action *in rem*, l'autre, l'action Servienne (1), sur les choses vendues par le fisc. Et une constitution de notre Empereur (2), récemment promulguée, a ordonné qu'on observerait à l'égard des choses aliénées ou par sa Sérénité, ou par notre très-pieuse maîtresse (3), ce que la constitution de Zénon a établi touchant les aliénations du fisc.

## TITRE VII.

### DES DONATIONS.

Il est encore un autre mode d'acquisition (4), la donation dont il est nécessaire de traiter en ce lieu. Nous en avons fait mention plus haut (5), comme en passant ; mais maintenant nous allons en traiter au long. Il y a deux espèces de donations : l'une s'appelle *mortis causa*, l'autre *inter vivos* (6).

1. Et la donation *mortis causa* (7) est celle qui a lieu dans la prévoyance de la mort : comme si quelqu'un, sur le point d'entreprendre une navigation dangereuse, ou de traverser une route infestée de bêtes féroces, de brigands, ou d'ennemis, donne de telle sorte que, s'il succombe dans un péril, celui qui a reçu la donation, la garde irrévocablement ; mais que, si celui qui l'a reçue meurt avant le donateur, il soit permis au donateur de répéter la chose donnée ;

(1) Voy. *infra*, lib. IV, tit. VI, § 7.

(2) L. 3, C. *de quad. præscript*

(3) Παρὰ τῆς εὐσεβεστάτης ἡμῶν δεσποίνης (Cf. Eclog 2, 3).

(4) L. 9, § 3, D. *de donat.* — Paul., *Sent.*, XIII. — Eclog., 47, 1, 2, 3 — Harmenop., III, I, 5.

(5) Voy. *supra*, lib. II, tit. VI, § 11 et 12.

(6) L. 67, § 1, D *de verb. signif.*

(7) L. 1, 2, 3, 4, 5 et 6, D. *de mort. caus. donat.* — Paul., *Sent.*, III, VII. — Harmenop., III, I, § 7, 8, 9 et 10.

mais, si le donateur se repent (1), il reprend la donation, comme si celui qui a reçu la donation était prédécédé.

Or, ces donations *mortis causa* ressemblent en tout aux legs (2). Aussi était-ce une question pour les anciens jurisconsultes de savoir s'il fallait les assimiler à la donation ou au legs; et comme il y avait partage sur cette question, (je parle de la similitude de ces donations avec la donation et le legs), les uns disaient qu'elles ressemblaient à la donation; les autres, qu'elles se rapprochaient davantage du legs. Mais pour mettre un terme à cette divergence d'opinions, notre Empereur a rendu une constitution (3), qui veut que *presque* en tout elles soient assimilées aux legs. J'ai dit *presque*, car elles se font de vivant à vivant. Qu'on suive donc les formes tracées dans la sacrée constitution du prince.

En somme donc, il y a donation *mortis causa* (4) quand on se préfère à celui à qui on donne, et qu'on veut plutôt gratifier celui qui reçoit la donation que son héritier. Dans l'Odyssée (5), le divin Homère nous montre Télémaque, faisant à Pirée une donation de ce genre, en lui disant :

Nul ne peut du destin pénétrer les arrêts;
Et, si je dois tomber en des pièges secrets,
Pirée, au lieu de voir les trésors de mon père
Livrés aux prétendants que poursuit ma colère,
Je te les donne, ami; mais, si les dieux vengeurs
Punissent par mon bras ces laches séducteurs,
Tu me rendras alors, en partageant ma joie,
Les biens dont ces tyrans faisaient déjà leur proie (6).

2. Maintenant que nous connaissons la donation *mortis causa*, parlons des autres donations, de celles *inter vivos*.

(1) L. 29, D. *de mort. caus.* — Paul., *Sent.*, III, VII, § 1. — *Voy.* notre Appendice.

(2) L. 30, D. *pro mort. caus. donat.*

(3) L. 15, 17 et 37, D. *de mort. caus. donat.*

(4) L. 4 *in fine*, C. *de mort. caus. donat.*

(5) Eclog., 47, 3, c. I. — Harmenop., V, I, § 4.

(6) *Odyss.*, XVII, v. 78 et sqq. : on trouve encore un exemple de cette donation dans l'*Alceste* d'Euripide, v. 1020 et sq.

Elles se font sans prévoyance de la mort, en quoi elles diffèrent des legs. Une fois parfaites, on ne peut (1), quoi qu'il arrive, les révoquer; or, elles sont parfaites quand le donateur a déclaré sa volonté par écrit ou même sans écrit. Et de même qu'un vendeur est tenu de livrer la chose vendue, de même la constitution (2) de notre Empereur, laquelle dispose que la donation sera parfaite, alors même qu'elle ne serait pas suivie de la tradition, force absolument celui qui a voulu donner à livrer la chose donnée.

Et notre très-pieux Empereur ne s'est pas contenté d'établir ce droit en faveur de ceux qui reçoivent des donations; il a rendu encore une autre décision. En effet, les princes ses prédécesseurs avaient ordonné que les donations fussent faites par acte public, si elles excédaient deux cents solides (3). Or, il a voulu, lui, que la donation non insinuée fût valable jusqu'à concurrence de cinq cents solides (4). Il a aussi établi quelques donations qu'il a déclaré n'avoir pas besoin d'un acte public, si elles excédaient cinq cents solides, et leur a donné un plein et entier effet. Il a encore rendu plusieurs autres décisions pour imprimer aux donations le caractère d'une donation parfaite et efficace. On peut les trouver dans les sacrées constitutions (5).

Or, il faut savoir que bien que les donations faites ainsi que nous venons de le dire, soient parfaites, s'il est prouvé que celui qui a reçu la donation est ingrat (6) envers son

(1) L. 27, D. *de mort. caus. donat.*; l. 4, 5 et *pass.*, C. *de revoc. donat.* — Eclog., 47, 2, c. IV. — Harmenop., III, I, 14 et 17.

(2) L. 35, C. *de donat.*

(3) Et plus tard trois cents (l. 34, C. *de donat.*).

(4) L. 36 *in fine*, C. *de donat.* — Nov. 162, c. XIII. — Eclog., 46, 1, c. LXIII. — Harmenop., I, § 21, 32.

(5) L. 35, 34 *pr.*, § 5 et 4; l. 36 *pr.*, et § 5; l. 37, C. *de donat* — Nov. 52, c. II; nov. 101; nov. 162, c. I.

(6) L. 10, C. *de revoc. donat.* — Eclog., 47, 2, c. X. — Harmenop., II, § 3.

bienfaiteur, notre Empereur, dans sa constitution, a accordé au donateur la faculté de la révoquer pour cause d'ingratitude dans certains cas déterminés, afin que celui qui par bonté a transmis ses biens à autrui, ne souffre pas de la part de ceux à qui il les a donnés, des injures ou des préjudices quelconques. On peut voir dans lesdites constitutions, les diverses causes d'ingratitude, et les actions qui font révoquer les donations qui en sont affectées) (1).

3. Il est encore une autre espèce de donation *inter vivos*, inconnue aux jurisconsultes anciens, introduite par des constitutions impériales, postérieures à ces jurisconsultes: on l'appelle donation avant mariage (2). Le fiancé la fait à sa fiancée, sous la condition tacite qu'elle n'aura d'effet qu'après le mariage; on ne l'a nommée avant mariage que parce qu'elle se faisait avant la célébration des noces, jamais après le mariage : car pendant le mariage, toute donation entre mari et femme est interdite.

Mais Justin (3), de divine mémoire, rendit une constitution qui ordonna, qu'à l'exemple de la femme qui pouvait, suivant les anciens jurisconsultes, augmenter la dot pendant le mariage, alors même que cette dot excédait cent solides, et même après le contrat du mariage, ajouter à sa dot telle somme qu'elle jugeât convenable, et l'augmentât ainsi à volonté, ce que personne n'appelait donation, le mari puisse faire augmenter sa donation avant mariage, de telle sorte que l'une des parties (des époux) augmentant la dot, l'autre partie puisse en faire autant.

Or, telle étant la volonté de cette constitution, et le mot de donation avant mariage étant conséquemment un terme impropre, parce qu'on appelait donation avant mariage celle qui se faisait après le mariage, notre très-pieux Empe-

(1) L. 10, C. *de revoc. donat.*

(2) Cf. Eclog., 2, 28, 5, et Nov. 39, c. I. — Harménopule, IV, III, appelle cette donation δώρεα μνηστείας et προγαμίκια δώρεα.

(3) L. 19, C. *de donat. ante nupt.*

reur, pour perfectionner la législation sur ce point et approprier les mots aux choses qu'ils expriment, décida que de telles donations pourraient non-seulement être augmentées, mais encore prendre naissance pendant le mariage (1). Si donc j'épouse une femme, sans lui rien donner avant le mariage, soit pour cause de pauvreté, soit pour tout autre motif, et qu'ensuite je veuille lui faire une donation, elle me sera permise (d'après cette constitution) et sera appelée non plus donation *avant mariage* (2), mais pour *cause de mariage*. Conséquemment, la donation avant mariage est, par là (3), assimilée à la dot, et de même que l'on peut non-seulement augmenter la dot, mais encore la constituer après la célébration du mariage, de même les donations faites pour cause de mariage, peuvent non-seulement précéder le mariage, mais encore prendre naissance ou avoir lieu en partie (être augmentées) après le mariage.

4. Nous avons parlé des acquisitions légitimes qui ont lieu par l'usucapion et par la possession de longue durée. Or, on peut trouver encore un autre mode d'acquisition légitime plus ancien que ceux-là : c'est le droit d'accroissement (4). Il avait lieu dans cette hypothèse : Patrimus et Titius avaient un esclave commun; Patrimus, sans l'avis de Titius, affranchit l'esclave commun par la *vindicta* ou devant le magistrat. Dans cette espèce, le droit civil voulait non-seulement que ce que faisait Patrimus fût nul et qu'il n'affranchît pas l'esclave, mais encore qu'il perdît la

(1) L. 20, C. *de donat ante nupt.* — Nov. 110.

(2) Eclog. 28, 5, et 28, 13, c. XI, § 6. — Harmenop., IV, III. — L. 4, C. *de secundis nuptiis*; l. *ult.*, C. *de donat. ante nupt.* — Nov. 39, c. I.

(3) Le texte dit : διὰ τούτων, littéralement, par ces choses, *per hæc*, suivant la traduction de Reitz, et non en ces choses, *in his*, comme le voudrait J. Godefroi, not. *hic*.

(4) Voy. *infra*, § *ult. in fine*, lib II, tit. IX, et *pr. in fine*. l. II, tit. XIII. — Ulp, *Fragm.*, I, § 18. — Paul., *Sent*, IV, XII, § 1 et 5; et VI, § 4 et 5.

part de propriété qu'il avait sur lui, que cette part fût dévolue à Titius par droit d'accroissement, et que Titius en devînt réellement le seul maître.

Mais comme c'était du plus mauvais exemple, soit de voir l'esclave privé de sa liberté, soit de voir les maîtres éprouver des préjudices par suite de leur humanité envers leur esclave, tandis que ceux qui, sans pitié pour cet esclave, refusaient de l'affranchir, en retiraient un profit, par l'accroissement à leur part de propriété de la part de l'autre maître, notre très-pieux Empereur, jugeant que c'était là une chose extrêmement odieuse, et désirant y porter remède, a trouvé (1) de lui-même un moyen dont doivent lui être reconnaissans et l'affranchissant Patrimus, et Titius qui n'a pas consenti à l'affranchissement, et l'esclave affranchi : car il a voulu que l'esclave fût libre, les anciens législateurs (2) ayant en plusieurs points dérogé aux règles communes, en faveur de la liberté ; que Patrimus se réjouît de voir son affranchissement maintenu ; et que son copropriétaire fût indemnisé par lui du prix de l'esclave, proportionnellement à la part de propriété qu'il avait sur lui, suivant la fixation qui en est faite dans la même constitution.

## TITRE VIII.

### QUI PEUT OU NON ALIÉNER.

Il est nécessaire d'énumérer ici les cas extraordinairement rares où le propriétaire ne peut aliéner sa propre chose, et où celui qui n'est pas propriétaire peut aliéner la chose qui ne lui appartient pas. Parlons d'abord de ceux où le propriétaire ne peut aliéner. Par exemple, une femme, en se mariant, a donné à son mari différentes choses à titre de dot ; elle lui a donné un fonds, et par le moyen

(1) L. *ult.*, C. *de comm. serv. manumiss.*

(2) L. 24, § 10, D. *de fideicomm. libertat.*

de la tradition (1), elle l'a rendu propriétaire de toute sa dot. Ainsi donc, le mari aliénant comme propriétaire tout ce qui lui a été donné à titre de dot, en transmet la propriété à son acquéreur. Or, la loi *Julia* a prohibé l'aliénation du fonds dotal, c'est-à-dire apporté en dot, bien que le mari en soit propriétaire.

La loi *Julia* a interdit au mari l'aliénation, sans le consentement de la femme, des immeubles situés en Italie (2); et le mari ne pouvait les hypothéquer, même avec le consentement de sa femme. Or, il paraissait absurde qu'alors qu'il s'agissait de transférer la propriété, le mari pût valablement aliéner avec le consentement de sa femme ; et que, même avec le consentement de celle-ci, alors que la propriété de la chose restait entre ses mains, il ne pût l'hypothéquer. Mais voici, suivant nous, quel fut le motif de cette loi. le législateur n'ignorait pas qu'il suffirait au mari de parler à sa femme de l'aliénation du fonds dotal, pour que celle-ci, effrayée, n'osât pas y consentir; tandis que s'il ne lui parlait que de l'hypothèque de ce même fonds, la femme se laisserait facilement entraîner (3) C'est donc avec raison que cette loi a protégé la femme contre les dangers de l'hypothèque et l'a laissée libre, quant à l'aliénation. Voilà donc pourquoi la loi *Julia* prohiba l'aliénation du fonds dotal, sans le consentement de la femme, et en prohiba l'hypothèque, même avec son consentement Cette loi n'avait pour objet que les seuls biens immobiliers situés en Italie Mais notre Empereur, par un motif de haute utilité, a modifié cette loi sur ces deux chefs : car il a interdit au mari l'aliénation et l'hypothèque, non-seulement des fonds

(1) Cf. l. 1, § 3, et l. 70, D. *de jure dotium* ; l. 2, 6 et *ult.*, D. *de fundo dotali* ; l. *unic.*, § 6, C. *de rei uxoriæ actione* ; l. 4, C. *de dotis possessione*. — *Vid.* Vinnii *Comm.*, *hic.*

(2) Gaius, *Comm.*, II, § 62, 63. — Paul, *Sent.*, II, XXI, 2.

(3) Harménop., I, XIII, § 2, dit que les femmes ont ὀλισθηρὸν καὶ εὐαπάτητον φρόνημα.

dotaux d'Italie, mais encore de ceux des provinces; et cela nonobstant le consentement de la femme, de peur qu'on n'abusât de la fragilité de son sexe au détriment de sa fortune (1).

1. Il nous faut dire maintenant dans quel cas celui qui n'est pas propriétaire peut aliéner. Cela arrive, par exemple, dans cette espèce : j'ai emprunté de vous cent solides, je vous ai engagé mon fonds sous la condition (2) que, si l'année expire sans que je vous aie payée ma dette, vous pourrez vendre le gage. Voilà donc que le créancier, qui n'est pas propriétaire (3), peut valablement aliéner. Mais qu'on y regarde de près, il n'y a rien d'étonnant, rien d'extraordinaire en cela : car le débiteur qui est propriétaire, est censé vendre lui-même, par cela seul qu'en vertu de la convention il a permis au créancier de vendre, en cas de non-payement (4).

Autrefois les créanciers remplissaient certaines formalités pour pouvoir vendre leur hypothèque ou leur gage. Mais notre Empereur a rendu une constitution (5) qui donne tout à fait aux créanciers les moyens de réclamer leurs droits, et aux débiteurs celui de n'être pas légèrement, et à l'improviste, dépouillés de leurs biens; il a, en conséquence, dans cette constitution rendue dans l'intérêt du débiteur et dans celui du créancier, établi pour la vente des gages, un mode particulier de procédure qu'on peut voir dans cette sacrée constitution.

2. On trouve encore d'autres individus qui ne peuvent aliéner leurs biens. Par exemple, le pupille ou la pupille

(1) L. *unic.*, § 15, C. *de rei uxoriæ action.*

(2) L. 5, D. *de distract. pignor.*; l. 8 *in fine*, D. *de pignerat. act.* — Harmenop., II, v, § 12. — L. 4, C. *de pignerat. action.*

(3) L. 46, D. *de adquir. rerum domin.*; l. 9, C. *de pignerat. actione.*

(4) Voy. *infra*, lib. II, tit. IV. — Gaius, *Comm.*, II, § 64.

(5) L. 1 et 5, C. *de jure domin. impetr.*

ne peuvent *sine tutoris auctoritate*, aliéner leurs biens (1), aussi ne peuvent-ils pas prêter. Mais il est nécessaire de dire ici ce que c'est que prêter (à consommation). Retenez bien ces données préliminaires : voici la définition (2) du prêt (à consommation) ; c'est celui où l'emprunteur devient propriétaire (de la chose prêtée) et s'oblige envers nous (prêteur) à nous rendre non cette chose elle-même, mais une autre de même nature et de même qualité. J'ai dit que l'emprunteur devient propriétaire, pour distinguer le prêt à consommation du prêt à usage et du dépôt ; car ces contrats ne rendent pas propriétaire (3) celui qui reçoit la chose (qui en est l'objet). J'ai dit que l'emprunteur s'oblige envers nous, pour le distinguer de la donation qui n'oblige pas celui qui la reçoit.

J'ai dit : non cette chose elle-même, mais une autre de même nature et de même qualité, pour ne pas enlever au prêt (à consommation) l'usage (de la chose qui en est l'objet), car si l'emprunteur était tenu de rendre identiquement la chose qu'il a reçue, il serait inutile d'emprunter. Or, on ne prête pas toute sorte de choses, mais seulement celles qui consistent *in pondere, numero, mensura*, c'est-à-dire en poids, en nombre et en mesure ; *in pondere*, telles que l'or, l'argent, le plomb, l'étain, la cire, l'airain, le poids, et toutes choses de ce genre ; *in numero*, tout ce qui se compte, telles que de petites pièces de monnaie ; *in mensura*, telles que le blé, l'orge et autres choses semblables.

Maintenant que vous avez ces données préliminaires, continuons notre explication. Nous avons dit que le pupille ne peut *sine tutoris auctoritate*, aliéner ses biens. Si donc il prête (à usage) sans autorisation du tuteur, le prêt

(1) Cf. l. 11, D. *de adquir. rer. domin.*, l. 17, § 1, D. *de jure jur.* ; l. 5, § 1, l. 9, § 1, D. *de auct. tutor.*

(2) *Vide* lib. III, tit. XIV ; — et l. 2 *pr.*, D. *de rebus creditis*.

(3) L. 8 et 9, D. *de commod.* ; l. 17, § 1, D. *de deposit.*

est-il valable? Nous disons : Nullement. L'emprunteur, en effet, devenant propriétaire (de la chose prêtée), il n'y a pas prêt, parce que le pupille ne peut aliéner sans l'autorisation du tuteur : c'est pourquoi il n'y a pas eu réellement prêt, et l'emprunteur ne s'est pas obligé. Qu'arrivera-t-il donc? Le pupille aura une action *in rem* pour la revendication des pièces de monnaie par lui prêtées, pourvu toutefois que ces pièces existent encore (1). Que si l'emprunteur les a consommées *mala fide*, c'est-à-dire, sachant bien que le prêteur était un pupille, il sera poursuivi par l'action *ad exhibendum* (2). Ainsi donc, les pièces de monnaie existent elles encore? l'action *in rem* (3) sera intentée : ont-elles disparu, ou bien ont-elles été consommées *mala fide?* il y aura lieu à l'action *ad exhibendum*. Que si elles ont été consommées *bona fide*, c'est-à-dire, si l'emprunteur croyait que le prêteur était pubère, alors il ne peut être actionné ni *in rem*, car les pièces d'argent n'existent plus, ni *ad exhibendum*, parce qu'elles n'ont été ni recélées, ni consommées *mala fide*. Que fera-t-on donc, pour qu'un droit établi, en faveur du pupille, ne tourne (4) pas à son préjudice, puisqu'en vertu des principes généraux du droit aucune action ne lui est accordée? Il ne reste plus qu'à lui donner la condiction (5) : de cette sorte, ce que n'a pas fait la numération de l'argent (je veux parler du prêt), la consommation *bonæ fidei* le fera : car c'est d'elle que naît la condiction.

Mais qu'arrive-t-il dans le cas contraire, si on prête au pupille, *sine tutoris auctoritate*? Le pupille devient propriétaire (6); car la loi ne l'empêche pas d'augmenter son

(1) Voy. *supra*, lib. II, tit. I, § 26.

(2) L. 11, § 2, et 19, § 1, D. *de rebus credit.* — Gaius, *Comm.*, II, § 80, 82.

(3) L. 9, D. *ad exhib.*, et l. 5, C. *eod. titul.*

(4) Cf. l. 6, C. *de legibus.*

(5) L. 19, § 1, D. *de reb. cred.*

(6) L. 11, D. *de adquir. rerum domin.*

patrimoine *sine tutoris auctoritate*. Qu'arrivera-t-il donc si le débiteur du pupille paye sa dette au pupille? Il est certain que l'impubère devient propriétaire de ce qui lui est payé. Mais le débiteur est-il libéré de son obligation ? Nous disons : Nullement. Si en effet, nous disons que le débiteur est libéré, le pupille se trouve aliéner son obligation, parce qu'il a reçu ce qui lui était dû *sine tutoris auctoritate*, ce qui n'est pas permis. L'autorisation du tuteur est donc nécessaire pour le payement (valable) de la dette : car si elle n'est pas payée avec son consentement, le débiteur n'est pas libéré (1).

Et c'est ce qu'a très-expressément établi notre très-pieux Empereur dans une constitution adressée aux avocats de Césarée (2), *ex suggestione Triboniani*, cet excellentissime questeur, laquelle ordonne au débiteur de l'impubère de payer son tuteur ou son curateur (vous savez (3) dans quels cas l'impubère a un curateur). Il ne doit payer qu'après que le juge, par une sentence rendue sans aucuns frais, lui aura permis de payer ; cela fait, et le débiteur payant d'après la sentence du juge, le payement lui donnera toute sécurité, attendu qu'il le libérera de la dette.

Que si la dette est payée, contrairement à ladite constitution, et que la somme payée existe encore dans les mains du pupille, ou que celui-ci l'ait consommée utilement, soit en en profitant lui-même, soit en en faisant profiter son patrimoine, soit en réparant sa maison, soit en améliorant

(1) L. 15, D. *de solutionibus*; l. 5, D. *de pactis*.— Gaius, *Comm.*, II, § 83, 84.

(2) La loi 25, C. *de administ. tutor.*, à laquelle Théophile fait allusion, est adressée à Jean, préfet du prétoire. D. Godefroi en a conclu que cette constitution ne nous était pas parvenue; mais Thalælée, au tit. I, lib. XLV, des *Basiliques*, nous apprend que la constitution adressée par Justinien au préfet du prétoire lui fut envoyée pour être remise aux avocats de Césarée.

(3) *Voy.* notre Appendice.

ses fonds de terre (1), soit en payant ses précepteurs ou ses créanciers, il n'en aura pas moins une action contre son débiteur, mais s'il veut l'intenter et réclamer le payement de la dette, il sera repoussé par l'exception de dol (2).

Mais si le pupille emprunteur dissipe l'argent en folles dépenses (3), ou si on le lui vole, il en réclamera de nouveau le payement du débiteur sans pouvoir être repoussé par aucune exception, et le débiteur sera incontestablement condamné (à payer une seconde fois), parce qu'il a imprudemment payé *sine tutoris auctoritate,* et contrairement aux prescriptions de notre Empereur (4).

A leur tour, les impubères ne peuvent payer *sine tutoris auctoritate*, et ils ne transfèrent pas la propriété (de ce qu'ils payent), parce qu'ils ne peuvent nullement aliéner *sine tutoris auctoritate* (5). Qu'arrivera-t-il donc si les impubères ont payé? ne sont-ils pas libérés de leur dette par cela seul qu'ils n'ont pas transféré à leur créancier la propriété des pièces d'argent qu'il a reçues? Nous disons qu'ils ont une action *in rem*, si ces pièces d'argent existent (dans les mains du créancier); et si elles ont été recélées ou consommées *mala fide*, une action *ad exhibendum*. Que si elles ont été consommées *bona fide*, dans le cas, par exemple, où le créancier les a consommées, croyant que les débiteurs étaient pubères, alors, comme il ne peut y avoir lieu à l'action *in rem*, à cause de la non-existence des pièces d'argent (dans les mains du créancier); ni à l'action *ad exhibendum*, parce qu'il n'y a ni consommation frauduleuse, ni recel des pièces d'argent, le pupille sera réellement libéré de la dette, et ce que ne pouvait opérer

(1) Cf. l. 71, § 1, D. *de verb. signif.*—Eclog., 2, 2, 2, 79.
(2) L. 15 *in fine*, D. *de solution.* — Gaius, II, § 84.
(3) Cf. l. 14, D. *de curator.*
(4) L. 47, D. *de solut.*
(5) L. 1, § 8, et l. 14 *in fine*, D. *de solut.*; l. 29, D. *de condict. indebit.*

le payement fait *sine tutoris auctoritate*, la consommation *bonæ fidei* l'opérera.

## TITRE IX.

### PAR QUELLES PERSONNES ON ACQUIERT.

Toutes les choses ou actions dont nous avons parlé, nous les acquérons non-seulement par nous-mêmes, mais encore par ceux que nous avons *in potestate*, et par les esclaves d'autrui, sur lesquels nous avons un droit d'usufruit, par les hommes libres et par les esclaves d'autrui, que nous possédons *bona fide*, croyant qu'ils sont nos propres esclaves. Mais occupons-nous spécialement de chacun d'eux (1).

1. En premier lieu acquièrent pour nous nos enfants qui sont *in potestate*, filles ou garçons. Jadis, pendant que nous les avions sous notre puissance, ils nous faisaient acquérir tout ce qui leur advenait, excepté les pécules castrans; et ce qu'acquéraient les enfants devenait si bien la propriété de leurs parents, qu'ils avaient tout pouvoir de donner, vendre, ou transmettre d'une manière quelconque à un fils ou à un étranger, tout ce qu'avait acquis un fils ou une fille.

Mais notre Empereur ayant vu en cela de l'inhumanité y a porté remède par une constitution (2) qui concilie l'intérêt des enfants et les égards dus aux parents. Elle a voulu, en effet, que ce qui advient au fils de famille, de la part de son père ou de toute autre, soit complétement dévolu au père, conformément à ce qui avait lieu dès le principe. Car il n'est point odieux que ce qu'un fils tient de son père retourne à son père. Mais ce que le fils de famille acquiert par

(1) L. 10, D. *de adq. rer. domin.* — Gaius, *Comm.*, II, § 86.
(2) L. 6, C. *de bon. quæ liber.*

toute autre cause, cette constitution veut que l'usufruit en soit acquis au père, et que la propriété en reste au fils : car il est inique d'être forcé de livrer à un autre le produit de ses labeurs ou de sa bonne fortune, et de trouver ainsi dans ce qu'on a acquis une source d'inquiétudes. Et, en effet, il est moins fâcheux de n'avoir rien acquis que d'être dépouillé de ses acquisitions.

2. Et comme antérieurement à la constitution de notre très-pieux Empereur, il y avait des choses qui n'étaient point acquises au père, telles que les biens maternels, les cadeaux de noces, et qu'en surplus il existait déjà une constitution (1) permettant au père qui émancipait son fils de garder à titre de propriété, et en quelque sorte pour prix (2) de l'émancipation, le tiers des biens adventices du fils ; d'où cette inhumaine conséquence que le bienfait et l'honneur de l'émancipation du fils tournaient à son préjudice, puisqu'il était dépouillé de ses biens et voyait diminuer son avoir, notre très-pieux Empereur a statué que désormais le père ne garderait plus le tiers en propriété des biens adventices, mais seulement l'usufruit de la moitié. De cette sorte, les biens du fils restent intacts, et le père, recevant l'usufruit de la moitié de ces biens, jouit d'une faveur plus grande, puisqu'au lieu du tiers il prend la moitié.

3. Non-seulement les fils de famille acquièrent pour nous, mais encore nos esclaves (3), soit qu'ils reçoivent par tradition, soit qu'ils acquièrent en vertu d'une stipulation, ou à tout autre titre (4) ; et cela même à l'insu et contre le gré des maîtres, l'esclave qui est sous leur puissance, ne pouvant rien avoir en propre. Il y a pourtant exception pour l'hérédité : car si mon esclave a été institué héritier,

(1) L. 6, § 3, C. *de bonis quæ liber.*

(2) Cf. L. 3 C. *de bonis maternis.*

(3) L. 10, § 1, et l. 32, D. *de adq. rer. domin.* — Gaius, *Comm.*, II, § 87.

(4) L. 86, § 2, D. *de legat.*

ce n'est que par mon ordre(1) qu'il pourra l'acquérir, parce qu'il peut arriver que des charges latentes, inconnues, l'emportent sur des avantages apparents. Or, il serait déraisonnable qu'à notre insu, et même malgré nous, nous recueillissions une hérédité onéreuse. Aussi pour l'acquérir, l'esclave a-t-il besoin de l'ordre préalable du maître; et si mon esclave, sur mon ordre, recueille une hérédité, je deviendrai héritier comme si j'avais été héritier institué. Il suit encore de ce que nous venons de dire que nos esclaves acquièrent aussi pour nous les legs qui leur sont laissés.

Or, (2) nous n'acquérons pas seulement la propriété par ceux que nous avons *in potestate*, mais encore la possession. Si, en effet, quelqu'un livre sa chose mobilière ou immobilière à un individu que j'ai sous ma puissance, et qui la reçoit *bona fide*, à l'aide de la possession de ce dernier, je deviendrai propriétaire de cette chose, par usucapion ou par possession de longue durée.

4. Voilà pour nos esclaves. Acquièrent encore pour nous, ainsi que nous l'avons déjà dit, les esclaves d'autrui sur lesquels nous n'avons qu'un droit d'usufruit (3); non cependant pour toute espèce de causes, mais pour ces deux-ci seulement, savoir : *ex re mea*, ou *ex operis suis*. *Ex re mea*, si j'ai confié à mon esclave le soin de mes biens, ou si je lui ai permis de prêter mon argent à intérêt, et que j'aie fait cet esclave mon intendant; or, par son industrie, ses connaissances, ou son prêt à intérêt, il a pu gagner quelque chose en sus de ce qu'il me doit : c'est là l'*ex re mea* qu'il acquiert pour moi. *Ex operis suis*, par exemple : il était cordonnier ou architecte, ou peintre; je l'ai loué chez autrui pour y travailler, et y être payé du prix de ses tra-

(1) Ulp., *Fragm.*, XIX, § 19. — Voy. *infra*, lib. II, tit. XIV.

(2) L. 10, § 2, D. *de adq. rer. domin.*; l. 1, § 5, D. *de adq. rer. possess.* — Gaius, *Comm.*, II, § 91.

(3) L. 10, D. *de his autem servis*; l. 3, D. *de adq. rer. domin.*; l. 20, D. *de usufruct.*

vaux ; il a pu recevoir quelque chose au delà du salaire déterminé ; et ce qu'il a ainsi gagné, c'est l'*ex operis suis* qu'il acquiert pour moi. Mais si pour toute autre cause que ces deux-là, il a acquis quelque chose, ce qu'il acquiert appartient au propriétaire ; de sorte donc que, soit que l'esclave ait été institué héritier ou légataire, et qu'en cette dernière qualité il ait touché un legs, soit qu'il ait reçu un don de quelqu'un, ce n'est pas pour l'usufruitier, mais pour le propriétaire qu'il acquiert.

Tout ce qui a été dit de l'esclave sur qui j'ai un droit d'usufruit, on l'a admis relativement à l'individu que je possède *bona fide*, qu'il soit libre ou esclave d'autrui : car ces individus acquièrent pour nous, pour deux causes, c'est-à-dire, *ex re mea vel ex operis suis*. S'ils acquièrent pour toute autre cause que ces deux-là, si, par exemple, l'homme libre que je possède *bona fide* acquiert, la loi lui réserve ce qu'il a acquis et doit le lui garder jusqu'à ce qu'il connaisse sa condition. Si, au contraire, c'est un esclave que je possède *bona fide*, tout ce qui est acquis par l'esclave, pour toute autre que ces deux causes-là, est acquis au véritable maître (1). Celui qui possède *bona fide* l'esclave d'autrui, ne profite des acquisitions faites par cet esclave pour ces deux causes seulement, que pendant trois ans ; après ce laps de temps, il usucape l'esclave, et l'esclave, et tout ce qui advient à l'esclave, à quelque titre que ce soit, lui est acquis (2). Mais celui qui possède *bona fide* un homme libre, ne l'usucape pas, ainsi qu'il a été déjà dit.

Quant à celui qui a l'usufruit (d'un esclave), il ne peut, lui aussi, jamais usucaper, d'abord parce qu'il ne possède pas ; car, sans possession, il n'y a pas d'usucapion : or, la possession, c'est la détention d'un objet, avec l'intention d'en être le propriétaire (3); mais le propriétaire a le droit

(1) L. 10, § 5, et l. 4, D. *de adq. rer. domin.*

(2) L. 49, D. *de adq. rer. possess.*

(3) Théophile ne parle pas ici de la possession *in abstracto*, mais

d'user et de jouir. Que si quelqu'un, ne s'en référant pas aux notions juridiques, mais ne s'en rapportant qu'à ce qu'il voit, dit que l'usufruitier possède, qu'il apprenne que l'usucapion sera interdite dans ce cas, pour une plus forte raison encore, qui est que l'usufruitier possède *mala fide*, puisqu'il sait que l'esclave appartient à autrui (1). Mais ce n'est pas seulement (2) la propriété que nous acquérons par les esclaves, sur qui nous avons un droit d'usufruit, ou que nous possédons *bona fide*, ou par l'homme libre que je possède de bonne foi, croyant qu'il est mon esclave, mais encore la possession, conformément à ce que nous avons dit tantôt, savoir : *ex re mea vel ex operis suis*; car si, pour ces deux causes, ils reçoivent quelque chose d'un individu qui n'en est pas propriétaire, l'usucapion n'aura pas lieu, ou ne courra pas en ma faveur tant qu'ils la détiendront.

5. De ce qui précède, il suit donc évidemment, que nous ne pouvons acquérir, dans aucun cas, ni par les personnes libres, qui ne sont pas sous notre puissance, et que nous n'avons pas *bona fide* à notre service; ni par les esclaves d'autrui dont nous n'avons ni l'usufruit, ni la possession *bona fide*, et c'est ce qu'on exprime en termes vulgaires (3), quand on dit qu'on ne peut rien acquérir par personne étrangère, hors le cas que je vais mentionner : si, en effet, on me vend un fonds situé dans un pays autre que celui que

seulement de la possession civile. Cf *infra*. lib. IV, tit. xv, où il définit la détention ou possession naturelle (*rei detentio*). — *Voy.* aussi *Vinnii select. Quæstion.*, II, à la suite de ses Commentaires, édition de 1747.

(1) L. 10, § 4 et 5, D. *de adquir. rer. domin.* — Gaius, *Comm.*, II, § 92, 193.

(2) L. 1, § 6 et 8, D. *de adquir. possess.*; l. 1, C. *per quas personas.* — Gaius, *Comm.*, II, § 94.

(3) L. 11, § 6, D. *de pignerat. action.*, l. 12, D. *de adquir. rer. domin.*, l. 1, § 20, et l. 18, D. *de adquir. possess.*; l. 1, C. *per quas personas*; l. 11, C. *de adquir. possess.* — Gaius, *Comm.*, II, § 95.

j'habite, et que, ne pouvant m'y rendre, j'y envoie mon *procurator* pour en prendre possession, et il m'en acquerra la possession, et comme le veut la constitution de l'empereur Sévère, si on leur donne quelque chose à notre su ou à notre insu, la possession nous en sera acquise. Or, une fois la possession acquise pour nous, la propriété en découle naturellement, si celui qui a livré la chose, était propriétaire; que s'il n'était pas propriétaire, j'acquiers la propriété de la chose livrée, par usucapion ou par un long laps de temps (1).

6. Il nous suffit, pour le moment, d'avoir dit comment s'acquièrent les objets particuliers. Il est encore un autre mode d'acquisition légitime, par lequel nous acquérons des objets particuliers : le legs, ainsi que le fidéicommis, par lequel on peut aussi nous laisser des objets particuliers. Mais il en sera traité plus à propos dans la suite.

Ainsi donc, les moyens d'acquérir sont ou naturels ou légitimes. Il en est quatorze de naturels (2); ce sont : la chasse, les dépouilles, les pierres ou les pierreries précieuses trouvées sur le rivage de la mer ; le part de nos animaux; l'alluvion; l'île née dans la mer ou dans un fleuve; ou encore, le fonds riverain d'un fleuve qui a abandonné son lit ; la transformation de la matière d'autrui, en un objet qui ne peut reprendre sa première forme ; la confection d'un objet avec la matière d'autrui et la nôtre ; le mélange de deux matières identiques ou différentes, par la volonté de leurs propriétaires ou par l'effet du hasard; (celui dérivant) de la règle qui veut que la superficie (le dessus) cède

(1) L. 20, § 2, D. *de adquir. rer. domin.* — Paul., *Sent.*, V, II, § 1 et 2.

(2) Reitz a fait judicieusement remarquer que tous ces moyens d'acquérir peuvent être réduits à trois : l'occupation de la chose qui n'appartient à personne, la tradition de la chose d'autrui, et l'accession d'une chose à notre propre chose : *Jure gentium*, dit-il, *adquirimus vel rei* nullius *occupatione, vel* alienæ *traditione, vel* *ex re* nostra *per accessionem.*

au sol (le dessous), comme nous l'avons vu dans plusieurs espèces : par exemple, la construction d'une maison sur mon sol avec la matière d'autrui, ou sur le sol d'autrui, avec ma propre matière; la plantation de l'arbre d'autrui sur mon propre fonds, ou, en sens inverse, la plantation sur le fonds d'autrui de l'arbre qui nous appartient, et y a poussé des racines; l'écriture faite sur mon parchemin ou mon papier : cette règle souffre exception pour le cas d'un tableau (la planche le cédant à la peinture); la possession du fonds d'autrui, et son ensemencement *bona fide*, l'invention fortuite d'un trésor dans son propre sol qu'il soit sacré ou religieux : si elle a lieu sur le sol d'autrui, l'inventeur ne deviendra maître que de la moitié, que le sol appartienne à un particulier, à l'Empereur, au fisc, à une cité; et enfin, la tradition.

Quant aux moyens légitimes d'acquérir, il y en avait jadis cinq; maintenant, quatre seulement, savoir : l'usucapion, la longue possession, et anciennement le droit d'accroissement qui se réalisait dans le cas d'un imprudent affranchissement de l'esclave commun : le legs, ainsi que le fidéicommis. Ces moyens d'acquérir se nomment particuliers (à titre particulier), parce qu'ils n'ont qu'une seule chose pour objet et qu'ils ne transmettent que la propriété d'une seule chose. Mais il y a encore d'autres moyens d'acquérir qu'on nomme universels (à titre universel), qui n'ont aussi qu'une seule chose pour objet, mais qui cependant, par cette seule chose, nous transmettent la propriété de plusieurs choses.

Or, voici les moyens d'acquérir universels : l'hérédité, la possession de biens, l'adrogation, l'adjudication des biens d'autrui *libertatum conservandarum causa*, c'est-à-dire, pour le maintien et la conservation des affranchissements. Il faut d'abord traiter de l'hérédité; mais comme il y a deux moyens d'acquérir l'hérédité (car elle nous échoit ou en vertu d'un testament, ou *ab intestat*), il faut auparavant parler de celle qui nous advient par testament. Et d'abord nous devons apprendre comment on fait les testaments (1).

## TITRE X.

### DE LA FORME DES TESTAMENTS (2).

Avant tout (3), il est nécessaire de dire la définition ou l'étymologie du mot testament. Les Romains appellent le testament, *testamentum*, mot qui tire son étymologie de *quod testatio mentis sit* (4), c'est-à-dire *ce qui est une attestation de la pensée*. Et, en effet, le testament renferme l'attestation de la pensée du défunt.

1. Mais pour ne rien laisser ignorer de ce qui se pratiquait autrefois (en matière de testament), bien que cette ignorance n'offre aucun danger, cependant, il ne sera pas hors de propos de dire ici, afin qu'on en ait une parfaite intelligence (5), les divers changements que le temps y a successivement apportés. Il y avait anciennement deux espèces de testaments, l'un appelé *calatis comitiis*, l'autre

(1) Gaius, *Comm.*, II, § 97, 98, 99 et 100.

(2) Ulp., *Reg.*, XX, 2. — Paul., *Sent.*, III, IV. — Harmenop., V, I. — Eclog., 93, 1.

(3) L. 1, D. *de jus. et jur.*

(4) Voy. *infra*, lib. II, tit. XII. — Cf. l. 1 et 20, § 1, D. *de test. ordinand.* — Ulp., *Fragm.*, XX, § 1. — Harmenop., V, I, c. I. — Modestinus a défini le testament : *voluntatis nostræ justa sententia de eo quod quis post mortem suam fieri velit;* et Ulpien : *mentis nostræ justa contestatio, in id solemniter facta ut post mortem nostram fieri velit.*—La définition de Justinien, répétée par Théophile, a justement paru ridicule à Vinnius, ainsi qu'à la plupart des interprètes modernes. Si l'on veut trouver une bonne étymologie, il faut la chercher dans les mots sacramentels de la formule du testament, ainsi conçue : *Hæc uti in his tabulis ærisque scripta sunt, ita do, ita* testor; *itaque vos, Quirites,* testimonium *mihi perhibetote;* ou mieux encore, dans l'*attestatio* que le peuple faisait de la volonté du testateur, « teste populo. »

(5) Voy. *infra*, lib. III, tit. IX. § 1.

*procinctum*. Le testament *calatis comitiis* (1), se faisait en temps de paix, deux fois par an (2) de cette manière : un héraut parcourait toute la ville, pour convoquer les citoyens ; tout le peuple se réunissait à sa voix, et celui qui le voulait faisait son testament ayant le peuple pour témoin : et le testament ainsi fait s'appelait *calatis comitiis*, des mots *calare*, convoquer, et *comitia*, réunion. Or, comme les citoyens se réunissaient après avoir été convoqués, on l'appela *calatis comitiis*. Le testament *procinctum* (3) se faisait, lorsqu'on allait au combat ; il était ainsi appelé de l'habit qu'on avait en testant, car on nomme *procinctus* (4) celui qui est ceint et prêt à combattre ; et c'est à cause de l'incertitude du retour qu'on testait avant de se précipiter au milieu des combats.

Mais comme il n'y avait alors que ces deux espèces de testaments, il arrivait quelquefois que surpris par une maladie subite on mourait *intestat* ; or, (dans ce cas) on ne pouvait pas tester *calatis comitiis*, parce que l'époque des comices n'était pas encore arrivée, ni *procinctus*, parce qu'on n'était pas en temps de guerre. Au surplus, tester dans une autre circonstance, était réputé de mauvais augure pour le testateur qui était en santé. On imagina donc une troisième

(1) Ulp., *Fragm.*, XX, § 2. — Gaius, *Comm.*, II, § 101, 102 et 104 ; I, § 119. — Cf. Aul. Gell., *Noct. attic.*, XV, 27.

(2) Αρχαιρέσια δὶς τοῦ ἔτους γινόμενα (*Gloss. lat. græc.*). — Hotoman et Trekellius n'avaient pas voulu en croire Théophile sur l'époque de la convocation des comices, par la raison qu'ils ne trouvaient nulle autorité à l'appui de la sienne ; et Heineccius lui-même dans son *Antiquit. jur. rom. syntagma*, n'osait rien affirmer sur ce point. Aujourd'hui le doute n'est pas même permis. L'assertion de Théophile est confirmée par ce texte de Gaius : *Quæ comitia bis in anno testamentis faciendis destinata erant* (Gaius, *Comm.*, II, § 101). — On voit assez par là quelle confiance mérite notre auteur sous le rapport des antiquités du droit.

(3) Dyon. Halicarnass.

(4) Festus, v° *Procincta classis*. — Ἐζωσμένοι ἐν πολέμῳ (*Gloss. lat. græc.*).

espèce de testament qu'on nommait *per æs et libram*, et qui se faisait par l'émancipation. Or, l'émancipation est une vente fictive qui s'opérait de cette manière, en présence de cinq témoins et d'un *zygostate* (porte balance), tous citoyens romains pubères; le futur successeur du défunt achetait le patrimoine du mourant, en disant quelques paroles solennelles(1) qu'il serait superflu de rapporter ici, et en donnant comme symbole du prix (réel) une pièce de monnaie au maître du patrimoine; (l'acheteur s'appelait *familiæ emptor*), ensuite le mourant disposait de ce qu'il voulait faire donner après sa mort, et il disait au *familiæ emptor*, ou à son héritier : Je veux que tu donnes un fonds de terre, à celui-ci; à celui-là une maison, à cet autre cent solides.

Quand cette espèce de testament fut établie, les deux premières, savoir : celle du *calatis comitiis* et celle du *procinctum* étaient depuis longtemps tombées en désuétude, et le testament *per æs et libram* lui-même fut peu à peu oublié. En effet, comme le *familiæ emptor* était assimilé à un héritier, et qu'en cette qualité il savait qu'il serait le successeur du défunt, il lui arrivait de dresser des embûches au maître du patrimoine; et bien qu'on continuât, il est vrai, à employer suivant les anciennes formes un *familiæ emptor*, qui achetait fictivement le patrimoine du mourant, cependant, le testateur écrivait secrètement sur des tablettes ou sur du papier, le nom de celui qu'il voulait pour son héritier.

2 Mais ces trois sortes de testament n'étaient reconnues que par le droit civil. Plus tard l'édit du préteur introduisit une autre forme de testament : car, d'après le droit prétorien, on ne pouvait faire d'émancipations, c'est-à-dire, de

(1) Ulp., *Fragm.*, XX, § 13. — Voici ces paroles, telles que les rapporte Joseph Ferdinand *de Retes*, dans ses *Opuscula*, I, c. XXI, § 1 : *Hæc familia Lucii Titii empta mihi esto hoc ære æneaque libra. Vos in eam rem, boni Quirites, testimonium perhibetote.*

ventes fictives. Mais il suffisait de sept témoins pour un testament prétorien. Si, en effet, on testait, et qu'on eût soin de faire revêtir le testament du sceau de sept témoins, on faisait un testament prétorien, au lieu que le droit civil n'exigeait pas les sceaux des témoins (1).

3. Mais, peu à peu (2), les mœurs et les constitutions impériales ayant amené une fusion complète du droit civil et du droit prétorien, on établit que le testament se ferait dans un seul (3) et même trait de temps, conformément au droit civil, en présence et avec la signature de sept témoins (4), formalité qui fut introduite par les constitutions, et avec l'apposition des cachets de ces témoins, formalité exigée par le préteur (5). C'est pourquoi, de nos jours, les testaments empruntent leur forme à trois sources juridiques (6), au droit civil, aux constitutions et à l'édit du préteur. Quant à l'obligation de faire le testament en présence de témoins et en un seul et même contexte, elle dérive du droit civil; la signature du testateur et des témoins, des constitutions; les cachets et le nombre de sept témoins, de l'édit du préteur.

4. A toutes ces formalités, une constitution de notre très-pieux Empereur, pour garantir les testaments de toute fraude et les préserver de tout dol, a ajouté que le testateur écrirait de sa propre main le nom de l'héritier, en ces termes : J'institue un tel héritier. S'il ne le fait pas, il faut nécessairement qu'il proclame le nom de l'héritier en pré-

(1) Ulp., *Fragm.*, XXVIII, § 6; XXIII. § 6.

(2) Cf. Harmenop., V, I, *pr.*

(3) Cf. l. 21, § 3, D. *de testam.*, l. 28, C. *de testam.*

(4) L. 24, C. *de testibus* : la nov. 107, c. II, ne parle que de cinq témoins. Il en est de même de la novelle 41 de l'empereur Léon, et des Basiliques, lib. XLV, tit. I. Mais le texte des Basiliques nous apprend que l'usage, et non la loi, réduisit à cinq le nombre des témoins testamentaires

(5) Harmenop., V, I, § 4, 5, 6 et 9.

(6) Harmenop., V, I, 8.

sence des témoins, et tout le reste se fera conformément aux prescriptions de cette constitution (1).

5. Maintenant que nous vous avons dit qu'il faut que les témoins apposent leurs cachets, il faut que vous sachiez encore qu'ils peuvent sceller le testament avec un seul anneau (2). Qu'arriverait-il, en effet, si les sept témoins avaient chacun leur anneau, mais que tous ces anneaux portassent une seule et même empreinte (3), comme le remarque Pomponius? Il est aussi permis de sceller (un testament) avec l'anneau d'autrui (4).

6. Peuvent servir de témoins ceux avec qui nous avons *testamenti factio*, c'est-à-dire ceux qui peuvent être institués héritiers par nous, et nous instituer nous-mêmes (5). Or, il en est qui ne peuvent nullement être témoins dans un testament : tels sont la femme, l'impubère, le muet, le sourd, le furieux, le prodigue, l'esclave, et en outre l'*improbus intestabilisque* (6). Mais qui nomme-t-on ainsi? Le voici : un individu faisant son testament, Titius a été appelé comme témoin; il a été témoin, c'est-à-dire, il a signé le le testament et apposé son cachet. A la mort du testateur, il a refusé d'assister à l'ouverture du testament, et d'attester qu'il contenait sa signature et son cachet; les lois le repoussent, ne lui permettent pas de rien toucher en vertu de ce testament, et lui refusent la faculté de tester et le droit d'être témoin dans le testament d'autrui. Un tel homme s'appelle *improbus intestabilisque* (7).

7. Mais que faut-il décider, si un des témoins d'un testament qu'on croyait libre au moment de la confection du tes-

(1) L. 29, C. *de testam. et quemadm.*, nov. 66, c. I.

(2) L. 22, § 5, D. *qui testament.* — Harmenop., V, I, § 9.

(3) Eclog., 1, c. XXVI.

(4) Cf. l. 22, § 2, et l. 30, D. *de testam.* — Eclog., 31, 1, c. XXII.

(5) Harmenop., I, VI, § 53, Schol.

(6) Harmenop., I, VI, § 59. — Aul. Gell., *Noct. attic.*, XV, 13.

(7) L. 20, § 4, 5, 6 et 7, D. *qui test. fac. poss.*; l. 13 et 15, D. *de testib.* — Ulp., *Fragm.*, XX, § 2, 7 et 8.

tament, a été ensuite reconnu pour esclave? Voyons si le testament sera infirmé, par la raison que l'esclave, ainsi qu'il a déjà été dit, ne peut pas être témoin. Cette question s'étant élevée, l'empereur Adrien adressa, aussitôt, sur ce point, un rescrit à Catonius Verus et comme elle se présenta une seconde fois, Sévère et Antonin déclarèrent par rescrits qu'ils entendaient par pure bienveillance venir au secours du testament, et qu'on devait le considérer comme si dès le principe il avait été parfaitement régulier tous les témoins étant des hommes libres, et cela parce que, au moment de la confection du testament (1), ledit témoin avait passé pour libre dans l'opinion de tous, et que personne n'avait contesté son état.

8. Primus peut être témoin dans mon testament, conjointement avec Secundus, son fils, encore en puissance. Le droit de témoignage testamentaire est également accordé à deux frères soumis à la même puissance paternelle; car rien n'empêche de prendre, dans une même maison ou dans une même famille, plusieurs témoins pour un testament qui leur est étranger (2).

9. Si un testateur veut faire un testament régulier, qu'il examine quels seront les futurs témoins; qu'il s'informe si parmi les témoins il n'en est pas qui soient en sa puissance, à lui testateur, et dans ce cas, qu'il les repousse. Nous ne recherchons plus aujourd'hui si le témoin a le testateur en sa puissance, ou s'il n'est pas avec lui sous la même puissance. Et voici pourquoi : voulez-vous que le testateur soit en sa propre puissance ou en celle d'autrui? Si vous dites qu'il est en sa propre puissance, vous ne devez pas examiner, comme dans le cas précédent, si le témoin est sous la même puissance que lui, ou s'il le tient lui-même

(1) L. 1, C. *de testament. et quemadm.*

(2) L. 7, D. *de test.*; l. 22, D. *qui testam. fac. poss.* — Ulp., *Fragm.*, xx, § 6.

sous sa puissance. Mais si vous supposez (1) que le testateur est en puissance d'autrui, vous lui interdisez de faire un testament, et cela pour une autre raison plus puissante encore, car celui qui est en puissance d'autrui ne peut tester, parce que le testament est la disposition (2) de ses biens, et que d'ailleurs celui qui est en la puissance d'autrui n'est pas réputé avoir la libre disposition de quoi que ce soit, de telle sorte qu'il puisse s'en servir à son gré.

Que si nous pouvons trouver des cas où le fils de famille ait la faculté de tester, examinons si toutes les formalités du testament devront être observées. Or, nous trouvons que le fils de famille vétéran (le vétéran est celui qui a servi dans l'armée et qui a reçu son congé), peut disposer par testament de son pécule *castrans*, c'est-à-dire de ce qu'il a acquis à l'occasion du service militaire ; les constitutions l'ont honoré de ce droit. Maintenant donc que nous savons que le fils de famille peut tester, occupons-nous de ce qui nous reste à apprendre. Le père qui a son fils sous sa puissance ou le frère de ce dernier soumis à la même puissance, peuvent-ils être témoins dans le testament que fait le fils de famille vétéran, relativement à son pécule *castrans*? Nous disons : Nullement; car ce que les jurisconsultes appellent *domesticum testimonium*, ne peut être invoqué en matière de testament. Or, suivant nous, ce n'est pas la parenté, mais la réunion de deux personnes sous une seule et même puissance paternelle qui rend *domestique* le témoignage (3). Les constitutions permettent sans contredit de tester à celui qui est en puissance d'autrui, cependant, elles veulent impérieusement que le testateur n'omette pas les formalités de droit strict (4).

(1) L. 20, § 3, D. *de testam. et quemadm.*

(2) Voy. *infra*, lib. II, tit. XII, *pr.*

(3) L. penult., D. *de test.* — *Vide infra, hoc tit.*, § 10 *in fine.* — Harmenop., I, VI, § 38. — Eclog., 21, I. c. XXIV.

(4) L. 20, § 3, D. *qui test. fac.* — Ulp., *Fragm.*, XX, § 3. — Gaius, *Comm.*, II, § 105, 106.

10. Un homme m'a institué son héritier ; je ne puis être témoin dans son testament, non plus que mon fils qui est en ma puissance, ni mon père qui m'a sous sa puissance, ni mon frère qui est sous la même puissance que moi : car aujourd'hui tout ce qui se fait dans le testament se passe entre l'héritier et le testateur, bien qu'en effet ce droit eût été jadis plein d'obscurité et de confusion, alors qu'existait le *familiemptor* ; car, au premier coup d'œil, le *familiemptor* étant censé être l'héritier, ceux qui étaient unis au *familiemptor* par le lien de la puissance paternelle, ne pouvaient être témoins dans le testament ; et ceux qui tenaient par le lien de la puissance paternelle à l'héritier institué à part, conformément à ce qui a été dit plus haut, ainsi que l'héritier lui-même pouvaient incontestablement être témoins, le droit strict ne s'y opposant pas, par la raison que tout le bénéfice de l'hérédité paraissait être conféré à l'*emptor familiæ*, et qu'on ne connaissait pas l'héritier institué à part ; bien que, disons-nous, ce droit fût plein d'obscurité et de confusion, cependant, les anciens eux-mêmes, qui admettaient sans difficulté, dans un testament le témoignage de l'héritier et des personnes unies à lui par le lien de la puissance paternelle, conseillaient (1) aux testateurs de ne pas abuser de cette faculté. Voilà donc ce qui se pratiquait autrefois.

Mais notre Empereur, mettant fin à cette inconséquence (car c'était véritablement une inconséquence que d'accorder une faculté d'une part, et de conseiller de l'autre de ne pas en abuser), a transformé en une prescription légale le conseil des anciens jurisconsultes, et de même que du temps du *familiemptor* on repoussait tout témoignage de personnes unies au *familiemptor* par le lien de la puissance paternelle, de même, il a défendu à l'héritier qui représente l'ancien *familiemptor*, et à ceux qui lui sont unis par le

(1) Cf. Harmenop., I, 1, § 21, — et l. 7, D. *de legib.*

lien de la puissance paternelle, d'être témoins dans un testament. Et comme une constitution des princes ses prédécesseurs accordait à l'héritier le droit d'être témoin dans un testament, notre très-divin Empereur a rejeté cette constitution de son Code (1).

11. Quant aux légataires et aux fidéicommissaires qui ne peuvent succéder au droit incorporel du défunt, de même que tous ceux qui leur sont unis par le lien de la puissance paternelle, ils pourront être témoins; et en outre une constitution (2) de notre sérénissime Empereur leur accorde (3) le droit particulier de laisser des legs à ceux qui seront témoins dans le testament, et à plus forte raison à ceux qui leur sont unis par les nœuds de la puissance paternelle (4).

12. Peu importe (5), d'ailleurs, sur quelle matière est écrit le testament, que ce soit sur des tablettes, du papier, du parchemin, ou toute autre matière, par exemple, sur du cuir ou sur des tablettes d'ivoire (6).

13. On peut faire plusieurs testaments uniformes, pourvu cependant que les formalités requises pour les testaments soient observées dans chacun d'eux. Or, il est (quelquefois) nécessaire de faire plusieurs exemplaires d'un testament : si, par exemple, on entreprend un voyage sur mer, et qu'on veuille porter son testament avec soi, et en laisser un autre chez soi pour attester sa dernière volonté. Il est encore plusieurs raisons pour lesquelles cela est absolument nécessaire, je veux parler des événements fortuits et malheureux; c'est ainsi qu'il arrive quelquefois qu'on vous en-

(1) Ulp., *Fragm.*, XX, § 3, 4, 5. — Gaius, *Comm.*, II, § 105, 106, 108.

(2) Elle n'existe plus aujourd'hui.

(3) L. 20, D. *qui testam. fac. poss.*

(4) Gaius, *Comm.*, II, § 108. — L. 22, C. *de test. et quemadm.*

(5) L. 15 *in fine*, C. *de testam.*; l. 15, C. *de test. milit.*

(6) L. 1, D. *de bonor. poss. sec. tabul.*

lève votre unique exemplaire, ou que celui qui l'a en dépôt se trouve en voyage, sans qu'on sache où il est (1).

14. Tout ce qui précède doit s'entendre des testaments civils; car le préteur ne reconnaît pas le testament non écrit. Comment, en effet, le reconnaîtrait-il, lui qui exige toujours le cachet des témoins? Si donc on déclare ses volontés en présence de sept témoins, ce testament sera parfaitement valable selon le droit civil (2).

## TITRE XI.

### DU TESTAMENT MILITAIRE (3).

Nous avons dit plus haut comment doit être fait un testament. Mais ces nombreuses et solennelles formalités n'ont lieu que pour le testament *paganique*; on ne les observe pas pour les testaments militaires; en effet, les constitutions permettaient aux militaires, à cause de leur impéritie juridique, de tester sans ces formalités solennelles; de telle sorte que, bien qu'ils testent en présence d'un seul témoin, ou qu'ils n'aient pas écrit le nom de l'héritier de leur propre main, leurs volontés seront sanctionnées par la loi; car, occupés qu'ils sont à l'armée, ils ignorent naturellement les formalités solennelles des testaments.

Or, autrefois, en quelque endroit (4) qu'ils fussent, ils pouvaient tester militairement. Mais une constitution (5) de notre Empereur ne leur a permis de le faire que lorsqu'ils sont dans les camps ou en expédition; alors, de quelque manière que leur volonté soit exprimée, par

(1) L. 24, D. *qui testam. fac. poss.*; l. 8, § 5, D. *de bonor. possess. sec. tabul.*

(2) L. 2, C. *de bon. poss. sec. tab.*; l. 21, § 2, C. *de testam.*

(3) Eclog., 35, 5, 21. — D. et C. *de testam. milit.*

(4) L. 1, D. *de milit. test.* — Ulp., *Fragm.*, XXIII, § 10. — Gaius, *Comm.*, II, § 107.

(5) L. 17, C. *de testam. milit.*

écrit ou sans écrit, le testament sera pleinement valable. Mais tout le temps qu'ils passent ailleurs que dans les camps ou dans les quartiers d'hiver (1), où ils sont obligés de séjourner, ils ne jouiront plus des priviléges des testaments militaires. S'ils sont fils de famille, ils pourront sans contredit tester; mais ils n'en seront pas moins tenus tant qu'ils seront hors des camps, d'observer toutes les formalités solennelles des testaments (2).

1. Il ne sera pas hors de propos de rapporter ici ce que Trajan a ordonné touchant les testaments militaires, dans l'espèce suivante : un militaire, ayant rassemblé quelques-uns de ses camarades, leur dit qu'il veut qu'un tel ou un tel soit son héritier, et qu'un tel esclave soit affranchi, et tout cela sans écrit. Après sa mort, une discussion s'est élevée par-

(1) Les Docteurs ont douté longtemps sur la question de savoir si la véritable version des Instituts est *ædibus* ou *sedibus* (*Voy.* Reitz, *not.*, *hic*). Le texte grec, ἢ ἐν τοῖς λεγομένοις αὐτῶν σεδέτοις, τουτέστιν ἔνθα διάγειν αὐτοὺς ἀνάγκη, etc., est, à nos yeux, un infaillible moyen de la reconnaître. Nous ne doutons pas, en effet, que, si les Instituts portaient *ædibus*, Théophile, qui les traduit littéralement en cet endroit, n'eût dit οἴκοις ou δώμασι, au lieu de σεδέτοις. Si donc il a employé le mot barbare σέδετον, c'est qu'il a voulu helléniser le mot latin *sedibus* (*Voy.* Suidas, *Lexic.*, vº Σέδετον). Ce qui le prouve encore, c'est que, par ces mots : ἐν τοῖς λεγομένοις αὐτῶν σεδέτοις, il semble que Théophile répète en grec le texte des Instituts qu'il venait de lire à ses élèves; car, dans ce paragraphe, il n'est nullement parlé de σέδετα, mais seulement de κάστρα. — Ajoutons qu'on lit dans Végèce deux textes qui viennent à l'appui de notre remarque; les voici : *exercitati et eruditi in sedibus milites, cum ad expeditionem ex diversis convenerint locis*, lib. II, c. IV. — *Milites pœna et timor in sedibus corrigunt, in expeditionibus spes et præmia faciunt meliores*, lib. IV, c. *ult.* — On nous opposera peut être la loi dernière C. *de postlim. reversis*; mais il est facile de voir que, dans cette loi, le législateur entend par *ædibus propriis* les foyers des militaires : d'ailleurs, il n'y parle pas des militaires en général, mais seulement de ceux qui ont été faits prisonniers.

(2) L. 1, D. *de milit. testam.* — Ulp., *Fragm.*, XXIII, § 10. — Gaius, *Comm.*, II, § 107.

mi les héritiers *ab intestat* et l'héritier institué verbalement. D'une part, les héritiers *ab intestat* disaient que ce qu'avait dit le défunt ne l'avait pas été dans l'intention de tester; d'autre part, l'héritier institué verbalement alléguait le privilége du testament militaire, et par là soutenait la validité du testament; mais Statilius Sévère, juge de cette discussion, en référa au divin Trajan. Celui-ci répondit en ces termes (1): Le privilége militaire, qui veut que les testaments des militaires soient valables de quelque manière qu'ils aient été faits, doit s'entendre en ce sens, qu'avant tout il doit être constant que le testament a été fait par écrit ou sans écrit. Si donc le militaire sur les biens de qui roule le procès, après avoir convoqué des témoins pour leur déclarer sa volonté, leur a nettement fait connaître qui il voulait pour son héritier, et qui de ses esclaves il daignait affranchir, nous disons que ce testament sans écrit est valable. Mais si, comme il arrive très-souvent dans les conversations, il a dit à quelqu'un en se tournant vers lui: Je vous fais mon héritier, ou bien: Je vous laisse mes biens, il ne faut pas que ce testament soit bon et valable. Nul plus que le militaire qui jouit de ce privilége n'est intéressé à tester comme il lui plaît, non cependant que des paroles prononcées en conversation soient regardées à l'instar d'un testament, puisqu'après la mort du militaire il serait très-facile de faire comparaître des témoins affirmant avoir entendu le témoin dire à un tel: Je vous institue héritier; ou bien: Je vous laisse mes biens; et de cette manière les véritables intentions des militaires seraient subverties (2).

2. Le militaire muet ou sourd teste valablement; mais supposé qu'il n'a pas encore été congédié *causaria missione*, car il serait absurde que de tels individus fussent admis dans l'armée, puisque l'un n'entend pas les ordres de son chef, et que l'autre, s'il avait besoin d'un objet nécessaire,

(1) L. 24, D. *de testam. milit.*
(2) L. 12, § 3, D. *de re milit.*

par exemple, d'un trait, ne pourrait le faireconnaître(1).

3. Ce n'est qu'en tant qu'ils sont au service et dans les camps, que les constitutions ont accordé aux militaires le privilége de tester sans formalités. Mais, après leur congé (2), c'est-à-dire, quand ils sont devenus vétérans, ou qu'ils ne sont plus dans les camps; alors, bien qu'ils soient encore au service, ils doivent observer les formalités des testaments paganiques. Mais, de ce que nous avons dit, savoir, que les militaires qui font leur testament au milieu des camps, peuvent sans crainte omettre les formalités (ordinaires), tandis que les vétérans doivent observer ces formalités, voici la question qui s'est élevée et qu'on résout par notre distinction entre le militaire (proprement dit), et le vétéran. Un militaire, pendant qu'il était dans les camps, a fait son testament ainsi qu'il l'a voulu; il est mort après avoir reçu son congé; voyons si ses (dernières) volontés sont valablement exprimées. Si on remonte à l'époque où a été fait le testament, je dis qu'il est valable, bien qu'il ait été fait sans formalités; si, au contraire, à l'époque de la mort du testateur, le testament fait sans formalités ne peut être valable. Qu'arrivera-t-il donc? l'époque de la mort du testateur décidera la difficulté. Si, en effet, il est mort dans l'année après le congé, dans le dixième, le onzième, ou le douzième mois, son testament, que j'appellerai encore testament militaire, je le regarderai comme bon et valable; si, au contraire, il est mort un an après le congé, il ne peut plus être valable: car l'intervalle (écoulé entre ces deux époques) suffisait pour lui apprendre les formalités qui entourent les testaments, et lui permettre de changer son testament, en le revêtant de ces formalités.

Or, qu'arrivera-t-il, si celui qui teste militairement, institue un héritier sous condition, et meurt dans l'année

(1) L. 4, D. *de test. milit.*

(2) L. 21, 26, 38, D. *de test. milit.*; l. 5, C. *eod. titul.*—Eclog., 35, 3, tit. XXI, c. XVII, XXI et XXVII.

après le congé, et que la condition de l'institution se réalise après l'expiration de cette année? Recherchons si cette circonstance ne nuit pas à la validité du testament. Nous disons: Nullement; car nous n'exigeons pas que l'adition se fasse dans l'année après le congé, mais seulement que la mort arrive dans cette année (1).

4. Un *civil* (paganique) a fait un testament irrégulier; plus tard, il est devenu militaire; pendant qu'il était dans les camps, il a décacheté son testament, y a ajouté ou en a retranché quelques dispositions, ou il s'est contenté de le lire, ou enfin a fait un autre acte qui a manifesté sa volonté que ce testament fût valable; après cela, il est mort; son testament, quoique irrégulier, sera valable comme par la nouvelle volonté du militaire manifestée relativement à son (premier) testament, pendant qu'il était dans les camps (2).

5. Un militaire, pendant qu'il était dans les camps, a testé irrégulièrement. Plus tard, il a subi une *capitis deminutio*; ou bien, maître de ses droits, s'est donné en adrogation, ou, fils de famille, a été émancipé : le testament n'en conserve pas moins toute sa force et toute sa validité, comme par la nouvelle volonté du militaire, exprimée après l'émancipation; car, puisqu'il n'y a rien changé, il a voulu lui conserver son effet. En outre, la *capitis deminutio* ne le rend pas *irritum*, puisque le testateur est un militaire. En effet (ainsi que nous le dirons plus bas), la *capitis deminutio* du testateur (3) détruit le testament. Ici, rien de semblable : car il serait absurde qu'un testament qui n'aurait pas été fait conformément aux lois, mais qui néanmoins serait valable, fût détruit en vertu des règles du droit civil (4).

(1) L. 38 *pr.*, et § 1, D. *de test. milit.* — Ulpian., *Fragm.* XXIII, § 10.

(2) L. 20, § 1; l. 25, D. *de test. milit.*

(3) Voy. *infra*, § 4, lib. II, tit. XVII.

(4) L. 22 et 23, D. *de test. milit.*

6. Il est des fils de famille qui n'ont pas de pécule *castrans*, mais à qui les lois anciennes, ou les constitutions qui les ont suivies accordent un pécule *quasi-castrans*. On appelle ainsi, par exemple, ce qu'ils ont acquis comme assesseurs (1), comme avocats (2), ou comme magistrats, c'est-à-dire (dans ce dernier cas), le traitement que leur paye le trésor public. Or, bien qu'ils soient en puissance paternelle, on leur permet (3) de disposer de ce pécule par testament. Mais quelques doutes s'étant élevés sur ce point, notre Empereur a publié une constitution générale (4) qui ordonne que tout fils de famille, possédant un pécule *quasi-castrans*, pourra en disposer par testament, conformément au droit commun. Or, la lecture de cette constitution vous apprendra tout ce qui se rapporte à ce droit (particulier).

## TITRE XII.

### QUELS SONT CEUX A QUI IL N'EST PAS PERMIS DE FAIRE UN TESTAMENT (5).

Il en est qui font des testaments, d'autres qui n'en font pas Ce serait ici le lieu de parler de ceux qui peuvent faire un testament; mais comme ils sont fort nombreux, parlons (d'abord) de ceux qui ne peuvent tester, lesquels sont en petit nombre, afin que par ceux-ci nous connaissions ceux-là. En premier lieu, le fils de famille ne peut pas tester, parce que le testament est une disposition de nos biens. Or, le fils de famille (6) ne peut pas disposer de ses biens, comme il l'entend; et telle est la prohibition que lui en

(1) L. 7, C. *de adsessor.*
(2) L. *ult.*, C. *de inofficios.*
(3) L. 1, § 6, D. *ad Sc. Trebell.*
(4) L. 12, C. *qui test. fac. poss.*; l. *ult.*, § 1, C. *de inofficios. testam.*
(5) D. et C. *qui test. fac. poss.* — Eclog., 35, 3, 2.
(6) Cf. Eclog., 35, 3, c. XXI.—L. 6, D. *qui test. fac. poss.*

fait la loi, que, lors même que moi, père d'un fils que je dirige par mes conseils, comme il est naturel de le faire, je lui permets de disposer par testament, et à son gré, d'une partie quelconque de mon patrimoine, le testament qu'il fait ne sera pas valable : car il ne faut pas que la volonté d'un particulier l'emporte sur celle de la loi. Il en est cependant qui, bien qu'en puissance d'autrui, peuvent tester : tels sont ceux (1) qui possèdent un pécule *castrans*.

Dans le principe, ce droit ne fut accordé qu'aux militaires, soit par Auguste, soit par Nerva, soit par l'excellent empereur Trajan. Mais, plus tard, une constitution d'Adrien (2) concéda également aux vétérans, qui en étaient jaloux, le droit de tester, quoiqu'en puissance paternelle Si donc tous ceux dont nous venons de parler, disposent par testament de leur pécule *castrans*, l'héritier par eux institué le recueillera ; s'ils meurent *intestat*, sans enfants, sans frères survivants, il adviendra au chef de famille comme tout pécule paganique quelconque, conformément au droit commun (3) ; et si l'on n'use de ce nouveau droit on s'en tiendra aux lois anciennes. Or, autrefois le père recueillait tout pécule quelconque de son fils décédé.

Il est plusieurs différences (4) entre le pécule paganique et le pécule *castrans* : la première est que le fils de famille peut disposer par testament du pécule *castrans*, et ne le peut du pécule paganique ;

La seconde, qu'un père irrité peut *adimer*, c'est à-dire, enlever à un fils de famille le pécule paganique, et n'a pas la même faculté relativement au pécule *castrans* ;

La troisième, que si un homme obéré de dettes est exproprié par ses créanciers, on vendra avec ses biens le pé-

(1) Paul., *Sent.*, III, IV, § 5.
(2) L. 1, D. *de test. milit.* — Ulp., *Fragm.*, XX, § 10.
(3) L. 1 et 5, D. *de cast. pec.* ; l. 3 et 4, C. *de bonis quæ liber*
(4) Cf. l. 3, D. *de minorib.* ; l. 1, D. *de collation.* ; l. *ult.*, C. *de bonis quæ liber.* — Harmenop., V, II, § 5-9.

cule de son fils, je veux dire le pécule paganique, et nullement le pécule *castrans* (1).

Il est encore une quatrième différence : si le père meurt laissant plusieurs enfants, et qu'il arrive que l'un d'eux possède tout à la fois un pécule paganique et un pécule *castrans*, le pécule paganique sera commun entre lui et ses frères ; le *castrans*, au contraire, appartiendra à celui-là seul qui l'a acquis, bien que tous les pécules des fils de famille soient censés être une portion du patrimoine paternel, de même que les pécules des esclaves sont compris dans le patrimoine de leur maître (2).

Ce que nous avons dit des pécules *castrans*, appliquez-le aussi aux biens qui, pour divers motifs, et en vertu des constitutions, ne sont point acquis pour le chef de famille (3). Si donc un fils de famille autre que celui qui possède ce pécule *castrans* ou *quasi-castrans*, fait un testament, ce testament sera sans effet, bien qu'il décède maître de ses droits (4) : car nous considérons toujours non-seulement l'époque de la mort, mais encore celle de la confection du testament, pour savoir si le testateur a eu, à ces deux époques, la faculté de tester.

1. En second lieu (5), les impubères ne peuvent tester. Vous savez, en effet, qu'on appelle *testamentum*, la *testatio mentis*, ou l'attestation de sa volonté : or, l'impubère est privé de volonté. Ne testent pas non plus les furieux (6), parce qu'ils manquent de raison. Ainsi donc, ni l'impubère, ni le furieux ne peuvent tester, parce que l'un n'a pas encore de jugement, et l'autre n'en a plus. Leur testament est sans force, soit que l'un meure pubère, et que l'autre revienne

(1) L. 12, D. *de cast. pecul.*, l. 1, § 15, D. *de collat.*

(2) Gaius, *Comm.*, II, § 86, 87.

(3) Eclog., 35, 3, c. XIV.

(4) Cf. l. 6 et 19, D. *qui test. fac. poss.* ; l. 11, C. *eod. titul.*

(5) L. 5 et 19, D. *qui test. fac. poss.* — Paul., *Sent.*, III, IV, § 1. — Ulp., *Fragm.*, XX, §§ 12 et 13.

(6) L. 16 *in fine*, D. *qui test. fac. poss.*

à la raison. Que si le furieux fait son testament à l'époque où cesse la fureur (1), c'est-à-dire, dans les intervalles lucides, on demande si le testament est valable? Et nous disons que le testament est *légitime*. Mais qu'arrivera-t-il, si un individu devient furieux, après avoir fait son testament? La fureur qui survient ensuite ne détruit pas le testament régulier, de même que la fureur survenue après un contrat ne l'annulle pas (2).

2. La loi ne permet pas non plus au prodigue à qui on a interdit d'administrer ses biens, de faire un testament; mais le testament fait avant sa *prodigalité*, c'est-à-dire, avant qu'on lui interdît d'administrer ses biens, demeure valable (3).

3. Le muet et le sourd ne peuvent pas toujours tester (4). Nous parlons du sourd qui n'entend rien absolument non de celui qui n'entend que difficilement; car celui-là peut tester. Nous entendons par muet, non celui qui parle difficilement, mais celui qui ne peut pas absolument parler J'ai ajouté : *pas toujours*, et voici pourquoi : souvent par suite d'accident provenant de diverses causes, un homme, sachant lire et instruit, perd l'ouïe ou la parole ; or, comme chez les anciens, les hommes frappés de ces infirmités ne pouvaient tester, notre Empereur a publié une constitution (5) qui veut que ceux qui ont éprouvé un de ces malheurs puissent tester en observant certaines formalités. (Par la lecture de cette constitution nouvelle, on peut parfaitement connaître ces règles et ces formalités). Que si après avoir testé, on devient muet ou sourd, par accident, par suite d'une peine

(1) Paul., *Sent.*, III, IV, § 5. — L. 9, C. *qui test fac poss.* — Eclog., 35, 5, 9. — Harmenop., V, I, § 15.

(2) L. 20, § 4, *qui test. facer. poss.*; l. 8, D *de his qui sui*

(3) L. 18, D. *qui test. fac. poss.* — Ulp., *Fragm.*, XX, § 13. — Paul., *Sent.*, III, IV, § 7 et 12. — Eclog., 35, 1, 9.

(4) L. 6, § 1, *qui test. fac. poss* — Ulp., *Fragm.*, XX, § 15.

(5) L. 10, C. *qui test. fac. poss.* — Eclog., 35. 5, c. X. — Harmenop., I, § 17, 18.

infligée par les magistrats, ou pour toute autre cause, le testament antérieur conserve toute sa force.

4. L'aveugle peut tester en observant les formalités prescrites, par ladite (1) constitution de Justin, de divine mémoire.

5. Celui (2) qui est chez l'ennemi ne peut y tester valablement, bien qu'il revienne dans notre empire. Quant au testament qu'il avait fait parmi nous, nous disons qu'il est valable, s'il a été fait captif après la confection de ce testament. Car s'il revient, le droit de *postliminium* le rend valable ; et s'il meurt chez l'ennemi, la loi *Cornelia* lui accorde une validité pleine et entière (3).

## TITRE XIII.

### DE L'EXHÉRÉDATION DES ENFANTS (4).

Nous avons dit plus haut les formalités requises pour les testaments, savoir : que le testateur écrive de sa propre main le nom de son héritier, ou bien le prononce en présence de témoins ; qu'il y ait sept témoins ; qu'ils souscrivent le testament, et y apposent leur cachet ; qu'on procède, sans intervalle aucun, à la confection du testament. Nous avons dit encore que l'omission d'une seule de ces formalités rend le testament nul. Or, il ne suffit pas d'observer ces formalités pour tester valablement ; nous requérons quelque autre chose encore : il faut, en effet, examiner si le testateur a un fils sous sa puissance ; car il doit ou l'instituer héritier, ou

(1) Paul., *Sent.*, III, IV, § 4. — L. 8, C. *qui testam.* — Eclog., 35, 3, c. VIII. — Harmenop., V, I, § 31.

(2) L. 8, D. *qui test. fac. poss.* — Eclog., 35, 9. — Harmenop., V, I, § 26.

(3) L. 6, § 12, D. *de injust. rupt.* — Paul., *Sent.*, III, IV, § 8. — Ulp., *Fragm.*, XXIII, 5.

(4) D. *de lib. et posth. hæred. inst. vel exhæred.* — C. *de liber. præt. vel exhæred.*

l'exhéréder *nominatim* (1). S'il le passe sous silence, le testament ne pourra subsister, en vertu des dispositions qu'il renferme (2). Si donc il arrive que le fils décède avant le père, le testament ne sera pas moins nul, suivant la règle qui dit que ce qui est nul dès le principe, ne peut devenir valable dans la suite (3); et les héritiers *scripti* eux-mêmes ne pourront rien recueillir des biens du défunt, quoique le fils à qui préjudicie la *prœteritio* ne lui survive pas. Il en est de même, quand le fils est sous la puissance du père.

Mais si on a sous sa puissance, une fille (4), ou un petit-fils, ou une petite-fille, ou un arrière-petit-fils, ou une arrière-petite-fille, qu'on ne les institue pas heritiers, et qu'on ne les exhérède pas, mais qu'on les déshonore par une *prœteritio*, le testament n'est pas, il est vrai, infirmé, mais les *prœteriti* concourent (5) par le droit d'accroissement avec les héritiers institués. Or, le droit d'accroissement (6) est le droit de prendre une part de l'herédité. Que si les héritiers institués sont des étrangers, le droit d'accroissement est de la moitié, et s'ils sont *sui*, il est d'une portion virile. Par exemple, un individu a institué trois héritiers, et a passé sous silence sa fille ou son petit-fils; si les héritiers institués sont des étrangers, la fille ou le petit-fils prendra six onces, et les trois héritiers étrangers, les six (autres) onces. S'ils sont *sui*, la fille ou le petit-fils recevra une portion égale, c'est-à-dire, trois onces, autant qu'ils auraient dû recevoir, si leur père était mort *intestat*, c'est-à-dire, la quatrième partie de leur patrimoine. Or, il était permis d'exhéréder non-seulement *nominatim*, mais encore *intercæteros* c'est-à-dire, indéfiniment, en ces termes : Que tous les autres soient exhérédés.

(1) Ulp., *Fragm.*, XXII, § 16. — Gaius, *Comm.*, II, § 115, 123.
(2) L. 29, D. *de regul. jur.*
(3) Ulp., *Fragm.*, XXII, § 16. — Paul., *Sent.*, IV, § 21.
(4) Ulp., *Fragm.*, XXII, § 17. — Gaius, *Comm.*, II, § 11, 124.
(5) Voy. *supra*, lib. II, tit. VII, § *ult.*
(6) L. 23, D. *de liber.*

L'exhérédation *nominatim* (1) se faisait de cette manière : Que Titius mon fils soit exhérédé. On peut encore exhéréder par une simple désignation (2) de profession libérale : Que ce grammairien soit exhérédé ; ou bien, par celle du métier : Que ce forgeron ; ou par l'âge : Que l'aîné ou le cadet; ou par la couleur : Que cet (individu) blanc ou ce noir. En un mot, toute expression indiquant clairement la personne qu'on a en vue, produit l'exhérédation *nominatim*.

1. Non-seulement, il faut que le testateur s'occupe des enfants déjà nés, mais encore des posthumes (3), et il doit les instituer héritiers ou les exhéréder comme eux : car, s'ils sont *præteriti*, ils rendent, en naissant, le testament *ruptum*, et il n'y a pas à distinguer entre le fils ou la fille, le petit-fils ou la petite-fille. Si, en effet, ils sont *præteriti*, le testament est valable en lui-même ; mais, si plus tard, naît un posthume, ou une posthume, le testament est rompu, et partant, complétement nul, par la seule prétérition des posthumes (4). Ce n'est donc pas en lui-même, qu'est nul le testament, mais bien par la naissance des posthumes : car s'il arrive qu'une femme dont on attend un enfant posthume, avorte, rien n'empêche les héritiers *scripti* d'accepter l'hérédité.

Quant aux filles posthumes (5), on les exhérède soit *nominatim*, soit *inter cæteros*. Si donc le testateur dit : « Qu'un tel soit mon héritier, et que tous les autres soient exhérédés ; » la fille posthume est censée être exhérédée : cependant, pour éviter qu'elle n'intente plus tard, après sa naissance (6), un

(1) L. 2, D. *de liber. et posth.* — Ulp., *Fragm.*, XXII, § 20. — Gaius, *Comm.*, II, §§ 127, 128 — L. 4, C. *qui testam.*—Eclog., 35, 8, C. IV.

(2) L. 24, D. *de cond. et demonst.*, l. 9, D. *de legat.*, § 3.

(3) L. 9 et 12, § 21, D. *de liber. et posth.*

(4) L. 3, § 3, D. *de inj. empt.* — Ulp., *Fragm.*, XXII, § 18. — Gaius, *Comm.*, II, § 130, 131.

(5) L. 3 *in fine*, C. *de hæred. instituend.*

(6) Voy. *infra*, lib. II, tit. XVIII, *in princip.*

honteux procès contre l'héritier institué, en disant : « Le testateur n'a pas songé à moi, comme s'il ne me connaissait pas, » il faut lui laisser un legs et le testateur doit dire : « Qu'un tel soit mon héritier, et que tous les autres soient exhérédés ; quant à ma fille, qui doit naître bientôt, je lui lègue cent pièces d'or ; » dans ce cas, nous disons à la posthume : le testateur vous a exhérédée *inter cæteros*, mais il vous a laissé un legs.

Quant aux posthumes mâles, c'est-à-dire le fils, le petit-fils, l'arrière-petit-fils, on a décidé qu'ils ne pouvaient être exhérédés que *nominatim*. Mais comment peut-on dire le nom de celui qui n'est pas encore né ? Nous dirons qu'on peut le désigner de cette sorte : Que le fils qui me naîtra soit exhérédé, ou bien encore : Que l'enfant qui me naîtra d'une telle, mon épouse, soit exhérédé (1).

2. Il est d'autres personnes assimilées (2) aux posthumes, lesquelles, après la mort de l'héritier sien qui les précède en degré de parenté, deviennent à leur tour héritiers *siens*; comme dans cette espèce : j'avais un fils sous ma puissance, et un petit-fils, ou une petite-fille née de lui ; certainement, mon fils, étant mon héritier sien, n'était primé par personne. Mais mon petit-fils ou ma petite-fille, qui, à la vérité, étaient sous ma puissance, ne sont pas (pourtant) héritiers siens, parce qu'ils sont primés par leur père. De qui dois-je donc m'occuper dans mon testament ? Évidemment de mon fils : je dois l'instituer héritier ou l'exhéréder Dois-je m'occuper de mon petit-fils ou de ma petite-fille ? nullement : car, n'étant pas héritiers siens, s'ils sont *præteriti*, ils ne rendent pas le testament nul *ipso jure* ou de plein droit, et ne peuvent concourir par droit d'accroissement, ce qui n'a lieu que pour les héritiers siens ; et si cet état de choses dure jusqu'à ma mort, mes dispositions

(1) L. 3 *pr.*, D. *de injust. rupt.* — Paul., *Sent.*, III, IV, § 9. — Ulp., *Fragm.*, XXII, §§ 21 et 22. — Gaius, *Comm.*, III, § 132.

(2) L. 13, D *de liber et posth.*

testamentaires sortiront à effet. Que si, de mon vivant, la personne intermédiaire sort de ma puissance, ou par la mort, ou par sa promotion à la dignité de patrice, mon petit-fils ou ma petite-fille, devenus dès lors héritiers siens, par quasi-agnation, sont assimilés à des posthumes : car bien qu'auparavant ils ne fussent pas héritiers *siens*, maintenant, ils deviennent *siens* ; et de même qu'en naissant, les posthumes rompent le testament, eux aussi (1), en montant à un degré supérieur, le rompent à leur tour.

Afin donc que le nouvel héritier sien, le petit-fils, prenant la place de son père, ne rende pas le testament *ruptum*, je dois l'instituer héritier, ou l'exhéréder *nominatim*, ainsi que le petit-fils ou la petite-fille. Que si je les passe sous silence, comme ils prennent la place de la personne intermédiaire, qui est décédée, ils rendent le testament inutile, parce qu'il n'est pas fait conformément aux prescriptions de la loi ; et c'est ce qu'a prévu la loi *Julia Velleia* (2), qui voulait qu'à l'instar des posthumes, ils fussent exhérédés, eux aussi, c'est-à-dire le petit-fils, *nominatim*, la petite fille, *nominatim* ou *inter cæteros* (3), mais avec dation d'un legs.

3. Un homme avait un fils, ou une fille émancipés : s'il fait un testament, il n'est pas forcé, en ne considérant que le droit civil, de les instituer héritiers ou de les exhéréder : car, la loi des Douze-Tables, à cause de la *capitis deminutio*, qu'ils ont subie, ne les reconnaît pas. Mais le préteur, ayant égard à la parenté naturelle, reconnaît les enfants et ordonne qu'on les institue héritiers Que si le testateur ne veut pas les instituer, il faut que les enfants mâles soient exhérédés *nominatim*, et les femmes soit *nominatim*, soit *inter cæteros* ; mais s'ils ne sont ni institués héritiers, ni

(1) L. 29, D. *de liber. et posth.* — Ulp., *Fragm.*, XXII, § 19.
(2) Cette loi fut portée l'an 763 de la fondation de Rome.
(3) L. 13, D. *de injust. rupt.* — Paul., *Sent.*, III, IV, § 16. — Ulp., *Fragm.*, XXII, § 19. — Gaius, *Comm.*, II, § 134.

exhérédés, comme il a déjà été dit, le préteur leur donne la possession *contra tabulas*, par laquelle le fils ou le petit-fils recueille tous les biens du défunt; mais la fille ou la petite-fille, recueillera autant qu'elle recueillerait en vertu du droit d'accroissement, si elle était (encore) en puissance (1).

Retenez bien ces notions préliminaires. L'individu que j'adopte sera mon fils, et par la volonté de la loi, et par la volonté de la nature : par la volonté de la loi, à cause de l'adoption elle-même; par la volonté de la nature, à cause de la loi : car la loi sanctionne la nature.

4. Or, je suis censé être le père naturel de l'enfant, tant que durent les effets de l'adoption; que si je l'émancipe, comme l'émancipation est un acte légitime (2), elle détruit les effets de la loi qui établit l'adoption (3). Or, les effets de la loi étant détruits, l'adoption ne peut pas davantage s'appuyer sur la nature, privée qu'elle est du secours de la loi. Maintenant que vous connaissez ces notions préliminaires, voyez-en l'application. Je vous ai donné ma fille en mariage; il vous est né un fils : ce fils est évidemment en votre puissance; sur ma prière, vous me l'avez donné en adoption; nous recherchons qui de nous deux doit s'occuper de lui dans son testament? Nous disons que c'est moi, père adoptif : car par l'adoption, cet enfant a été assimilé à ceux qui me sont nés de justes noces. De même donc que je suis forcé d'instituer mon fils légitime, qui est en ma puissance, ou bien, suivant ce qui a déjà été dit, de l'exhéréder, de même je suis forcé d'instituer ou d'exhéréder mon fils adoptif. Mais vous, son père naturel, vous n'êtes pas forcé de l'instituer héritier : car il n'est votre fils, ni aux yeux de la loi, puisque vous ne l'avez plus sous votre puis-

(1) Ulp., *Fragm.*, XXII, § 23, et XXVIII, § 2. — Gaius, *Comm.* II, § 135.

(2) Voy. *supra*, lib. I, tit. XII, § 6.

(3) L. 1, D. *de bon. poss. contr. tabul.* — Ulp., *Fragm.*, XXVIII § 3. — Gaius, *Comm.*, II, § 136.

sance, ni aux yeux de la nature, parce qu'en vertu de la loi, moi, son père adoptif, je suis censé être son père naturel; or, nul ne peut avoir deux pères naturels; mais si je l'émancipe, il ne sera plus compté au nombre de mes enfants, ni par le droit civil, ni par le préteur; je ne suis donc forcé ni de l'instituer héritier, et le père naturel lui aussi ne sera pas forcé de le faire; car ce fils sera dans la position où il serait s'il avait été émancipé par vous, son père naturel (1)

5. Tel était l'ancien droit; mais il a été rendu par notre Empereur une constitution (2) qui veut qu'il n'y ait plus, en matière de testament, aucune distinction de sexe; car chaque sexe a reçu de la nature la faculté de concourir également à la procréation des enfants, et ce qui est la preuve évidente, qu'il n'y a aucune distinction à faire, c'est que la loi des Douze-Tables appelle également à la succession de l'*intestat*, les mâles et les femmes, et le préteur paraît avoir adopté les principes des Douze-Tables. Notre Empereur a donc créé une législation simple et uniforme, tant pour les fils que pour les filles, et autres descendants par mâles, déjà nés, ou encore dans le sein de leur mère, en puissance, ou émancipés; et il a ordonné que les enfants soit *sui*, soit émancipés, seront exhérédés, s'ils ne sont institués *nominatim*; s'ils sont *prœteriti*, ils infirment le testament et tout ce qu'il contient, qu'ils soient *sui* ou émancipés, déjà nés (3), ou posthumes.

Quant aux fils adoptifs, notre très-divin Empereur a introduit un nouveau droit dans une autre constitution (4) sur les enfants adoptifs.

6. Un militaire en expédition a fait un testament : il n'a ni institué héritiers, ni exhérédé *nominatim* ses enfants, déjà

(1) L. 6, § 4, D. *de bonor. possess. contra tabul.* — Gaius, *Comm.*, II, § 137.

(2) L. 4, C. *de liber prœter. vel exhœred.*

(3) Ἐν φύσει, littéralement, dans la nature, *in rerum natura*. — Cf. l. 2, § 6, D. *de excusat. tut.*, et l. 26, D. *de stat. homin.*

(4) L. 10, C. *de adopt.*

nés, ou encore dans le sein de leur mère; mais il les a déshonorés par la prétérition; nous demandons si le testament est valable? Nous disons que s'il savait que ses enfants vivaient encore, et que cependant il n'en ait pas parlé, son silence doit être réputé une exhérédation *nominatim*, comme le veulent les constitutions impériales, et que le testament est valable; mais s'il ne le savait pas, nous disons que le testament est nul *ipso jure* (1).

7. La mère et l'aïeul paternel ne sont pas forcés d'instituer leurs enfants héritiers, ou de les exhéréder, mais ils peuvent les passer sous silence (2); car le silence de la mère ou de l'aïeul a les mêmes effets que l'exhérédation du père (3). Ainsi donc, ni la mère n'est forcée d'instituer héritier ou d'exhéréder son fils ou sa fille, ni l'aïeul, le petit-fils ou sa petite-fille nés de sa fille. Aussi le droit civil ne vient-il pas au secours des *præteriti*, et le préteur (4) ne leur promet-il pas la possession des biens *contra tabulas* qui n'a été établie que pour les héritiers siens, ou ceux qui ont cessé de l'être. Mais il leur reste un autre recours dont nous parlerons un peu plus bas (5).

## TITRE XIV.

### DE L'INSTITUTION DES HÉRITIERS (6).

Après avoir enseigné ce qui a trait à l'institution et à l'exhérédation des enfants, il est nécessaire de dire quelles autres personnes nous pouvons instituer héritiers. Nous pouvons instituer et les esclaves et les hommes libres;

(1) Cf. l. 21, D. *de bon. possess.*; l. 9, C. *de test. milit.*

(2) Le militaire le peut aussi (l. 10, C. *de test. milit.*).

(3) L. 13, D. *de suis et legitim.*

(4) Gaius, *Comm.*, III, § 71.

(5) Paul., *Sent.*, IV, v, § 2. — L. 13, C. *de inoffic. test.* — Voy. *infra*, l. II, tit. XVIII.

(6) D. et C. *de hæred. instituend.* — Eclog., 35, 9.

et non-seulement nos propres esclaves, mais encore les esclaves d'autrui. Or, autrefois, d'après l'opinion de la plupart des jurisconsultes, il n'était permis d'instituer nos esclaves (1) que *cum libertate:* mais aujourd'hui, en vertu d'une constitution de notre Empereur (2) qui appelle à l'hérédité ceux qui ont été institués *sine libertate*, l'institution d'un esclave est valable sans affranchissement. Et cette constitution n'a pas introduit un droit nouveau, mais elle a suivi l'opinion des jurisconsultes; car, le jurisconsulte Atilicinus avait admis l'opinion que l'institution de l'esclave, même *sine libertate*, était valable, ainsi que le rapporte le très-savant Paul (3) dans ses livres *ad Masurium Sabinum*, et dans ceux qu'il a adressés *ad Plautium*. Or, par ces mots *notre* (4) *esclave*, on entend, même celui dont nous avons concédé l'usufruit à un autre, et dont nous avons la nue propriété.

Mais on peut trouver un cas extraordinaire et unique où l'esclave n'est pas valablement institué même *cum libertate*; il est dans la constitution des divins Sévère et Antonin. Le voici. un homme avait accusé Titia, disant qu'elle avait commis un adultère avec Stichus son esclave; ladite Titia, morte avant la fin du procès, a institué héritier ledit Stichus *cum libertate*. Après la mort de Titia, s'est élevée la question de savoir si l'institution était valable, et les divins Empereurs ont répondu par un rescrit que l'esclave accusé d'adultère n'avait pas été valablement affranchi dans le testament, avant la fin du procès, par sa maîtresse, contre qui était dirigée la même accusation (5). De sorte donc que l'institution d'un tel esclave est entièrement

(1) Ulp., *Fragm.*, xx, § 7 et 12. — Gaius, *Comm.*, II, § 185, 186, 187. — L. 9, C. *de fideic. libert.*

(2) L. 5, C. *de necess. serv. hæred. instit.*

(3) L. 32, § 2, D. *de test. tut.*

(4) Cf. L. 25, D. *de verb. signific.*; L. 9, § 20, D. *de hæred. instit.*

(5) L. 48, § 2, D. *de hæred. instit.*

sans effet. Or, puisque nous avons dit que nous pouvons valablement instituer l'esclave d'autrui, vous devez savoir qu'on appelle ainsi même celui dont le testateur a l'usufruit

1. Mais quand j'institue héritier mon esclave *cum libertate* ou *sine libertate* (car cela est indifférent, conformément à ce qui a été déjà dit), s'il demeure sous ma puissance, il deviendra libre, et sera mon héritier nécessaire (1) Que si, au contraire, de mon vivant, je l'affranchis dans mon testament, il deviendra héritier volontaire, pouvant, à son gré, faire adition, ou ne pas la faire. En effet, il ne peut pas être héritier nécessaire, puisqu'il ne peut, en vertu du testament de son maître, avoir les deux choses à la fois, c'est-à-dire, l'hérédité et la liberté.

Mais si je ne l'affranchis pas, qu'au contraire je l'aliène, et qu'il fasse adition par l'ordre de son nouveau maître, il acquiert l'hérédité pour celui-ci ; car, une fois aliéné et sorti de ma puissance, il ne peut plus être ni libre ni héritier, bien qu'il ait été institué *cum libertate*. Le maître, en effet, est censé rétracter la dation de la liberté (2). par cela seul qu'il l'a aliéné.

Voilà pour notre esclave. Mais si j'institue héritier l'esclave d'autrui, que cet esclave (3) demeure chez son maître. et qu'il fasse adition d'hérédité, par ordre de son maître, il l'acquerra pour celui-ci. Que s'il est aliéné du vivant de son maître, ou après sa mort, et avant d'avoir fait adition par son ordre, alors il pourra faire adition par l'ordre de son nouveau maître, et si l'esclave (institué) est affranchi par son maître, du vivant du testateur, ou même après sa mort. mais avant l'adition, il pourra faire adition à son gré, parce qu'il est devenu libre (4).

2. Retenez ces notions préliminaires : nous pouvons

(1) Ulp., *Fragm.*, XXII, § 11.

(2) L. 90, D. *de hæred. instit.*; L. 27, D. *de adim. legat* — Ulp., *Fragm.*, XXII, § 11 et 12. — Gaius, *Comm.*, II, § 188.

(3) Voy. *supra*, lib. II, tit. IX, § 3.

(4) Ulp., *Fragm.*, XXII, § 12. — Gaius, *Comm.*, II, § 189.

instituer héritiers les esclaves des maîtres (1) que nous pouvons instituer héritiers eux-mêmes; car, l'esclave, n'ayant pas de personne, n'a de qualité juridique que par son maître. Maintenant que vous avez ces notions, voyez-en l'application : Titius avait un esclave nommé Stichus; j'ai institué ledit Stichus héritier en disant : Que Stichus soit mon héritier, après la mort de Titius son maître. Nous demandons si le testament n'est pas nul, puisque Titius étant mort, il est impossible que l'esclave puisse retirer de sa personne aucune qualité juridique. On a cependant admis que l'institution (de Stichus) est valable; bien, qu'en effet, Titius, qui était son maître, ne lui survive pas, néanmoins il est représenté par le droit incorporel de l'hérédité, et partant l'esclave est héréditaire.

Nous avons l'action de testament avec les esclaves héréditaires : car l'hérédité, avant l'adition, est censée représenter la personne du défunt, et non du futur héritier. Et en voici la preuve évidente : si un homme meurt laissant un fils dans le sein de sa mère (2), je puis valablement instituer héritier l'esclave du défunt, quand même le posthume ne serait pas encore né, et bien que les anciens ne me permettent pas d'instituer héritier le posthume étranger : (est étranger le posthume qui n'est pas mon héritier sien, en naissant). Or, si le droit incorporel de l'hérédité représentait la personne du futur héritier, l'esclave héréditaire, dans cette espèce, ne serait pas valablement institué héritier (3).

3. Plusieurs individus possédaient un (seul et même) esclave. Je puis l'instituer héritier, et pourvu que j'aie

(1) L. 31 *in princip.*, et 52, D. *de hæred. instit.*—Ulp., *Fragm.*, XXII, § 1.

(2) L. 84, D. *de hæred. instit.* — Voy. *infra*, lib. II, tit. XX, § 28.

(3) L. 31, § 1; l. 64, D. *de hæred. instit.*, l. 33, § 2; l. 34, D. *de adq. rer. domin.*

avec lui la faction de testament, mon hérédité sera acquise à chacun de ses maîtres *pro parte* (1) *dominica*, c'est-à-dire, proportionnellement à la part de leur droit de propriété sur lui.

4. Je puis instituer un seul héritier, ou plusieurs, jusqu'à l'infini (2).

5. Le plus souvent, l'hérédité se divise en douze onces (3) L'universalité de l'hérédité s'appelle *as*, et chaque division, depuis l'once jusqu'à l'*as* (4) a une dénomination particulière. Ainsi on appelle *uncia*, la douzième partie de l'hérédité; *sextans*, deux onces, c'est-à-dire la sixième partie de la livre; *quadrans*, le quart, c'est-à-dire trois onces; *triens* le tiers, ce qui fait quatre onces; *quincunx*, c'est-à-dire le tiers et le douzième, ce qui fait cinq onces; *semis*, la moitié, ce qui fait six onces; *septunx*, la moitié et le douzième, ce qui fait sept onces, *bes*, les deux tiers, ce qui fait huit onces; *dodrans*, les deux tiers et un sixième, ce qui fait dix onces; *deunx*, deux tiers et un quart, ce qui fait onze onces; et enfin *as*, les douze onces.

Or, il n'est pas toujours nécessaire que le testateur partage en douze onces le patrimoine dont il dispose: car il est facultatif au testateur de diviser l'*as* en autant d'onces (5) qu'il lui plaît. Si, par exemple, on institue un héritier pour six onces, l'*as* tout entier (6) sera de ces six onces. En effet, nous ne disons pas que l'héritier *scriptus* prendra six onces, et les héritiers *ab intestat*, les six autres onces ; car

(1) L. 67 et 68, D. *de acquir. hæredit.*

(2) Cf. l. 13, D. *ad Trebell.* — Il faut que l'individu (*persona* ou la corporation (*corpus*), qu'on institue héritiers, soient certains (*certa persona, certum corpus*). — L. 9, D. *de hæred. instit.* — Paul., *Sent.*, XXII, IV, V et VI, § 16. — Voy. *infra*. lib. II, tit. XX, § 25.

(3) L. 50 *in fine*, D. *de hæred. instit.*

(4) L. 50, § 2. D *de hæred. instit.*

(5) L. 13, § 1, D. *de hæred instit* — Paul., *Sent.*, III, IV § 19.

(6) L. 2, § 2, D. *de bonor. possess. secund. tabul.*

le paganique ne peut avoir à la fois des héritiers testamentaires et *ab intestat*, tandis que le militaire le peut toujours, la volonté des militaires, de quelque manière qu'elle soit exprimée, faisant loi dans les testaments : si bien que, si un militaire fait son testament en ces termes : « Qu'un tel soit mon héritier pour trois onces, » les héritiers *ab intestat* prendront neuf onces. Or, de même qu'un testateur peut diminuer le nombre d'onces qui composent ordinairement l'*as*, de même il peut l'augmenter ; par exemple, il peut dire : «Qu'un tel soit mon héritier pour huit onces, et un tel pour sept (1). »

6. Si j'institue plusieurs héritiers, et que je veuille qu'ils me succèdent pour égale part, il me suffit de les instituer *sine parte* (2), en disant : «Qu'un tel et un tel soient mes héritiers; » et comme je ne désignerai pas par là le nombre d'onces (pour lequel je les institue), il leur en adviendra un nombre égal. Mais si je veux les instituer pour des portions inégales, alors il faut que je les institue *ex certa parte*, et que je dise : « Qu'un tel soit mon héritier pour quatre onces, un tel pour six. »

Qu'arrivera-t-il donc, si ayant institué plusieurs héritiers, j'ai désigné le nombre d'onces afférent à chacun d'eux, hormis un seul que j'ai institué *sine parte*? que prendra l'héritier *sine parte*? Nous disons que s'il manque quelque chose à l'*as*; si, par exemple, j'ai institué héritier Primus pour cinq onces, Secundus pour trois, Tertius pour deux, ou bien encore, si j'ai dit : « Que Quartus soit mon héritier, » ou bien : « Que Quartus, Quintus et Sextus soient mes héritiers, » alors l'héritier unique ou les trois héritiers institués *sine parte* prendront deux onces.

Que si j'ai déjà épuisé l'*as* en faveur de ces trois héri-

(1) L. 13, § 1; 2, 4, 6 et 7, D. *de hæred. instit.*; l. 6, D. *de testam. milit.*; l. 7, D. *de reg. jur.*

(2) L. 9, § 12 *in fine*. D. *de hæred. instit.* — Eclog., 35, 9, t. ix. — Harmenop., V, vii, § 5. — Paul., *Sent.*, III, iv, § 6.

tiers, en les instituant héritiers, l'un pour trois, l'autre pour six, le troisième pour deux onces, et que je leur aie adjoint un ou plusieurs héritiers *sine parte*, alors, comme il ne reste plus rien de l'*as* pour les héritiers *sine parte*, la moitié de l'*as* écherra à l'héritier *sine parte*, ou aux héritiers *sine parte*, de telle sorte que le testateur soit censé avoir partagé l'*as* en vingt-quatre onces : l'héritier *sine parte* prendra donc ce qui manque à l'as, ou la moitié de l'*as*. Et je ne distingue pas (1) si l'héritier *sine parte*, a été institué le premier, après tous, ou le second ; dans tous les cas, il en sera de même.

7. J'ai institué plusieurs héritiers *ex certa parte* ; je ne leur ai pas distribué (2) tout l'*as* ; il en est resté quelque chose à ma disposition : à qui donc adviendra la part restante? Nous disons que la part restante accroît tacitement aux héritiers. Par exemple, j'ai institué trois héritiers, pour trois onces chacun, de sorte qu'il m'en reste les trois autres onces : ces trois onces accroîtront tacitement *pro parte hæreditaria*, à chacun des institués, et ils se trouveront institués, chacun pour quatre onces, comme si chacun d'eux avait été institué pour un quart de l'*as*.

Si, au contraire, j'ai institué plusieurs héritiers *ex certa parte* et qu'en leur assignant l'*ex certa parte*, j'excède douze onces, la part de chaque héritier subira tacitement une diminution proportionnelle; par exemple, j'ai institué quatre héritiers pour quatre onces chacun ; la loi enlève tacitement à chacun d'eux une once, et, en réalité, ils se trouvent avoir chacun trois onces (3).

8. J'ai institué plusieurs héritiers *ex certa parte*, j'ai dépassé (4) douze onces, et à ces héritiers j'en ai ajouté un nouveau *sine parte*. Que prendra l'institué *sine parte*?

(1) L. 58, § 2 *in fine*, D. *de hæred. instit.*
(2) L. 1, § 27, D. *de hæred. instit.*
(3) L. 13, § 2, 3, 4 et 5, D. *de hæred. instit.*
(4) L. 72, § 6, D. *de condit. et demonst.* — Ulp., XXIV, § 19.

Nous disons (qu'il prendra) tout ce qui manque pour parfaire les deux *as*, par exemple, j'ai dit : « Que Primus soit mon héritier pour cinq onces, Secundus pour six, Tertius pour huit ; mais que Quartus soit aussi mon héritier ; » nous disons que Quartus prendra les cinq onces qui manquent (pour le complément des deux *as*) ; car dix-neuf onces ont été laissées aux institués *ex certa parte*. Il en est de même (1), si j'ai épuisé les deux *as*, et qu'ensuite j'aie encore institué un héritier *sine parte* ; cet héritier prendra un *as*, comme si j'avais partagé mon patrimoine en trente-six onces, rien ne m'empêchant de réduire en un seul *as* vingt-quatre ou trente-six onces (2).

9. Nous pouvons instituer héritier, ou purement, ou sous condition (3) : purement, « Qu'un tel soit mon héritier ; » sous condition, « Qu'un tel soit mon héritier, *si navis ex Asia venerit*. » Mais nul n'est institué valablement *ad certum tempus vel ex certo tempore*, par exemple : Qu'un tel soit mon héritier cinq ans après ma mort, ou bien, à dater des calendes de janvier, ou bien encore, quand on dit : « Qu'un tel soit mon héritier jusqu'aux calendes de janvier ; » à l'arrivée des calendes, une telle institution (d'héritier) sera considérée comme ayant été faite purement (4).

10. J'ai institué héritier sous une condition impossible (5), en disant : « Qu'un tel soit mon héritier, s'il boit la mer, » ou bien, sous cette condition, j'ai laissé un legs, ou un fidéicommis, ou la liberté à un esclave. Cette condition, étant impossible, est réputée non écrite, et rend la disposition pure et simple.

11. J'ai institué héritier sous plusieurs conditions : nous

(1) L. 16, § ult., D. *de hæred. instit.*

(2) L. 18 et 87, D. *de hæred. instit.*

(3) Dig., tit. *de condit. instit.*

(4) L. 18, D. *de hæred. inst.*

(5) L. 1 et 14, D. *de condit. instit.* — Paul. *Sent.*, III, IV, § 1 et 2.

demandons s'il faut attendre qu'elles soient toutes accomplies, et nous répondons que si elles ont été écrites *conjunctim*, si, par exemple, j'ai dit : « Qu'un tel soit mon héritier, s'il monte au Capitole, si le navire arrive d'Asie, ou si un tel devient consul, » il faut attendre l'événement de toutes ces conditions ; mais si je les ai écrites *separatim* et à part, en disant : « Qu'un tel soit mon héritier, s'il monte au Capitole, ou s'il donne dix pièces d'or à Titius, » cet individu deviendra héritier, en accomplissant l'une d'elles à son gré (1).

**12.** On peut même valablement instituer héritiers ceux qu'on n'a jamais vus : par exemple, un individu avait un frère qui voyageait en pays étrangers, où il a eu des enfants : il peut valablement instituer les enfants de son frère qu'il n'a jamais vus ; car cette ignorance du testateur n'infirme pas l'institution (d'héritier) (2).

## TITRE XV.

### DE LA SUBSTITUTION VULGAIRE (3)

Il est permis au testateur de faire tout à la fois une institution et une substitution, ou plus simplement encore, d'établir plusieurs degrés (4) d'héritiers. Or, on appelle *degré* d'héritiers la disposition qui embrasse douze onces ; car il est permis de tester en ces termes (5) : « Que Primus soit mon héritier ; si Primus ne devient pas héritier, que ce

(1) L. 5, D. *de cond. instit.* ; l. 51 *pr.*, D. *de cond. et demonst* ; l. 87 et 89, D. *de hæred. inst.*

(2) L. 46, D. *de hæred. inst.* ; l. 11, C. *eod. titul.*

(3) Dans l'Eclogue, 35, 11, c. XLIII, la substitution vulgaire est appelée ἰδιωτική, particulière, proprement dite.

(4) L. 36, D. *de vulg. subst.* — Paul., *Sent.*, III, IV, § 17. — Ulp., *Fragm.*, XXII, § 32. — Eclog., 35, 11, c. I. — Harmenop., V, VIII, § 1, 2 et 3.

(5) L. 1, § 1, D. *de vulg. subst.* — Ulp., *Fragm.*, XXII, § 34. — Eclog., 35, 10, c. I. — Harmenop., V, VIII, § 2.

soit Secundus; si Secundus ne le devient pas davantage, que ce soit Tertius; si Tertius ne le devient pas, que ce soit Quartus. » Nous pouvons substituer à l'infini, et même en dernière ressource, nous pouvons instituer au dernier rang ou degré notre esclave, afin que, si tous les institués refusent, l'esclave devienne nécessairement héritier (1).

1. Nous pouvons substituer un seul (2) individu à un seul individu, ou plusieurs à un seul, ou un seul à plusieurs, ou plusieurs à plusieurs. Un seul à un seul ; exemple : Que Primus soit mon héritier ; si Primus ne le devient pas, que ce soit Secundus. Plusieurs à un seul, de cette sorte : Que Primus et Secundus soient héritiers; s'ils ne le deviennent pas, que Tertius soit mon héritier. Plusieurs à plusieurs : Que Primus et Secundus soient mes héritiers ; s'ils ne le deviennent pas, que Tertius et Quartus soient mes héritiers. Nous pouvons encore substituer nos héritiers *invicem*, c'est-à-dire, réciproquement ; par exemple : Que Primus soit mon héritier pour six onces, et Secundus pour six onces ; si Primus ne le devient pas, que Secundus prenne aussi sa part ; mais si, au contraire, Secundus ne fait pas adition, que Primus prenne la part de Secundus (3).

2. Si, après avoir institué plusieurs héritiers pour des portions inégales (4), par exemple, l'un pour six onces, l'autre pour cinq, on les substitue *invicem*, sans parler dans la substitution de la distribution qu'on a faite de l'*as*, le substitué prendra autant d'onces qu'il aurait dû en prendre, si l'héritier à qui il a été substitué n'avait pas fait adition : car, s'il arrive que l'institué pour cinq onces fasse adi-

(1) L. 36, D. *de vulg. subst.* — Gaius, *Comm.*, II, § 174.

(2) L. 36, § 1 ; et l. 37, D. *de vulg subst.* — Eclog., 35, 10, XXXIV. — Harmenop., V, VIII, § 5.

(3) Gaius, *Comm.*, II, § 175.

(4) L. 24, D. *de vulg. et pupill. subst* — Ici Théophile paraît ne pas s'accorder avec le texte des Instituts : *verum tamen est quod dicit*, comme dit Vinnius dans ses Commentaires.

tion et que l'institué pour sept onces refuse de la faire, il ne faut pas dire, que Primus prendra cinq onces en vertu de la substitution, mais bien sept onces. En effet, s'il eût fait adition, Secundus en aurait pris autant (1).

3. Un homme a institué héritier (2) Primus, pour six onces, et Secundus pour six, en disant : Si Secundus ne devient pas mon héritier, que Primus soit mon héritier même pour la part de Secundus : si Primus ne le devient pas, que Tertius soit mon héritier. Or, Sévère et Antonin ont ordonné par rescrit, que Tertius pourra indistinctement être héritier, soit que Primus seul, soit que Primus et Secundus ne deviennent pas héritiers (3).

4. Croyant (4) que votre esclave était père de famille, je l'ai institué héritier, et j'ai ajouté : S'il ne devient pas mon héritier, que Mævius soit mon héritier ; après ma mort, vous avez ordonné à votre esclave que j'avais institué, de faire adition d'hérédité : nous demandons s'il y a lieu à substitution, et nous disons que le substitué prendra la moitié de l'hérédité (5). Mais pourra-t-on dire, il faut que l'institué prenne tout, car le testateur a dit : « Qu'un tel soit mon héritier, et s'il ne le devient pas, que Mævius le soit ; » conséquemment, puisque l'*institutus* ou l'institué qui est esclave, peut devenir héritier, il faut que le substitué soit appelé à l'*as* tout entier.

(1) Cf. l. 24, D. *de vulg. subst.*, l. 1, C. *de impub. et aliis substitut.*

(2) L. 27, D. *de vulgar. et pupill. substit.*

(3) L. 41, D. *de vulg. subst.*, l. 9, D. *de suis et legit. hæred.*

(4) L. 40, D. *de hæred. inst.*

(5) Remarquons que Théophile ne dit pas seulement une part comme Justinien, *Instit.*, *hic*, *in partem*, mais bien la moitié, τὸ ἥμισυ, ce qui pourtant n'implique pas une contradiction réelle, puisque plusieurs textes, entre autres, les lois 43, D. *de usufruct.*, 13, D. *de jure fisci* ; l. 164, § 1, D. *de verb. signif.*, et la loi *unic.*, C. *de his qui se def.*, prouvent que le mot *pars* est souvent synonyme de *pars dimidia*. — *Voy.* encore Ulp., *Fragm.*, XXIV, § 2, et Ovid. *Trist.*, lib. V, eleg. X, v. 30.

Mais on doit répondre à cela, que ces mots : *si hæres non erit*, c'est-à-dire, s'il n'est pas héritier (par exemple, si l'institué est en puissance d'autrui, et que le testateur le sache), doivent être entendus en ce sens, que si l'institué ne devient pas héritier lui-même, ou qu'il ne fasse point héritier un autre que lui, c'est-à-dire, qu'il n'acquière pas (l'hérédité) pour un autre, alors il y aura lieu à substitution. Quant à l'institué que le testateur croyait maître de ses droits, les mots : *si hæres non erit*, signifient : s'il n'acquiert l'hérédité, ni pour lui, ni pour celui sous la puissance de qui il sera plus tard ; de telle sorte qu'il y ait lieu à substitution pour toute l'hérédité ; et comme celui qu'on croyait maître de ses droits, était déjà en puissance d'autrui, le substitué prendra la moitié de l'*as*. Ainsi l'a décidé par un rescrit le divin Antonin le Pieux (1), au sujet de Parthenius son esclave : car, quelqu'un ayant cru que Parthenius esclave de l'empereur, était libre, l'institua héritier et lui substitua en ces termes : Mais si Parthenius, ne devient pas mon héritier, que Mævius soit mon héritier. Et c'est alors que fut rendue la constitution, qui ordonna que la moitié de

(1) Théophile s'écarte de l'opinion de Justinien sur le maître de l'esclave Parthenius. D'après les Instituts, c'était Tibère ; d'après la Paraphrase, Antonin le Pieux. A l'appui des Instituts, on peut invoquer la loi 41, D. *de hæred. instit.*, où Pomponius parle d'un Parthenius, *Tiberii Cæsaris servus ;* mais Alciat, *Lib. Dispunct.*, nous apprend que, dans son exemplaire des Pandectes, on lisait Titus, au lieu de Tiberius : or, Antonin le Pieux est souvent nommé Titus Antoninus. Reste donc à savoir si Pomponius a entendu parler de Titus, fils de Vespasien, ou de Titus Antoninus Pius, c'est-à-dire d'Antonin le Pieux. C'est là une question très-difficile, et dont la solution sera peut-être toujours *sub judice* — *Voy.* dans l'*Excursus* XIV, t. II, p. 1202, de l'édition de Reitz, la savante Dissertation de Gundlinger, *de Parthenio servo*. Des deux arguments principaux qu'il présente en faveur de l'opinion de Théophile, et qu'il tire des lois 40 et 41, D. *de hæred. inst.*, l'un ne prouve absolument rien, et l'autre ne prouve quelque chose, qu'autant qu'on tient pour certain que la version des Instituts, rappelée par Alciat, est la véritable : ce qui est, au moins, fort douteux.

l'hérédité fût acquise à Parthenius, et que le substitué Mævius fût appelé à prendre l'autre moitié (1).

## TITRE XVI.

### DE LA SUBSTITUTION PUPILLAIRE (2).

Nous pouvons substituer non-seulement à des héritiers étrangers, mais encore à nos enfants, en ces termes : Qu'un tel, mon fils, soit mon héritier ; et s'il ne le devient pas, qu'un tel soit mon héritier. Cette substitution s'appelle vulgaire (3), parce qu'elle s'applique également, et à un étranger et à notre enfant. Mais à l'égard de l'étranger, la substitution peut avoir lieu dans plusieurs cas : par exemple, si l'institué meurt avant le testateur, répudie ou refuse l'hérédité ; ou bien si, étant institué sous condition, la condition fait défaut. A l'égard du fils, il n'y a lieu à substitution que dans ce seul cas : par exemple, si le fils en puissance meurt avant son père testateur : car si le père meurt avant son fils, il n'y a pas lieu à substituer, puisque le fils devient sur-le-champ héritier de son père, et que quand même il s'abstiendrait, il ne pourrait se dépouiller de la qualité d'héritier ; parce que le titre d'héritier, une fois affecté à quelqu'un, passe difficilement à un autre (4).

Il est encore une autre substitution, concernant nos enfants, aussi bien ceux que nous avons en notre puissance, que les impubères qui sont nos héritiers *siens*. On l'appelle pupillaire, à cause de l'âge de l'héritier. Or, voici comment nous pouvons faire une substitution pupillaire : Que mon

(1) L. 46, D. *de hæred. inst.*; l. 11, C. *eod. titul.*

(2) L. 2, D. *de vulg. et pupill. subst.* — Ulp., XXIII, § 7. — Gaius, *Comm.*, II, § 179, 180.

(3) Βουλγαρία : l'Eclogue, 34, 11, c. XLIII, la nomme χωρικά.

(4) L. 2, D. *de vulg. et pupill. subst.*

fils soit mon héritier; si, devenu héritier, il meurt impubère, qu'un tel soit son héritier : dans ce cas, si le fils devenu héritier, meurt impubère, il y a lieu à substitution.

Or, il est permis de réunir la substitution pupillaire et la substitution vulgaire, et de faire la substitution appelée *vulgaro-pupillaire*, de cette sorte : Que mon fils soit mon héritier; s'il ne le devient pas (ceci est le caractère propre de la substitution vulgaire), ou si devenu héritier, il meurt impubère (ceci est le caractère propre de la substitution pupillaire), qu'un tel soit mon héritier. Mais qu'est-ce à dire? Voici un exemple : le fils est mort avant son père; le substitué par la première disposition, arrive à la succession et devient héritier du père, non du fils décédé. Mais si le père prédécède, et que le fils devenu héritier meure impubère, il y a lieu à substitution pupillaire conformément à la seconde disposition, et le substitué devient héritier, non du père, mais du fils décédé.

Or, le droit de faire une substitution pupillaire, n'a pas été établi par une loi spéciale, mais a été introduit par la coutume non écrite (1). Comme en effet les pupilles ne pouvaient pas tester, il a paru juste de permettre aux pères de faire un testament pour eux.

1. Déterminé par ce motif, notre très-divin Empereur a rendu une constitution qu'il a fait insérer dans son Code, et dans laquelle il s'est occupé de cette autre hypothèse : si, dit-il on a des enfants, des petits-fils, ou des arrière-petits-fils, furieux ou insensés, n'importe leur sexe et leur degré de parenté, on pourra leur substituer, quand même ils seraient pubères, certaines personnes, à l'instar de la substitution pupillaire, dans le cas où ces enfants mourraient en état de folie : que s'ils recouvrent la raison, il a ordonné que la substitution serait infirmée. Telle est la substitution

(1) L. 162, D. *de verb. signif.*, l. 2, D. *de vulgar. et pupill. substitut.*

qu'il a établie à l'exemple (1) de la substitution pupillaire, laquelle est infirmée dès que le pupille devient pubère.

2. Dans la substitution pupillaire, faite comme il a été dit plus haut, il y a en quelque sorte (2), deux testaments, l'un du père pour son enfant, l'autre de l'enfant pour le substitué, comme si l'enfant s'était lui-même institué un héritier; ou plutôt, à vrai dire, il n'y a qu'un seul testament et deux hérédités : l'une déférée à l'enfant par le père, l'autre, au substitué par l'enfant. Or, tout ce que le pupille a reçu du père, ou a lui-même acquis, après la mort du père, passe au substitué, et ce qui prouve évidemment qu'il n'y a qu'un seul testament, c'est la présence de sept témoins seulement : car s'il y avait deux testaments, il faudrait la présence de quatorze témoins (3).

3. Il arrive souvent, que celui qui substitue pupillairement à son enfant, craint vivement que le substitué du pupille, apprenant, à la mort de son père, qu'il est substitué au pupille, ne tende à l'impubère des embûches dans lesquelles son jeune âge le fera facilement tomber. Si donc un père redoute ce danger pour son fils, et veut n'en concevoir aucune crainte, qu'il fasse, immédiatement après l'institution du pupille une substitution vulgaire ; de cette sorte, le substitué ne pourra tendre des embûches à l'impubère, ni du vivant de son père; car il ignorera ce qui est écrit dans le testament, ni après la mort du testateur; car l'enfant, dans ce cas, étant héritier de son père, le substitué vulgaire ne peut venir à sa place : personne donc n'aura intérêt à tendre des embûches au pupille. Voilà pour la substitution vulgaire.

(1) L. 14, D. *de vulg. et pup. subst.*; l. 9, C. *de impub. et aliis substit.*

(2) Et, en effet, le testament du père et celui du fils ne sont, en réalité, qu'un seul testament. — L. 20, D. *de vulgar. et pupill. substit.*

(3) L. 2, § 4, D. *de vulg. et pupill. subst.*; l. 39, D. *de adquir. vel omitt. hæred.* — Gaius, *Comm.*, II, § 180.

Si quelqu'un veut faire une substitution vulgaire, qu'il dise : « Que mon fils soit mon héritier ; s'il ne le devient pas, qu'un tel soit mon héritier, » et qu'après avoir nommé les tuteurs, fait les legs, les fidéicommis, les affranchissements, il écrive ces mots au bas (1) du testament : Mais si mon enfant, devenu héritier, meurt impubère, qu'un tel soit son héritier » ; qu'il ferme ensuite avec du fil et qu'il scelle avec de la cire, cette partie du testament ; qu'il n'oublie pas non plus d'écrire ces mots au haut du testament : « Je ne veux pas qu'on ouvre le bas de mon testament, du vivant de mon fils (2); » et pendant son impuberté, au moyen d'une telle substitution pupillaire, l'enfant sera à l'abri de toute embûche ; car on ne lui en tendra ni du vivant de son père, puisque son testament est entièrement clos et fermé, ni après la mort de son père, parce qu'on ignore ce qui est écrit dans la substitution pupillaire.

Un homme ayant institué héritier son enfant encore impubère, a joint immédiatement à l'institution une substitution pupillaire ; la substitution n'en est pas moins valable. Cependant, celui qui a ainsi fait une substitution dans l'endroit même du testament, où il a institué son enfant héritier, ne nous paraît pas avoir testé sans danger pour son enfant.

4. Les ascendants peuvent substituer pupillairement, non-seulement à leurs enfants impubères institués héritiers, mais encore à ceux qu'ils ont exhérédés. Car, comme c'est à cause de la puissance (paternelle), et non de l'institution d'héritier, qu'ils peuvent substituer pupillairement, il en résulte que nous pouvons valablement substituer à nos enfants exhérédés eux-mêmes. Mais, pourra-t-on dire, que prendra le substitué du pupille exhérédé ? Nous dirons que s'il advient quelque chose au pupille par succession, par

(1) Gaius, *Comm.*, II, § 181.
(2) Cf. l. *ult.*, D. *ad Sc. Trebell.*

legs ou par donation, de ses proches ou des amis de son père, le substitué le recueillera tout entier.

Ce que nous avons dit touchant la substitution des enfants impubères, institués héritiers ou exhérédés, nous l'appliquons au posthume; car, nous pouvons de cette sorte substituer vulgairement aux posthumes : « Que mon enfant posthume soit mon héritier; s'il ne le devient pas, qu'un tel soit mon héritier. » Or, il ne devient pas héritier, s'il ne naît pas, ou si, étant né, il décède avant son père (1). On peut encore substituer pupillairement de cette sorte : « Que mon enfant posthume soit mon héritier : si, devenu héritier, il meurt impubère, qu'un tel soit mon héritier. » Ainsi donc, conformément à ce que nous avons déjà dit, nous ferons, dans ce cas aussi, une substitution *vulgaro-pupillaire*.

5. Retenez bien ces notions préliminaires : la partie du testament où le père s'institue un héritier, s'appelle principale; et la partie où il substitue à son fils impubère s'appelle pupillaire. Or, la partie pupillaire dépend de la principale, et lui doit toute sa validité. Maintenant que vous avez ces notions préliminaires, en voici l'application : nous avons dit que nous pouvons substituer à nos enfants impubères; mais vous devez entendre cela (2), du cas où nous nous instituons des héritiers à nous-mêmes, c'est-à-dire, où nous faisons la partie principale du testament; s'il n'a pas de partie principale, la partie pupillaire ne pourra pas devenir valable; car, la partie pupillaire est comme l'accessoire de la partie principale du testament (3). Or, on ne peut trouver d'accessoire là où il n'y a pas de principal; et telle est la force qu'emprunte la partie pupillaire de la partie principale, que, si la partie principale n'est pas valable, la partie pupillaire ne l'est pas non plus. Supposez, en effet

(1) Ulp., *Fragm*. xxIII, § 8. — Gaius, *Comm*., II, § 182, 183.

(2) Cf. l. 14, D. *de vulg. et pup. subst.*; l. 7, D. *ad leg. Falcid.* — Basil., lib. XLVIII, tit. v.

(3) L. 2, § 4, D. *de vulg. et pupill. subst.*

que le testateur n'ait pas écrit de sa propre main dans la partie principale le nom de l'héritier, et qu'il l'ait fait dans la pupillaire, la partie principale étant nulle, la partie pupillaire ne produit aucun effet (1).

6. Nous pouvons, si nous avons plusieurs enfants impubères, substituer pupillairement à chacun d'eux (2), ou au dernier d'entre eux qui mourra impubère. Mais si je veux qu'aucun de mes enfants impubères ne meure *intestat*, je substitue à chacun d'eux en particulier. Que si je veux maintenir parmi eux l'ordre de succession *ab intestat*, alors je substitue un étranger à celui qui meurt le dernier impubère. Et s'il en meurt d'autres, leurs frères survivants recueilleront la succession *ab intestat*; mais si le dernier d'entre eux meurt impubère, le substitué prendra sa place.

7. Je puis substituer à l'impubère nominativement et dire : « Si mon fils devenu héritier meurt impubère, que Titius soit mon héritier. » Je puis aussi lui substituer d'une manière générale ; par exemple, j'ai institué plusieurs héritiers conjointement avec mon fils, ou bien, après avoir institué plusieurs héritiers, j'ai exhérédé mon fils. Je puis substituer d'une manière générale (3), en disant : « Si quelqu'un devient mon héritier, à moi, père, qu'il soit le substitué de mon enfant qui mourra impubère », et en vertu de cette disposition, viendront recueillir les biens de mon enfant, ceux qui auront été tout à la fois institués héritiers, et le seront devenus. Car, si les institués refusent l'institution (principale), ils ne pourront recueillir ces biens en vertu de la substitution pupillaire. Quant aux biens du pupille, ils se divisent *pro parte hæreditaria*, c'est-à-dire, proportionnellement à ce qu'ils recueillent dans la succession du père.

8. On peut substituer aux enfants mâles (4), jusqu'à

(1) L. 2, § 1 ; et l. 38, D. *de vulg. et pup. subst.* — Ulp., *Fragm.*, XXIII, § 9.

(2) L. 37, D. *de vulg. et pup. subst.*

(3) L. 3, 5, 8, § 1 et 10 *pr.*, D. *de vulg. et pup. subst.*

(4) L. 7, D. *de vulg. et pup. subst.* — Eclog., 35, 10, c. v.

quatorze ans, et aux femmes jusqu'à douze ; une fois parvenu au delà de cet âge, la substitution s'éteint (1).

9. On ne peut (2), à l'instar des enfants impubères, substituer à l'étranger ou au fils pubère, en disant : « Qu'un tel soit mon héritier ; si, devenu mon héritier, il meurt avant sa trentième année, par exemple, qu'un tel soit mon héritier ». Tout ce qu'il est permis (3) de faire, c'est d'obliger par fidéicommis l'héritier que nous avons institué, à rendre à un tiers tout ou partie de l'hérédité. Mais nous exposerons, en leur lieu, les effets du fidéicommis (4).

## TITRE XVII.

### DE QUELLES MANIÈRES LES TESTAMENTS SONT INFIRMES (5).

Nous avons enseigné comment un testament est fait légalement. Si on omet quelqu'une des formalités solennelles, on dit que le testament est *non jure civili factum*, c'est-à-dire, n'est pas fait conformément au droit civil, ou plus simplement, *injustum* (6), c'est-à-dire illégal. Peut-être, en effet, a-t-on oublié de se procurer le nombre légal des témoins, c'est-à-dire, le nombre fixé par la loi ; peut-être aussi les sept témoins ont-ils été présents, mais n'ont-ils pas souscrit ; ou bien encore, peut-être ont-ils tous souscrit, sans apposer leur sceau, ou fait toutes ces choses sans que le testateur ait écrit de sa propre main le nom de l'héritier ou nommé son futur successeur en présence des témoins ; peut-être aussi un homme ayant des enfants *sui*, ne les a-t-il ni institués, ni exhérédés. Dans tous ces cas, on dit que

(1) L. 7 et 14, D. *de vulg. et pup. subst.*

(2) Il y a exception pour le militaire. — *Vid.* l. 15, D. *de vulg. et pup. subst.*

(3) Gaius, *Comm.*, II, § 184.

(4) Voy. *infra*, lib. II, tit. XXIII.

(5) D., tit. *de injust. rupt. et irrit. testam.*

(6) Cf. Eclog., 34, 2, c. 1. — Harmenop., V, v, § 1 ; — et l. 1, D. *de injust. rupt. et irrit. testam.*

le testament est ***non jure civili factum***. Que s'il n'a été omis aucune de ces formalités, le testament pourra ne pas être valable jusqu'à la fin ; car il peut devenir *ruptum* ou *irritum* (1).

1. Or, voici comment il devient *ruptum* (2); un homme a testé régulièrement; mais le testateur n'étant pas resté (3) dans le même état, le testament a perdu sa force. Si, en effet, après avoir fait son testament, on adopté (4) soit un père de famille devant le prince, soit un fils de famille devant les magistrats, conformément à ce qui est dit dans la constitution de notre très-pieux Empereur, c'est-à-dire, dans le cas où c'est l'aïeul qui adopte, (car alors l'adoption produit tous ses effets), le testament déjà fait est rompu par l'agnation de ce nouvel héritier sien, bien qu'il soit né posthume (5).

2. Un second testament (6), régulièrement fait, peut rompre le premier testament, soit que dans ce testament (postérieur) on ait institué un héritier, soit qu'on n'en ait pas institué, pourvu qu'on ait pu en instituer un ; car nous ne considérons qu'une chose, savoir, s'il peut y avoir un héritier. Mais comment un individu qui peut être héritier, n'est-il pas (cependant) héritier ? Supposez que l'héritier institué dans le testament postérieur a répudié (la succession), ou qu'il est mort, soit du vivant du testateur, soit après la mort du testateur, mais avant l'adition ; ou bien, qu'il a été institué sous condition, et que la condition a défailli. Dans

(1) Ulp., *Fragm.*, XXIII, § 1.

(2) Eclog., 39, 2, c. x. — Harmenop., V, x, § 2.

(3) Comme Reitz l'a très-bien fait remarquer, ce texte nous offre un nouvel exemple d'apparente contradiction entre Théophile et Justinien, sans que cependant notre auteur soit réellement en opposition avec les vraies doctrines juridiques.

(4) Ulp., *Fragm.*, XXIII, § 2. — Eclog., 39, 2, c. VII.

(5) L. 2, D. *de injust. rupt. et irrit. test.* — Ulp., *Fragm.*, XXIII, § 2.

(6) L. 1, 2 et 8, D. *de injust. rupt. et irrit. test.* — Eclog., 39, 2, c. VIII. — Harmenop., V, x, § 1.

tous ces cas, il arrive que le testateur qui a fait deux testaments meurt *intestat*. Et, en effet, le premier ayant été rompu par le second, et le second étant infirmé, il n'y aura pas d'héritier (1).

3. Un testateur a institué Primus héritier : quelque temps après, il a procédé à la confection d'un autre testament, qu'il a également fait, suivant toutes les formalités de la loi, et dans lequel il a institué Secundus en ces termes : « Que Secundus soit mon héritier pour telle et telle chose ; » dans ce cas-là même, le premier testament n'en est pas moins rompu ; car l'institution de Secundus dans le second testament, bien qu'elle n'ait été faite que *ex certa parte*, c'est-à-dire pour certains objets déterminés, annulle cependant l'institution (faite dans le premier testament). C'est ainsi que les divins Sévère et Antonin l'ont décidé par rescrit (2).

Voici les termes de cette constitution, qu'il ne sera pas hors de propos de rappeler ici, d'autant plus qu'elle peut encore nous faire connaître quelque autre décision non moins utile. Un individu ayant fait un testament dans lequel il instituait plusieurs héritiers, institua, pour certains objets déterminés, un nouvel héritier dans un second testament, ajoutant qu'il voulait que le premier testament n'en restât pas moins valable après sa mort. L'affaire fut portée devant Sévère et Antonin qui adressèrent ce rescrit à Cocceius Campanus : Le testament fait, en second lieu, bien que l'héritier n'y soit institué que pour certains objets déterminés, détruit cependant le premier (testament), comme si l'institution (d'héritier) avait été faite dans le second testament, sans mentionner les objets déterminés (pour lesquels elle était faite). Et (Campanus) décida que l'héritier était (valablement) institué dans le second testament, mais qu'il était tenu de restituer l'hérédité aux héritiers institués dans le second testament, et de se con-

(1) Gaius, *Comm.*, II, § 144.

(2) L. 29, D. *ad sc. Trebell.*; l. 1, § 4, D. *de hæred. inst.*; l. 12. § 1, D. *de injust. rupt.*

tenter des objets pour lesquels, à son tour, il avait été institué héritier. Si les objets qui lui ont été laissés n'égalent pas la *falcidie*, on suppléera à ce qui manque au quart (de l'hérédité), et ce, parce que dans le second testament se trouvent des dispositions qui confirment le premier testament. Ainsi donc, le testament peut être *ruptum* de plusieurs manières : car la naissance d'un posthume *præteriti*, l'agnation d'un nouvel héritier sien, la confection d'un second testament, rendent un testament *ruptum*. Voilà pour le testament *ruptum*.

4. Le testament *irritum* est aussi un testament sans effet. Par exemple : lorsque le testateur a subi une *capitis diminutio* (1), (nous avons déjà dit dans notre première institution comment elle se réalise). Si, en effet, le testateur subit la grande *capitis diminutio*, en devenant esclave, ou la moyenne, en perdant le droit de cité, ou la petite, en devenant fils de famille, parce qu'il s'est donné en adrogation, le testament deviendra *irritum*

5. Ainsi donc, comme nous l'avons déjà dit, trois (2) vices peuvent affecter un testament ; car il peut être *non jure civili factum*, *ruptum* et *irritum*. Or, nous pouvons encore nommer *irritum* le testament *ruptum*, et *ruptum* le testa-

(1) L. 6, § 56, et 7, D *de injust. rupt.* — Ulp., *Fragm.*, XXIII, § 4. — Gaius, *Comm.*, II, § 145. — Eclog., 39, 2, c. VI. — Harmenop., V, V, § 27 et 29. — Voy. *supra*, lib. II, tit. XI.

(2) De même que les Instituts, la Paraphrase compte trois sortes de testaments frappés de nullité : le testament *non jure factum*, ou *injustum*, le testament *ruptum*, et le testament *irritum*. Ulpien, dans ses Fragments, XXIII, § 1, parle des deux derniers. l'Eclogue, 39, 2, c. I et V, et le Manuel d'Harménopule, V, V, § 1, 2 et 3, y ajoutent le testament *nullum*, par l'incapacité du testateur ou son défaut de *factio testamenti activa*, comme disent les Commentateurs. On pourrait ajouter que le testament peut encore être nul, parce qu'il est *destitutum*, soit que l'héritier ne veuille ou ne puisse être héritier; et, enfin, qu'il peut être *rescisum*, par la *querela inofficiosi testamenti*, et par la possession des biens *contra tabulas*.

ment *irritum*. Nous pouvons aussi appeler *irritum* le testament qui n'a pas d'abord été fait régulièrement, et on se sert indistinctement de toutes ces dénominations. Or, nous n'avons donné des noms particuliers à chacun de ces vices (des testaments), qu'afin que par la connaissance de chacun d'eux sous un nom spécial, nous puissions (plus facilement) les éviter : mais ces trois vices infirment tous également le testament civil, sans (néanmoins) affecter le testament prétorien. Il serait, en effet, absurde de regarder comme vice du testament prétorien le vice du testament *non jure civili factum* (1).

6. Le testament ne sera ni *ruptum*, ni *irritum*, s'il arrive que le testateur échappe à la *capitis diminutio* qu'il a subie car le préteur considère deux époques, celle de la confection du testament, et celle de la mort (du testateur), et s'il trouve qu'à ces deux époques, il avait faction de testament, il déclarera que ce testament est valable, sans s'inquiéter nullement de l'époque intermédiaire, soit que le testateur ait perdu la cité, soit qu'il ait perdu la liberté. Si, en effet, les cachets des sept témoins ont été apposés, et que le testateur ait eu, aux deux époques, faction de testament, parce qu'il était et citoyen romain et père de famille, le préteur donne à l'héritier *scriptus* la possession *secundum tabulas*. Que si, cependant, le testateur est mort pendant la *capitis diminutio*, avant de redevenir père de famille, alors le préteur lui-même décide que le testament est *irritum*, et ne promet pas la possession *secundum tabulas* à l'héritier *scriptus* (2).

7. Un testateur, ayant survécu à la confection de son testament, a dit : « Je ne veux pas que ce testament soit valable ». par ces seuls mots, il n'annulle pas son testament ; car ce qu'on a fait légalement (3), on ne peut le détruire que légale-

(1) L. 12, D. *de injust. rupt.* — Gaius, *Comm.*, II, § 146.

(2) Ulp., *Fragm.*, xxiii, § 6. — Gaius, *Comm.*, II, § 147.

(3) L. 10 et 135, D. *de reg. jur.* — Ecloq., *eod. tit.*, c. xcviii — Harmenop., *eod. tit.*, § 40.

ment. Je dis plus : dans le cas même où après avoir fait son testament, on entreprendrait d'en faire un second, que la mort ou le repentir (de l'avoir commencé) empêcherait d'achever, le divin Pertinax a voulu dans une constitution que le premier testament fût valable, car il dit (1) qu'un second testament ne peut infirmer un premier testament légalement fait, si le second n'est lui-même légalement fait, un testament imparfait étant incontestablement nul (2).

8. La même constitution porte que l'institution du Prince pour héritier, à cause d'un procès qu'on a contre quelqu'un, ne doit pas être valable, et ne reconnaît pas pour valables les pareils testaments. En outre, elle n'admet pas l'institution du Prince faite sans écrit, et décide que le Prince ne recueillera rien, à titre de dernière volonté, en vertu d'un écrit qui ne serait pas revêtu de toutes les formes juridiques. Les divins Sévère et Antonin, conformément à cette constitution, ont souvent déclaré par rescrit que, bien qu'ils fussent affranchis des lois, cependant ils se conduisaient selon les lois. *Licet enim legibus soluti simus, attamen secundum leges vivere volumus*. Pleins d'admiration pour ces divines paroles, nous devons les avoir sans cesse sur nos lèvres (3).

## TITRE XVIII.

### DU TESTAMENT INOFFICIEUX (4).

Nous avons dit précédemment que les ascendants peuvent non-seulement tester sans instituer héritiers leurs de-

(1) L. 2, D. *de injust. rupt.*, l. 21, §§ 1 et 3, D. *qui testam.*

(2) L. 18, D. *de legat. et fideicomm.*

(3) D. *de legat. et fideicomm.*—Paul., *Sent.*, V, XII, §§ 8 et 9, IV, V, §§ 3 et 4, *de legib.*

(4) D. et C. *de inofficios.* — Paul., *Sent.*, IV, V. — Eclog., 39, 1, περὶ τῆς κατὰ διαθήκης μέμψεως. — Harmenop., V, VI, περὶ μέμψεως καὶ ἐναντιώσεως διαθήκης.

scendants, mais encore les exhéréder, ou les déshonorer par la *præteritio* : car, à leur égard, la *præteritio* équivaut à l'exhérédation. Or, le père qui usait de cette faculté, nuisait à ses enfants qu'il laissait dans la misère. Si, en effet, un ascendant par mâles exhérédait son enfant, d'une part son testament n'était pas nul *ipso jure*, et de l'autre, l'enfant ne pouvait pas succéder *ab intestat* ; car comment l'aurait-il pu puisqu'il y avait un testament? Ajoutez que le préteur ne lui accordait pas la possession *contra tabulas*, qui était donnée aux *præteriti*, non aux exhérédés. Que si, au contraire, c'était la mère qui avait testé, les descendants de celle-ci ne pouvaient pas non plus songer (à la possession de biens) *contra tabulas* ; car (la possession de biens) *contra tabulas* ne se donne point contre un testament aux descendants du côté des femmes.

Pour dernière ressource donc, on introduisit la plainte *de inofficioso* en faveur des enfants qui se plaignaient d'avoir été injustement exhérédés, ou *præteriti*, et ce, sous prétexte (1) que le défunt était furieux lors de la confection de son testament. Or, les enfants disent cela, non que le défunt (2) fût véritablement furieux, mais parce que son testament, quoique valable, n'était pas néanmoins tel que l'exigeait l'amour paternel. Si, en effet, il avait été réellement furieux, il n'eût pas pu tester, ou plutôt, il n'a été furieux que parce qu'il a violé sans pitié les devoirs (que lui imposait) la nature.

1. Ce n'est pas seulement aux enfants qu'il est permis d'attaquer comme inofficieux le testament de leurs ascendants, cette faculté est encore accordée aux ascendants à l'égard du testament de leurs enfants : quant aux frères et sœurs, si les héritiers institués sont des personnes viles, par exemple, des cochers, des mimes, des *bestiaires* et les personnes notées d'infamie à cause d'un honteux commerce, ils leur

(1) L. 2, D. *de inofficios.* — Eclog., 39, 1, c. II.
(2) L. 2, D. *de inofficios.* — Paul., *Sent.*, IV, v, § 1.

sont préférés, et annullent le testament du défunt. Ainsi le veulent les sacrées constitutions (1). Ainsi donc, les ascendants et les descendants, pourvu qu'ils n'aient pas été ingrats envers le défunt, exerceront contre tout héritier *scriptus* la plainte *de inofficioso*, le frère et la sœur contre les personnes viles seulement. Quant aux cognats (2) qui viennent après le frère ou la sœur, ils ne peuvent nullement intenter la plainte *de inofficioso*, et s'ils l'intentent, ils succomberont (3).

2. Mais les enfants, tant naturels qu'adoptifs, conformément à la constitution (4) de notre Empereur, ont l'action *de inofficioso* : mais ils ne l'exercent utilement qu'à défaut de toute autre voie; car la plainte *de inofficioso* est une voie extrême. Conséquemment celui qui peut, par un autre moyen de droit, recueillir en tout ou en partie le patrimoine du défunt, ne pourra exercer la plainte *de inofficioso* (5) : tout cela doit s'entendre, non-seulement des enfants déjà nés, mais encore des posthumes (6).

3. Mais nous ne devons appliquer ces principes que dans le cas où le défunt ne leur a absolument rien laissé; ainsi l'a voulu, par respect pour les droits de la nature (7), notre très-divin Empereur, dans une de ses constitutions. Autrefois, au contraire, il y avait lieu à la plainte *de inofficioso*, toutes les fois que le testateur n'avait pas laissé (à ses enfants) tout ce qu'il devait leur laisser : par exemple, un individu avait un patrimoine de quatre cents solides : il devait en laisser cent (à ses enfants), c'est-à-dire, le quart de son patrimoine,

(1) L. 27, C. *de inof.* — Eclog., 37, 1, c. XLVII.

(2) L. 1, D. *de inof.*; l. 21 et 27, C. *eod. titul.* — Eclog. 39, 1, c. I — Harmenop., V, VI, § 1.

(3) L. 2 et 5, D. *de inof.* — Paul., *Sent.*, IV, v, § 1.

(4) L. *penult*, C. *de adopt.*

(5) L. 6, 8, § 15, D. *de inof.* — Paul., *Sent.*, IV, v, §§ 5 et 2.

(6) L. 6, D. *de inof.* — Paul., *Sent.*, IV, v, § 2. — Eclog., 39, 1, c. IV.

(7) L. 30, C. *de inof.*

pour éviter la plainte *de inofficioso* : aujourd'hui, quand il ne leur laisserait qu'un seul solide, ou une partie quelconque de l'hérédité, ou un objet déterminé quel qu'il soit, la plainte *de inofficioso* ne peut pas avoir lieu, parce que la constitution supplée à ce qui manque au quart (1) *ab intestat*, et ce, alors même que le testateur n'aurait pas écrit de sa propre main : S'il manque quelque chose à leur quart, je veux qu'on y supplée, sur l'arbitrage d'un homme de bien. Et quand même le testateur n'aurait pas ajouté cette disposition, la même constitution la supposera naturellement, comme étant très-conforme à la nature.

4. Si un enfant accepte les dernières volontés de son père, il ne peut les attaquer par la plainte *de inofficioso*. Or, voyez la question qu'a fait naître ce principe : Mon fils, étant encore sous ma puissance, était tuteur d'un pupille. En mourant, j'ai institué héritier un autre que mon fils, que j'ai partant exhérédé, mais j'ai laissé un legs au pupille dont il était le tuteur, et mon fils a réclamé le legs que j'ai laissé au pupille, il a ensuite voulu exercer la plainte *de inofficioso*, par la raison qu'il ne recueille rien des biens paternels. Par cela seul qu'il a réclamé le legs, est-il déchu du droit de plainte *de inofficioso*, comme s'il avait accepté les volontés du défunt ? Nous disons que l'acceptation de ce legs étant l'accomplissement d'un devoir de tutelle, elle ne peut préjudicier à ses droits (2), et qu'ainsi il pourra sans obstacle exercer *suo nomine* la plainte *de inofficioso* (3).

5. En sens inverse, on a agité (4) cette question : J'avais sous ma puissance un impubère ; j'ai institué héritier un autre que lui : je l'ai exhérédé, sans lui rien laisser ; mais j'ai légué cent solides à un certain Titius que j'ai laissé pour

(1) Paul., IV, v, § 7. — L. 30, C. *de inof.*
(2) L. 22 *pr.*, et l. 30, D. *de inof.*
(3) L. 10, § 1, D. *de inof.*
(4) L. 22, § 1, D. *de inof.*

tuteur testamentaire à mon (enfant) impubère, de qui le préteur ou peut-être la loi lui a déféré la tutelle. Titius a exercé, au nom du pupille, la plainte *de inofficioso*, et a succombé, par la raison peut-être que l'impubère a été justement exhérédé. Titius a ensuite agi contre l'héritier *scriptus* en réclamation du legs qui lui a été laissé. Il pourra sans contredit le recueillir.

6. La plainte (1) *de inofficioso* est interdite à l'héritier qui a reçu le quart *ab intestat*, soit par legs, soit par fidéicommis, soit par donation *mortis causa;* mais non par donation *inter vivos* (2), à moins qu'elle n'ait été faite dans un des cas mentionnés dans la constitution de notre très-divin Empereur (3). La plainte *de inofficioso* s'éteint encore par plusieurs autres moyens énumérés dans les lois anciennes et dans les divines constitutions (4), dans le cas où l'enfant recueille le quart.

Si je n'ai qu'un enfant, je dois lui laisser le quart de mon patrimoine : mais si j'en ai deux, et que je leur laisse le quart à partager proportionnellement et par portions égales, il ne peut y avoir lieu à la plainte *de inofficioso*. Si, par exemple, le testateur a deux enfants, il doit leur laisser à chacun une once et demie; mais s'il en a trois, il doit leur laisser une once à chacun (5).

## TITRE XIX.

### DE LA QUALITÉ ET DE LA DIFFÉRENCE DES HÉRITIERS (6).

Le mot *héritier* est un terme générique : il y a trois

(1) L. 30, § 1, D. *de inof.*

(2) L. 8, §§ 6 et 8; et l. 25, D. *de inof.* — Paul., *Sent.*, IV, 5, § 6.

(3) L. 30, C. *de inof.*

(4) L. 29, C. *de inofficios.*

(5) L. 8, § 8, D. *de inoffic.*

(6) D., tit. *de jure, deliber. et de adquir. hæred.* — C., tit. *de jure deliber. et de adeund. hæred.*

classes d'héritiers; car on dit des héritiers qu'ils sont ou *necessarii*, c'est-à-dire nécessaires, ou siens *necessarii*, ou *extranei*, c'est-à-dire étrangers (1).

1. Mais qu'est-ce que (l'héritier) *necessarius*? On appelle ainsi l'esclave (2) qui a été institué héritier, parce qu'après la mort de son maître, bon gré, mal gré, il devient aussitôt libre et (héritier) *necessarius* (3). Voilà pourquoi ceux dont la solvabilité est suspecte, prévoyant que personne n'osera recueillir leur patrimoine, parce qu'ils sont dans la misère, ont coutume d'instituer leur esclave pour héritier au premier, au second, au troisième degré, ou même à un degré inférieur. Exemple : « Que Stichus mon esclave soit mon héritier », voilà pour le premier degré; voici pour le second : « Que Primus soit mon héritier; s'il ne le devient pas, que Stichus mon esclave soit mon héritier, » ainsi de suite, pour les degrés subséquents. Si donc personne n'ose faire adition d'hérédité, Stichus la recueillera nécessairement et deviendra héritier. Que si les dettes du défunt ne sont pas payées à ses créanciers (4), si les créanciers ne sont pas désintéressés, le défunt ne sera point noté d'infamie, mais l'hérédité sera vendue. Les créanciers ne pourront plus dire qu'ils font vendre les biens de ce défunt; mais, au contraire, ceux de Stichus son héritier; or, une fois mis en possession de ces biens, les créanciers les vendent, ou se les partagent entre eux.

Mais en compensation de cette ignominie (qu'il consent à supporter à la place de son maître), l'esclave recevra d'abord la liberté, le plus précieux des biens (5) : ensuite, il jouira encore de cet avantage, savoir, que tout ce qu'il a acquis pour toute autre cause, c'est-à-dire, pour une cause autre que celle de l'hérédité dont il s'agit, il le conservera.

(1) Gaius, *Comm.*, II, § 152.
(2) C., tit. *de necess. serv. hæred. instit*
(3) L. 12, D. *qui testam.* — Gaius, *Comm.*, II, § 153.
(4) Gaius, *Comm.*, II, § 154.
(5) L. 176, § 1, D. *de regul. jur.*

et les créanciers ne pourront l'inquiéter, alors même que le patrimoine du défunt ne pourrait nullement payer les dettes (1). Tels sont les héritiers *necessarii*.

2. Examinons quels sont les héritiers siens (2) nécessaires. Les héritiers siens et nécessaires sont, par exemple, le fils, la fille, le petit-fils et la petite-fille nés du fils, et enfin tous les enfants qui sont *in potestate*, au moment de la mort (du testateur). Mais le fils et la fille ont essentiellement et de plein droit la qualité de siens, tandis que le petit-fils et la petite-fille, pour avoir le droit de *suité* ne doivent pas seulement être sous la puissance de leur aïeul, mais ont encore besoin, pour acquérir ce droit, que leur père ait cessé d'être sous la puissance de son père, soit que par mort, par émancipation, ou par tout autre moyen, la puissance paternelle ait été dissoute (3). Dans ce cas, le petit-fils ou la petite-fille prend la place de son propre père.

On les appelle *siens* (4), parce qu'ils sont héritiers domestiques, c'est-à-dire, parce que, même du vivant de leur père, ils sont en quelque sorte considérés comme propriétaires, et c'est pourquoi la loi des Douze Tables, s'occupant des successions *ab intestat*, leur accorde le premier rang. On les nomme donc *siens* pour les raisons que nous venons d'exposer, on les nomme encore *nécessaires* (5), parce que de toute manière, bon gré, mal gré, par testament comme *ab intestat*, ils deviennent héritiers.

Aux yeux du droit civil, il n'y a aucune différence entre les héritiers nécessaires et les héritiers siens. Mais le préteur, ayant égard à l'équité naturelle, leur accorde la

(1) L. 1, § 18, D. *de separat.* — Gaius, *Comm.*, II, § 155.

(2) L. 1 et 2, D. *de suis.* — Eclog., 45, 1, c. xv. — *Vid. infra*, lib. III, tit. 1, § 2.

(3) Paul., *Sent.*, IV, VIII, § 4. — Gaius, *Comm.*, II, § 156.

(4) L. 11, D. *de liber. et posth.* — Eclog., 45, 1, c. xv.

(5) L. 11, D. *de liber. et posth.* — Paul., *Sent.*, IV, VIII, § 5. — Gaius, *Comm.*, II, § 157.

faculté de s'abstenir (1) de l'hérédité paternelle, quand ils la regardent comme suspecte : car dans le cas où il s'agit de deux ingénus, mieux vaut laisser peser l'infamie sur celui qui est mort, que de couvrir de son ignominie celui qui est vivant. Si donc ce dernier s'abstient, les créanciers recueillent les biens du défunt, mais non du chef de l'enfant (du défunt) (2).

3. Les héritiers *extranei* (3) sont tout simplement tous ceux qui, à la différence des fils de famille, ne sont pas soumis à la puissance du défunt : aussi appelle-t-on *extranei*, nos propres enfants qui ont été émancipés. Sera aussi appelé *extraneus* et deviendra héritier de sa mère, l'enfant (institué par elle); car la femme ne peut avoir ses enfants *in potestate*.

Un testateur a institué héritier son esclave ; il a survécu à son testament et affranchi cet esclave par la vindicte : il est mort ensuite, sans avoir rien changé à son testament. Nous demandons si l'héritier institué (l'esclave) est héritier *necessarius* ou *extraneus*. Nous disons qu'il est *extraneus*, car la liberté et l'hérédité ne lui adviennent pas toutes deux en vertu du testament (4).

4. Mais relativement aux héritiers *extranei*, il faut observer que nous devons avoir avec eux faction de testament (5), soit qu'on les ait institués eux-mêmes héritiers, soit qu'on ait institué ceux qui sont sous leur puissance. Or, nous exigeons (6) qu'ils aient cette faction de testament à deux époques, savoir : quand nous testons, afin que l'institution soit valable, et quand nous mourons, afin que l'institution faite valablement sorte à effet. Que si on y regarde

(1) L. 57, D. *de adquir. hæred.*

(2) L. 57, D. *de adquir. vel omitt. hæred.* — Gaius, *Comm.*, II, § 158.

(3) Gaius, *Comm.*, II, § 161.

(4) L. 4, § 2, D. *de bonor. possess. contra tabul.*

(5) L. 49, D. *de hæred. inst.*

(6) L. 62, D. *de hæred. inst*

de plus près, on verra qu'il est une troisième époque (où l'on doit avoir faction de testament), c'est-à-dire, quand on fait adition d'hérédité, sans qu'il y ait lieu de distinguer entre l'héritier institué purement, et celui qui l'a été conditionnellement; car le droit d'hériter, c'est-à-dire, la capacité d'être héritier, n'est jamais d'une plus haute importance qu'à l'époque de l'adition d'hérédité.

Quant au temps intermédiaire, entre (1) la confection du testament et la mort du testateur, ou l'événement de la condition, si l'héritier a été institué conditionnellement, le changement d'état de l'héritier ne l'empêche nullement de succéder. Si donc il arrive que l'héritier par moi institué soit (citoyen) romain, qu'ensuite, après la confection du testament, étant déchu de son droit de cité, il le recouvre avant ma mort ou avant l'événement de la condition, ou qu'il ait été institué héritier conditionnellement, il pourra incontestablement devenir héritier. Il est donc, en résumé, trois époques (2) auxquelles l'héritier doit avoir faction de testament, savoir: celle de la confection du testament, celle de la mort du testateur, et celle de l'adition d'hérédité, mais surtout celle de la confection du testament et de l'adition.

Est censé avoir faction de testament, non-seulement celui qui peut tester, mais encore celui qui peut recevoir d'autrui par testament, ou acquérir pour autrui, quand même il ne pourrait pas faire un testament lui-même. Aussi le furieux, le muet, le pupille, l'*infans*, le posthume, le fils de famille, et l'esclave d'autrui sont-ils réputés avoir la faction de testament. Bien qu'en effet, ils ne pussent nullement tester, ils peuvent néanmoins acquérir en vertu du testament d'autrui, soit pour eux, soit pour d'autres; mais en ce qui concerne le furieux, il faut supposer qu'il a été institué héritier par son père: car s'il a été institué par un

(1) L. 6, D. *de hæred. inst.*
(2) L. 49, § 1, *de hæred. inst.*

autre, il ne pourra acquérir l'hérédité ni pour lui ni pour un autre, tant qu'il n'aura pas recouvré la raison (1).

5. Or, les héritiers *extranei* sont aussi appelés volontaires, parce qu'ils sont libres d'hériter ou non : quant aux autres, on les nomme nécessaires, parce qu'ils sont nécessairement appelés à la succession. Et ce n'est pas en cela seulement que (ces deux sortes d'héritiers) diffèrent entre elles, mais encore en ce que d'une part l'acceptation d'une hérédité par un *extraneus* s'appelle adition, et celle faite par des héritiers nécessaires *immixtio*, et que d'autre part, le refus d'une hérédité par un *extraneus* s'appelle répudiation ou éloignement, et celui fait par un héritier nécessaire, *abstention*. Or, l'étranger qui répudie ressemble à celui qui n'a jamais été appelé à l'hérédité, tandis que l'héritier sien nécessaire qui s'abstient, par cela seul qu'immédiatement après la mort du père il est héritier, a toujours néanmoins un droit incorporel. Mais, nous avons déjà dit bien des fois que la qualité incorporelle d'héritier, dès qu'on en est une fois revêtu (2), passe difficilement à un autre, à moins que le préteur, apprenant que l'héritier sien nécessaire a fait adition, ne le mette à l'abri des poursuites des créanciers. Voilà en quoi diffèrent (ces deux sortes d'héritiers) ; mais voici en quoi ils se ressemblent : c'est que soit que l'héritier nécessaire s'immisce (dans l'hérédité), soit que l'étranger fasse adition, ni l'un ni l'autre ne pourra, après (l'immixtion ou l'adition), renoncer à (3) l'hérédité, s'il n'est mineur de vingt-cinq ans. Si, en effet, ils ont moins de vingt-cinq ans, le préteur (4), comme dans tous les autres cas où ils peuvent être induits en erreur, vient à leur secours, à l'aide de la restitution, et leur permet ainsi de

(1) L. 16 *pr.*, et § 1 ; et l. 17, D. *qui testam. fac. poss.*
(2) L. 5 et 4, C. *de repud. hæredit.*
(3) Paul., *Sent.*, III, IV, § 11. — Gaius, *Comm.*, II, § 162.
(4) C., tit. *si minor. ab hæred. se abstin.*

renoncer à l'hérédité, dans le cas où ils auraient témérairement accepté une hérédité onéreuse (1).

6. Mais que décider, si un majeur de vingt-cinq ans, croyant que le patrimoine du défunt est fort considérable, en a fait adition, et qu'ensuite il surgisse une dette inconnue qui dépasse (2) extraordinairement (le montant de) l'hérédité? L'empereur Adrien a rendu une constitution pour venir à son secours, dans le cas où l'hérédité paraissant de prime abord fort considérable, il surgit ensuite une dette inconnue, latente, au moment de l'adition. Or, Adrien n'a accordé cette faveur spéciale (3) qu'à une classe d'individus déterminée, et le divin Gordien l'étendit plus tard aux militaires seulement.

Mais dans sa bonté, notre Empereur a rendu ce bienfait commun à tous ceux qui vivent sous son empire. Et, en effet, il a rendu une constitution (4), non moins illustre qu'équitable, contenant certaines dispositions particulières, touchant l'inventaire qui doit précéder l'adition, et dont l'observation permettra à l'héritier qui aura fait adition d'une hérédité misérable, de n'être tenu des dettes que jusqu'à concurrence des biens héréditaires, de telle sorte qu'il n'aura pas même besoin plus tard du droit de délibérer; car il a créé le droit de délibérer, afin qu'on sache avant tout si on doit consentir à accepter l'hérédité, et dans ce cas, qu'on fasse adition de manière à ne pas accepter une hérédité onéreuse. Que si, au mépris (5) des formalités établies par la sacrée constitution de notre Empereur, on demande à délibérer, et qu'ensuite on fasse adition d'hérédité, au lieu de jouir des avanta-

(1) L. 57, D. *de adquir. vel omitt. hæred.* — Gaius, *Comm.*, II, § 162 et 163.

(2) Gaius, *Comm.*, II, § 163.

(3) Ces rescrits n'existent plus.

(4) L. 23, C. *de jur. deliber.* — Eclog., 35, 14, c. x

(5) Novell., 1, c. II. — Eclog., 35, 15, 4, c. III. — Harmenop., V, IX, § 27.

ges de cette constitution, on sera soumis au payement de toutes les dettes.

7. L'*extraneus* qui a été institué héritier, ou qui vient à une succession *ab intestat*, en qualité d'héritier légitime, peut (1) gérer *pro hærede*, c'est-à-dire administrer comme héritier, agir (en justice), traiter, en d'autres termes, accepter l'hérédité par sa seule volonté, et devenir héritier Or, paraît gérer *pro hærede*, celui qui use des biens héréditaires, comme s'il en était propriétaire, et ce, soit en les vendant, soit en cultivant les fonds de terre, soit en les donnant à bail; en un mot, de quelque manière que ce soit, pourvu qu'il manifeste par des actes ou par des paroles, sa volonté d'accepter l'hérédité, et qu'il sache s'il est héritier testamentaire ou *ab intestat*; car s'il a été institué héritier, et qu'il fasse adition en qualité d'héritier appelé *ab intestat* à la succession, ou que le cas inverse se réalise, il ne deviendra pas héritier. Gérer *pro hærede*, c'est *pro domino gerere*; car, chez les anciens, on prenait le mot de *hæres* pour celui de *dominus* (2).

De même que par sa seule volonté, et par ces mots : « J'accepte l'hérédité, » l'*extraneus* devient héritier; de même, par la réponse contraire (3), par ces mots : « Je ne veux pas de l'hérédité, » il est immédiatement repoussé de l'hérédité.

Le muet ou sourd de naissance, ou celui qui l'est devenu plus tard par accident, peut sans difficulté agir *pro hærede*, et acquérir l'hérédité, pourvu qu'il sache qu'il fait ces choses pour cause d'hérédité (4).

(1) L. 20, D. *de adquir. hæred.*; l. 1, C. *de repud. hæred.* — Paul., *Sent.*, IV, VIII, § 6. — Ulp., *Fragm*, XXII, § 25. — Gaius. *Comm.*, II, § 167.

(2) L. 17, § 1; l. 19 et 20, D. *de adquir. vel omitt. hæred.*, l. 48, D. *de hæred. instit.* — Paul., *Sent.*, IV, VIII, § 25. — Gaius. *Comm.*, II, § 166.

(3) L. 7, D. *ad Sc. Trebell.*; l. 22 *pr.*, § 1 et 2, D. *de adquir. vel omitt hæred.* — Paul., *Sent.*, IV, IV, § 1. — Ulp., *Fragm.*, XXII, § 26. — Gaius, *Comm.*, II, § 169.

(4) L. 5, D. *de hæred. qual. et quant.*—Paul., *Sent.*, II, XVII, § 10.

# TITRE XX.

## DES LEGS (1).

Après avoir enseigné ce qui touche les testaments, il est nécessaire de parler des legs. Mais (2), dira-t-on peut-être, en procédant ainsi, vous interrompez la suite de votre matière, puisque vous vous étiez proposé de parler des acquisitions par universalité, et que d'ailleurs il faut, après avoir parlé de l'hérédité déférée par testament, s'occuper immédiatement de celle qui l'est *ab intestat*, et arriver ainsi au legs, qui est une acquisition à titre particulier. Mais la réponse est facile : en effet, après avoir traité de l'hérédité testamentaire, il n'est pas assurément hors de propos de parler ensuite des legs, puisque c'est par testament que les legs sont laissés (3).

1. Et d'abord il faut définir le legs. Le legs est une donation laissée par un défunt (4).

2. Mais le mot *legs* est un terme générique, et pour ainsi dire, la source de plusieurs autres, car il y a quatre sortes de legs, la *vindicatio*, ou vendication ; la *damnatio*,

(1) Paul., *sent.*, III, VI. — Eclog., 44, 1.

(2) *Vid. supra*, § *ult.*, lib. II, tit. IX.

(3) Gaius, *Comm.*, II, § 191.

(4) Dans l'Eclog., 44, 1, c. LV, le legs est défini, *μείωσις τῆς κληρονομίας*, *une diminution de l'hérédité*. — L. 36, D. *de leg. et fideic.* — Ni Théophile ni Harménopule n'ajoutent avec le texte latin, les mots *ab hær. præst.* (*Inst.*, *hic*). Au seizième siècle, plusieurs jurisconsultes, parmi lesquels Hotoman et Cujas, et, de nos jours, MM. Ducaurroy et Ortolan, *oper. cit.*, ont pensé que ces mots étaient une addition faite par des copistes. Quoi qu'il en soit, dans l'ancien droit, quand les legs ne pouvaient sortir à effet qu'autant qu'ils avaient été mis par le testateur à la charge de l'héritier. (*Vid.* l. 36, D. *de legat.*), cette définition était parfaitement juste ; mais, sous Justinien, c'est-à-dire, à une époque où les legs qui n'étaient pas valables comme legs, l'étaient comme fidéicommis, elle a dû paraître défectueuse. Nous préférons donc celle de Théophile, parce qu'elle est plus rigoureusement exacte.

ou condamnation ; le *sinendi modo*, la *præceptio*, ou prélèvement. Or, chaque sorte de legs en particulier est désigné par des paroles solennelles qui lui sont propres.

Et voici les paroles de la vendication : « Je donne (1) à un tel cent solides. » Cette vendication rendait le légataire propriétaire (du legs), à dater du moment de l'adition de l'héritier de telle sorte qu'il pouvait intenter l'action *in rem* contre toute personne ; aussi la compte-t-on parmi les moyens particuliers d'acquérir la propriété, ainsi que nous l'avons dit plus haut. On l'appelait vendication, du mot *vindicare*, c'est-à-dire, réclamer une chose par l'action *in rem*.

Voici les paroles de la *damnatio* (2) : « Je te condamne, ô héritier, à donner à un tel cent solides. » De là naissait pour le légataire contre l'héritier une action personnelle qu'on appelait *ex testamento*.

Voici celles du *sinendi modo* (3) : « Je te condamne, ô héritier, à permettre à un tel de prendre telle chose » ; de là naissait aussi une action *ex testamento* De même, voici les paroles de la *præceptio* (4) : « Qu'un tel héritier pour partie prélève telle chose » ; aussi ne laissons-nous pas valablement par *præceptio* à celui qui n'est pas (5) notre héritier pour partie : car le mot romain *præcipio*, c'est-à-dire, je prélève, indique évidemment une portion héréditaire en dehors de celle qu'il s'agit de prélever. C'est comme si on disait : Outre la portion que je lui ai laissée, je veux qu'il prélève

(1) On peut dire encore : *Do, lego ; capito, sumito, habeto, præsume*, *habe*, *vindica* (*Voy.* Ulp., *Fragm.*, XXIV, § 2 et sqq — Gaius, *Comm.*, II, § 192, 193, 201, 209, 126).

(2) On trouve encore dans Ulpien, *Fragm.*, XXIV, § 4 et 2, cette formule du legs *per damnationem : Hæres meus, damnas esto dare, dato, facito, hæredem meum dare jubeo hæc, da.* — *Vid.* Gaius, *Comm.*, II. § 201.

(3) Gaius, *Comm.*, II, § 209 et sqq.

(4) On trouve encore cette formule dans Gaius, *Comm.*, II, § 216 : *Lucius Titius hominem Stichum præcipito.* — Cf. Ulp., *Fragm.*, XXIV, § 6 et 11.

(5) Paul., *Sent.*, III, § 6 et 1.

encore telle chose. Or la *præceptio* s'exerçait par l'action *familiæ erciscundæ*. Or tout cela existait anciennement. Mais les constitutions des derniers empereurs (1) ont supprimé les paroles solennelles qui exprimaient chaque espèce de legs.

Et notre très-divin Empereur, après de nombreuses veilles, a rendu une constitution (2) dans laquelle, désireux de donner plus de force et plus d'efficacité aux volontés des mourants, il a voulu qu'on ne s'en rapportât plus aux paroles (seulement), mais aux intentions des mourants, en sorte que tous les legs n'aient plus qu'une même nature (3), et qu'en quelques termes qu'un objet ait été laissé (par un testateur), les légataires puissent le recueillir, soit par l'action personnelle, soit par l'action *in rem*, soit même par l'action hypothécaire. Ladite constitution nous apprend encore plusieurs autres choses fort utiles, dont sa lecture fera connaître toute la sagesse et toute l'importance.

3. Mais ce n'est pas là tout ce que porte cette constitution, elle a fait quelque chose de plus important encore. Car notre Empereur, voyant que les formalités relatives aux legs étaient trop rigoureuses, tandis que la loi était pleine d'indulgence pour la volonté des testateurs exprimée dans les fidéicommis qui jouissaient aussi de plus de latitude, a cru nécessaire d'assimiler tous les legs aux fidéicommis, de détruire toute différence entre eux, de suppléer par les fidéicommis à ce qui manque aux legs, et si le legs a quelque chose de plus que le fidéicommis, d'en faire profiter le fidéicommis.

Or, pour ne pas exposer simultanément et sans choix la difficile théorie des legs et des fidéicommis, et effrayer ainsi des jeunes gens à peine initiés aux éléments du droit, nous avons cru qu'il valait beaucoup mieux traiter d'abord séparément des legs et parler plus tard des fidéicommis, afin que

(1) L. 21, C. *de legat.*
(2) L. 1, C. *comm. de legat.*
(3) Voy. *infra*, § *ult.*, lib. III, tit. XXVII.

ces deux matières leur étant toutes deux également connues, et s'étant en quelque sorte familiarisés avec elles, ils puissent facilement et sans confusion aucune, comprendre une théorie très-subtile, et qui doit être étudiée avec beaucoup de soin (1).

4. Or, peuvent être léguées non-seulement les choses du testateur ou de l'héritier, mais encore celles d'autrui (2) non que le propriétaire de la chose (léguée) en soit (immédiatement) privé, car l'héritier est forcé de s'adresser au propriétaire, et de parler de vente avec lui, et si le propriétaire veut la vendre, l'héritier l'achètera et la donnera au légataire. Mais s'il ne peut l'acheter, parce que le propriétaire ne voudra pas la vendre, il en fournira l'estimation au légataire (3).

Si quelqu'un en mourant me lègue une chose dont je n'ai pas le *commercium*, c'est-à-dire, que je n'ai pas le droit de posséder, non-seulement la chose qui m'a été laissée ne me sera pas due, mais encore je ne pourrai pas même en demander l'estimation. Qu'arrivera-t-il donc si on me lègue le Champ de Mars (4), (c'est un lieu public aux portes de Rome), ou bien une boutique, un temple des édifices destinés à l'usage du public, tels qu'un théâtre, un amphithéâtre, un cirque? Tous ces legs seront certainement nuls (5).

Quant à ce que j'ai énoncé ci-dessus, savoir, que je puis léguer la chose d'autrui, il faut bien comprendre que cela

(1) L. 2, C. *comm. de legat.*

(2) Mais il ne faut pas que ce soit *in prejudicium domini*.—L. 67 § 8, D. *de legat.*, l. 25, C. *de fideicomm.* — Voy. *infra*, § 11 *huj. titul.*

(3) L. 40, D. *de legat.* — Paul., *Sent.*, IV, 1, § 7. — Ulp., *Fr.*, XXIV, § 8. — Gaius, *Comm.*, II, § 202. — Eclog., 44, 1, c. XXXVIII — Voy. *infra*, § 4, lib. II, tit. XXIV.

(4) Cf. l. 39 *in fine, de legat.*; l. *unic.*, C. Theodos. *de campo Martio urbis Romæ* — Veget., *de Re milit.*, I, c. x.

(5) L. 39, § 7, 8, 9 et 10, D. *de legat. et fideicomm.* — Ulp. *Fragm.*, XXIV, § 9.

n'a lieu que dans le cas où j'ai su en testant que cette chose appartenait à autrui: car si je ne le savais pas, le legs ne peut valoir. Si, en effet, j'avais su que la chose ne m'appartenait pas, je ne l'aurais peut-être pas laissée (1), et c'est là ce que porte la constitution du très-divin Antonin le Pieux (2).

Si quelqu'un m'a légué la chose d'autrui, et que son héritier ne voulant ni l'acheter, ni la donner, ni en fournir l'estimation, prétende que le legs est nul, parce que le testateur ignorait que la chose léguée appartînt à autrui, et que de mon côté, moi légataire, j'insiste en soutenant que ce legs est valable, parce que le défunt savait que la chose appartenait à autrui, qui sera tenu de prouver ce qu'il avance, de l'héritier, prétendant que le testateur ignorait (que la chose fût à autrui) ou du légataire soutenant qu'il savait qu'elle appartenait à autrui ? Nous disons que le légataire est tenu de prouver le contraire de ce qu'avance son adversaire, et non l'héritier : car le légataire (3), étant demandeur, est à juste titre tenu de prouver.

5. Titius ayant emprunté de Primus (4), lui a donné son fonds pour gage, ou pour garantie de sa dette. Titius étant mort avant d'avoir payé sa dette, m'a légué ce même fonds; l'héritier sera nécessairement tenu de payer Primus, et de me livrer ce fonds libre du gage qui le grevait. Ici encore a lieu la distinction de l'espèce précédente, c'est-à-dire, pour le cas où la chose d'autrui a été léguée ; car, ce n'est que dans le cas où le défunt a su que la chose léguée était grevée de gage, que l'héritier est forcé de la dégréver en payant la dette, et c'est ce que les très-divins (5) Sévère et Antonin ont ordonné par rescrit. Si

(1) Paul., *Sent.*, IV, I, § 8. — L. 10, C. *de legat.*

(2) L. 10, C. *de legat.*

(3) L. 21, D. *de probat.*; L. 4, C. *de edendo.*

(4) L. 57, D. *de legat.* — Paul., *Sent.*, III, VI, § 8. — Eclog 44, 1, c. CXVI. — Harmenop., V, X, § 33 et 57.

(5) L. 57, D. *de legat. et fideicomm.* — Paul., *Sent.*, III, VI, § 8. — L. 6, C. *de fideicomm.*

cependant le défunt a voulu que le légataire dégageât lui-même le legs des liens du gage, et qu'il lui ait formellement exprimé sa volonté, l'héritier ne sera pas grevé de la dette.

6. Je vous ai légué la chose d'autrui; j'ai survécu à la confection de mon testament et (avant ma mort), vous, légataire, vous êtes devenu propriétaire de cette chose. Évidemment vous ne pouvez pas exiger cette chose de l'héritier (comment, en effet, exigerez-vous ce qui est dans vos mains)? Mais ne pouvez-vous pas, au moins, en exiger l'estimation? Or, il faut faire cette distinction : si vous avez acquis cette chose (1) par vente, vous obtiendrez l'estimation de cette chose en agissant contre l'héritier par l'action naissant du testament; si, au contraire, vous en êtes devenu propriétaire ou par donation, ou par legs, vous ne pouvez pas en demander l'estimation (2), en vertu de la règle qui dit : *duas lucrativas causas in eumdem hominem et eamdem rem concurrere non posse* (3), c'est-à-dire, que deux causes lucratives ne peuvent être cumulées à l'égard d'une même chose, au profit d'un même individu.

C'est pourquoi, si Primus et Secundus me lèguent la même chose, et meurent après me l'avoir léguée, on demande, si je pourrai exiger le legs des héritiers de chacun d'eux? Et on répond que si j'ai acquis la chose en vertu du testament de l'un d'eux, je ne pourrai l'acquérir, ni en vertu du testament de l'autre, ni en nature; (comment, en effet, l'acquerrais-je, puisqu'elle est déjà dans mes mains?) ni en estimation, puisque je l'ai acquise à titre lucratif. Mais si j'ai d'abord reçu, en vertu d'un testament, l'estimation d'une chose, je pourrai sans contredit

(1) L. 108, § 4, D. *de legat.* — *Voy.* l. *unic.*, C. *de componend. lucrat. descript.*

(2) L. 21, § 1, D. *de legat.*; l. 17, D. *de obligat.* — Eclog., 44, 5, c. XXI.

(3) L. 17, D. *de obligat. et action.*

demander la chose elle-même, en vertu d'un autre testament (1).

7. Nous pouvons valablement léguer, non-seulement les choses qui existent déjà, mais encore celles qui n'existent pas encore (2), pourvu qu'on en ait l'*espérance*; par exemple, les fruits que produira tel champ, ou l'enfant qui naîtra de telle esclave (3).

8. Si je lègue à deux individus une seule et même chose soit *conjunctim*, soit *disjunctim* (4), c'est-à-dire, soit conjointement, soit séparément, et que tous deux réclament le legs, on le divisera par moitié entre eux. Si l'un fait défaut, soit volontairement, soit par l'effet du hasard; (volontairement, en répudiant le legs; par l'effet du hasard, en mourant du vivant du testateur) : soit de toute autre manière, par exemple, par la perte du droit de cité, dans tous ces cas, le legs échet (5) tout entier à son colégataire.

Le legs est fait *conjunctim* (6), si je le fais en ces termes : « Je donne et lègue l'esclave Stichus à Titius et à Seius. » Il est fait *disjunctim*, si je dis : « Je donne et lègue l'esclave Stichus à Titius. » Mais si j'ai ajouté : « Je donne le même esclave à Seius, » le legs devient alors un legs fait *disjunctim*. Car j'ai dit : « Je lègue l'esclave Stichus à Titius, je lègue le même esclave à Seius. » Ainsi donc, l'addition de la conjonction *et* rend le legs *conjunctim*, tandis que si l'on n'a pas écrit la conjonction *et*, par cela seul il sera fait *disjunctim* (7).

9. Vous m'avez légué en mourant le fonds de Titius. De votre vivant j'ai acheté ce fonds de Titius, qui s'en est réservé l'usufruit, c'est-à-dire, que j'en ai reçu la nue-pro-

(1) L. 24, § 1, *de legat. et fideicomm.*; et l. 66 *pr.*, § 1, D. *de legat. et fideicomm.*

(2) L. 14, D. *de legat.*

(3) L. 24, D. *de legat. et fideicomm.* — Gaius, *Comm.*, § 203

(4) L. 85, D. *de legat.*; l. 80, D. *de legat.*

(5) L. 1, § 3, D. *de usuf. adcresc.*

(6) L. 142, D. *de verb. signif.*

(7) Ulp., *Fragm.*, XXIV, § 12. — Paul, *Sent.*, III, IX, § 26.

priété, et que l'usufruit en est resté à Titius. Peu de temps après, Titius est mort, et l'usufruit qu'il s'était réservé, s'étant éteint par sa mort, s'est réuni à la propriété. Après votre mort, je veux agir en vertu du testament contre votre héritier. Julien dit que je puis, par action personnelle, réclamer l'estimation de la propriété; ici, en effet, l'usufruit tient lieu de servitude. Mais l'*officium* du juge est d'ordonner que l'héritier fournisse l'estimation *deducto usufructu*; par exemple, le fonds vaut avec l'usufruit cent cinquante solides, et cent solides seulement en dehors de l'usufruit; j'actionne donc (l'héritier) pour cent cinquante solides. Mais l'*officium* du juge est de ne me laisser toucher que l'estimation de la propriété, c'est-à-dire cent solides. Il serait, en effet, très-absurde que moi qui ai obtenu l'usufruit de cette propriété, à titre lucratif, je touchasse le prix de l'usufruit (1).

10. Quelqu'un m'a légué mon propre fonds : le legs est inutile (2); car, ce qui est ma propriété ne peut pas le devenir davantage, et bien que j'aie aliéné ce fonds, néanmoins il ne me sera pas dû, non plus que son estimation (3).

11. Titius était le maître d'un esclave; il me l'a légué croyant qu'il appartenait à Primus : le legs est valable; car la réalité est au-dessus de l'opinion; que s'il a pensé que cet esclave n'appartenait à moi légataire, le legs n'en est pas moins valable, et il sortira à effet, rien n'empêchant que la propriété de l'esclave ne passe sur ma tête, quoique son maître soit déjà mort, et que je ne sois pas son maître (4).

12. Vous m'avez légué votre chose, et vous l'avez alié-

(1) L. 82, § 2, D. *de legat. et fideicomm.*; l. 25, D. *de verb. signif.*

(2) Cf. l. 13, l. 82, § 2, *de legat.*; l. 13, C. *de legat.*

(3) L. 41, § 2; l. 66, § 6, D. *de legat. et fideicomm.*

(4) L. 4, § 1, D. *de manum. vindict.*

née ensuite. Celse dit que si vous l'avez aliénée, pour annuler le legs, et me retirer votre amitié, le legs ne m'est pas dû; que si au contraire vous ne l'avez pas aliénée dans cette intention : si, par exemple, vous avez été forcé de l'aliéner pour payer des dettes publiques ou privées, ou parce que vous manquiez d'argent, je pourrai exiger le legs de votre héritier, et c'est ce que Sévère et Antonin ont ordonné par rescrit (1).

Quelqu'un m'a légué son fonds et l'a ensuite engagé. Les mêmes Empereurs ont décidé par rescrit (2) que le testateur qui engage n'est pas censé engager dans l'intention d'annuler le legs ; le légataire forcera donc l'héritier d'affranchir le fonds du gage, par le payement de la dette, et de le lui donner, à lui légataire.

Que si quelqu'un me lègue son champ, et qu'ensuite il en vende une partie, la partie qui n'aura pas été vendue me sera entièrement due ; or, elle sera vendue s'il l'aliène sans renoncer à mon amitié.

13. Vous me deviez cent solides ; je vous ai légué la libération de votre dette, c'est-à-dire, l'abandon du droit de vous la réclamer. Le legs est valable, et mon héritier ne demandera le payement de cette dette, ni à vous, ni à votre héritier, ni à toute autre personne tenant lieu d'héritier; par exemple, au fidéicommissaire universel, ou au possesseur de biens ; mais, au contraire, vous pourrez agir *ex testamento* contre mon héritier, et le forcer à vous libérer par l'acceptilation (3).

Or, ce n'est pas seulement pour toujours que je puis faire remise de sa dette à mon débiteur, mais encore pour un certain temps, en disant : « Je te condamne, mon héritier,

(1) L. 2, § 12. D. *de legat. et fideicomm.* — Gaius, *Comm.*, II, § 198.

(2) L. 3, C. *de legat.* — Paul., *Sent.*, III, VI, § 16.

(3) L. 3 *pr.*, et § 3, D. *de liberat. legat.* — Paul., *Sent.*, III, VI, § 11.

à ne pas exiger de mon débiteur le payement de sa dette avant dix ans (1). »

14. Or, qu'arrivera-t il, dans le cas inverse, lorsqu'un débiteur en mourant a légué sa dette (2) à son créancier ? Nous demandons si ce legs est valable ? et nous disons que le legs n'est pas valable, s'il ne contient rien de plus que la dette. Si, en effet, le testateur devait cent, et qu'il ait légué cent, le legs n'est pas valable. En conséquence, ce legs est réclamé à titre de dette, et s'il y a lieu à la *falcidie*, à la différence de tous les autres legs, il ne subit pas de diminution. Que si, au contraire, il a légué cent quinze, l'excédant de la dette rendra ce legs valable ; mais si le legs n'est que de cent, il n'est pas valable, parce qu'il est inutile.

Si je vous devais *in diem*, dans le cas, par exemple, où vous avez stipulé que je vous donnerai cent solides, dans quinze ans; ou bien encore, si je vous devais sous condition par exemple, *si navis ex Asia venerit*, et que je vous aie légué cette dette purement et simplement, nous demandons si le legs sera valable ? Il faut dire qu'il est valable (3) à cause du payement actuel de la dette ; car le créancier gagne à recevoir ainsi sur-le champ ce qu'il ne devait recevoir que dans dix ans, ou après l'avénement d'une condition Peut-être, en effet, ne lui aurait-on rien donné, si la condition avait défailli.

Mais que décider relativement à ce legs, si du vivant du testateur qui doit, le jour arrive, ou la condition se réalise ? Papinien dit, que le legs n'en sera pas moins valable, parce que, dès le principe, il a été valable et présente un avantage (au légataire) ; ce qui est vrai ; car, on n'a pas admis l'opinion des jurisconsultes qui pensaient que le legs était éteint (4), parce que, dans ce

(1) L. 8, § 1, D. *de liberat. legat*

(2) L. 28 *in fine;* et 29, D. *de legat.*

(3) L. 1, § 10, D. *ad leg. falcid.;* l. 29, D. *de legat. et fideic.*

(4) L. 82, D. *de legat. et fideic.;* l. 85, § 1, D. *de reg. jur.;* l. 5, D *ad leg. falc.;* l. 98 et 140 *in fine*, D. *de verb. oblig.*

cas, il n'aurait pu prendre naissance. La raison en est que l'arrivée du jour, ou l'événement de la condition rend désormais la dette pure et simple, à l'époque de la mort du débiteur. Mais si quelqu'un lègue une dette pure et simple dès le commencement, nous disons que le legs n'est pas valable, tandis que le legs (dont nous venons de parler), est valable, parce qu'il l'est dès le commencement.

15. J'ai reçu la dot de ma femme : je suis mort, *constante matrimonio*, et je lui ai légué (1) la dot. Ce legs est valable ; car la femme gagne plus à réclamer la dot à titre de legs, qu'à titre de dot, parce que, comme nous pourrons l'apprendre plus tard, la dot n'est pas toujours restituée immédiatement après la dissolution du mariage, tandis que le legs sera payé sitôt après la mort (du testateur). Qu'arrivera-t-il donc, si n'ayant pas encore reçu la dot, je la lègue à mon épouse? Sévère et Antonin ont décidé par rescrit que si j'ai simplement légué la dot, en disant, par exemple : « Je lègue à mon épouse la dot qu'elle m'a donnée, » le legs est inutile, puisqu'elle ne m'a rien donné, et que d'ailleurs on ne saurait pas combien elle m'a donné. Mais si j'en indique le montant, en disant, par exemple : « Je lui donne (à ma femme) cent solides qu'elle m'a donnés à titre de dot ; » ou bien : « Je lui lègue le fonds qu'elle m'a donné, » le legs sera maintenu ; ou bien encore : « Je lui lègue tout ce que renferme l'acte dotal, » le legs ainsi fait sera valable (2).

16. Je vous ai légué un esclave : cet esclave est mort sans le fait ou sans le dol de mon héritier : la perte en est à la charge du légataire (3). Mais si l'esclave légué était l'esclave d'autrui, et qu'il ait été affranchi par son maître, et non par la volonté de l'héritier, ou qu'il soit mort, l'héritier n'est tenu de rien. Que si je vous ai légué l'eslave de

(1) Les Grecs appelaient cette dot προὶξ ἀντιλεγατευθεῖσα. — *Vid.* Eclog., 44, 6, c. xv. — Περὶ προικὸς ἀντιλεγατευθείσης.

(2) L. 1, § 2, 7 et 8 ; et l. 6 *pr.*, et § 1, D. *de dot. prælegat.*

(3) L. 35, D. *de legat. et fideic.* — Paul., *Sent.*, III, vi, § 9.

l'héritier, et que l'héritier l'ait affranchi, Julien dit que l'héritier est tenu d'en fournir l'estimation, sans que nous ayons à distinguer s'il a su ou ignoré que cet esclave vous a été laissé par moi. Il en est de même, si l'héritier n'a pas lui-même affranchi l'esclave, mais qu'il l'ait donné à un tiers, et que le donataire l'ait affranchi ; car, ici encore, on pourra réclamer de l'héritier l'estimation de cet esclave, bien qu'il ait ignoré que cet esclave avait été légué (1).

17. Un homme a légué sa propre esclave avec ses enfants, et l'esclave est morte du vivant du testateur ; à l'égard de l'esclave le legs s'est éteint, mais il est valable à l'égard des enfants, et l'extinction du legs, en ce qui touche la mère, n'entraîne pas celle du legs, en ce qui touche les enfants.

Mon esclave est un de ceux qu'on appelle *ordinaires*, (on nomme *vicaire* l'esclave de mon esclave). Un homme donc possédant un esclave nommé Stichus, lequel avait des vicaires sous lui, m'a légué son esclave ordinaire avec ses vicaires ; or, il est arrivé que l'esclave ordinaire est mort avant les vicaires : ce legs, devenu nul à l'égard de l'esclave ordinaire, est valable à l'égard des vicaires (2).

Retenez bien ces notions préliminaires : il y a des choses principales et des choses accessoires : tant que les choses principales sont valables, celles qui en naissent subsistent à leur tour ; mais que les premières soient annulées, les autres s'éteignent avec elles : par exemple, l'esclave est la chose principale, son pécule en est l'accessoire. Tant que vit l'esclave, le pécule subsiste ; une fois l'esclave mort, affranchi, ou aliéné, le pécule s'éteint ; comment, en effet, le pécule pourrait-il subsister, quand la chose principale n'existe plus ? Ainsi encore, un fonds de terre, est la chose principale, et les instruments aratoires sont la chose

(1) L. 112, § 1, D. *de legat. et fideic.* ; l. 25, § 2, D. *ad S. C. Trebell.*

(2) L. 3 et 4, D. *de pecul.*

accessoire. Or, on appelle instruments aratoires tout ce qui a trait à la production, à la récolte, au transport et à la conservation des fruits; à la production: par exemple, les esclaves agricoles, les bœufs, les charrues, les hoyaux, et tous autres objets de ce genre; à la recolte: les faulx et autres choses semblables; au transport: par exemple, les chars, les corbeilles et autres objets de ce genre; à la conservation: les tonneaux, les vases de terre cuite, les vases en forme de bouteilles, et tous autres objets de cette nature.

Maintenant que vous avez ces notions préliminaires, voyez-en l'application: je vous ai légué mon esclave avec son pécule; j'ai survécu à la confection de mon testament, ou j'ai affranchi cet esclave, ou bien je l'ai vendu, ou bien encore il est arrivé qu'il est mort Le legs s'éteint, non-seulement à l'égard de cet esclave, mais encore à l'égard du pécule; car le principal ne subsistant plus, l'accessoire ne saurait subsister. Il en est de même, si j'ai légué mon fonds avec ses instruments ou sans ses instruments, et que plus tard je l'aie aliéné. Car, ici encore, l'instrument étant un accessoire, le legs des instruments sera également éteint (1).

18. Je vous ai légué mon troupeau de brebis; il est ensuite arrivé que tout le troupeau s'est réduit à une seule brebis: le légataire peut demander la brebis qui reste.

Je vous ai légué mon troupeau composé de cent brebis: j'ai survécu à la confection de mon testament, et il est arrivé que le troupeau s'est accru de cent quinze têtes; les brebis nées (2) après le testament, feront partie du troupeau, et le légataire les prendra toutes, comme dit Julien. Car le troupeau (3) forme un seul et même corps composé de différentes têtes.

(1) L. 1, D. *de legat. et fideic.*; l. 5, D *de cust. vel instrum.* — Paul., *Sent.*, III, VI, § 34 et sq

(2) L. 21, D. *de legat.* — Eclog., 44, 1, c. XXI. — Harmenop., V, XIX, § 6.

(3) L. 41, § 1; l. 44, § 4, D. *de legat.*; l. 30, D. *de usurpat.*

19. Ainsi encore, une maison forme un seul et même corps composé de pierres assemblées et de divers matériaux. Si donc, je vous lègue une maison, et qu'après mon testament je l'orne de colonnes ou de marbres, vous les recueillerez également (1).

20. Je vous ai légué le pécule de mon esclave, qui est de dix solides. Que de mon vivant il s'élève à quinze solides, ou qu'il soit réduit à cinq seulement, il vous appartiendra dans tous les cas, à vous légataire (2), soit qu'il augmente, soit qu'il diminue.

Retenez ces notions préliminaires (3) : la *cession* est la transmission aux héritiers de legs non encore recueillis. Or, ce que l'héritier est au père de famille, le maître l'est à l'esclave : en effet, ce que moi, père de famille, je puis transmettre à mon héritier, avant la perception d'un legs, l'esclave l'acquiert pour son maître, tandis que ce qui ne peut être l'objet d'une cession ou passer aux héritiers, ne peut être acquis pour les maîtres ; mais les legs *cèdent*, après qu'ils nous ont été transmis, et il y a transmission de legs, quand on a l'action pour le réclamer. Or, l'action nous compète en matière de legs pur et simple, *a morte testatoris*, et en matière de legs conditionnels, à dater de l'événement de la condition : tandis qu'autrefois les legs cédaient *ab adita hæreditate* (4). Mais comme il y avait en cela préjudice pour les légataires, parce que les héritiers sachant que les légataires étaient atteints d'une maladie dangereuse différaient (à dessein) le moment de l'adition, afin que le droit au legs ne se fixât pas définitivement sur leur tête, et ne passât pas à leurs héritiers, on a décidé que la cession ou la transmission du legs daterait de la mort du testateur,

(1) L. 39, D. *de legat. et fideic.*

(2) L. 65, D. *de legat.* — Eclog., 44, 11, περὶ πεκουλίου λεγατευθέντος.

(3) L. 65, D. *de leg. et fideicomm.*

(4) *Voy.*, sur le *dies cedit* et le *dies venit*, l'excellente explication de M. Etienne, p. 437.

par la raison que cet instant n'est pas au pouvoir arbitraire de l'héritier. Mais cependant il est encore aujourd'hui certains legs qui, en vertu de certaines règles de droit, deviennent cessibles, conformément au droit ancien, *ab adita hæreditate*.

Maintenant que vous connaissez ces notions préliminaires, voyez-en l'application. J'ai légué le pécule de mon esclave Stichus. Après ma mort, et avant l'adition, ledit Stichus a fait quelques acquisitions; à qui profiteront elles? Resteront-elles à l'héritier, ou bien passeront-elles au légataire? Julien dit que si le pécule a été légué à Stichus lui-même, après qu'il a été affranchi par testament, tout ce qu'il a acquis avant l'adition de l'héritier, lui sera donné, et voici pourquoi : c'est parce que le jour de ce legs cède après l'adition de l'héritier. Or, si le legs cédait *a morte testatoris*, il appartiendrait à l'héritier. Quelle est donc la raison de la différence? Vous savez que la cession est la transmission (1) aux héritiers des legs non encore recueillis. A qui donc Stichus devait-il transmettre, avant l'adition, le pécule qui lui avait été légué? Il ne pouvait le transmettre aux héritiers; car l'esclave ne peut avoir d'héritier, et partant il acquerra pour le maître. Mais, avant l'adition, quel est son maître? Jusque-là donc, il ne pourra y avoir cession de legs; mais après l'adition, comme il deviendra libre et conséquemment pourra avoir un héritier, le legs pourra sans contredit être cédé. Voilà donc un cas où la cession a lieu aujourd'hui, conformément à l'ancien droit, *ab adita hæreditate* : c'est donc avec raison que le legs s'étant accru avant la cession, tout ce qui aura été acquis, outre ce legs, adviendra au légataire Stichus. Si, au contraire, j'ai légué le pécule de l'esclave Stichus à un étranger, ce qui aura été acquis après ma mort, et avant l'*aditio*, restera à l'héritier : car un pareil legs cède *à morte testatoris*. Or, je dis

(1) Eclog., 44, 20, ποίαις ἡμέραις τὰ λήγατα προχωρεῖ.

que les choses acquises après ma mort ne seront pas données au légataire, à moins qu'elles ne soient l'accessoire des choses principales qui composaient le pécule : par exemple, une esclave qui faisait partie du pécule, et qui a enfanté ; un fonds de terre, et les fruits qui en naissent (1).

Or, il faut que vous sachiez que l'esclave affranchi par testament ne conserve pas son pécule ; mais si je l'ai affranchi *inter vivos*, en vertu de cet affranchissement, il recueillera le pécule, à moins que je ne le lui aie formellement enlevé. C'est ce que les très-divins Sévère et Antonin ont ordonné par rescrit (2).

Or, le pécule de mon esclave ne se compose pas seulement de tout ce qu'il acquiert, pour quelque cause que ce soit, mais encore s'accroît de tout ce qu'il a dépensé (3) pour moi, son maître. Par exemple : un esclave avait un pécule de mille solides, et je lui devais cent solides qu'il avait dépensés pour mon compte ; son pécule sera donc de onze cents solides ; et si j'affranchis, par testament, cet esclave, et que je lui lègue son pécule, il est évident qu'il prendra mille solides. Mais prendra-t-il aussi les cent solides qu'il a dépensés pour moi ? Les mêmes empereurs ont décidé par rescrit qu'il ne peut réclamer ces cent solides ; car je suis censé lui avoir légué ce dont je pouvais sans peine disposer, et non ce qu'il a dépensé pour mon compte.

Si j'affranchis par testament l'esclave administrateur (4) de mes biens, sous la condition qu'il rendra compte de son administration, je suis censé lui léguer le pécule, et lui dire, comme l'ont pensé les mêmes empereurs, qu'il faut qu'il paye le reliquat du compte avec le pécule qui est censé lui avoir été légué ; car, tant qu'il est esclave, comment peut-

(1) L. 8, § 8, D. *de pecul.* ; l. 17, D. *quando dies legat.*

(2) L. *unic.* ; 53, D. *de pecul.* ; l. *unic.*, C. *de pecul. ejus qui libert. meruit.*

(3) L. 6, § 4, D. *de pecul. legat*

(4) Διοικητήν. — Les jurisconsultes grecs disaient encore πραγματευτήν, littéralement, homme d'affaires.

d'acquitter ses dettes, si ce n'est avec son pécule dont il devrait payer le reliquat de son compte, si le maître, vivant encore au moment de la reddition, en réclamait le payement (1)?

21. Nous pouvons léguer non-seulement les choses corporelles, mais encore les choses incorporelles (2). Si donc on me doit cent solides, je puis léguer à un autre l'action que j'ai contre lui : car l'héritier est forcé de la céder au légataire; et si je survis à la confection de mon testament et que je réclame la dette, le legs sera éteint. Voilà donc un legs incorporel, puisqu'il n'est autre chose que l'action que j'ai léguée.

Est valable le legs laissé en ces termes : « Je te condamne, héritier, à rebâtir la maison d'un tel, » ou bien, « à libérer Tertius des dettes qu'il a contractées. »

22. Un maître a légué un esclave ou une autre chose, d'une manière générale, en ces termes : « Je donne et lègue à celui-ci un esclave, » ou : « Je donne et lègue à celui-là un cheval ; » nous demandons si l'héritier peut, à son gré, livrer l'objet qu'il lui plaira de donner, ou si le légataire aura la faculté de prendre celui qu'il lui plaira de choisir ? Nous disons que le choix appartient au légataire (3), à moins que le testateur n'ait expressément dit le contraire.

23. Le legs d'option ou de choix (4) qui a lieu quand le défunt ordonne que le légataire choisisse tel de ses propres esclaves, de ses propres vêtements, ou de ses livres qu'il voudra, renferme une condition tacite (5). Si, de son vi-

(1) L. 6, § 4; et l. 8, § 7, D. *de pecul. legat.*

(2) L. 41 et 75, § 2, D. *de legat.* — Paul., *Sent.*, III, VI, § 10 et 11.

(3) L. 2, § 1; l. 12; l. 32, § 1; et l. 37, D. *de legat. et fideic.* — Ulp., *Fragm.*, XXIV, § 14.

(4) D., tit. *de option. legat.* — Eclog., 44, 8, περὶ τῶν κατ' ἐπιλογὴν λεγατευομένων.

(5) Λήγατον... αἵρεσιν ἔχει ἐν ἑαυτῷ, mot à mot : le legs renferme en soi une condition. Il s'agit évidemment ici d'une condition tacite.—

vant, le légataire n'a pas opté, ou qu'il soit mort avant d'avoir fait son choix, le legs ne passe pas à son héritier (1), à cause de la règle qui dit (2) que le legs conditionnel ne passe pas aux héritiers, en cas de mort du légataire, avant l'événement de la condition.

Or, il y a option ou élection quand le testateur a dit : *optato Titius de familia mea servum unum*, c'est-à-dire, que Titius choisisse un esclave dans ma famille. Tel était l'ancien droit ; mais une constitution (3) de notre très-divin empereur a réformé ce point de droit; car elle a accordé à l'héritier du légataire lui-même la faculté de choisir l'esclave que le légataire n'a pas choisi de son vivant.

L'Empereur, qui a traité cette partie de la législation avec le plus grand soin possible, a en outre établi par cette même constitution la disposition que voici : savoir, que dans le cas où l'option aurait été laissée à deux ou même plusieurs légataires qui, au lieu de s'accorder entre eux touchant le choix à faire, choisiraient l'un, Stichus, l'autre, Pamphile, auquel cas, suivant quelques jurisconsultes, on perdait autrefois le droit de réclamer le legs jusqu'au moment où ils s'accordaient entre eux, (suivant quelques autres, le désaccord des légataires éteignait le legs) ; que, dans ce cas, dis-je, le legs ne serait pas annulé, soit qu'il y ait plusieurs héritiers d'un seul légataire, qui

Cf. *infra*. lib. III, tit. IX. § 4 *in fine*.—Cujas, *not. ad Inst.*, blâme Théophile d'avoir dit, à l'exemple de Justinien, *hic*, que le legs d'option renferme une condition *tacite*, par la raison que le seul mot d'option implique une condition de cette nature. Mais Mérille, *Observat.*, XI, VIII, a judicieusement remarqué que le *legatum optionis* peut être fait tantôt sous une condition expresse; exemple : *Titio unum ex servis, si optaverit, do, lego;* ou sous une condition tacite, si le testateur dit : *Titius quem volet ex servis, optato, eligito*.

(1) L. 12, § 8, D. *quando dies legat.*

(2) L. 19, D. *de opt.;* l. 5, D. *quando dies legat.*

(3) L. 3, C. *comm. de legat.*

ne s'accordent pas sur le choix à faire, ou qu'il y ait plusieurs légataires qui ne choisissent pas le même esclave, et partant ne s'accordent pas entre eux, et ce, contrairement à l'opinion de la plupart des jurisconsultes qui ne veulent pas de l'équité. Il a voulu laisser au sort le succès de cette option ou de ce choix, et l'a constitué juge (entre ceux qui doivent opter); de sorte, qu'une fois qu'on aura tiré au sort (1), l'héritier du légataire ou l'un des légataires sera forcé de faire l'option ou le choix que le sort aura désigné, et tous les autres colégataires ou cohéritiers seront tenus de l'imiter et de prendre l'esclave qu'aura choisi celui qui aura tiré au sort en leur nom.

24. Nous ne pouvons léguer qu'à ceux avec qui nous avons faction de testament (2).

25. On ne peut laisser ni legs ni fidéicommis aux personnes (3) incertaines, et cela a lieu non-seulement à l'égard des paysans, mais encore à l'égard des militaires, comme le veut un rescrit du très-divin Adrien.

Or, est personne incertaine (4) celle dont le testateur n'avait pas une idée précise, et dont il n'aurait rien pu dire de positif : par exemple, s'il a dit (5) : « Que quiconque donnera sa fille en mariage à mon fils reçoive tel fonds de terre de mon héritier, » ou encore : « Que mon héritier donne dix solides à ceux qui (après ma mort) seront désignés consuls, les

(1) L. 3, C. *comm. de legat.*

(2) Cf. l. 101 *in fine*, D. *de legat.* — Ulp., XXIV, § 23 et 24.

(3) L. 69, § 4, D. *de jure dotium.* — Paul., *Sent.*, III, VI, § 13. — Ulp., *Fragm.*, XXIV, § 18. — Gaius, *Comm.*, II, § 238, 239 et 287.

(4) L. 39 *in fine*, D. *de verb. signif.*

(5) Il en serait autrement, si on faisait un legs en faveur d'une corporation, *corpus*, *collegium*, parce que, dans ce cas, bien que les personnes composant le *corpus* ou le *collegium* soient incertaines, individuellement considérées, cependant le *corpus* et le *collegium* sont certains. — *Voy.* l. 1, § 15, D. *ad Trebell.*; l. 24, C. *de episcop. audient.*; l. 1, C. *de sacros. eccles.* — *Supra*, l. II, tit. XX, § 12.

premiers ;» dans ce cas-là aussi, il y a personne incertaine ; car on ne sait pas qui donnera sa fille en mariage au fils du testateur, ou qui sera désigné ou nommé consul après le testament ; sur toutes ces choses le testateur ne pouvant rien dire de positif. Nous pouvons encore imaginer plusieurs autres cas.

La liberté ne peut pas non plus être utilement laissée à une personne incertaine : car on a voulu que les esclaves fussent affranchis nominativement (1) dans le testament.

Mais je puis valablement léguer sous une désignation certaine, à une personne incertaine, si, par exemple, je dis : «Que celui de mes cognats, actuellement existants, qui épousera ma fille, reçoive telle chose de mon héritier ;» ici, en effet, la personne est incertaine, mais la désignation c'est-à-dire, l'ensemble (des personnes parmi lesquelles se trouve la personne désignée) est certaine, puisque j'ai parlé de mes cognats actuellement existants. Or, l'existence de ces différents cognats est certaine.

J'ai laissé un legs à une personne incertaine ; évidemment ce legs sera nul. Mais si l'héritier en a payé le montant par erreur (2), il ne pourra le répéter : ainsi le veulent les sacrées constitutions.

26. Le posthume étranger est assimilé aux personnes incertaines ; aussi lui léguons-nous inutilement. Or, est posthume étranger celui qui, en naissant, ne devient pas héritier sien ; conséquemment, un petit-fils conçu de mon fils émancipé, sera pour moi un posthume *extraneus* (externe) (3).

27. Tel était l'ancien droit. Mais une constitution (4) de

(1) L. 24, D *de manumiss. testam.* — Ulp., *Fragm.*, I, § *ult* — Paul., *Sent.*, IV, § *ult.*

(2) Vid. *infra*, § *ult. in fine*, lib. III, tit. XXVII.

(3) Gaius, *Comm.*, II, § 241.

(4) D'après le Scholiaste de Théophile, cette constitution, qui n'est pas parvenue jusqu'à nous, aurait été insérée en tête du liv. VI.

notre Empereur, insérée dans son Code, a admirablement réformé le droit, en ce qui concerne les personnes incertaines, non-seulement à l'égard des hérédités, mais encore des legs et des fidéicommis : ce que montre très-clairement la lecture de ladite constitution. Cependant aux termes de cette constitution elle-même, on ne pourra donner un tuteur (1) incertain : car il doit être certain, parce qu'il faut que le testateur laisse à ses enfants un tuteur qui lui soit bien connu. La dation d'un tuteur sera donc inutile, si le testateur dit : « Que celui qui viendra le premier à mes funérailles soit le tuteur de mon fils (2). »

28. Le posthume étranger pouvait, autrefois, être institué héritier, et le peut encore aujourd'hui, à moins qu'il ne soit dans le sein d'une femme que je puis avoir pour légitime épouse.

29. Pour désigner clairement les personnes (qu'on voulait instituer), les anciens inventèrent plusieurs dénominations. Il y a, en effet, le *nomen*, c'est-à-dire, le nom principal, tel que *Titius*: le *cognomen*, le surnom, tirant son origine d'un vice ou d'une vertu : d'un vice, tel que *Superbus* ou le Superbe ; d'une vertu, tel que *Pius*, le Pieux. Il y a encore le *prænomen* ou prénom, qui nous vient ou de nos ancêtres ou de nos bienfaiteurs : de nos ancêtres, comme si on appelle Achille *Æacide*; de nos bienfaiteurs; c'est ainsi que nous voyons les présidents de provinces faire précéder leurs propres noms des noms de ceux qui les ont nommés présidents. Exemples : Strategius (3) ou Constantin. Si donc, celui qui

tit. VIII (lisez tit. XLVIII) du Code *repet. prælect., de incertis personis* (λείπει ἡ διάταξις Βιβλ. Σ. του Κωδ., τιτ. μὴ αἱρεσις οὖσα). Nous croyons avec D. Godefroi, Doujat et Fabrot, que Théophile parle ici de la première édition du Code.

(1) L. 20 et 30, D. *de testam. tut.*

(2) Gaius, *Comm.*, II, § 241.

(3) Par la même raison, les préteurs de Constantinople se nommaient tantôt *flavialis*, *constantinianus*, *theodosius*, *arcadius*, etc. — *Voy.* les notes de D. Godefroi sur la loi 2, C. *de officio prætoris*.

fait un legs s'est trompé relativement au nom du légataire, au lieu de dire Titius, a dit Seius, et s'est ainsi trompé relativement au *nomen*, ou bien encore, relativement au *cognomen*, en disant *Pius*, au lieu de dire *Superbus*, ou relativement au prénom, en disant Primus, au lieu de dire Strategius, nous demandons si le legs est inutile? Nous disons que, si la personne dont le testateur a voulu parler existe réellement, le legs n'est pas moins valable. Il en est de même à l'égard des héritiers : car si, en instituant un héritier, je me trompe relativement à l'un de ses noms l'institution n'est pas nulle pour cela, et avec raison. Les noms, en effet, n'ont été inventés que pour la désignation des personnes; mais si la personne dont il s'agit peut être reconnue de quelque autre manière, peu importera l'erreur sur le nom, elle ne nuira en rien (à l'institution) (1).

30. A ce principe se rattache la règle qui dit : *falsa demonstratio legatum non perimit* (2) : car il faut que vous sachiez que le legs peut être fait avec une démonstration ou une cause; or, la démonstration est la désignation de la chose léguée. Exemple : un testateur a fait un legs en ces termes : Je lègue à Titius mon esclave Stichus, né dans ma maison; le legs est utile, bien que Stichus ne soit pas né dans ma maison, et que je l'aie acheté; ou bien encore j'ai dit : « Je lègue à Titius l'esclave Stichus que j'ai acheté de Seius (et qu'en réalité j'ai acheté de Primus); ce legs est utile en vertu de la susdite règle : *falsa demonstratio legatum non perimit*.

31. L'adjonction d'une fausse cause (3) n'infirme pas davantage le legs. Or, la *causa* est la désignation de la raison pour laquelle on fait un legs. Exemple : on a légué en ces termes : Je donne et lègue mon esclave Stichus à Titius,

(1) L. 8, § 2, D. *de bonor. possess. secund. tabul.*; l. 34, D. *de condit. et demonst.*, l. 4, C. *de testam. et quemadm.*

(2) L. 33, D. *de condit. et demonst.* — Ulp., XXIV, § 19.

(3) L. 72, § 6, D. *de condit. et demonst.* — Ulp., XXIV, § 19.

parce que, pendant mon absence, il a administré mes affaires ; ou, encore : Je lègue mon esclave à Titius, parce que, par sa protection (1), j'ai échappé à une accusation capitale. Bien qu'en réalité Titius n'ait pas administré mes affaires et ne m'ait pas sauvé d'une accusation capitale, le legs est valable en vertu de la règle qui dit : *falsa causa legatum non peremit.* Mais si j'ai exprimé la cause sous forme de condition, et que cette cause se trouve être fausse, le légataire ne recueillera rien ; ce qui arrivera, si j'ai dit : « Je lègue mon champ à Titius, s'il a administré mes affaires. » Car, s'il les a administrées, il recueillera le legs par suite de l'événement de la condition ; mais si, au contraire, il ne les a pas administrées, aucune action ne sera accordée au légataire, par suite de l'inaccomplissement de la condition (2).

32. Retenez bien ces notions préliminaires. Quand les droits du demandeur et du défendeur ont pour objet une seule et même personne, la confusion qui résulte de ce concours de droits éteint l'action ; nul en effet ne peut plaider contre lui-même. Or, il faut vous rappeler ici ce qui a été dit plus haut, que la transmission des legs purs et simples a lieu, à dater de la mort du testateur, et celle des legs conditionnels à dater de l'événement de la condition. Maintenant que vous connaissez ces notions préliminaires, en voici l'application. Un testateur m'a institué héritier et m'a chargé d'un legs en faveur de Stichus mon esclave : nous demandons si le legs a été valablement laissé, puisque les droits de demandeur et de défendeur concourent sur une seule et même personne ; car je suis tour à tour défendeur, en ma qualité d'héritier, et demandeur en ma qualité de maître; donc, par cela seul que le droit de défendeur

(1) Eclog., 7, 9, περὶ τῶν προσφευγόντων εἰς προστασίαν τινῶν δυνατῶν. — Eclog., 8, 21, 1, c. XXXVI. — Harmenop., II, IX, § 3.

(2) L. 17, § 2 et 3, D. *de condit. et demonstrat.* — Ulp., *Fragm.*, XXIV, § 19.

et celui de demandeur concourent en ma personne, l'action est éteinte par confusion.

Mais quelques jurisconsultes disent qu'il faut avoir égard à la transmission (du legs), c'est-à-dire, au moment où naît l'action du legs (1); et si, en ce moment, la personne de l'héritier est distincte de celle du légataire, (ce qui a lieu dans le cas où, du vivant du testateur, j'ai affranchi ou aliéné mon esclave,) le legs sera valable, parce que les personnes (de l'héritier et du légataire) sont distinctes entre elles. Que si, au contraire, au moment de la mort du testateur, j'ai sous ma puissance l'esclave légataire, le legs s'éteindra par la raison que nous avons déjà dite. Voilà pour le legs pur et simple. S'il est conditionnel, nous ne considérons plus le moment de la mort du testateur, mais celui de l'événement de la condition. Et si, au moment de l'accomplissement de la condition, Stichus se trouve libre ou l'esclave d'un autre, le legs sera valable; si, au contraire, lors de l'événement de la condition, il se trouve sous ma puissance, le legs est nul. Telle était l'opinion de quelques jurisconsultes. Or, voici l'opinion qui a prévalu.

Ainsi que nous l'avons déjà dit dans les legs conditionnels (2), il faut considérer l'événement de la condition; mais s'agit il d'un legs pur et simple, il sera inutile, en vertu de la règle de Caton (3) qui veut que tous les legs qui auraient été inutiles, si le testateur était mort immédiatement après la confection du testament, ne doivent pas être confirmés, par cela seul que le testateur aura survécu assez longtemps à la confection du testament pour que l'héritier ait eu l'occasion d'aliéner ou d'affranchir son esclave Stichus : car si le testateur était mort immédiatement

(1) L. 12, 18, 116, D. *de legat.*

(2) L. 86, D. *de condic et demonstrat.*

(3) Dig., tit. *de regul. Catonian.* — *Voy.* l'ouvrage precité de M. Etienne, p. 438.

après avoir fait son testament, l'esclave se serait trouvé sous la puissance de l'héritier (1).

33. Mais qu'arrivera-t-il si, en sens inverse, un testateur institue héritier mon esclave (2), et le charge d'un legs en ma faveur? Dans ce cas, le legs sera incontestablement valable ; si, en effet, le testateur était mort immédiatement après la confection du testament, le jour du legs n'aurait pas cédé à l'égard de l'héritier, car, dans le cas précédent, où le maître était l'héritier et où l'esclave était légataire, le legs transmis à l'esclave était par lui acquis pour son maître. Mais, dans l'espèce actuelle, on ne peut dire que le legs transmis au maître ait été acquis pour l'esclave institué héritier ; car ici l hérédité est séparée du legs, et tout autre individu peut devenir héritier dans la personne de Stichus. Si, en effet, avant que je lui ordonne de faire adition et d'acquérir l'hérédité pour moi, il passe sous la puissance d'un autre, c'est pour son nouveau maître qu'il acquiert l'hérédité. Mais si, au contraire, il a été affranchi et qu'il fasse adition, c'est pour lui-même qu'il acquiert l'hérédité ; et, dans tous ces cas, le legs sera utile; car la personne de l'héritier est distincte de celle du légataire, si bien que je pourrai réclamer le legs en agissant contre l'esclave affranchi et qui fait adition, ou bien contre le nouveau maître. Mais si, au contraire, l'esclave, encore sous ma puissance, a fait adition par mon ordre, le legs s'évanouit, parce que je suis tout à la fois légataire, en vertu d'une disposition du testament, et héritier, en vertu de l'acquisition (d'hérédité que je fais par mon esclave) (3).

34. Nous léguons inutilement *ante hæredis institutionem*, c'est-à-dire, avant d'avoir institué héritier, et c'est avec raison, les testaments tirant toute leur force de l'insti-

(1) Ulp., *Fragm.*, XXIV, § 23. — Gaius, *Comm.*, II, § 244.

(2) L. 25, D. *de legat.*

(3) L. 25; l. 91, D. *de legat. et fideicom.*; l. 20, D. *ad leg. Falcid.* — Ulp., *Fragm.*, XXIV, § 24. — Gaius, *Comm.*, II, § 245.

tution des héritiers, de telle sorte que l'institution d'héritier doit être regardée comme la tête et le fondement du testament tout entier; aussi, tout ce qui précède l'institution d'héritier est-il censé être en dehors du testament. Par la même raison, on ne peut pas davantage affranchir avant d'instituer héritier.

Mais notre Empereur trouvant absurde (chose qui avait déjà été blâmée par les anciens eux-mêmes) de s'attacher d'une part à l'ordre de l'écriture, et de l'autre de ne pas tenir compte de la volonté des mourants, a fait une constitution qui a réformé cet abus, en ordonnant qu'on pourrait laisser un legs quelconque, et à plus forte raison, la liberté qu'il a jugée digne de toute faveur, et ce, même *ante hæredis institutionem et inter medias hæredum institutiones*. *Ante hæredis institutionem*, si par exemple, je commence mon testament en ces termes : « Je lègue à un tel cent solides ; » ou bien : « Qu'un tel soit libre, » et que j'ajoute ensuite : « Qu'un tel soit mon héritier, » ou encore *inter medias hæredum institutiones*, quand je dis, par exemple : « Qu'un tel soit mon héritier pour six onces, je lègue à un tel et à un tel cent solides ; » ou : « Que mon esclave Stichus soit libre, » et que j'ajoute ensuite : « J'institue encore un héritier pour l'autre moitié. »

35. On laisse inutilement un legs *post mortem hæredis* ou *post mortem legatarii*, si, par exemple, on dit : « Je lègue à un tel cent solides après la mort de l'héritier. » Évidemment, si l'héritier survit (au légataire), le legs ne pourra lui être réclamé, et même, après sa mort, on ne pourra l'exiger de son héritier, à cause de la règle qui veut que l'action qu'on n'a pas commencé d'intenter contre nous ne puisse l'être contre nos héritiers. Il en est de même à l'égard du légataire ; car, si je dis : « Je lègue cent solides à Primus

(1) L. 1 *in fine*, D. *de vulgar.*, l. *ult.*, D. *de jure codicillor.* — Paul., *Sent.*, III, VI, § 3. — Ulp., *Fragm.*, XXIV, § 15.

(2) Paul., *Sent.*, III, VI, § 3. — Ulp., *Fragm.*, XXIV, § 16.

(payables) après sa mort, » le legs ne saurait être valable. En effet, les termes dont s'est servi le testateur l'empêchent de réclamer le legs, et son héritier ne le peut pas davantage, à cause de la règle qui veut que l'action que nous n'avons pas commencé par exercer nous-mêmes ne passe pas à nos héritiers.

De même encore, le legs fait (1) *pridie quam hæres aut legatarius morietur*; c'est-à-dire, la veille de la mort de l'héritier ou du légataire, est inutile ; si, par exemple, je dis : « Je lègue cent solides à Titius la veille de la mort de mon héritier ou de Titius. » En effet, le jour qui précède celui de la mort est incertain : or, nous disons que si, après la mort (de l'héritier ou de Titius) nous nous reportons à l'époque qui l'a précédée, nous trouvons que la veille de la mort n'est autre que le jour d'hier : et comme ce n'est que par la mort qu'on pourra connaître ce jour, le legs rentrera dans la classe des legs faits *post mortem* (2).

Or, notre très-divin Empereur a cru devoir aussi dans la même constitution réformer (3) cette partie de la législation, en accordant aux legs de cette nature, la même force qu'aux fidéicommis auxquels il les a assimilés : car les anciens, tout en ne reconnaissant pas de pareils legs, admettaient des fidéicommis de ce genre. Ainsi donc, sur ce point, il n'y a aucune différence entre les legs et les fidéicommis, les uns et les autres étant également valables.

36. De même le legs laissé *pœnæ nomine*, ou révoqué, *translatum* ou transféré (4), n'est pas valable. Or, on est censé léguer *pœnæ nomine*, c'est-à-dire, à titre de peine,

(1) Paul., *Sent.*, III, VI, § 6; et IV, I, § 11 *in fine*. — Ulp., XXIV, § 16.

(2) Ulp., *Fragm.*, XXIV, § 15; XXV, § 8. — Paul., *Sent.*, III, VI, § 2. — Gaius, *Comm.*, II, § 229, 230.

(3) L. 11, C. *de contrah. stipulat.*; l. *unic.*, C. *ut actione ab hæred. et contra hæred. incip.* — Gaius, *Comm.*, II, § 277.

(4) L. 1 et 2, D. *de his quæ pœnæ causa relinquuntur* ; l. *unic.*, D *de his quæ pœn. nomin.* — Ulp., *Fragm.*, XXIV, § 17. — Gaius, *Comm.*, II, § 235, 236 et 243.

quand on lègue pour contraindre plus efficacement l'héritier à faire ou à ne pas faire quelque chose. En voici l'origine : plus d'un testateur ordonnait en mourant à ses héritiers certaines choses particulières, ou leur prescrivait certaines obligations dont ils ne tenaient pas compte; voyant donc que leurs dernières volontés étaient violées, les testateurs songèrent enfin à porter contre leurs héritiers, une peine pécuniaire qui les forçât à faire, même malgré eux, ce qu'ils leur ordonnaient de faire. Mais montrons, par un exemple, ce qu'est le legs *pœnæ nomine* : il a lieu en ces termes : Qu'un tel soit mon héritier, et qu'il donne sa fille en mariage à Titius ; ou, en sens inverse : Qu'il ne la lui donne pas en mariage, et s'il contrevient à mes volontés, qu'il donne à Seius dix solides; ou encore : Que mon héritier, s'il vend Stichus, ou bien, mon esclave, s'il ne le vend pas donne dix solides à Titius. Un tel legs n'est pas valable pour deux raisons : d'abord, parce que la loi réprouve les legs laissés à l'arbitraire de l'héritier, et qu'ici il lui est facultatif de devoir ou de ne pas devoir le legs; car s'il accomplit la volonté du défunt, il ne payera rien : et s'il s'y oppose, il s'obligera envers le légataire : ensuite, parce que les legs doivent être faits par un motif de bienveillance envers le légataire, et non par haine contre l'héritier.

Or, telle était la rigueur de la règle qui veut que les legs faits *pœnæ nomine* soient inutiles, que d'après plusieurs constitutions impériales, elle ne permettait pas même à l'Empereur de recevoir un legs fait *pœnæ nomine*, et que le testament militaire ne pouvait rendre valable le legs fait *pœnæ nomine*, bien que toutes autres expressions de la volonté des militaires soient comme autant de lois dans leurs testaments. Bien plus, la liberté léguée *pœnæ nomine* n'est pas valable, et on ne peut valablement instituer un héritier *pœnæ nomine* comme le dit Sabinus. Si donc, par exemple, un testateur a dit : « Que Titius soit mon héritier, s'il veut donner sa fille en mariage à Seius, et si Titius ne donne pas sa fille en mariage à Seius, que Seius soit son cohéritier. »

L'institution de Seius est inutile; car de même que la dation d'un legs est une charge pour l'héritier, de même c'en est une pour lui d'avoir un cohéritier qui lui prendra la moitié de l'hérédité.

Mais, notre très-divin Empereur, n'approuvant pas une loi aussi rigoureuse, l'a abolie par une constitution générale où il ordonne que tout legs testamentaire, quoique fait *pœnæ nomine*, révoqué ou transféré à autrui, ne différât en rien des autres legs qu'on fait, qu'on révoque ou qu'on transfère, sauf toutefois ceux qui seraient ou impossibles, ou prohibés par les lois, ou encore deshonnêtes ou honteux, parce qu'il a pensé que les mœurs de son siècle ne permettaient pas de valider de pareilles dispositions testamentaires.

Or, un legs est impossible si, par exemple, je dis : « Je donne et lègue à Titius cent solides, s'il monte au ciel, et s'il n'y monte pas, je les lègue à Primus ; » évidemment Primus recueillera le legs ; ou encore : « Je lègue à Titius cent solides, s'il rend la femme d'un tel adultère, et s'il ne la rend pas adultère, je les lègue à Primus ; » ici encore Primus recueillera le legs ; ou bien encore : « Je lègue à Titius cent solides, s'il frappe sa mère ; sinon, je donne ces cent solides à Primus ; » ou bien : « S'il ne monte pas au ciel, ou s'il ne rend pas la femme d'un tel adultère, ou s'il ne frappe pas sa mère, je ne lui lègue pas les cent solides. » Dans tous ces cas, l'*ademptio* est nulle, comme la *translatio* du legs dans l'espèce précédente. Que si les ordres enjoints au légataire ne sont ni impossibles ni contraires aux lois, ni honteux, en d'autres termes *probrosa*, alors la dation, l'ademption et la translation du legs seront également valables.

## TITRE XXI.

### DE LA RÉVOCATION DES LEGS.

On peut révoquer un legs soit dans le testament (où il a été fait), soit dans des codicilles : peu importe que l'*ademptio* se fasse en termes contraires (à ceux par lesquels on a fait le legs). Si, par exemple, je dis : « Je donne et lègue à Titius cent solides, » et qu'ensuite, dans le même testament et un peu plus bas, ou dans un codicille, j'ajoute le mot *non* (en disant : « Les cent solides que j'ai voulu qu'on donnât à Titius *non do, nec lego,* » c'est-à-dire, je ne les donne pas, je ne les lègue pas). Voilà ce qu'on appelle *termes contraires* : car les termes dont je me suis servi pour donner, je m'en sers pour révoquer en y ajoutant le mot *non*, *do*, en effet, est l'opposé de *non do* Que si j'ai employé d'autres expressions, l'*ademptio* n'est pas moins valable. Je puis donc dire d'abord : « Je lègue cent solides à Titius, » et ensuite : « Je ne veux pas donner cent solides à Titius (1). »

Nous pouvons aussi transférer un legs d'une personne à une autre personne (2). Exemple, j'ai laissé à Titius mon esclave Stichus. Je puis dire ensuite : « Ce Stichus que j'ai légué à Titius, je le lègue à Seius, et je puis dire cela dans le testament (où j'ai fait le legs), ou dans des codicilles. Or, la *translatio* d'un legs en emporte tacitement l'*ademptio* : car le legs que je transmets de Titius à Seius, je l'enlève tacitement à Titius.

## TITRE XXII.

### DE LA LOI FALCIDIE (3).

Il nous faut maintenant parler de la loi *Falcidie*, la dernière qui ait limité la faculté de léguer; car, anciennement, il était permis d'absorber tout son patrimoine ou presque tout son patrimoine par des legs ; ainsi le voulait la loi des Douze Tables, qui porte : *uti quisque legassit suæ rei, ita jus*

(1) L. 5, § 10 et 11, D. *de adim. vel transfer. legat.* — Ulp. *Fragm.*, XXIV, § 19.

(2) L. 5 et 6, D. *de adim. et transfer. legat.*

(3) Paul., *Sent.*, III, VIII. — Gaius, *Comm.*, § 224, 225 — Eclog., I, περὶ φαλκιδίου. — Harmenop., V, IX.

*esto*, c'est-à-dire, que la disposition qu'on aura faite par legs de son bien fasse loi. Mais plus tard, dans l'intérêt des testateurs eux-mêmes, on crut devoir restreindre cette faculté de léguer, par la raison que les testateurs mouraient le plus souvent *intestati*, et que les héritiers *scripti* refusaient de faire adition, parce que l'hérédité ne leur donnait aucun profit, ou du moins qu'un profit minime.

Plus tard encore fut portée la loi *Furia*, qui statuait qu'il ne serait permis à personne de léguer plus de mille (1) écus. Que si un légataire en recevait un plus grand nombre, il était tenu de rendre le quadruple du surplus (de cette somme). Par exemple, s'il recevait douze cents solides, il rendait le quadruple des deux cents d'excédant, c'est-à-dire, huit cents. Mais on éludait facilement cette loi; car si on avait un patrimoine de cinq mille solides et qu'on léguât mille solides à cinq légataires différents, on ne violait en rien la loi. Or, dans ce cas aussi, on voyait l'héritier répudier l'hérédité, parce qu'il n'en retirait aucun profit, de sorte qu'ici encore les testaments se trouvaient sans effet.

Aussi, en troisième lieu, porta-t-on de la loi Voconia (2) qui statua que nul légataire ne recueillerait plus que l'héritier ; mais cette loi était non moins facile à éluder. Si, en effet, un homme, ayant un patrimoine de cent solides, m'instituait son héritier et léguait un solide à quatre-vingt-dix-neuf légataires (un solide à chacun en particulier), il ne transgressait pas la loi, et ne donnait pas moins

(1) Χιλίων νομισμάτων. Cujas prouve très-bien, en s'étayant d'un texte de Denys d'Halicarnasse, lib. IX, qu'ici νόμισμα signifie *as* (Cujas, *Observ.*, XIX, c. XXXI, *in fine*).

La loi *Furia* testamentaire, dont Cicéron parle dans son plaidoyer *pro Balbo*, est un plébiscite qui fut probablement porté en 571 de Rome. La loi *Voconia* testamentaire fut publiée vers l'an 585 de Rome, et la loi *Falcidia* vers l'an 714 de Rome. Les deux premières se trouvent indiquées par Gaius, *Comm.* II, § 225, et IV, § 23, et la troisième dans le *Comm.* II, § 226. — *Vid. Vinnii Comm.*, *hic.*

(2) Ulp., *Fragm.*, XXIV, § 32. — Paul., *Sent.*, III, VIII, § 1.

lieu à la répudiation (de l'hérédité) : car, pour un seul solide, l'héritier n'osait certainement pas prendre sur lui les charges de toute l'hérédité.

En dernier lieu donc, fut portée la loi *Falcidie* (1), qui divisa en 12 onces tout le patrimoine du défunt, et statua qu'il ne serait pas permis de léguer plus de 9 onces de tout le patrimoine, qu'il ait été institué un seul ou plusieurs héritiers. Mais elle voulut que le quart (de l'hérédité) restât à l'héritier, ou aux héritiers (s'il y en a plusieurs).

1. Un individu, ayant un patrimoine de quatre cents solides, a institué deux héritiers, pour une portion égale, Titius et Seius. Il a nominativement chargé Titius d'un legs, en disant : « Je te condamne, Titius, à donner à un tel et à un tel deux cents solides. » Quant à Seius, ou il ne l'a spécialement chargé d'aucun legs, ou il ne l'en a chargé que jusqu'à concurrence de la moitié de son institution, (de ce pour quoi il a été institué), c'est-à-dire, de cent solides; de sorte qu'il lui restera intégralement cent solides. Les légataires ont actionné Titius, et lui ont demandé la totalité de leurs legs; mais celui-ci ne devant rien avoir ou presque rien après la déduction des legs, veut conserver le quart de son institution (de ce pour quoi il a été institué), c'est-à-dire, cinquante solides; les légataires s'y opposent, disant que le testateur a observé la loi *Falcidie*, puisqu'il n'a pas absorbé par ses legs plus des trois quarts de l'hérédité, tandis que Titius, comme il a déjà été dit, comptait retenir justement le quart de son institution (de ce pour quoi il avait été institué). Cette question s'étant donc élevée, on a décidé que chaque héritier retiendrait le quart de son institution (de ce pour quoi il aurait été institué); et que, par cela seul que la moitié ou le quart resterait en entier à Seius, Titius ne cesserait pas de pouvoir retenir le quart de son institution (de ce pour quoi il aurait été institué), par la raison qu'il

(1) L. 73 *in fine*, D. *de leg. Falcid.* — Paul., *Sent.*, III, VIII, § 1. — Harmenop., V, IX, § 6.

faut que chaque héritier (1) ait le quart de son institution (de ce pour quoi il a été institué).

2. Or quand nous disons que l'héritier doit conserver le quart des biens du défunt, à quelle époque entendons-nous qu'il faille considérer la valeur des biens du défunt? Est-ce à l'époque de la mort, ou à l'époque de l'adition? On a décidé qu'il fallait plutôt considérer l'époque de la mort du testateur. Ainsi donc, jusqu'à l'adition, soit que les biens (du défunt) éprouvent quelque dommage ou quelque diminution, soit que le patrimoine (du défunt) ait pris quelque accroissement, les légataires, en ce qui concerne la falcidie, ne perdent ni ne gagnent rien ; mais l'une et l'autre de ces deux choses, je veux parler de la diminution et de l'augmentation (de la succession), ne regardent que l'héritier, comme on le voit dans l'espèce suivante : Un individu avait un patrimoine de cent solides, il a légué cent solides. Evidemment, l'héritier peut, en vertu de la falcidie, retenir vingt-cinq solides, c'est-à-dire le quart. Mais l'adition ayant été différée, il est arrivé que grâce à des esclaves héréditaires, l'hérédité s'est accrue de quelque chose, soit de la part des esclaves, soit du croît des animaux, et que tel a été l'accroissement de l'hérédité que l'héritier peut avoir le quart sans avoir besoin de la falcidie. Or, comme on a décidé qu'il fallait considérer l'époque de la mort (du testateur), et que c'est alors qu'il y a lieu à la falcidie, les biens acquis par accession dans l'intervalle, profitent à l'héritier; c'est qu'en effet, il ne retiendra pas moins que le quart de cent solides, puisqu'en dehors de la falcidie, il profite encore de l'accession.

Examinons maintenant le cas inverse : un individu ayant un patrimoine de cent solides en a légué quatre-vingt-cinq. Evidemment l'héritier n'aura pas besoin de la falcidie, parce qu'en vertu de la volonté du testateur, il a le quart

(1) L. 77, D. *ad leg. Falcid.*; l. 2, C. *eod. titul.* — Eclog., 4, 1, c. LXXI. — Harmenop., V, IX, § 30.

de l'hérédité. Mais après la mort (1) (du testateur), et avant l'adition, la maison héréditaire ayant été incendiée, ou bien encore, les biens héréditaires ayant péri dans un naufrage, ou bien, les esclaves héréditaires étant morts, et, par suite, l'hérédité ayant diminué de vingt-cinq solides, et s'étant réduite à soixante-quinze solides ou à moins encore, à soixante-dix, par exemple, l'héritier qui fait adition est forcé de payer le legs intégralement; car, à l'époque de la mort du testateur, il avait, en vertu de la volonté de celui-ci, le quart (de l'hérédité), et ce, sans avoir besoin de la falcidie. D'où il suit que dans notre hypothèse il ne gagne rien, et même quelquefois peut perdre. Mais qu'il ne se plaigne pas : il lui était permis d'éviter toute perte, en refusant de faire adition; car alors, avertis par sa répudiation de l'hérédité, qu'ils ne retireraient rien de leurs legs, ils auraient été forcés de transiger avec lui, afin de toucher une partie de leurs legs, et par là ce que *la falcidie* n'aurait pas accordé à l'héritier, il l'aurait obtenu en menaçant de répudier.

3. Or, voici comment on apprécie la valeur du patrimoine du défunt. Il faut d'abord déduire les dettes du défunt (2), les frais funéraires, le prix des esclaves affranchis : il faut ensuite apprécier la valeur de ce qui reste : (car ce qui reste est censé former tout le patrimoine), et enfin retenir le quart de ce reste. Par exemple : un individu est mort laissant un patrimoine de huit cents solides; il en a légué quatre cents, il en devait deux cents, et les esclaves affranchis valaient cent cinquante solides; on en a dépensé cinquante pour les funérailles, en sorte qu'il ne reste plus que quatre cents solides, c'est-à-dire le montant du legs (qu'il a fait). Aussi l'héritier ne devra retenir sur les quatre cents solides que cent, et non deux cents qu'il aurait retenus sur les

(1) L. 9, 30 et 77, D. *ad leg. Falcid.* — Eclog., 41, I. c. XXIX.

(2) L. 39, § 1, D. *de verb. signif.*; l. 45, D. *de religios.*; l. 73 D. *ad leg. Falcid.* — Paul., *Sent.*, IV, 1, § 3. — L. 6, C. *ad leg. Falcid.*

huit cents, et ce, à cause de la déduction dont nous avons parlé : le tiers (de ces quatre cents solides) sera donc partagé *au prorata* entre les légataires ; quant au quart, c'est-à-dire aux cent solides, il restera à l'héritier.

Un individu ayant un patrimoine net de quatre cents solides, en a légué quatre cents : il devra en réserver le quart, c'est-à-dire cent. Mais qu'arrivera-t-il s'il en a légué trois cent cinquante? il devra en réserver le huitième ; or, le huitième, c'est cinquante. L'héritier tient donc cinquante solides de la volonté du testateur et cinquante autres de la loi, ce qui en tout fait le quart (de l'hérédité). Si le testateur a légué cinq cents, bien qu'il n'ait qu'un patrimoine de quatre cents, et qu'il ait légué de cette sorte cent solides à Primus, cent à Secundus, cent à Tertius, cent à Quartus et cent à Quintus, il faudra d'abord déduire l'excédant de chaque legs, c'est-à-dire diminuer d'un cinquième le legs de chaque légataire, si bien qu'il reste quatre vingts solides pour chaque légataire, après quoi l'héritier, en vertu de la falcidie, prélèvera vingt solides sur (la part de) chaque légataire, et lui-même en retiendra le montant, c'est-à-dire, le quart des biens du défunt ; quant aux cinq légataires à chacun desquels ont été légués cent solides, ils auront soixante solides chacun.

## TITRE XXIII.

### DES HÉRÉDITÉS FIDÉICOMMISSAIRES ET DU SÉNATUS-CONSULTE TRÉBELLIEN (1).

Après avoir parlé des legs, passons aux fidéicommis. Or, parmi les fidéicommis les uns sont singuliers, les autres universels. Il faut en premier lieu traiter des fidéicommis universels, et arriver ainsi aux fidéicommis singuliers.

(1) D., tit. *ad senat. Trebell.* — C., *eod. titul.* — Paul., *Sent.*, IV, § 1 et 2. — Gaius, *Comm.*, II, § 246 et 247.

Et d'abord recherchons leur origine. Anciennement tous les fidéicommis étaient nuls, puisqu'on ne pouvait être contraint de les transmettre à ceux à qui on avait été prié de les faire tenir. De là, la création des fidéicommis. Il arrivait souvent qu'un citoyen romain mourait laissant des proches *peregrini* (1) à qui on ne pouvait laisser, ni hérédité, ni legs, parce qu'ils n'étaient pas régis par le même droit que les citoyens. Il appelait donc un citoyen romain qui pouvait devenir son héritier testamentaire, et qu'il regardait comme un homme bienveillant et sûr, et il l'instituait héritier, mais en dehors du testament (2) il le priait de rendre à tel *peregrinus* toute l'hérédité, une partie ou certains objets déterminés, et il était libre à l'héritier *scriptus* de les donner ou de ne pas les donner : car aucune obligation juridique ne le forçait à le faire : tout dépendait de la foi et de la pudeur de ceux qu'on avait priés. Voilà pourquoi ces dispositions se nommaient fidéicommis, c'est-à-dire, choses confiées à la foi (d'un tiers).

Mais tout cela n'eut lieu que dans le principe ; plus tard, l'empereur Auguste, touché, dans plusieurs cas, de la position des *peregrini* à qui étaient laissés des fidéicommis soit, par exemple, qu'il les connût personnellement, soit que leur science ou tout autre mérite les rendît dignes d'estime et de considération, soit encore que les héritiers, après avoir plus d'une fois juré par son salut, eussent oublié leur serment, soit enfin qu'ils eussent commis une insigne perfidie, comme si, un homme riche, étant prié de rendre l'hérédité à des enfants pauvres et tout jeunes encore, ou aux parents du défunt, lesquels étaient accablés de vieillesse, violait sa foi, l'empereur Auguste, dis-je, ordonna aux consuls d'interposer leur autorité, et de contraindre celui qui avait été prié (de rendre le fidéicommis) de le restituer. Or, comme cela parut juste, et plut à tout le peuple, peu à

(1) L. 1, C. *de hæred. inst.*
(2) Ulp., *Fragm.*, XXV, § 1.

peu cette intervention se convertit en juridiction permanente : et telle fut la faveur des lois pour les fidéicommis, que plus tard on créa pour les actions relatives aux fidéicommis un préteur spécial (1) nommé préteur fidéicommissaire.

2 Après avoir parlé de l'antique origine des fidéicommis, parlons des fidéicommis universels. Afin que le fidéicommis universel soit valable, il faut en premier lieu qu'il y ait un héritier directement institué dans le testament et prié de restituer l'hérédité à un autre ; car le testament qui ne contient pas d'institution d'héritier est un testament inutile (2). Si donc j'institue un héritier, en disant : « Que Lucius Titius soit mon héritier, » je puis ajouter (une autre disposition) et dire : « Je te prie, Lucius Titius (3), dès que tu pourras faire adition de mon hérédité, de la rendre et de la restituer à Gaius. » Je puis donc également prier mon héritier de restituer toute l'hérédité, ou seulement une partie (4).

Le fidéicommis peut être laissé ou purement ou sous condition, et, à partir d'un certain jour (5), par exemple, deux ans après ma mort.

3. Mais si un héritier institué et prié de restituer l'hérédité, la restitue, il n'en reste pas moins héritier (6), puisque ce droit incorporel s'est irrévocablement attaché à lui. Or, dans le principe, celui qui recevait l'hérédité tenait lieu d'acheteur, et plus tard, tantôt d'héritier, tantôt de légataire. Parlons d'abord de l'acheteur. Comme on croyait qu'il était absurde que l'héritier supportât les charges de l'hé-

(1) L. 2, § 35, D. *de orig. jur.* — Ulp., *Fragm.*, XXV, § 7 et 12. — Gaius, *Comm.*, II, § 274, 275, 278, 285.

(2) L. 14, C. *de testam.*

(3) L. 1, § 2, D. *de hæred. inst.*

(4) L. 16, § 4, D. *ad Sc. Trebell.*

(5) L. 15 et 19, D. *ad Sc. Trebell.* — Paul, *Sent.*, IV, I. — Ulp., *Fragm.*, XXV, § 11. — Gaius, *Comm.*, II, § 248, 250.

(6) L. 88 *in fine*, D. *de hæred. inst.* — Harmenop., V, VIII, § 2.

rédité, et que le fidéicommissaire profitât de ses avantages, on admit qu'on ferait une vente fictive. L'héritier donc vendait toute l'hérédité, moyennant un solide, et certaines stipulations intervenaient entre l'héritier et le légataire ou le fidéicommissaire. On les appelait stipulations *emptæ et venditæ hæreditatis*; car l'héritier stipulait du fidéicommissaire en ces termes : « Promettez-vous, fidéicommissaire, que si un créancier héréditaire me demande quelque chose, vous me le donnerez, ou vous me défendrez, et vous me mettrez à l'abri de ses poursuites? » Et le fidéicommissaire répondait : « Je le promets. » De son côté, le fidéicommissaire stipulait ainsi de l'héritier : « Promettez-vous, héritier, que si vous réclamez quelque chose d'un débiteur héréditaire, vous me le donnerez, ou bien vous me céderez vos actions, de telle sorte que je puisse les exercer *procuratorio nomine*? (Nous enseignerons plus tard (1) ce qu'est le *procurator*.) Et l'héritier répondait : « Je le promets. »

4. Mais comme, sous l'empire de cette législation, l'héritier qui cherchait à éviter toute contestation, tombait dans deux procès à la fois, obligé qu'il était de plaider et contre le créancier héréditaire et contre le fidéicommissaire, par suite de la stipulation portant qu'il serait remboursé de ce qu'il aurait payé, il fut rendu du temps de Néron et sous le consulat de Maximus et d'Annæus Sénèque, un sénatus-consulte statuant que si l'hérédité a été laissée à quelqu'un par fidéicommis, et qu'elle lui ait été restituée, toutes les actions, qui d'après le strict droit civil compètent à l'héritier et contre l'héritier, passeront au fidéicommissaire et contre le fidéicommissaire. Plus tard, le préteur, conformément à ce décret, accorda au fidéicommissaire et contre le fidéicommissaire les actions utiles, c'est-à-dire, indirectes (2), comme s'il eût été l'héritier; de sorte que, s'il était demandeur, il disait, comme s'il eût été héritier : «S'il appert que

(1) Voy. *infra*, lib. IV, tit. x — Gaius, *Comm.*, II, § 251.
(2) Cf. *infra*, § 9 *huj. tit.*

celui-ci doive donner. » Ainsi donc, le fidéicommissaire tient lieu d'héritier (1).

5. Or, comme sous cette législation, les héritiers *scripti*, le plus souvent priés de restituer presque toute l'hérédité, craignaient d'en faire adition pour un profit nul ou minime, et la répudiaient par ce motif, et que par suite les fidéicommis s'éteignaient, il fut rendu du temps de Vespasien, sous le consulat de Pegasus et de Pusion, le sénatus-consulte Pégasien, statuant qu'il serait permis à l'héritier, prié de restituer l'hérédité à autrui, d'en retenir le quart, à l'instar de la loi Falcidie, qui permettait de retenir le quart des legs ; et le même droit de rétention fut spécialement accordé, non-seulement sur les fidéicommis universels, mais encore sur les fidéicommis particuliers ; car ce qu'est la loi Falcidie aux legs considérables, le (sénatus-consulte) Pégasien l'est aussi aux fidéicommis considérables.

En vertu de ce sénatus-consulte, l'héritier supportait seul les charges de l'hérédité, et non le fidéicommissaire. Mais, dans la suite, on admit que le fidéicommissaire tenait lieu de légataire partiaire (2), c'est-à-dire, recueillait la moitié de l'hérédité). Car il y avait autrefois une cinquième espèce de legs, qui s'appelait *partitio*, c'est-à-dire, legs d'une partie de l'hérédité. On faisait ce legs en ces termes : « *Titius mihi hæres esto et cum Seio hæreditatem dividito in dimidia portione,* » c'est-à-dire, « que Titius soit mon héritier et partage l'hérédité par moitié avec Seius. » Aussi intervenait-il entre l'héritier et le légataire, les stipulations que voici : l'héritier stipulait du légataire en ces termes : « Promettez-vous, légataire, si je suis forcé de payer vingt solides, de m'en donner la moitié ? » et (le légataire) répondait : « Je le promets. » De son côté, le légataire stipulait de l'héritier en ces termes : « Promettez-vous, si vous recevez vingt solides

(1) L. 1 *pr.*, § 1, 2 et 3, D. *ad Sc. Trebell.* — Paul., *Sent.*, IV, II. — Gaius, *Comm.*, II, § 253.
(2) L. 164, § 1, D. *de verb. signif.*

d'un débiteur héréditaire, de m'en donner la moitié, c'est-à-dire, dix ? » (L'héritier) répondait : « Je le promets. » Et cette stipulation s'appelait *partis et pro parte*. Ainsi donc, à l'exemple du légataire partiaire, la stipulation intervenait entre l'héritier et le fidéicommissaire : l'héritier stipulait du fidéicommissaire en ces termes : « promettez-vous, fidéicommissaire, si un créancier héréditaire me réclame quarante solides, de m'en donner trente ? » Le fidéicommissaire stipulait de l'héritier en ces termes : « Promettez-vous, héritier, si vous recevez quarante solides d'un débiteur héréditaire, de m'en donner trente ? » Et il répondait : « Je le promets. » Or, de cette sorte le fidéicommissaire tenait lieu de légataire, et il fallait que le profit et la perte fussent communs entre le fidéicommissaire et l'héritier, proportionnellement à la part de chacun. Et ces stipulations s'appelaient *ex parte et pro parte* (1).

6. En résumé donc, il faut dire que si l'héritier est prié de restituer neuf onces ou moins au fidéicommissaire, et qu'il ait le quart ou plus du quart, en vertu de la volonté du testateur, la restitution se fera d'après le sénatus-consulte Trébellien : le fidéicommissaire actionnera ou sera actionné utilement pour les trois quarts ; pour l'autre quart, l'héritier actionnera et sera actionné directement. Mais si l'héritier est prié de restituer au fidéicommissaire plus de neuf onces, dix ou onze onces, ou bien encore, tout le patrimoine (du défunt), et qu'il n'ait pas le quart en vertu de la volonté du testateur, il y aura lieu au sénatus-consulte Pégasien ; et l'héritier qui aura de lui-même fait l'adition (nous apprendrons plus bas pourquoi j'ai dit *de lui-même*), soit qu'il ait retenu le quart, soit qu'il n'ait pas voulu le retenir, l'héritier supportera toutes les charges héréditaires. Mais s'il avait retenu le quart, intervenaient entre lui et le fidéicommissaire les stipulations *partis et pro parte*, à l'instar de l'héritier et

(1) Ulp., *Fragm.*, XXVI, § 15. — Paul., *Sent.*, IV, III, § 1 et 5. — Gaius, *Comm.*, II, § 2.

du légataire partiaire. Que s'il avait restitué toute l'hérédité, il n'y avait plus lieu au sénatus-consulte Trébellien, parce que, d'après ce sénatus-consulte l'héritier n'était pas censé avoir reçu du testateur le quart de son patrimoine; il n'y avait pas lieu non plus au Pegasien, puisque l'héritier, n'ayant pas voulu retenir ce quart, il n'y avait pas lieu aux stipulations *partis et pro parte*. Aussi, à défaut de tout autre moyen, faisait-on les stipulations (1) *emptæ et venditæ hæreditatis*.

Il en était ainsi en cas d'adition volontaire. Mais en cas de répudiation d'hérédité, sur le motif que l'hérédité est suspecte d'être onéreuse, le sénatus-consulte Pégasien porte que le fidéicommissaire se présentera devant le préteur, et que le préteur ordonnera à l'héritier de faire adition, et de restituer toute l'hérédité au fidéicommissaire. De cette sorte toutes les actions passeront de l'héritier au fidéicommissaire et contre le fidéicommissaire, comme si la restitution de l'hérédité se faisait en vertu du sénatus-consulte Trébellien: et, dans ce cas, il y aura concours des deux sénatus-consultes, du Pégasien qui force l'héritier de faire adition, du Trébellien qui transporte les actions; et il ne sera plus besoin d'aucune stipulation. L'héritier qui aura restitué l'hérédité sera tranquille, parce qu'il ne pourra plus être actionné; et le fidéicommissaire, en toute sécurité, parce qu'il aura toutes les actions (2).

7. Mais comme les stipulations imaginées par le sénatus-consulte Pégasien déplurent aux anciens eux-mêmes, et qu'en certains cas, le premier des jurisconsultes, Papinien, les appelle dangereuses; comme, d'un autre côté, notre très-divin Empereur préfère, dans les lois, la simplicité à la complication, il a cru devoir après l'examen de toutes les

(1) Cf. l. 45, D. *ad Sc. Trebell.* — Paul., *Sent.*, IV, III, § 2. — Ulp., *Fragm.*, XXVI, § 14. — Gaius, *Comm.*, II, § 255 et 256.

(2) Ulp., *Fragm.*, XXV, § 16. — Paul., *Sent.*, IV, IV, § 2, 3 et 4. — Gaius, *Comm.*, II, § 257 et 258.

ressemblances et de toutes les différences de ces deux sénatus-consultes, rejeter le Pégasien qui était le plus récent, et attribuer au sénatus-consulte Trébellien une pleine et entière autorité; de telle sorte, qu'en vertu de ce sénatus-consulte, les hérédités fidéicommissaires soient restituées, soit que par la volonté du testateur l'héritier ait le quart, soit qu'il ait plus ou moins, ou même rien du tout. Car lorsque l'héritier *scriptus* est prié de restituer toute l'hérédité ou plus de neuf onces, alors il lui est permis par la constitution de notre Empereur de retenir ou le quart en entier, ou le supplément du quart, ou de répéter ce qu'il a payé, les actions se divisant, d'après le sénatus-consulte Trébellien, entre l'héritier et le fidéicommissaire, proportionnellement à la part de chacun. Que si l'héritier restitue de lui-meme toute l'hérédité, toutes les actions seront données au fidéicommissaire et contre le fidéicommissaire. Mais notre très-auguste Empereur a transporté par sa constitution dans le sénatus-consulte Trébellien la principale disposition du Pégasien : car vous avez vu tantôt que lorsque l'héritier refusait d'accepter l'hérédité, parce qu'elle est suspecte pour lui, il était forcé, par le sénatus-consulte Pégasien, de faire adition, et que toutes les actions passaient au fidéicommissaire. Maintenant cela aura lieu en vertu du seul sénatus-consulte Trébellien, et l'héritier fera adition malgré lui et restituera l'hérédité au fidéicommissaire qui voudra l'accepter sans charge ni profit pour l'héritier.

8. Tout ce que nous avons dit de l'héritier institué pour tout l'as, tenez-le pour dit de celui qui, institué pour une partie quelconque (de l'as), par exemple, pour la moitié a été prié de restituer toute cette partie de l'hérédité, ou une portion de cette partie : car, dans ce cas, notre très-divin Empereur a voulu qu'on observât tout ce que nous avons dit touchant l'hérédité entière (1).

9. Un homme, en mourant, m'a institué héritier ; puis-

(1) Gaius, *Comm.*, II, § 259.

a dit : « Je te prie de restituer l'hérédité à un tel, après avoir pris ou prélevé tel fonds ou telle autre chose » (Supposez que ce fonds représente le quart de toute l'hérédité). Dans cette espèce, il y a lieu au sénatus-consulte Trébellien, de même que s'il avait dit : « Je vous prie de restituer ce qui restera de l'hérédité, déduction faite du quart (1). »

Mais il y a (entre ces deux cas) cette différence que si l'héritier prend le quart (2) en objets déterminés, en vertu du sénatus-consulte Trébellien, toutes les actions passent au fidéicommissaire et contre le fidéicommissaire, et ces objets appartiennent à l'héritier sans charge aucune, comme s'il s'agissait de legs ; tandis que si l'héritier prend le quart sur l'universalité juridique de l'hérédité, si, par exemple, le testateur a dit : « Retiens le quart et restitue le reste de l'hérédité, » ces actions se divisent, et le fidéicommissaire actionne et est actionné indirectement pour les trois quarts de l'hérédité, tandis que l'héritier actionne et est actionné directement pour un quart.

Mais quand même l'héritier institué et prié de restituer l'hérédité, après avoir retenu ou prélevé un objet déterminé, aurait, en retenant cet objet, pris la plus grande partie de l'hérédité; si, par exemple, l'hérédité tout entière est de quatre cents solides, et le fonds que l'héritier doit restituer, de deux cent cinquante solides, et qu'ainsi toutes les actions passent au fidéicommissaire et contre le fidéicommissaire, il ne sera pas moins nécessaire au fidéicommissaire d'examiner s'il lui est avantageux de recevoir le fidéicommis.

Nous en disons autant, même dans le cas où l'héritier aurait reçu ordre de retenir deux ou un plus grand nombre d'objets, ou une quantité déterminée d'objets, et de restituer ensuite l'hérédité : car, ici encore, soit que ces objets déterminés, ou une quantité déterminée de ces objets.

(1) L. 1, § 16, D. *ad Sc. Trebell.*
(2) L. 30, § 3, D. *ad Sc. Trebell.*

représentent le quart ou plus du quart de l'hérédité, toutes les actions, en vertu du sénatus-consulte Trébellien, passent au fidéicommissaire.

Ce qui a été dit de l'héritier institué pour toute l'hérédité et prié de retenir certain objet ou certains objets déterminés, et de restituer l'hérédité à autrui, nous le disons aussi du cas où un héritier institué pour une partie de l'hérédité a été prié de restituer son institution, après avoir retenu certain objet ou certains objets déterminés : car, dans cette espèce aussi, toutes les actions relatives à cette partie de l'hérédité passent au fidéicommissaire.

10. Or, non-seulement nous pouvons charger l'héritier *scriptus* d'un fidéicommis universel, mais encore celui qui doit recueillir *ab intestat* (1) notre patrimoine, soit en vertu du droit civil, soit en vertu du droit prétorien, si, par exemple, il était notre cognat. Nous pouvons ainsi l'en charger, en disant : « Héritier légitime, ou successeur prétorien, je te prie de restituer à un tel, ou tout ou partie de mon hérédité, ou tel fonds, ou tels esclaves, ou tant de solides, » tandis qu'on ne peut pas ainsi laisser *ab intestat* les legs déjà faits dans un testament. Aussi y a-t-il entre les legs et les fidéicommis cette différence (2) que les legs ne peuvent être laissés que par testament, tandis que les fidéicommis peuvent l'être même *ab intestat* (3).

11. Après avoir institué Primus mon héritier, je puis le prier de restituer l'hérédité à Secundus, et prier Secundus de restituer à son tour à Tertius, tout ou partie de

(1) L. 1, § 6; l. 6, § 1; l. 78, D. *ad Sc. Trebell.*; l. 15, D. *de inoffic.*, l. 114, § 2, D. *de legat.* — Ulp., *Fragm.*, XXV, § 4 — L. 5, C. *ad Sc. Trebell.*; l. 4, C. *de codicill.*

(2) Cf. l. 45, D. *de fideicomm. libert.*; et l. 127, § 1, D. *de leg.* — Paul., *Sent.*, IV, I, § 10.

(3) L. 1, § 5; l. 6, § 1, D. *ad Sc. Trebell.*; l. 56, D. *de legat. et fideic.* — Gaius, *Comm.*, II, § 270 et 271.

l'hérédité (1) à lui donnée, ou même de donner tel objet déterminé à Tertius (2).

12. Comme, ainsi que nous l'avons déjà dit au commencement de ce titre, les fidéicommis dépendaient, dans l'origine, de la bonne foi des héritiers, et que c'est de là que leur sont venus leur nom et leur nature; comme, en outre, ils étaient laissés à leur bon plaisir, le divin Auguste les transforma en obligations civiles de donner. Et notre Empereur voulant surpasser le très-divin Auguste, a récemment ordonné par une constitution (3), à l'occasion d'un fait dont le très-glorieux Tribonien a instruit sa sacrée Majesté, que si un testateur laisse à la charge de son héritier un fidéicommis purement verbal, soit universel, soit particulier, et qu'il ne puisse prouver son existence ni par écrit ni par la déposition de cinq témoins dont la présence suffit pour un fidéicommis, mais que l'acte ait eu lieu devant moins de cinq témoins, ou même sans témoin, il a ordonné, dis-je, que si l'héritier grevé de fidéicommis par son père ou par toute autre personne, est assez perfide pour refuser de rendre ce qui a été confié à sa foi, niant qu'il ait été chargé de rien de semblable, le fidéicommissaire, pour lui répondre, pourra, après avoir prêté lui-même le serment de *calomnie*, c'est-à-dire, juré qu'il défère le serment de bonne foi (4), forcer l'héritier de jurer qu'il ne lui a pas été laissé de fidéicommis; que si l'héritier refuse de jurer, il sera tenu de payer le fidéicommis, qu'il soit universel ou singulier, afin que la dernière volonté du testateur, qui avait confié toute sa succession à son héritier, ne soit pas violée (par ce même héritier).

Les mêmes règles s'appliquent au légataire et au fidéicommissaire, à la charge de qui un fidéicommis a été laissé

(1) L. 1, § 8; l. 22 *in fine*, D. *ad Sc. Trebell.*
(2) L. 78, § 11, D. *ad Sc. Trebell.*
(3) L. 32, C. *de fideic.*
(4) L. 34, § 4, D. *de jurejur.*

de la même manière ; et si le légataire nie qu'il ait rien été laissé à sa charge, il jurera qu'en effet rien n'a été laissé à sa charge ; ou bien, sur son refus de jurer, on réclamera de lui le montant du fidéicommis.

Que si le grevé du fidéicommis avoue qu'à la vérité, un fidéicommis a été laissé à sa charge, mais se retranche dans les subtilités du droit, disant, que les cinq témoins requis, n'ont pas assisté au fidéicommis, il n'en sera pas moins forcé de payer le fidéicommis, parce qu'une pareille chicane ne peut être d'aucune utilité.

## TITRE XXIV.

### DES OBJETS PARTICULIERS LAISSÉS PAR FIDÉICOMMIS.

Non-seulement nous pouvons, conformément à ce que nous avons déjà dit, laisser des fidéicommis universels, mais encore des fidéicommis particuliers ; par exemple, un fonds, des esclaves, des habits, de l'argent, des pièces de monnaie ; et non-seulement l'héritier, mais encore le légataire peut être prié de restituer un pareil fidéicommis à autrui, bien qu'un legs ne puisse pas être laissé à la charge d'un legataire (1).

1. Or, ce n'est pas seulement notre propre chose, mais encore celle de l'héritier, du légataire, et du fidéicommissaire que nous pouvons laisser par fidéicommis ; et non-seulement on peut être prié de restituer à autrui la chose même qui a été laissée, mais encore une autre chose qu'elle appartienne à celui qui l'a laissée, ou à autrui. Si en effet, je vous laisse mon fonds, je puis vous prier de donner à un autre ce même fonds, ou, au lieu de ce fonds, une maison, et peu importe que la maison soit à vous, ou à un autre.

(1) L. 22 *in fine*, D. *ad Sc. Trebell.*—Ulp., *Fragm.*, XXIV, § 20.—Gaius, *Comm.*, II, § 260. — D'après la loi 2, *in fine*, au Code, *tit. comm. de legat.*, le légataire peut être chargé d'un legs.

Mais il faut bien remarquer que nul ne peut être prié de *restituer* à autrui plus qu'il ne reçoit lui-même, car le fidéicommis serait nul pour l'excédant. Par exemple, je vous ai laissé cent solides, et je vous ai grevé d'un fidéicommis de cent dix solides : le fidéicommis est nul pour l'excédant. Quand la chose d'autrui est laissée par fidéicommis, celui qui a été prié de restituer, est tenu de la donner au fidéicommissaire, soit en l'achetant, soit, s'il ne le peut, en fournissant l'estimation (1).

2. Et non-seulement je puis par fidéicommis laisser des choses estimables à prix d'argent, mais encore la liberté (2). Car je puis prier mon héritier, ou mon légataire, ou mon fidéicommissaire d'affranchir un tel mon esclave. Peu importe que je les prie d'affranchir mon propre esclave ou celui de mon héritier, ou de mon légataire, ou de tout autre. Car, je puis dire : « Je te prie, héritier, d'affranchir un tel ton esclave, ou esclave de Mævius ; » et il sera forcé d'acheter cet esclave et de le gratifier de la liberté (3). Mais si son maître ne le vend pas, ce à quoi il n'est pas forcé, qu'on ne dise pas que par la la liberté fidéicommissaire est éteinte : elle est seulement différée; de telle sorte que, si jamais elle peut avoir lieu, la liberté sera donnée à cet esclave (4). Car, si celui qui a été prié de la lui donner, devient maître de cet esclave, il sera forcé de l'affranchir. Tout cela a lieu dans le cas où le testateur n'a fait aucune disposition en faveur du maître de l'esclave : car, si le maître reçoit quelque chose en vertu des dispositions du testateur il sera, sans contredit, forcé d'aliéner l'esclave

Si je laisse la liberté fidéicommissaire à mon esclave, il ne deviendra pas mon affranchi; mais l'affranchi de celui

(1) Paul., *Sent.*, IV, 1, § 7. — Gaius, *Comm.*, II, § 261 et 262.

(2) L. 12, § 1, et l. 16, D. *de fideicomm. libert.*— Ulp., II, § 7.

(3) Ulp., *Fragm.*, II, § 1; XXV, § 10.—Gaius, *Comm.* II, § 263, 264 et 265.

(4) L. 6, C. *de fideicomm. libert.* — Ulp., *Fragm.*, II, § 11. — Gaius, *Comm.*, II, § 262 et 265.

qui l'aura affranchi, c'est-à-dire, de celui qui aura réalisé le fait de l'affranchissement. Mais si j'ai laissé la liberté directe à mon esclave, en disant : « Je veux que Stichus soit libre, » ou : « Que Stichus soit affranchi, « Stichus sera mon affranchi, et cet affranchi sera nommé par les jurisconsultes *orcinus libertus*, c'est-à-dire Charonien.

Mais je ne puis laisser la liberté directe a mon esclave (1), qu'autant qu'il était en ma propriété, au moment de la confection du testament, et à celui de ma mort. Or, le testateur est censé laisser directement la liberté (2), quand il ne prie pas un tiers de prester la liberté, mais que lui-même veut, comme en vertu de son testament, lui accorder la liberté (3).

3. Or, il est beaucoup de termes sacramentels pour la dation d'un fidéicommis. Voici les plus ordinaires et les plus usités : *peto, volo, mando, fidei tuæ committo* (4); c'est-à-dire, je demande, je prie, je veux, je recommande, je confie à votre foi : expressions qui, séparées, ont la même valeur que réunies (5).

## TITRE XXV.

### DES CODICILLES (6).

Parlons maintenant du codicille. Le codicille est le supplément de la volonté du testateur imparfaitement exprimée dans son testament (7).

(1) L. 35, D. *de manumiss. testam.*

(2) L. 19, D. *de manumiss. test.*

(3) Ulp., *Fragm*, II, § 5 et 8.—Gaius, *Comm.*, II, § 266 et 267.

(4) Ajoutez : *deprecor, cupio, injungo, desidero, impero.* — Paul, *Sent.*, IV, I, § 6, et *jubeo.* — L. 38, § *pen.*, D. *de liber. legat.*

(5) Ulp., *Fragm.*, XXV, § 2. — Gaius, *Comm.*, II, § 249.

(6) Eclog., 37, περὶ κωδικέλλου. — Harmenop., V, VII, 3.

(7) Cette définition, repétée par l'auteur de l'Eclogue, par le Πρόχειρον d'Harménopule, *loc. cit.*, et par la *Synopsis* des Basiliques,

Or, il n'est pas hors de propos de traiter ici de l'origine des codicilles. Avant Auguste, la confection des codicilles n'était pas en usage. Lentulus, le premier, les imagina et les introduisit dans le droit ; car Lentulus, dans un testament fait à Rome, avait institué héritiers, sa fille, l'Empereur Auguste et d'autres personnes, en ces termes : « Si après ce testament, je fais un codicille, qu'il soit valable ; » en d'autres termes, il confirma son futur codicille. Plus tard, étant parti pour l'Afrique, il y fit, sur le point de mourir, un codicille dans lequel il priait Auguste, qui était son héritier pour une part d'hérédité, de faire quelque chose, comme : de bâtir une maison à quelqu'un, ou de faire quelque autre chose de semblable. En outre, il laissa nominativement à la charge de sa fille, et au profit de quelques personnes, des fidéicommis et des legs. Après la mort de Lentulus, le testament ayant été lu et son codicille présenté à l'Empereur Auguste, celui-ci exécuta de plein gré les volontés de Lentulus ; et les autres cohéritiers, suivant l'exemple d'Auguste, prestèrent les fidéicommis ; bien plus, la fille de Lentulus paya les legs nominativement laissés à des personnes qui ne pouvaient pas les recueillir.

Cela fait, on raconte que le très-divin Auguste convoqua des hommes éclairés parmi lesquels était Trebatius, qui, à cause de son habileté dans le droit, jouissait alors de la plus grande autorité, et demanda à tous ces jurisconsultes si l'on devait adopter les codicilles, et si l'usage des codicilles n'était pas contraire aux principes du droit civil. Sur cette demande d'Auguste, on rapporte que Trebatius lui répondit : que cet usage serait très-utile et même nécessaire aux Romains, à cause des grands et longs voyages que nécessitaient alors des guerres continuelles, afin que celui qui ne

lib. XXXVI, tit. I, ne peut guère convenir qu'aux anciens codicilles, qui ne pouvaient être faits que par testament. — Mais plus tard, quand il fut permis de les faire *ab intestat*, on dut définir le codicille, non plus un *supplement de testament*, mais bien un *acte de dernière volonté*. — *Vid.* Isid., *Origin.*, V, c. XXIV.

pouvait faire un testament, privé qu'il était de tout ce qu'il fallait pour cela, pût faire un codicille. Plus tard, le jurisconsulte Labéon étant mort en l'état d'un codicille, personne ne douta plus que les codicilles ne fussent juridiquement valables.

1. On peut non-seulement faire un codicille après avoir fait un testament, mais on peut encore, mourant *intestat* (1), laisser des fidéicommis par codicilles. Que si, après avoir fait des codicilles, on fait un testament, Papinien ne veut pas que ces codicilles faits antérieurement au testament soient valables, à moins que le testateur ne les ait spécialement confirmés (2) dans son testament, en disant : « Je veux que les codicilles faits avant mon testament soient valables. » Telle est l'opinion de Papinien. Mais les très-divins Sévère et Antonin ont ordonné par rescrit que les fidéicommis laissés par codicilles faits avant le testament, bien que non confirmés, n'en pourront pas moins être réclamés, à moins cependant qu'on ne prouve que le testateur s'est départi des dispositions faites par codicilles.

2. Or, il est une règle générale qu'on exprime en ces termes : *Non possum codicillos faciens* (3) *dicere* : *Ille mihi sit hæres*, c'est-à-dire, Je ne puis dire en faisant des codicilles : Qu'un tel soit mon héritier. Je ne puis pas écrire non plus : « Que mon fils soit exhérédé, » de crainte qu'il n'y ait quelque confusion entre le testament et le codicille, et qu'on ne puisse les distinguer l'un de l'autre ; car l'exhérédation se fait par testament. Aussi, comme nous l'avons déjà dit, ne peut-on ni exhéréder, ni instituer héritier par codicille, tandis qu'on peut ainsi laisser une hérédité (4) fidéicommissaire.

(1) L. 8 et 16, D. *de jur. codicill.* — Gaius, *Comm.*, II, § 270. — Eclog., 36, 1, c. III, *pr.* — Harmenop., V, VII.

(2) L. 2, D. *de jur. codic.*—Eclog., *loc. cit.*—Harmenop., *loc. cit.*

(3) L. 2 *in fine*; l. 6; l. 10, D. *de jur. codicill.*; l. 2 *in fine*, D. *de cond. inst.* — Eclog., 36, 1, c. X. — Harmenop., V, VII, § 7.

(4) L. 27 *in fine*, D. *de condit. instit.*; l. 2, § 4, D. *de jur. co-*

Et telle est l'étendue de cette règle que, si j'institue purement et simplement Primus pour héritier, je ne puis par codicille ajouter une condition quelconque à l'institution, et dire : « Qu'il soit mon héritier, si le navire vient d'Asie. » Si, en effet, nous admettons la condition, le testateur, dans le cas où elle défaillirait, se trouvera avoir révoqué par cette condition du codicille, l'hérédité qu'il avait laissée à Primus. On ne peut pas non plus substituer par codicille à l'héritier directement institué dans le testament, en disant : « Si Primus que j'ai institué héritier dans mon testament ne devient pas mon héritier, que Secundus soit mon héritier. »

3. Nous pouvons non-seulement faire un seul (1) codicille, mais encore plusieurs. Or, pour la confection des codicilles, nous n'exigeons aucune solennité particulière (2) dans les dispositions ; telle, par exemple, que celle de l'institution (d'héritier), qui, avons-nous dit, précède dans les testaments toutes autres dispositions. Cinq témoins seulement sont requis (3).

*dicill.* — Gaius, *Comm.*, II, VIII, 273. — L. 2, C. *de codicill.* — Eclog., 36, 1, c. x.

(1) L. 6, § 1, D. *de jur. codic.* — Eclog., 36, 1, c. III *in fine.*

(2) Cela est exactement vrai des codicilles antérieurs à la constitution de Constantin, rendue l'an 326 de J. C., et confirmée par Justinien, l. *ult.*, § 3, C. *de codicill.* — *Vid.* C. Theod., l. 1 *de testam. et codic.* — Cette constitution exigea sept, ou au moins, cinq témoins pour les codicilles non précédés d'un testament. Quant à ceux qui étaient confirmés par un testament, nous croyons, en nous fondant sur cette loi et sur les lois 2, § 2, D. *de jur. codic.*; 77, D. *de hæred. instit.*, et 10, *de condit. instit.*, que les témoins n'étaient pas nécessaires : au surplus, leur présence, même dans le cas contraire, ne constituait pas une formalité interne, telle que l'institution d'héritier dans les testaments. Les témoins, dit fort bien Heineccius, étaient requis (*not. in Vinn. Comm.*), *non solemnitatis, sed probationis causa.* Aussi pouvaient-ils, d'après lui, être choisis parmi les femmes (Arg. de la loi 20, § 6, D. *qui testam. facer. poss.*, et de la loi 18, D. *de testib.*).

(3) L. *ult.*, § 3, C. *de codic.* — Harmenop., V, VII, § 8.

# LIVRE III.

## TITRE I.

### DES HÉRÉDITÉS DÉFÉRÉES *ab intestat* (1).

Après avoir exposé tous les moyens d'acquérir à titre particulier, nous avons, en commençant à traiter des moyens à titre universel, parlé tout d'abord de l'hérédité, et nous avons dit qu'elle nous est déférée ou par testament, ou *ab intestat*. Maintenant donc que nous avons parlé des hérédités testamentaires, aussi complétement qu'il convenait de le faire dans ces éléments, et que, par suite, nous avons parlé aussi des legs et des fidéicommis, traitons des hérédités *ab intestat*. Il y a lieu à ces hérédités, dans le cas de mort *ab intestat*.

On meurt *intestat* (2) de fait ou de droit : de fait, quand on n'a pas fait son testament suivant toutes les règles voulues; de droit, quand on a fait un testament que n'admet pas la loi ; car, un testament est ou non *jure civili factum*, c'est-à-dire, n'est pas fait suivant le droit civil, à cause de l'omission des formalités requises par la loi civile pour la confection d'un testament; ou bien, quoique fait suivant les prescriptions de la loi, il est devenu *ruptum*, c'est-à dire,

(1) Paul., *Sent.*, IV, VIII. — Novell., 118. — Eclog., 45, 45. — Harmenop., V, VIII.

(2) L. 1, D. *de suis et legit. hæred.*

rompu. Or, vous savez comment un testament devient *ruptum*; c'est, par exemple, par l'agnation d'un enfant posthume, c'est-à-dire, d'un fils né après la confection d'un testament, ou par la naissance d'un nouvel héritier sien, ou par l'adjonction d'un nouvel héritier sien. Ou bien, il est devenu *irritum*, c'est-à-dire invalide, parce que le testateur a subi une *capitis deminutio* dans laquelle il est mort. Ou bien, quoiqu'il n'y ait rien de semblable, l'héritier institué n'a pas fait adition d'hérédité.

1. Si donc on meurt *intestat* dans un de ces cas, l'hérédité est déférée en première ligne (1) aux héritiers siens par la loi des XII Tables.

2. Or, sont réputés héritiers siens, ainsi que nous l'avons dit dans le précédent (2) Institut, ceux qui sont *in potestate* du défunt, tels qu'un fils, une fille, le petit-fils, la petite-fille d'un fils predécédé, l'arrière-petit-fils, l'arrière-petite-fille, nés, avant ma mort, d'un petit-fils qu'a engendré mon fils; et je n'ai pas à distinguer si les fils sont naturels ou adoptifs.

Parmi les (héritiers) *siens*, il faut encore compter ceux qui ne sont pas nés de légitimes noces, mais qui cependant ont été offerts à la curie (3) de leur cité, conformément aux constitutions des princes, car, une fois devenus décurions, ils auront les droits des (héritiers) *siens*.

Ajoutez à ceux-là (4), ceux dont parle la constitution de notre très-divin Empereur, laquelle statue que si un homme a eu commerce, sans intention de mariage, avec une femme que les lois ne lui défendaient pas d'épouser; que des enfants soient nés de cette femme; et que plus tard, cet homme l'aimant davantage, ait passé avec elle l'acte dotal, non seulement les garçons et les filles nés après l'acte dotal,

(1) Ulp. *Fragm.*, XXVI, § 1 et 2. — Paul., *Sent.*, IV, VIII, § 5 — *Supra*, § 2, lib. II, tit. XIX.

(2) Lib. II, tit. XIX. — L. 1, D. *de suis et legitim.* — Paul., *Sent.*, IV, VIII, 4. — Ulp., *Fragm.*, XXVI, § 1.

(3) L. 3, C. *de natur. liber.* — *Voy supra*, § *ult.*, lib. I, tit. X.

(4) L. 10 et 11, C. *de natur. liber.* — Eclog., 28, 2, c. LV *in fine*.

deviendront légitimes et *in potestate* de leur père, mais encore ceux nés avant l'acte dotal qui a donné aux puînés le moyen d'acquérir le titre très-honorable d'enfants légitimes; voilà ce qu'a ordonné notre très-divin Empereur à l'égard des enfants nés avant l'acte dotal, quand même il ne serait né aucun enfant après l'acte dotal, ou que les enfants déjà nés seraient morts.

Mais le petit-fils ou la petite-fille, et l'arrière-petit-fils ou l'arrière-petite-fille sont comptés parmi les héritiers siens quand (1) la personne qui les précède a cessé d'être *in potestate* de leur père, soit par décès, soit de toute autre manière, comme par l'émancipation; car, si à la mort d'un citoyen, son fils est sous sa puissance, le petit-fils né de ce fils ne peut être héritier *sien*. Il en est de même pour les autres enfants; car, tandis que j'ai sous ma puissance mon fils, ou s'il est mort, le petit-fils né de lui, l'arrière-petit-fils ne peut être (héritier) *sien*.

Les posthumes peuvent aussi jouir du droit d'héritiers *siens*, mais ceux-là seulement qui auraient été *in potestate* s'ils étaient nés du vivant de leur père.

3 Or, les héritiers *siens* deviennent héritiers et passent pour tels, même à leur insu : les furieux eux-mêmes n'en deviennent pas moins héritiers (*siens*) (2). Et ici apprenez cette règle générale : toutes les causes qui nous font acquérir à notre insu, font également acquérir aux furieux; car ils sont assimilés à ceux qui acquièrent à leur insu.

Et, au moment même (3) de la mort du père, il y a comme une continuation (immédiate) de son domaine, c'est-à-dire, que nous ne pouvons pas dire qu'à la mort du père son patrimoine a cessé de lui appartenir, et qu'ensuite il n'a passé dans les mains de son fils qu'après un certain laps de temps; mais bien au contraire, qu'il s'est trouvé dans

(1) L. 5 *pr.*, D. *si tabul. testam.*

(2) L. 11, D. *de liber. et posthum.*, L. 8, C. *de jur. deliber.*

(3) L. *penult.*, D. *de suis et legitim.*

ses mains immédiatement, sur-le-champ, sans intervalle (1).

D'où il suit qu'après la mort du père, un fils impubère n'a pas besoin de l'autorisation du tuteur pour acquérir l'hérédité paternelle, parce que l'hérédité est déférée, même à leur insu, aux impubères, en qualité d'héritiers *siens*. Le pubère, mineur (de 25 ans), et le furieux n'ont pas besoin non plus du consentement du curateur, bien qu'ils ne puissent faire adition, le premier, contre la volonté du tuteur, le second sans le consentement du curateur (2).

4. On peut trouver un cas où un individu n'est pas *in potestate* de son père, à la mort (3) de celui-ci, et n'en devient pas moins son héritier *sien*. Par exemple, mon fils a été pris par l'ennemi, il en est revenu après ma mort; le droit de *postliminium* (4) le rend héritier sien, bien qu'au moment de ma mort il ne fût pas en ma puissance (5).

5. Et, en sens inverse, il peut arriver qu'au moment de ma mort, mon fils soit dans ma famille, et cependant ne devienne pas mon héritier *sien*. Par exemple, Primus est décédé ayant un fils en sa puissance; après sa mort, on a porté contre lui une accusation de lèse-majesté (6). (Remarquons que bien que les autres accusations s'éteignent à la mort des accusés, cependant celle-ci peut être dirigée contre les morts eux-mêmes.) Primus donc a été reconnu coupable du crime de lèse-majesté, et une sentence (de condamna-

(1) L. 12, D. *de reb. credit.*; l. 21, D. *de oblat. et act.*; l. 14, D. *de suis et legitim.* — Paul., *Sent.*, IV, VIII, § 5 et 6.

(2) Paul., *Sent.*, IV, VIII, § 5.

(3) Il est revenu après ma mort.

(4) Cf. Paul., *Sent.*, III, IV, § 5 *in fine*, et § 7; l. 9 et 14, D. *de capt. et revers.*

(5) L. 1, § 4, D. *de suis et legit.*; l. 12, D. *qui testam. facer. possunt.*

(6) L. *ult.*, D. *ad leg. Jul. majest.*; l. 5, C. *ad leg. Jul. majest.* — Eclog., 36, 52, c. XV

tion) a été prononcée contre lui pour cette cause; le fisc s'est emparé de son patrimoine, et de cette sorte le fils qui était en sa puissance, ne devient pas son héritier. Que si on y regarde de plus près, on verra qu'à parler rigoureusement, il devient héritier de droit, mais qu'en fait, il cesse d'être héritier, parce que la mémoire de son père a été condamnée. Voilà donc un cas où le droit incorporel de l'hérédité, ce droit inhérent à la personne, néanmoins s'en sépare (1).

6. Titius ayant en sa puissance un fils, ou une fille, un petit-fils ou une petite-fille nés d'un fils prédécédé, est mort *ab intestat*; son fils ou sa fille, le petit-fils ou la petite-fille nés de son fils prédécédé, viendront en même temps à son hérédité (2); le plus proche en degré, c'est-à-dire le fils, n'excluant pas celui qui est à un degré inférieur, c'est-à-dire le petit-fils; car il a paru juste que les petits-fils et les petites-filles remplacent leur père.

Par la même raison, si un homme meurt laissant un petit-fils ou une petite-fille, nés de Primus son fils prédécédé, un arrière-petit-fils ou une arrière-petite-fille, le petit-fils né de Primus, l'arrière-petit-fils né du petit-fils, deviennent en même temps héritiers : car, de même que les petits-fils remplacent les fils, ainsi les arrière-petits-fils remplacent leurs aïeux.

Il est donc logique de dire que le patrimoine du défunt ne se divise pas *in capita* (3), mais *in stirpem*. Conséquemment, le fils recueillera la moitié de l'hérédité, et les petits-fils nés du fils prédécédé, qu'ils soient deux ou en plus grand nombre, prendront l'autre moitié. En effet, comme ils remplacent leur père qui, en cas de survivance, eût reçu la moitié, c'est à bon droit que la moitié qui lui eût été

(1) L. 1, § 3, *de suis et legit.*, l. 11, D. *ad leg. Jul. majest.*

(2) Ulp., *Fragm.*, XXVI, § 2 — L. 2 et 3, C. *ad leg. Jul. majest.* — Nov. 118, c. I. — Harmenop., V, VIII, § 9.

(3) Nov. 118, c. I.

donnée, s'il eût survécu, sera dévolue à ses enfants.

De même, si un homme est décédé, ne laissant pas de fils, mais des petits-fils nés de deux fils prédécédés, par exemple, un ou deux d'un côté, trois ou quatre de l'autre, les premiers prennent une moitié; les seconds, l'autre moitié (1).

7. Voulons-nous savoir si un tel peut être l'héritier du défunt? qu'on sache qu'il doit jouir du droit d'héritier sien au moment où il est certain que le défunt est mort *ab intestat*. Or, cela arrive non-seulement lorsqu'il n'y a pas de testament, mais encore lorsqu'il y en a un, mais qu'il n'y a pas d'héritier en vertu de ce testament (2). C'est pourquoi si un homme ayant un fils sous sa puissance, et un petit-fils né de ce fils, institue héritier un étranger, après avoir exhérédé son fils, mais qu'après la mort du testateur et pendant que l'étranger délibère, le fils vienne à mourir, et qu'ensuite cet étranger ou répudie, ou ne puisse pas hériter, (si par exemple, il a été institué héritier sous condition, ou si la condition de l'institution a défailli), le petit-fils deviendra l'héritier *sien* de son aïeul, parce qu'au moment où il est devenu certain que le testateur était décédé *intestat*, il ne s'est trouvé dans sa *familia* que son petit-fils, son fils étant décédé dans l'intervalle (3).

8. Il en est de même du petit-fils (4) qui ayant été conçu du vivant de son aïeul, est né après sa mort, et se trouve petit-fils unique dans sa *familia*, sans être précédé (par d'autres héritiers) au moment où il est devenu certain que l'étranger, volontairement, ou par l'effet du hasard, n'est

(1) L. 1, § 4, D. *de suis et legit.* — Paul., *Sent.*, IV, VIII, § 9. — Ulp., *Fragm.*, XXVI, § 2.

(2) Dans ce cas, le testament est *destitutum* (l. 1, § 8, D. *de suis et legit.*, D. *de condit. instit.*).

(3) L. 1, D. *de suis et legit.*; l. 7, D. *si tab. testam. null.*

(4) L. 1, § 8; l. 7, D. *de suis et legit*

pas héritier. Que si le petit-fils (1), conçu du fils, est né après la mort de l'aïeul, et qu'ensuite la personne intermédiaire n'ait pas eu d'étranger pour héritier, le petit-fils ne deviendra pas pour cela son héritier *sien*, parce qu'il n'a avec le testateur aucune espèce de cognation.

On ne comptera pas davantage parmi les enfants, celui que mon fils a adopté après son émancipation (2). Car, s'il arrive que je meure *intestat*, après le prédécès de mon fils émancipé, celui qu'il aura adopté de son vivant, ne succédera pas à mes droits, puisqu'il ne pourra invoquer aucune espèce de cognation avec moi. Et non seulement ceux dont je viens de parler, ne peuvent devenir héritiers d'après le droit civil, mais encore ils ne peuvent pas même demander la possession (de biens) en qualité de cognats (3).

9. Mais les enfants émancipés, ainsi que nous l'avons dit dans le second Institut, n'ont, d'après la loi civile, aucun droit à exercer contre leurs ascendants; car, ils ne peuvent devenir héritiers siens, puisqu'ils ont cessé d'être *in potestate* de leur ascendant, et ils ne seront pas même appelés comme cognats, par la loi des Douze Tables, parce qu'ils ont subi une *capitis deminutio*.

Mais le préteur, ayant égard à l'equité naturelle, leur donne (4) la possession *unde liberi*, et par là les appelle aux biens du défunt, comme si, à l'époque de sa mort, il les avait eus sous sa puissance; et peu importe qu'ils soient seuls, ou que le défunt ait des enfants sous sa puissance, ils hériteront conjointement avec eux. Si donc un homme meurt *intestat*, laissant deux enfants, dont l'un émancipé, l'autre encore *in potestate*, celui qui est en puissance sera seul héritier, d'après le droit civil, parce qu'il jouit du droit d'héritier sien. Mais, comme la bienveillance du

(1) L. 6, D. *de suis et legit*

(2) L. 26, D *de adoption*.

(3) Paul, *Sent*, IV, VIII, § 13.

(4) Voy *infra*, § 11 *huj. tit.* — L. 5, C. *de condit. indebit.*

préteur vient au secours de l'émancipé qui est appelé à la moitié des biens, il arrivera qu'en réalité l'héritier *sien* héritera non pour le tout, mais pour partie seulement (1).

10. J'avais (2) deux enfants sous ma puissance, Primus et Secundus. J'ai émancipé Primus, et retenu Secundus *in potestate*; devenu émancipé, Primus s'est donné en adoption à Titius ; s'il arrive que je meure *intestat*, Secundus me succédera seul à l'exclusion de Primus, qui est encore dans la famille adoptive de Titius ; car Primus ne vient pas à ma succession. Mais je ne dis cela que pour le cas où, à l'époque de ma mort, il serait encore dans la famille adoptive. Si, en effet, de mon vivant, Titius l'émancipe, il viendra à ma succession, de moi, son père naturel, comme si je l'avais émancipé, et qu'il n'eût jamais été dans la famille adoptive : conséquemment, on peut dire que relativement à celui qui est devenu son père adoptif, ce fils (Primus) est un étranger (3).

Que si, après ma mort (4), Titius l'émancipe, il sera censé étranger à l'égard de Titius lui-même. On a admis ce point de droit, parce qu'il avait paru injuste de faire dépendre de la volonté du père adoptif, la question de savoir à qui, des enfants ou des agnats, les biens du père naturel doivent appartenir. Car, si j'émancipe mon fils, qu'il se donne en adrogation à Titius, et que je meure laissant des agnats, il sera permis à Titius, s'il a encore avec lui son fils adoptif, de faire arriver les agnats à mon hérédité ; ou, s'il veut l'émanciper après ma mort, pour repousser les agnats et appeler mon fils à ma succession, rien ne l'en empêchera (5). Mais nous avons déjà dit qu'il était ou ne

(1) L. 1, § 9, D. *si tabul. test. null.*, L. 1, § 2, D. *quis ordo.* — Ulp., *Fragm.*, XXVIII, § 8. — Gaius, *Comm.*, III, § 19 et 26.

(2) L. 5, *unde liberi.*

(3) L. 4 et 9, D. *si tab. test. null.* — Ulp., *Fragm.*, XXVIII, § 7 et 8.

(4) L. *pen.*, § 2, D. *de adopt.*

(5) L. 6, § 4, D. *de bon. poss. contra tabul.*

peut pas plus absurde (1) d'abandonner à l'arbitraire d'un père adoptif, la question de savoir qui, de mon fils ou des agnats, sera mon héritier.

11. Ainsi donc, pour revenir à ce que nous disions tantôt, savoir que le fils émancipé par son père adoptif est réputé lui être étranger, les droits des enfants adoptifs ont moindres (2) que ceux des enfants naturels; car l'enfant naturel, une fois émancipé par son père adoptif, est réputé lui être étranger. Mais quand même, d'après le droit civil, il perdrait le droit de succession, il n'en sera pas moins, en vertu du droit prétorien, compté parmi mes enfants (3); tandis que au contraire, le préteur ne vient pas au secours des enfants adoptifs qui ont été émancipés, et qui, d'après le droit civil, sont déchus de leur degré d'enfants; et cela est juste, car la loi civile ne peut pas détruire les droits naturels (4). Aussi ces enfants ne cessent-ils pas d'être fils ou filles, petits-fils ou petites-filles (de leurs ascendants naturels), par cela seul qu'ils ont cessé d'être leurs héritiers siens. Mais, une fois émancipés, les enfants (5) adoptifs deviennent des étrangers (aux yeux de leur père adoptif); car ce titre de fils ou de fille (adoptifs) que leur a donné l'adoption, une autre institution civile, c'est-à-dire l'émancipation, le leur enlève (6).

12. Tout cela s'applique non seulement à la succession *ab intestat*, mais encore à la possession de biens *contra tabulas* que le préteur accorde contre le testament de leur père, aux enfants qui n'ont (7) été ni institués héritiers, ni exhérédés régulièrement, c'est-à-dire *nominatim* ou nomina-

(1) L. 32 et 70, D. *de hæred. instit.*

(2) Eclog., 45, 1, c. 1 *in fine.*

(3) L. 3, C. *de legit. hæred.*, L. 5, C. *de condict. indebit.* — Nov. 118, c. 1 *in fine.*

(4) L. 8, D. *de reg. jur.* — *Vid. supra*, l. I, tit. XV.

(5) L. 4, D. *unde liberi.*

(6) L. 13, D. *de adopt.*, L. 56, § 1, D. *de verb. signif.* — Gaius, *Comm.*, I, § 158.

(7) L. 1, § 1 et sqq., D. *de bon. poss. contra tabul.*

tivement : car, aux enfants qu'il trouve *in potestate* du défunt, ainsi qu'aux enfants naturels émancipés, il accorde, en cas de prétérition, la possession de biens *contra tabulas*. Quant à ceux qui sont encore dans la famille adoptive à l'époque de la mort (1) du père naturel, il ne leur donne pas la possession de biens *contra tabulas*. Si j'émancipe mon fils adoptif, non-seulement il ne me succédera pas (2), si je meurs *intestat*, mais encore, même en cas de prétérition dans mon testament, il n'aura pas contre lui (la possession de biens) *contra tabulas* : car il a cessé d'être compté parmi mes enfants (3).

13. Il faut nous rappeler que l'enfant naturel qui s'est donné en adrogation et qui est resté dans la famille adoptive, ou qui après ma mort a été émancipé par son père adoptif, que cet enfant, dis-je, bien qu'il ne puisse pas venir à ma succession, de moi, son père naturel, par la possession de biens *unde liberi* (4), y sera cependant appelé dans une autre catégorie, c'est-à-dire dans celle des cognats du défunt Mais cela n'a lieu que lorsque je n'ai laissé ni héritiers *siens*, ni (fils) émancipés, et que je n'ai plus aucun agnat : car toutes ces personnes lui sont préférées. En effet, le préteur appelle d'abord les enfants, tant *siens* qu'émancipés ; à leur défaut, les agnats, et à défaut des agnats, seront appelés les cognats, à la tête desquels figurent mes enfants qui sont encore dans leur famille adoptive (5).

Retenez ces notions préliminaires : Si j'ai trois enfants mâles en ma puissance, et que j'en donne un en adoption, cette adoption s'appelle adoption *ex tribus maribus*. D'après le sénatus-consulte Sabinien, vous devez nécessairement

(1) L. penult. *pr.*, C. *de adopt*

(2) Voy. *supra*, § 11 *huj. titul.* — L. 1, § 6, D. *de possess. contra tabul.*

(3) L. 1, § 6; l. 8, § 12, D *de bonor. poss. contra tabul.*

(4) L. 4, D. *unde liberi*, l. 1, § 4, D. *unde cognati.* — Gaius. *Comm.*, III, § 31.

(5) L. 1, D. *quis ordo in possess.*

laisser le quart de vos biens à votre fils ainsi adopté *ex tribus maribus*. Si vous ne le lui laissez pas, le même sénatus-consulte lui donne contre vos héritiers une action en réclamation de ce quart.

14. Maintenant que vous connaissez ces notions préliminaires, voyez-en l'application. Tout ce que nous avons dit plus haut n'avait lieu qu'anciennement. Mais notre Empereur a légèrement modifié cette partie du droit par la constitution(1) où il s'occupe des enfants donnés en adoption par leur père naturel. Ayant trouvé que dans certains cas dont nous avons précédemment parlé, les enfants perdaient, d'une part, l'hérédité de leur père naturel, parce qu'ils étaient adoptés, et d'autre part, pouvaient n'être appelés à la succession ni de l'un ni de l'autre père adoptif, à qui il était facultatif de dissoudre l'adoption par l'émancipation, il a, suivant sa coutume, corrigé ce point et rendu, ainsi que nous l'avons dit, une constitution qui ordonne que si un père naturel donne son fils en adoption, cet enfant conservera dans leur intégralité ses droits sur les biens de son père naturel, et ne sortira pas de sa famille, absolument comme s'il n'était pas un enfant adoptif. Or, l'adoption ne peut procurer quelque avantage à l'adopté qu'en lui permettant de venir à l'hérédité *ab intestat* de son père adoptif. En effet, si celui-ci a fait un testament, (l'adopté) ne peut rien toucher de son hérédité, ni suivant le droit civil, ni suivant le droit prétorien, ni en demandant la possession de biens *contra tabulas*, ni en exerçant l'action *de inofficioso*, puisque le père adoptif n'a besoin ni d'instituer héritier, ni d'exhéréder un enfant qui ne lui est uni par aucun lien naturel. Je dis plus : il en sera ainsi, quand même il l'aurait adopté *ex tribus maribus* conformément au (sénatus-consulte) *Sabinianum* : car, même dans le cas de cette adoption, le sénatus-consulte ne lui maintient pas le quart et ne lui donne aucune action pour le réclamer.

(1) L. 10, C. *de adopt.*

Cependant notre très-divin Empereur a établi une exception en faveur du fils adoptif que son père naturel a donné en adoption à l'aïeul de l'enfant, parce qu'ici l'un et l'autre droit se réunit sur la tête d'un seul et même individu, le droit naturel par la cognation, le droit civil par l'adoption, et nous conservons à une telle adoption ses anciens effets, comme s'il s'agissait de l'adrogation d'un individu maître de ses droits. C'est ce qu'apprendra spécialement et en détail la lecture de ladite constitution.

15. Pareillement (notre très-divin Empereur) a fixé son attention sur le point suivant. Plus favorables à la ligne masculine, les anciens n'accordaient qu'aux petits-fils ou aux petites-filles issus des mâles le droit d'héritiers siens, et les préféraient aux agnats, tandis qu'ils comptaient parmi les agnats les petits-fils nés d'une fille, ou les arrière-petits-fils nés d'une petite-fille, et les plaçaient après les agnats : car ils n'étaient appelés à la succession soit de leur aïeul maternel, soit de leur aïeule ou bisaïeule paternelle ou maternelle, qu'à défaut d'agnat (1). Mais les derniers empereurs (2) ne laissèrent pas sans réforme un droit aussi absurde ; car le titre de petit-fils et d'arrière-petit-fils étant commun aux descendants tant par les femmes que par les hommes, ils les placèrent dans le même ordre et le même degré de succession.

En outre, pour donner quelque chose de plus aux descendants par mâles, qui ont en leur faveur et la nature et l'ancien droit, (ils ordonnèrent) qu'ils auraient le tiers de plus : car, si un homme décède laissant un fils et un petit-fils ou une petite-fille, un arrière-petit-fils ou une arrière-petite-fille, issus d'une fille aussi décédée, ce fils prendra huit onces, et le petit-fils ou la petite-fille, l'arrière-petit-fils ou l'arrière-petite-fille, issus de la fille décédée, en pren-

(1) Paul., *Sent.*, IV, VIII, § 10.

(2) Ce sont Valentinien, Théodose et Arcadius. — L. 9, C. *de suis et legitimis*. — Voy. *supra*, notre Dissertation.

dront quatre, c'est-à-dire, un tiers de moins que n'aurait pris la mère ou l'aïeule, si elle avait vécu. Mais puisqu'elle est morte, le petit-fils ou l'arrière-petit-fils issu d'elle prendra dans l'hérédité de son aïeul ou de son bisaïeul, moins d'un tiers, c'est-à-dire moins d'un sixième ou deux onces (car le tiers de six onces est le sixième de l'as).

Si une femme meurt laissant un fils, ou une fille, un petit-fils, ou un arrière-petit-fils, nés d'un fils, ou d'une fille prédécédés, le fils, ou la fille, recevra huit onces, mais le petit-fils, ou l'arrière-petit-fils, nés du fils, ou de la fille prédécédés, recevront quatre onces, c'est-à-dire, un tiers de moins que n'aurait reçu leur père, ou leur mère, leur aïeul ou leur aïeule, soit paternels, soit maternels. Car la personne décédée de l'hérédité de laquelle il s'agit, étant une femme, peu importe que les petits-fils, ou les arrière-petits-fils en descendent par les hommes, ou par les femmes.

Que si un individu du sexe masculin, mourant laissant des petits-fils, nés d'une fille prédécédée, ou même si une femme décédait, laissant des petits-fils, nés de son fils ou de sa fille prédécédés, et qu'il leur restât des agnats, anciennement la loi des Douze Tables préférait ces agnats (1) à ces petits-fils.

Mais aujourd'hui, quand même ils ne laisseraient que des petits-fils, la loi des Douze Tables n'appelle plus les agnats à la succession du défunt, ou de la défunte, pourvu toutefois que les petits-fils et arrière-petits-fils représentent leurs ascendants. Que si le défunt, ou la défunte, ainsi que nous l'avons déjà dit, laisse un fils, ou une fille, les petits-fils du défunt dans la ligne féminine, et les petits-fils de la défunte, soit dans la ligne masculine, soit dans la ligne féminine, reçoivent un tiers de moins que leurs parents; mais s'ils n'ont à lutter que contre les agnats, ils prendront toute l'hérédité des ascendants. Car il existait une constitution (2)

(1) L. 3, C. *de suis et legit.*
(2) L. 4, C. Theod. *de legit. hæred.*

qui donnait neuf onces à ces petits-fils, et trois seulement aux agnats.

16. Plus tard, une nouvelle constitution modifia, mais d'une manière obscure, celle dont nous venons de parler, et notre Empereur, pour terminer les discussions engendrées par son obscurité, n'a permis, ni qu'elle fût inscrite dans son Code, ni qu'elle y fût transportée du Code Théodosien.

Mais il a promulgué une constitution générale (1), pleine de clarté, qui abolit le partage des neuf et des trois onces, et préfère aux agnats, tous les petits-fils et arrière-petits-fils, et chacun en particulier : car il est absurde que des collateraux soient préférés à des descendants directs. Pour tout dire, en un mot, il a voulu qu'aujourd'hui encore, cette constitution soit exécutée suivant sa teneur, et à compter de sa date.

Or, de même que nous avons dit plus haut, que si un homme meurt, laissant un fils, des petits-fils et des petites-filles, nés d'un fils prédécédé, les petits-fils et les petites-filles sont appelés *in stirpem*, c'est-à-dire, par souche, à sa succession, et non *in capita*; de même, si un individu du sexe masculin meurt, laissant un fils et des petits-fils, nés d'une fille prédécédée, tous les petits-fils seront appelés *in stirpem*, et prendront moins d'un tiers. Si une femme meurt, laissant un fils et des petits-fils, nés d'un fils ou d'une fille prédécédés, les petits-fils, à quelque degré qu'ils soient, prendront quatre onces. Et de même, qu'à la mort d'un homme qui ne laisse aucun fils, mais bien plusieurs petits-fils, nés de fils prédécédés, un ou deux d'un côté, trois ou quatre de l'autre, le partage se fait non *in capita*, mais *in stirpem*, en sorte que les premiers prendront six onces, et les seconds prendront les autres six onces, de même, au décès d'une personne du sexe masculin, laissant des petits-fils nés de filles prédécédées, ou d'une

(1) L. ult., C. *de suis et legit. hæred.*

femme laissant des petits-fils en nombre inégal, nés de fils ou de filles prédécédés, par exemple, un ou deux d'un côté trois ou quatre de l'autre, l'hérédité se partagera *in stirpem*, les premiers prendront six onces, et les seconds les six autres onces (1). S'il s'agit du décès d'une femme, et que les petits-fils et les arrière-petits-fils soient seuls en contestation (avec les agnats), pourvu que ce ne soit ni avec leurs oncles, ni avec leurs tantes maternelles, ils recevront toute la part du prédécédé, sans déduction du tiers.

## TITRE II.

### DE LA SUCCESSION LÉGITIME DES DESCENDANTS PAR MÂLES (DES AGNATS) (2)

Retenez ces notions préliminaires : le mot parenté est un terme générique. Or, il y a trois espèces de parenté, celle des ascendants, celle des descendants, celle des collatéraux. Sont ascendants, ceux qui nous ont engendrés, tels que le père, la mère, l'aïeul, l'aïeule, le bisaïeul, la bisaïeule, et ceux d'un degré plus élevé. Sont descendants, ceux que nous avons engendrés, tels que le fils, la fille, le petit-fils la petite-fille, l'arrière-petit-fils, l'arrière-petite-fille, et d'un degré inférieur. Sont collatéraux, ceux qui ne nous ont pas engendrés, et ne sont pas nés de nous, mais qui ont la même origine, et la même souche que nous, tels que le frère, la sœur, l'oncle, la tante (ou l'oncle maternel), le cousin, la cousine et leurs descendants.

Quant à la parenté collatérale, elle se divise en deux

(1) Le texte de la fin de ce titre a été profondément corrompu (*Voy.* notre Appendice). Nous avons suivi la version de Reitz empruntée en partie à celle de Curtius, en partie à celle de Fabrot nous l'avons préférée à toute autre, parce qu'elle est incontestablement la plus conforme à la pensée de Théophile.

(2) Cf. *infra*, lib. III, tit. vi.

espèces : celle des agnats, et celle des cognats. Sont agnats, ceux qui sont unis entre eux par les mâles, et cognats, ceux qui le sont par les femmes. Or, chaque ordre de parenté a différents degrés. Il est très-simple et très-facile de connaître les degrés de parenté entre ascendants et descendants, ou entre les parents et les enfants. Chaque personne compose un degré, ou en d'autres termes, autant de générations, autant de degrés. Quant aux collatéraux, il est plus difficile de les connaître. Car, il ne faut pas (comme dans le cas précédent) remonter directement au parent collatéral, mais bien jusqu'aux ascendants, jusqu'à l'auteur de la ligne collatérale ; il faut ensuite descendre jusqu'au parent collatéral dont il s'agit, compter toutes les générations qu'on a parcourues, soit en montant, soit en descendant ; puis, quand vous saurez le degré de chaque génération en particulier, vous n'aurez plus qu'à les compter.

Cela est facile, s'il s'agit de descendants. Ainsi, par exemple, à quel degré mon fils est-il mon agnat? je l'ai engendré : voilà donc une seule génération ; mon fils est donc mon agnat au premier degré. Et mon petit-fils? J'ai engendré mon fils, mon fils a engendré mon petit-fils : voilà deux générations qui forment deux degrés, mon petit-fils est donc mon agnat au deuxième degré. Ainsi de suite, pour mon arrière-petit-fils, et le fils de mon arrière-petit-fils. Il en est de même des ascendants. A quel degré mon père est-il mon agnat? mon père m'a engendré : voilà une seule génération qui forme un seul degré : il est donc mon agnat au premier degré : et mon aïeul? mon père m'a engendré, et mon aïeul a engendré mon père : voilà donc deux générations qui forment deux degrés : mon aïeul est donc mon agnat au deuxième degré. Il en est de même de ma mère, de mon aïeul, et de tous mes ascendants, de l'un ou de l'autre sexe.

Dans la ligne collatérale, ainsi que nous l'avons dit, on doit remonter jusqu'à l'auteur de la parenté, en comtant les générations, et descendre ensuite, toujours en comptant les générations, jusqu'au collatéral dont il s'agit. Si donc on vous demande, à quel degré votre frère est votre agnat, dites qu'il l'est au deuxième degré. Pourquoi ? remontez jusqu'à votre père : voilà une génération formant un degré; puis, après avoir trouvé celui qui a donné le jour à votre père, descendez jusqu'à lui, votre frère, et n'oubliez pas cette seconde génération : voilà donc deux générations qui font deux degrés. On a donc eu raison de dire que le frère est au deuxième degré. Si on vous demande encore à quel degré votre oncle est votre agnat, dites qu'il l'est au troisième degré ; car il vous faut remonter jusqu'à votre père, et dire : Mon père m'a engendré, et mon aïeul a engendré mon père : voilà donc deux générations ; le même aïeul a engendré mon oncle : voilà trois générations formant trois degrés : mon oncle est donc mon agnat au troisième degré ; ainsi de suite : d'après la même règle, vous pourrez trouver tous les autres degrés.

Maintenant que vous connaissez ces notions préliminaires, voyez-en l'application. Si un individu meurt ne laissant aucun héritier *sien*, ni personne qui le représente, à défaut d'héritier, soit en vertu du droit prétorien, tel que le fils émancipé, soit en vertu des constitutions, tels que les petits-fils dont nous avons parlé ci-dessus, ou bien si, pour un motif quelconque, ces personnes n'ont pas fait adition, la loi des Douze Tables appellera à l'hérédité le plus proche agnat, qui est celui du deuxième degré (1).

1. Sont agnats (2), ainsi que nous l'avons exposé dans le premier Institut, les parents qui nous sont unis par mâles *quasi a patre nati*, c'est-à-dire, ceux qui sont comme cognats par le père. Ainsi les frères nés du même père sont agnats

(1) Paul, *Sent.*, IV, VIII, § 13. — Ulp., *Fragm.*, XXVI, § 1 et 5. — Gaius, *Comm.*, III, § 9.

(2) L. 5, D. *unde legitimi*; l. 1, § 2, *de gradib.*

entre eux, et s'appellent en latin *consanguinei*, et en grec ὁμαίμοι (consanguins), sans distinguer s'ils sont nés de la même mère ou de mères différentes.

Mon oncle (paternel) est aussi mon agnat, et moi je suis le sien. Les enfants de deux frères jouissent entre eux des droits agnatiques : on les nomme *fratres patrueles*, et par catachrèse, *consobrini*. Or, sont proprement appelés *consobrini* ceux qui sont nés de deux sœurs, *quasi consororini*. D'après la règle (que nous venons d'exposer), vous pourrez avoir plusieurs degrés (1), si vous dites : « Le fils de mon oncle (paternel) et son petit-fils né de ce fils sont agnats ; » en d'autres termes (2), tant que la parenté n'est pas interrompue par une femme, vous pouvez affirmer que les enfants sont agnats. Et ce ne sont pas seulement les enfants nés du vivant de mon père qui ont avec moi des droits d'agnation, mais encore ceux qui sont nés après sa mort.

Mais tous les agnats ne sont pas tous concurremment appelés par la loi des Douze Tables (3) à la succession du défunt, mais seulement ceux qui occupaient le plus proche degré, au moment où il a été certain que le défunt était mort *intestat* (nous enseignerons plus tard ce qu'il faut entendre par là). Si donc (le défunt) laisse un frère et un oncle (paternel), le frère étant au deuxième degré, et l'oncle au troisième, c'est le frère qui l'emporte.

2. Ce n'est pas la génération seulement qui établit l'agnation, mais encore l'adoption. Par exemple : j'ai un fils naturel et un fils adoptif ; ils s'appelleront entre eux non-seulement agnats, mais encore consanguins (4) ; et si un autre agnat, par exemple, mon frère, ou mon oncle (paternel), ou même le fils ou le petit-fils de mon oncle (paternel)

(1) Paul., *Sent.*, IV, VIII, § 13. — Ulp., *Fragm.*, XXVI, § 1. — Gaius, *Comm.*, I, § 156.

(2) L. 1, § 10 *in fine*, D. *de suis et legitim.*; l. ult., D. *unde legitim.*

(3) Ulp., *Fragm.*, XXVI, § 1. — Gaius, *Comm.*, III, § 11.

(4) L. 1, § 2 ; l. 2, § 3, D. *de suis et legit. hæred.*

adopte un enfant, cette adoption établira l'agnation entre nous.

3. L'hérédité se défère entre mâles en vertu du droit agnatique, bien que le défunt et son successeur soient agnats à un degré très-éloigné (1), quand, par exemple, il existe encore un fils d'arrière-petit-fils d'oncle (paternel), son descendant par mâles : car cet enfant est au septième degré. En effet, l'oncle étant au troisième degré, et son fils au quatrième, le petit-fils sera au cinquième, l'arrière-petit-fils au sixième, et partant le fils de l'arrière-petit-fils sera au septième. Voilà pour les mâles.

Mais si l'héritier était une femme, elle ne pouvait recueillir, par droit agnatique, le patrimoine du défunt, qu'autant qu'elle était consanguine, c'est-à-dire sœur du défunt. Si elle était sa tante ou la fille de son frère, elle ne pouvait hériter en qualité d'agnate; car vous devez savoir qu'en général toute femme qui n'est pas consanguine, ne peut hériter par droit agnatique. Que si la femme était morte, et que la loi appelât un homme à son hérédité, cet homme était son héritier par droit agnatique, qu'il fût au troisième, au quatrième, ou au cinquième degré.

Si donc la fille de mon frère ou de mon oncle (paternel), ou bien ma tante (paternelle) venait à décéder, j'héritais d'elle, parce qu'elle était considérée comme mon agnate. Mais si je venais à décéder moi-même, elle n'arrivait pas à mon hérédité par droit agnatique. La raison en est qu'on croyait plus avantageux d'appeler les males à l'hérédité préférablement aux femmes, parce que les mâles qui combattent, remplissent les fonctions publiques, et sont revêtus du pouvoir, sont plus utiles à la République (2

Mais comme il paraissait absurde d'exclure absolument les femmes et de les assimiler ainsi à des étrangers, le pré-

(1) Il s'agit ici du septième degré.

(2) Paul., *Sent.*, IV, VIII, § 13, 14, 15, 16 et 17. — Ulp., *Fr.*, XXVI, § 6. — Gaius, *Comm.*, III, § 14 et 23.

teur, ayant égard à l'équité naturelle, leur promit la possession de biens *unde cognati*, les appelant à la succession dans les cas où il appelle les cognats à la succession *ab intestat*, c'est-à-dire, quand il ne se trouve plus ni agnat ni cognat plus proche qu'elles (1).

Quant à ce que nous avons dit, savoir : que les femmes non consanguines ont des héritiers par droit agnatique, mais ne sont pas héritières (en vertu du même droit), ce n'est pas la loi des Douze Tables qui l'a ainsi établi ; car la loi des Douze Tables avec cette simplicité amie des lois, appelait indistinctement à la succession du défunt, tous les agnats et agnates, n'importe leur degré, et cela à l'instar des héritiers siens.

Mais les Prudents (2) qui vinrent après les Douze Tables, mais avant les constitutions impériales, ne s'attachant qu'au droit strict, détruisirent cette différence, en excluant absolument les femmes de la succession des agnats ; jusqu'à ce qu'enfin les préteurs corrigeant, par leur sentence, ainsi que nous l'avons dit, la rigueur du droit introduit par les Prudents, les appelèrent en qualité d'agnates, ou même, suppléant aux lacunes de ce droit, comme ils avaient coutume de le faire, imaginèrent un troisième ordre de cognats, et les appelèrent en qualité de cognates, leur promettant la possession de biens *unde cognati* (3).

(1) Gaius, *Comm.*, III, § 27 et 29.

(2) Cf. *Paraph.* et *Instit. hic* — Suivant Cujas et D. Godefroi, il faut entendre par la jurisprudence intermédiaire, *media jurisprudentia* (*Inst.*), dont parle Théophile dans ce paragraphe, les lois proprement dites, promulguées entre les Douze Tables et la législation impériale : elles font allusion à la loi *Voconia*. Nous croyons que c'est une erreur dont la preuve résulte : 1° du § 3, Paul., *Sent.*, IV, VIII, — et du § 6, Ulp., *Fragm.*, *de legit. hæred.*, où il est parlé, non d'une loi, mais de la jurisprudence intermédiaire ; 2° du texte même de la Paraphrase, qui parle formellement de *prudents*, σόφοι, et non de lois.

(3) Gaius, *Comm.*, III, § 29.

Mais notre très divin Empereur voulant maintenir, en matière de succession, l'égalité des héritiers des deux sexes établie par la loi des Douze Tables, tout en louant les préteurs de leur humanité, qui les avait empêchés d'exclure entièrement les femmes de la succession, déclare cependant qu'ils n'apportèrent pas au mal un remède complet. Il serait, en effet, on ne peut pas plus absurde, que des femmes en concours avec des hommes du même degré qu'elles, ayant non-seulement la même cognation naturelle, mais encore la même agnation, ne succédassent pas concurremment avec eux et de la même manière, mais n'arrivassent par droit agnatique à l'hérédité du défunt qu'autant qu'elles seraient ses sœurs.

C'est pourquoi notre très-divin Empereur a aboli les dispositions de l'ancien droit (en cette matière), je veux parler de la loi des Douze Tables, et a ordonné par une constitution (1) qui lui est propre, que toutes personnes unies au défunt par les mâles, hommes ou femmes, viendront de la même manière à la succession légitime *ab intestat*, suivant le degré de parenté, le plus proche parent, ou la plus proche parente devant être préféré à ceux d'un degré plus éloigné, et que les femmes, pour n'être pas consanguines, n'auront pas moins le droit de succéder; que si quelqu'un meurt laissant deux agnats de même degré, dont l'un mâle, et l'autre appartenant au sexe féminin, ils succéderont concurremment; si, par exemple, il s'agit d'une part du fils d'un oncle (paternel) prédécédé, et de l'autre, de la fille d'un oncle (paternel), bien que cette dernière soit au troisième degré et ne soit pas consanguine, elle ne succédera pas moins au défunt concurremment avec son frère.

4. Or, à cette constitution notre très-divin Empereur a ajouté une autre disposition : car il a transféré dans l'ordre des agnats un nouveau degré, ou, en d'autres termes, une

(1) L. 14, C. *de legit. hæred.*

nouvelle personne. Il a donc ordonné que non-seulement le fils et la fille de mon frère viendront à mon hérédité en qualité d'agnats, conformément à ce qui se pratiquait déjà, mais encore les enfants de ma sœur consanguine ou utérine indistinctement. Si donc un homme meurt laissant un fils ou une fille d'un frère prédécédé, ou un fils ou une fille d'une sœur prédécédée, qu'elle soit consanguine ou utérine, ils viendront concurremment à la succession, les uns de leur oncle paternel, les autres de leur oncle maternel, comme si tous descendaient de mâles. Ici, comme dans l'espèce ci-dessus, tout cela doit s'entendre du cas où les frères et sœurs d'où ils descendent ne survivent pas; car, s'ils survivent, comme ils reçoivent l'hérédité du défunt dont il s'agit), ceux qui occupent les degrés suivants ne peuvent plus lui succéder.

Or, l'hérédité du défunt se partage non *in capita*, mais *in stirpem*, entre les personnes admises par ladite constitution (au nombre des successeurs). Mais il faut, par un exemple, démontrer ce que nous avons dit plus haut. Un homme est mort laissant une sœur utérine, et un fils né d'un frère prédécédé. Anciennement, le fils d'un frère prédécédé héritait en qualité d'agnat; car il venait (à la succession) dans un ordre préférable, bien qu'il fût dans un degré inférieur; puisqu'il était au troisième degré et la sœur au second. Mais aujourd'hui, d'après les nouvelles dispositions établies par notre Empereur, la sœur sera préférée au fils de son frère, parce qu'en vertu de la constitution (de notre Empereur), elle acquerra les droits agnatiques. Or, voici ce qu'il faut entendre par les mots *in capita*. Exemple : je suis mort intestat, laissant des enfants d'un frère prédécédé et d'une sœur prédécédée. Mais, il existait trois ou quatre enfants de mon frère, un ou deux (seulement) de ma sœur. On ne peut pas dire que les enfants de ma sœur recevront la moitié (de la succession), et ceux de mon frère la moitié, mais seulement que le partage se fera ici *in capita*. Or, comme du côté de mon frère, il y a quatre enfants, ces enfants reçoivent quatre parts, et les deux enfants du côté de ma sœur auront deux parts (seulement) (1).

5. Un homme est mort *intestat*, laissant plusieurs agnats de divers degrés. La loi des Douze Tables appelle le plus proche (à la succession). Si donc, par exemple, le frère du défunt survit, et que le fils du frère prédécédé, ou encore l'oncle paternel, le frère sera préféré : car celui-ci est au premier degré, tandis que ceux-là sont au troisième (2).

Et non-seulement le plus proche, mais encore les plus proches, s'ils sont plusieurs au plus proche degré, viennent concurremment à la succession, bien que la loi des Douze Tables, s'exprimant au singulier (3), dise qu'elle préfère le plus proche, et n'ait pas dit qu'elle préfère les plus proches. Si donc, il y a trois frères du défunt, et un seul enfant d'un frère prédécédé, les trois frères seront héritiers, préférablement au fils du frère prédécédé (4).

De même, quand la loi des Douze Tables dit le plus proche, elle entend parler de plusieurs degrés. Néanmoins, bien que cela résulte du mot lui-même, il y aura lieu à la succession de la loi des Douze Tables, quand même il n'y aurait qu'un seul degré, si par exemple, un homme est mort ne laissant qu'un oncle paternel, sans aucun autre agnat, l'oncle paternel vient à sa succession, comme plus proche, bien qu'il n'y ait pas d'autre degré auquel on puisse comparer le sien.

6. Mais si un homme meurt *intestat*, viendra à la succession comme plus proche, celui qui était le plus proche

(1) L. 14, § 1, C. *de legit. hæred.*

(2) Paul., *Sent.*, IV, VIII, § 18, 19 et 20. — Ulp., *Fragm.*, XXVI, § 1. — Gaius, *Comm.*, III. § 11 et 15.

(3) L. 153, D. *de verb. signif.*; l. 2, § 4, D. *de suis et legitim. hæred.*

(4) L. 2, § 2 et 4, D. *de suis et legitim.* — Paul., *Sent.*, IV, VIII, § 17.

au moment (1) de la mort du défunt. Et s'il meurt *testat*, il ne s'agit que de savoir quel était le plus proche agnat à l'époque où il est devenu certain que le défunt n'aura aucun héritier en vertu de ce testament. Car, ce n'est qu'alors, à proprement parler, qu'on peut dire qu'il est mort *intestat* (2). Mais quelquefois cela ne devient certain que longtemps après la mort (du testateur).

Dans cet intervalle, il arrive souvent, que celui qui à l'époque de la mort était à un degré plus éloigné, devenait ensuite le plus proche, devient par là même héritier. Par exemple, un homme est décédé après avoir institué un étranger pour héritier, et laissant un frère et un oncle paternel. L'héritier institué délibérait s'il devait faire adition; dans l'intervalle, le frère du testateur est décédé; et ensuite, l'étranger a répudié l'hérédité L'oncle paternel vient à la succession comme plus proche agnat. En effet, il est certain maintenant que le défunt est mort *intestat*; car personne ne venant à l'hérédité, en vertu du testament, l'oncle paternel se trouve le plus proche agnat, quand même, à l'époque de la mort, il aurait été précédé par un autre agnat, et ce, parce qu'alors le frère du défunt vivait encore (3).

7. La loi des Douze Tables n'a pas admis de dévolution dans l'hérédité des agnats, c'est-à-dire, que dans le cas où l'agnat le plus proche meurt avant l'adition, ou répudie l'hérédité, l'héritier légitime du degré suivant n'est pas héritier. Par exemple, un homme est décédé laissant un frère et un oncle paternel. Le frère était appelé comme plus proche agnat. S'il arrive que le frère décède avant l'adition, ou répudie l'hérédité, l'oncle paternel ne viendra pas à la succession, en qualité d'agnat,

(1) L. 2, § 6, D. *de suis et legit. hæred*
(2) Gaius, *Comm*, III, § 11 et 13.
(3) L. 2, § 5 et 7; et l. 5, D. *de suis et legit. hæred*

parce que la loi des Douze Tables ne connaît pas de dévolution (1).

Mais le préteur corrigeant, quoiqu'imparfaitement, la disposition de la loi des Douze Tables, n'a pas cependant laissé les agnats sans secours ; car il a appelé l'oncle paternel dans l'ordre des cognats, parce que la dévolution n'ayant pas lieu, les droits agnatiques se seraient éteints (2).

Et notre très-divin Empereur, voulant en toute chose perfectionner la législation, a publié une constitution (3) relative au droit de patronage, dans laquelle, dans un but d'humanité, il a ordonné qu'il y aurait dévolution dans les hérédités des agnats. Car, il a pensé qu'il était absurde que les agnats ne jouissent pas d'un droit que le préteur a accordé aux cognats pour qui existe la dévolution, alors surtout qu'il y a dévolution à l'égard des charges de la tutelle (4). Si, en effet, il y a un impubère, et qu'il existe deux agnats, un frère et un oncle paternel, le frère sera appelé à la tutelle comme plus proche agnat. Mais s'il meurt, lui aussi, et que le second degré fasse défaut, il y a lieu à dévolution, et l'oncle paternel sera tuteur. Il était donc absurde que ce qu'on admettait pour les charges de la tutelle, ne le fût pas pour les émoluments de l'hérédité.

8. Est aussi appelé dans l'ordre des successeurs légitimes à l'hérédité de son fils, le père qui a émancipé, *contracta fiducia*, son fils ou sa fille, son petit-fils ou sa petite-fille, ainsi de suite. Mais aujourd'hui, d'après la constitution de notre Empereur (5) il est inutile d'émanciper *con-*

(1) Paul., *Sent.*, IV, VIII, § 23. — Ulp., *Fragm.*, XXVI, § 5 — Gaius, *Comm.*, III, § 12 et 22.

(2) Gaius, *Comm.*, III, § 28.

(3) Cette constitution inconnue de D. Godefroi a été découverte et éditée par Cujas, *Observat.*, lib. XX, XXXIV, et insérée par Fabrot dans son édition des *Basiliques*, lib. XLIX, t. VI, p. 556-596.

(4) *Ubi tutela, ibi hæreditas.*

(5) L. ult., C. *de emancipat.*

*tracta fiducia* : car cette constitution veut que cette réserve soit toujours censée accompagner tacitement les émancipations (1).

## TITRE III.

### DU SÉNATUS-CONSULTE TERTULLIEN (2).

Par ce qui précède, nous savons quelle était la rigueur des lois des Douze Tables relativement à l'hérédité, puisque, d'une part, elle repoussait les émancipés de la succession paternelle, ne les reconnaissant en aucune manière pour héritiers, parce qu'ils avaient éprouvé la *capitis deminutio*, et d'autre part, elle préférait la descendance par les mâles à la descendance par les femmes, laquelle était si peu reconnue par elle que, non-seulement, la mère ne succédait pas à son fils, ou à sa fille décédés *intestat*, mais encore ne pouvait pas les avoir pour héritiers. Mais le préteur favorisant toujours l'équité naturelle, les appelait dans l'ordre des cognats à la succession l'un de l'autre, en leur donnant la possession des biens *unde cognati* (3).

1. Mais plus tard cette rigueur du droit fut adoucie, et le très-divin Claude (4), le premier, accorda la succession légitime à une mère pour la consoler de la perte de ses enfants.

2. Dans la suite, sous le règne d'Adrien (5), fut porté le sénatus-consulte Tertullien, qui contenait sur ce point de plus sages dispositions, et accordait la succession légitime

(1) L. 10, D. *de suis et legit.* — C. *eod. tit.* — Nov., 118.

(2) L. 58, D. *ad Sc. Tertull.* — Paul., *Sent.*, IV, IX.

(3) Ulp., *Fragm.*, XXVI, § 8. — Gaius, *Comm.*, III, § 24, 25 et 30. — Voy. *supra*, § 3, lib. III, tit. II.

(4) Suet. *in Claud.*, c. XIX.

(5) Le sénatus-consulte Tertyllien, ou Tertullien, fut rendu sous le consulat de Tertullien et de Sacerdos, l'an 158 depuis J. C.

à la mère qui pleurait la mort de ses enfants, sans cependant concéder la même faveur à l'aïeule (1). Car, disait-il, si un enfant meurt, laissant une mère qui ait, en qualité d'ingénue, le privilége de trois enfants (2), ou, si elle est affranchie, celui de quatre enfants, la mère arrivera à la succession de ses fils ou filles décédés *ab intestat*, et cela, non-seulement si elle est maîtresse de ses droits, mais encore si elle est sous la puissance de son père, pourvu toutefois qu'elle fasse adition par l'ordre de son père (3).

3. Sont préférés (4) à la mère, en matière d'hérédité, les enfants du défunt : car si un homme meurt laissant des enfants et leur mère, ses enfants, héritiers siens, ou représentants des héritiers siens, tels que les émancipés, qu'ils soient au premier, au second degré ou au-dessous, viendront à la succession. Mais, si c'est une femme qui est morte, ses enfants empêcheront leur aïeule de lui succéder.

Un garçon ou une fille est décédé ; le père, sous la puissance de qui il n'était plus, lui a survécu, ainsi que la mère : le père sera préféré à celle-ci ; mais, si l'aïeul survit ou le bisaïeul sous la puissance de qui il n'était plus, alors la mère est préférée, pourvu qu'elle soit seule à leur disputer l'hérédité.

Le frère consanguin du défunt, ou de la défunte, est aussi préféré à sa mère ; et la sœur consanguine est admise conjointement à la succession, c'est-à-dire, pour une portion égale. Que si un frère, une sœur, et la mère, survivaient au défunt (ou à la défunte), le frère était préféré à la mère, même dans le cas où celle-ci avait le droit d'enfants ; mais l'hérédité devenait commune entre les frères et la sœur (5) : de sorte que,

(1) La Novelle 118, c. II, la lui a accordée

(2) Paul., *Sent.*, IV, IX, § 1 et 7. — Ulp., *Fragm.*, XXVI, § 8.

(3) L. 6, D. *ad Sc. Tertull.*; L. 12 *pr.*, C. *de collat.*

(4) L. 2, § 6, D. *ad Sc. Tertull.* — Ulp., *Fragm.*, XXVI, § 8

(5) L. 2, § 15, 16, 17, 18 et 19, D. *ad Sc. Tertull.* — Ulp., *Fragm.*, XXVI, § 8.

si le défunt n'avait qu'un seul frère, ou bien qu'un frère ou qu'une sœur et sa mère, la mère était exclue. S'il n'y a pas de frère, mais seulement une sœur et la mère, alors la mère prendra six onces, et la sœur les six autres onces.

4. Tel était l'ancien droit. Mais il a été rendu par notre Empereur une constitution (1) insérée dans son Code, et dans laquelle, considérant les liens de la nature et les périls de l enfantement (2), qui produit quelquefois la mort, il a ordonné qu'on subvînt aux besoins de la mère, persuadé qu'il était on ne peut pas plus impie de tourner contre elle un événement purement fortuit (3). Si, en effet, la mère ingénue a moins de trois enfants, et la mère affranchie moins de quatre, on les repoussait injustement de la succession : car quel tort leur imputer, si elles n'ont pas eu trois ou quatre enfants, et par là, n'ont pas pu être héritières suivant le droit civil, ou même, si elles n'ont eu que le fils ou la fille décédés?

Quant aux constitutions (4) des derniers Empereurs, relatives à la succession légitime, elles venaient tantôt au secours de la mère, et tantôt aggravaient sa position, puisqu'elles ne lui accordaient pas la succession en entier, mais dans quelques cas seulement, par exemple, si elle avait le droit d enfants (*jus liberorum*) et lui retiraient le quart pour le donner à certains agnats, tandis que, dans le cas contraire, pour toute consolation, ils lui laissaient prendre une certaine portion de l hérédité, par la raison, qu'elle n'avait pas le droit à la succession civile. Mais pour rendre ceci plus clair, il nous faut poser une espèce. Si un homme mourait laissant une mère honorée du droit d'enfants, et un oncle paternel ou le fils d'un oncle paternel, la mère recevait huit onces; l'oncle paternel

(1) L. 2, C. *de jure liberorum.*

(2) L. ult., C. *qui potiores.*

(3) Nov. 22, c. XLIII.

(4) L. 1 et 2, C. Theod. *de legit. hæred.* — Cujas, *Not. pr. ad Inst., hic.*

ou le fils de l'oncle paternel, quatre onces. Si au contraire la mère n'avait pas le droit d'enfants, l'oncle paternel et le fils de l'oncle paternel recevaient huit onces, et la mère quatre. Mais notre très-divin Empereur (1) a purement et simplement préféré la mère à tous les héritiers légitimes, lui accordant, sans diminution, la succession de ses enfants décédés, à l'exception (toutefois) des frères et sœurs, qu'ils soient consanguins ou qu'ils aient avec eux les droits de cognats.

Car, de même que l'Empereur l'a préférée à tous les autres héritiers légitimes, de même il a appelé conjointement avec elle à l'hérédité tous les frères et sœurs, quand même ils ne seraient pas légitimes ; de telle sorte, cependant, que s'il n'y a pour héritiers que des sœurs jouissant des droits d'agnation ou de cognation, et la mère du défunt ou de la défunte, la mère du défunt ou de la défunte prendra six onces ; et toutes les sœurs, les autres six onces. Par exemple, un homme est mort, sa mère et deux ou trois sœurs lui survivent ; la mère prendra six onces, et toutes les sœurs prendront aussi six onces (2).

S'il survit un frère ou une sœur de la personne décédée, ou tout à la fois des frères et des sœurs, jouissant des droits d'agnation ou de cognation, que l'hérédité se partage *in capita*. C'est pourquoi, s'il n'y a pas de frère, la mère prendra à elle seule six onces, et les sœurs, quel que soit leur nombre, ne compteront que pour une (seule sœur). Mais s'il y a un frère, plusieurs sœurs ne représenteront pas une seule tête.

6. Mais de même que notre très-divin Empereur s'est occupé de la mère, de même il veut qu'elle s'occupe de ses enfants : car il ordonne aux mères de ne jamais négli-

(1) L. 7, C. *ad Sc. Tertull.*

(2) D'après la Novelle 22, c. XXXII *in fine*, la mère, qui succède à son enfant concurremment avec des frères du défunt, ne prend qu'une part virile dans la succession.

ger de demander un tuteur pour leurs enfants impubères, ou qui ont besoin d'un guide, lorsque, dès le principe, il n'y a pas de tuteur, ou que le tuteur nommé s'est fait excuser, ou a été écarté comme suspect; mais il leur permet de ne demander un tuteur pour ses enfants, que dans un certain laps de temps, c'est-à-dire, dans un an. Que si les mères négligent de demander dans l'année, un tuteur pour les pupilles, et que ces impubères viennent à décéder, elles ne leur succéderont pas : car, il est absurde que la mère qui a laissé son fils sans appui, jouisse de sa succession (1).

7. La mère est appelée, en vertu du sénatus-consulte Tertullien, à la succession de son enfant, bien qu'elle l'ait eu d'un commerce illicite (2).

## TITRE IV.

### DU SÉNATUS-CONSULTE *orphitius*.

Nous avons dit plus haut (3), que la loi des Douze Tables n'appelait ni la mère à la succession des enfants, ni les enfants à celle de la mère, mais que le préteur imagina pour eux la succession des cognats. Nous avons dit aussi que, plus tard, fut rendu le sénatus-consulte Tertullien, qui accorde à la mère des droits légitimes sur la succession de ses enfants, et que cette partie de la législation fut encore plus complétement réformée par la constitution de notre Empereur, comme nous l'a appris le titre précédent. Or, à l'instar du sénatus-consulte Tertullien, fut rendu le sénatus-consulte Orphitien (4), promulgué sous le consulat d'Orphitus et de Rufus, sous le règne de Marc-Aurèle. Ce sénatus-con-

(1) L. 2, § 1, D. *qui pet. tut.*

(2) L. 2, § 1 et 3, D. *ad Sc. Tert.*; l. 2 *pr.*, D. *unde cognati.* — Paul., *Sent.*, IV, x, § 1.

(3) Lib. III, t. 1, § 1.

(4) L'an 178 après Jésus-Christ, sous le consulat d'Orphitus et de Rufus.

sulte accorde au fils et à la fille des droits légitimes sur la succession maternelle, bien qu'ils soient encore en puissance. Or, ils sont préférés à ces frères consanguins et aux autres agnats (1).

1. Ce sénatus-consulte ne vient pas au secours des petits-fils : car, de même que l'aïeule ne peut invoquer le sénatus-consulte Tertullien, ainsi les petits-fils ne peuvent, à leur tour, invoquer l'Orphitien. Mais les constitutions impériales ont corrigé en ce point le sénatus-consulte Orphitien car elles ont ordonné qu'à l'exemple du fils et de la fille, le petit-fils, de même que la petite-fille, viendront à la succession de l'aïeule (2).

2. Or, il faut remarquer que la *capitis deminutio* ne détruit pas les droits conférés par le sénatus-consulte Tertullien, et ce, en vertu de la règle (3) qui veut que les hérédités légitimes introduites par la nouvelle législation ne périssent pas par la *capitis deminutio*, mais seulement celles qui ont leur source dans la loi des Douze Tables.

3. Les enfants nés d'un commerce illicite jouissent du sénatus-consulte Orphitien (4).

4. Si un homme meurt (5) laissant plusieurs héritiers légitimes du même degré, et que les uns fassent adition, et que d'autres répudient ou que la mort les empêche d'hériter, ou que pour toute autre cause, ils ne puissent pas hériter, (car les constitutions empêchent beaucoup de personnes d'hériter) alors la part de ceux-ci accroît à ceux qui font adition. Par exemple, il y a quatre héritiers : trois ont fait adition ; l'un a fait défaut, a répudié, ou est mort, ou bien la

(1) L. 9, D. *ad Sc. Orphit.*, l. 1, C. *eod. tit.* — Ulp., *Fragm.* XXVI, § 7.

(2) L. 4, C. Théod. *de legit. hæred.*, l. 9, C. *de suis et legit.*

(3) L. 1, § 8, *ad Sc. Tertull.*, l. 11, D. *de suis et legit.* — Ulp., *Fragm.*, XXVII, § 5.

(4) L. 1, § 2, D. *ad Sc. Tertull.* — Paul., *Sent.*, IV, X, § 1.

(5) L. 9, D. *de suis et legit.* — Paul., *Sent.*, IV, VIII, § 26 — Ulp., *Fragm.*, XXVI, § 5.

loi lui défendait de succéder. Sa part accroît proportionnellement aux trois autres, soit qu'ils survivent à leur adition, soit même qu'ils viennent à décéder immédiatement après l'avoir fait.

## TITRE V.

### DE LA SUCCESSION PAR LES FEMMES (DES COGNATS).

Nous avons dit (1) que les héritiers siens étaient appelés à l'hérédité de ceux qui étaient morts *intestats*, ainsi que ceux que le préteur compte parmi eux, tels que les émancipés et ceux que leur ont adjoints les constitutions (2), tels que les enfants offerts aux curies, et ceux qui naissaient d'une femme non légitimement mariée, et ont acquis les droits d'héritiers siens par la confection de l'acte dotal. Étaient ensuite appelés *ab intestat*, les agnats (3) et ceux à qui le sénatus-consulte Tertullien ou Orphitien a donné les droits (4) d'agnation; savoir : aux mères et à leurs enfants; et la constitution de notre très-pieux Empereur a accordé les droits d'héritiers légitimes aux enfants nés des sœurs du défunt (5).

1. Après toutes les personnes dont nous venons de parler, le préteur appelle dans un troisième ordre créé par loi, les cognats que reconnaît la nature, mais qui n'étaient pas reconnus par le droit rigoureux des Douze Tables : ce sont ceux qui ont subi une *capitis deminutio*, et leurs enfants. Or, comme la loi des Douze Tables les repoussait le

(1) Voy. *supra*, § 1, lib. III, tit. I. — *Voy.*, sur la succession les gentils, que la loi des Douze Tables appelait *ab intestat* à défaut d'agnat, l'*Explication historique* des Instituts, par M. Ortolan, t. II, p. 30.

(2) L. penult., C. *de legit hæred.*

(3) Voy. *supra*, lib. III, tit. II.

(4) Voy. *supra*, lib. III, tit. IV et V.

(5) L. 1, D. *quis ord.*; l. 2, § 4, *unde legit.*; l. 1, § 1, D. *si tab. testam. null.*

préteur les a appelés au troisième ordre (1), à l'exception cependant des seuls frères et sœurs émancipés, et non de leurs enfants. Car Anastase, de pieuse mémoire, publia une constitution portant que si quelqu'un meurt laissant un frère *integri juris*, c'est-à-dire n'ayant pas subi de *capitis deminutio*, et un autre frère *capite deminutus*, ils seront tous deux appelés à la succession du frère décédé, ou de la sœur décédée, non par égales portions, mais de telle sorte que l'héritier légitime eût quelque chose de plus, c'est-à-dire que le *capite deminutus* prendra quatre onces, et que le frère *integri status* prendra le double, c'est-à-dire huit onces. On peut voir dans cette constitution tout ce qui est relatif à cette partie du droit. Ainsi donc, le frère *capite deminutus* est appelé conjointement avec celui qui a les droits d'héritier légitime dans leur intégralité, et il prend la moindre part, ainsi que nous l'avons dit : mais il est préféré à tous les autres agnats, quand même il aurait subi la *capitis deminutio*, et à plus forte raison, aux agnats. Car, si je meurs laissant un frère *capite deminutus*, et un oncle paternel, le frère lui sera préféré. Nul donc n'est appelé dans l'ordre des agnats, s'il a subi une *capitis deminutio*, à l'exception du frère et de la sœur, et non les enfants du frère ; car ceux-ci, ayant subi la *capitis deminutio*, tombent dans l'ordre des cognats.

2. Le préteur appelait au troisième ordre ceux qui descendaient par les femmes, à l'instar des *capite deminuti* que ne reconnaissait pas la loi des Douze Tables (2).

3. Viendra aussi au troisième rang l'enfant donné en adoption (3), s'il veut recueillir l'hérédité de son père naturel.

4. Une femme prostituée a eu des enfants : ces enfants

(1) L. 4, *de legit. tut.* ; l. ult., C. *de legit. hæred.*

(2) L. 10, D. *de succ. cognat.* — Ulp., *Fragm.*, XXVIII, § 9. — Gaius, *Comm.*, III, § 30.

(3) L. 1, § 4, D. *unde cognati.* — Gaius, *Comm.*, III, § 31.

n'ont aucun droit légitime (1) sur la succession de personne : car l'agnation vient du père, et ils sont réputés ne pas avoir de père, si bien qu'ils ne sont pas même consanguins entre eux, la consanguinité étant une espèce d'agnation. Mais les frères nés d'une prostituée ont entre eux des droits de cognation, ainsi qu'avec tous les cognats qui leur sont unis par leur mère. Ces enfants donc viennent en troisième ordre.

Conséquemment, ce troisième ordre imaginé par le préteur renferme les agnats qui ont subi une *capitis deminutio*, à l'exception des frères (du défunt) et leurs enfants ; de même que ceux qui nous sont unis par les femmes, et l'enfant qui, bien que dans la famille adoptive, veut cependant succéder à son père naturel, et les enfants nés d'un commerce illicite (2). Le préteur leur promet à tous, *proximitatis nomine*, la possession de biens *unde cognati* ; c'est-à-dire, qu'il ne les appelle pas tous concurremment, mais suivant le degré de proximité.

5. Or, comme il y a plusieurs différences entre les agnats et les cognats, qu'il me suffise de faire remarquer celle-ci : si un homme meurt *intestat*, son agnat sera appelé à son hérédité, bien qu'il soit au dixième degré, et conformément à la loi des Douze Tables ; il pourra faire adition, et demander la possession des biens *unde legitimi*, conformément à l'édit du préteur.

Que si le défunt n'a pas d'agnats, mais seulement des cognats, la possession de biens *unde cognati* leur sera accordée, jusqu'au sixième degré. Le fils ou la fille d'un petit-cousin (3), ou d'une petite-cousine, sont seuls appelés jusqu'au septième degré. Nous apprendrons dans le titre suivant ce que sont ces derniers.

(1) L. 4, D. *unde cognati*. L. 4. D. *de gradib.*

(2) L. 2, 4 et 8, D. *unde cognati*. — Gaius, *Comm.*, I, § 64. — Harmenop., V, VIII.

(3) Paul., *Sent.*, IV, 11, § 8. — L. 4, D. *de grad. et aff.*

# TITRE VI.

## DES DEGRÉS DE PARENTÉ (1).

Ce que nous avons déjà dit (2) des degrés (de parenté) en forme de préliminaires, il nous faut maintenant l'exposer en détail, afin d'en faire une plus complète démonstration. Or voici comment on devra compter les degrés de parenté ; mais avant tout, il faut savoir qu'il y a la parenté des ascendants, celle des descendants, et celle des collatéraux, ou en ligne transversale, ou encore latérale, laquelle renferme les frères et sœurs et leurs enfants, et conséquemment les oncles et les tantes, tant paternels que maternels.

La parenté des ascendants comme celle des descendants commence par le premier degré; mais la parenté collatérale par le second: car il n'y a pas de premier degré dans la parenté collatérale (3).

1. Le premier degré (4) dans la parenté ascendante renferme le père, la mère ; dans la descendante, le fils, la fille.

2. Le second degré (5) dans la parenté ascendante, renferme l'aïeul, l'aïeule; dans la descendante, le petit-fils, la petite-fille ; dans la collatérale, le frère, la sœur.

3. Le troisième degré (6) dans la parenté ascendante renferme le bisaïeul, la bisaïeule; dans la descendante, l'arrière-petit-fils, l'arrière-petite-fille ; dans la collatérale, le fils et la fille du frère et de la sœur, et conséquemment l'oncle paternel, ou maternel.

(1) Paul., *Sent.*, IV, II. — Eclog., 28, περὶ βαθμῶν, 45. Eclog. 5, 38. — Harmenop., IV, VI.

(2) D., tit. *de legit. adgn. tut.*, et tit. *de legit. adgn. necess*

(3) L. 1 *pr.* et § 1, D. *de grad. cognat.*

(4) Paul., *Sent.*, IV, II, § 1. — L. 1, § 3; l. 10, § 12, D. *de gradib.*

(5) L. 1, § 4; l. 10, § 13, D. *de gradib.* — Paul., *Sent.*, IV, II, § 2.

(6) L. 1, § 5, D. *de grad.* — Paul., *Sent.*, IV, II, § 3.

L'oncle paternel s'appelle en latin *patruus*, c'est-à-dire frère du père (on le nomme en grec πάτρως); l'oncle maternel s'appelle en latin *avunculus*, c'est-à-dire frère de la mère (les Grecs l'appellent proprement μητρῷος); l'un et l'autre sont communément nommés θεῖος; la tante paternelle s'appelle *amita*, c'est-à-dire, sœur du père; et la tante maternelle *matertera*, c'est-à-dire, sœur de la mère; l'une et l'autre se nomment θεία et quelquefois τηθίς.

4. Le quatrième degré (1) comprend du côté des ascendants, le trisaïeul et la trisaïeule; du côté des descendants, le fils ou la fille des arrière-petits-enfants; du côté des collatéraux, le petit-fils, la petite-fille du frère, de la sœur, le grand-oncle paternel, la grand'tante paternelle, et pareillement le grand-oncle maternel, la grand'tante maternelle, c'est-à-dire le frère et la sœur de mon aïeul et de mon aïeule; il y a encore le *consobrinus* et la *consobrina*, c'est-à-dire, tous ceux et toutes celles qui naissent de deux frères ou de deux sœurs.

Il en est parmi les Anciens qui appellent avec raison *consobrini* proprement dits, tous ceux qui naissent de deux sœurs, *quasi consororinos*. Quant à ceux qui descendent de deux frères, ils disent qu'on les appelle proprement *fratres patrueles*. Mais si des filles naissent de deux frères, on les appelle entre elles *sorores patrueles*. Pour ceux qui naissent d'un frère et d'une sœur, on les appelle proprement *amitini*. Les fils de ma tante paternelle m'appellent *consobrinus*, et moi, *amitini*. Il faut donc dire, en deux mots : c'est pas alors que les enfants nés de deux frères ou de deux sœurs se nomment *consobrini*, tandis que les garçons nés de frères se nomment proprement *fratres patrueles*, et les garçons et les filles de sœurs *consobrini* et *consobrinæ*: les enfants de frère et sœur, *amitini*. Quant au fils de la sœur, il nom-

(1) L. 1, § 6 ; l. 10, § 15, D. *de grad.* — Paul., *Sent.*, IV, 11, § 4.

mera *consobrinus*, le fils du frère, et le fils du frère nommera *amitinus*, le fils de la sœur.

Le cinquième degré (1) renferme du côté des ascendants le quadrisaïeul, la quadrisaïeule; du côté des descendants, le petit-fils, la petite-fille des arrière-petits-enfants; du côté des collatéraux, l'arrière-petit-fils, l'arrière-petite-fille du frère et de la sœur, et, conséquemment, l'arrière-grand-oncle, l'arrière-grand'tante paternels, c'est-à-dire le frère et la sœur du bisaïeul; l'arrière-grand-oncle, l'arrière-grand'tante maternels, c'est-à-dire, le frère et la sœur de la bisaïeule; pareillement le fils et la fille des enfants nés de frères ou sœurs (qui, comme on l'a dit), sont tantôt appelés *fratres patrueles*, tantôt *sorores patrueles*, tantôt *consobrini* et *consobrinæ*, tantôt *amitini* et *amitinæ*, et celui ou celle qui précède d'un degré le petit-cousin et la petite-cousine, c'est-à-dire, le fils et la fille du grand-oncle ou de la grand'tante paternels, du grand-oncle ou de la grand'tante maternels.

Sont au sixième degré (2), du côté des ascendants, le quintisaïeul, la quintisaïeule; du côté des descendants, les arrière-petits-fils et petites-filles des arrière-petits-enfants du côté des collatéraux, les petits-fils et petites-filles des petits-enfants du frère et de la sœur, et conséquemment, le très-grand-oncle, la très-grand'tante paternels, c'est-à-dire le frère et la sœur du trisaïeul; le très-grand-oncle, la très-grand'tante maternels, c'est-à-dire, le frère et la sœur de la trisaïeule. Pareillement, le grand-*consobrinus* et la grande-*consobrina* . . . . . . . . . . . . . . . .

. . . . . . . . . . . . . . . . . . . . .

(c'est-à-dire le fils et la fille du grand-oncle et de la grand'-tante paternels, du grand-oncle et de la grand'tante maternels; le petit-*consobrinus* et la petite-*consobrina*), c'est-

(1) Paul., *Sent.*, IV, II, § 6. — L. 1, § 7, L. 10, § 17, D. *de gr...*

(2) Paul., *Sent.*, IV, II, § 7 et 8. — L. 10, § 7, D. *de grad. et parent.*

à-dire, celui ou celle qui est née de fils ou de filles de *fratres patrueles* ( . . . . . . . . . . . . . . . .

. . . ou de *consobrini* et d'*amitini*. Enfin ceux qu'on nomme *sobrini* et *sobrinæ*, c'est-à-dire, qui sont nés de *fratres patrueles*), ou de *consobrini* et d'*amitini*.

7. Il nous suffira d'avoir poussé jusque-là l'énumération des degrés de la cognation ; car vous devez savoir que chaque génération ajoute toujours un degré. Or, il est plus facile de dire à quel degré se trouve une personne, que d'indiquer le nom propre à son rang de cognation (1).

8. Les degrés de l'agnation et de la cognation se comptent de la même manière.

9. Mais comme la vérité se démontre bien mieux aux yeux qu'aux oreilles, il nous a paru nécessaire, après l'énumération des degrés, d'en tracer le tableau (2) dans ce livre, afin que les jeunes gens puissent en saisir parfaitement la doctrine, et par les oreilles et par les yeux. (*Voir le tableau.*)

10. Avant tout, il faut savoir que le préteur qui a imaginé l'ordre des cognats, n'a pas rangé parmi eux les cognats serviles (qui le sont devenus pendant leur esclavage) (3), puisque ni le droit ancien, par exemple, les lois des Douze Tables, ni d'autres lois (subséquentes) relatives aux cognats, n'ont reconnu cette espèce de cognation (4).

(1) Paul., *Sent.*, IV, II, § 7 et 8 ; l. 3, § 1, l. 9, 10 et 18, *de gradib.*

(2) Le tableau dont parle ici Théophile figure dans l'édition de Viglius, qui le tenait de Bonif. Amerbachius, lequel l'avait tiré d'un vieux manuscrit grec sur les Canons. — *Vid.* Vigl., *Præfat. ad lect.*, *V*, § 29. — Dans l'édition de Reitz, on en trouve un second copié sur un vieux manuscrit des Instituts de Dorville. Nous avons reproduit le premier, soit à cause de sa haute antiquité, qui, suivant Viglius, *loc. cit.*, remonte jusqu'à Justinien lui-même : comparez-le avec celui des Commentaires de Vinnius, édit. 1747, t. II. — *Voy.* aussi celui de M. Etienne, *op. cit.*, p. 558.

(3) L. 3 ; l. 10, § 17, D. *de gradib* — Paul., *Sent.*, IV, II, § 6 Harmenop., I, XIV, § 18.

(4) Dans les manuscrits des Instituts, qui ne renfermaient pas le ta-

Mais notre très-divin Empereur, mettant fin à toute incertitude sur cette matière, et voulant détruire toute confusion, a ordonné par une inspiration d'humanité, dans une constitution sur les successions des patrons, que, si un homme esclave a eu un enfant ou des enfants d'une femme, soit libre, soit esclave, ou que si, à l'inverse, une femme esclave a eu des enfants de l'un ou de l'autre sexe d'un homme libre ou d'un esclave, qu'il arrive que le père esclave ou la mère esclave soit affranchi, et qu'à leur tour les enfants sortis d'un sein esclave soient affranchis à leur tour, ces enfants auront la faculté de succéder à leurs parents, sans que leurs patrons puissent y prétendre aucun droit.

Et non-seulement ces enfants succéderont à leurs parents, mais encore ils se succéderont les uns aux autres, ainsi que l'établit spécialement la même constitution, soit que les enfants nés en servitude et ensuite affranchis se trouvent seuls, soit que d'autres enfants soient nés à leurs parents affranchis, après leur affranchissement, et ils recueilleront toujours l'hérédité paternelle ou maternelle, que les enfants nés après l'affranchissement de leurs parents doivent le jour à la même mère ou au même père, ou à une autre mère et à un autre père. En un mot, il faut que tout se fasse conformément à ce qui a lieu à l'égard des enfants nés de justes noces.

11. En résumé, de tout ce qui vient d'être dit il résulte qu'il y a trois ordres de parents : celui des héritiers siens, celui des *legitimi*, celui des *cognati*. On ne peut donc pe

bleau de la parenté, on avait laissé en blanc l'espace nécessaire pour le contenir. De là, l'habitude de regarder les trois paragraphes suivants comme un nouveau titre, auquel on a donné le nom de *servili cognatione* (*Voy.* Vinnius, *Comm., hic*). C'est une erreur démontrée par le § 11 des Instituts, et par le § 2 liv. IV, tit. XIII, de la Paraphrase, où Théophile appelle vingt et unième le titre περὶ τῶν γραμμάτων ἐνοχῆς, *de litterarum obligat.*, lequel, dans le cas où il aurait entendu faire un titre à part pour la cognation servile, aurait dû être le vingt-deuxième.

# TABLEAU DES DEGRÉS DE PARENTÉ.

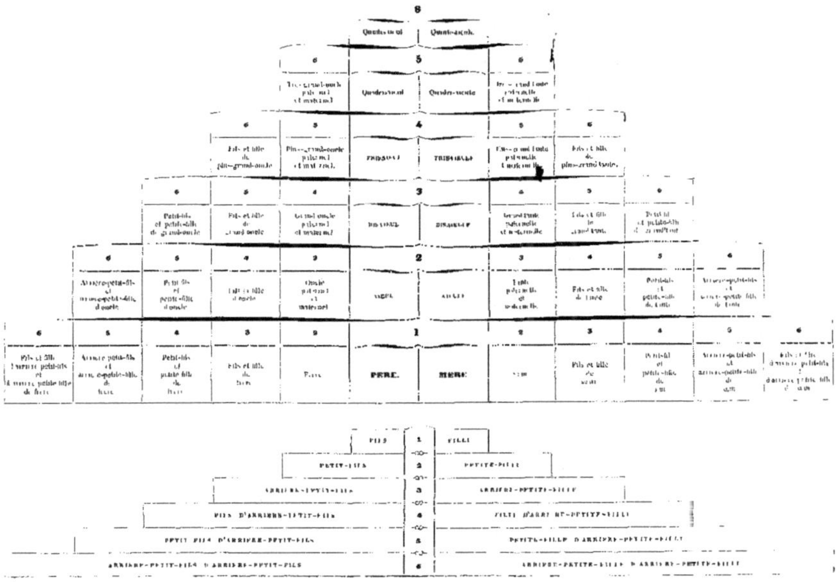

| | | | | | 6 | | | | | | |
|---|---|---|---|---|---|---|---|---|---|---|---|
| | | | | | Quintaïeul | Quintaïeule | | | | | |
| | | | | 6 | 5 | | 6 | | | | |
| | | | | Très-grand-oncle paternel et maternel | Quadrisaïeul | Quadrisaïeule | Très-grand'tante paternelle et maternelle | | | | |
| | | | 6 | 5 | 4 | | 5 | 6 | | | |
| | | | Fils et fille de plus-grand-oncle | Plus-grand-oncle paternel et maternel | TRISAÏEUL | TRISAÏEULE | Plus-grand'tante paternelle et maternelle | Fils et fille de plus-grand'tante. | | | |
| | | 6 | 5 | 4 | 3 | | 4 | 5 | 6 | | |
| | | Petit-fils et petite-fille de grand-oncle | Fils et fille de grand-oncle | Grand-oncle paternel et maternel | BISAÏEUL | BISAÏEULE | Grand'tante paternelle et maternelle | Fils et fille de grand'tante. | Petit-fils et petite-fille de grand'tante | | |
| | 6 | 5 | 4 | 3 | 2 | | 3 | 4 | 5 | 6 | |
| | Arrière-petit-fils et arrière-petite-fille d'oncle | Petit-fils et petite-fille d'oncle | Fils et fille d'oncle | Oncle paternel et maternel | AÏEUL | AÏEULE | Tante paternelle et maternelle | Fils et fille de tante | Petit-fils et petite-fille de tante | Arrière-petit-fils et arrière-petite-fille de tante | |
| 6 | 5 | 4 | 3 | 2 | 1 | | 2 | 3 | 4 | 5 | 6 |
| Fils et fille d'arrière-petit-fils et d'arrière-petite-fille de frère | Arrière-petit-fils et arrière-petite-fille de frère | Petit-fils et petite-fille de frère | Fils et fille de frère | Frère | PÈRE. | MÈRE. | Sœur | Fils et fille de sœur | Petit-fils et petite-fille de sœur | Arrière-petit-fils et arrière-petite-fille de sœur | Fils et fille d'arrière-petit-fils et d'arrière-petite-fille de sœur |

| | | |
|---|---|---|
| FILS | 1 | FILLE |
| PETIT-FILS | 2 | PETITE-FILLE |
| ARRIÈRE-PETIT-FILS | 3 | ARRIÈRE-PETITE-FILLE |
| FILS D'ARRIÈRE-PETIT-FILS | 4 | FILLE D'ARRIÈRE-PETITE-FILLE |
| PETIT-FILS D'ARRIÈRE-PETIT-FILS | 5 | PETITE-FILLE D'ARRIÈRE-PETITE-FILLE |
| ARRIÈRE-PETIT-FILS D'ARRIÈRE-PETIT-FILS | 6 | ARRIÈRE-PETITE-FILLE D'ARRIÈRE-PETITE-FILLE |

dire que le plus proche en degré succède préférablement à tous autres : en effet, il n'y a de préférence que d'ordre à ordre ; et l'héritier de premier ordre, bien qu'inférieur en degré (à un autre héritier d'un autre ordre), succédera de préférence, parce qu'il est d'un ordre plus élevé On ne doit avoir égard aux degrés que lorsqu'il y a connivence entre deux personnes du même ordre. Ceux donc qui ont le même degré de parenté ne sont pas toujours appelés concurremment, et le plus proche en degré n'est pas toujours préféré.

Le premier ordre renferme les héritiers siens et ceux que l'on compte parmi les siens, c'est-à-dire, les émancipés et les petits-fils du côté des mâles, et ceux par nous spécialement énumérés plus haut. Supposez donc que le défunt avait un arrière-petit-fils ou un fils d'arrière-petit-fils, et en outre, un frère, son père, ou sa mère : cet arrière-petit-fils ou ce fils d'arrière petit-fils leur sera préféré, comme étant d'un ordre préférable, bien qu'il soit d'un degré plus éloigné : car le père ou la mère est au premier degré, ainsi que nous l'avons déjà dit, et le frère au second. Or, l'arrière-petit-fils est au troisième degré, et le fils de l'arrière-petit fils au quatrième. Mais, bien que celui-ci soit au quatrième degré, il est préféré à ceux qui sont au premier ou au second degré, parce qu'il appartient à un ordre plus préférable (1), et peu importe que l'arrière-petit-fils ou le fils de l'arrière-petit-fils soient sous la puissance du défunt, ou n'y soient pas, qu'ils soient émancipés, ou qu'ils descendent (du défunt) par un émancipé ou par une femme.

12. Mais à défaut d'héritiers siens ou de ceux qui leur sont assimilés, s'il y a un agnat, c'est-à-dire un individu jouissant de l'intégralité de ses droits d'agnation, cet agnat, bien qu'il soit à un degré plus éloigné que le cognat, lui sera cependant presque toujours préféré : car le petit-fils ou l'ar-

(1) [illegible] 1. 2. [illegible], D. de gradib. ; [illegible] pr. [illegible], D. [illegible] Sc. [illegible].

rière-petit-fils de l'oncle paternel, l'un au cinquième, l'autre au sixième degré, seront préférés à l'oncle et à la tante maternels, quoiqu'ils soient au troisième degré.

Nous disons donc que toutes les fois qu'il n'y a pas d'héritier sien, ni personne qui en tienne lieu, et qu'il n'y a pas d'agnat, le plus proche cognat est préféré ou est appelé concurremment avec ceux qui sont au même degré : car l'héritier sien, ou son représentant, et l'agnat, leur sont préférés (1). Nous exceptons cependant le frère et la sœur émancipés, dont la *capitis deminutio* ne diminue en rien leurs droits à la succession des agnats, et qui, suivant la constitution d'Anastase, sont préférés à tous les agnats du troisième degré ou d'un degré ultérieur (2). Si donc, nous avons dit plus haut *presque toujours*, c'est par allusion aux frères émancipés qui n'avaient, il est vrai, d'après les lois anciennes que des droits de cognats, mais à qui la susdite constitution a accordé un droit de préférence.

## TITRE VII.

### DE LA SUCCESSION (3) DES AFFRANCHIS.

Retenez ces notions préliminaires: la parenté (4) est un terme générique ; elle comprend les ascendants, les descendants et les collatéraux. Ces trois sortes de parenté n'ont

(1) Gaius, *Comm.*, III, § 27 et 29.—L. [illegible] et 7, C. *de legit. hæred.*

(2) L. 4, C. *de legit. tut.*

(3) L'inscription grecque de ce titre porte : *περὶ συγγενείας ἀπελευθέρων*, *de la cognation des affranchis*. Nous ferons remarquer ici que cette inscription, comme toutes les autres, n'est pas de Théophile, mais de Viglius, son premier éditeur. Or, il est facile de voir que celle de notre titre n'est pas autre chose qu'une imitation de celle que, dans les anciennes éditions des Instituts, on lit en tête du § 10 du titre précédent, *de servili cognatione*, et non *successione*.

(4) Harmenop., V, III, § 2.

tien que parmi les hommes libres; mais, parmi les affranchis, les Anciens ne reconnaissaient pas d'ascendants: comment, en effet, eussent-ils pu en reconnaître, puisque les affranchis étaient nés en servitude? Ils ne reconnaissaient pas non plus de collatéraux parmi eux: car qui n'a pas d'ascendants, n'a pas de collatéraux, dont ils sont la source: ils n'ont donc que la parenté des descendants, c'est-à-dire, de ceux qui ont été conçus et sont nés d'eux après leur affranchissement.

Maintenant que vous connaissez ces notions préliminaires, en voici l'application: après avoir traité de la succession des cognats, nous devons par voie de conséquence parler des affranchis. Si un affranchi meurt intestat, qui viendra à son hérédité? S'il laisse un fils conçu après son affranchissement, il sera appelé dans l'ordre des héritiers siens: s'il n'en laisse pas, examinons qui sera appelé. Nous ne pouvons pas dire que ce sera l'agnat: car l'affranchi n'a pas d'ascendant, puisqu'il est né en servitude, et conséquemment il n'a pas de collatéraux, dont les ascendants sont la source. Si donc, il n'y a pas d'agnat (1), la loi appelle à sa place le patron; et tout ce qui écarte l'agnat de la succession du défunt éloigne le patron de la succession de l'affranchi: voilà pourquoi Si l'affranchi laisse un fils, il n'y a pas lieu à la succession du patron, parce que la confection du testament de l'affranchi empêchant l'agnat d'hériter, en empêche aussi, et par le même motif, le patron.

Aussi était-il autrefois permis, en vertu de la loi des Douze Tables, de préférer un patron Si, en effet, il n'y avait pas d'héritier sien (2), et qu'il n'y eût pas de testament, alors seulement la loi des Douze Tables permettait au patron de venir à la succession de l'affranchi; et si le patron était exclu par le fils de l'affranchi, il ne pouvait se plaindre. n'étant nullement absurde de céder à la nature Ce qui

(1) L. 17, D. *de bonis libert.*
(2) Ulp., XXIX, § 1 *pr.*

était on ne peut pas plus absurde, c'était que le fils adoptif, jouissant des droits de *suité* fût préféré au patron, et par là fût privé de la succession de l'affranchi, privé qu'il était par son fils adoptif (1).

1. Aussi, plus tard, le préteur (2), en vertu de sa juridiction, corrigea-t-il cette injustice, en ordonnant que l'affranchi qui aurait testé laisserait au patron la moitié de son patrimoine, et que, s'il lui laissait moins de la moitié, la possession de biens *contra tabulas* serait accordée au patron contre le testament de l'affranchi, et qu'ainsi le patron recueillerait la moitié de la succession. Mais si l'affranchi décédait intestat, laissant un fils adoptif, le préteur donnait au patron la possession de biens *contra tabulas* (3), à l'aide de laquelle il recueillait la moitié de la succession. Mais le patron était exclu par les enfants naturels (4) de l'affranchi, qu'ils fussent soumis à sa puissance, ou bien émancipés, et aussi par les enfants donnés en adoption, s'ils avaient été institués héritiers pour une portion, si minime qu'elle pût être. Exemple : je suis affranchi ; j'ai encore mon patron et un fils naturel que j'ai donné en adoption ; si dans mon testament, je l'ai institué héritier pour une partie quelconque, le patron sera exclu ; mais si je le laisse *prétérit*, il pourra sans difficulté demander contre mon testament la possession de biens *contra tabulas*. Ainsi donc, comme mon fils, qu'il fût soumis à ma puissance, ou émancipé, me succédait en vertu de ma volonté, ou en vertu de la loi, il primait le patron. Or, il succédait en vertu de ma volonté, si je l'instituais héritier, et en vertu de la loi, si je mourais intestat, ou même si j'ai testé, et que je les ai *prétérits* dans mon testament. Alors, en effet, le premier annulant le testament *ipso jure*, et le second, c'est-à-dire,

(1) L. 3, D. *de suis et legit.* — Ulp., *Fragm.*, XXIX, § 1. — Gaius, *Comm.*, III, § 39 et 40.

(2) L. 1, § ult., D. *de bonis liber.*

(3) Voy. l'Appendice.

(4) L. 3, D. *de suis.*

l'émancipé recevant, mon patrimoine à l'aide de la possession de biens *contra tabulas*, empêchent le patron de me succéder : car le préteur ne donne jamais contre les enfants naturels la possession de biens *contra tabulas*. — Et même après l'édit du préteur qui venait au secours du patron, il restait encore à l'affranchi un moyen assuré de ne rien laisser de plus au patron qu'il ne lui laissait avant cet édit : car s'il avait un fils naturel, ni la loi des Douze Tables, ni le préteur qui respecte tant la nature, ne venaient au secours du patron (1).

2. Mais plus tard, la loi *Papia* (2) augmenta les droits des patrons : car elle ordonna que si l'affranchi était riche (elle appelait riche celui qui avait un patrimoine de cent mille sesterces) et laissait moins de trois enfants, une portion virile serait réservée au patron, que l'affranchi fût mort testat ou intestat. Si donc il arrivait qu'un affranchi riche mourût ne laissant qu'un seul fils ou une seule fille, et en l'état d'un testament, la loi *Papia* admettait (à la succession) le patron concurremment avec le fils ou la fille, leur donnant la moitié du patrimoine du défunt, comme s'il n'avait survécu ni fils ni fille. Mais s'il avait institué deux fils ou deux filles, le patron était admis pour un tiers dans la succession, et s'il survivait trois enfants, ce nombre excluait le patron (3).

3. Tel était l'ancien droit. Mais dans une constitution (4) publiée en grec pour la rendre intelligible à tous, et dans laquelle il s'est attaché à la plus grande concision, notre Empereur a établi que (5), si l'affranchi ou l'affranchie est moins que *centenaire*, c'est-à-dire, a un patrimoine de moins

(1) Ulp., *Fragm.*, XXIX, § 1. — Gaius, *Comm.*, III, § 42.
(2) L. 4, § pen., D. *si cui plus quam per legem Falcid.*
(3) Ulp., *Fragm.*, XXIX, § 5. — Gaius, *Comm.*, III, § 42.
(4) On en trouve des fragments dans la loi 4, C. *de bonis libert.* — Cujas, *Observ.*, XX, 34, en a donné une édition avec l'indication latine de la partie concernant les droits de patronage.
(5) Harmenop., VIII, § 5 et 6.

de cent solides(1), (car c'est ainsi qu'il évalue les cent mille sesterces de la loi *Papia*, un solide pour mille sesterces), il n'y aura pas lieu à la succession des patrons, pourvu qu'il existe un testament : car si l'affranchi décède *intestat*, et ne laissant aucun enfant, la loi des Douze Tables accordera au patron toute la succession. Que s'il est plus que centenaire, et qu'il meure laissant des enfants appelés à l'hérédité, ou par le droit civil ou par le droit prétorien, s'ils sont émancipés, soit qu'il n'y ait qu'un seul enfant, ou qu'il y en ait plusieurs, et n'importe leur sexe et leur degré de parenté, ils seront appelés à cette hérédité pour le tout, à l'exclusion du patron ou de ses enfants.

Mais si l'affranchi qui est plus que *centenaire* meurt sans enfants et *intestat*, le patron ou la patronne recueilleront toute l'hérédité ; et s'il meurt *testat*, après avoir *prétérit* le patron ou la patronne et sans laisser d'enfants, ou après les avoir exhérédés ; ou bien encore, si c'est une affranchie qui est morte, ou un affranchi ayant des petits-fils d'une fille prédécédée, et que l'affranchie ait *prétérit* son fils, et l'affranchi le petit-fils né de sa fille prédécédée (prétérition qui, comme nous l'a enseigné le second Institut, équivaut à une exhérédation) ; et si, en outre, ces enfants ne peuvent faire annuler le testament par la plainte *de inofficioso*, alors le patron ou la patronne à qui notre très-divin Empereur dans une de ses constitutions accorde non pas la moitié comme autrefois, mais le tiers (2) seulement, recueilleront cette portion en vertu de la possession de biens *contra tabulas*, ou bien le complément de ce tiers, si l'affranchi ou l'affranchie les ont institués pour une seule once, pour deux onces ou pour un quart seulement. Or, le tiers qu'ils recueilleront en vertu de la possession de biens *contra tabulas*, ne les forcera pas d'acquitter les legs ou les fidéicom-

(1) L. 52, D. *ad leg. Falcid.*
(2) Harmenop., V, IX, § 18.

mis (1), soit envers des étrangers, soit même envers les enfants de l'affranchi, ou de l'affranchie : le cohéritier des patrons en sera seul chargé. Il en est ainsi quand les enfants de l'affranchi ont été *exhæredati* ou *præteriti*, la prétérition équivalant à l'exhérédation. (Mais s'ils ont été institués héritiers, le patron ne peut rien réclamer, et s'il arrive que le patron lui-même ait été institué héritier, c'est aux enfants que seront dus les legs) (2).

La même constitution renferme plusieurs autres espèces nécessaires à l'intelligence de cette partie de la législation : c'est ainsi qu'elle veut que le patron et la patronne et leurs descendants, ainsi que leurs collatéraux (3), jusqu'au cinquième degré, viennent à la succession des affranchis. Si donc, un seul patron ou une seule patronne, deux patrons ou deux patronnes, ou un plus grand nombre, laissent des enfants, le plus proche en degré (4) sera appelé à la succession de l'affranchi, ou de l'affranchie. Par exemple : un affranchi ou une affranchie sont morts sans enfants et *intestats*, le patron et la patronne sont prédécédés; mais ils ont laissé des enfants, un petit-fils, un arrière-petit-fils : le petit-fils viendra à la succession, et l'hérédité se partagera (5) *in capita*, non *in stirpem*, ou bien encore, un patron avait deux enfants, et un autre trois, l'hérédité se divisera en cinq portions.

Il en sera de même pour les collatéraux du patron ou

(1) Il n'en sera pas de même des dettes (Paul., *Sent.*, III, II, § 4), en vertu de la règle *bona non intelliguntur, nisi deducto ære alieno*.

(2) Tout ce qui est renfermé entre parenthèses a été probablement ajouté au texte de Théophile par son Scholiaste, ou corrompu par les copistes (*Voy.* l'Appendice).

(3) Harmenop., V, III, § 3.

(4) L. pen., D. *ad adsignat. libert.* — Paul., *Sent.*, III, II, § 1. — Ulp., *Fragm.*, XXVII, § 2 et 3.

(5) L. 23 ult., D. *de bonis libert.* — Paul., *Sent.*, III, II, § 3. — Ulp., *Fragm.*, XXVII, § 4.

de la patronne, de sorte que le plus proche en degré l'emportera sur tous les autres, et l'hérédité se partagera *in capita* : car la susdite constitution a voulu rendre presque identiques, en matière de succession, les droits des ingénus et des affranchis. Je dis *presque* (1), parce que relativement aux ingénus, les droits d'hérédité s'étendent jusqu'au delà du cinquième degré, tandis que les droits des affranchis ne vont que jusqu'au cinquième degré de cognation du patron et de la patronne.

4. Nous parlons aujourd'hui des affranchis qui sont citoyens romains, parce qu'il n'y a pas d'autres affranchis : car le premier Institut vous a déjà appris (2) que les droits des déditices et des Latins ont été abolis. Or, même à l'époque où les Latins existaient encore, il n'y avait pas parmi eux de succession légitime. En effet, bien qu'ils vécussent en hommes libres, ils mouraient cependant esclaves, perdant tout à la fois la vie et la liberté, et leurs manumisseurs n'héritaient pas de leurs biens, comme de ceux des esclaves (car, à propos d'esclaves, il ne peut pas être question d'hérédité) ; mais ils recueillaient leurs biens *jure peculii*, en vertu de la loi *Junia*. Voilà ce qu'ordonnait la loi *Junia* (3).

Plus tard fut rendu le senatus-consulte Largien (4), qui établit que les enfants du manumisseur, qui n'auraient pas été exhérédés *nominatim*, seraient préférés aux héritiers étrangers, dans la succession d'un Latin. Par exemple : j'ai affranchi mon esclave, et je l'ai rendu Latin ; je suis mort après avoir institué héritiers mes enfants et des étrangers

(1) Harmenop., V, III, § 6.

(2) *Supra*, lib. I, tit. V, § 3.

(3) Il s'agit ici de la loi *Julia Norbana de latinitate*. — Voy. *supra*, lib. I, tit. III, § 3. — Gaius, *Comm.*, III, § 56, 57 et 58.

(4) Le sénatus-consulte *Largianum*, sur la succession des affranchis Latins-Juniens, fut rendu sous le règne de Claude, l'an 42 après Jésus-Christ. — Gaius, *Comm.*, III, § 63, 64, 65, 66 et 71. — Novell. 78.

D'après la loi *Junia*, s'il arrive que le Latin vienne à mourir, mes enfants viendront à la succession du Latin, concurremment avec les héritiers étrangers; mais suivant le sénatus-consulte Largien, les enfants succèdent seuls au Latin, parce qu'ils n'ont pas été *nominatim exhæredati*.

Après le sénatus-consulte Largien, fut encore rendu l'édit de l'empereur Trajan qui ordonna que si le Latin, contre le gré ou à l'insu du patron, demandait et obtenait le droit de citoyen romain, il vivrait comme citoyen romain et exercerait tous les droits des citoyens romains, mais mourrait Latin (1). Mais la constitution de notre Empereur (2), voyant de mauvais œil tous ces changements de condition, et ne pouvant souffrir qu'un même homme vécût Romain et mourût Latin, a détruit tous ces changements et mis fin à beaucoup d'autres difficultés, rejetant de notre droit non-seulement les Latins, la loi *Junia* et le sénatus-consulte Largien, mais encore l'édit de Trajan, afin que tous les affranchis soient citoyens romains; et (de cette sorte) au moyen de quelques dispositions additionnelles, les voies qui menaient autrefois les affranchis au droit de Latins, conduisent aujourd'hui les esclaves aux droits de citoyen romain.

## TITRE VIII.

### DE L'ASSIGNATION DES AFFRANCHIS (3).

Après avoir parlé des affranchis, disons un mot de leur assignation. Vous savez que les enfants du patron, qui sont au même degré, succèdent concurremment et par portion virile, à l'hérédité de l'affranchi de leur père. Or, plus tard, fut rendu un sénatus consulte (4) qui permit au patron qui

(1) Gaius, *Comm.*, III, § 72 et 73.
(2) L. *unic.*, C. *de lat. libert. toll.*
(3) Digest., *de adsignandis libert.* — L. 107, D. *de verb. signif* — Eclog., 49, 5.
(4) L. 1, D. *de adsign. libert.* — Il fut rendu sous le règne de Claude.

avait plusieurs enfants, d'assigner ou d'adjuger l'affranchi à l'un d'eux, et qui établit qu'après la mort de l'affranchi, celui-là seul exercerait les droits de patron à qui cet affranchi aurait été assigné, les autres enfants du patron n'ayant aucun droit sur son hérédité, bien qu'ils lui eussent également succédé s'il n'y avait pas eu d'assignation. Mais si l'enfant à qui l'affranchi a été assigné meurt sans enfants, les autres enfants du patron recouvreront leurs anciens droits et succéderont à l'affranchi.

1 et 2. La faculté d'assigner (1) non-seulement un affranchi, mais encore une affranchie, est accordée au patron qui a deux ou plusieurs enfants *in potestate* (2) : car il ne peut pas assigner en faveur d'un enfant émancipé. Que faudra-t-il donc décider, si un patron, après avoir assigné à son fils son esclave comme affranchi, émancipe ensuite son fils? L'assignation s'évanouit-elle? Julien et la plupart des jurisconsultes sont d'avis qu'elle s'évanouit.

3. Nous pouvons assigner non-seulement par testament mais encore *ab intestat* ; car on n'exige aucune parole solennelle. Or, le sénatus-consulte relatif aux assignations fut rendu sous l'empire de Claude, et sous le consulat de Suilius Rufus et d'Ostorius Scapula (3).

(1) Ajoutez avec les Instituts (*hic*) *soit en faveur d'un fils ou petit-fils, soit en faveur d'une fille ou d'une petite fille. Et non tantum filio nepotive, sed etiam filiæ neptive assignare permittitur.* — Peut-être Théophile a-t-il voulu exprimer la même idée par les mots : πατρωνι, τῷ εχοντι δυο ἢ πλειονας παιδας ; ce qui est bien loin d'être aussi clair que le texte de Justinien. Nous aimons mieux dire avec Reitz, qu'il y a ici une omission de copistes (V. l'Appendice).

(2) L. 1. 2 et 3, D *de adsign. libert.*

(3) L. 1 *pr.* et § 7, D. *de adsign. libert.*

## TITRE IX.

### DE LA SUCCESSION PRÉTORIENNE (1).

De même que la loi des Douze Tables a créé la succession testamentaire et *ab intestat*, et exigé de ceux qu'elle y appelle, tantôt qu'ils existent (2) (*necessarii*), tantôt qu'ils fassent adition (tous les autres héritiers); ainsi le préteur (3) a imaginé à son tour les possessions (de biens) à l'aide desquelles il corrige quelquefois le droit civil, et quelquefois est en opposition avec lui.

Et ce ne sont pas seulement les vices de la loi des Douze Tables en matière de succession *ab intestat*, que le préteur a corrigés en créant un troisième ordre d'héritiers, auquel, ainsi que nous l'avons dit, il accorda la possession de biens *unde cognati* aux *capite deminuti* d'après le droit civil, à leurs enfants, et aux descendants par femmes que ne reconnaissait pas la loi des Douze Tables, mais encore les vices de cette loi en matière de succession testamentaire (4). Si, en effet, un homme institue héritier un posthume étranger (vous savez ce qu'est un posthume étranger), c'est-à-dire, l'enfant qui ne naît pas héritier sien, ce posthume ne pourra faire adition d'après le droit civil; car le droit civil réprouve une pareille institution. Mais le préteur lui accorde la possession de biens *secundum tabulas* (5), et le rend *bonorum possessorem*. Mais de son côté, la constitu-

(1) Inst., *hic, de bonorum possessionibus*.

(2) Ἀναφαίνεσθαι, littéralement, se montrer, apparaître.

(3) L. 7, § 1, D. *de justit. et jur.*

(4) L. 1, D. *si tabul. test. null.* — Théophile attribue ici à la loi des Douze Tables une prohibition qui ne doit l'être qu'à l'interprétation de ces lois par les prudents, comme il le dit *Suppl.*, lib. II, tit. XIV, § 2. Ainsi donc, quoi qu'en dise Reitz, Théophile a réellement commis l'erreur que Donneau lui reproche.

(5) L. 3, D. *de bon. possess. sec. tabul.* — Gaius, *Comm.*, II, § 242.

tion de notre Empereur veut que ce posthume soit valablement institué, comme s'il était reconnu pour héritier par le droit civil.

Or, quelquefois le préteur ne corrige pas, mais combat le droit civil. Si, par exemple, ainsi que nous l'avons dit, l'affranchi laisse *prétérit* le patron, la loi des Douze Tables ne donne au patron exclu par le testament aucun moyen d'arriver à la succession de l'affranchi; mais le préteur a créé la possession de biens *contra tabulas* : dans ce cas donc, il combat le droit civil.

1. Le préteur n'est ni trop sévère, ni amateur de difficultés (1). Si, en effet, il pense que le droit civil doit être suivi, il n'intervient, ni pour le corriger, ni pour le combattre, mais bien plutôt pour le confirmer (2). Si donc un individu a été régulièrement institué héritier, non-seulement il pourra, d'après le droit civil, faire adition, mais encore le préteur lui accordera la possession de biens *secundum tabulas* (3) ; et par là il deviendra tout à la fois *hæres* d'après la loi, et *bonorum possessor*.

Le préteur suit quelquefois le droit civil, même en matière de succession *ab intestat*. Le droit civil, en effet, appelle et les héritiers siens et les agnats, et exige des premiers qu'ils existent, et des seconds qu'ils fassent adition. Or, le préteur venant au secours du droit civil, donne aux uns la possession de biens *unde liberi*, aux autres celle *unde legitimi*, et quand même ils n'auraient pas demandé la possession de biens, ils ne seront pas moins héritiers d'après le droit civil (4).

Ainsi donc le préteur [illegible] (5), combat, ou approuve le droit civil : il le corrige, dans le cas du posthume étranger

(1) [illegible], dit Théodore [illegible] sur la loi 117, D. de bon. [illegible]

(2) L. 6, D. de bon. poss.

(3) L. 2, D. de bonor. poss. [illegible] tabul.

(4) L. 1, § 1, D. si tab. [illegible] — Cuj., Comm., [illegible]

(5) L. 7, § 1, D. de just. et jur.

il le combat dans le cas du patron prétérit, il l'approuve dans le cas de l'institution d'héritiers, et de succession *ab intestat* ouverte en faveur de parents du premier et du second ordre.

2. Ceux que le préteur seul appelle à l'hérédité, et non le droit civil, il ne les rend pas *hæredes* de plein droit; le préteur ne donnant à personne le nom d'héritier qui n'est accordé que par la loi, ou par ce qui en tient lieu, comme un sénatus-consulte ou une constitution de princes : un sénatus-consulte comme le Tertullien et l'Orphitien, une constitution, comme celle de notre Empereur, qui range les enfants de la sœur au nombre des héritiers légitimes : le préteur ne rend donc pas héritier. Mais, en donnant la possession des biens, il met à la place de l'héritier (1) et rend *bonorum possessorem;* en sorte qu'indirectement, on peut actionner et être actionné comme l'héritier lui-même.

Or, le préteur a non-seulement créé la possession *unde liberi*, celle *unde legitimi*, et celle *unde cognati*, mais encore d'autres possessions et en grand nombre, son but étant que personne ne meure sans succession. Aussi le préteur a-t-il étendu par des motifs d'équité et de convenance le droit de succession restreint dans des bornes extrêmement étroites par la loi des Douze Tables (2).

3. Or, les possessions de biens sont testamentaires, ou *ab intestat*. Voici les deux possessions testamentaires : ce sont, la possession des biens *contra tabulas* que le préteur donne aux enfants *præteriti*, et la possession de biens *secundum tabulas* (3), qu'il accorde à tous les héritiers institués suivant la loi. Après avoir imaginé ces deux possessions de biens, il arriva à celles *ab intestat*, et en premier lieu accorda la possession de biens qu'on appelle *unde liberi* aux

(1) [illegible] xxviii, § 1. — Gaius, [illegible] III, § 32.
(2) [illegible] § 1, [illegible] 155.
(3) [illegible]

héritiers siens, et à ceux qu'on compte parmi eux, je veux parler des émancipés.

Il accorda la possession de biens *ab intestat* nommée *unde legitimi*, à ceux que la loi appelait à l'hérédité du défunt, tels que les agnats, le patron et ses enfants qui viennent à la succession de l'affranchi ou de l'affranchie, et à ceux qui ont le droit de succéder *ab intestat* en vertu du sénatus-consulte Tertullien, du sénatus-consulte Orphitien et des constitutions.

Il accorda, en troisième lieu, la possession de biens *unde decem personæ*, par laquelle, il préférait au manumisseur étranger d'une personne libre, dix personnes, cognats, ascendants, descendants, collatéraux, jusqu'au deuxième degré. Il faut ici dire l'origine de cette possession, bien qu'elle soit tombée en désuétude. Si donc en vous émancipant mon fils, je vous le donnais en *mancipium* pour la première, pour la seconde, ou pour la troisième fois, et que vous l'affranchissiez et le rendissiez maître de ses droits, la dation de la liberté vous donnait des droits légitimes, puisqu'elle vous assimilait au patron; et s'il arrivait que cet enfant, une fois affranchi, mourût *ab intestat*, vous étiez préféré à tout autre agnat, l'affranchissement vous ayant conféré, comme nous l'avons dit, des droits légitimes sur sa succession, et, d'ailleurs, tous ses agnats étant devenus cognats, par la *capitis deminutio* que cet enfant a subie. Mais comme il était absurde qu'à lui seul, l'affranchissement vous fît préférer à tous ses agnats; le préteur appela dix personnes qui devaient vous être préférées dans la succession *ab intestat*, savoir : le fils, la fille, le petit-fils, la petite-fille, nés d'un fils ou d'une fille, le père, la mère, l'aïeul, l'aïeule, paternels ou maternels, la sœur; il les préféra au manumisseur étranger, et leur accorda la possession de biens *unde decem personæ* : car, cette possession doit son nom au nombre de ceux qui pouvaient la demander.

Le préteur accorda, en quatrième lieu, la possession de biens *unde cognati*.

Il promit une cinquième possession de biens, celle *tanquam ex familia*. Il y a lieu à cette possession dans le cas suivant : Un affranchi mourant sans enfants et *ab intestat*, son patron ne lui a pas survécu ; les agnats du patron viennent à la succession de l'affranchi, par la possession de biens dite *tanquam ex familia*, ou comme de la famille.

Il en créa une sixième, qu'il donna au patron et à la patronne, à leurs ascendants et à leurs descendants ; il la nomma *unde liberi patroni et patronæ et parentes eorum*, ou des enfants du patron, et de la patronne, et de leurs ascendants. Si, en effet, l'affranchi meurt, qu'ensuite les patrons, et les patronnes, ou leurs enfants, ne veuillent pas venir à la succession, par la possession de biens *unde legitimi*, et que le délai de la possession de biens soit expiré (chaque possession de biens a un délai déterminé, comme nous l'apprendrons plus bas), si ces enfants ne demandent pas la possession de biens *tanquam ex familia*, ils pourront venir à la succession, en vertu de la présente possession de biens ; et à leur défaut, leurs patrons ; et, en cas de mort, leurs enfants, ou les ascendants des patrons et des patronnes.

En septième lieu, le préteur créa la possession de biens *unde vir et uxor*. Si, en effet, un homme meurt *intestat*, sans cognat ; ou encore, si une femme meurt *ab intestat*, sans enfants qui puissent être appelés à la succession par une des précédentes possessions de biens, il y aura lieu à celle dont nous venons de parler ; conséquemment, le mari succédera à sa femme, et la femme au mari.

Vient en huitième lieu, et toujours *ab intestat*, la possession de biens *unde cognati manumissoris*, ou du manumisseur descendant par femme. Si, en effet, un homme meurt *intestat*, sans laisser aucun héritier, ni patron, ni enfants de patron, ni agnats, les cognats du patron pourront demander la présente possession de biens (1).

4. Telles sont les possessions de biens créées par le pré-

(1) L. 1 *pr.* et § 1, D. *si tabul. testam. null.* — Ulp., *Fragm.*, XXVIII § 7 — Gaius, *Comm.*, III, § 26, 27 et 33.

teur, deux testamentaires, huit *ab intestat*. Mais notre très-divin Empereur, ne voulant rien laisser échapper à ses investigations, a corrigé celles qui avaient besoin de l'être, et a maintenu comme nécessaires celles *contra tabulas* et *secundum tabulas*, et dans l'ordre *ab intestat*, celles *unde liberi* et *unde legitimi*.

Quant à la troisième *ab intestat*, et la cinquième dans l'ordre testamentaire, c'est-à-dire, celle *unde decem personæ*, il les a rayées du nombre des possessions de biens, et en a démontré en peu de mots la superfluité. En effet, cette possession de biens des dix personnes les préférant, comme nous l'avons dit, au *manumissor* étranger, et d'un autre côté, la constitution dudit Empereur (1), relatives aux émancipations ayant donné à tous les ascendants et manumisseurs la présomption d'affranchissement opéré *contracta fiducia*, en sorte que l'émancipation renferme tacitement ce privilége, la susdite possession de biens s'est conséquemment trouvée superflue, par le décès du *manumissor* étranger.

Ainsi donc, par suite de l'abolition de la possession de biens *unde decem personæ* qui était la cinquième, celle qui était jadis la sixième, c'est-à-dire, celle *unde cognati* est devenue la cinquième.

5. Quant à la septième, dite *tanquam ex familia*, et la huitième dite *unde liberi patroni patronæque et parentes eorum*, il a montré, dans sa divine constitution relative aux droits de patronage, qu'elles étaient inutiles. En effet, l'Empereur ayant établi les successions des affranchis à l'instar de celles des ingénus, en les restreignant seulement jusqu'au cinquième degré, afin qu'il y eût quelque différence entre les ingénus et les affranchis, a voulu qu'ils se contentassent des possessions de biens *contra tabulas*, *unde legitimi* et *unde cognati*, en vertu desquelles les parents du patron peuvent acquérir de même ce bé-

(1) L. ult., C. *de emancip. lib*. r.

*testat* l'hérédité de leur affranchi, débarrassant ainsi les possessions de biens de toutes difficultés et des erreurs inextricables (dont elles étaient la source).

6. Quant à la neuvième possession de biens, dite *unde vir et uxor*, il l'a placée au sixième rang (nous avons déjà dit qu'il avait rendu inutile la dixième, c'est-à-dire celle *unde cognati manumissoris*, pour les raisons exposées dans la constitution sur les droits du patronage ; de sorte qu'il ne reste plus aujourd'hui que six possessions de biens ordinaires dont deux testamentaires, celles *contra tabulas* et *secundum tabulas*, et quatre *ab intestat* : celles *unde liberi*, *unde legitimi*, *unde cognati*, *unde vir et uxor*.

7. Ajoutons-en une septième que les préteurs exercent pour une excellente raison, la promettant dans la dernière partie de leur édit, à ceux à qui une loi, un sénatus-consulte, ou une constitution leur ordonnait de l'accorder (1). On ne peut la compter ni parmi les possessions de biens testamentaires, ni parmi celles *ab intestat* ; et comme les préteurs ne l'établirent que comme un dernier recours extraordinaire, ils ne l'accordaient qu'en cas de nécessité, et quelquefois en vertu d'un testament, quelquefois *ab intestat*. Voici son nom : *quibus ut detur vel lege vel senatusconsulto, vel principis constitutione comprehensum est* ; c'est-à-dire (possession de biens de ceux) à qui une loi, ou un sénatus consulte, ou une constitution impériale commande de la donner. On peut aussi la nommer autrement et l'appeler *quibus ex legibus* ; c'est-à-dire, (possession de biens) de ceux à qui les lois l'accordent.

8. Or, après avoir ainsi créé plusieurs espèces de possessions dont il avait lui-même fixé le rang, et dans chacune desquelles avaient droit plusieurs personnes de différents degrés, le préteur, afin que les actions des créanciers n'éprouvent aucun délai, et que les créanciers sachent qui ils doi-

(1) Dig., tit. *ut ex legibus senatusve consultis bonorum possess. detur*. — L. 3, D. *unde legit.*

vent poursuivre, et en outre, afin qu'ils ne soient pas trop facilement envoyés en possession des biens du défunt, s'assurant ainsi le payement de leurs créances, le préteur, dis-je, a fixé pour chaque possession de biens un certain délai après lequel il y aura lieu aux possessions de biens suivantes. Il a donc donné aux ascendants et aux descendants tant naturels qu'adoptifs l'espace d'un an (1) pour demander la possession de biens, qui leur compète en vertu d'un testament, ou *ab intestat*. Ce délai expiré, ils seront privés de la possession de biens qui leur compétait. Quant à tous les autres parents et aux étrangers eux-mêmes, il leur a donné un délai de cent jours.

9. Et si quelqu'un néglige de demander la possession de biens dans ce délai de cent jours, et qu'il y ait des parents du même degré, la part de celui qui ne l'a pas demandée leur accroîtra (2). Que s'il n'y en a pas du même degré, ceux du degré suivant viendront à sa place, en se succédant les uns aux autres, comme si l'individu qui les précédait et n'a pas demandé la possession de biens, n'existait pas.

Une possession de biens me compétait. Je devais la demander dans l'espace d'un an, parce que je me trouvais au nombre des ascendants ou des descendants, ou dans l'espace de cent jours, parce que je n'étais pas de ce nombre. Je l'ai répudiée. Nous ne disons pas qu'il faille attendre jusqu'à l'expiration de l'année ou des cent jours, pour que la possession de biens s'ouvre en faveur du degré subséquent, mais seulement que les parents du degré ou de l'ordre subséquent, seront appelés à la possession de biens (3).

10. Le délai de la possession de biens est *utile*, bien qu'il

(1) L. 1, § 12, D. *de success. edict.* — Ulp., *Fragm.*, XXVIII, § 10. — L. 2, C. *qui admitt.*

(2) L. 1, § 10, *de success. edict.*; l. 5, § 9, et l. 4, D. *de bon. possess.*

(3) L. 1, § 6, 8 et 10, D. *de success. edict.* — Ulp., *Fragm.*, XXVIII, § 11.

ne soit pas continu (1); c'est-à-dire, que les jours du délai courent contre celui qui sait qu'une possession de biens lui compète, et peut en user. Car s'il ignore qu'il est appelé à la possession des biens du défunt, ou qu'un de ses parents est mort, ou même s'il connaît sa mort sans pouvoir user de la possession de biens, empêché qu'il en est par une invincible nécessité, le délai de la possession de biens ne courra pas pour lui.

Anciennement on n'avait de possession de biens qu'autant qu'on la demandait, et il fallait se présenter chez le préteur (2) et lui dire expressément : Donnez-moi telle possession de biens. Mais aujourd'hui les constitutions impériales (3) portent que pour jouir de tous les avantages de la possession de biens, c'est assez pour celui à qui elle compète de prouver, de quelque manière que ce soit, et dans le délai fixé, qu'il veut profiter de la possession de biens (4).

## TITRE X.

### DE L'ACQUISITION PAR ADROGATION (5).

Nous avons parlé de deux moyens universels d'acquérir, de l'hérédité tant testamentaire qu'*ab intestat*, et de la pos-

(1) L. 2, D. *quis ordo in possess.*

(2) L. 1 et 2, C. *comm. de success.*

(3) L. 8 et 9, *qui admitt. ad bon. poss.*

(4) *Voir* dans l'ouvrage précité de M. Étienne, à la fin de ce titre, son Appendice sur les successions, d'après les Novelles 118 et 127 de Justinien.

(5) Voy. *supra*, § ult., lib. II, tit. IX.

Nous avons dit, dans notre Introduction, que la Paraphrase de Théophile était quelquefois d'une grande utilité pour la correction du texte des Instituts; entre autres exemples, nous nous contenterons de signaler celui que nous offrent les derniers mots du titre IX : ἕξει τελειοτάτην ἐξ αὐτῆς τὴν εὐεργεσίαν. On lit dans les Instituts, *hic . plenum habent earum beneficium;* quelques éditions portent : *eorum*, c'est-à-dire, des Princes. Cujas, qui avait lu d'abord

session (de biens) qui nous est pareillement déférée testamentairement ou *ab intestat*. Parlons encore d'un troisième moyen d'acquérir universellement. Il n'a été établi, ni par la loi des Douze Tables, ni par le préteur, mais s'est introduit dans l'usage par l'assentiment tacite des Prudents; car autre chose est la loi, autre chose le droit civil. La loi, en effet, reçoit toujours une dénomination spéciale, telle que loi des Douze Tables, loi *Ælia Sentia*, *Furia Caninia*, *Falcidia*; mais le droit civil est l'assentiment tacite (non écrit) des Prudents à un droit non écrit, introduit dans l'usage, et ensuite propagé par lui. Plus tard, les Prudents crurent utile de l'autoriser par leur consentement (exprès) (1).

1. Si un père de famille se donnait en adrogation, tous ses biens, corporels et incorporels, ainsi que ses créances, étaient autrefois acquis à l'adrogeant, parce qu'il le rendait propriétaire de tous ses biens, excepté ceux qu'il perdait par *capitis deminutio*, tels que l'obligation de services (2) (nous apprendrons plus tard ce qu'on entend par là) et le droit d'agnation (3) (car la *capitis de-*

*eorum*, (*not. prior. ad Instit.*) a soutenu plus tard qu'il fallait lire *earum*, et sa version a été généralement adoptée. Pour nous soit parce que le sens grammatical de la phrase des Instituts nous paraît l'exiger, soit parce que le texte de Théophile doit contrôler, pour ainsi dire, celui des Instituts, nous estimons que le singulier *ejus*, *αὐτῆς* doit remplacer le pluriel *eorum* ou *earum*. Si on n'admet pas notre opinion, du moins sera-t-on forcé de convenir que celle de Cujas n'est pas la meilleure. Et, en effet, à quoi peut on grammaticalement faire rapporter *earum*, puisqu'au lieu de parler, comme Théophile, des constitutions des princes, *αἱ [illegible] διατάξεις*, Justinien parle des princes, ses prédécesseurs, *anteriores principes*. Que si on lit *eorum*, au lieu de *earum*, on pourra également le faire concorder avec *tempora* ou avec *principes*. Quoi qu'il en soit, la version de Théophile est assurément préférable à celle des Instituts.

(1) Gaius, *Comm.*, III, § 82.

(2) *Operarum obligationes.*

(3) Gaius, *Comm.*, III, § 82 et 83.

*minutio* l'empêchait de succéder par droit d'agnation aux agnats qui le précédaient en degré). Quant à l'usage et à l'usufruit, ils s'éteignaient autrefois (par l'adrogation); mais la constitution de notre Empereur (1) ne veut pas que ces droits soient dissous par la *capitis deminutio*.

2. En outre, notre très-divin Empereur a restreint l'acquisition par adrogation, en l'assimilant à l'acquisition faite par les pères naturels ; car sur les biens advenus du dehors aux enfants, non *ex re patris*, le père naturel et le père adoptif n'acquièrent rien au delà de l'usufruit (2).

3. Mais s'il arrive que celui qui a été donné en adrogation meure chez l'adrogeant, la propriété de ses biens passe à l'adrogeant, à moins qu'il ne survive quelqu'une des personnes (3) qui, d'après la constitution de notre Empereur, doivent être préférées au père sur les objets de la succession qui ne peuvent lui être acquis.

4. Mais si celui qui s'est donné en adrogation doit quelque chose à quelqu'un, l'adrogeant n'est pas, suivant le droit civil rigoureux, tenu de payer ses dettes (4). Comment, en effet, quand un individu a contracté une dette, un autre individu pourrait-il être poursuivi (à raison de cette dette)? Mais il sera poursuivi du chef de son fils, et s'il ne veut pas le défendre, les créanciers auront la faculté, sur l'ordre des magistrats compétens, d'entrer en possession et de disposer conformément aux lois, des biens qui sans l'adrogation auraient appartenu en pleine propriété au fils adrogé (5).

(1) L. 16, C. *de usuf. et habit.*
(2) L. 6, § 1, C. *de bonis quæ liberis*
(3) L. 1, C. *comm. de success.*
(4) L. 42, D. *de pecul.* — Gaius, *Comm.*, III, § 84.
(5) Gaius, *Comm.*, III, § 84.

## TITRE XI.

### DE CELUI A QUI DES BIENS SONT ADJUGÉS EN FAVEUR DES AFFRANCHISSEMENTS.

Il y a encore une quatrième espèce d'acquisition universelle, très-récente, inconnue des Anciens et introduite par une constitution (1) du très-divin Marc-Aurèle. Si, en effet, ceux qui obtiennent la liberté en vertu d'un testament, demandent, dans le cas où nul (héritier) ne fait adition, qu'on leur adjuge les biens pour conserver des affranchissements, on les leur accordera.

1. Telle est la disposition de ladite constitution de Marc-Aurèle, adressée à Popilius Rufus (2), relativement à l'espèce suivante : Un certain Virginius ayant institué Titius son héritier testamentaire, laissa la liberté à ses esclaves ; il avait des créanciers ; l'héritier institué ne voulut pas accepter l'hérédité. Les créanciers ayant été mis en possession de ses biens, étaient sur le point d'en disposer à leur gré. Mais un de ceux qui avaient obtenu la liberté dans le testament, appelé Popilius Rufus, demanda que les biens lui fussent adjugés, soit pour conserver les affranchissements, soit pour éviter tout préjudice aux créanciers.

Et l'empereur Marc-Aurèle, à qui il s'adressa (à cet effet), lui répondit par ce rescrit : Si l'héritier de Virginius Valens, qui a affranchi ses esclaves par testament, ne veut pas faire adition, et qu'ainsi, ses biens risquent d'être vendus

(1) L. 2, D. *de fideicomm. libert.*; l. 6, C. *de testam. manumiss.*

(2) Qu'était-ce que ce Popilius Rufus? Justinien n'en dit rien Suivant Théophile, c'était un esclave. Quelques auteurs, sur la foi d'Alciat (*Parad.*, v, 5), ont cru que c'était un homme libre, parce que les esclaves n'avaient pas de *cognomen;* mais Reitz a fort bien prouvé que les esclaves, après leur affranchissement, ajoutaient quelquefois un *cognomen* à leur *nomen*. (Reitz, *disquisitio de servis binom.*, *excurs.* XVI, t. II). Telle est aussi l'opinion de Cujas (*Recit. ad Paul. libr. respons.*) et d'Heineccius (*Not. in Vinn. Comm.*).

par les créanciers, que celui qui a reçu la liberté par testament s'adresse au magistrat compétent et veuille se faire adjuger les biens, pour conserver les affranchissements, le magistrat fera droit à sa demande et lui adjugera les biens; de telle sorte cependant, que les affranchissements, tant directs que fidéicommissaires, sortiront à effet, pourvu, néanmoins, qu'il ait préalablement donné caution, ou assuré par tout autre moyen (1) convenable le payement intégral de tous les créanciers.

Et ceux qui obtiennent les affranchissements directs, sont affranchis (2) de la même manière que si l'héritier avait fait adition, c'est-à-dire, qu'ils deviennent affranchis *orcini* (3). Mais ceux à qui a été laissé l'affranchissement fidéicommissaire, recevront l'affranchissement de fait, des mains de celui à qui les biens ont été adjugés, et deviendront incontestablement ses affranchis.

Or, il est permis à celui à qui ont été adjugés les biens, de dire qu'il ne consent à ce que le patrimoine lui soit adjugé, qu'à condition que ceux qui ont reçu les affranchissements directs, deviendront ses affranchis. Sa proposition sera écoutée, et l'Empereur autorisera sa demande si ceux qui ont été jugés dignes d'un affranchissement direct y consentent.

Et pour confirmer ces dispositions pleines d'humanité, cette constitution ajoute encore que si personne ne se présente, et que le fisc veuille prendre les biens comme vacants, il ne les prendra que s'il effectue les affranchissements en faveur de ceux qui ont été affranchis par testament, et s'il accomplit la volonté du défunt en faveur de ceux qui, en cas d'adition, l'auraient obtenue (en vertu du testament).

2. Ce rescrit vient au secours, non-seulement des affran-

(1) L. 4, § 8, D. *de fideicomm. libert.*
(2) L. 4, § 12, D. *de fideicomm. libert.*
(3) Ulp., *Fragm.*, x, 2, § 2

chissements, mais encore des défunts, de peur que leurs biens ne tombent dans la possession des créanciers, et ne soient vendus (publiquement) : car, si les biens sont adjugés à l'un de ceux qui ont reçu l'affranchissement, il n'y a plus lieu à la vente de ces biens ; alors, en effet, on trouve un défenseur idoine du défunt, qui paye aux créanciers l'intégralité de ses dettes (1).

3. Or, il faut savoir qu'il y a lieu d'abord à cette constitution, dans le cas où les affranchissements sont conférés par testament. Mais que décider, si quelqu'un, mourant *intestat*, laisse un affranchissement par codicille, et que personne n'ose accepter l'hérédité *ab intestat ?* Nous disons que la constitution s'applique à ce cas (2). Mais si un testateur n'affranchit personne dans son testament, et laisse des affranchissements dans un codicille, ce sera encore là, incontestablement, le cas de la constitution.

4. Les termes mêmes de cette constitution démontrent qu'elle ne s'applique que lorsque le défunt n'a pas d'héritier *ab intestat*. Ainsi, tant qu'il sera incertain s'il y aura un héritier ou non, la constitution sera inapplicable ; mais lorsqu'il devient certain que personne ne fera adition, alors la constitution sera applicable dans toute sa teneur.

5. Un individu est mort laissant des affranchissements par testament ; un mineur était appelé à son hérédité mais il s'est abstenu : y a-t-il lieu à la constitution ? ou bien cesse-t-elle d'être applicable, parce qu'au moyen de la restitution en entier, le mineur peut de nouveau accepter l'hérédité ? Nous disons qu'en vertu de la constitution l'adjudication des biens pourra, sans contredit, se faire en faveur de celui qui la demandera, bien que le mineur qui s'est abstenu de l'hérédité puisse, s'il la regrette, la reprendre au moyen de la restitution en entier. Mais que décider si, après l'affranchissement et l'adjudication des

(1) [illegible] § [illegible], D. *de fideicom. libert.*
(2) L. 2, D. *de fideic. libert.*

biens, le mineur restitué en entier reprend la succession ? les affranchissements une fois devenus valables seront-ils annulés ? Nullement (1).

6. Car cette constitution a été établie pour conserver les affranchissements. Si donc il n'en a pas été laissé, la constitution n'est plus applicable. Titius avait des créanciers ; il a affranchi ses esclaves *inter vivos*, mais il a donné, *mortis causa*, la liberté à quelques autres esclaves, et il les a affranchis en ces termes : Je veux que vous soyez libres, à moins que je n'échappe à cette maladie. Titius est mort ; les créanciers voulaient faire révoquer les affranchissements, disant qu'ils avaient été faits *in fraudem* de leurs droits ; les esclaves affranchis demandaient que les biens leur fussent adjugés, promettant aux créanciers le payement intégral de leurs créances : leur demande sera écoutée, bien que les termes de la constitution ne s'occupent pas du présent cas.

7. Mais notre Empereur, voyant les nombreuses lacunes de cette partie de la législation, a publié une constitution (2) dans laquelle il a complété le plus possible ce genre de succession. On connaîtra ces lacunes par la lecture de cette constitution.

## TITRE XII.

DES SUCCESSIONS QUI AVAIENT LIEU PAR LA VENTE DES BIENS, ET EN VERTU DU SÉNATUS-CONSULTE CLAUDIEN (3).

Antérieurement au moyen d'acquérir universellement que nous avons exposé plus haut, il y avait d'autres moyens d'acquérir universellement, tels que la *bonorum emptio*, ou

(1) L. 4, § 1 et 2, D. *de fideic. libert.*

(2) L. ult., C. *de testam. manumiss.*

(3) Rendu l'an [illegible] après Jésus-Christ, sous le règne de Claude. [illegible] [illegible]n, comme l'a [illegible] Lau[illegible], sous celui de Tibère. Tacite fait allusion à ce sénatus-consulte, quand il dit dans ses *Annales*, l. XII, [illegible] *inter quae refertur ad Patres de pœna feminarum* [illegible] *conjungerentur*, [illegible] *ignaro do-*

l'achat des biens du débiteur, qui se faisait avec de nombreuses solennités, à l'époque (1), où les procédures ordinaires étaient en usage, c'est-à-dire quand elles n'avaient lieu qu'au moment du *conventus* (le premier Institut nous a appris ce qu'était le *conventus*). Mais aujourd'hui que les procédures sont extraordinaires, et ont lieu en tout temps, c'est avec raison que les *bonorum venditiones* sont en désuétude. Que si un homme doit à plusieurs, il est de l'*officium* du juge de mettre ou de ne pas mettre les créanciers en possession des biens du débiteur commun, et de leur permettre ou non d'en disposer, suivant qu'ils le jugeront utile à leurs intérêts; c'est ce qu'on peut voir plus au long dans le Digeste.

Or, voici comment tout cela se passait : si un débiteur, ayant plusieurs créanciers, se cachait pour se dérober à leurs poursuites, ne laissant personne pour le défendre, les créanciers se présentaient chez le préteur, lui exposaient leur grief contre leur débiteur, et le préteur leur permettait de se mettre en possession des biens du débiteur, qu'ils détenaient pendant un certain nombre de jours; après quoi ils se présentaient une seconde fois chez le préteur, à qui ils demandaient pour l'un d'eux la permission de vendre, au nom de tous les autres, le patrimoine du débiteur : car la difficulté de se réunir tous ensemble le même jour et en un même lieu, les forçait de choisir l'un d'eux, qu'on nommait

*mino ad id prolapsa, in servitute, si consenserit, pro libertate haberetur.*

(1) Impossible d'admettre les assertions de Théophile sur les *judicia ordinaria* et *extraordinaria*. Nulle part, en effet, ni dans Gaius, ni dans les autres jurisconsultes dont nous connaissons les *Fragments*, ni dans les anciens auteurs, nous ne trouvons rien qui de près ou de loin concorde avec elles. — *Voy.*, sur les voies de contrainte ouvertes aux créanciers contre leurs débiteurs, et sur les divers systèmes de procédure romaine, le savant résumé de M. Etienne, *op. cit.* — Pour plus de détails, consultez l'*Explication historique des Instituts* de M. Ortolan, et surtout le *Traité des actions en droit romain*, par M. Bonjean.

*Magister*, qui traitait avec ceux qui voulaient acheter. Une affiche était placardée dans le lieu le plus fréquenté de la ville, avec les indications suivantes: Un tel, notre débiteur, est forcé de vendre à l'encan; nous, qui sommes ses débiteurs, nous vendons son patrimoine à l'encan. Que celui qui veut acheter se présente. Quelques jours après, ils se présentaient une troisième fois devant le préteur qui leur permettait de faire *legem bonorum vendundorum*, c'est-à-dire, de poser les conditions de la vente des biens, et ils ajoutaient ces mots à l'affiche, par exemple : L'acheteur doit répondre aux créanciers de la moitié des dettes, de telle sorte que celui à qui sont dus cent solides en reçoive cinquante, et que ceux à qui sont dûs deux cents en recoivent cent. A l'expiration du délai déterminé (pour la vente), le patrimoine était adjugé à l'acheteur, et l'acheteur se nommait *bonorum emptor*, ou acheteur des biens, et toutes les actions en faveur de celui qui avait subi la *bonorum venditio*, ou contre lui, passaient au *bonorum emptor*, et il actionnait et était actionné utilement, comme le *bonorum possessor* lui-même; car tous les deux sont successeurs prétoriens. Mais, comme il a été dit, tous ces circuits n'ont plus lieu aujourd'hui que les procédures sont extraordinaires.

1. Il y avait encore un autre moyen d acquérir universellement, introduit par le sénatus-consulte Claudien. Si, en effet, une femme libre aimait éperdument mon esclave, et lui faisait oublier ses travaux, il m'était permis de lui enjoindre, en présence de sept témoins, de s'abstenir de mon esclave. Si elle ne s'en abstenait pas, je lui faisais une nouvelle sommation; si elle persistait, je lui faisais une troisième sommation; et si, malgré cela, elle ne s'abstenait pas de mon esclave, je notifiais les sommations au magistrat, et après un interrogatoire, il me l'adjugeait comme esclave, et je devenais maître, non-seulement de sa personne, mais encore de ses biens (1).

(1) Paul., *Sent.*, II, XXI. — Ulp., *Fragm.*, XI, § 11. — Gaius. *Comm.*, I, § 84, 91, 191.

Mais notre très-pieux Empereur, jugeant cette disposition indigne de son siècle, l'a supprimée et bannie de son Empire, ne permettant pas qu'elle fût insérée dans son Digeste. — Il y a donc quatre moyens d'acquérir universellement : l'hérédité, la possession de biens, l'adrogation et l'adjudication des biens *libertatum servandarum causa*, qui sont encore en usage. Mais il en est deux qui ont été abolies, la *bonorum venditio* et l'asservissement en vertu du sénatus-consulte Claudien.

## TITRE XIII.

### DES OBLIGATIONS (1).

Après avoir parlé des choses, passons aux obligations. Mais peut-être blâmera-t-on l'ordre que nous suivons, et nous dira-t-on que les obligations sont en dehors de la matière dont nous avons promis de traiter. En effet, nous avons dit, en parlant des objets du Droit romain, qu'il comprend les personnes, les choses, les actions. Conséquemment, après avoir traité des personnes et des choses, nous devrions tout naturellement parler des actions. Comment donc, négligeant les actions, arrivons-nous directement aux obligations ? L'ordre que nous suivons peut être facilement justifié ; celui, en effet, qui traite des obligations traite aussi tacitement des actions, puisque les obligations sont les mères des actions (2).

Maintenant que nous avons exposé la raison de l'ordre par nous adopté, disons ce qu'est une obligation : l'obligation est un lien de droit qui force de payer (3) ce qu'on doit, suivant notre droit civil (4). Vous savez, en effet, que tout paiement d'une dette n'est pas valable, s'il n'a

(1) D. *de obligat.* — Eclog., 52, 1, c. 1. περὶ ἐνοχῶν παντοίων

(2) L. 42, D. *de procurat.* — Voy. *infra*, lib. III, tit. XIX, § [illegible].

(3) Le mot grec ἀποδοῦναι correspond au mot latin *solvere*, [illegible] exprime généralement les différents moyens de désintéresser [illegible] créancier, *dare, facere, præstare* (l. 3, D. *de obligat.*).

(4) L. 3, D. *de obligat. et action.*; l. 15, C. *de contrah.* [illegible]

lieu suivant le droit civil, et je me suis servi de ces expressions pour faire allusion au paiement fait au pupille ou par le pupille qui a besoin du consentement du tuteur, et quelquefois de l'accomplissement d'autres formalités.

1. Voici la principale division des obligations : elles sont (1) civiles ou prétoriennes; les obligations civiles ont été créées par les lois, ou du moins approuvées par le droit civil; les obligations prétoriennes sont celles que le préteur a établies de sa propre autorité; on les appelle aussi *honoraria* (2). Voilà la première division des obligations.

2. Voici la seconde division : elle comprend quatre (3) espèces d'obligations. En effet, elles naissent, ou du contrat, ou du quasi-contrat, ou du délit, ou du quasi-délit.

Il faut d'abord traiter de celles qui naissent d'un contrat. Or, le contrat est l'accord et le consentement de deux ou plusieurs personnes, relativement à une même chose, à l'effet de créer une obligation et d'engager l'une envers l'autre. Du contrat naissent quatre sortes d'obligations, *re*, *verbis*, *litteris* et *consensu*. Il faut traiter de chacune d'elles en particulier.

## TITRE XIV.

### DE QUELLES MANIÈRES LES OBLIGATIONS SE CONTRACTENT PAR LA CHOSE (4).

L'obligation se contracte *re*, par un fait, c'est-à-dire, par la numération d'une somme d'argent, et par le transport d'un objet de la main à la main (5). Tel est le prêt à consommation, ou le *mutuum*.

(1) Harmenop., III, v, § 62.

(2) L. 52 *pr.* et § 6, *de obligat. et act.*

(3) Ajoutez avec Gaius, l. 1 *pr.*, D. *de obligat. et action.* : *aut proprio quodam jure ex variis causarum figuris*; ou avec l'auteur de l'Eclogue, 52, 1, c. 1. ἀπὸ ἰδικοῦ νόμου ἐκ διαφόρων θεμάτων. — Gaius, *Comm.*, III, § 88 et 89.

(4) Eclog., 52, 1, c. 1.

(5) L. 1, 2, D. *de reb. credit.* — Eclog., 5, 1. — Harmenop., III, v, § 1.

Or, le *mutuum* (1) existe quand celui qui reçoit devient propriétaire, et s'oblige à nous rendre, non la même chose, mais bien une autre chose de la même nature, et en même quantité. J'ai dit que celui qui reçoit devient propriétaire pour distinguer le *mutuum* de l'usage et du dépôt ; car dans ces contrats, celui qui reçoit ne devient pas propriétaire J'ai dit aussi que l'emprunteur s'oblige envers nous, pour distinguer le *mutuum* de la donation ; car celuiqui reçoit devient propriétaire, il est vrai, mais n'est pas pour cela obligé J'ai dit qu'il s'oblige à rendre, non la même chose, mais une autre chose de la même nature et en même quantité, et c'est pour ne pas l'empêcher d'user de la chose prêtée. Chacun, en effet, emprunte pour employer à son usage la chose prêtée, et la remplacer par une autre, parce que s'il était obligé de rendre la même chose, il lui serait inutile d'emprunter Peuvent être prêtées, non toutes les choses indifféremment, mais seulement celles qui consistent *pondere*, *numero*, *mensura*. *Pondere*, telles que l'or, l'argent, le plomb, le fer, la cire, la poix, l'étain ; *mensura*, telles que l'huile, le vin, le blé ; *numero*, telles que de petites pièces de monnaie ; ou plus simplement, les choses qui se comptent, se mesurent ou se pèsent, et que nous donnons dans le but d'en rendre propriétaire celui qui les reçoit, à condition qu'il nous rendra, non les mêmes choses mais d'autres choses de même nature, et en même quantité. Or, ce prêt est appelé *mutuum*, *quia ita a me tibi datur, ut de meo tuum fiat*, c'est-à-dire, parce que je vous donne, pour que ce qui est mien devienne votre propriété (2). De ce contrat naît une action qu'on nomme condiction (3).

1. Dans l'obligation *re* est compris l'*indebitum*. Si, en effet, je crois vous devoir cent solides, et que je vous les

(1) L. 1, § 2, D. *de oblig. et act.*, L. 2, § 3, D. *de reb. cred.* — Gaius, *Comm.*, III, § 90.

(2) L. 9 *pr.* et § 3, D. *de reb. cred.*

(3) Il s'agit ici de la *condictio certi*, définie par Heineccius

paye par erreur, je vous en rends propriétaire; mais si plus tard, je découvre la vérité, je puis les reprendre par condiction; car, en l'intentant, je dirai : « S'il appert qu'il faut qu'un tel donne (tel objet) » et, revendiquant la chose prêtée, j'exercerai la condiction, suivant ce qui a été dit plus haut, en employant les mêmes paroles. Or, dans le premier cas, l'action s'appelle condiction de la chose prêtée; dans le second cas, condiction de l'*indebitum* : car, dans l'un et l'autre cas se réalise le fait de la numération de l'argent. Mais ce n'est pas en cela seulement que se ressemblent la condiction de la chose prêtée et la condiction de l'*indebitum*, mais encore en ceci, savoir, que le pupille qui ne peut emprunter *sinè tutoris auctoritate*, comme nous l'avons dit dans le second Institut (1), ne s'oblige pas, et que si je lui paye l'*indebitum*, en l'absence du tuteur, il n'est pas obligé envers moi par la condiction de l'*indebitum* (2).

Voilà en quoi elles se ressemblent; voici en quoi elles diffèrent : c'est que la condiction du *mutuum* s'établit en vertu du contrat : car je vous prête pour vous obliger envers moi; tandis que la condiction de l'*indebitum*, n'implique pas l'existence d'un contrat. Comment, en effet, appeler contrat, l'acte par lequel je paye dans la croyance de devoir et dans l'intention d'éteindre une obligation inexistante, et non d'obliger quelqu'un envers moi?

2. Le *commodat* (3) rentre aussi dans l'obligation *re*. Si en effet, un homme me prie de lui prêter un livre, et que je le lui prête, voilà un fait qui engendre l'obligation *re*,

*actio generalis quæ ex omnibus causis unde certum debetur, competit*. On appelle *condictio* l'action personnelle, *in personam*, par laquelle nous soutenons qu'on est obligé à nous donner, ou à nous faire quelque chose : *in personam vero actiones, quibus dare facere oportere intendimus*. — Voy. *infra*.

(1) Lib. II, tit. VIII.

(2) L. 5, § 5, D. *de oblig. et act.* — Gaius, *Comm.*, III, § 91.

(3) L. 1, § 2 et 4, D. *de oblig. et act.*; Eclog., 13, 1, περὶ κιχρώντων σοι καὶ κεχρωμένων. —Harmenop., II, x, περὶ χρήσεως.

et d'où naît l'action du *commodat*. Or, le *commodat* diffère beaucoup du *mutuum*; en effet, le *mutuum* transfère la propriété, et le *commodat* ne la transfère pas, et de là vient que le commodataire est tenu de restituer la chose qui lui a été prêtée. Il y a encore une différence : c'est que celui qui reçoit le *mutuum*, s'il vient à perdre le *mutuum* par un événement fortuit quelconque, par incendie, par ruine, par naufrage, par attaque des voleurs ou des ennemis, n'en restera pas moins obligé, tandis que l'emprunteur à usage (1), quoique obligé d'apporter un grand soin à la garde de la chose empruntée, ne peut (dans tous les cas) être actionné (2). Or, il ne lui suffit pas d'avoir de l'objet du *commodat* le soin qu'il a de ses propres choses; il doit encore en avoir tout le soin qu'en aurait le plus diligent des hommes. Que si, par force majeure (3), c'est-à-dire par cas fortuit, l'objet du *commodat* vient à périr, le commodataire ne sera point obligé. Si donc je vous prête à usage un livre; qu'au moment de votre départ, vous l'ayez avec vous, et qu'ensuite vous le perdiez par attaque des ennemis ou des pirates, indubitablement vous serez tenu de le restituer; car vous ne deviez pas le porter en voyage sans mon consentement.

Le *commodat* doit être gratuit, c'est-à-dire, que je dois vous prêter gratuitement, sans recevoir de rétribution et sans en établir; car, si une rétribution a été promise ou donnée, je suis censé vous louer le livre, en sorte qu'il n'y aura plus de *commodat*, parce qu'il faut, ainsi qu'il a été dit, que le *commodat* soit gratuit (4).

3. L'obligation *re* comprend encore le *depositum*. Si, en effet, je dépose ma chose chez vous, vous serez obligé *re*,

(1) L. 1, § 4, et l. 18, D. *de obligat.* — Eclog., I, § 5, c. VI.

(2) *Voy.* notre Appendice.

(3) L. 5, § 2 et sqq., D. *comm.* — Paul., *Sent.*, II, IV, § 2 et 3

(4) Paul., *Sent.*, II, § 12. — Eclog., 13, 2 et 52. 1, c. I. — Harmenop., III, IX.

et par l'action *depositi* que j'aurai contre vous, si je vous réclame le dépôt. Or, en matière de dépôt, vous n'êtes tenu que de ne pas commettre de dol (1). Si donc le dépôt se détériore par votre négligence ou par votre incurie, vous ne serez soumis à aucune action. Il en sera de même si, par votre négligence, on vous enlève l'objet déposé. Celui, en effet, qui confie sa chose à la garde d'un ami négligent, en doit accuser son imprudence (2).

4. J'ai reçu de vous (3) cent solides à titre de *mutuum*, et je vous ai donné mon esclave en gage : vous serez obligé *re*, envers moi, et par l'action de gage qui vous forcera, après le paiement de ce que je vous dois, à me restituer la chose engagée. Or, le gage a été imaginé dans l'intérêt des deux contractants, et dans le mien, à moi qui reçois le *mutuum*, et dans le vôtre, à vous qui donnez le *mutuum*. Dans le mien, parce qu'en recevant le gage, vous me prêtez plus facilement les cent solides, et dans le vôtre, parce qu'au moyen du gage, vous êtes en toute sécurité relativement au paiement de la dette. Or, cette garantie, relativement au paiement de la dette, étant un avantage pour vous, vous devez apporter un grand soin à sa garde (4). Mais si, par cas fortuit (5), le gage vient à périr, le créancier n'aura rien à craindre, et n'en pourra pas moins répéter la dette.

(1) Le dépositaire est tenu du dol et de la faute grave, *magna culpa, μεγάλη ὀρθέλεια*. — Cf. *infra*, § 17, lib. IV, tit. I. — Harmenop., III, IX, § 15.

(2) L. 1, § 5, D, *de oblig. et action.*

(3) Eclog., 21, 1. 3, c. I. — Harmenop., IV, LII.

(4) L. 14 et 21, D. *de pign. act.*; l. 23, D. *de regul. jur.*; l. 6, C. *de pign. act.* — Harmenop., III, IX, § 17.

(5) Dig., tit. *de verb. obligat.*

## TITRE XV.

### DE L'OBLIGATION PAR PAROLES (1).

Après avoir parlé de l'obligation *re*, parlons de l'obligation *verbis*. Or, cette obligation se contracte au moyen d'une interrogation et d'une réponse concordante (2), comme, quand nous stipulons qu'une chose nous sera faite, ou nous sera donnée (3); *donnée*, par exemple : Promettez-vous de me donner cent solides ? *faite*, par exemple : Promettez-vous de me bâtir une maison ?

De l'obligation *verbis*, naissent deux actions; la condiction, et celle *ex stipulatu* (4); et si l'objet de la stipulation est *certum* ou évident, certain, bien déterminé, il y a lieu à la condiction, si, par exemple, j'ai dit : Promettez-vous de me donner ce fonds de terre ou ce livre ? Mais s'il est *incertum;* si, par exemple, j'ai dit : Promettez-vous ce qui est dans votre coffre, ou dans votre grenier ? alors s'ouvre l'action *ex stipulatu*. Or, voici l'origine du mot *stipulatio*; chez les anciens, on appelait *stipulum* ce qui était ferme *a stipite*, souche (5).

1. Or, voici quelles étaient autrefois les paroles employées dans l'obligation *verbis*, et à l'aide desquelles on faisait les stipulations: *spondes?* (6) *Spondeo*; *promittis? promitto*; *fide-*

(1) L. 1, § 7, et l. 52, § 2, D. *de obligat.* — Paul., *Sent.*, III § 1. — Eclog., 52, 1, c. II.

(2) L. 1, § 7, D. *de oblig. et act.* — Gaius, *Comm.*, III, § 92. — Eclog., 52, 1, c. III. — Harmenop., VI, III.

(3) L. 24, D. *de reb. cred.*

(4) Paul., *Sent.*, V, VII, § 1.

(5) Paul., *Sent.*, II, III, § 1.

(6) Chez les anciens jurisconsultes grecs, on trouve, comme équivalents du latin *spondeo*, ἐγγυῶ, ἐγγυῶμαι, ἐπαγγέλλομαι, ὁμολογῶ. — Le verbe latin *spondeo* dérive du grec σπένδω, littéralement, faire des libations aux dieux, et non de *sponte*, comme le veut Varron (*de Ling. lat.*), parf. ἔσπονδα; de là *sponsus*, fiancé;

*jubes? fide jubeo*; *dabis? dabo*; *facies? faciam*. Quant aux mots *spondes? spondeo*, on ne peut les traduire en grec, mais les autres se traduisent ainsi : *Promittis? promitto*, c'est-à-dire ὁμολογεῖς; ὁμολογῶ; *fidepromittis? fidepromitto*, c'est-à-dire πιστεικελεύεις; πιστεικελεύω; *dabis? dabo*, c'est-à-dire, δώσεις; δώσω: *facies? faciam*, c'est-à-dire, ποιήσεις; ποιήσω.

Et peu importait que la stipulation eût été faite en latin ou en grec, ou en toute autre langue, telle que la syrienne ou l'égyptienne, pourvu cependant que les deux contractants comprissent les paroles l'un de l'autre. Et il n'était pas nécessaire que tous deux employassent la même langue; il suffisait que la réponse concordât avec l'interrogation. Si, par exemple, vous me dites : *Promittis?* je puis dire ὁμολογῶ, ou en cas inverse, si vous me dites : ὁμολογεῖς, je puis répondre *Promitto*. Deux Grecs peuvent aussi contracter *verbis* en latin, en disant, par exemple : *Promittis? promitto* (1).

D'ailleurs ces expressions solennelles n'étaient en usage qu'anciennement; mais plus tard, une constitution de Léon (2) supprima les paroles solennelles de la stipulation, exigeant seulement qu'il y ait de la part de chaque partie accord et consentement, sans qu'il soit besoin d'aucunes paroles solennelles.

par extension, prendre les dieux à témoin, faire un traité, conclure un accommodement, confirmer un traité par une trêve. Σπένδω est donc le seul mot qui réponde exactement au latin *spondeo*. Nous voyons pourtant que Théophile emploie le verbe ὁμολογῶ, et il en est de même d'Harménopule : c'est que le verbe σπένδω n'est nulle part usité dans le sens de *promettre*, de manière à s'engager par une espèce particulière de contrat, ce qui est la signification juridique de *spondere*. Les Grecs n'avaient donc pas de mot qui pût rigoureusement traduire le mot latin *spondeo*. Ainsi disparaît le reproche adressé par Saumaise à notre auteur, d'avoir dit que les expressions *spondes, spondeo*, étaient intraduisibles en langue grecque.

(1) L. 1, § 6, D. *de verb. oblig.* — Paul., *Sent.*, II, III. — Gaius, *Comm.*, III, § 92 et 93.

(2) L. 10, C. *de cont. et committ. stipul.*

2. Les stipulations se contractent *pure* ou purement (1), ou *in diem*; c'est-à-dire, à jour fixe, ou sous condition. *Pure* : par exemple : Promettez-vous de me donner deux cents solides? L'exécution de cette stipulation peut être immédiatement demandée; *in diem*, quand on a joint à la stipulation l'époque où se fera le paiement; par exemple : Promettez-vous de me donner deux cents solides aux prochaines Calendes de mars? Ce que nous stipulons à terme, est bien dû à l'instant même, mais ne peut être demandé avant l'événement du jour, et pas (2) même au premier jour des Calendes; car, pendant tout ce jour, le débiteur est libre de payer ou non. Bien qu'en effet il se soit écoulé, sans qu'il ait payé, sept et même huit heures du jour de l'échéance, on ne peut pas encore reprocher au débiteur d'avoir manqué à sa promesse, puisqu'il peut encore payer à la dixième heure. Or, le débiteur ne peut être accusé d'avoir manqué à sa promesse, que si tout le dernier jour des Calendes de mars s'écoule sans qu'il ait rien payé.

3. J'ai stipulé en ces termes : Promettez-vous de me donner dix solides par an, tant que je vivrai (3)? Une pareille stipulation est pure et simple; car on peut demander dix solides, dès la première année. Or, cette stipulation est toujours la même; elle est *perpetua* ou perpétuelle et illimitée, parce qu'on ne peut pas stipuler pour un temps, en disant, par exemple : « promettez-vous de me donner dix solides pendant dix ans? c'est-à-dire, de telle sorte que je puisse les réclamer dans les dix ans, et que si les dix ans s'écoulent sans que vous je les aie demandés, l'action soit éteinte? » Ainsi donc, l'action naissant de la stipulation suivante sera perpétuelle : « Me donnerez-vous dix solides par an, tant que je vivrai? » Si le stipulant meurt et que son héritier agisse *ex stipulatu*, demandant toutes les annuités écoulées depuis

(1) L. 56, § 4, D. *de verb. oblig.*
(2) Paul., *Sent.*, II, III, § 1 *in fine.*
(3) L. 42, D. *de verb. obligat.*

la mort du stipulant, il sera repoussé par l'exception de pacte, comme s'il avait stipulé sous cette condition : Tant que je vivrai. Car cette condition donne lieu à l'exception de pacte (1).

4. La stipulation se contracte sous condition, quand l'obligation est subordonnée à un événement, de telle sorte que la stipulation sorte à effet, suivant que telle chose arrivera ou n'arrivera pas. Par exemple : Promettez-vous de me donner cinq solides, si Titius devient consul (2) ? ou s'il ne devient pas consul? Si on stipule en ces termes : Si je ne monte pas au Capitole (3), me donnerez-vous cinq solides? la stipulation sera la même que si je vous avais interrogé en ces termes : Promettez-vous de me donner cinq solides, lorsque je mourrai? Et en effet, ce n'est qu'à l'époque de ma mort qu'il sera certain que je ne monterai plus au Capitole, parce que, quelque laps de temps qui s'écoule de mon vivant sans que je monte au Capitole, il ne suffit pas pour donner la certitude que je n'irai plus au Capitole ; car il peut arriver que jusqu'à l'âge de soixante ou de soixante-dix ans, on ne monte pas au Capitole, et qu'on y monte ensuite, tandis qu'il ne peut pas arriver que l'on y monte, quand on va rendre le dernier soupir.

Celui qui a stipulé sous condition (4) a l'espérance qu'il lui sera dû quelque chose. Si donc il vient à mourir, il transmet cette espérance (5) à ses héritiers; car les stipulations conditionnelles, même dans le cas où la condition est encore pendante après la mort des stipulants, passent aux héritiers, bien que, comme nous l'avons dit dans le premier Institut, le legs conditionnel, dans le cas où le légataire meurt avant l'événement de la condition, ne passe pas à ses héritiers (6).

(1) L. 56, § 4, D. *de verb. oblig.*; l. 44, § 1, D. *de obl. et act.*
(2) L. 129, *de verb. oblig.*
(3) L. 115, § 1, *de verb. oblig.*
(4) L. 54, D. *de verb. oblig.*
(5) L. 57, D. *de verb. oblig.*
(6) L. 73, § 1, D. *ad leg. Falcid.*; l. 54, D. *de verb. signif.*

5. Nous avons l'habitude (1), d'insérer dans les stipulations l'indication du lieu. Par exemple : Me donnerez-vous dix solides à Carthage, ou dans tel lieu ? Cette stipulation, bien que de prime abord elle paraisse pure et simple contient néanmoins un espace de temps, un délai tacite, le délai nécessaire pour que le promettant puisse aller à Carthage, et y payer (le montant de la stipulation). Si donc un homme qui est actuellement à Rome, m'interroge en ces termes : Promettez-vous de me donner aujourd'hui (telle somme) à Carthage ? la stipulation est inutile, puisque son exécution est impossible. Et, en effet, il est impossible d'aller en un seul jour de Rome à Carthage. Ainsi donc, les stipulations faites sous une condition impossible, sont nulles.

6. La condition qui se réfère à un temps passé ou à un temps présent, ou infirme immédiatement l'obligation, ou ne permet aucun délai, en sorte que l'accomplissement de la condition peut être demandé à l'instant même. Si, par exemple, se référant au passé, le stipulant dit : Me donnerez-vous dix solides, si Titius a été nommé consul ? ou s'il se réfère au présent, en disant, par exemple : Me donnerez-vous dix solides, si Mævius est vivant ? et si ces conditions ne se réalisent pas, que Titius n'ait pas été nommé consul et que Mævius ait cessé de vivre, la stipulation est nulle ; mais si ces conditions se sont réalisées, la stipulation est valable à l'instant même, et l'action qui en naît compète au stipulant ; mais de ce que nous ignorons si ces conditions se sont réalisées, il ne s'ensuit pas que nous jouissions d'un délai quelconque qui empêche de demander à l'instant même l'exécution de l'obligation. Car, ce qui est certain dans la nature des choses, bien qu'incertain pour les contractants, ne suspend pas l'obligation.

7. Les stipulations peuvent avoir pour objet non-seulement un fonds de terre, un esclave, un homme libre, mais encore un fait (2). Je puis, par exemple, stipuler que vous

(1) L. 2, D. *quod certo loco.*
(2) L. 2, D. *de verb. obligat.*

me construirez une maison, ou que vous n'en construirez point pour un autre. Dans les stipulations de cette nature où le fait consiste à faire ou à ne pas faire quelque chose, il est très-prudent d'indiquer une peine (clause pénale), en disant, par exemple (1) : Si vous faites ou si vous ne faites pas telle chose, me donnerez-vous dix solides ? Car si la peine (la clause pénale) n'est pas indiquée, on ne saura pas précisément ce que devra celui qui aura fait le contraire de ce qu'il devait faire. Or, comme il devra être condamné à des dommages-intérêts (dont le montant est incertain), il faut que le demandeur (le déposant) prouve quel est le montant des dommages-intérêts qu'il réclame. Il faut donc, pour éviter toutes ces difficultés, indiquer une peine (une clause pénale). Si, par exemple, je stipule de vous, que vous ferez telle chose, je dois vous interroger en ces termes relativement à la peine : Si vous ne faites pas telle chose, me donnerez-vous dix solides à titre de peine (de clause pénale) ? Si cette même stipulation renferme encore d'autres faits qui consistent les uns à faire, les autres à ne pas faire quelque chose, la clause ou la peine à ajouter (à la stipulation) devra être ainsi conçue (2) : S'il est fait quelque chose contrairement à cette stipulation, me donnerez-vous dix solides à titre de peine (de clause pénale) ? Et s'il arrive que vous contreveniez à la stipulation, soit en faisant, soit en ne faisant pas quelque chose, une clause de cette nature vous soumettra à plusieurs peines.

## TITRE XVI.

### DES COSTIPULANTS ET DES COPROMETTANTS (3).

En traitant des stipulations, il est nécessaire d'enseigner ce qui concerne les costipulants et les copromettants,

(1) L. ult., D. *de prætor. stipulat.*

(2) L. 71 et 13, § pen., D. *de verb. obliq.*; l. 5, *de cont. et comm. stipul.* — Eclog., 24, 9, tit. v, c. v.

(3) Dig., tit. *de duobus reis constituend.* — Nov. Justin., 99. — Eclog., 45, 112. — Harmenop., III, viii, § 11.

qui peuvent être au nombre de deux, ou en plus grand nombre. Or, on devient costipulant si Primus et Secundus prêtent cent solides à quelqu'un, qu'ils veuillent l'un et l'autre obliger envers eux l'emprunteur pour le tout, et qu'ils stipulent l'un et l'autre séparément, pourvu qu'après les deux stipulations, le promettant réponde : Je promets. Par exemple, Primus m'a interrogé, en disant : Promettez-vous de me donner cent solides ? Secundus m'a interrogé de la même manière ; j'ai ensuite répondu à tous deux : Je promets de les donner à chacun de vous. Car si je réponds d'abord à Primus : Je promets de les donner, et et qu'ensuite je réponde de même à Secundus, je contracterai deux obligations distinctes, et on ne dira pas qu'il y ait là deux costipulants. Il peut aussi y avoir deux ou plusieurs copromettants, si, par exemple, j'interroge en ces termes Mævius et Seius à qui j'ai prêté cinq solides. Promets-tu, Mævius, de me donner cinq solides? promets-tu, Seius, de me donner ces mêmes cinq solides ? et qu'ensuite chacun réponde séparément : Je promets (1).

1. L'objet de pareilles obligations sera dû pour le tout à chacun des stipulants, et chacun des promettants sera obligé pour le tout, car dans l'une et l'autre obligation, il n'y a qu'une seule chose due, et le paiement reçu par un seul costipulant enlève à l'autre costipulant le droit de le demander, de même que le paiement fait par un seul des copromettants, libère l'autre copromettant (2).

2. De deux copromettants, l'un peut s'obliger purement et simplement, l'autre *in diem*, ou sous condition, c'est-à-dire, que rien n'empêche que celui qui est interrogé purement et simplement ne soit immédiatement actionné; c'est que rien n'empêche, en effet, que celui qui a été interrogé purement et simplement, ne puisse être actionné à l'instant

(1) L. 4, 3 et 14, D. *de duob. reis constituend.*; l. 28, D. *de stip. serv.*

(2) L. 2 et 3, § 1, D. *de duob. reis constituend.*

même, bien que l'autre copromettant ait promis *in diem* ou sous condition (1).

## TITRE XVII.

### DE LA STIPULATION DES ESCLAVES (2).

Les esclaves, n'ayant pas de personne (3), en acquièrent une par leurs maîtres (4); d'où on peut conclure s'ils peuvent stipuler ou ne le peuvent pas. Mais cela n'a lieu qu'autant que le maître de l'esclave stipulant vit encore; que s'il est décédé, et qu'il n'ait pas encore été fait adition, c'est l'hérédité qui est maîtresse de l'esclave; car, le plus souvent, l'hérédité remplace la personne du défunt. Aussi l'esclave héréditaire qui stipule avant l'adition, acquiert-il l'objet de la stipulation à l'être incorporel qu'on appelle hérédité, et si plus tard l'héritier fait adition, il trouvera dans l'hérédité l'objet de cette stipulation, en même temps que les biens et les actions qui la composent (5).

1. Peu importe la manière dont l'esclave stipule. Qu'il dise, en effet : Promettez-vous de me donner telle chose ? ou, de la donner à mon maître ? ou bien : Promettez-vous de me donner à moi ? ou, à mon coesclave ? ou bien encore

(1) L. 7. D. *de duob. reis constituend.*

(2) Dig., tit. *de stipul. serv.* — Eclog., 249 et 43, 2 et 3, περὶ ἐπερωτήσεων τῶν δούλων.

(3) Cf. l. 3 *in fine*, D. *de capit. minut.*; l. 209, D. *de reg. jur.* — Harmenop., 1, XIV, § 1. — Voy. *supra*, § 2, lib. II, tit. XIV.

(4) Ἐκ τῶν προσώπων τῶν οἰκείων δεσποτῶν χαρακτηρίζονται : *ex dominorum suorum personis personantur* (trad. de Reitz). — Cujas, d'après la Glose latino grecque, qui rend χαρακτηρίζονται par le verbe *personant*, qui n'est pas latin dans le sens de personnifier, caractériser, représenter, a traduit : *domini eos personant*. Il aurait plutôt fallu dire *imaginantur* ou *repræsentantur*. Le mot français *représenter*, quoique moins énergique que le mot grec χαρακτηρίζονται, exprimerait convenablement la pensée de Théophile.

(5) L. 34 et 61, D. *de acquir. rer. domin.*

qu'il stipule sans indication de personne (1), en disant « Promettez-vous de donner ? » il acquiert pour son maître de toutes ces manières. Nous en disons autant des enfants en puissance, dans tous les cas où ils peuvent acquérir pour nous, c'est-à-dire *ex re nostra* (2).

2. Mais lorsque l'objet de la stipulation de notre esclave est un fait, on considère sa personne, et non celle de son maître : si, par exemple, l'esclave stipule en ces termes : Promettez-vous de me permettre de traver er votre fonds, c'est-à-dire d'y passer seul ? ou bien encore : d'y exercer le droit d'*agere*, c'est-à-dire d'y conduire une bête de somme. Car, dans ce cas, si déjà le maître ne pouvait pas traverser le fonds, une stipulation de cette nature ne lui en donnera pas le droit. Mais par l'esclave, qui ne le pouvait pas davantage, la stipulation lui donnera ce droit, parce que le fait (3) mentionné dans la stipulation ne concerne que la personne de l'esclave.

3. Quant aux esclaves communs qui font une stipulation, ils acquièrent à chacun de leurs maîtres (4), *pro parte dominica*, l'obligation naissant de la stipulation, que leurs maîtres aient sur eux des droits égaux ou inégaux ; des droits inégaux : si, par exemple, quelqu'un institue héritiers Primus et Secundus, l'un pour huit, l'autre pour quatre onces, ils auront un domaine proportionnel sur les esclaves qu'ils trouveront dans l'hérédité, l'un pour les deux tiers, l'autre pour un tiers. Que si l'esclave commun ne fait mention que d'un seul de ses maîtres dans la stipulation, en disant : Promettez-vous de donner à Primus mon maître ? il n'acquiert que pour lui seul. Il en est de même, bien qu'il n'ait pas spécialement mentionné Primus dans la stipulation, et qu'il ait fait cette stipulation sans indication de

(1) L. 1, § 5 et 16, D. *de stip. serv.*

(2) L. 4 et 45 *pr.*, D. *de verb. obligat.*

(3) L. 44, D. *de cond. et demonstrat.*, l. 38, § 6, D. *de verb. obligat.*

(4) Cf. l. 1, § 4 et 2 D. *de stip. serv.* : l. ult., C. *per quas personas nobis acquiritur.*

personne, mais avec l'ordre de Primus. Ici encore, l'esclave n'acquiert que pour Primus, parce que l'ordre du maître équivaut à la mention de son nom (1).

Que si l'esclave stipule sans indication de maître, et qu'ainsi l'objet de la stipulation ne puisse être acquis à aucun de ses maîtres (supposez que Primus et moi nous avons un esclave commun, et que Titius a été interrogé en ces termes par notre esclave commun : Promettez-vous, Titius, de donner ce fonds ? supposez encore que ce fonds était ma propriété), la stipulation est nulle en ce qui me concerne, parce que je ne puis pas stipuler pour moi-même la chose dont je suis actuellement le propriétaire (*dare*, c'est rendre propriétaire); car je ne puis devenir davantage maître de ma propre chose. Si donc la stipulation est nulle en ma personne, il s'agit de savoir, relativement à ce que j'aurai pu acquérir, si la stipulation étant inutile est par là même inefficace, ou si rien ne me sera acquis, et s'il faudra tout donner au copropriétaire. On a adopté cette dernière solution en vertu de la règle qui veut (2) que ce qui ne peut être acquis à un maître soit acquis à l'autre, s'il est capable d'acquérir.

## TITRE XVIII.

### DE LA DIVISION DES STIPULATIONS (3).

Il ne sera pas hors de propos de connaître la division des stipulations ; car les unes sont judiciaires, les autres prétoriennes, les autres conventionnelles, les autres communes, c'est-à-dire, tout à la fois prétoriennes et judiciaires (4).

(1) L. 7, § 1 ; l. 27 ; l. 35, D. *de stip. serv.*

(2) L. 25, § 33, D. *de usuf.*; cf. l. 5 et 7, § 1 ; et l. 18, D. *de stip serv.* — Gaius *Comm.*, III, § 167

(3) Dig., tit. *de prætor. stipulat.* — Voy. *infra*, § 1, lib. III, tit. XX.

(4) L. 5, D. *de verb. obligat.*

1. Les stipulations judiciaires (1) sont uniformes et ne dérivent que de l'*officium* du juge. Telle est la stipulation relative au dol. Il y a lieu à cette stipulation quand j'exerce contre celui qui me doit un esclave en vertu d'une stipulation, l'action *ex stipulatu*, le défendeur sachant qu'il sera nécessairement condamné, a donné du poison à cet esclave pour le tuer, peu de temps après l'avoir livré. L'*officium* du juge, en l'état des soupçons qu'on aura sur le défendeur qui a livré l'esclave, sera de le forcer de garantir qu'il n'a commis aucun dol au préjudice de l'esclave qu'il a livré.

C'est encore une stipulation judiciaire que celle relative à la poursuite d'un esclave en fuite. Si, en effet, on m'a acheté mon esclave (2) *bona fide* et sans *vitium*, rien n'arrêtera le cours de l'usucapion. Que si, avant le terme du délai de l'usucapion, deux mois ou trois mois auparavant, j'agis *in rem* contre le possesseur; que le litige, traînant en longueur, l'usucapion vienne à s'accomplir; que l'esclave prenne la fuite sans dol de la part du défendeur, et qu'ensuite moi, demandeur, je prouve que cet esclave était ma propriété : comme alors il serait également absurde de condamner le défendeur qui n'a rien à se reprocher touchant la fuite de l'esclave, et de l'absoudre, puisque, dans ce cas, il ne me servirait de rien de triompher de lui dans cette instance. l'*officium* du juge doit être de forcer le défendeur à donner caution pour l'exercice, en sa qualité de propriétaire de l'esclave par l'usucapion, de l'action *in rem* contre le possesseur, pour le cas où il trouverait l'esclave, et aussi pour la restitution qu'il devra me faire de cet esclave ou de son prix ; car s'il n'avait pas été usucapé, je n'aurais pas besoin de cette caution, le demandeur pouvant, sans difficulté, exercer contre tout autre possesseur de cet esclave l'action *in rem*.

(1) Eclog. 43, 1, c. 1, § 3.

(2) C'est en parlant de cet exemple que Cujas (*Observ.*, XXVII, 28) dit de Théophile : *ex Græcis talis, tamque eruditus interpres nemo*. — L. 3, D. *de verb. obligat.*; l. 69, § 3, D. *de legat.*

2. Quant aux stipulations prétoriennes (1), ce sont celles qui ne dérivent que de la juridiction du préteur : telle est celle *damni infecti* (2), ou du dommage (non encore causé). Il y a lieu à cette stipulation quand la maison d'un voisin menace ruine à cause de sa vétusté ; car si le voisin ne veut pas en avoir soin, ni aviser aux moyens d'en empêcher la ruine, et que d'un autre côté je puisse avoir à souffrir de sa ruine ; comme le voisin devra réparer le dommage que j'en puis recevoir, je serai mis en possession de la maison qui menace ruine, et si le voisin ne veut pas me laisser en possession de sa maison, il sera forcé de faire en ma faveur la précédente stipulation du dommage non encore causé, c'est-à-dire *damni infecti* ; car le dommage ne s'étant pas encore réalisé par la ruine de la maison, on l'appelle *damni infecti*.

Telle est encore la stipulation *legatorum* (3). Si, en effet, un homme en mourant vous institue héritier, et me laisse un legs sous condition, par exemple, *si navis ex Asia venerit* ; comme je ne puis, tant que la condition est pendante, intenter aucune action contre vous héritier, et que j'ai lieu à craindre que vous héritier, venant dans l'intervalle à consumer les biens (de l'hérédité), et devenant ensuite insolvable, vous ne rendiez inutile à mon égard la bienveillance du testateur, le préteur vous ordonne de donner, avant l'événement de la condition, des cautions et des fidéjusseurs, pour la prestation du legs en cas d'accomplissement de la condition. Que si l'héritier refuse, je serai envoyé en possession (4), ou de la chose léguée ou de toute l'hérédité.

Sont encore comptées parmi les stipulations prétorien-

(1) L. 5, D. *de verb. obligat.* ; l. 1, § 2, D. *de stip. prætor.*

(2) Harmenop., II, 1, § 60.

(3) L. 1, *pr.*, D. *ut legat. seu fideicomm. servand. caus. caveatur* ; l. 1, § 2, D. *de stipul. prætor.*

(4) L. 1, § 1 ; l. 4, D. *ut legat. seu fideic.* etc ; l. 1, D. *quib. ex caus. in poss. eat* ; l. 8, D. *de ann. legat.* ; l. 6, C. *ut in poss. legat.*

nes (1), les stipulations *ædilitiæ* ; car ces stipulations ont leur origine dans la juridiction *ædilium*. Il y a lieu à ces stipulations, quand les esclaves vendus sont atteints de quelque vice ; car le vendeur doit garantir à l'acquéreur que s'il trouve dans l'esclave vendu un vice caché il lui payera, par exemple, le double (2) (du prix).

3. Quant aux stipulations conventionnelles (3), ce sont celles qui se font du commun consentement de chaque partie, c'est-à-dire, ni par l'ordre du juge, ni par l'ordre du préteur, mais par la volonté des contractants. Il y a presque autant de genres de stipulations conventionnelles qu'il y a de contrats.

4. Parmi les stipulations communes (4), se trouve, par exemple, la stipulation *rem pupilli salvam fore* ; car le préteur ordonne au tuteur de fournir des fidéjussions, ainsi que nous l'avons dit dans le premier Institut, pour garantir que les intérêts du pupille seront sauvegardés. Mais s'il arrive qu'avant la satisdation, le tuteur actionne le débiteur du pupille, et que le débiteur ne veuille ni répondre (5), ni plaider (contre le tuteur), parce qu'il n'a pas encore fourni caution ; comme dans ce cas, on ne peut passer outre, le juge prononçant entre le tuteur et le débiteur du pupille, ordonne : *rem pupilli salvam fore*, et c'est pour cela que

(1) Eclog., 43, 1, c. 1, § 3.

(2) L. 5, D. *de verb. obligat.*, l. 1, § 2, D. *de stipul. prætor.*

(3) L. 5, D. *de verb. obligat.*

(4) L. 5 ; l. 1, § 1, D. *de stipul. prætor.*

(5) Théophile parle ici de la caution à fournir *post litem contestatam* ; ce qui résulte de ces mots : εἰ δὲ τύμβῃ, πρὸ τῆς ἱκανοδόσεως ἐνάγειν τὸν ἐπίτροπον, etc. : οὐδὲ ἀποκρίνασθαι μὴ βουλήθῃ, etc — Vinnius (*Comm. ad Instit.*) n'eût certainement pas reproché à Théophile, qu'il reconnaît d'ailleurs pour un excellent interprète, *bonus et non contemnendus interpres*, d'avoir mal choisi son exemple de stipulation commune, s'il n'eût pas oublié que la caution *rem salvam fore pupillo* pouvait être fournie, non-seulement avant l'instance, ce qui était l'ordinaire, mais encore pendant l'instance, *in judicio*.

cette stipulation se trouvera être commune à la juridiction du préteur et à l'*officium* du juge.

Il en est de même de la stipulation *ratam rem dominum habiturum* : car après que le préteur a ordonné à celui qui agit *alieno nomine*, de fournir caution dans le cas où il est douteux qu'il intente l'action de consentement du *dominus*, s'il arrive qu'on me poursuive en vertu du mandat d'un absent ; comme par cela seul que je puis douter de l'existence du mandat, on ne peut passer outre, le juge force le demandeur de donner caution *ratam rem dominum habiturum*. Par là, cette stipulation empruntera donc quelque chose et à la juridiction du préteur qui a établi ce genre de stipulations, et à l'*officium* du juge qui ordonnera qu'elle ait lieu pour passer outre (1) et poursuivre l'instance.

## TITRE XIX.

### DES STIPULATIONS INUTILES (2).

Parmi les stipulations, il en est d'utiles et d'inutiles ; les stipulations utiles sont nombreuses, les inutiles sont en petit nombre. Il faut donc parler (d'abord) de celles qui sont en petit nombre ; par elles nous connaîtrons ensuite celles, en fort grand nombre, qui sont utiles.

Il faut savoir avant tout, que toute chose (3) susceptible d'être soumise à notre domaine, mobilière ou immobilière, peut être l'objet d'une stipulation.

1. Si quelqu'un stipule qu'on lui donnera une chose qui n'existe pas dans la nature (4) ou qui ne peut pas exister, la stipulation est inutile. Or, ce qui n'est pas dans la

(1) L. 5, D. *de verb. obligat.*; l. 1, § 1, D. *de stipul. præt.* — Voy. *infra*, § 3, l. IV. tit. IX.

(2) Cod., tit. *de inut. stipulat.*

(3) L. 2, D. *de verb. oblig.*

(4) Ajoutez : ou aux yeux de la loi. — *Voy.* l. 35, D. *de verb. obligat.*

nature des choses, c'est, par exemple, (l'objet de cette stipulation) : Promettez-vous de me donner l'esclave Stichus (qui était mort, tandis que je le croyais encore vivant)? Quant à ce qui ne peut pas être (dans la nature des choses), c'est, par exemple, l'objet de cette stipulation : Promettez-vous de me donner un hippocentaure (lequel hippocentaure ne peut pas exister)? Dans ce cas, ainsi que nous l'avons dit, la stipulation est inutile.

2. Il en est de même, si j'ai stipulé une chose sacrée (1) ou religieuse, que je croyais profane, ou bien une chose publique destinée à l'usage perpétuel du peuple, comme un forum, un théâtre, un amphithéâtre, et toutes autres choses semblables, ou un homme libre, que je croyais esclave, ou une chose dont je n'avais pas le *commercium*, c'est-à-dire, que je ne pouvais pas acheter, (le *commercium* est le droit de vendre et d'acheter). Or, il est des choses dont personne n'a le *commercium*. Ainsi, par exemple, un hérétique ne peut acquérir un héritage renfermant une église orthodoxe. Ou bien encore, si je stipule de vous ma propre chose, en disant : Promettez-vous de me donner cette chose (car *dare* c'est rendre propriétaire)? Or, je ne puis devenir davantage propriétaire de ma propre chose.

Or, parce qu'il peut arriver que, dans l'intervalle, la chose publique tombe dans le domaine d'un particulier, par une concession de l'Empereur, ou bien que l'homme libre devienne esclave, si, par exemple, devenu affranchi, il a été condamné à rentrer en servitude, pour ingratitude envers le patron ; ou bien encore, parce qu'un individu peut obtenir de l'Empereur le *commercium* d'une chose qu'il lui était défendu d'acquérir, ou que ma chose peut cesser de m'appartenir, et par là peut sans contredit deve-

(1) L. 1, § 9, D. *de oblig. et action* ; l. 69, D. *de verb. oblig.* — Gaius, *Comm.*, III, § 97.

(2) L. 82 et 83, § 3, D. *de verb. obligat.*, l. 1, § 10 et 11, D. *de oblig. et action.* — Gaius, *Comm.*, III, § 97.

nir désormais l'objet d'une stipulation valable ; parce que, disons-nous, tout cela peut arriver, nous ne disons pas que le sort et la force de la stipulation restent en suspens, mais seulement qu'elle est radicalement inutile.

De même, en sens inverse (1), bien que la stipulation ait été utile dès le principe, et qu'ensuite elle tombe sans la volonté et sans le fait du promettant, dans un des cas ci-dessus exposés, la stipulation sera éteinte. Par exemple, j'ai stipulé avec vous en ces termes : Promettez-vous de me donner l'esclave Stichus? Or, cet esclave Stichus était au service de Primus, la stipulation était donc sans contredit utile : or, il est arrivé malgré vous qu'il a été affranchi par son maître. Ou bien j'ai stipulé de la sorte avec vous : Promettez-vous de me donner tel emplacement (qui était de droit privé, et qui plus tard, avant la demande, est devenu sacré ou religieux)? La stipulation, comme il a été dit, deviendra (par là) inutile. Toutes les fois, en effet, que l'objet de la stipulation rencontre un obstacle qui eût empêché la stipulation d'être valable dès le principe (2), elle s'éteint. Or, je ne pouvais, dès le principe, stipuler, ni un homme libre, ni une chose sacrée ou religieuse.

Mais que décider, si on a stipulé, en ces termes, une personne libre : Promettez-vous de me donner Titius, lorsqu'il sera devenu esclave? ou encore, une chose publique : Promettez-vous de me donner tel emplacement, sur lequel est un théâtre, ou un amphithéâtre, quand il sera devenu de droit privé? La stipulation est inutile dès le principe (les choses nulles dès le principe ne pouvant devenir valables par des faits postérieurs), par la raison que les choses qui, par leur nature, ne sont point soumises à notre domaine, ne peuvent être l'objet d'une stipulation valable (3).

3. Si quelqu'un promet qu'un autre donnera ou fera quel-

(1) L. 98 *in fine princip.*; l. 146, § 2, L. *de verb. obligat.*
(2) Voy. *supra*, lib. II, tit. XIII. — Eclog., 25, c. XXIX.
(3) L. 83, § 5; et l. 98, D. *de verb. obligat.*

que chose, il ne sera pas obligé, comme si, par exemple, je dis : Je promets que Titius vous donnera dix solides, ou vous construira une maison. Mais si je dis que je ferai en sorte que Titius vous donne dix solides, la stipulation est valable; car dans ce cas, j'ai promis mon propre fait (1).

4. Si quelqu'un stipule (2) pour un autre sous la puissance de qui il n'est pas, il stipule inutilement. Cependant on peut faire un payement à une personne étrangère; par exemple, en stipulant en ces termes : Me donnerez-vous à moi ou à Seius dix solides? Dans ce cas, l'obligation n'est acquise qu'à moi, qui ai stipulé. Mais vous pouvez, même malgré moi, payer (3) à Seius, de sorte que vous serez libéré *ipso jure* par ce payement. J'aurai, au reste, contre Seius l'action *mandati* (4) pour réclamer les solides qui lui ont été donnés.

Que si je stipule en ces termes : Me donnerez-vous dix solides à moi, ou à Titius qui n'est pas en ma puissance (5)? la stipulation est valable. Mais on peut se demander si la dette sera de tout ce qui a été l'objet de la stipulation, comme si Titius était censé n'être pas intervenu dans la stipulation, parce qu'il n'était pas capable d'acquérir; ou bien, si elle ne sera que de la moitié, à cause de la conjonction *et* qui est copulative. Or, on a admis que moi, stipulant, je n'acquerrai que la moitié, parce que j'ai inutilement parlé de Titius dans la stipulation (6).

Si je stipule ainsi : Donnerez-vous à Titius (qui est sous ma puissance) (7)? c'est pour moi que j'acquiers, car ma

(1) L. 83 et 97, § 1, D. *de verb. oblig.*

(2) L. 33, § 17, D. *de verb. obl.* — Gaius, *Comm.*, III, § 103. — Voy. *in fine huj. tit.*, § 18.

(3) L. 10 et 12, § penult., D. *de solut.*

(4) L. 131, § 1; l. ult., § 3, D. *de verb. obl.*; l. 106, D. *de solution.*

(5) L. 56 et 100, D. *de verb. obl.*

(6) L. 110, D. *de verb. obl.* — Gaius, *Comm.*, III, § 103

(7) L. 56, § 2; et l. 130, D. *de verb. obl.*

voix (1) est censée être celle de l'individu qui est sous ma puissance, de même que la voix de mon fils est réputée être ma propre voix, pourvu, toutefois, qu'il s'agisse de choses qui peuvent nous être acquises. Ce qui doit s'entendre, aujourd'hui, de choses *ex re patris* (2).

5. Outre ces stipulations, est encore inutile la stipulation dans laquelle on ne répond pas catégoriquement à l'interrogation, si, par exemple, je vous dis : Promettez-vous de me donner dix solides? et que vous disiez : Je vous donnerai cinq solides; ou bien encore, si j'ai stipulé cinq solides et que vous m'en ayez promis dix; ou si j'ai stipulé purement et simplement et que vous m'ayez promis sous condition ; ou, en sens inverse, si j'ai stipulé sous condition et que vous m'ayez répondu purement et simplement (3). Or, je dis que la stipulation sera inutile, si vous exprimez clairement le contraire de l'objet compris dans la stipulation, c'est-à-dire, si, dans le cas où j'ai stipulé sous condition ou *in diem*, vous m'avez répondu que vous me donneriez sur-le-champ. Mais si vous avez seulement répondu : « Je promets, » vous êtes censé avoir répondu d'un seul mot « au même jour » ou « sous la même condition. » Car il n'est pas nécessaire, en répondant à l'interrogation, de répéter toutes les paroles prononcées par le stipulant. Les mots *je promets*, se rapportent à toutes les choses comprises dans la stipulation (4).

6. Pareillement, la stipulation est inutile, si je stipule de ceux qui sont en ma puissance, ou si je stipule de moi-même ; car, entre nous, il ne peut y avoir de procès. Et non-

(1) L. ult. *in fine*, C. *de impuber. et aliis substituend.* — Voy. *infra*, § 12 *huj. tit.*

(2) L. 39, *D. de verb. oblig* ; l. 42, D. *de damn. infect.*

(3) L. 1, § 3 et 4, D. *de verb. obligat.* — Gaius, *Comm.*, III, § 102.

(4) L. 65, § 1 ; l. 134, § 1 et 2 ; l. 140, D *de verb. obligat.* — Voy. *infra*, § 17 *huj. tit.*

seulement, l'esclave (1), ne sera pas obligé envers le maître qui stipule avec lui, mais aussi envers tout autre stipulant. Quant au fils qui est en puissance, il s'oblige envers les stipulants (autres que les ascendants) : car le fils qui est en puissance est assimilé, en matière de contrats, à celui qui est maître de ses droits.

7. Il est évident que le muet (2) ne peut ni stipuler, ni promettre. Il en est de même pour le sourd, puisque, d'une part, le stipulant doit entendre les paroles du promettant, et, d'autre part, le promettant, celles du stipulant. Or, cela a trait non au sourd qui entend difficilement, mais bien à celui qui n entend pas du tout.

8. Le furieux ne peut faire aucun contrat, puisqu'il n'a pas conscience de ce qui se fait (3); car il manque de l'intention nécessaire; or, l'intention est la mère des contrats.

9. Mais l'impubère peut faire valablement tout contrat quelconque, pourvu cependant que, s'il a besoin de l'autorisation de tuteur, le tuteur intervienne, comme, par exemple, s'il s'oblige lui-même; car le pupille, même sans son tuteur, peut obliger (4) un autre envers lui. Or, ce que nous avons dit des pupilles, ne doit s'entendre que de ceux qui ont quelque conscience de ce qui se fait; car l'*infans*, ou même le *proximus infantiæ* ne diffère pas beaucoup du furieux. A cet âge, en effet, ils sont censés n'avoir point d'intelligence.

Puisque j'ai parlé du pupille, sachez, en général, que l'âge du pupille se divise en trois périodes (5); car, parmi

(1) L. 1, § 14 et 15; l. 14, D. *de oblig. et act*; l. 1, D. *de verb oblig* — Gaius, *Comm.*, § 105.

(2) L. 1, D. *de verb. oblig.*; l. 14, D. *de oblig.* — Gaius, *Comm.*, III, § 105.

(3) L. 1, § 12, D. *de oblig. et act.*; l. 70, § 4, D. *de fidejuss.*, l. 5 et 20, D. *de regul. jur.* — Gaius. *Comm.*, III, § 105.

(4) L. 7, C. *de contrah. et comm. stipul.*

(5) *Voy.*, sur les diverses significations, suivant les diverses épo-

les pupilles, il en est d'*infantes*, tels que ceux qui sont encore à la mamelle, et ceux qui sont un peu plus avancés; les autres sont appelés *proximi infantiæ*, tels que ceux qui commencent à bien parler; les autres *proximi pubertati*. L'*infans* ne peut stipuler (1), puisqu'il ne peut pas parler. Il en est de même du *proximus infantiæ*, tel que l'enfant de sept ou huit ans; car, bien qu'il puisse prononcer des mots, il ne peut en discerner le sens, tandis que le *proximus pubertati*, qui approche de la puberté, peut stipuler valablement, parce qu'il est capable de parler et de comprendre le sens de ce qu'on lui dit. Mais, contrairement au droit rigoureux, et par une interprétation favorable, on a admis que le *proximus infantiæ* (2) lui-même, peut stipuler aussi valablement que celui qui approche de la puberté. Quant à l'impubère qui est en puissance, il ne peut pas même s'obliger avec l'autorisation de son père (3).

10. La condition impossible (4) mise à une stipulation, peut aussi infirmer. Or, est impossible (5) la condition dont la nature empêche l'evenement; par exemple, si on a dit : Si je touche le ciel avec mon doigt, me donnerez-vous dix solides? ou, si je bois la mer? Que si on dit : « Me donnerez-vous, si je ne touche pas le ciel avec mon doigt, » cette obligation est censée être pure et simple, et on peut conséquemment réclamer sur-le-champ l'exécution de la stipulation.

11 (6). Pareillement, l'obligation *verbis*, intervenue entre

ques du Droit, des mots : *infans*, *infantiæ proximus*, *proximus pubertati*, le savant Commentaire de M. Ortolan, *hic*, t. II, p. 181

(1) L. 1, D. *de verb. obligat.*

(2) L. 70 *in fine;* l. ult., § 2, D. *de verb. obligat.*

(3) L. 141, § 2, D. *de verb. obligat.;* l. 9, D. *de auct. tut.* — Gaius, *Comm.*, III, § 107 et 109.

(4) L. 7, D. *de verb. obligat.*

(5) L. 1, § 11; l. 31, D. *de obligat. et act.* — Paul., *Sent.*, V, VII, § 14. — Gaius, *Comm.*, III, § 98.

(6) Ce paragraphe est le douzième des Instituts.

absents (1), n'est pas valable. Mais comme une pareille obligation était une source de contestations pour des hommes à esprit contentieux qui, longtemps après, opposaient quelquefois de pareilles obligations, prétendant que ni eux, ni les stipulateurs n'avaient été présents dans telle ville, notre Empereur, pour mettre promptement fin à ces contestations, a publié une constitution (2) adressée aux avocats de Césarée, dans laquelle il veut qu'on ajoute foi pleine et entière aux écrits mentionnant la présence des deux parties, à moins que celui qui a recours à d'aussi étranges allégations, ne prouve, avec la dernière évidence, par des écrits ou par des témoins dignes de confiance, que pendant tout le jour dans lequel a été fait l'acte, lui ou son adversaire se trouvaient ailleurs.

12 Nul ne peut stipuler valablement, ni qu'on lui donnera *post mortem suam* (3), ni après la mort de celui avec qui il stipule. Ne peut pas davantage stipuler valablement *post mortem* de son père ou de son maître, celui qui est en la puissance d'autrui, tels que l'esclave, le fils (4) Il en est de même, si on stipule ainsi: Promettez-vous de me donner un jour avant que je meure ou que vous mouriez? La stipulation est inutile, parce que le *pridiè* se rapporte au *post mortem*, la veille de la mort ne pouvant être connue que par le jour de la mort (5). Mais comme, ainsi que nous l'avons dit plusieurs fois, la validité des stipulations repose sur le consentement des contractants (6), notre Empereur

(1) L. 1, D. *de verb. obligat.* — Paul., *Sent.*, V, VII, § 2. — Gaius, *Comm.*, III, § 138.

(2) L. 24, C. *de contrah et committ. stipulat.*

(3) Gaius, *Comm.*, III, § 100. — Voy. *infra*, § 13 *huj. tit.*

(4) Ajoutez avec Justinien : parce qu'ils sont censés parler par la bouche de leur maître ou de leur père : *quia patris vel domini voce loqui videtur* (*Inst.*, *hic*, § 13).

(5) Gaius, *Comm.*, III, § 100.

(6) Justinien dit aussi : *ex consensu contrahentium stipulationis valent.*, (*Instit. hic*, § 13) Cela n'est pas rigoureusement exact

a bien voulu corriger (1) encore cette partie du droit, afin que la stipulation soit incontestablement valable, qu'elle soit conçue *post mortem* ou *pridiè* de la mort du stipulant ou du promettant.

13. Est encore inutile, la stipulation prépostère, si, par exemple, on stipule ainsi : Si le navire arrive demain d'Asie, promettez-vous de donner aujourd'hui ? La stipulation est inutile, parce qu'il ne faut pas que la dation (de l'objet de la stipulation) précède l'événement de la condition, mais bien, au contraire, le suive. Mais comme il existe une constitution de Léon (2) qui admet, en matière de dol, la stipulation prépostère, notre Empereur a pensé qu'il était équitable de n'annuler dans aucune stipulation, l'obligation viciée par la *prépostérité* de la stipulation. Il y a encore stipulation prépostère, si je dis : Promettez-vous de me donner dix soldes aujourd'hui, si Titius devient consul demain ? ou, en matière de dot, si le mari dit à sa femme : « Je te promets de te rendre ta dot à ta mort, si tu décèdes sans enfants, » parce que la restitution de la dot se rapporte à une époque (où la femme sera encore en vie), et que l'événement de la condition, c'est-à-dire, du décès sans enfants (car il a dit : si elle décède sans enfants), se rapporte à une époque postérieure à la mort. On a donc décidé que non-seulement en matière de dot, mais encore de toute autre stipulation quelconque, la prépostérité n'infirmera pas la stipulation.

14. Que l'on stipule ou que l'on promette *cùm morie-*

sans doute, il n'y a pas de stipulation s'il n'y a pas de consentement, mais ce n'est pas le consentement qui donne au contrat le caractère d'une stipulation; la solennité des paroles, *verba typica, solemnia,* peut seule le lui conférer. En d'autres termes, comme l'a fort bien fait remarquer D. Godefroi : *stipulatio consensu perficitur, non tamen solo consensu constat* (*Not. ad Theoph., hic*).

(1) L. 11 et l. ult., C. *de contrah. et commit. stipulat.*

(2) L. 25, C. *de testam. et quemadm.*

*ris* (1), la stipulation est valable : or, cette stipulation est ainsi conçue : le promettant, Titius, dit : Je vous donnerai quand je mourrai. Autrefois, comme aujourd'hui, cette stipulation était valable.

15. Pareillement, la stipulation faite *post mortem* d'un autre (2), était jadis valable : si, par exemple, on dit : « Je promets de donner dix solides après la mort de Titius, » parce qu'il pouvait arriver que Titius mourût du vivant des contractants.

16. Si, dans l'acte de la stipulation, on a écrit que Titius a promis (3). . . . . . . comme s'il avait répondu à une précédente interrogation (4), car on présume que la réponse rapportée dans l'acte implique une demande antérieure.

17. Quand plusieurs choses sont comprises dans une seule stipulation, comme, par exemple, dans celle-ci : Promettez-vous de me donner cet esclave, ce fonds de terre, ce livre, cet habit? si le promettant répond simplement : « Je promets, » il est tenu de tout donner. Mais s'il ne répond que relativement à une ou à deux des choses comprises dans la stipulation, il ne sera obligé de donner que celles relativement auxquelles il a répondu. Or, comme il y a eu plusieurs stipulations, (car autant d'objets (5) dans la stipulation autant de stipulations) la seule chose ou les deux choses relativement auxquelles il a répondu sont censées être *perfecta*, puisqu'il faut une réponse relative à chacune des choses comprises dans la stipulation, et que c'est par là seulement que la stipula-

(1) L. 45, § 3, D. *de verb. obligat.* — Gaius *Comm.*, III, § 100.

(2) L. 45, § 2, D. *de verb. obligat.* — Cf. *supra*, § 12 *huj. tit.*

(3) Ajoutez : *il en sera*. Perinde habetur *atque si interrogatione præcedente responsum sit*, disent les Instituts, *hic*. — *Voy.* notre Appendice.

(4) L. 30 et 134, § 2 *in fine*, D. *de verb. obligat.* — Paul., *Sent.*, V, vii, § 2. — L. 1, C. *de contrah. et comm. stipulat.* — Voy. *infra*, § ult., lib. III, tit. xx.

(5) L. 86, 134 et 141, § 3, D. *de verb. obligat.*

tion peut devenir *perfecta*, eu égard à toutes les choses qui en sont l'objet (1).

18. Ainsi que nous l'avons déjà dit (2) précédemment, nul ne peut stipuler valablement pour autrui (3). En effet, les stipulations n'ont été imaginées que pour faire acquérir à chacun ce qu'il a intérêt d'acquérir. Or, que l'on stipule pour autrui, évidemment ce que l'on fait est nul, parce que le stipulant n'y a aucun intérêt. Mais si quelqu'un voulait le rendre valable, il devrait stipuler une peine (une clause pénale), afin que si la stipulation n'est pas exécutée, il puisse réclamer la peine; par exemple: Promettez-vous de donner dix solides à Titius (4), et si vous ne les donnez pas, me donnerez-vous cinq solides ou un plus grand nombre à titre de peine. Car, je pourrai toujours réclamer la peine, bien que je ne puisse pas prouver que je n'ai aucun intérêt à la stipulation. Lorsque, en effet, quelqu'un stipule une peine, nous n'examinons plus si le stipulant avait quelque intérêt à la stipulation, mais seulement quel est le montant de la peine ajoutée à la condition de la stipulation. Mais qu'est-ce que la condition de la stipulation? c'est, par exemple, ce que vous y ajoutez, en disant : Si vous ne faites cela, me donnerez-vous dix solides à titre de peine? Si donc on stipule qu'on donnera à Titius, la stipulation est sans effet. Mais si on a ajouté une peine (clause pénale) à la stipulation, par exemple, dix solides, on atteindra son but (5).

19. Que si on n a pas inséré de peine (de clause pénale) dans la stipulation, et que pourtant on y ait intérêt, on a décidé (6) que la stipulation est valable. Si, en effet, Primus et

(1) L. 1, § 5, et l. 83, § 4, D. *de verb. obligat.*
(2) Voy. *supra*, § 4 *huj. tit*
(3) L. 38, § 17, D. *de verb. obligat.*
(4) L. 71 et 85, § 6; l. 137, § 7, D. *de verb. oblig.*; l. ult, § ult., *de verb. obligat.*
(5) L. 38, § 20 22 et 23, D. *de verb obligat.*
(6) L. 3 *in princ.*. C. *de stipul. inutil.*

Secundus (1) sont tuteurs, que Primus cède à Secundus, son cotuteur, l'administration de la tutelle, et qu'il stipule qu'il conservera sains et saufs (2) les biens du pupille, parce que le stipulant a intérêt à cette stipulation (soumis qu'il serait à l'action *tutelæ*, si Secundus malversait dans son administration), la stipulation est valable et engendre une action au profit de Primus contre Secundus.

Pareillement, si vous avez stipulé (3) de moi que je donnerais à votre *procurator*, la stipulation est valable: car, peut-être, votre *procurator*, qui habite un autre pays que vous, a-t-il besoin d'argent, soit pour payer le trésor public, soit pour reconstruire une maison, ou pour améliorer vos champs. Vous avez donc stipulé aussi de moi, qui dois aller dans le pays qu'il habite : Promettez-vous de donner cent solides à mon *procurator*? Évidemment, ici encore, j'ai intérêt à la stipulation, parce que si cette somme n'est pas donnée à mon *procurator*, j'en éprouverai un préjudice.

Mais si vous aviez un créancier entre les mains de qui vous avez engagé vos biens, et que votre retard à le payer lui ait donné le droit de les vendre; ou bien encore, si vous avez promis sous clause pénale; que vous n'ayez pas payé au terme convenu; et qu'ensuite vous ayez ainsi stipulé de moi : Promettez-vous de donner tant de solides à mon créancier (4)? Si je ne les donne pas, vous aurez contre moi une action en dommages-intérêts pour le préjudice que vous avez éprouvé, soit par la vente des gages, soit par le payement de la peine. Voilà pour les stipulations consistant *in dando*.

20. Que si on promet (5) qu'un autre fera quelque chose; qu'un tel, par exemple, vous construira une maison, il ne sera tenu à rien, si on n'a ajouté une peine (clause

(1) L. 30, § 20, D. *de verb. obligat.*
(2) Voy. *supra*, § 4, 66, 111, tit. XVIII.
(3) L. 38, § 23, D. *de verb. obligat.*
(4) L. 22, C. *de donat.*
(5) L. 38 *pr.* et § 1, D. *de verb. obligat.*

pénale) à cette stipulation, et ce, afin qu'il y ait cette différence entre les stipulations consistant *in dando*, et celles consistant *in faciendo*, que la stipulation qui a pour objet de donner, quoiqu'elle ne renferme pas de peine (de clause pénale) est néanmoins valable, si le stipulant y a intérêt, tandis que celle *in faciendo* est nulle, si elle ne porte pas une peine contre le tiers.

21. Nous avons dit précédemment (1), que nul ne peut valablement stipuler sa propre chose, parce que nul ne peut devenir davantage maître de sa propre chose. De là cette question : un homme en mourant, a institué Primus héritier, et m'a légué Stichus son propre esclave, sous la condition : *si navis ex Asia venerit*; or, un certain Titius qui me devait dix solides, a promis de me donner pour dix solides, le même esclave Stichus, et sous la même condition. Peu après la mort du testateur, et l'adition (de l'hérédité), s'est accomplie la condition de legs, portée dans la stipulation; il est évident qu'en vertu du testament, je suis devenu le maître de Stichus. Je ne puis donc agir en vertu de la stipulation contre Titius, pour lui réclamer Stichus qui, en vertu du testament, est devenu ma propriété ; car, de même que si, dans le principe, il ne m'avait pas appartenu, je n'aurais pu valablement en faire l'objet d'une stipulation. Ainsi que nous l'avons déjà dit, de même, je ne pourrai en faire l'objet d'une stipulation, dans le cas où il devra tomber dans ma propriété ; ce qui a lieu dans cette espèce (2).

22. De ce que nous avons dit (3), qu'il faut que la réponse concorde avec la demande, s'est élevée la question de savoir ce qu'il faudra décider (4), si le stipulant a eu une chose dans l'esprit, et le promettant une autre. En pareil cas, il n'y a pas plus d'obligation que si le promet-

(1) Voy. *supra*, § 2 *huj. tit.*
(2) L. 87, D. *de verb. obligat.*
(3) Voy. *supra*, § 5 *huj. tit.*
(4) L. 83, § 1 ; l. 137, § 1, D. *de verb. obligat.*

tant ne répondait pas à ce qui lui a été demandé; si, par exemple, je vous ai interrogé ainsi : Me donnerez-vous Stichus? et que vous ayez pensé qu'on vous parlait de Pamphile, que vous croyiez se nommer Stichus.

23. La stipulation dont la cause est illicite, est inutile, comme si, par exemple, quelqu'un a promis de commettre un homicide, ou un adultère, ou un sacrilége (1).

24. Si la stipulation est faite sous condition, qu'avant l'événement de cette condition le stipulant vienne à mourir, et qu'ensuite cette condition s'accomplisse, l'héritier du stipulant n'aura pas moins l'action de la stipulation. Il en serait de même dans le cas où le promettant serait décédé et où la condition se serait ensuite accomplie : car l'exécution de la stipulation n'en sera pas moins réclamée de son héritier (2).

25. Celui qui promet de donner dans telle année, ou dans tel mois, ne pourra être actionné qu'après l'expiration de tous les jours de cette année ou de ce mois (3).

26. Si vous promettez de donner un fonds de terre ou un esclave, on ne pourra vous actionner valablement, qu'après l'expiration du temps nécessaire pour opérer la tradition (4) (de ce fonds de terre ou de cet esclave).

## TITRE XX.

### DES FIDÉJUSSEURS (5).

Il est d'usage que pour le promettant s'obligent aussi d'autres personnes qu'on appelle *fidejussores*, c'est-à-dire

(1) L. 26 et 123, D. *de verb. obligat.*; l. 5 *in fine*, C. *de condit. ob turp. caus.* — Eclog., 43, 1, c. 1, XXVI.

(2) L. 57, D. *de verb. obl.*; l. 73, § 1, D. *ad leg. Falcid.*

(3) L. 42, D. *de verb. obligat.*

(4) L. 73, D. *de verb. obligat.*; l. 105, D. *de solut.*

(5) Dig. et Cod., tit. *de fidejuss.* — Eclog., 7, 14. — Harmenop. III, VI, περὶ ἐγγυητῶν καὶ αντιφωνητῶν. — Voici la formule ou-

des cautions que les créanciers ont coutume de se faire donner pour augmenter les sûretés de leurs contrats (1).

1. Or, dans toute obligation, qu'elle consiste ou *re*, ou *verbis*, ou *litteris*, ou *consensu*, on a coutume de prendre des cautions. Et peu nous importe que l'obligation à laquelle accède le fidéjusseur, soit civile ou naturelle. Mais il est nécessaire de dire, ce qu'est un fidéjusseur. Retenez ces notions préliminaires : parmi les stipulations, il en est de civiles et de naturelles; les stipulations civiles sont celles d'où naissent des actions qui, intentées contre celui qui est obligé, peuvent le faire condamner ; or, le payement fait en vertu de ces obligations ne peut pas être répété. Si, en effet, le défendeur paye sa dette malgré lui, il ne pourra la répéter. Quant aux stipulations naturelles, ce sont celles qui n'engendrent pas d'action, et n'amènent pas de condamnation. Néanmoins, on leur trouve deux caractères distincts (2) : savoir, que le payement, une fois effectué, ne peut pas être répété (3), et que les fidéjusseurs une fois donnés sont tenus et par la loi naturelle et par la loi civile. Il est, en effet, une règle qui veut que les obligations naturelles des débiteurs principaux obligent leurs fidéjusseurs, et d'après la loi naturelle et d'après la loi civile. De ce nombre est l'obligation du pupille qui a emprunté *sine tutoris auctoritate* (4) ; car il est obligé en vertu de la loi naturelle, tandis que sa caution l'est tout à la fois naturellement et civilement (5).

Maintenant que vous avez ces notions préliminaires, en

dinaire de la *fidejussio* chez les Romains; le créancier demandait à la caution : *Istam fide tua esse jubes?* Et la caution repondait : *Fide mea esse jubeo.*

(1) L. 1, § 8, D. *de oblig. et act.* — Gaius, *Comm.*, III, § 115 et 117.

(2) L. 16, § 14, D. *de fidejuss.*

(3) L. 6 *in fine;* l. 7, D. *de fidejuss.*

(4) L. 25, D. *de fidejuss.*

(5) Gaius, *Comm.*, III, § 119.

voici l'application : Nous avons dit qu'on se fait cautionner non-seulement les obligations civiles, mais encore les obligations naturelles. Or, il y a obligation naturelle, si, par exemple, l'esclave qui s'oblige envers celui qui n'est pas son maître, ou même envers son maître (il le peut naturellement, mais non civilement), donne un fidéjusseur, soit à un étranger, soit à son maître, pour cautionner ce qu'il leur doit. Le fidéjusseur est donc tenu naturellement et civilement, parce que le débiteur principal, c'est-à-dire l'esclave, s'oblige naturellement.

2. Non-seulement le fidéjusseur s'oblige lui-même, mais encore, s'il vient à mourir, il oblige son héritier (1).

3. La fidéjussion peut précéder (2) l'obligation qu'elle garantit; si, par exemple, dans l'intention d'emprunter, vous avez donné un fidéjusseur avant la célébration du contrat, ou bien encore, si vous m'avez cautionné après la célébration du contrat.

4. S'il y a plusieurs fidéjusseurs, ils sont tenus, quel que soit leur nombre, non-seulement pour partie, mais encore chacun d'eux est tenu pour le tout, de telle sorte que le créancier a la faculté d'agir pour le tout, contre qui il lui plaira (3). Mais, suivant un rescrit de l'empereur Adrien (4), le créancier est tenu de demander le payement de sa part virile, à chacun des fidéjusseurs solvables au moment où a commencé la *litis contestatio*. Si donc l'un des fidéjusseurs se trouve insolvable à cette époque, son insolvabilité grève les cofidéjusseurs. Exemple : il existe cinq fidéjusseurs pour une dette de cent solides. S'ils étaient tous

(1) L. 4, § 1, D. *de fidejuss.* — Gaius, *Comm.*, III, § 120.

(2) Cf. l. 6 *in fine*, D. *de fidejuss.*; et l. 12, § 14, D. *mandati.* — Harmenop., IV, VIII, § 9.

(3) Gaius, *Comm.*, III, § 121 et 122. — L. 26 et 51, § 1 et 4, D. *de fidejuss.*; l. 3, C. *eod. tit.*

(4) Paul., *Sent.*, I, XX, § 1. — L. 26 et ult., C. *de constitut. pecun.*

solvables, ils seraient tous tenus de payer vingt solides; mais si l'un d'eux n'est pas solvable, son insolvabilité préjudiciera à tous les autres; car on ne réclamera pas vingt solides, des quatre autres fidéjusseurs, mais bien vingt-cinq. Que s'il arrive, après la *litis contestatio*, qu'un des fidéjusseurs devienne insolvable, son insolvabilité préjudiciera au prêteur, non aux fidéjusseurs.

Mais si le prêteur, s'adressant à l'un des fidéjusseurs, en reçoit tout ce qui lui est dû, il n'y aura préjudice que pour le fidéjusseur poursuivi, puisque, d'une part, la loi ne lui accorde aucune action contre ses cofidéjusseurs, et que, d'autre part, il ne pourra agir utilement contre le débiteur principal qui est insolvable. Un pareil fidéjusseur devra n'imputer qu'à lui-même d'avoir payé, puisque le rescrit d'Adrien venait à son secours, au moment où il était poursuivi, et qu'il aurait dû songer à se faire actionner conjointement avec ses cofidéjusseurs, chacun pour une part égale de la dette.

5. Les fidéjusseurs ne peuvent s'obliger de manière à devoir plus que celui pour qui ils s'obligent; car l'obligation des fidéjusseurs est réputée une *accessio*, c'est-à-dire, une suite ou une dépendance de l'obligation principale; or, l'*accessio* (1) ne peut contenir plus que le principal. Mais en sens inverse (2), les fidéjusseurs peuvent s'obliger à devoir moins. Si donc le *principal* (obligé), c'est-à-dire, le débiteur, promet de donner dix solides, ils lui en promettent valablement cinq. Mais si le *principal* (obligé) a promis cinq solides, le fidéjusseur ne peut en promettre dix. Pareillement, si le *principal* (obligé) a promis purement et simplement, le *fidejussor* peut promettre sous condition.

De même, en sens inverse, si le principal débiteur a promis sous condition, le fidéjusseur peut promettre sous condition, mais non purement et simplement. En effet, ce

(1) L. 34, D. *de fidejuss.*
(2) L. 34, D. *de fidejuss.* — Gaius, *Comm.*, III, § 126.

n'est pas seulement dans la quantité, mais encore dans le temps (1) que l'on doit considérer le plus ou le moins : car, donner une chose sur-le-champ, c'est donner plus, tandis que la donner après un délai, c'est donner moins (2).

6. Le fidéjusseur qui paye pour le *principal* (obligé), aura, pour recouvrer ce qu'il a donné, l'action *mandati* contre lui (3).

7. Le *fidejussor* grec promet d'ordinaire en ces termes : τῇ ἐμῇ πίστει κελεύω, λέγω, θέλω, ἤγουν βούλομαι. Et s'il ajoute encore φημί, ce sera comme s'il disait λέγω (4).

8. Dans les stipulations des fidéjusseurs, il faut savoir qu'on tient pour fait tout ce qui est écrit comme l'ayant été. Il est donc évident que si quelqu'un a écrit qu'il a cautionné, toutes les solennités requises sont censées avoir eu lieu, celles-ci, par exemple, savoir, qu'il a été interrogé comme fidéjusseur, et qu'il a répondu en conséquence (5).

## TITRE XXI.

### DE L'OBLIGATION LITTÉRALE (6).

Après avoir parlé des obligations *re* et *verbis*, parlons de celle *litteris*. L'obligation *litteris* était ainsi définie jadis : l'obligation *litteris* est une ancienne dette transformée en une nouvelle, par des paroles, des écrits solen-

(1) L. 85, D. *de solut.*; l. 12 *in fine*, D. *de verb. obligat.* — Voy. *infra*, lib. IV, tit. VI, § 33.

(2) L. 8, § 7, D. *de fidejuss.*; l. 12, § 1, D. *de verb. obligat.* — Gaius, *Comm.*, III, § 113.

(3) L. 6, § 2; l. 10, § 11; l. 40 et 53, D. *mand.* — Gaius, *Comm.*, III, § 12.

(4) L. 8, D. *de fidejuss.*

(5) L. 30 et 134, § 2, D. *de verb. obligat.*

(6) Cf. Gaius, *Comm.*, III, § 128 et 19. — *Voy.* dans l'édition de Reitz, t. II, *exc.* XVII, p. 1212, la remarquable Dissertation de Gundlinger, *de obligatione nominibus facta, itemque litterarum.* — *Voy.* aussi l'*Explication historique des Instituts*, par M. Or-

nels. Si, en effet, quelqu'un me devait cent solides, par suite d'un achat ou d'une location, ou d'un emprunt, ou d'une stipulation (car une dette peut avoir plusieurs causes), et que je voulusse l'obliger envers moi par l'obligation *litteris*, il était nécessaire de dire et d'écrire des paroles solennelles à celui que je voulais ainsi obliger envers moi par l'obligation *litteris*. Or, voici ces paroles qu'on disait et qu'on écrivait : « Les cent solides que vous me devez pour cause de location, me les donnerez-vous en vertu d'une convention et d'une promesse par écrit de votre propre main? » Ensuite, celui qui était déjà obligé par suite d'une location, écrivait ces paroles : « Je dois en vertu d'une convention écrite de ma propre main. » La première obligation était éteinte, et il en naissait une nouvelle, c'est-à-dire, celle *litteris*. Or, cette obligation a tiré ce nom de sa constatation par écrit.

Mais aujourd'hui cela n'est plus en usage; si néanmoins on y regarde de près, on peut trouver aujourd'hui encore, mais sous une autre forme, l'obligation *litteris*. Si, en effet, quelqu'un veut emprunter de moi, qu'il me déclare son intention, que je le décide à me faire un écrit, mais qu'il me le fasse en mon absence, et dise dans cet écrit : « J'ai emprunté aujourd'hui d'un tel, et je lui dois telle somme, » si, dis-je, tout cela a eu lieu, mais qu'aucune stipulation n'ait été insérée dans l'écrit, ou bien qu'elle ait été insérée, mais qu'elle soit inutile, parce que cet acte a été fait en l'absence du prêteur, et qu'ensuite il se soit écoulé un laps de temps considérable, c'est une question de savoir si celui qui a fait cet écrit peut être poursuivi en justice. Nous disons que cette personne ne peut être poursuivie ni *re*, puisqu'il n'y a pas eu numération d'espèces, ni *verbis*, puisque la stipulation n'a pas été faite en présence des deux parties, ou bien encore qu'il n'y a pas eu de stipula-

tolan. — Avant la découverte des *Commentaires* de Gaius, la Paraphrase de Théophile était, à peu près, la seule source où l'on pût puiser quelques notions utiles sur la *litterarum obligatio*.

tion ; reste donc qu'il soit obligé par écrit. Voilà donc qu'aujourd'hui encore on s'oblige quelquefois *litteris*.

Or, le laps de temps considérable (dont il vient d'être parlé) était autrefois de cinq ans (1), à l'expiration desquels on ne pouvait plus opposer l'exception de refus d'argent, c'est-à-dire, *non numeratæ pecuniæ* (2), et dire au prêteur : « Prouvez que vous avez compté. » C'est ce qui résulte de plusieurs constitutions impériales ; et comme cette preuve était quelquefois difficile à fournir, notre Empereur craignant qu'après un laps de temps considérable, c'est-à-dire, trois ou quatre ans, les prêteurs, obligés de prouver que la teneur de l'écrit était entièrement sincère, ne fussent par là placés dans la presque impossibilité de fournir cette preuve, et ne perdissent ainsi leur argent, notre Empereur, dis-je, a publié une constitution qui a réduit à deux ans ce délai de cinq ans. Ainsi donc, c'est dans ce délai de deux ans, et non plus tard, qu'on pourra opposer l'exception (dont nous avons parlé) (3).

## TITRE XXII.

### DE L'OBLIGATION CONSENSUELLE (4).

Après avoir parlé des obligations *re*, *verbis* et *litteris*, parlons de celle *consensu*. Il y a lieu à cette espèce d'obligation dans les contrats suivants, savoir : l'achat et la vente, le louage, la société et le mandat. Or, ces contrats donnent naissance à l'obligation *consensu*, parce que pour qu'il y ait obligation *consensu*, il n'est besoin ni d'un écrit comme dans l'obligation *litteris*, ni de la présence des parties, comme dans celle *verbis*, ni même de la dation de quelque

(1) L. 1, C. *de caut. et non numer. pecun.*
(2) L. 8, 9 et 10, C. *de non numer. pecun.*
(3) Cf. l. 14 et 7, C. *de non num. pecun.*
(4) Eclog., 52, 1, c. LI.

chose, comme dans celle *re*; car il suffit pour l'obligation *consensu* du consentement des contractants. Ces contrats peuvent donc avoir lieu valablement entre absents, comme par lettre, ou par messager.

Mais, ce n'est pas en cela seulement que l'obligation *consensu* diffère des autres obligations, mais encore en ce que, dans toutes les autres obligations, il n'y a qu'une partie qui soit obligée envers l'autre. Par exemple, dans l'obligation *re*, celle qui donne oblige l'autre envers elle, tandis que celle qui reçoit est obligée. Dans celle *verbis*, le stipulant oblige le promettant, qui est seul obligé. Dans celle *litteris*, celui qui écrit est obligé, et celui en faveur de qui a été fait l'écrit, l'oblige envers lui. Mais, au contraire, dans celle *consensu*, chaque partie s'oblige envers l'autre à lui donner tout ce que l'équité exige, tandis que, dans l'obligation *verbis*, l'une stipule et oblige, l'autre promet et s'oblige (envers elle) (1).

## TITRE XXIII.

### DE L'ACHAT ET DE LA VENTE (2)

Parlons en premier lieu de l'achat et de la vente. La vente et l'achat s'opèrent, dès l'instant que toutes les parties s'accordent sur le prix. Si, en effet, je dis : « Je vous vends cette chose pour cent solides, » et que ce prix vous convienne, il y a vente à l'instant même, bien que le montant du prix n'ait pas encore été compté, ni les arrhes données; et le vendeur aura l'action *ex vendito*, l'acheteur celle *ex empto* (3). Quant à ce qu'on donne pour arrhes, c'est une preuve (4) et un indice de la vente et de l'achat qui ont eu

(1) L. 2 *pr.*, § 1, 2 et 3, D. *de oblig. et act.* — Gaius, *Comm.*, III, § 139.

(2) Paul., *Sent.*, II, XVII. — Eclog., 19, 1, περὶ ἀγοράσεως καὶ πράσεως. — Harmenop., III, III.

(3) L. 11 et 13, § 19. D. *de act. empt.*

(4) L. 35, D. *de act. empt.*

lieu, les arrhes ne constituant pas le contrat lui-même (1).

Tout cela s'entend de la vente et de l'achat faits sans écrit (2): car, en cette matière, l'Empereur n'a fait aucune innovation. Quant à la vente et à l'achat faits par écrit, nous disons que ces contrats ne sont parfaits qu'autant que l'acte de vente a été écrit de la propre main du vendeur (3), ou d'un tiers, mais signé par le vendeur (4), ou s'il est reçu par le *tabellio*, qu'autant que les *completiones* auront suivi la signature qui les précède, et que l'acte aura reçu l'adhésion finale des parties. En effet, tant qu'il y manque une de ces choses (5), il peut y avoir dédit, et l'acheteur, ainsi que le vendeur, peuvent impunément discéder du contrat, pourvu, toutefois, que rien n'ait été donné à titre d'arrhes ; car, dans le cas contraire, que la vente soit faite par écrit ou sans écrit, celui qui se rétracte perd les arrhes, si c'est l'acheteur, et si c'est le vendeur, il est forcé de donner le double, c'est-à-dire, deux fois ce qui a été donné, bien que rien de semblable n'ait été stipulé dans la dation des arrhes. Quant au prix de la vente, il doit être clairement déterminé; car, en général, il n'y aura pas de vente sans prix (6).

1. Mais le prix doit encore être *certum*. S'il a été convenu entre les contractants qu'un tel fonds sera vendu au prix qu'arbitrera Titius, c'était pour les Anciens une grande question que celle de savoir si une telle vente était ou n'était pas valable (7). Mais une décision de notre Empereur (8)

(1) L. 2, § 1 et 35, D. *de contr. empt.* — Gaius, *Comm.*, III, § 139.

(2) L. 12, C. *de contrah. empt.*

(3) L. 17, C. *de fid. instrum.* — Eclog., 19, 1, c. II. — Harmenop., III, III, § 2.

(4) Πεπράσκοντος, du vendeur; ajoutez : *καὶ ἀγοράζοντος*, et de l'acheteur, — vel manu propria *contrahentium* (*Inst.*, *hic*).

(5) L. 1 et 2, C. *quando liceat ab empt. discedere.*

(6) L. 2. § 1, D. *de contrah. empt.* — Eclog., 19, 1, c. II.

(7) L. 7, § 2, D *de cont. empt.* — Gaius, *Comm.* III, § 140.

(8) L. ult., C. *de contrah. empt.*

porte que dans le cas d'une convention de ce genre : « Que tel fonds nous soit vendu au prix qu'arbitrera un tel, » le contrat existera sous cette condition que si l'individu nommé arbitre, par exemple, Titius, détermine lui-même le prix, le prix sera payé en conformité pleine et entière avec son estimation, la chose livrée, et la vente sortira à effet, l'acheteur ayant l'action *ex empto*, et le vendeur celle *ex vendito*. Mais si Titius, qui a été nommé, ne veut pas, ou ne peut pas déterminer le prix; si, par exemple, il n'a pas assez d'intelligence pour en fixer le montant, la convention de vente n'aura aucun effet, et les contractants seront entre eux comme s'ils n'avaient fait aucune convention de vente, et ce, parce qu'il n'y a pas de détermination de prix. Voilà ce qu'établit relativement à la vente la constitution de notre Empereur. Or, il n'est pas déraisonnable d'en appliquer les dispositions au louage et à la conduction (1).

2. Mais non-seulement il faut que le prix soit déterminé et, comme nous l'avons dit, *certum*; il faut encore qu'il consiste en une somme d'argent (2). De savoir s'il ne peut pas consister en toute autre chose, c'est une question. Par exemple, on a grandement discuté celle de savoir si un esclave, un fonds ou un habit pouvait être le prix d'un autre objet. Sabinus et Cassius pensent que le prix peut consister en toute autre chose. De là vient que l'on dit vulgairement que la vente et l'achat s'opèrent par l'échange des choses, et que l'échange est la plus ancienne espèce de vente, et ils argumentent du témoignage du poete Homère, qui nous peint quelque part (3) dans son poème, l'armée des Grecs achetant du vin moyennant l'échange de certaines choses; il dit, en effet :

> Pour acheter du vin, tous les Grecs à l'instant
> Livrent avec l'airain le fer étincelant,
> La dépouille des bœufs, leurs troupeaux, leurs esclaves.

(1) L. 1, D. *de cont. empt.*; l. ult., C. *de rerum permutat.*
(2) L. ult., C. *de rer. permut.*
(3) Homer., *Iliad.*, lib. VII, vers 472.

Le mot grec οἰνίζοντο signifie : achetaient du vin ; et le poete nous dépeignant les Grecs achetant du vin, nous dit qu'ils donnaient pour prix de l'airain, du fer, des peaux, des bœufs, des esclaves.

Mais les Proculéiens soutenaient le contraire, disant qu'autre chose est l'échange, autre chose l'achat et la vente (1) Ils ajoutaient qu'on ne peut pas distinguer dans l'échange quelle est la chose vendue, et quelle est celle donnée pour le prix ; car, de considérer chacune d'elles comme étant à la fois la chose vendue et la chose donnée en prix c'est ce que la raison n'admet pas. Mais l'avis de Proculus qui disait que l'échange est un contrat d'un genre particulier, distinct de la vente, a prévalu à bon droit, fondé qu'il est sur d'autres vers d'Homère (2) parfaitement analogues à notre sujet, et sur des raisons plus solides encore. Voici ces vers :

Glaucus était privé de sens par Jupiter
Lorsqu'avec Diomède il *échangeait*, sans peine,
Toute une armure en or, contre une armure en fer,
L'une valant neuf bœufs, et l'autre une centaine.

On voit qu'ici le poete a sagement nommé *échange* et non vente, l'opération dont il s'agit. Telle fut aussi l'opinion admise par les prédécesseurs de notre Empereur (3), et plus amplement développée dans le Digeste.

3. Nous avons dit plus haut que la vente sans écrit s'opère moyennant la détermination du prix convenu entre les parties. Une fois donc que la vente s'est ainsi opérée, les risques de la chose vendue passent à l'acheteur, bien que la chose ne lui ait pas encore été livrée (4). Si donc un esclave vendu meurt, ou est blessé dans n'importe quelle partie de son corps, telle que le pied, la main, l'œil ; ou bien

(1) Gaius, *Comm.*, III, § 141.
(2) Homer., *Iliad.*, lib. XX, vers 234-236.
(3) L. 7, C. *de rer permut.*
(4) L. 6 *in fine*, D. *de pericul. et comm. rei venditæ.* — Eclog., 19, 6, c. I. — Harmenop., III, III, § 14.

encore, si la maison vendue a été consumée en tout ou en partie par le feu du ciel; ou qu'un fonds (1) ait été emporté en tout ou en partie par la violence du fleuve, par l'inondation, ou qu'il ait été détérioré ou réduit par une tempête qui a arraché les arbres : dans tous ces cas, le dommage est pour l'acheteur. Aussi est-il forcé de payer le prix de la vente, quand même il n'aurait pas encore pris possession de la chose vendue. Sachez (2), en effet, qu'en général pour toutes les pertes arrivées sans dol ni négligence de la part du vendeur, le vendeur doit être en toute sécurité.

De même que les préjudices fortuits et la perte de la chose vendue sont pour l'acheteur, de même, ce qui augmente la valeur de la chose vendue revient à l'acheteur. Conséquemment, si le fonds s'accroît par alluvion, d'un fonds par alluvion (avant la vente, il était peut-être de cent arpents, et après la vente il s'est accru de dix arpents), l'acheteur jouira de cet avantage. Il faut, en effet, que les avantages soient recueillis par celui qui supporte les pertes.

Mais si, avant la tradition, l'esclave vendu prend la fuite, ou est volé par quelqu'un sans que le vendeur puisse être convaincu de dol ou de négligence, examinons si le vendeur doit supporter cette perte. Il faut distinguer : si le vendeur s'est chargé de garder l'esclave vendu jusqu'à la tradition, il est tenu de la *custodia* (la *custodia* est une garde diligente et sévère), et la perte de cet esclave sera à sa charge ; il en sera de même de tous les autres animaux, tels que cheval, âne, chameau, et de tous autres de ce genre, ainsi que de toutes autres choses. Mais si, au contraire, il ne s'est pas chargé de la garde, il ne sera pas tenu de la perte. Or, le vendeur n'est tenu (3) que de céder à l'ache-

(1) L. 7 *princ.*; l. 9 et 10 *in fine*; l. 11, D. *de pericul. et commod. rei vendit.*

(2) L. 5 et 16 *in fine*, D. *de peric. et comm. rei vend.* — Paul., *Sent.*, II, XVII, § 7. — L. 1 et 16, C. *de peric. et comm.*, etc.

(3) L. 3, D. *de peric. et comm. rei vend.*; l. 35, § 4, D. *de contrah. empt.*

teur l'action *in rem*, pour la revendication de la chose vendue, ainsi que la *condictio* (1), parce que le vendeur est encore propriétaire tant que la chose n'a pas été livrée ; il cédera encore l'action *furti* contre ceux qui l'auraient soustraite, et l'action Aquilienne contre ceux qui ont détérioré la chose vendue.

4. La vente peut se contracter purement et simplement, ou sous condition (2) ; sous condition, par exemple : Que l'esclave (3) Stichus vous soit vendu pour dix solides si, dans l'espace d'un mois, il ne vous déplaît pas.

5. Si on achète sciemment des objets sacrés ou religieux, ou publics, tels qu'un *forum* ou une basilique, la vente est nulle (4), c'est-à-dire, qu'on n'aura aucune action en vertu d'un tel contrat. Mais si, trompé par le vendeur, on a acheté ces objets, croyant qu'ils étaient de droit privé, alors on aura l'action *ex empto*, pour demander une indemnité, puisqu'on ne peut pas avoir la chose vendue. Qu'il en soit de même, si on a acheté un homme libre comme étant esclave (5).

## TITRE XXIV.

### DU LOUAGE ET DE LA CONDUCTION (*locatio conductio*) (6)

Le louage et la conduction ressemblent à la vente (7) et à l'achat, et se contractent d'après les mêmes règles : car, de même que la vente a lieu dès l'instant qu'il y a convention sur le prix entre les parties, de même le louage est censé avoir

(1) L. 53, § 4, D. *de contrah. empt.*

(2) L. 20, D. *locat.* — Eclog., 20, 1, c. XVI. — Harmenop., III, III, § 16.

(3) L. 7, D. *de contr. empt.* — Gaius, *Comm.*, III, § 146.

(4) L. 4 et 62, § 1, D. *de contrah. empt.*

(5) L. 4, 5, 6 et 70, D. *de contr. empt.*

(6) Dig., tit. *locati et conducti.* — Cod. *de locato et conducto.* — Paul., *Sent.*, II, XVIII. — Eclog., 20, 1. — Harmenop., III, VIII.

(7) L. 2, D. *locat. et conduct*

lieu dès qu'il y a convention sur le loyer entre les parties. Et de même encore qu'en parlant de la vente nous avons dit que le prix devait être *certum* et consister en argent, de même, dans le louage, il faut que le loyer soit *certum* et consiste en argent.

Le locateur a l'action *locati*, et le conducteur celle *conducti;* l'un, pour réclamer le loyer; l'autre, pour entrer en possession de la chose louée (1).

1. Ce que nous avons dit (2) relativement à la vente, pour le cas où le montant du prix est laissé à l'arbitrage d'un tiers (3), par exemple : Que telle chose vous soit vendue au prix déterminé par Titius (et à ce propos, nous avons rapporté les dispositions de la constitution (4) de notre très-divin Empereur, laquelle soumet à une distinction les effets de cette convention), doit également s'entendre du louage et de la conduction, dans le cas où le montant du loyer est laissé à l'arbitrage d'un tiers, ainsi que nous l'avons exposé plus haut.

Si donc quelqu'un donne au foulon ou au tailleur un habit à nettoyer, ou à raccommoder, sans fixation immédiate du salaire, mais avec promesse de payer ce dont ils conviendront plus tard entre eux, il n'y a pas là de louage, mais un autre contrat pour l'exécution duquel on donne l'action *præscriptis verbis* (5). Et qu'on ne pense pas que cette question ait été tranchée par la même décision impériale. Cette espèce n'est pas celle de la constitution ; là, on trouve ces mots : « Que cette chose vous soit vendue au prix déterminé par Titius; » ici : « Que cette chose vous soit louée pour le prix qu'il plaira aux parties de convenir entre elles. »

2. Il est si vrai que ce qu'on exige pour la vente, on

(1) L. 5 et 15, D. *locat. et conduct.* — Gaius, *Comm.*, III, § 142.
(2) Voy. *supra*, lib. III, tit. XXIII.
(3) L. 25, D. *locat. et conduct.* — Gaius, *Comm.*, III, § 143.
(4) L. ult. *in fine*, C. *de contrah. emptione.*
(5) L. 22, D. *de præscript. verb.* — Gaius, *Comm.*, III, § 143.

l'exige aussi pour le louage, que, de même qu'on agite la question de savoir si la *permutatio* des choses est une vente, de même on l'agite en matière de louage. Si donc je vous ai donné une chose en usage ou en usufruit, et qu'à votre tour, vous m'ayez donné une autre chose en usage ou en usufruit, on s'est demandé si c'est là un louage, et on a décidé qu'il n'y a pas louage, mais un autre contrat d'un genre particulier (1). Voici une espèce : deux voisins ne possédaient chacun qu'un seul bœuf (2), en sorte que ni l'un ni l'autre ne pouvait labourer son fonds, par la raison qu'il n'avait qu'un seul bœuf, si donc ils conviennent entre eux qu'ils se prêteront tour à tour leur bœuf pendant dix jours pour labourer leur terre, et que le bœuf de l'un vienne à périr chez l'autre, il n'y a là ni louage, puisque le loyer n'est pas une somme d'argent fixée d'avance, ni *commodat*, puisque le *commodat* doit être gratuit. Or, celui des deux voisins qui a prêté son bœuf est déjà ou espère être payé de retour. Mais nous avons déjà dit qu'il aura contre celui chez qui le bœuf a péri, l'action *præscriptis verbis*.

3. Telle est l'affinité qui existe entre la vente et le louage (3) que, dans certains cas, le doute s'élève sur la question de savoir s'il y a vente ou louage ; ce qui arrive dans des cas de cette nature : par exemple, dans celui de fonds livrés à certaines personnes en jouissance perpétuelle, afin que pendant tout le temps que tous les fermages et tous les revenus seront payés par elles au propriétaire, nul ne puisse retirer les fonds ni au conducteur, ni à son héritier, ni à celui à qui le conducteur ou son héritier aura vendu ou donné ce fonds à titre de donation, de dot ou de tout autre titre (4). Or, comme les Anciens

(1) L. 5, § 2, D. *de præscript verbis*. — Gaius, *Comm.*, III, § 144

(2) L. 17, § 3, D. *de præscript. verb.*

(3) C., tit. *de jure emphyteutico*. — Eclog., 2, 2, c. r. — Harmenop., III, iv, § 1.

(4) L. 2, § 1, D. *locat. conduct.* — Gaius, *Comm.*, III, § 145

étaient en doute sur la nature de ce contrat, que les uns considéraient comme un louage et les autres comme une vente (comme une vente, puisque le fonds passait aux héritiers, et pouvait être aliéné à divers titres; comme un louage, à cause du fermage payé chaque année) : pour tous ces motifs, le très-divin Zénon publia une constitution qui appela ce contrat *emphytéose* (1), lui attribuant une nature spéciale qui ne se confond nullement ni avec le louage (2), ni avec la vente, mais qui tire toute sa force des conditions qui lui sont propres Et si quelque pacte y est intervenu, il sera aussi valable que si ce contrat avait une nature déterminée; car c'est le pacte qui forme la nature de ce contrat. Mais si rien n'a été convenu touchant les risques de la chose, alors la perte totale de cette chose, c'est-à-dire, du fonds emphytéotique, retombera sur le propriétaire, c'est-à-dire, sur celui qui a donné en emphytéose. Quant à la perte partielle, elle sera à la charge de celui qui a reçu en emphytéose. Tel est encore aujourd'hui le droit en vigueur.

4. On a aussi agité la question suivante : J'ai donné, par exemple, dix pièces d'or à un orfèvre (3), et nous sommes convenus que lui, orfèvre, me ferait avec cette matière des anneaux d'or d'un certain poids et d'une certaine forme. Y a-t-il là vente ou louage? Cassius dit qu'une pareille convention est tout à la fois un louage et une vente, de sorte que si j'accuse l'orfèvre d'avoir employé une ma-

(1) L. 1, C. *de jure emphyteut.* — Suivant Fabrot, il n'est pas exact de dire, avec Théophile, que l'empereur Zénon appela emphytéose le contrat dont il est ici question : il décida seulement, comme le disent les *Instituts, hic*, que l'emphytéose constituerait désormais un contrat d'une nature particulière, *emphyteuseos contractui propriam statuit naturam.* A l'appui de son opinion, il cite une novelle de Valentinien, où se lit le mot *insitio,* qui correspond littéralement au mot grec ἐμφύτευσις (ἐν, φύω). Mais il est facile de voir, qu'au lieu de la confirmer, cette novelle la détruit

(2) Eclog., 20, 2, c. I. — Harmenop., III, IV, § 1, 2, 3 et 4.

(3) L. 2, § 1, D. *locat. conduct.* — Harmenop., III, VIII, § 1.

tière moins précieuse que celle dont nous étions convenus, j'exercerai contre lui l'action *ex empto*. Que si je l'accuse de n'avoir pas assez bien exécuté son ouvrage, j'aurai contre lui l'action *locati*. Mais on a décidé que c'était là plutôt une vente et un achat (qu'un louage), la façon étant comme l'accession de l'ouvrage. Mais si j'ai donné mon or à un orfèvre, après avoir fixé avec lui un salaire pour la façon, il y a indubitablement louage et conduction (1).

5. Le conducteur (2) doit se conformer pleinement à la loi du louage, c'est-à-dire, à ce qui a été convenu entre les contractants. Mais, si on a oublié quelque chose dans la convention, on y suppléera d'après les règles de l'équité (3).

Si je prête (à usage) à quelqu'un un habit, de l'argenterie, ou un animal, et qu'ensuite, à raison de ce prêt, il me donne, ou promette de me donner à titre de loyer une certaine somme, l'emprunteur doit garder ces objets avec autant de soin que l'homme le plus attentif en apporte à ses propres affaires. S'il y apporte ce soin, et que par un accident quelconque, les choses prêtées viennent à périr, il ne sera pas tenu de les restituer (4).

Si je loue mon fonds à quelqu'un pour cinq ans, et que le conducteur meure dans la première, ou la seconde année, son héritier (5) lui succédera dans le droit de louage jusqu'à l'expiration des cinq ans.

## TITRE XXV.

### DE LA SOCIÉTÉ (6).

Après avoir traité de la vente et du louage, il faut parler de la société. Elle se contracte entre plusieurs personnes

(1) Gaius, *Comm.*, III, § 147.
(2) L. 25, § 5, D. *locat. conduct.*
(3) L. 19, C. *de locat.*
(4) L. 9, § 3 et 4; l. 25, § 7, D. *locat. conduct.*
(5) L. 10, C. *de locat.*
(6) Dig. et Cod., tit *pro socio*. — Paul., *Sent.*, II, XVI. — Eclog., 12, 1. — Harmenop., III, X, § 3.

ou *totorum bonorum*, c'est-à-dire, pour tous leurs biens (les Grecs appellent cette société κοινοπραξία) (1), ou pour un commerce déterminé, par exemple, pour acheter et vendre des esclaves, de l'huile, du vin, ou du froment (2).

1. Et si rien n'a été convenu touchant la part de chacun des associés dans le gain et dans la perte, leurs parts de gain ou de perte seront égales (3). Mais si les parts ont été fixées, il faudra s'en tenir à la convention ; car nul ne doute de la validité du pacte intervenu entre deux individus qui conviennent entre eux que l'un aura les deux tiers des gains et des pertes, l'autre le tiers restant (4).

2. Mais le pacte suivant fait question : Titius et Séius conviennent entre eux que Séius aura les deux tiers des gains, et supportera le tiers des pertes, et que Titius aura à sa charge les deux tiers des pertes et aura un tiers des gains ; cette convention est-elle valable ? Quintus Mutius dit qu'une pareille convention est contraire à la nature de la société et qu'ainsi elle est sans effet. Mais Servius Sulpitius, dont l'opinion a prévalu, pense le contraire, par la raison

(1) De κοινός, commun, et πρᾶξις, action, *commune negotium*. — S'il faut en croire Harménopule, III, x, § 3, les jurisconsultes grecs entendaient par κοινοπραξία autre chose que la société *totorum bonorum*. Selon lui, la κοινοπραξία n'était qu'une société de fait, sans consentement exprès des parties, tandis que la κοινωνία proprement dite ne pouvait résulter que de leur consentement : ἀπὸ συναινέσεως γίνεται κοινωνία..... χωρὶς συναινέσεως, κοινοπραξία ἐστίν. — Les Basiliques et les Gloses nomiques indiquent la même différence entre la κοινωνία et la κοινοπραξία. Il est vrai de dire pourtant que, d'après un texte formel des mêmes Gloses, le mot κοινοπραξία se prenait aussi dans le sens que lui donne ici Théophile. Quoi qu'il en soit, il est constant que, par κοινωνία, on désignait, en général, l'idée de société, tandis que κοινοπραξία n'en exprimait qu'une espèce particulière.

(2) L. 5, D. *pro socio*. — Gaius, *Comm.*, III, § 148.

(3) L. 7 et 19, D. *pro socio*. — Eclog., 12, 3, c. xxix. — Harménop., III, x, § 10.

(4) L. 29, D. *pro socio*. — Gaius, *Comm.*, III, § 150.

que souvent l'industrie de certains associés est tellement précieuse pour la société (1) qu'il est juste qu'ils gagnent plus que les autres et figurent dans la société pour une plus grande part de gain. Car il n'est pas douteux que la société peut se former de telle sorte qu'un associé y apporte de l'argent, qu'un autre n'en apporte pas, et que cependant le gain en provenant se partage entre eux. Souvent, en effet, l'industrie d'un associé équivaut à un apport en argent.

Aussi l'opinion contraire de Servius, laquelle est contraire à celle de Quintus Mutius, a-t-elle tellement prévalu qu'on admet généralement que des associés peuvent convenir entre eux que l'un d'eux participera au gain, sans être tenu de la perte (2); ce qu'il faut entendre en ce sens que s'il y a eu gain dans une affaire et perte dans une autre, compensation ou liquidation faite, le reliquat seul comptera pour bénéfice. Par exemple, des associés commerçaient en esclaves et en habits; le commerce des habits a donné une perte de cent solides; mais le commerce des esclaves a produit un bénéfice de trois cents solides. On déduit d'abord les cent solides de perte, pour les compenser avec les trois cents solides de gain, et les deux cents solides restants se partageront entre les associés conformément à leurs pactes; ce qui prouve que si la société a tout à la fois des bénéfices et des pertes, ou des bénéfices seulement, peu importera à un associé d'être convenu qu'il participera au gain, sans supporter aucune perte. Mais s'il n'y a que perte, on voit facilement l'utilité de ce pacte. Si, en effet, les associés ont chacun apporté mille solides, qu'ils aient fait le pacte dont nous venons de parler, que la *negociatio* ait fait perdre deux cents solides, sans procurer aucun bénéfice, et qu'ensuite la société soit dissoute, l'un d'eux prendra les

(1) L. 5, § 1; l. 29 *pr.*; l. 32, § 2 *pr.*, D. *pro socio*; l. 1, C. *eod. tit.* — Harmenop., III, x, § 9.

(2) L. 29, § 1, D. *pro socio* — Gaius, *Comm.*, II., § 149.

mille solides qu'il a apportés, tandis que l'autre n'en prendra que huit cents (1).

3. Il est constant que si la convention n'indique de part que pour un cas, sans en indiquer pour l'autre (le cas de gain et le cas de perte); ce qu'elle a indiqué est la mesure de ce qui a été omis. Par exemple, on est convenu que s'il y a gain, l'un prendra les deux tiers, l'autre le tiers restant, et on n'a pas parlé de la perte, ou bien le contraire est arrivé; ce qu'on n'a pas dit se règlera sur ce qui a été dit (2).

4. La société dure tant que les parties persévèrent dans la même intention; mais si l'un des associés y renonce, la société se dissout pour l'avenir. Que si un associé renonce à la société dans une intention frauduleuse, pour avoir seul tous les bénéfices, ces bénéfices se partageront entre les associés. Que s'il renonce sans espoir de bénéfices, il aura seul les bénéfices qu'il n'a pas prévus. Par exemple, Primus et Secundus étaient associés *totorum bonorum*; Titius est mort laissant Primus pour héritier, et le patrimoine de Séius a passé sur la tête de Primus; on est venu annoncer à Primus que Séius était héritier. Primus ne savait pas si l'hérédité de Séius lui compétait. Primus donc, voulant acquérir pour lui seul l'hérédité de Titius, et sachant qu'après la dissolution de la société elle n'appartiendra qu'à lui seul, renonce à dessein à la société, pour avoir seul l'hérédité; la loi punit sa coupable intention, en le forçant à rendre commun le profit provenant de l'hérédité de Titius. Quant à l'hérédité de Séius dont il n'a eu connaissance qu'après la dissolution de la société, s'il l'accepte, elle n'appartiendra qu'à lui seul; car ce n'est pas dans l'espérance de l'avoir qu'il a dissous la société. En effet, que lui reprocher, puisqu'il ignorait que cette hérédité lui avait été déférée? Quant à Secundus, tout ce qu'il acquerra, postérieurement à la renonciation de Primus,

(1) L. 50, D. *pro socio*.
(2) Gaius, *Comm.*, III, § 150.

n'appartiendra qu'à lui seul, bien que la cause en soit antérieure à la renonciation, et cela, parce qu'on ne peut pas lui reprocher de dol (1).

5. La société se dissout encore par la mort d'un associé (2) : car celui qui contracte une société, ne s'associe qu'à une personne bien connue de lui, et même l'héritier de son associé ne pourra pas toujours le remplacer dans la société.

Bien qu'il y ait plusieurs associés, la mort d'un seul dissout la société, quand même plusieurs lui survivraient. Mais que décider, si cinq ou six personnes ayant contracté société, deux d'entre elles ont péri en même temps dans le même naufrage (car quelquefois, la mort de quelques associés rend utile et fait désirer aux survivants la continuation de la société)? Il en sera de même, à moins que dans le contrat de société, on ne soit convenu qu'en cas de mort d'un associé, la société continuera à exister entre les survivants (3).

6. La société se dissout encore par la mise à fin de l'affaire pour laquelle elle a été contractée. Si, en effet, elle a eu lieu pour le commerce des esclaves, et que ce commerce ait cessé, la société cessera aussi (4).

7. La confiscation des biens de l'un des associés dissout aussi la société, mais dans le cas seulement où tout le patrimoine de l'associé a été confisqué : car, lorsqu'un autre (que son héritier), c'est-à-dire, le fisc, succède au patrimoine de celui qui a été frappé par la confiscation, il est réputé mort, d'où suit la dissolution de la société. Mais, si la confiscation n'est que partielle, la société n'en subsiste pas moins (5).

8. Si l'associé, grevé de plusieurs dettes publiques ou

(1) L. 64 et 65, § 3, D. *pro socio*. — Caius, *Comm.*, III, § 151. — Harmenop., III, II, § 4 et 5.

(2) Caius, *Comm.*, III, § 152. — Harmenop., III, II, § 1 et 2, et X, § 4.

(3) L. 65, § 9, D. *pro socio*.

(4) L. 65, § 10, D. *pro socio*.

(5) L. 65, § 12, *pro socio*. — Harmenop., III, X, § 1.

privées, a fait cession de son patrimoine, et que ses biens soient vendus, la société est dissoute. Si néanmoins après la cession, ses associés veulent toujours être en société, alors se forme comme une nouvelle société (1).

9. Si un associé a lésé la société par son dol, en est-il seulement tenu envers son coassocié, et, en cette qualité, par l'action *pro socio* (que les associés ont les uns contre les autres), de même que le dépositaire coupable de dol est tenu, comme nous l'avons dit, par l'action *depositi?* ou bien, est-il encore tenu de sa faute, c'est-à-dire, de son incurie et de sa négligence? C'est une question. On admet cependant qu'il est tenu même de sa faute. Mais sa faute ne se mesure pas sur la diligence la plus exacte : il suffit, en effet, que l'associé apporte aux affaires de la société, tout le soin qu'il a coutume d'apporter à ses propres affaires : car, celui qui s'est adjoint un associé peu diligent, ne doit accuser que son imprudence, puisqu'il est lui-même la cause des pertes qu'il éprouve (2).

## TITRE XXVI.

### DU *mandatum* OU DE L'ORDRE (3).

Il ne nous reste plus qu'à parler d'un contrat *consensu*, du *mandatum*. Il se forme de cinq manières (4). En effet, ou je ne vous donne mandat que dans mon intérêt seulement, ou dans mon intérêt et dans le vôtre, ou dans l'intérêt d'un tiers, ou dans mon intérêt et dans celui d'un tiers, ou dans votre intérêt et dans celui d'un tiers : car, si le mandat n'est fait que dans votre intérêt, il est inu-

(1) L. 65, § 1, D. *pro socio*. — Gaius, *Comm.*, III, § 153 et 154.

(2) L. 31, 51 et 52, § 2, et 72, D. *pro socio*.

(3) Dig., tit. *mandati*. — Paul., *Sent.*, II, § 15. — Eclog., 14, 1, περὶ ἐντολῶν καὶ ἐντολέων.

(4) L. 2, D. *mandati*.

tile, et ne produit ni obligation *consensu*, ni action *mandati* (1).

1. Le *mandatum* dans mon intérêt seulement a lieu, si, par exemple, je vous ordonne d'administrer mes biens, ou de m'acheter tel fonds, ou de répondre pour moi (2).

2. Le *mandatum* a lieu dans mon intérêt et dans le vôtre, si je vous ordonne de prêter avec intérêt à Titius, qui doit employer cet argent à mon usage (3) : car, ici le contrat nous est utile (à tous deux), à vous, à cause du prêt à intérêt, et à moi, quoique l'argent ait été employé à mon usage ; ou bien encore, s'il arrive que Primus ait emprunté de vous et que moi je l'aie cautionné, et que, quand vous voudrez agir contre moi, je vous mande d'agir à mes risques et périls contre Primus, débiteur principal (4). Et, en effet, ici encore, il y aura utilité pour moi, puisque par là j'éviterai l'action dirigée contre moi ; et pour vous aussi, puisque, après avoir terminé la contestation avec le débiteur principal, vous pourrez diriger votre action contre moi, dans le cas où la dette ne serait pas éteinte. (Supposez qu'il y ait eu fidéjussion sans gage, et que le mandat soit contracté avec gage, le mandat vous présentera quelque avantage). Ou bien encore, je vous devais cent solides, pour lesquels vous vouliez m'appeler en justice ; je vous ai délégué mon débiteur, et je vous ai ensuite mandé de stipuler de lui à mes risques et périls. Peut-être, en effet, craindriez-vous, en stipulant de mon débiteur, que vous ne fussiez déchu de ma créance, parce que sa misère ne vous permettrait pas de rien recevoir de lui, et que d'un autre côté, vous ne pussiez exercer de recours contre moi, parce que le débiteur s'est libéré envers moi par novation. Dans ce cas donc, le mandat profitera à l'un et à l'autre : à moi, puisque pour

(1) Gaius, *Comm.*, III, § 155 et 156.
(2) L. 2, § 1, D. *mandati.*
(3) L. 2, § 4, D *mandati.*
(4) Gaius, *Comm.*, III, § 181 et 182 ; IV, § 106 et 107.

le moment je ne puis être inquiété; à vous, puisque par la stipulation vous obligerez d'une part mon débiteur envers vous, que de l'autre, vous pourrez agir contre moi en vertu du mandat, et que d'ailleurs, au lieu d'un seul débiteur comme auparavant, vous en aurez deux : mon (propre) débiteur en vertu de la stipulation, et moi-même en vertu du mandat (1).

3. Le mandat n'intervient que dans l'intérêt d'autrui, si je vous mande d'administrer les biens de Titius, ou d'acheter un fonds pour Titius, ou de répondre pour Titius (2).

4. Le mandat intervient dans mon intérêt et dans l'intérêt d'un tiers, si je vous demande d'administrer des biens communs entre Titius et moi, ou d'acheter un fonds pour Titius et pour moi, ou de répondre pour Titius et pour moi (3).

5. Je mande dans votre intérêt et dans l'intérêt d'un tiers, si je vous mande de prêter à intérêt à Titius, qui n'a pas d'argent. Dans ce cas, il y aura utilité pour vous qui prêtez à intérêt, et pour lui qui cherchera à tirer parti de cet argent. Que si je vous mande de prêter sans intérêt, le mandat aura lieu dans l'intérêt d'un tiers, et non dans le vôtre, puisque vous n'en profiterez pas (4).

6. Le mandat a lieu dans votre seul intérêt (5), si je vous mande de placer votre argent à l'achat de biens fonciers, plutôt que de le prêter : ou en sens inverse, de le prêter, plutôt que d'en acheter des biens fonciers. Un pareil mandat est plutôt un conseil qu'un mandat, et par cette raison n'engendre aucune obligation, nul n'étant obligé par l'action *mandati* (6), en vertu d'un conseil, quand même il ne

(1) L. 22, § 2; L. 45, § 7 et 8, D. *mandati.*
(2) L. 2, § 2, D. *mandati.*
(3) L. 2, § 3, D. *mandati.*
(4) L. 2, § 5, D. *mandati.*
(5) L. 2, § 6, D. *mandati.*
(6) L. 47, D. *de regul. jur.*

profiterait pas à celui qui le reçoit, puisque chacun reste libre de décider si le conseil qu'on lui donne peut lui être de quelque utilité (1). Si donc je vous ai engagé à acheter quelque chose d'un argent sans emploi ou à le prêter, bien que vous ne retiriez aucun avantage, ni de l'achat, s'il s'agit, par exemple, d'esclaves qui sont morts ou ont pris la fuite, ni du prêt fait à un homme obéré de dettes, je ne serai pas obligé envers vous par l'action *mandati*.

Et cela est si évident, que les Anciens avaient mis en question, si je serais tenu de l'action *mandati* pour vous avoir mandé de prêter à intérêt votre argent à Titius, et quelques-uns disaient que c'était là un conseil qui n'engendrait pas d'obligation, comme nous l'avons déjà dit ; mais on a admis l'opinion de Sabinus (2) qui disait, que je suis obligé par l'action *mandati*. Et en effet, par cela seul que j'ai proposé pour prêteur une personne déterminée (3), Titius je suis obligé, m'étant pour ainsi dire assimilé à un fidéjusseur; car, si je disais, en général : « Prêtez votre argent,» le mandat, comme nous l'avons dit, ne serait pas obligatoire. Mais si j'ai proposé une personne déterminée, je serai soumis à l'action *mandati*, conformément à l'usage qui a prévalu.

7. De même que le mandat qui tient lieu de conseil, n'engendre pas l'action *mandati*, le mandat *contra bonos mores* (4) n'en engendre pas davantage. Si, par exemple, je vous ai mandé de voler le bien de Titius, de lui causer un dommage, ou de commettre une injustice contre lui (5)

(1) Gaius, *Comm.*, III, § 156.

(2) Gaius, *Comm.*, III, § 156.

(3) C'est à tort que D. Godefroi (*not.*, *hic*) a prétendu que la raison que donne ici Théophile, diffère de celle que donne Justinien dans ses Instituts, parce que la désignation du prêteur par un tiers rend, en quelque sorte, ce dernier mandataire vis-à-vis du prêteur : Justinien ne dit pas autre chose.

(4) L. 6, § 3; l. 22I, § 6, D. *mandati*. — Eclog., 14, 1, c. VI, § 3.

(5) Gaius, *Comm.*, III, § 157.

bien que vous ayez volé d'après mon mandat, et que vous ayez subi la peine de votre crime, vous n'aurez pas l'action *mandati* contre moi (1).

8. Celui qui a accepté un mandat ne doit pas dépasser les bornes de ce mandat (2). Si, par exemple, je vous ai mandé de m'acheter un fonds de terre jusqu'à concurrence de cent solides, ou de cautionner Titius jusqu'à concurrence de cent solides; vous ne deviez ni m'acheter ce fonds, ni cautionner cet esclave pour une plus forte somme. Car, si vous excédez la somme fixée entre nous, vous n'aurez pas l'action *mandati* contre moi : si bien que Sabinus et Cassius disent qu'alors même que vous voudriez intenter contre moi l'action *mandati* jusqu'à concurrence de cent solides, c'est-à-dire, jusqu'à concurrence de la somme pour laquelle je vous ai mandé, et sans parler du surplus, vous me feriez un procès inutile. Mais les Proculéiens disent que vous agirez valablement jusqu'à concurrence de cent solides, et leur opinion est plus équitable. Que si vous avez acheté pour un prix inférieur, par exemple, pour 80 solides, vous aurez évidemment contre moi l'action *mandati* ; car celui qui mande à quelqu'un de lui acheter un fonds pour cent solides, est évidemment présumé mander de l'acheter pour moins, si c'est possible; car le moins est renfermé dans le plus (3).

9. Le mandat se dissout, bien que valablement contracté, s'il est révoqué *re integra*, c'est-à-dire, sans avoir reçu aucune exécution. Par exemple, je vous ai mandé de m'acheter un esclave, et avant que vous en fissiez l'achat, j'ai révoqué le mandat; voilà ce qu'on appelle *re integra* (4).

10. Pareillement, la mort *re integra* du mandant ou du mandataire dissout le mandat. Mais des motifs d'équité

(1) L. 22, § 6, D. *mandati*.
(2) L. 5, § 2 et 5, D. *mand.* — Gaius, *Comm.*, III, § 161.
(3) L. 33, D. *mand.* — Gaius, *Comm.*, III, § 161.
(4) L. 12, § 16, D. *mandat.* — Gaius, *Comm.*, III, § 159.

naturelle ont fait admettre qu'on donnera quelquefois l'action *mandati*. Que décider, en effet, dans le cas (suivant)? A la veille de votre départ pour tel pays, je vous ai mandé de m'acheter des chevaux, et après avoir accepté le mandat, vous êtes parti pour un voyage. Mais avant que vous fassiez cet achat, je meurs ; et vous, croyant que je vis encore, et pour exécuter le mandat, vous avez acheté les chevaux ; à votre retour, vous apprenez que je suis mort. Vous ne pouvez pas intenter contre mes héritiers l'action *mandati*, puisque moi, votre mandant, je suis mort *re integra*. Mais comme il est absurde (1) que vous, qui ignoriez ma mort, en éprouviez un préjudice quelconque, on a admis, par un motif d'humanité, que vous aurez contre mes héritiers l'action *mandati*, afin que votre ignorance légitime ne vous cause aucun préjudice.

Ce cas est analogue au suivant. On appelle *dispensator* (2) l'esclave qui a coutume de prêter l'argent de son maître. Or, le prêt fait par cet esclave n'oblige personne envers lui; car, comment en serait-il autrement, puisqu il est esclave? Mais il acquiert pour son maître l'action de *mutuum*. Quant à l'emprunteur, il se libère, soit en payant le maître, puisqu'il paye à celui qui a action contre lui, soit en payant l'esclave : car l'esclave a prêté l'argent avec le consentement de son maître. Celui, en effet, qui permet à son esclave de prêter (3) est censé accorder aux emprunteurs la faculté de payer au *dispensator* lui même. Or, cela n'a lieu qu'autant que le maître est dans la même intention à l'égard de l'esclave; car s'il change d'avis, les emprunteurs ne peuvent plus payer valablement à l'esclave. Mais que décider si le maître a affranchi le *dispensator*, et qu'ensuite l'emprunteur rende au *dispensator* l'argent qu'il en a reçu? sera-t-il libéré de

(1) L. 38, D. *mand.*

(2) L. 1, C. *adv. fiscum*; l. 4, C. *de fid. instrum.*, l. 18, 51 et 62, D. *de solution.*

(3) L. 11, D. *deposit.*; l. 18, D. *de solution.*

sa dette? En droit rigoureux, il ne peut pas en être libéré : car il a payé à un autre qu'à celui à qui le maître voulait qu'il payât, puisqu'en affranchissant l'esclave, il a évidemment changé de sentiment à son égard. Mais comme il est absurde qu'une ignorance légitime porte préjudice a celui qui a payé, on a admis, par un motif d'équité naturelle, qu'il était libéré de son obligation. De même donc que l'ignorance légitime excuse, s'il s'agit du *dispensator*, contrairement à la rigueur du droit, de même si le *mandatum* est dissous *re integra*, par la mort du mandant, il y aura lieu à l action *mandati*, par le même motif, c'est-à-dire, la légitime ignorance (1).

11. Je puis ne pas accepter le mandat qui m'est conféré (2); mais une fois accepté, je dois l'accomplir, ou y renoncer le plus promptement possible, afin que celui qui m'a donné mandat puisse l'exécuter par lui-même ou par un tiers. Si, en effet, je n'y renonce pas de manière à rendre au mandant les choses dans le même état, et à lui permettre de l'exécuter sans préjudice aucun (3), je serai tenu de l'action *mandati*. Et, en effet, que décider dans le cas suivant? Je devais partir pour tel pays (4); Titius, mon ami et le vôtre, voulait partir aussi ; vous m'avez mandé de vous acheter, ou des esclaves, ou toute autre chose. (Évidemment), si j'accepte le mandat, je pourrai y renoncer impunément, tant que Titius ne sera pas parti, et que vous pourrez lui mander de faire le même achat. Mais s'il arrive qu'il soit déjà parti, alors, si j'ai renoncé, je serai tenu par l'action *mandati*, le mandant ne pouvant plus, après le départ de Titius. faire exécuter le mandat par un tiers. Si cependant un motif plausible ne me permet pas de renoncer, ou de renoncer à temps, je serai digne d'excuse. Or, pourquoi n'en serait-il

(1) Gaius, *Comm.*, III, § 160.
(2) L. 22, § 11 ; l. 27, § 2, D. *mand.*
(3) L. 22, § ult., D. *mand.*
(4) Paul., *Sent.*, II, I, § 1.

pas de même si une charge publique ou une autre cause quelconque ne me permet pas d'accomplir le mandat (1) ?

12. Le mandat peut être donné ou *in diem* (2), par exemple : « Je vous mande de faire telle chose dans deux ans d'ici ; » ou, sous condition, telle que celle-ci : « Je vous mande, *si navis ex Asia venerit*, de faire telle chose. »

13. Il faut savoir enfin que le mandat doit être gratuit (3) ; car s'il n'est pas tel, il se transforme en un autre contrat. Si, en effet, un prix est constitué, il devient un louage et une conduction ; car il faut savoir qu'en général dans tous les cas où vous avez l'action *mandati* ou *depositi* (4), par l'acceptation sans salaire d'un mandat quelconque, il y a contrat de louage et de conduction, si vous stipulez un salaire. Si donc quelqu'un donne à un foulon, à un blanchisseur, ou à un tailleur des vêtements à apprêter, à blanchir, ou à raccommoder, sans détermination ni promesse de salaire, et que le foulon et le tailleur promettent de les apprêter ou de les raccommoder gratuitement, il aura pour reprendre les vêtements l'action *mandati*.

## TITRE XXVII.

### DE L'OBLIGATION COMME D'UN CONTRAT (5).

Après avoir parlé des obligations qui naissent d'un *contractus*, parlons enfin, des obligations qui ne proviennent pas, à proprement parler, d'un contrat, mais qui ne dérivant pas d'un délit, sont censées naître d'un contrat (6).

(1) L. 27, § 2, D. *mand.*

(2) L. 1, § 3, D. *mand.*

(3) L. 1, § 4, D. *mand.* — Eclog., 14, 1, c. 1.

(4) D. Godefroi (*not., hic*), dit qu'au lieu de *depositi*, c'est peut-être *præscriptis verbis* qu'il faudrait lire. — Indépendamment du texte des Instituts, qui repousse formellement cette version, la loi 22, D. *præscriptis verbis*, démontre clairement qu'elle est insoutenable.

(5) Gaius, *Comm.*, III, § 162.

(6) L. 5 *pr.*, et §§ 12 et 13, D. *de obligat.*

1. Si donc quelqu'un administre mes biens, en mon absence, il naît réciproquement des actions entre nous; de mon côté, l'action *directa negotiorum gestorum*, du côté de l'administrateur, l'action *contraria* (1). Or, que ces actions ne naissent pas, à proprement parler, d'un contrat, c'est chose évidente; car elles n'ont lieu que dans le cas où, sans aucun mandat, un individu s'est immiscé dans les affaires d'autrui. Par là, les personnes dont les affaires ont été administrées, se trouvent obligées, même à leur insu. Or, les contrats n'obligent personne à son insu. Ces actions donc n'ont été admises que dans l'intérêt des absents qui, forcés de partir subitement et en hâte, ne pouvaient confier à personne l'administration de leurs affaires. Or, l'utilité de ces actions; savoir : l'action directe, et l'action contraire, consiste en ce que les affaires des absents ne resteront pas à l'abandon; car, évidemment, personne ne s'en occuperait (2), si on n'avait une action en répétition des dépenses faites pour l'administration des affaires d'autrui.

Or, de même que celui qui a utilement administré les biens d'autrui oblige envers lui, pour ce qu'il a dépensé, le propriétaire de ces biens, ainsi, en sens inverse, l'administrateur lui-même est tenu de rendre compte de son administration (3), obligé qu'il est d'apporter à l'administration de ces biens la diligence la plus exacte et la plus rigoureuse. Car il ne lui suffit pas, pour n'être pas tenu par l'action *negotiorum gestorum*, de donner aux biens d'autrui les soins qu'il a coutume de donner à ses propres biens (4), toutes les fois qu'un autre plus diligent que lui aurait plus utilement administré ces biens; car alors on juge de son administration, non par sa diligence, mais par celle d'autrui (5).

(1) L. 2, 10 et 45, D. *de negot. gest.*
(2) L. 1, D. *de neg. gest.*
(3) L. 11, D. *de negot. gest.*; l. 5, § 7, D. *de admin. tutor.*
(4) L. 25, D. *de reg. jur.*
(5) L. 20, C. *de neg. gest.*

2. Les tuteurs soumis à l'action *tutelæ* (1), ne sont pas non plus censés être tenus en vertu d'un *contractus* proprement dit; (quel contrat, en effet, peut-il intervenir entre le tuteur et le pupille, surtout si le pupille est *infans?*) mais, comme les tuteurs ne sont pas tenus en vertu d'un délit, (comment, en effet, la tutelle qui a été créée pour le bien des pupilles, pourrait-elle constituer un délit?) ils seront censés être tenus *comme d'un contrat*.

Dans ce cas aussi, naissent des actions de part et d'autre, car non-seulement le pupille a l'action *tutelæ* contre son tuteur, mais encore, en sens inverse, le tuteur a l'action *tutelæ* contre le pupille, s'il a dépensé quelque chose sur les biens du pupille, s'il s'est obligé pour lui, ou s'il a engagé sa propre chose au créancier pupillaire.

3. On s'oblige encore comme par un contrat, dans le cas où une chose est commune entre plusieurs personnes, sans qu'il y ait société entre elles (2), par exemple : s'il a été légué ou donné conjointement à deux individus une seule et même chose, et que l'un d'eux soit tenu envers l'autre, soit par l'action *communi dividundo*, pour avoir seul perçu les fruits de cette chose, soit parce que l'autre aura fait sur la chose commune des impenses nécessaires. Cette action n'est pas censée provenir d'un contrat; et, en effet, quel contrat ont-ils fait entre eux? Mais comme ils ne sont pas tenus l'un envers l'autre par un délit, ils sont censés l'être par un *quasi-contractus* (3).

4. Il en est de même s'il s'agit de cohéritiers dont l'un intente contre l'autre l'action *familiæ erciscundæ* pour les motifs que nous avons indiqués en parlant de l'action *communi dividundo*.

5. De même encore, si quelqu'un, en mourant, m'a

(1) L. 5, § 1, D. *de obligat.*
(2) L. 2, D. *commun. divid.* — Eclog., 52, 1, c. x.ııı *in fine*.
(3) L. 25, § 16, D. *famil. ercisc*

institué héritier, et a mis à ma charge (1) un legs de la chose d'autrui : je suis tenu par l'action *ex testamento* de donner au légataire la chose léguée. Or, cette action *ex testamento* ne naît pas d'un contrat. En effet, avec qui le légataire a-t-il fait un contrat? Ce n'est ni avec le testateur, puisque le testateur lui a légué à son insu ; ni avec l'héritier, puisque c'est malgré lui que le legs lui a été laissé. Or, comme d'un autre côté, il n'y a pas de délit, le propriétaire de la chose léguée sera censé être obligé par un *quasi-contractus*.

6. Pareillement, si quelqu'un m'a payé par erreur ce qui ne m'était pas dû, je serai censé être obligé envers lui comme par *contractus*. Car, il est si vrai que je ne suis pas, à proprement parler, obligé en vertu d'un contrat, qu'à raisonner plus rigoureusement, je suis plutôt obligé, comme nous l'avons dit plus haut, pour avoir dissous un contrat imaginaire, que pour avoir formé un contrat réel. Celui, en effet, qui donne de l'argent en payement d'une dette et dans l'intention de la payer, le donne en réalité, plutôt pour dissoudre par le payement l'action à laquelle il croyait être soumis, que pour la faire naître. Cependant, celui qui le reçoit est obligé, comme l'emprunteur à consommation, en vertu de la condiction de l'indu (2).

7. Mais cette faculté de répéter ce qui a été payé par erreur, n'est pas accordée dans tous les cas (3) : car c'était une règle de droit parmi les Anciens (4) que, toutes les fois qu'une dette véritable s'élève au double, par suite de la dénégation du débiteur, le payement de l'indu ne peut être répété, comme, par exemple, dans le cas de la loi Aquilia. Si, en effet, quelqu'un me cause un préjudice, j'ai contre lui l'action Aquilienne. Mais si je lui demande la réparation du

(1) L. 5, § 2, D. *de obligat.*
(2) L. 5, § 3, D. *de oblig. et act.* — Gaius, *Comm.*, III, § 91.
(3) Dig. et Cod., tit. *de condict. indebiti.*
(4) Paul, *Sent.*, I, XIX, § 1. — L. 14, C. *de condict. indeb.*

dommage causé, qu'il nie la dette, et qu'ensuite il soit convaincu d'être mon débiteur, il payera le double. Que si un individu qui ne m'a causé aucun préjudice, croit cependant m'en avoir causé quelqu'un, et me paye ainsi ce qu'il ne doit pas, il ne pourra pas le répéter.

Les Anciens décidaient de même, en cas de legs d'une valeur déterminée fait par *damnatio*. Or, le legs est *certum*, si je dis : « Je te condamne, ô héritier, à donner à un tel, cent solides. » Si, au contraire, je dis : « Je vous condamne à donner les solides qui sont dans le coffre; » comme ici la quantité n'est pas déterminée, le legs est *incertum*. Ainsi donc, dans les legs par *damnatio* (1), l'héritier qui nie la dette, paye le double. Mais, de même, si ne vous devant rien, il vous a payé par erreur, comme s'il vous eût dû quelque chose, il ne pourra pas répéter. Mais la constitution de notre Empereur (2), ayant attribué à tous les legs et fidéicommis une seule et même nature, veut que la condamnation au double, provenant de la dénégation de l'héritier, s'applique non-seulement aux legs, mais encore aux fidéicommis, non cependant à tous legs indifféremment, mais seulement aux legs et aux fidéicommis laissés aux saintes Eglises et à tous autres lieux vénérables que nous honorons par esprit de religion ou de piété. Mais si, au contraire nul legs, nul fidéicommis, n'ayant été laissé à un lieu vénérable, je crois cependant qu'il en a été laissé quelqu'un, et que par suite je l'acquitte, il n'y aura pas lieu à répétition, parce que l'héritier, véritable débiteur du legs, (ou du fidéicommis) venant à le nier, est forcé à payer le double.

## TITRE XXVIII.

### PAR QUELLES PERSONNES NOUS ACQUÉRONS UNE OBLIGATION.

Nous avons parlé des obligations qui naissent d'un

(1) Paul., *Sent.*, I, XIX, § 1. — Gaius, *Comm.*, III, § 585; IV, § 9 et 171.

(2) L. 2, C. *comm. de legat.*

*contractus* ou d'un *quasi-contractus*. Nous devons dire maintenant que les obligations peuvent nous être acquises, non-seulement par nous-mêmes, mais encore par les personnes qui sont sous notre puissance, telles que nos esclaves, ou nos fils en puissance (1). Or, ce qui nous est acquis par l'obligation de nos esclaves (2), nous appartient en entier; tandis que ce qui nous est acquis par nos enfants en puissance, se partage conformément à ce que la constitution (3) de notre Empereur a décidé pour la propriété et l'usufruit des choses, de sorte que l'usufruit du profit résultant de l'action, appartiendra au père, et la propriété en restera au fils, l'action étant d'ailleurs intentée par le père, conformément à la division établie dans la nouvelle et sacrée constitution du même Empereur (4).

1. Les personnes libres et les esclaves d'autrui que nous possédons *bona fide*, nous acquièrent aussi les obligations, mais pour deux causes seulement, c'est-à-dire, quand ils acquièrent quelque chose *ex operis suis*, ou *ex re nostra* (5).

2. L'obligation peut aussi nous être acquise par l'esclave dont nous avons l'usufruit ou l'usage, et pour les deux mêmes causes (6). Mais il faut encore savoir que rien ne peut m'être acquis *ex operis* de l'esclave dont nous avons l'usage (7), qu'autant que cet esclave s'est loué.

(1) Gaius, *Comm.*, III, § 165.

(2) L. 40, D. *de pecul.*

(3) L. 6, § 3, C. *de bonis quæ liberis.*

(4) L. ult., C. *de bonis quæ liber.*

(5) Ulp., *Fragm.*, XIX, § 20. — Gaius, *Comm.*, III, § 164.

(6) L. 21, D. *de usufruct.*; l. 49, D. *de adquirend. possess.*; l. 14, D. *de usu et habitat.* — Gaius, *Comm.*, III, § 165. — Voy. *supra*, § 4, lib. II, tit. IX.

(7) L'usufruitier et l'usager d'un esclave acquièrent-ils par cet esclave, en dehors des deux cas prévus dans le § 1er de notre titre? On vient de voir que l'usufruitier ne le peut pas : la Paraphrase et les Instituts sont également formels sur ce point. Quant à l'usager, nonobstant ce § 2 tout entier des Instituts et la première partie du

**3.** L'esclave commun (1) acquiert pour ses maîtres, *pro dominica parte*, c'est-à-dire, proportionnellement à leur part de propriété. Mais il est évident que s'il stipule nominativement pour un seul de ses maîtres ; s'il dit, par exemple : « Donnerez-vous à Titius mon maître ? » il n'acquiert que pour ce maître. Il en est de même s'il reçoit par tradition,

même paragraphe de Théophile, nous croyons qu'il faut distinguer. L'esclave dont il a l'usage, s'est-il obligé *ex re domini?* l'affirmative est incontestable : elle résulte du § 1er, *hic*. Que si l'obligation a pour cause les *operæ* de l'esclave faits sur la chose d'autrui, il n'en sera pas de même, comme nous l'apprend Théophile : *εἰ μὴ ἄρα αὐτὸς ὁ οἰκέτης ἔτυχεν ἑαυτὸν μισθώσας*. Dans ce cas, en effet, le travail de l'esclave étant, pour ainsi dire, *un fruit de cet esclave*, il semble qu'il ne doit pas profiter à l'usager, suivant la décision d'Ulpien, l. 14, D. *de usu et habit.* — Aussi voyons-nous, d'une part, que Gaius (*Comm.*, III, § 164 et 165) ne parle pas de l'usager, et de l'autre, que le mot *usum*, que nous lisons aujourd'hui dans toutes les éditions des Instituts, ne figurait pas, au rapport d'Accurse, dans les vieux manuscrits. Mais, alors même que nous ne pourrions, par aucune raison juridique, justifier l'assertion de notre auteur, ne faudrait-il pas, en présence d'un texte aussi formel, se déclarer pour sa version, et dire, contrairement à l'opinion d'Ulpien, qu'à la différence de l'usufruitier qui ne peut acquérir par son esclave que dans deux cas seulement, l'usager le peut dans les trois cas mentionnés par Théophile ? Au surplus, il ne nous paraît pas impossible, à l'aide d'une interprétation conforme tout à la fois aux principes généraux du droit et au sens grammatical de notre texte, de concilier la Paraphrase et les Instituts. En effet, de deux choses l'une : ou l'usager savait que son esclave s'était loué à autrui, et alors l'usage étant un droit personnel, l'usager n'avait rien à prétendre sur la *merces* (μίσθωσις) de l'esclave, laquelle appartenait au *dominus* ; ou bien l'usager ne le savait pas, et dans ce cas, comme il était juste que l'*usuarius* fût indemnisé de la perte (*damnum*) que lui faisait éprouver l'absence de l'esclave, on décidait que la *merces* était acquise, non au *dominus*, mais à l'usager. En somme, il est, à notre avis, aussi inexact de soutenir, en thèse générale, que l'*usuarius* n'acquiert jamais *ex operis* de l'esclave, que de dire, avec Justinien, qu'il n'acquiert ainsi que *ex operis suis* ou *ex re nostra*.

(1) L. 45, D. *de adquir. rer. domin.*; l. 1, § 7, D. *de acquir. possess.* — Gaius, *Comm.*, III, § 167.

au nom de Titius seul. Que si l'esclave n'avait stipulé que par ordre d'un seul maître, et sans faire mention de son nom dans la stipulation, c'était pour les Anciens l'objet d'une grande question. Mais, ici encore, est intervenue une décision de notre très-divin Empereur, d'après laquelle l'acquisition ne sera, dans ce cas, que pour le maître qui a donné l'ordre, conformément à ce que nous avons dit plus haut, savoir, que l'ordre équivaut à la mention du nom de celui qui le donne) (1).

## TITRE XXIX.

### DE QUELLES MANIÈRES SE DISSOUT L'OBLIGATION.

Après avoir parlé de la formation des obligations, parlons de leur dissolution ; car, ce qui se forme d'une certaine manière, se dissout aussi d'une certaine manière.

En premier lieu, toute obligation (2) se dissout par la *solutio*, c'est-à-dire, par le payement, quand ce qui est dû est payé : par exemple, s'il est dû des solides, et que ces solides soient payés. Que si, au lieu de solides, on a donné en payement du froment (3), ou quelque autre chose, ou *vice versa*, et que ce payement eût été fait avec le consentement du créancier, le débiteur sera également par là libéré de sa dette.

Et peu importe que celui qui paye soit le débiteur lui-même ou qu'un autre ait payé pour lui ; car le débiteur est libéré même par le payement fait par un autre, soit à son su, soit à son insu, ou même malgré lui.

Le payement des débiteurs libère aussi ceux qui se sont obligés pour lui, c'est-à-dire, les fidéjusseurs et les *manda-*

(1) Gaius, *Comm.*, III, § 167. — L. 5, C. *per quas person.*

(2) L. 55 et 107, D. *de solut.* — Gaius, *Comm.*, III, § 168. — L. 5 *in fine*, C. *deposit.*

(3) L. 99, D. *de solut.*, L. 17, C. *de solut.*

*tores*; comme aussi le payement du fidéjusseur libère le débiteur principal, en même temps qu'il s'acquitte lui-même de son obligation (1).

1. L'acceptilation dissout aussi l'obligation. Or, l'acceptilation peut être définie : un payement fictif, fait avec des paroles solennelles. Si, en effet, je veux vous faire la remise de ce que vous me devez en vertu d'une obligation *verbis*, cette remise pourra avoir lieu, si je consens à ce que vous, mon débiteur, vous prononciez ces paroles : *quod ego tibi promisi, habesne acceptum?* et que, moi votre créancier, je réponde : *habeo* (2).

L'acceptilation peut aussi se faire en grec, pourvu qu'on la fasse comme on l'a faite en latin : ἔχεις λαβὼν δηνάρια τόσα; ἔχω λαβών (3).

Mais l'acceptilation, comme nous l'avons dit, ne dissout que l'obligation *verbis*, et non les autres; celles, par exemple, *re*, ou *litteris*, ou *consensu* : car, il a paru logique qu'une obligation formée par des paroles pût se dissoudre par d'autres paroles. Mais si quelqu'un s'est obligé d'une autre manière envers moi, comme par une obligation *re*, *litteris*, ou *consensu*, ou par celle *negotiorum gestorum*, ou *ex testamento*, et que je veuille vous faire remise de cette dette, je puis vous interroger en ces termes : « Promettez-vous de me donner tout ce que vous me devez pour telle cause ? » et que sur votre réponse : « Je promets, » la première soit éteinte, alors naîtra une obligation *verbis*. Or, comme désormais l'obligation ne sera plus qu'une obligation *verbis*, on pourra conséquemment la faire suivre d'une acceptilation (4).
Mais, il y a cette différence entre la *solutio* et l'acceptilation que la *solutio* dissout toute obligation, tandis que l'acceptilation ne dissout que celle *verbis*. Et il y a entre elles

(1) L. 38, § 2; et l. 42, D. *de solut.*; l. 66, D. *de fidejuss.*
(2) L. 1, D. *de acceptil.* — Gaius, *Comm.*, III, § 169.
(3) L. 8, § 4, D. *de acceptil.*
(4) L. 8, § 2, D. *de acceptil.* — Gaius, *Comm.*, III, § 170.

cette ressemblance que, de même que le payement partiel d'une dette éteint l'action en partie, de même l'acceptilation peut seulement avoir lieu pour une partie de la dette (1).

2. Mais puisque nous avons dit que celui qui doit pour une autre cause (que celle de la stipulation), peut, dès qu'il a été interrogé, et qu'il s'est obligé *verbis*, être libéré de sa dette par acceptilation, il est nécessaire de parler ici de l'acceptilation et de la stipulation Aquilienne, stipulation qui transforme complétement en elle-même toute sorte d'obligations (2), et peut les dissoudre par acceptilation : car la stipulation Aquilienne novait toute sorte d'obligations. Elle a été ainsi formulée par le jurisconsulte Gallus Aquilius : « Tout ce que, pour une cause quelconque, vous devez ou deviez donner ou faire, soit purement et simplement, soit *in diem*; toute charge pour laquelle j'ai ou j'aurai action *in rem* ou personnelle contre vous; tout ce que vous avez, vous tenez ou vous possédez, à moi appartenant (or, il y a entre tenir et posséder cette différence, savoir, que tenir, c'est détenir naturellement; tandis que posséder, c'est détenir avec intention de devenir propriétaire); tout ce que vous avez possédé, ou que par votre dol vous avez cessé de posséder (peut-être, en effet, avez-vous détenu une hérédité qui m'appartenait, et n'avez possédé plus tard que quelques objets de cette hérédité, auquel cas vous serez tenu de rendre ce que par votre dol vous avez cessé de posséder) : autant que chacune de ces choses vaudra, autant a stipulé Aulus Agerius, et a promis Numerius Negidius. Plus tard, après cette stipulation et la transformation en obligation *verbis* de toutes ces obligations, Numerius Negidius a interrogé de son côté par acceptilation Aquilienne Aulus Agerius, en ces termes : Tout ce que moi Nume-

(1) L. 9 et 17, D. *de solut.* — Gaius, *Comm.*, III, § 172.

(2) L. 4, D. *de transaction.* — Theoph., 26, 4, c. 1 — Basilic., t. I p. 804, édit. Fabrot.

rius Negidius ai promis par stipulation Aquilienne, le tenez-vous pour reçu? Aulus Agerius répond : Je le tiens pour reçu, et je l'ai porté pour reçu. » Voilà donc que, par les premières paroles que nous avons rapportées, s'est contractée une obligation *verbis*, qui a nové toutes les obligations précédentes, au moyen de la stipulation Aquilienne ; tandis que par ces dernières s'est opérée une acceptilation qui dissout la stipulation Aquilienne. Tel est donc le mode de dissolution des obligations qu'on appelle vulgairement Aquiliennes (1).

3. La novation dissout aussi les actions (2). Si, en effet, je stipule de Titius ce que vous me devez ; de l'intervention de cette nouvelle personne (le nouveau débiteur) naît une obligation nouvelle ; et la première, transformée en la seconde, n'existe plus.

Et cela est si vrai que, bien que la stipulation devienne inutile (3), cependant la première cessera d'exister, et la seconde n'obligera pas le promettant aux yeux de la loi Par exemple, Titius me devait, et ce qu'il me devait, je l'ai stipulé d'un pupille *sine tutoris auctoritate* ; dans ce cas, ma créance est perdue ; car, d'une part, Titius est libéré par la novation, et de l'autre, le pupille n'est pas obligé envers moi, puisqu'il a promis sans son tuteur.

Il n'en est pas de même si on stipule d'un esclave ce qui est dû par un autre que lui, car ici la première obligation reste dans toute sa force, comme s'il n'avait été fait aucune stipulation (4). Et qu'on ne dise pas que l'esclave qui promet s'oblige naturellement, que les fidejusseurs donnés par lui sont tenus tant naturellement que légalement, et qu'une obligation naturelle peut operer novation. A cela il faut répondre que ce n est pas l'existence d'une obligation

(1) L. 18, § 1, D. *de accept.*
(2) Eclog., 26, 4 c. 1, et 26, 4, περὶ μεταθέσεως ἐνοχῆς.
(3) L. 8, D. *de accept.*
(4) L. 1, D. *de novat.*—Gaius, *Comm.*, III, § 176

naturelle qui opère novation (1), mais bien celle d'une personne obligée. Or, légalement parlant, l'esclave n'a pas de personne.

Voilà pour le cas où nous faisons novation par une tierce personne, c'est-à-dire, où Secundus me promet ce que me devait déjà Primus. Mais si je stipule de celui-là même qui me doit, on se demande s'il y aura novation (2) ? Pour vous expliquer ceci à fond, je dois dire que si vous étiez obligé envers moi ou *re*, ou *litteris*, ou *consensu*, ou en vertu d'actions nées d'un *quasi-contractus*, il y aura sans contredit novation. Mais si vous vous êtes d'abord obligé *verbis*, et que maintenant je stipule avec vous, il n'y aura novation qu'autant que la seconde stipulation contiendra quelque chose de plus que la première ; par exemple, l'adjonction ou la suppression d'une condition, d'un terme ou d'un fidéjusseur, ou bien encore l'augmentation du montant de la stipulation. Si, au contraire, on la diminue ; si, par exemple, on réduit à cinq solides dans la seconde stipulation, la première stipulation qui était de dix solides, il n'y aura pas novation, parce que cinq solides sont renfermés dans dix, et que la seconde stipulation ne contient rien de nouveau.

Or, ce que nous avons dit de l'adjonction d'une condition, savoir, qu'elle opère novation, doit s'entendre en ce sens que la novation ne s'opère qu'alors que se réalise la condition : car si elle ne s'accomplit pas, la première obligation reste. Il serait, en effet, absurde de dire que la plus forte obligation, je veux dire l'obligation pure et simple, fût détruite par la plus faible. Or, j'appelle *faible* l'obligation

(1) Il est certain que l'esclave peut stipuler, mais non promettre *ex persona domini*. Si donc il s'oblige, la stipulation est inutile, par défaut de personne capable de s'obliger. — L. 209, D. *de reg. jur.*, l. 30, § 1, D. *de pact.* — Cujas, *Observ.*, VIII, II.

(2) L. 8, § 1 ; et 14, D. *de novat.*, l. 6 et 8, § 125 et 5, l. 28, D. *de novat.* — Gaius, *Comm.*, III, § 177 et 179.

conditionnelle, tant que l'événement de la condition est en suspens.

Mais comme, chez les Anciens, il était constant qu'il y avait novation, lorsque les contractants procédaient *animo novandi*, c'est-à-dire, dans l'intention de nover, à une seconde stipulation, tandis qu'il s'élevait des doutes sur la question de savoir quand les contractants avaient l'intention de stipuler *novandi animo*, diverses présomptions étant admises par divers jurisconsultes dans des cas identiques ; notre Empereur, pour mettre fin à toute difficulté, a rendu une constitution (1) qui a clairement établi qu'il n'y a de novation qu'autant que les contractants sont expressément convenus qu'ils procèdent à une nouvelle stipulation dans le but d'opérer la novation de la première obligation. Dans le cas contraire, la première obligation reste dans son premier état, la seconde vient s'y joindre, et le *reus* sera obligé envers moi pour l'une et l'autre cause, ainsi que l'a établi la même sacrée constitution. Or, on peut puiser dans la lecture de cette constitution des notions plus étendues sur ce point.

4. En outre, les contrats formés *consensu* se dissolvent encore par une volonté contraire. Si, en effet, j'ai parlé avec Titius d'une vente, qu'il m'ait acheté tel fonds pour cent solides, et qu'ensuite, *re nondum secuta*, c'est-à-dire, avant le payement du prix et la tradition du fonds, il nous ait plu à tous deux de discéder de l'achat et de la vente, nous serons mutuellement libérés ; de telle sorte que moi, vendeur, je n'aurai pas l'action *ex vendito* contre l'acheteur, ni lui, acheteur, celle *ex empto* contre moi, vendeur. Voilà ce qu'on appelle discéder (d'un contrat) *re nondum secuta*, c'est-à-dire, la chose n'étant pas encore exécutée. Nous en disons autant de l'obligation *locati* et de tous les contrats du genre des obligations qui se forment *consensu* (2).

(1) L. 8, C. *de novat.*

(2) L. 80, D. *de solut.*, l. 35, D. *de regul. jur.*, l. 3 et 5, § 1, D. *de rescind. vend.*

# LIVRE IV.

## TITRE I.

### DES OBLIGATIONS QUI NAISSENT OU QUI PROVIENNENT D'UN DÉLIT.

Dans le livre précédent, nous avons traité des obligations et des actions qui naissent d'un *contractus*. Nous devons parler maintenant des obligations provenant d'un délit, puisqu'en commençant à traiter des obligations, nous avons dit qu'elles proviennent, ou des contrats, ou des délits. Or, les obligations qui naissent d'un *contractus* se divisent en quatre espèces, *re*, *verbis*, *litteris*, *consensu*, qui se réduisent toutes à une seule. Car, de même qu'il n'y a qu'un *contractus*, à proprement parler, lequel engendre quatre sortes d'obligations, de même, il n'y a qu'un *delictum*, à proprement parler, duquel naît une obligation *ex re*, d'où naissent à leur tour quatre sortes de délits, savoir : le vol, la rapine, le dommage, l'injure (1).

(1) L. 1, D. *de obligat. et act* — Gaius, *Comm*, III, § 182. Remarquez que Théophile n'ajoute pas à sa définition le *lucri faciendi causa* des Instituts, et c'est avec raison. Cujas, dans ses *Not. poster. ad Inst.*, *hic*, a parfaitement démontré que ces expressions n'étaient qu'une redondance, et que le sens en était déjà dans le mot *fraudulenta*; et la loi 54, § 1, D. *de furtis*, nous apprend que, ne prît-on la chose d'autrui que pour la donner à autrui, ce n'en serait pas moins commettre un vol.

1. Le vol est l'appropriation frauduleuse de la chose d'autrui, lésant celui qui en est victime, soit dans la chose elle-même, soit dans son usage, soit dans sa possession : dans la chose elle-même (1), si, par exemple, j'enlève votre esclave; dans son usage, si, par exemple, je détiens plus d'un jour ce dont on ne m'a donné l'usage que pour un seul jour ; dans sa possession, si je possède, comme propriétaire, ce qui ne m'a été donné qu'à titre de gage ou de dépôt. Or, ce délit de vol est contraire, et à la loi civile, et à la loi naturelle.

2. Le vol est appelé *furtum à furvo, id est, nigro*, c'est-à-dire, noir, parce qu'il se commet clandestinement, dans l'obscurité, et le plus souvent la nuit; ou bien encore, *a fraude*, de la fraude; car tout voleur est *fraudeur*; *vel a ferendo, id est, auferendo*, c'est-à-dire, enlever, emporter, détourner, et dépouiller ; ou du mot grec φώρ; car les Grecs appellent les voleurs φῶρας, du verbe φέρειν : or, φέρειν signifie, en grec, emporter la chose d'autrui (2).

3. Il est évident qu'il y a deux espèces de vol : car, le vol est ou manifeste ou non manifeste. Le vol *conceptum* et le vol *oblatum* sont plutôt des espèces d'actions naissant du vol ou inhérentes au vol, que des genres de vol, ainsi que nous l'enseignerons plus tard (3).

Le voleur manifeste (4), celui que les Grecs appellent saisi ἐπ' αὐτοφώρῳ, est non-seulement celui qui est saisi même (sur le fait), mais encore celui qui est arrêté sur le lieu du vol. Par exemple, un individu a commis un vol dans une maison, et a été arrêté avant d'avoir passé la porte; de même, si quelqu'un commet un vol dans un verger d'oliviers, ou

(1) L. 1, § 3, D. *de furt.* — Paul, *Sent.*, II, XXXI, § 1

(2) L. 1, D. *de furt.*

(3) Cf. Paul., *Sent.*, II, XXXI, § 2, — et Gaius, *Comm.*, III, § 182. — *Vid. etiam* l. 2, D. *de furt.*

(4) L. 3 *in pr.*, D. *de furt.* — Eclog., 60, 12, c. II.

dans une vigne, et qu'il soit pris au milieu du verger ou de la vigne, il est voleur manifeste (1).

Il en est qui étendent plus loin le vol manifeste, disant qu'on répute voleur manifeste quiconque a été vu ou arrêté dans un lieu public ou dans un lieu privé (2), soit par le propriétaire, soit par tout autre, tenant encore dans ses mains la chose soustraite, et avant d'être parvenu à l'endroit où il avait résolu de l'apporter et de la déposer. Supposez, en effet, pour vous démontrer parfaitement ceci, que quelqu'un, avant de voler, a dit secrètement à quelques-uns de ses amis : « Quand j'aurai volé telle chose, je veux la déposer dans la maison de Primus, par exemple. » Si, après la soustraction de la chose, il en est trouvé nanti, ou est aperçu quelque part avant d'avoir porté et déposé la chose volée dans la maison de Primus, il est voleur manifeste. Que si, après le transport et le dépôt, dans la maison de Primus, de la chose volée, il n'en est pas trouvé nanti, on ne le regardera pas comme un voleur manifeste (3).

Par ce qui vient d'être dit, il est facile de comprendre ce qu'est le voleur non manifeste : car on conçoit sans peine que tout ce qui n'est pas vol *manifestum*, est, sans contredit, un vol *nec manifestum* (4).

4. On dit qu'il y a *furtum conceptum* (5), quand, en présence de témoins, on cherche et on trouve chez quelqu'un la chose volée. On a établi contre celui chez qui est trouvée la chose volée, l'action particulière *concepti*, sans distinguer si celui chez qui la chose est trouvée est le voleur ou n'est pas le voleur, pourvu toutefois qu'il la tienne de moi (qui l'ai volée).

(1) Gaius, *Comm.*, III, § 185.

(2) L. 5, D. *de furt.*

(3) L. 3, § 2; l. 5 *pr.* et § 1, D. *de furt.* — Paul., *Sent.*, II, XXXI, § 2. — Gaius, *Comm.*, III, § 185.

(4) L. 8, D. *de furt.* — Paul., *Sent.*, III, XXXI, § 2. — Gaius, *Comm.*, III, § 185.

(5) Paul., *Sent.*, II, XXXI, § 3, 4 et 5. — Gaius, *Comm.*, III, § 186 et 187. — Aul. Gell., XI, 18.

On dit qu'il y a *oblatum furtum*, quand la chose volée m'a été apportée ou donnée par quelqu'un, et qu'en la cherchant, on l'a trouvée chez moi en présence de témoins, pourvu toutefois que (le voleur) m'ait donné cette chose volée, dans l'intention qu'on la trouvât plutôt chez moi que chez lui, et qu'ainsi la condamnation et la honte qui devaient s'en suivre, tombassent plutôt sur moi que sur lui. Dans ce cas, je suis, il est vrai, tenu par l'action *concepti*, mais j'ai contre celui qui m'a donné la chose volée, l'action *oblati*, bien que celui qui me l'a remise ne soit pas lui-même le voleur. Si donc il ne me l'a pas donnée dans cette intention, je serai tenu, il est vrai, par l'action *concepti*, mais je n'aurai pas contre lui l'action *oblati*.

Il y a encore l'action *prohibiti furti* contre celui qui s'est opposé à la recherche, en présence de témoins, de la chose volée.

En outre, le préteur a établi l'action *furti non exhibiti* contre celui qui ne veut pas laisser prendre, par celui qui la trouve, la chose volée qui a été cherchée et trouvée chez lui.

Mais on ne peut dire que ces actions *concepti*, *oblati prohibiti*, *furti non exhibiti*, constituent autant de genres de vol; elles constituent plutôt des circonstances qui accompagnent la perpétration du vol, puisqu'elles sont aussi accordées contre celui qui n'a pas volé; aussi ne pouvons-nous pas les classer dans la division des vols proprement dits. Quant aux actions que nous avons dit se rapporter aux différentes circonstances d'un vol commis, elles sont aujourd'hui tombées en désuétude. En effet la recherche d'une chose volée ne se faisant plus aujourd'hui suivant les anciennes formalités, c'est-à-dire en présence de témoins, c'est avec juste raison que, par voie de conséquence, les actions dont nous venons de parler ont aussi cessé d'être en usage : car il est évident que quiconque reçoit et recèle une chose qu'il sait avoir été volée, est tenu par l'action *furti nec manifesti* (1).

(1) L. 14, C. *de furt.*

5. Or, la peine *manifesti furti* (1) est du quadruple, et celle *nec manifesti* du double, que le voleur soit libre ou esclave.

6. On appelle *furtivum* non-seulement ce qui a été volé clandestinement la nuit ou même le jour, mais encore toute chose mobilière détournée contre la volonté du propriétaire et dans une intention frauduleuse. Ainsi donc, soit que le créancier (2), ou celui chez qui la chose a été déposée se serve de la chose qui lui a été donnée en gage ou qui a été déposée en ses mains, soit que celui qui a reçu pour son usage la chose d'autrui l'emploie à un autre usage que celui pour lequel il l'a reçue, il y aura vol de leur part. Par exemple, si quelqu'un, sous prétexte d'inviter des amis à un festin, m'a emprunté à usage de l'argenterie, et l'emporte avec lui en voyage, sans cependant vouloir m'en dépouiller, il n'en est pas moins tenu par l'action *furti*, parce qu'il l'a employée à un autre usage que celui pour lequel il l'a reçue. Il y a encore vol si, empruntant un cheval pour une course, sous condition de ne le conduire que jusqu'à un endroit déterminé, on le conduit plus loin. Les Anciens nous ont laissé la même décision pour le cas où on conduisait au combat un cheval qu'on avait emprunté pour un autre usage).

7. On a admis, en général, que quiconque emploie les choses prêtées à un usage autre que celui pour lequel il les a reçues, ne commet un vol et n'est tenu par l'action *furti* qu'autant qu'il le commet sachant bien que c'est contre la volonté du propriétaire, et que celui-ci, s'il en était instruit, ne le permettrait pas : car s'il croyait que le propriétaire y consentait et ne le trouvait pas mauvais, nous avons décidé qu'il ne se rend pas coupable de vol, par cette excellente

(1) L. 1, § 5, D. *de publicand.*—Gaius, *Comm.*, III, § 189, 190. —Harmenop., I, III, § 15. — Voy. *infra*, § 25, lib. IV, tit. VI.

(2) L. 54, D. *de furt.*; l. 3, § 8, D. *de commod.* — Gaius, *Comm.*, III, § 195 et 196. — Harmenop., II, X, § 5 *pr.*

raison : *quia furtum sine affectu furandi non committitur*, parce que sans intention frauduleuse il n'y a pas de vol (1).

8. Mais s'il croyait agir contre la volonté du propriétaire, et que le propriétaire, ayant été instruit de ce qu'il a fait, ne l'ait pas trouvé mauvais, il n'y aura pas lieu à l'action de vol; de sorte donc que, pour qu'il y ait action de vol, il faut le concours de deux conditions, savoir : que je me serve d'une chose contre la volonté du propriétaire, sachant bien que le propriétaire en sera fâché, et que lorsqu'il en sera instruit, il s'en fâche, réellement. A défaut d'une seule de ces conditions, il ne peut y avoir lieu à l'action *furti*.

De là est née la question suivante (2). Mais avant tout retenez bien ces notions préliminaires : Si quelqu'un a corrompu mon esclave et dépravé ses mœurs, il est tenu envers moi par l'action *servi corrupti* (3), qui est du double de la diminution du prix de l'esclave, et, s'il périt, du double de son prix. Maintenant que vous avez ces notions préliminaires, voyez-en l'application dans l'espèce suivante. Titius (4), qui a eu des rapports avec mon esclave, l'a vivement engagé à fuir, lui conseillant d'emporter quelque chose ; l'esclave m'en a averti; mais, ne voulant pas m'en rapporter à l'esclave, et désirant de prendre Titius en flagrant délit, j'ai laissé l'esclave emporter quelques objets. Ayant donc pris quelques-uns de mes meubles, il s'en est allé auprès de Titius. Je l'ai suivi secrètement, voulant m'assurer de la vérité de ce que m'avait dit l'esclave. Arrivé au lieu convenu entre lui et Titius, l'esclave a donné ces meubles à Titius, et je me suis ainsi convaincu que mon esclave n'avait pas menti. La question est de sa-

(1) L. 37 et 46, § 7, D. *de furt.* — Gaius, *Comm.*, III, § 197.
(2) L. 46, § 8, D. *de furt.* — Gaius, *Comm.*, III, § 198.
(3) D., lit. *de servo corrupto.* — C. *de furtis et serv. corrupt.*
(4) L. 20, C. *de furt.*

voir quelle est l'action que j'aurai contre Titius relativement à ce fait? On ne peut dire, d'une part, que j'aurai l'action *furti*; en effet, bien que Titius ait reçu ces meubles dans une intention frauduleuse, cependant ce n'a pas été sans la volonté du propriétaire; d'autre part, aurai-je l'action *servi corrupti?* mais on ne peut me l'accorder, car l'esclave n'a pas été corrompu. Bien plus, ses bonnes intentions pour son maître, jusque-là inconnues de celui-ci, se sont clairement manifestées à ses yeux, et il arrive ainsi que Titius, coupable de plusieurs délits à la fois, n'en est cependant tenu par aucune action. Aussi quelques jurisconsultes donnent-ils, dans ce cas, l'action *furti*. Mais comme des discussions ne s'élevaient pas moins à ce sujet parmi les jurisconsultes, dont les uns refusaient toute action, et les autres donnaient celle *furti*, la question a été soumise à notre Empereur, et une constitution (1) est intervenue qui, punissant Titius de sa méchanceté, veut qu'il soit tenu tout à la fois par l'action *furti* et par celle *servi corrupti*. Et, en effet, bien que l'esclave n'ait pas été corrompu, et que dès lors on ne doive pas suivre les règles relatives à l'action *servi corrupti*, cependant, un mauvais conseil ayant pour but de corrompre les bonnes mœurs, la constitution a établi que, pour punir Titius, on aurait, dans ce cas, l'action *servi corrupti*, comme s'il avait, en réalité, corrompu l'esclave, de crainte que l'impunité de Titius ne lui permît de s'adresser à un autre esclave, dont peut-être il corromprait (encore) les bonnes mœurs.

9. On peut même quelquefois voler des personnes libres, si, par exemple, on nous enlève clandestinement quelqu'un des enfants soumis à notre puissance, un fils ou une fille, un petit-fils ou une petite-fille. J'intente alors l'action *furti*, pour obtenir des dommages-intérêts. Disons donc quel est ici mon intérêt. Supposez que quelqu'un en mourant a institué mon fils héritier sous cette condition : s'il se trouve

(1) L. 20, C. *de furt.*

dans cette ville (à l'époque de ma mort). Vous l'avez enlevé et emmené dans une autre ville, et à l'époque de la mort du testateur, il ne s'est pas trouvé dans la ville (indiquée dans le testament); la condition n'est donc pas accomplie, et conséquemment il est déchu de l'hérédité. J'intenterai contre vous l'action *furti*, et j'obtiendrai une somme proportionnée à la perte que j'ai éprouvée. Or, j'ai éprouvé la perte de l'usufruit de l'hérédité, lequel allait m'être acquis; je vous en demanderai donc le prix (1).

10. Il arrive même souvent qu'on vole sa propre chose (2); si, par exemple, le débiteur enlève clandestinement à son créancier la chose qu'il lui avait donnée en gage. Car, il lèse son créancier, en le privant de la sécurité que lui donnait le gage.

11. Quelquefois même, bien qu'on n'ait pas volé, on est cependant tenu par l'action *furti;* c'est ce qui arrive à celui *cujus ope et consilio furtum factum est* (3), c'est-à-dire, par l'aide et le conseil de qui le vol a été commis. Par exemple, quelqu'un portait des écus (4) dans sa main, et un autre les en a fait tomber, pour qu'un autre s'en saisit, ou bien s'est placé devant vous, pour qu'un autre vous enlevât votre chose, ou bien encore, a dispersé vos brebis ou vos bœufs, pour qu'un autre les enlevât. Dans tous ces cas, cet individu n'a pas touché à votre propriété; et néanmoins il sera tenu par l'action *furti*, pourvu cependant (n'oubliez pas ceci), qu'un autre vous ait soustrait ce que vous avez perdu; car sans soustraction il n'y a pas de vol: c'est ce que les Anciens ont décidé de celui qui, au moyen d'un voile de pourpre, a mis des bœufs en fuite. Mais s'il n'a agi que par étourderie, et non dans l'intention d'aider la perpétration

(1) L. 14, § 13, D. *de furt.* — Gaius, *Comm.*, III, § 199.

(2) L. 19, § 5, D. *de furt* — Paul., *Sent.*, II, XXXI, § 19 et 30 — Gaius, *Comm.*, III, § 200. — Voy. *infra*, § 13 et 14 *huj. tit.*

(3) L. 50, § 1, D. *de furt.* — Paul., *Sent.*, II, XXXI, § 10.

(4) L. 52, § 13, D. *de furt.*

du vol, on donnera contre lui l'action *in furtum*, et, contre celui qui les a enlevés, l'action *furti* (1).

Si, aidé de Mævius, Titius a commis un vol, tous les deux sont tenus (de l'action de vol). Et celui-là contribue encore à la perpétration du vol par sa coopération et par ses conseils qui a posé des échelles aux fenêtres et a brisé les fenêtres ou les portes, pour qu'un autre volât, ou qui a prêté des outils pour briser les serrures ou les fenêtres, ou bien encore a prêté des échelles pour les poser aux fenêtres sachant bien à quel dessein on les lui a demandées. Mais si, au lieu de coopérer au vol, on s'est contenté de le conseiller, on n'est pas tenu de l'action *furti* (2).

12. Si mon esclave, ou mon fils encore sous ma puissance (3), me vole quelque chose, il y a vol; la chose enlevée devient *furtiva*, et ne peut être usucapée par personne, jusqu'à ce qu'elle rentre en la possession du propriétaire; et cependant il ne naît pas d'action *furti* contre les auteurs du vol, parce que ni en vertu d'un contrat, ni en vertu d'un délit, il ne peut naître aucune action entre eux (4). Mais si, à l'aide et par le conseil d'un tiers, un vol est fait à notre préjudice par ceux qui sont en notre puissance, dans ce cas, comme il y a vol, il est naturel que celui à l'aide de qui ce vol a été commis, soit tenu de l'action *furti*, bien que l'auteur même du vol n'y soit point soumis, à cause de la puissance sous laquelle il se trouve (5).

13. Retenez bien ces notions préliminaires. Ceux qui sont obligés envers nous en vertu de quelque contrat, doivent *prester* tantôt le dol seulement (6), tantôt le dol et la

(1) L. 50, § 4, D. *de furt.* — Paul., *Sent.*, II, XXXI, § 10. — Gaius, *Comm.*, III, § 202.

(2) L. 36 et 50, § 2; et 54, § 4, D. *de furt.*; l. 38, § 2, D *de verb. signif.*

(3) L. 84, D *de furt.*

(4) L. 16 et 17, D. *de furt.*

(5) L. 36 *pr.* et § 1, D. *de furt.*

(6) L. 23, D. *de reg. jur.*

*diligentia*, c'est-à-dire, des soins diligents. Car, ou ils sont tenus de ne commettre aucun dol sur les choses qui font l'objet de l'obligation, ou bien ils ne doivent se rendre coupables d'aucune négligence en les gardant. Que s'ils n'en retirent aucun profit, ils ne sont tenus que du dol, et si elles leur procurent quelque profit, ils sont en outre tenus de leur négligence. Or, j'appelle profit, non-seulement le gain (que nous faisons) d'une somme d'argent, mais encore l'accomplissement de nos desseins.

Maintenant que vous avez ces notions préliminaires, en voici l'application. On s'est demandé à qui compète l'action *furti*, on dira peut-être qu'on l'accorde au propriétaire (de la chose volée); mais cela n'est pas vrai, puisque nous savons que le propriétaire lui-même est tenu de cette action, s'il soustrait à son créancier ce qu'il lui a donné en gage. C'est donc à celui qui a intérêt à exercer cette action qu'elle est accordée. Or, a intérêt à l'exercer, celui qui a été lésé par le vol, et celui-là est lése à qui la conservation de la chose est avantageuse, bien qu'il n'en soit pas propriétaire. Aussi cette action ne compète-t-elle pas au propriétaire lui-même, s'il ne prouve qu'il a intérêt à l'intenter (1).

14. Mais il est nécessaire d'entrer dans quelques détails sur ce point : j'ai emprunté de Titius (2), en lui donnant mes biens en gage; on a soustrait ces biens à Titius; à qui accordera-t-on l'action *furti*? Nous disons qu'on l'accordera au créancier. Pourquoi? Parce qu'il a intérêt à l'exercer, puisqu'il est lésé par le vol, et que la conservation d'une chose qui garantissait sa créance lui est avantageuse; si bien qu'il est tout à la fois tenu du dol et de la *diligentia*, à cause des avantages qu'il retire, ainsi que nous l'avons déjà dit, de la possession du gage, laquelle garantit sa créance. C'est donc avec raison qu'on lui donnera l'action

(1) L. 10, D. *de furt.* — Paul., *Sent.*, II, XXXI, § 7. — Gaius. *Comm.*, III, § 205.

(2) L. 12 et 14, § 2, D. *de furt.*

*furti*, et non à moi qui suis le propriétaire (de la chose volée); car j'aurai, moi, contre lui, l'action *pignoratitia*, parce qu'il n'a pas eu assez de soin de la chose (que je lui avais donnée en gage.

Quant au créancier, il aura l'action *furti*, quand même moi, débiteur, je serais très-riche; car il lui importe plus d'avoir le gage, et par là une garantie de sa créance, que d'intenter contre moi une action personnelle. Et il est si vrai que le créancier a l'action *furti* que quand même moi, débiteur, je lui enlèverais le gage, l'action *furti*, ainsi que nous l'avons dit souvent, ne serait pas moins accordée au créancier (1).

15. J'ai donné à un foulon, à un blanchisseur, ou à un tailleur un habit à nettoyer, à blanchir ou à raccommoder moyennant un salaire déterminé, par suite d'un vol, cet habit a disparu; le foulon, ou le tailleur, aura plutôt l'action *furti* que le propriétaire. Car, peu importe au propriétaire que cette chose ait disparu, puisque la faculté qu'il a d'exercer l'action *locati* contre le tailleur ou le foulon, et de répéter sa chose, le met en sécurité. Quant au tailleur ou au foulon, il exercera l'action *furti*, parce qu'il lui importerait beaucoup que le vol n'eût pas été commis; car, s'il avait encore l'habit, il gagnerait le salaire qui lui a été promis (2).

Mais l'acheteur *bona fide* de la chose d'autrui, à qui on vole cette chose, aura dans tous les cas l'action *furti*, à l'instar du créancier, bien qu'il ne soit pas propriétaire. Quant au foulon et au tailleur, on ne leur donnera l'action *furti* qu'autant qu'ils seront solvables, c'est-à-dire, qu'ils pourront payer au propriétaire le prix de sa chose. Car s'ils ne peuvent donner le prix de la chose enlevée, c'est au propriétaire que sera donnée l'action *furti*, par la raison qu'il ne pourra obtenir d'eux le prix de la chose volée.

(1) L. 25, D. *de reg. jur.* — Gaius, *Comm.*, III, § 204.
(2) Gaius, *Comm.*, III, § 205.

Dans ce cas, en effet, c'est lui qui a intérêt à la conservation de la chose, puisque le prix de l'habit ne peut être garanti par l'avoir du foulon ou du tailleur. Or, il en sera ainsi, que le foulon, ou le tailleur, soit insolvable en partie ou pour le tout (1).

16. Tout ce que nous avons dit du foulon et du tailleur les Anciens l'appliquaient au commodataire. Si, en effet, j'ai prêté mon livre à quelqu'un, et qu'on le lui ait volé, comme j'ai contre le commodataire l'action *commodati* qui me donnait droit au prix de la chose prêtée, ce n'est pas à moi, propriétaire, mais au commodataire qu'était donnée l'action *furti*, parce que c'est lui que lésait le vol commis; car, la conservation de la chose (volée) lui était avantageuse. Or, l'avantage pour lui n'était pas dans le gain d'une somme d'argent, mais dans l'obtention de son but. Mais il n'obtenait ce but qu'autant qu'il jouissait de l'usage de la chose, et c'est pour cela qu'il était tenu à l'égard de cette chose de la *diligentia*, à l'instar du foulon qui reçoit un salaire. Que si le commodataire était insolvable en tout ou en partie, le droit civil me conférait l'action *furti* (2).

Voilà donc ce que pensaient les Anciens en matière de commodat, à l'imitation de ce qui avait lieu à l'égard du tailleur et du foulon. Mais la question qui nous occupe ayant été soumise à notre Empereur, il a publié une constitution (3) qui veut que si on a volé au commodataire la chose qu'il a empruntée, le propriétaire de la chose volée puisse à son gré intenter l'action *commodati* contre le commodataire, ou l'action *furti* contre le voleur, et qu'une fois le choix fait entre ces deux actions, le propriétaire ne puisse se rétracter et revenir à l'autre action. Que

(1) L. 12; l. 20, § 1; l. 52, § 10. — Gaius, *Comm.*, III, § 20? — L. 114, D. *de verb. signif.*

(2) L. 14, § 15 et 16, D. *de furt.* — Gaius, *Comm.*, III, § 206

(3) L. ult., § 1 et 2, D. *de furt.*

s'il a choisi celle contre le voleur, le commodataire sera libéré envers lui; si, au contraire, le prêteur poursuit en justice le commodataire, l'action *furti* ne pourra plus être accordée au prêteur contre le voleur, tandis que la constitution l'accorde au commodataire contre le voleur. Quant au propriétaire qui a intenté l'action *commodati*, il ne perd l'action *furti* que dans le cas où, sachant que la chose prêtée à usage a été volée, il a choisi l'action *commodati*. Mais si, n'apprenant ce fait qu'après la litis-contestation, il veut abandonner l'action *commodati* pour prendre celle *furti*, la constitution lui donne la faculté de le faire contre le voleur, sans qu'on puisse lui opposer aucune exception, puisque ce n'est qu'avant de savoir à quoi s'en tenir qu'il a fait procéder à la litis-contestation contre le commodataire, à moins toutefois que le commodataire n'ait payé au propriétaire le montant de la chose volée, avant que le propriétaire sût qu'elle avait été volée. Car alors le voleur ne sera pas tenu envers le propriétaire par l'action *furti*, mais il sera poursuivi par le commodataire, qui a réparé de ses propres deniers le dommage éprouvé par le propriétaire. Il est constant, en effet, que si le propriétaire, ignorant que la chose a été volée, intente l'action *commodati*, et qu'ensuite, ayant appris qu'elle a été volée, il ait recours à l'action *furti*, il ne pourra plus reprendre celle *commodati*; car le commodataire a été mis par lui à l'abri de cette action: et cela, quand même l'action contre le voleur n'aurait aucun succès, par la raison que le voleur est le plus souvent insolvable. Il doit en être ainsi même dans le cas où, en ce qui concerne le prix de la chose prêtée, le commodataire est entièrement solvable, ou (même) ne l'est qu'en partie.

17. J'ai déposé ma chose chez Titius (1); il ne me doit pas la *diligentia* (2) à raison de ce dépôt, puisqu'il n'y

(1) L. 14, § 3, D. *de furt.* — Gaius, *Comm.*, III, § 207.
(2) Cf. l. 14, § 3, D. *de furt.*, et l. 23, D. *de regul. jur.*

gagne rien, mais qu'au contraire, il me procure un profit, à moi, propriétaire du dépôt, puisque j'ai placé ma chose en un lieu plus sûr (que chez moi); et cependant il sera passible de l'action *depositi*, s'il a délivré la chose par son dol. Conséquemment, si la chose déposée lui a été enlevée, comme on ne pourra le poursuivre pour la restitution de cette chose, puisqu'il n'a aucun intérêt à la conservation de la chose, il n'intentera pas contre le voleur l'action *furti*, qui ne compète ici qu'au propriétaire.

18. Enfin, il ne sera pas inutile de savoir qu'on a mis en question si l'impubère (1) qui a volé la chose d'autrui est tenu par l'action *furti*, incapable qu'il est, à son âge, d'avoir une intention frauduleuse, attendu d'ailleurs qu'il est présumé l'avoir enlevée plutôt par étourderie et pour s'amuser que par vol. Mais on a admis qu'il est tenu par l'action *furti*, s'il est *proximus pubertati*, et s'il a su qu'en enlevant cette chose, il commettait un délit.

L'action *furti*, soit au double, soit au quadruple, n'a pour objet que la poursuite d'une peine et non la réclamation de la chose volée, mais le propriétaire peut la réclamer à son choix ou par l'action *in rem* ou par la condiction. Quant à l'action *in rem*, il l'obtiendra contre tout possesseur de cette chose, que ce soit le voleur lui-même ou un autre que lui; mais pour la *condictio* furtive, il ne l'obtiendra que contre le voleur ou ses héritiers, bien qu'ils ne possèdent pas la chose volée (2).

## TITRE II.

### DES BIENS RAVIS PAR VIOLENCE (3).

Les lois ne laissent pas impunis ceux qui ravissent les biens d'autrui, puisqu'ils sont tenus par l'action *furti* (4),

(1) L. 23, D. *de furt.* — Gaius, *Comm.*, III, § 208.
(2) L. 1 et 7, § 1 et 2, D. *de furt.* — Paul., *Sent.*, II, XXXI, § 13.
(3) D. et C., tit. *vi bonor. raptor.* — Eclog., 10, 2, περὶ βίας.
(4) L. 1 et 2, § 46, D. *vi bonor. rapt.* — Eclog., 60, 17, c. x.

nul ne détournant une chose plus contre la volonté du propriétaire que celui qui la ravit par violence. Conséquemment, c'est avec juste raison qu'on dit que le ravisseur est, de tous les voleurs, le plus méchant. Le préteur a introduit contre lui une action spéciale, l'action *vi bonorum raptorum* (1).

Or, cette action sera au quadruple dans l'année, à partir du moment où la *rapine* a eu lieu, et au simple, après l'année. Cette action est utile même à celui à qui on n'a ravi qu'une seule chose. Bien qu'en effet, le mot (*bonorum*) soit au pluriel (dans la formule de l'action), elle ne sera pas pour cela inapplicable au cas où on n'a ravi qu'une seule chose : elle n'en sera pas moins accordée, sans qu'il y ait lieu de distinguer si la chose ravie était précieuse ou d'un vil prix.

Or, l'action *vi bonorum raptorum* ne consiste pas tout entière dans une peine; (elle comprend en outre) la poursuite de la chose au quadruple (comme nous l'avons dit de l'action *furti manifesti*) . . . . . . . . de sorte que, par là, il arrivera que la peine sera du triple. Il en est de même, que le ravisseur ait été ou non pris en flagrant délit. Il serait ridicule, en effet, de faire à celui qui ravit une chose par violence une meilleure condition, qu'à celui qui l'enlève clandestinement (2). Mais on reconnaîtra que ce raisonnement est faux, si on l'applique à l'action *furti nec manifesti*. Or, nous avons dit plus haut, en parlant du vol, que si on a vu et pris un voleur en flagrant délit, on a contre lui l'action *furti manifesti*, qui est du quadruple ; que si, au contraire, on ne l'a ni vu ni pris en flagrant délit, alors on a contre lui l'action *furti nec manifesti*, qui est du double. Quant au ravisseur, il est toujours tenu du quadruple, qu'il ait été pris sur le fait même, ou qu'il ait

(1) L. 14, § 12, D. *quod metus causa;* l. 2, § 11 et 17, D. *vi bon. rapt.* — Gaius, *Comm.*, III, § 209.

(2) L. 52, § 30, D. *de furt.;* l. 1, C. *de vi bon. rapt.*

commis son crime clandestinement. En somme donc, en matière de vol, la peine est tantôt du double, tantôt du quadruple, tandis qu'en matière de rapine, elle est toujours indistinctement du triple, que le ravisseur ait été pris ou non en flagrant délit, en sorte qu'il est censé frappé d'une peine plus grande (que celle du voleur) ou pour le moins égale.

1. L'action *vi bonorum raptorum* n'est intentée qu'autant que la rapine a été faite avec dol (1). D'où il suit évidemment, que si quelqu'un, par erreur et par ignorance du droit, a ravi sa propre chose, croyant que le propriétaire pouvait enlever, même par violence, sa propre chose aux possesseurs, il ne devra pas être condamné par suite de l'action *vi bonorum raptorum*; et, conséquemment, ne devra pas non plus être tenu par l'action *furti*, celui qui, par erreur et sans intention frauduleuse, a ravi sa propre chose (2).

Mais afin que ceux qui voudraient commettre des rapines ne voient pas en cela un moyen de satisfaire impunément leur cupidité, et de donner libre cours à leurs rapines, les sacrées Constitutions (3) ont sagement veillé à ce que personne ne puisse ravir et prendre par violence aucune chose mobilière ou qui se meut d'elle-même, pas même dans le cas où l'on croira qu'elle nous appartient, car les mêmes constitutions portent que le ravisseur, celui-là même qui a ravi la chose comme si elle lui appartenait en propre, en perdra la propriété; que si, au contraire, il a cru qu'elle appartenait à autrui, il sera forcé de remettre au même lieu la chose ravie, et en outre d'en payer le prix : toutes choses que les Constitutions ont statué, non-seulement dans le cas d'objets mobiliers qu'on peut ravir, mais encore dans le cas d'envahissement d'objets immobiliers.

(1) L. 2 *pr.* et § 2, D. *de vi bon. rapt.*

(2) L. 2, § 18; et l. 21, § 5, D *de vi bon. rapt.*

(3) L. 7 et 10, C. *unde vi.* — Eclog., 20, 2, c. XII — Harmenop., VI, XVI.

tels que les maisons et les fonds de terre, afin de prévenir plus facilement par ces peines, toute rapine et tout envahissement quelconque.

2. Dans l'action *vi bonorum raptorum*, nous n'exigeons nullement que celui qui a été victime de la rapine soit propriétaire de la chose ravie. En effet, qu'elle soit *in bonis*, c'est-à-dire, dans son domaine, ou qu'elle ne soit pas dans son domaine; ou encore qu'elle soit *ex bonis*, c'est-à-dire, dans sa possession, bien qu'elle ne soit pas dans son domaine, il y aura lieu à l'action *vi bonorum raptorum*. Or, voici les choses qui, sans être dans notre domaine, sont cependant *parmi nos biens*: c'est, par exemple, la chose que j'ai empruntée, l'esclave que j'ai loué, le gage que j'ai reçu pour un prêt que j'ai fait, la chose qui a été déposée chez moi, de manière que j'aie intérêt à ce que cette chose ne me soit pas ravie; ce qui arrive dans le cas où, recevant le *depositum*, j'ai fait un *pactum* par lequel je me suis obligé à répondre de ma négligence: car les pactes changent la nature des contrats. Voilà donc qu'en vertu de ce pacte on intentera contre moi l'action *depositi*, non-seulement pour cause de dol, mais encore pour défaut de *diligentia*.

Si je possède quelque chose *bona fide*, ou que j'aie un *ususfructus* sur la chose d'autrui, ou quelque autre droit, tel que l'*usus*, que j'aie intérêt à ne pas me laisser ravir, nous disons avec raison, que, dans tous ces cas, pour que je sois intéressé à ne pas me laisser ravir ces droits, l'action *vi bonorum raptorum* compétera à celui qui aura été victime de la rapine. Nous en disons autant pour le cas où la chose n'appartiendrait pas à celui qui a été volé, mais serait cependant parmi ses biens (en sa possession). Si, à raison (du vol) d'un objet de cette nature, il intente l'action *vi bonorum raptorum*, il n'obtiendra pas la propriété de l'objet ravi, (comment, en effet, obtiendrait-il une propriété qu'il n'avait pas?) mais seulement ce qui a été enlevé d'entre ses biens, c'est-à-dire, le droit qu'il avait sur cet objet, tels que l'*ususfructus* ou l'*usus* qu'il avait sur l'objet ravi, parce qu'on ne lui restitue que ce dont il a été dépouillé par la rapine.

Et généralement, il faut dire que les mêmes causes qui donnent l'action *furti* en cas de vol *nec manifesti*, donneront aussi l'action *vi bonorum raptorum* (1).

## TITRE III.

### DE LA LOI AQUILIA (2).

La loi Aquilia statue sur le préjudice causé injustement à autrui, et en punit l'auteur. Cette loi comprend trois chefs. Dans le premier chef, elle traite du *pecus*, ou du bétail ; en voici le texte : «Si quelqu'un tue injustement l'esclave d'autrui ou le quadrupède d'autrui, qui est au nombre des *pecudes*, celui qui a causé le préjudice, sera condamné à donner au propriétaire la plus grande valeur que la chose a eu dans l'année.» Nous interpréterons ici quelques termes de la loi, qui, dans certains cas, paraissent obscurs; car ceux-ci, par exemple : « Si quelqu'un tue injustement l'esclave d'autrui, » ont un sens évident pour tous (3). Mais la loi dit encore : «ou le *quadrupède d'autrui*,» elle va même plus loin; car elle n'en parle pas légèrement et au hasard ; elle ajoute donc encore : « qui est au nombre des *pecudes*; » et voici pourquoi : si elle avait parlé de tout quadrupède en général, sans ajouter, « qui sont au nombre des *pecudes*, » ce premier chef de la loi aurait compris en outre, et les animaux sauvages qui m'appartiennent, et les chiens, dans le cas où quelqu'un les aurait tués. Mais la loi n'a rien voulu en dire, puisqu'elle n'a parlé que des animaux qui paissent en troupeau, tels que chevaux, mulets, bœufs, brebis, chè-

(1) L. 2, § 22, 23 et 24, D. *de vi bon. rapt.*

(2) Dig., tit. *ad legem Aquiliam.* — Eclog., 19, 10, περὶ ζημιούντων. — Harmenop., VI, 1, περὶ ζημίας.

(3) L. 2, D. *ad leg. Aquil.* — Gaius, *Comm.*, III, § 210.

vres. Il en est de même des porcs, qui sont compris aussi dans l'expression de *pecudes*, puisqu'il est certain qu'ils paissent en troupeau. C'est là, en effet, ce que nous apprend Homère (1) dans son *Odyssée*, comme le rapporte Ælius Martianus, dans ses *Instituts*, où il rappelle ces vers :

> Δήεις τόνγε σύεσσι παρήμενον· αἱ δὲ νέμονται
> Πὰρ κόρακος πέτρῃ, ἐπί τε κρήνῃ Ἀρεθούσῃ.

> Vous le voyez assis, et ses porcs en troupeau
> Paissent près d'Aréthuse et du roc du Corbeau.

Le mot νέμονται, signifie : paissent en troupeau.

2. Par ces termes de la loi « *injuriâ occiderit* », nous entendons *a tué injustement*, c'est-à-dire, *sine jure*. Si donc vous ne tuez pas sans droit, vous tuez impunément, et le chef de la loi ne (vous) sera nullement applicable. Si, par exemple, je tue votre esclave, qui est un brigand, je ne suis pas tenu par la loi Aquilia, pourvu toutefois que je n'aie pu éviter le danger dont il me menaçait, qu'en le frappant moi-même d'un coup mortel. Si, en effet, je l'ai tué, pouvant éviter sa rencontre, je suis tenu par la loi Aquilia (2).

3. N'est pas passible de la loi Aquilia, celui qui tue par accident, si toutefois il n'y a aucune faute de sa part ; car, la loi punit de la même peine, le dol et la faute de celui qui en tue un autre (3).

4. Si donc quelqu'un en jouant, ou en s'exerçant à lancer des javelots, a percé votre esclave qui passait, et que l'auteur de l'accident soit un militaire qui était dans le camp ou dans un lieu destiné aux exercices des soldats, on ne pourra rien lui reprocher. Si, au contraire, c'était un simple particu-

(1) Homer., *Odyss.*, lib XIII, vers 407. — L. 65, § 4, D *de legat.*

(2) L. 5, § 1 ; l. 42, § 4, D. *ad leg. Aquil.*, l. 1, D. *de injur.* — Eclog., 56, c. XVIII.

(3) L. 5, § 1 ; et l. 44, D. *ad leg. Aquil.* — Gaius, *Comm.*, III, § 211.

lier, et qu'il ait tué cet esclave dans le même lieu ; comme, d'ordinaire, un simple particulier ne se livre pas aux exercices militaires, il sera passible de la loi Aquilia. Nous en disons autant du militaire qui a commis un délit de ce genre, dans un lieu où les militaires ne se livrent pas à ces exercices : il sera, lui aussi, soumis à la loi Aquilia (1).

5. Si un bûcheron, en laissant tomber une branche d'arbre (2), a tué mon esclave qui passait, il sera tenu par la loi Aquilia. Mais il n'en est ainsi qu'autant que l'accident a eu lieu sur la voie publique ou vicinale, parce qu'il devait crier, pour que tous les passants pussent se garantir de la chute de cette branche ; s'il ne l'a pas fait, il est soumis à la loi Aquilia, comme coupable de négligence ou de *culpa*. Mais s'il a crié, et que l'esclave n'ait pas tenu compte de son cri, le bûcheron ne peut être accusé de rien.

Or, la voie *publica*, qu'on appelle aussi *militaris* (3), et que les Grecs nomment βασιλική, est celle dont l'usage appartient à tout le monde. Quant à la voie *vicinalis*, c'est celle qui conduit aux villages : car *vicus*, signifie village ; c'est celle par où on passe pour aller au village.

Mais si le bûcheron coupait son bois loin du chemin, ou au milieu d'un champ, il ne sera passible d'aucune peine, bien qu'il n'ait pas crié, pourvu toutefois que l'accident arrive dans un lieu où nul étranger n'avait le droit de passer.

6. Un médecin a saigné mon esclave, et abandonné le traitement ; l'esclave est mort : j'aurai l'action de la loi Aquilia contre le médecin (4).

7. Maintenant que nous avons dit, que celui qui tue par sa *culpa*, est tenu par la loi Aquilia, il faut savoir encore

(1) L. 9, § 4, D. *ad leg. Aquil.*

(2) L. 31, D. *ad leg. Aquil.*, l 7, D. *de sicariis.* — Eclog., 36, 1, περὶ φονων, c I et XVII.

(3) L. 2, § 22, D. *ne quid in hac public.*

(4) L. 8, D. *ad leg. Aquil.*

que l'impéritie est assimilée à la *culpa* (1), quand, par exemple, un individu se disant médecin, a tué votre esclave pour ne pas avoir connu les règles de l'art, ou bien lui a donné un médicament dont il n'avait pas besoin, ou le lui a administré mal à propos (2).

8. De même encore, le muletier (3), assis sur son char, qui n'a pu, par impéritie, retenir la fougue de ses mules qui s'emportaient, et a tué l'esclave d'autrui, sera tenu par la loi Aquilia, comme coupable de *culpa*. Mais si c'est par suite de sa faiblesse qu'il n'a pu retenir ses mules, et qu'un autre plus fort que lui eût pu les retenir, le fait du muletier sera assimilé à la *culpa*, et il y aura lieu à l'application de la loi Aquilia. Ce que nous avons dit du muletier, nous pouvons l'appliquer au cavalier qui, par faiblesse ou par ignorance, ne pouvant pas retenir la fougue de son cheval, a tué l'esclave d'autrui.

9. Nous avons expliqué les premiers termes de la loi. Parlons maintenant de ceux qui les suivent; la loi dit : *quanti id in eo anno plurimi fuerit*, c'est-à-dire, la plus grande valeur de la chose dans l'année. Que signifient ces expressions? Nous disons que par ces expressions de la loi, il faut entendre, que si quelqu'un a tué l'esclave d'autrui, qui était boiteux, ou louche, ou manchot, et que dans l'année où il a reçu le coup mortel, cet esclave n'ait été atteint d'aucune de ces infirmités, et par conséquent ait été d'un plus grand prix (qu'au moment de sa mort), le juge pour l'estimation de cet esclave, s'en référera au passé ; qu'ainsi dans le cas où l'esclave, neuf, dix ou onze mois avant sa mort, n'était atteint d'aucune infirmité, et par cela même était d'un plus grand prix, le juge condamnera, en se reportant à cette époque.

(1) L. 132, D. *de reg. jur.* — Eclog., 2, 3, c. I. — Harmenop., V, tit. περὶ κανόνων.

(2) L. 7, § 8, I. 8, D. *ad leg. Aquil.*

(3) L. 8, § 1, D. *ad leg. Aquil.* — Eclog., 19, 10, c. VIII *in fine.*

D'où l'on conclut que l'action de la loi Aquilia est *pœnalis*, parce qu'on n'est pas seulement condamné à la réparation du dommage causé, mais encore quelquefois au delà. Aussi est-il certain que cette action n'est pas donnée contre les héritiers, puisqu'elle doit être *pœnalis*; car, si on était tenu de tout le dommage causé, incontestablement notre héritier serait, lui aussi, soumis à la même action (1).

10. Voilà ce qu'il faut entendre par les termes mêmes de la loi. Que si on l'interprète (non plus d'après ses termes mêmes, mais) d'après son esprit, on peut penser, non-seulement que l'estimation de l'esclave tué aura lieu sur les bases dont nous avons déjà parlé, c'est-à-dire, que le juge devra s'en référer au passé, mais encore, que si quelque autre dommage nous a été occasionné par la perte de cet esclave (2), ce dommage devra être également estimé. Par exemple, quelqu'un en mourant a institué mon esclave héritier; je pouvais lui ordonner d'accepter l'hérédité, et de me l'acquérir; mais avant de lui en avoir donné l'ordre, quelqu'un a tué cet esclave; la perte de l'esclave entraînant pour moi la perte de l'hérédité, celui qui l'a tué sera condamné non-seulement à payer l'estimation du corps de cet esclave, ainsi que nous l'avons déjà dit, mais encore celle de l'hérédité dont je suis déchu.

Voici une autre espèce qui n'est que la conséquence de la première. Quelqu'un avait une couple de mules qui se ressemblaient fort, et à qui cette ressemblance donnait un plus grand prix; si on les avait estimées toutes deux, on en aurait tiré une somme de deux cents solides, tandis que les estimant séparément, le prix de chacune ne sera que de cinquante solides. Si donc on tue l'une d'elles, non-seulement on payera l'estimation de celle qui aura péri, mais encore on tiendra compte de la dépréciation de celle qui reste, c'est-à-dire, de cent solides.

(1) L. 23, § 3 et 8, D. *ad leg. Aquil.* — Gaius, *Comm.*, III, § 214.
(2) L. 21, § 2, D. *ad leg. Aquil.* — Gaius, *Comm.*, III, § 214.

Il en est de même, si on avait un quadrige, et qu'on ait tué le meilleur de ses chevaux, celui qui donnait beaucoup plus de prix au quadrige, ou bien encore, si quelqu'un possédait un comédien et son mime qui, en l'accompagnant partout, sur la scène, lui donnait plus d'éclat et le faisait admirer davantage : or, quelqu'un a tué ce mime. Dans ces deux espèces, celui qui a tué doit non-seulement payer l'estimation de ce qu'il a tué, mais encore tenir compte de la dépréciation du prix de ce qui reste (1).

11. Or, il est facultatif au maître de l'esclave tué de poursuivre par action privée en réparation du dommage qu'on lui a causé, l'indemnité de la loi Aquilia, et en outre d'intenter une action capitale, que lui donne la loi *Cornelia de sicariis*; car, la poursuite par action *privata* n'éteint pas l'action *publica* (2).

12. Voilà donc tout ce que contient le premier chef de la loi Aquilia. Quant au second, il n'est plus en usage (3).

13. Dans son troisième chef, la loi traite de toutes les autres questions (qui peuvent se présenter, relativement au dommage qu'il s'agit de réparer). Si donc quelqu'un blesse mon esclave, ou un quadrupède qui est au nombre des *pecudes*, tue ou blesse un quadrupède qui ne soit pas compté parmi les *pecudes*, tels que les chiens, ou une bête sauvage, des ours, des lions ou des loups; il sera soumis au troisième chef de la loi. Le même chef pourvoit en outre à tous les dommages que peut éprouver le propriétaire à raison de tous autres animaux, comme à raison des objets inanimés. La loi dit, en effet, *quidquid enim combustum, aut ruptum aut fractum fuerit*, c'est-à-dire, quoique ce soit qui ait été brûlé, ou rompu, ou brisé, on aura une action en vertu de son troisième chef.

(1) L. 22 et 23, *pr.* et § 2, D. *ad leg. Aquil.* — Gaius, *Comm.*, III, § 212.

(2) L. 23, § 9, D. *ad leg. Aquil.* — Gaius, *Comm.*, III, § 213.

(3) L. 17, § 7, D. *ad leg. Aquil.* — Gaius, *Comm.*, III, § 215

La loi s'est servie par pléonasme des deux mots *ustum* et *fractum*, quoique le mot *ruptum* suffit pour désigner à lui seul tous les cas. Nous appelons, en effet, *ruptum*, tout ce qui a été corrompu de quelque manière que ce soit. Conséquemment, le mot *ruptum* exprime non-seulement ce qui est brûlé et brisé, mais encore un habit déchiré, des vases heurtés (ou mis au feu), ou, comme on le dit vulgairement, *doublés*; si par exemple, ils sont en argent, du vin ou de l'huile répandus, et toutes choses de ce genre corrompues de quelque manière que ce soit d'où il suit que par *ruptum* on n'entend pas que les choses qui périssent ou sont détériorées (1).

Si donc on a jeté dans mon vin, qui était excellent, ou dans mon huile, qui était de première qualité, quelque chose qui les ait gâtés, on tombera sous l'empire du troisième chef (2).

14. Il est évident que, de même qu'on est tenu par le premier chef de la loi Aquilia, quand on a tué l'esclave d'autrui ou son *pecus*, par dol ou par *culpa*, de même, on le sera par le troisième chef de cette loi, si on a causé un dommage par dol ou par *culpa*. En cela donc, ces deux chefs se ressemblent entre eux; mais ils diffèrent en ce que le premier chef parle de la perte de l'esclave ou du *pecus*, et que le troisième qui est maintenant le second, comprend tous les autres dommages. Mais ce n'est pas seulement en cela qu'ils diffèrent : ils diffèrent encore en ce que, dans le cas du premier chef, le juge ne se réfère (pour l'estimation de ce dommage) qu'à un an dans le passé et que dans le cas du troisième, il ne se réfère qu'à trente jours (3).

15. Dans le premier chef, on a ajouté le mot *plurimi*, et

(1) L. 27, § 5, D. *ad leg. Aquil.* — Gaius, *Comm.*, III, § 217

(2) L. 27, § 15, D. *ad leg. Aquil.*

(3) L. 27, § 5; et. l. 30, § 3, D. *ad leg. Aquil.* — Gaius, *Comm.* III, § 218.

on l'a omis dans le troisième ; c'est afin que le juge puisse à son gré se référer à celui de ces trente jours où la chose était de moindre prix, et se montrer ainsi favorable au défendeur, ou bien, à celui de sa plus grande valeur et par là favoriser le demandeur. Mais Sabinus dit avec raison qu'on doit faire l'estimation comme si le mot *plurimi* avait été, ici encore, ajouté à la loi, parce que les plébéiens romains qui établirent cette loi, sur la proposition d'Aquilius tribun du peuple (1), se contentèrent d'employer le mot *plurimi* dans le premier chef (2).

16. Or, il faut exprimer dans une règle unique les cas où compétait l'action directe de la loi Aquilia, et ceux où compétait l'action utile. Et d'abord, il faut savoir que la loi donne elle-même l'action (directe), toutes les fois qu'un corps a été lésé, pourvu que ce soit par un corps, si, par exemple, j'ai tué ou blessé quelqu'un avec la main, ou avec un morceau de bois, ou avec une pierre, ou quelqu'autre instrument ; dans ce cas il y aura lieu à l'action directe de la loi Aquilia. Que si un corps a été lésé, mais non par un corps, il faut alors donner l'action utile de la loi Aquilia, si, par exemple, quelqu'un a enfermé mon esclave ou mon *pecus*, pour les faire périr par la faim ; ou bien s'il a si violemment pressé ma bête de somme que, ne pouvant fournir une longue course, elle ait crevé, ou s'il a tellement effarouché ma brebis ou mon bœuf qu'ils se sont jetés dans un précipice, où ils ont péri, ou bien ont reçu quelque blessure ; ou encore, s'il a persuadé à l'esclave d'autrui de monter sur un arbre ou de descendre dans un puits sachant bien qu'il y court de grands dangers, et qu'en montant, ou en descendant, l'esclave ait glissé, et qu'il se soit tué ou blessé en quelque partie du corps. Mais que décider, si quelqu'un, du haut d'un pont, ou du rivage, a jeté l'esclave

(1) Vers l'an 286 avant J. C.

(2) L. 1, § 1 ; l. 27, § 5 ; l. 29, § 8, D. *ad leg. Aquil.* — Gaius, *Comm.*, III, § 218.

d'autrui dans le fleuve, et que cet esclave y ait été étouffé? Dans ce cas-là, on devra accorder l'action directe de la loi Aquilia; car celui qui a précipité l'esclave, l'a fait périr à l'aide de son corps (1).

Mais si on n'a ni causé le dommage par son propre corps, ni blessé aucun corps (2), mais que cependant j'aie éprouvé quelque préjudice, alors, l'action directe et l'action utile ne pouvant avoir lieu, l'une, parce que le dommage n'a pas été causé par le corps, l'autre, parce qu'aucun corps n'a été blessé, on a décidé que l'auteur du préjudice serait soumis à une action *in factum*. Exemple : j'ai enchaîné mon esclave, parce qu'il a commis un délit : animé par un motif de compassion et d'humanité, et sachant bien qu'une fois dégagé de ses fers, il prendrait la fuite, quelqu'un l'en a déchargé, et par là a procuré son évasion.

## TITRE IV.

### DE L'INJURE (3).

Les lois ne laissent pas impunis ceux qui *injurient*. Or, on appelle généralement *injuria* (4) tout acte contraire à la loi, *quod non jure fit*. Mais, pris dans un sens particulier, ce mot signifie *contumelia, a contemnendo*, en grec ὕβρις; il signifie aussi *culpa*, en grec, ἀδίκημα, comme dans la loi *Aquilia* (5) qui parle du *damnum injuria datum*, c'est-à-dire, dommage causé injustement. Quelquefois aussi il signifie *iniquitas* et *injustitia*, en grec ἀδικία. Lorsqu'en effet, le préteur ou le juge prononce une sentence

(1) Harmenop., VI, I, § 3 *in fine*.

(2) L. 33, § 1, *ad leg. Aquil.*; l. 7. § 7, D *de dol. mal.*

(3) Dig., tit *de injur.* — Paul., *Sent.*, V, IV. — Eclog., 60, 21, περὶ ὕβρεων.

(4) L. 1, D. *de injur.* — Eclog, 60, 21, c. I.

(5) L. 1, D. *de injur.*; l. 5, § 1, D. *ad leg. Aquil.*

injuste contre quelqu'un, nous disons que celui qu'il a lésé par cette sentence, *injuriam accepit.*

1. Or, l'injure se commet non-seulement par action, mais encore par paroles; par actions, quand quelqu'un est frappé à coups de poing, ou de verges, ou de fouet, ou souffre un *convicium* (1). Or, il y a *convicium*, quand quelqu'un dans un lieu des plus fréquentés d'une ville m'a tellement injurié que la foule s'est rassemblée autour de nous. L'injure se commet encore par action, quand quelqu'un sachant bien que je ne lui dois rien, s'est mis en possession de mes biens, comme s'il était mon créancier; par paroles, si quelqu'un a fait, composé ou publié pour m'injurier, un écrit en prose ou en vers, ou bien si, tout en ne faisant rien de semblable, il a fait faire méchamment à quelqu'un une de ces deux choses. Dans ce cas, ils sont l'un et l'autre tenus de l'action *injuriarum*. Par exemple, Primus a fait un écrit diffamatoire contre moi, Secundus l'a composé, Tertius l'a publié, Quartus n'a rien fait de semblable, mais a fait faire méchamment l'écrit, l'a fait composer, ou publier contre moi dans le dessein de m'injurier (m'outrager).

Il en sera de même si quelqu'un s'attache à suivre une mère de famille, un *prætextatus*, ou une *prætextata*, c'est-à-dire, un jeune homme, ou une jeune fille. (Les mineurs portaient la *prætexta*, qui était un habit des Romains.) Si

(1) Fest., v° *Convicium.* — *Convitium dicitur vel a concitatione, vel a conventu, hoc est, a collectione vocum.* — Ulpien, l. 1, § 1, D. *de injur. et famos. libellis*, range formellement le *convicium* parmi les injures verbales, et non, comme Théophile, parmi celles qui ont lieu *re*, ἔργῳ, *injuriam autem fieri Labeo ait, aut re... aut verbis... verbis autem .. cum convitium fit.* — La signification différente attachée par ces deux jurisconsultes au mot de *convicium* a, sans doute, pour cause l'étymologie différente qu'ils lui ont donnée. Ulpien paraît le faire dériver de *cum* et *vox*, d'où *convicium* ou *convocium*, tandis que Théophile nous semble le tirer de *cum* et *vicus*, et en déduire l'idée de rassemblement.

donc il s'attache à suivre l'une de ces personnes, sans rien dire (1), ou bien en ne parlant que pour corrompre leurs bonnes mœurs, il sera tenu par l'action *injuriarum*. Au reste, il est évident que l'injure peut se commettre de plusieurs autres manières (2).

2. On reçoit une injure, non-seulement par soi-même, mais encore par les enfants qu'on a sous sa puissance, et par son épouse : c'est ce qui a été admis nonobstant l'avis contraire de quelques jurisconsultes. Aussi m'accorde-t-on l'action *injuriarum* dans l'intérêt de mon fils, encore sous ma puissance, ou de mon épouse, qui ont été injuriés. Si donc ma fille, encore sous ma puissance, a épousé Titius, et que vous l'ayez injuriée elle-même, qui a souffert l'injure, Titius son époux, et moi qui suis son père, nous aurons contre vous l'action *injuriarum* (3).

En sens inverse, si c'est le mari qui a été injurié, la femme ne pourra intenter l'action *injuriarum* ; car la justice veut que les femmes soient défendues par leurs maris, et non les maris par leurs femmes. Mais le beau-père pourra, sans contredit, intenter l'action *injuriarum*, au nom de sa belle-fille (de l'épouse de son fils), qui est encore sous sa puissance.

3. Si mon esclave souffre une injure, il n'a aucune action : mais moi, son maître, je suis censé être injurié en même temps que lui. Mais l'action *injuriarum* n'est pas accordée, pour l'injure faite à l'esclave, de la même manière que pour celle faite au fils ou à la femme. Car je ne suis censé être injurié par mon esclave, que lorsqu'on a commis contre lui quelque excès qui emportent évidemment outrage pour le maître : par exemple, si quelqu'un a fouetté mon esclave ; dans ce cas, j'aurai l'action *injuriarum*. Mais si

(1) L. 15, D. *de injur.* — Eclog., 60, 21, c. XXIV.

(2) L. 1, § 1 et 2 ; l. 15, § 22, 29, 32 et 35, D. *de injur.* — Paul., *Sent.*, V, IV, § 14 et 15. — Gaius, *Comm.*, III, § 221.

(3) L. 1, § 3 et 9, D. *de injur.*

quelqu'un fait un *convicium* à mon esclave, ou le frappe à coups de poing, on ne me donne aucune action (1).

4. Je possédais un esclave en commun avec Titius : vous l'avez frappé : Titius et moi aurons conjointement l'action *injuriarum*, et l'estimation de l'injure sera faite, non d'après ma part dans la propriété de cet esclave, mais d'après la qualité de chacun de ses maîtres, si, par exemple, l'un des maîtres est sénateur, et l'autre simple particulier (2).

5. Titius avait l'*ususfructus*, et Mævius la propriété d'un esclave. Si vous injuriez cet esclave, vous ne serez tenu qu'envers Mævius seulement par l'action *injuriarum* (3).

6. Un homme libre vous servait *bona fide*; je l'ai injurié ; vous n'aurez pas contre moi l'action *injuriarum*, mais elle sera accordée à l'homme libre qui vous sert et qui pourra l'intenter *suo nomine*. Il en sera ainsi, à moins que ce ne soit évidemment pour vous outrager vous-même que je l'ai injurié; auquel cas, l'action *injuriarum* vous sera aussi accordée (4). Il en est encore de même, si l'esclave d'autrui vous sert *bona fide*. S'il est injurié, on vous accordera l'action *injuriarum*, pourvu toutefois que vous prouviez qu'on ne l'a injurié que pour vous outrager vous-même.

7. D'après la loi des Douze Tables, la peine *injuriarum* était du talion pour un membre lésé. La peine était la même pour un membre rompu; pour un os fracturé, on était condamné à des amendes pécuniaires : ce qui était une peine très-sévère pour les Anciens qui étaient extrêmement pauvres. Mais, plus tard, les préteurs abolissant les peines portées par la loi des Douze Tables, permirent à ceux qui avaient reçu une injure d'en faire l'estimation à leur gré. Si donc,

(1) L. 15, § 35, 44 et 45, D. *de injuriis.* — Gaius, *Comm.*, III, § 222.

(2) L. 15, § ult.; l. 16, D. *de injur.*

(3) L. 15, § 47, D. *de injur.*

(4) L. 15, § 48, D. *de injur.*

celui qui avait reçu une injure disait : « J'estime cent solides l'injure que j'ai soufferte, » le juge de l'action *injuriarum* condamnait le coupable à payer cette somme, c'est-à-dire, cent solides, ou une somme moins forte, suivant qu'il lui paraissait équitable (1).

Mais la peine portée par la loi des Douze Tables est tombée en désuétude; celle, au contraire, introduite par les préteurs, est suivie en justice. En effet, l'estimation d'une injure doit être plus ou moins forte, suivant la dignité et la considération dont l'offensé jouit parmi ses concitoyens. Si donc, un même individu injurie tout à la fois un sénateur et un simple particulier vivant honorablement, l'injure faite au sénateur sera estimée, par exemple, cent cinquante solides, et celle du simple particulier cinquante seulement. Cette gradation dans les condamnations s'observe même à l'égard des esclaves qui ont souffert une injure. Ainsi donc, autre sera l'estimation de l'injure pour un esclave qui est l'intendant de tout mon patrimoine ; autre l'estimation pour l'esclave à qui je n'ai confié que le soin d'une seule affaire, en l'établissant administrateur des biens que je possède en tel lieu, en particulier; autre est encore l'estimation pour l'esclave du dernier rang ou mis aux fers (2).

8. De son côté, la loi *Cornelia* (3) n'a pas oublié de parler de l'injure ; elle a introduit, elle aussi, une action *injuriarum*, qui compète à l'homme libre qui se plaint d'avoir été poussé ou frappé, ou de ce qu'on est entré par force dans sa maison (nous entendons par sa maison celle qu'il habite qu'elle lui appartienne ou qu'il l'occupe à titre de locataire, gratuitement, ou par hospitalité).

9. L'injure est réputée atroce (4), soit à raison du fait

(1) Paul., *Sent.*, V, IV, § 6. — Gaius, *Comm.*, III, § 223 et 224

(2) L. 15, § 44, D. *de injur.*

(3) L. 5 et 23, D. *de injur.* — Paul., *Sent.*, IV, IV, § 8. — Eclog., 60, 21, c. LIII. — La loi *Cornelia* fut portée l'an 81 après Jésus-Christ.

(4) Paul., *Sent.*, V, IV, § 10. — Gaius, *Comm.*, III, § 225.

lui-même, soit à raison du lieu, soit à raison de la personne. A raison du fait : par exemple, si quelqu'un est blessé, ou battu de verges; à raison du lieu, par exemple, si quelqu'un a reçu une injure au théâtre, au *forum*, ou sous les yeux du préteur, c'est-à-dire, du magistrat ; à raison de la personne, par exemple, si un magistrat ou un sénateur reçoit une injure de la part d'un homme de basse condition (1), ou si les enfants *injurient* leurs descendants, ou les affranchis leurs patrons. Car autrement sera estimée l'injure du sénateur, de l'ascendant et du patron, autrement celle d'une personne étrangère et de basse condition. Quelquefois c'est la place même de la blessure qui rend l'injure atroce : par exemple, si quelqu'un a été frappé à l'œil, sans qu'il pût distinguer, si l'injure a été faite à un enfant maître de ses droits, ou en puissance d'autrui ; dans tous les cas, l'injure sera réputée atroce.

10. Or, il faut savoir enfin qu'il est facultatif à l'injurié d'intenter à son gré l'action *injuriarum* au criminel, ou une demande pécuniaire, au civil. Si on intente l'action civile, l'estimation de l'injure se fera, et la condamnation se règlera suivant ce que nous avons déjà dit. Mais si on intente l'action criminelle, l'*officium* du juge sera d'infliger à son gré au coupable une peine extraordinaire, telle que l'exil ou la confiscation partielle (2)

11. Mais il faut, avant tout, observer que par la divine constitution que nous a laissée Zénon, il est permis aux hommes illustres (3), ou qui sont revêtus d'une dignité su-

(1) L. 7, § 8; l. 9, § 1 et 2, D. *de injur.* — Paul., *Sent.*, V, IV, § 10 — L. 4, C. *de injur.* — Eclog., 60, 1, c. XI.

(2) L. 6 et 37, § 1, D. *de injuriis* — Paul., *Sent.*, IV, IV, § 12

(3) Dans le livre XXIX des Basiliques, et dans les Scholies du livre XXVIII, tit. IV, t. IV, p. 28, *ad Fabrot.*, nous lisons qu'au livre V, tit. IV de ses Instituts, Théophile appelle *illustres*, en vertu d'une constitution de Zénon, les πρωτοσπαθάριοι, et les officiers emplissant des fonctions supérieures à celles des πρωτοσπαθάριοι garde de l'empereur, de πρῶτος, premier, et σπαθη, large

péricure, d'intenter par procuration l'action criminelle *injuriarum*, bien qu'il soit défendu (en général) d'intenter une accusation par *procurator*, et qu'ils peuvent aussi, par *procurator*, défendre à l'action *injuriarum*, comme le porte encore la même constitution. Mais la lecture de cette constitution fera mieux comprendre encore toute cette matière (1).

12. Est tenu de l'action *injuriarum*, non-seulement celui qui m'a frappé, mais encore celui qui, méchamment, m'a fait, ou s'est arrangé pour me faire frapper (2).

L'action *injuriarum* s'éteint par la dissimulation ; si donc, celui qui a reçu l'injure la méprise, c'est-à-dire, ne s'en offense pas, et n'en éprouve aucun ressentiment au moment même où il l'a reçue, il ne pourra (plus tard) revenir sur l'injure qu'il a remise (3).

## TITRE V.

### DES OBLIGATIONS QUI NAISSENT COMME D'UN DÉLIT (4).

Après avoir parlé des actions qui naissent des délits, parlons de celles qui naissent *comme de délits*.

Mævius jugeait un procès entre Titius et moi ; il m'a lésé, soit en me condamnant, quoique je ne dusse rien, soit en faisant ce que les jurisconsultes appellent *litem suam* (5), c'est-à-dire, en faisant le procès sien. Voyons si un preil

épée. — Suivant l'historien Zonaras, c'étaient des espèces de premiers écuyers (πρωτοσπαθωρος). Or, on ne trouve dans aucun manuscrit le passage cité par les Basiliques, ce qui prouve que nous ne possédons peut-être pas encore le meilleur manuscrit de la Paraphrase.

(1) L. 11, C. *de injur.*

(2) L. 11, § 1, D. *de injur.*

(3) L. 11, § 1, D. *de injur.*

(4) Eclog., 54, 14, c. v.

(5) L. ult., D *de var. et extraord. cognit.*; l. 3, § 4 D. *de oblig. et act.*; l. 15, D. *de judic.* — Eclog., 54, 14, c. v.

fait constitue un *contractus*, ou un *quasi-contractus*, ou un *delictum*. Et d'abord, ce n'est pas un *contractus*; car le *contractus* requiert le consentement de deux personnes : or, le juge ne m'a pas lésé de mon consentement. Ce n'est pas non plus un *quasi-contractus* : car, bien que le *quasi-contractus* ne requière pas le consentement de deux personnes, il ne peut cependant exister qu'autant qu'il est permis par les lois, de même que le quasi-contrat *negotiorum gestorum*. Or, ici il n'y a pas même motif, nulle loi ne permettant au juge de donner gain de procès à qui il lui plaît; mais ce n'est pas non plus un délit; car il peut arriver que le juge l'ait fait par impéritie, et non dans une intention frauduleuse : néanmoins, comme il a failli en quelque chose, il est tenu comme par quasi-délit, et condamné à payer, à titre de peine, l'estimation du dommage causé, faite par le juge qui rend justice à celui qui a été victime d'une injustice. Quant au lésé, il aura l'action *in factum*.

1. Il y a encore quasi-délit dans cette espèce : je demeurais dans une maison dont j'étais le propriétaire; ou bien encore, je l'habitais comme locataire, ou gratuitement. Or, quelqu'un a jeté une pierre, une tuile, ou répandu de l'eau, qui a porté préjudice à un passant, je serai poursuivi par l'action *in factum* ; car il n'y a pas là de délit proprement dit, puisque, la plupart du temps, je serais tenu de la faute de mon esclave, ou de l'homme libre qui habite avec moi.

Voici une autre espèce semblable à celle-là : j'habitais dans telle maison ; mes fenêtres donnaient sur un lieu public où chacun pouvait passer : or, à ma fenêtre était posé ou suspendu quelque objet dont la chute pouvait préjudicier aux passants dans cette espèce : la peine est de dix solides; tandis que dans la précédente, où l'on a jeté ou répandu quelque chose, la peine est du double du dommage causé. Que si un homme libre (1) avait été tué, la condamnation

(1) Harmenop., VI, I, § 3.

serait de cinquante solides. Que s'il n'est pas mort, mais qu'il ait été blessé, celui qui demeure dans la maison où l'accident est arrivé, sera condamné à tout ce que le juge trouvera équitable; car le juge doit tenir compte des honoraires payés aux médecins, des autres dépenses faites pour le soigner, et en outre de toute la perte causée au passant; car, peut-être, était-ce un ouvrier qui, blessé à la main, n'aura pu travailler dans l'intervalle. Nous devons donc prendre en considération ce qu'aurait gagné l'ouvrier pendant tout le temps qu'il n'a pas pu travailler à cause de sa blessure; mais s'il est devenu tout à fait incapable de travailler, nous devrons non-seulement estimer les *operæ* passés, mais encore futurs (1).

2. Mon fils, encore sous ma puissance (2), habitait une maison séparée de son père ; or, de la salle à manger, on a jeté ou répandu quelque chose ; ou bien on a suspendu ou posé à sa fenêtre quelque objet dont la chute devait être dangereuse pour les passants ; Julien décide qu'on n'aura aucune action contre le père, mais bien contre le fils lui-même. Nous en dirons autant, si mon fils encore en ma puissance, vous a lésé en jugeant votre procès ; vous aurez contre lui l'action *in factum*, et non contre moi, son père.

3. L'*exercitor* d'un navire, l'aubergiste ou l'hôtelier, dans le navire, dans l'auberge (3) ou l'hôtellerie, de qui j'ai éprouvé un préjudice, soit par son dol, soit parce que j'y ai été volé, sera tenu par l'action *in factum*, comme par quasi-délit, pourvu seulement que le préjudice n'ait pas été commis par lui personnellement, mais bien par un des ouvriers ou des gens de service du navire, de l'auberge ou de l'hôtellerie; car on ne peut dire que le maître du navire, de l'auberge ou de l'hôtellerie est personnellement obligé,

(1) L. 5, § 5, D. *de oblig. et act.*; l. 1 *pr.*; l. 5, § 6; et l. 7, D. *de his qui effud.*

(2) L. 5, D. *de oblig. et act.* — Eclog., 19, 10, 4, c. 1.

(3) Harmenop., III, VIII, § 41 *in fine*.

puisqu'il n'a été fait aucun contrat avec lui; mais comme il est convaincu d'avoir commis quelque faute, en tenant à son service de mauvais sujets, il sera tenu comme en vertu d'un délit.

Or, l'action *in factum* sera accordée aussi aux héritiers de celui qui a souffert le préjudice ; mais elle ne leur compétera pas contre les héritiers de l'*exercitor* (1).

## TITRE VI.

### DES ACTIONS (2).

Après avoir traité des obligations, arrivons aux actions, c'est là tout ce qui nous reste à faire pour remplir toutes nos promesses : nous avons dit, en effet, dans le premier *Institut*, que le droit romain comprenait les personnes, les choses, les actions; après avoir donc traité, dans le premier *Institut*, de la division des personnes, et enseigné dans le second et dans une partie du troisième, ce qui est relatif aux choses, et avoir parlé, en passant, des obligations, parlons maintenant des actions.

Vous devez savoir que ce que les Athéniens appelaient *δίκας*, les Romains l'appellent *actiones* : nous les nommons *ἀγωγαί* (actions), parce que, par elles, on conduit les débiteurs de mauvaise foi devant les tribunaux.

1. Mais définissons l'action : l'action est le droit de demander en justice ce qui nous est dû (3).

(1) Cf. l. 5, § 6, *de oblig. et act* ; et l. 5, § 15, D. *de his qui effud.*

(2) *Voy.* l'excellent ouvrage de M. Bonjean, sur la *procédure des Romains*, et Zimmer traduit par M. Etienne. — Consultez aussi Puchta, le dernier auteur qui ait écrit sur cette matière. — Le mot *action* vient de *agere*, agir, conduire, par allusion à l'*in jus vocatio* de l'ancien droit (Système des actions de la loi).

(3) L. 51, D. *de obligat. et act.*, l. 178, § 2 et 3, D. *de verb. significat.*

Or, toutes les actions que nous intentons contre quelqu'un devant des juges, ou des juges choisis (des arbitres), se divisent en deux espèces; car les unes sont *in rem*, les autres sont personnelles. En effet, on n'intente une action que contre celui qui est obligé envers nous, ou par contrat, ou par délit; et on appelle ces actions personnelles, parce qu'on les intente contre la personne du contractant ou du délinquant. Le demandeur dit ces paroles : « S'il appert que l'adversaire doive donner, faire (telle chose), condamne juge. » Mais on peut encore intenter cette action de plusieurs autres manières (1).

Ou bien encore, nous intentons une action contre celui qui n'est pas obligé envers nous, mais contre qui nous formons une demande à raison d'une chose corporelle qui est en sa possession. On a établi pour eux l'action *in rem*; car si vous possédez un champ ou une maison que je soutiens être ma propriété, et que vous soutenez être la vôtre, j'intenterai contre vous l'action *in rem*, en disant : S'il appert que cette chose est ma propriété, condamne, juge, mon adversaire (2).

2. J'intente l'action *in rem*, soit pour des choses corporelles, soit pour des choses incorporelles, soit *confessorie*, soit *negatorie*. Sont choses corporelles, un fonds de terre, une maison; sont choses incorporelles, l'*ususfructus*, la servitude. Or, pour les choses corporelles, je n'agis que *confessorie*, tandis que pour les incorporelles, j'agis tout à la fois

(1) Ici la Paraphrase dissipe l'obscurité du texte latin, *et aliis quibusdam modis* (Inst., *hic*), que quelques commentateurs, et Reitz lui-même, avaient cru devoir transposer, pour le rendre plus intelligible. On n'a qu'à comparer attentivement la Paraphrase avec les Commentaires de Gaius, IV, 37 et 45, et la loi 7, D. *de condict. furt.*, pour se convaincre que Justinien veut parler, dans cette partie du § 1er de notre titre, des différentes manières dont peut être conçue l'*intentio* de l'action personnelle.

(2) L. 25, D *de oblig. et act.*; l. 7, § 8 et 13, D. *de pactis.* — Gaius, *Comm.*, IV, § 1, 2 et 3.

*confessorie* et *negatorie* ; j'agis *confessorie* pour les choses corporelles, quand je dis : S'il appert que tel fonds de terre soit ma propriété. Quant aux choses incorporelles, telles que l'*ususfructus*, tant d'un fonds de terre que d'une maison. j'agis encore *confessorie*, quand je dis : S'il appert que l'usufruit de tel fonds de terre ou de telle maison m'appartienne. S'il est question d'une servitude rurale, je dis : « S'il appert qu'il m'est permis de passer sur le fonds de terre du voisin, ou d'y puiser de l'eau ; » et s'il s'agit d'une servitude urbaine, j'intente l'action, en disant que j'ai le droit d'élever ma maison plus haut, ou celui d'exercer un droit de vue chez vous, ou de faire une saillie sur votre cour, votre toit, ou d'appuyer mes poutres contre vos murs. Mais nous agissons *negatorie in rem*, lorsque je dis, en parlant de choses incorporelles : S'il appert qu'un tel n'ait pas le droit d'*uti frui* de ma maison ou de mon champ, ou de conduire ses bêtes de somme sur mon champ, ou d'y puiser de l'eau, ou d'élever plus ses bâtiments, d'exercer un droit de vue chez moi, ou de faire une saillie sur ma maison, ou sur ma cour, ou d'appuyer (ses poutres) sur mes murs.

Toutes ces actions s'intentent *in rem negatorie*, et n'ont pas lieu pour les choses corporelles : car, en matière de choses corporelles, celui-là seul peut agir *in rem*, qui ne possède pas, puisqu'on ne donne pas d'action *in rem* à celui qui possède, et que je ne puis dire : S'il appert que ce champ n'appartient pas à un tel. Le possesseur ne peut exercer l'action *in rem* que dans un seul cas (1) : c'est lorsque le

(1) Quel est-il? L'interprétation de ce passage a soulevé de grandes controverses parmi les anciens commentateurs (*Vid.* une Dissertation de J. Doujat, t. II, édit. de Reitz, *Excursus*, XVIII) et parmi les modernes, l'auteur des *Institutes nouvellement expliquées* admet la solution entrevue par Vinnius (*Comm.*, *hic*), savoir, que ce cas unique est celui où le propriétaire repousse, par l'exception *justi dominii*, l'action Publicienne (l. 16 et 17, D. *de Public. in rem*). Mais ce n'est là qu'une exception, et le texte latin, comme le texte de la Paraphrase, parle positivement d'une action, *actoris*

possesseur remplit en même temps le rôle de demandeur, comme on le verra plus à propos dans les livres plus étendus du Digeste. En résumé donc, l'action *in rem* s'intente pour les choses corporelles et incorporelles : et *confessorie* seulement pour les corporelles. (L'action confessoire a lieu quand quelqu'un soutient son droit en disant : S'il appert que ce champ est ma propriété.) Quant aux choses incorporelles, on peut agir et *confessorie* et *negatorie* : *confessorie*, quand je dis : S'il appert que l'*uti frui* m'appartienne ; *negatorie*, quand je nie que ce droit appartienne à mon adversaire, disant : S'il appert que mon adversaire n'ait pas l'*uti frui* de mon fonds. Ainsi, pour les choses incorporelles, un même individu ne peut agir *confessorie* et *negatorie*. Or, agit *confessorie* celui qui soutient que tel droit incorporel lui compète, par exemple, un *ususfructus*, ou une servitude sur la propriété d'autrui. Agit *negatorie in rem*, le propriétaire d'un fonds ou d'une maison, qui prétend que son adversaire n'a pas d'*uti frui* ou de droit de servitude sur sa maison, ou sur son fonds.

Mais pourquoi pouvons-nous agir *confessorie* et non *negatorie* pour les choses corporelles ? En voici la raison : tout demandeur (1) doit chercher à faire valoir tous ses droits, pour triompher de son adversaire ; dire, par exemple : S'il appert que ce fonds est ma propriété, et non : S'il appert que ce fonds n'est pas la propriété de mon adversaire. S'il procède ainsi, son adversaire lui dira tout d'abord : Ce fonds est à moi ; s'il n'est pas à moi, comme vous le dites.

*partes* (κινεῖν τὴν [ἀγωγὴν]) *in rem*. — Ne s'agirait-il pas plutôt ici du cas posé par notre paragraphe, relativement à l'action negatoire exercée par le propriétaire pour faire cesser un état de choses qui constituerait son fonds en servitude (l. 6, § 1, D. *si serv. vind.*)? — Nous ne dirons rien de la loi 8, § 15, D. *de inoff. testam.*, à laquelle renvoie le Scholiaste de Théophile. Le cas prévu par cette loi n'est certainement pas le cas unique, *ἐν θέμα*, de notre texte.

(1) L. ult., C. *de rei vindicat.* — Harmenop., l. II, § 55 (*Vid.* notre Appendice).

il n'est pas à vous pour cela, mais à un autre : car ce qui ne m'appartient pas n'est pas pour cela toujours votre propriété; que si ce fonds n'est ni à vous ni à moi, je dois gagner ce procès contre vous, en vertu de la règle, qui veut que la condition du possesseur soit préférable, quand il y a même motif de part et d'autre : *in pari causa melior est conditio possidentis* (1).

Voilà pour les choses corporelles. Quant aux choses incorporelles, nous pouvons agir *in rem confessorie*; nous le pouvons aussi *negatorie*. Mais pourquoi ne disons-nous pas, ici encore, que celui qui agit *negatorie in rem*, intente une action mal fondée, puisqu'il cherche à triompher, non en faisant valoir tous ses droits, mais en attaquant le côté faible de son adversaire, en disant : « S'il appert qu'un tel n'ait pas l'*uti frui* ? » Voici la réponse : dans l'action *negatoria* relative aux choses incorporelles, bien que d'après la formule nous intentions l'action *in rem negatorie*, cependant, en réalité, l'action est confessoire; car, comme il est évident que je suis propriétaire du fonds ou de la maison sur lesquels mon adversaire prétend avoir ou un *ususfructus*, ou une servitude, lorsque je dis : « S'il appert qu'il n'a pas d'*ususfructus* ou de servitude sur mon fonds, » je suis censé dire, en réalité : « S'il appert que mon fonds est libre de servitude ou d'*ususfructus*, » et par là, l'action *in rem* sera réputée confessoire, bien qu'elle soit formulée *negatorie* (2).

3. Or, les actions *in rem* que nous avons indiquées et autres semblables, tirent leur origine des lois et du droit civil. Mais il est encore d'autres actions *in rem* ou personnelles que le préteur a établies en vertu de sa propre juridiction; il faut les faire connaître par des exemples. Nous pouvons quelquefois exercer l'action *in rem*, quoique nous n'ayons pas encore usucapé, et dire : « S'il appert que

(1) L. 128, D *de regul. jur.*

(2) L. 2, D *si servit. amit.* — Gaius, *Comm.*, IV, § 3. — L. 1, § 6. D. *uti possid.*; l. 6, § 1, D. *si servit. vind.*

cela m'appartienne à titre d'usucapion, » ou, en sens inverse, je puis agir contre celui qui a usucapé et possède ma chose, et dire : « S'il appert que cette chose est à moi, » comme si mon adversaire ne l'avait pas usucapée (1).

4. Parlons d'abord du cas où quelqu'un, n'ayant pas encore usucapé, feint d'avoir réellement usucapé. Par exemple, il me fallait trois ans pour usucaper la chose d'autrui, que j'avais reçue *bona fide*, en vertu d'un juste titre de vente, de donation, de dot, ou de legs ; je l'ai possédée pendant deux ans : après quoi je l'ai perdue par le fait du hasard ; je ne puis pas intenter contre celui qui la possède maintenant l'action *directa in rem* (2). Comment, en effet, l'intenter, puisque je n'ai pas usucapé? car, les actions *in rem* ont été établies pour la revendication de notre propriété. Mais comme il serait inhumain de ne pas accorder, dans notre espèce, une action au possesseur *bona fide* qui a perdu la possession par le fait du hasard, le préteur (3) a introduit une action *in rem* que j'intente comme si j'avais usucapé, puisque je possédais cette chose *bona fide*, en vertu d'un juste titre, vente, donation, dot, (que l'usucapion courait en ma faveur, et que j'ai perdu cette chose avant l'accomplissement de l'usucapion), le préteur, dis-je, a introduit une action que j'intente, en disant : « Je l'ai perdue ; » s'il appert que cette chose m'appartient. Or, cette action *in rem* s'appelle *Publiciana* du nom du préteur Publicius qui la créa (4).

5. Il y a encore une action *in rem* qu'on intente dans le cas inverse. Si, en effet, celui qui possédait ma chose *bona fide* s'est absenté *reipublicæ causa*, pour être ambassadeur, ou a été fait prisonnier par l'ennemi (avant l'accomplissement de l'usucapion), que pendant son absence

(1) L. 25, § 2, D. *de oblat. et act.*

(2) Harmenop., II, I, § 64.

(3) Harmenop., II, I, § 70 et 71.

(4) L. 1 *pr.*, et § 1 ; l. 7, § 8, D. *de Public. in rem act.*— Gaius, *Comm.*, IV, § 36. — Eclog., 5, 2, 15, 2. — Harmenop., II, I, § 64.

ou sa captivité chez l'ennemi, le délai de l'usucapion ait expiré, et qu'ensuite, l'un revienne de son absence, l'autre du milieu de l'ennemi, moi, propriétaire de la chose, je pourrai, dans l'année après leur retour, agir *in rem* contre eux, en faisant prolonger le délai de l'usucapion ou en la faisant rescinder. Je dirai donc, comme si mon adversaire n'avait pas usucapé ma chose : « S'il appert que cette chose est ma propriété. » C'est encore par des motifs d'équité, que le préteur a accordé ce genre d'actions *in rem* à d'autres qu'au propriétaire, ainsi qu'on peut le voir dans les livres plus étendus du Digeste ou des Pandectes (1).

6. Il est encore une autre action créée par le préteur, comme dans cette espèce : Un individu devait à plusieurs personnes ; il a aliéné une partie de ses biens, et, en qualité de propriétaire, en a transféré la propriété par la tradition ; les créanciers pourront, une fois mis en possession des biens du débiteur par la sentence du magistrat, et dans le cas où l'aliénation a été faite en fraude de leurs droits, intenter contre le possesseur de ces biens une action *in rem* nommée Paulienne, et dire, absolument comme si ces biens n'avaient pas été livrés par le débiteur : « S'il appert qu'ils sont restés dans la propriété du débiteur (2). »

7. Les actions Servienne et quasi-Servienne, appelées aussi hypothécaires, sont aussi des actions *in rem* descendant également de la juridiction du préteur. On exerce l'action Servienne dans l'espèce suivante : Vous avez affermé mon fonds, et vous êtes devenu mon colon, moyen-

(1) L. 4, 14 et 21 *pr.*, et § 2, D. *ex quib. caus. maj.* ; l. 35, D. *de oblig. et act.* ; l. 9, § 4, D. *quod metus caus.* — Paul., *Sent.*, I, VII, § 2 et 4.

(2) L. 1, § 2 ; l. 10, § 22, D. *quæ in fraud.* ; l. 38, § 4, D. *de usur.* Il ne faut pas confondre cette action *Paulienne*, qui est une action *in rem*, ainsi que cela résulte formellement de la Paraphrase et du texte latin sainement interprété, avec l'action *personnelle* de ce nom, accordée aux créanciers pour la révocation de tout acte fait par le débiteur *in fraudem creditorum*.

nant la prestation annuelle de cent solides à titre de fermage. Vous avez introduit dans mon fonds des chevaux, des bœufs, des esclaves, des vêtements, de l'argenterie, à condition que ces objets y seront à titre de gage. Si vous cessez de payer vos fermages, je pourrai, si je ne reçois pas le fermage, intenter l'action Servienne contre quiconque possède quelqu'un des objets apportés dans mon fonds.

Quant à l'action quasi-Servienne, elle a lieu dans cette espèce : Vous avez emprunté de moi dix solides ; vous m'avez donné quelques objets à titre de gage, ou bien vous me les avez hypothéqués, en disant : « En garantie de cette créance, je vous hypothèque telle et telle chose. » Si ensuite vous oubliez de me payer, je pourrai intenter l'action quasi-Servienne contre tout détenteur des objets que vous m'avez donnés en gage ou qui m'ont été hypothéqués, et je les prendrai, si ma créance ne m'est pas payée (1).

Or, relativement à l'exercice de l'action quasi-Servienne, il n'y a aucune différence entre le gage et l'hypothèque. Soit qu'en effet, vous, mon débiteur, vous m'ayez donné en gage ou hypothéqué vos biens, je pourrai toujours intenter l'action quasi-Servienne. Mais sous d'autres rapports, il y a entre eux une différence ; car on nomme gage proprement dit, l'objet qu'on livre au créancier, surtout quand cet objet est mobilier, tandis que ce qu'on affecte par une simple convention et sans tradition (au payement d'une créance), s'appelle, à proprement parler, hypothèque (2).

8. Le préteur n'a pas seulement créé une action *in rem*, ainsi que nous l'avons déjà dit, mais encore une action personnelle, par exemple, celle *pecuniæ constitutæ* (3) : car

(1) L. 17, § 1, D. *de pact.*; l. 17 et 18, D. *de pignor. et hypoth.*, l. 4, D. *in quib. caus.*

(2) L. 5, § 1, D. *de pignor. et hypoth.*; l. 9, § 2, D. *de pignor. act.*; l. 238, § 2, D. *de verb. signif.* — Eclog., 2, 2, 2, c. XXXVIII — Harmenop., III, V, § 7 et 27.

(3) Paul., *Sent.*, II, II. — Novell., 115, c. VI. — Eclog., 26, 2, c. III, περὶ ἀντιφωνητῶν. — Harmenop., I, II, § 47.

cette action n'est pas une action civile; elle a lieu dans cette espèce : Vous me deviez dix solides; je vous ai poursuivi en réclamation de cette somme; une fois actionné, pour éviter les conséquences de la poursuite, vous m'avez répondu en disant : « Je vous payerai ces solides le dix de ce mois.» Ce délai expiré, je vous ai encore poursuivi; et mettant à contribution toutes les chicanes en matière d'action, vous avez prétendu que vous ne m'étiez tenu de rien, soit parce que n'y ayant pas eu de stipulation entre nous, on ne peut intenter contre vous l'action *ex stipulatu*, soit parce que n'y ayant pas eu de mandat, l'action *mandati* ne me compète pas. Le préteur voyant donc vos détours et votre mauvaise foi, forcé que vous étiez d'être en contradiction avec vos promesses, a établi l'action *pecuniæ constitutæ*.

Anciennement, les actions *pecuniæ constitutæ* et *receptitiæ* (1), (cette dernière avait lieu contre le banquier qui avait répondu) (à l'interrogation du créancier), se ressemblaient entre elles. Or, il y a cela de commun entre l'action *receptitia* et celle *constitutæ pecuniæ*, qu'elles naissent l'une et l'autre d'un *constitut*. Mais elles diffèrent en ce que l'action *pecuniæ constitutæ* a lieu quel que soit le constituant, et l'action *receptitia*, alors seulement que le constituant est un banquier. Elles diffèrent encore, en ce que l'action *pecuniæ constitutæ* a lieu lorsqu'on a *constitué* des choses *pondere, numero, mensura*, tandis que celle *receptitia*, quelle que soit la chose due, mobilière ou immobilière, peut toujours être intentée, si le banquier *a constitué*. L'action *pecuniæ constitutæ* s'étend donc à un plus grand nombre de personnes, tout individu pouvant constituer de cette sorte. Mais relativement aux choses (qui peuvent être l'objet du constitut), elle est restreinte dans des bornes plus étroites, les choses *ponderis, numeri, mensuræ*, pouvant seules être *constituées*. Au contraire, l'action *receptitia* est plus res-

(1) L. 2, C. *de const. pecun.* — Nov., 1, c. 1.

treinte à l'égard des personnes, puisque le banquier est seul tenu de cette action ; mais elle a plus d'extension à l'égard des choses, puisqu'elle les admet toutes sans exception.

Tel était l'ancien droit. Mais notre Empereur a publié une constitution (1) qui, abolissant l'action *receptitia*, a voulu que l'action *pecuniæ constitutæ* fût seule intentée, et contre le banquier et contre tout autre constituant. Quant à l'étendue de l'action *receptitia* à l'égard des choses, il l'a transportée dans l'action *pecuniæ constitutæ*, de sorte qu'aujourd'hui l'action *pecuniæ constitutæ* a lieu, et contre tout constituant, et pour toute chose due (toute dette quelconque).

Le préteur a encore introduit l'action *de peculio* (2) contre le père ou le maître, à raison des contrats passés par eux avec leurs esclaves ou leurs fils.

Il a encore créé l'action *in factum*, qui s'exerce dans cette espèce : Si, par exemple, je réclame contre vous le payement d'une dette ; que niant me rien devoir, vous me déferiez le serment, et que je jure qu'il m'est dû, de ce serment naîtra pour moi une action *in factum*. Le préteur a encore introduit beaucoup d'autres actions.

9. L'action *pecuniæ constitutæ* (3) (il faut que nous y revenions) s'intente contre tout constituant, qu'on ait promis de payer pour soi ou pour autrui, pourvu qu'il n'intervienne aucune stipulation : car, s'il y a stipulation, le droit civil donne l'action *ex stipulatu*.

10. Quant à l'action *de peculio*, le préteur l'a établie contre le père (4) ou le maître, par le motif que, bien que par les contrats passés par eux avec ceux qui sont en leur puissance, les maîtres ou les pères de famille ne soient pas

(1) L. 4, C. *de constit. pecun.*

(2) Voy. *infra*, lib. IV, tit. VII.

(3) L. 5, § 3 et 4 ; l. 14, § 3, D. *de const. pecun.* — Nov. 4. — Eclog., 26, 2 et 3. — Harmenop., I, III, § 47.

(4) L. 1, C. *ne filius pro patre* ; l. 12, C. *quod cum eo.*

pour cela tenus envers eux, en vertu même de la loi civile (ces contrats n'étant pas admis par le droit civil), cependant, le droit naturel les condamne à payer jusqu'à concurrence *peculii* (or, le *peculium* (1) est le patrimoine des enfants de l'un et de l'autre sexe qui sont encore en puissance, ainsi que des esclaves); de sorte que les maîtres et les pères de famille seront condamnés jusqu'à concurrence de ce pécule.

11. Pour l'action *in factum*, qui naît du serment (il faut maintenant en parler plus au long) (2), elle a lieu, ainsi que nous l'avons dit, lorsque vous réclamant ce qui m'est dû, vous me déférez le serment, et que je jure que vous me devez la somme que je vous demande. Si vous ne la payez pas, on m'accordera une action *in factum*, que je pourrai exercer contre vous sans être obligé de prouver (3) qu'il m'est dû ou non quelque chose; il me suffira de prouver seulement que j'ai juré pour que vous soyez nécessairement condamné.

12. Le préteur a aussi créé les actions *pœnales* Exemple : le préteur a fait afficher un *edictum* (4); quelqu'un l'a déchiré ou enlevé. On aura contre lui l'action *in factum albi corrupti*, c'est-à-dire de l'*album* dégradé. Or, l'*edictum* s'appelle *album*, parce qu'il était écrit en lettres blanches.

Les enfants et les affranchis doivent un grand respect à leurs pères et à leurs patrons. Aussi ne peuvent-ils pas les appeler en justice, sans demander leur permission. Mais supposez qu'un enfant a été émancipé, puisque (hors le cas d'émancipation, il ne peut y avoir de procès entre le père et son enfant); si donc l'enfant ou l'affranchi (5) appelle son

(1) L. 5, § 2 et 3, D. *de pecul.*
(2) *Vid. infra*, § 4, lib. IV, tit. XIII.
(3) L. 5, § 2, D. *de jurejur.*
(4) L. 7, D. *de jurisdict.* — Eclog., 7, 3, c. XXIV.
(5) L. 4, § 1; et l. 12, D. *de in jus vocand.*

père ou son patron en justice, sans demander sa permission, il est tenu par l'action *in factum* (1) et condamné à payer une somme déterminée.

Quelqu'un m'a enlevé par violence (2) un débiteur que j'avais appelé en justice, ou bien, par son dol, l'a empêché de s'y présenter, il sera condamné par l'action *in factum* à payer la somme que je réclamais de mon débiteur. On compte encore une foule innombrable d'autres actions *in factum pœnales* (3).

13. Il y a encore des actions *præjudiciales* (4), qu'on intente en divers cas. Or, le *præjudicium* (5) est une formule, sans *condemnatio*, qui n'a que l'*intentio*. Ces actions sont *in rem*. Voici une espèce : Quelqu'un était en procès avec son maître, disant qu'il n'était pas son esclave; ou bien

(1) L. 23, D. *de in jus. voc.* — Eclog., 7, 3, c. XXIV.

(2) Dig., tit. *ne quis eum qui in jus vocabitur, vi enim.*

(3) L. 6, D. *ne quis eum.* — Gaius, *Comm.*, IV, § 46.

(4) On les appelle aussi *præjudicia* (l. 1, § 2, D. *de rei vind.*, l. 37, D. *de obligat.*; l. 12, D. *de except.*

(5) On sait que les *Commentaires* de Gaius (*Comm.*, III, § 123; IV, § 44), les *Sentences* de Paul (V, IX, § 1), de même que la l. 30. D. *de reb. judic. auctor.*, ont fait bonne justice de l'opinion erronée enseignée, sur les *præjudiciales actiones*, à peu près par tous les anciens commentateurs, sans en excepter Vinnius et Heineccius, son savant annotateur; savoir, que les actions préjudicielles ou *præjudicia* n'avaient pour objet que les questions d'état. A défaut d'autres textes, celui de Théophile repousserait victorieusement cette opinion. En effet, Théophile enseigne que les actions préjudicielles s'exercent dans des cas divers : *ἀγωγαὶ ἐπὶ διαφόρων γινόμεναι θεμάτων*; ce qui, à la rigueur, peut s'entendre, il est vrai, des trois cas mentionnés par lui, mais s'entend mieux encore, non-seulement de ces trois hypothèses, mais encore de plusieurs autres. Si, par exemple, il s'agit de la détermination du *quantum* de la dot, de l'examen de la question *an res de qua agitur major sit centum sestertiis*, ou *an bono jure venierint*. En outre, le défaut d'article et de pronom dans le commencement de la phrase qui termine le § 13, *τρεῖς οὖν εἰρήκαμεν præjudiciales ἀγωγάς*, semble confirmer notre conjecture. — *Voy.*, sur les *præjudicialia*, Muhlemburch, *Doctrina Pandectorum.*

encore, mon affranchi réclame l'ingénuité. Dans l'un et l'autre cas, on peut agir préjudiciellement *in rem*. En effet, celui qui réclame la liberté peut agir, en disant : « S'il appert que je suis libre, » sans ajouter : « juge, condamne-le. »

Cette action est une action *in rem præjudicialis de partu agnoscendo*, c'est-à-dire, de la connaissance de l'accouchement. Par exemple, mon épouse est devenue grosse par mes œuvres après la dissolution du mariage par répudiation; un enfant lui est né; je n'ai pas voulu le nourrir; la femme peut agir contre moi pour me forcer à nourrir cet enfant, et m'y forcera en effet, si elle prouve qu'elle était grosse par mes œuvres. Ainsi donc, nous avons parlé de trois actions *præjudiciales*, dont deux introduites par le préteur, et une troisième créée par le droit civil, et qu'on exerce en disant : « S'il appert que je suis libre (1). »

14. Nous avons dit aussi que les actions sont *in rem* ou personnelles; car telle est la division (principale) des actions et la grande différence qui existe entre elles. Il est évident que celui qui agit en réclamation de sa chose ne peut la demander par action personnelle, et dire : « S'il appert que l'adversaire doive me donner cette chose; » car on ne peut donner à quelqu'un ce qui lui appartient, puisque donner, c'est rendre maître. Or l'*actor* ne peut devenir davantage maître de sa chose, excepté cependant le cas de la condiction furtive (2) que nous pouvons exercer contre le voleur, à raison même de la chose qu'il nous a enlevée. En effet, en haine des voleurs et pour les soumettre à plusieurs actions, nous négligeons ici les règles du droit civil, puisque, d'une part, par l'action *furti* (3) nous obtenons le double ou le quadruple, et que, d'autre part, ou par l'action *in rem*,

(1) L. 7, § 5, D *de liber. caus.*; l. 14, D. *de probat.*; l. 1, § 16, D. *de agnosc. et alend.*

(2) L. 1, D. *de condict. furtiv.*

(3) L. 54, § 3, *de furtiv.* — Voy. *infra*, § 18 *huj. tit.* — Gaius, *Comm.*, IV, § 4.

conformément aux règles du droit, ou contrairement à ces règles, par la condiction furtive, nous réclamons la chose enlevée, en disant : « S'il appert qu'un tel doive donner. »

15. Or, on appelle en général *vindicationes*, toutes les actions *in rem* (1), de même qu'on nomme *condictions* toutes les actions personnelles. Il nous faut dire l'origine du mot *condictio*. *Condicere* (2), dans l'ancien langage, signifie dénoncer, parce qu'autrefois le demandeur dénonçait en ces termes sa demande au défendeur : « Viens tel jour (3) pour plaider avec moi. » Mais aujourd'hui, on appelle improprement *condictio*, l'action qu'on intente en disant : « S'il appert qu'un tel doive donner. » Car, comme (aujourd'hui) on a admis qu'il n'est plus besoin de dénonciation à l'adversaire, l'*actor* ne lui notifie plus de se présenter tel jour en justice, et de plaider avec lui (4).

16. Voici une autre division des actions, tirée de ce que nous intentons certaines actions *ad rei persecutionem*, c'est-à-dire, pour ne poursuivre que la chose, et certaines autres pour la poursuite de la peine ; tandis que quelques autres sont mixtes, parce que non-seulement elles ont pour objet la *rei persecutio*, mais sont encore *pœnales* (5).

17. Or, toutes les actions *in rem* ont pour but la *rei persecutio*. Quant aux personnelles, presque toutes celles qui naissent des contrats, n'ont de *condemnatio* que *ad rei persecutionem*. Telles sont les actions en vertu d'une stipulation, *ex stipulatu*, *commodati*, *depositi*, *pro socio*, *ex empto*, *ex vendito*, *locati*, *conducti*. Mais puisque j'ai dit que l'action *depositi* n'a pour objet que la *rei persecutio*, il faut que vous sachiez que si, en cas de tumulte public ou

(1) L. 25, D. *de obligat.*

(2) *Vid.* Festus, vis *Condicere*, *Condictio*, *Condictum*.

(3) *Vid.* Festus, v° *Condictio*. — Martianus Capella, lib. I, *in fine*.

(4) Gaïus, *Comm.*, IV, § 5 et 18.

(5) L. 35, D. *de oblig. et act.* — Gaius, *Comm.*, IV, § 6.

d'incendie, de ruine ou de naufrage, j'ai déposé ma chose chez Titius, et que, sur ma réclamation, il refuse de me la restituer, Titius lui-même, ou ses héritiers, dans le cas où je prouverai le dol de leur part, seront, en vertu de l'action *depositi*, condamnés, non-seulement à restituer la chose déposée elle-même, mais encore à en payer la valeur ; et bien que née des contrats, l'action *depositi* sera comptée au nombre des actions au double, à l'instar des actions mixtes, qui ont pour objet et la poursuite de la peine, et celle de la chose (1).

18. Quant aux actions qui naissent d'un délit, elles ont tantôt pour objet la poursuite de la peine, tantôt la poursuite de la peine et celle de la chose, de telle sorte qu'elles sont mixtes. Par l'action *furti*, soit *manifesti* pour le quadruple, soit *nec manifesti* pour le double, nous ne poursuivons que la peine (2) ; car pour la chose volée, nous la poursuivons par une action *in rem*, que le voleur ou tout autre la possède, ou par la condiction furtive, que nous pouvons intenter contre le voleur lui-même (3).

19. L'action *vi bonorum raptorum* est mixte. En effet, dans la demande du quadruple est comprise la poursuite de la chose, tandis que celle du quadruple n'est pas comprise dans la poursuite d'une peine pure et simple.

Est mixte encore l'action de la loi *Aquilia*, non-seulement lorsqu'elle est intentée au double contre un individu qui nie (4) (le dommage par lui causé), mais quelquefois aussi quand il l'intente au simple. Si, en effet, quelqu'un tue mon esclave boiteux ou louche, qui, dans l'année et huit ou neuf mois avant sa mort, n'avait aucune infirmité, vous savez que le juge, dans le cas du premier chef de la

(1) L. 1, § 1, et tit. XVIII, D. *deposit.*

(2) L. 54, § 3, D. *de furt.*

(3) L. 7, § 1, D. *de condict. furt.* — Gaius, *Comm.*, IV, § 8 et 9.

(4) L. 23, § 3, 4, 5 et 6, D. *ad leg. Aquil.* — Paul., *Sent.*, I, XVIII, § 1 ; et V, § 7. — Gaius, *Comm.*, IV, § 8 et 9.

loi *Aquilia*, s'en référant à toute l'année qui a précédé le fait (à juger), et à la partie de cette année où l'esclave a été du plus grand prix, il doit, conformément à la distinction que nous avons déjà faite, condamner à payer l'estimation de l'esclave à cette époque. Ici donc, bien qu'on agisse au simple, cependant on poursuit en outre la peine : c'est qu'il arrive quelquefois que, bien que l'esclave tué ne valût que dix solides au moment où il l'a été, la condamnation est néanmoins de cent solides, parce qu'il valait autant quand il n'était atteint d'aucune infirmité.

Pareillement, l'action est mixte dans cette espèce : quelqu'un en mourant a laissé (1) un legs ou un fidéicommis à une église, à un monastère, ou à un oratoire, ou à tout autre lieu vénérable de ce genre ; mais ensuite le débiteur de ce legs ou de ce fidéicommis n'a voulu les payer qu'au moment où il a été appelé en justice. Alors, en effet, il est forcé de donner non-seulement la chose laissée elle-même, mais encore sa valeur à titre de peine : d'où il suit évidemment que cette action a pour objet une condamnation au double.

20. Il est quelques actions qui participent tout à la fois de la nature des actions *in rem* et de celle de la *personalis*. Telle est l'action *familiæ erciscundæ* (2), qui compète aux cohéritiers entre eux pour le partage des biens héréditaires : car elle a non-seulement le caractère propre de l'action *in rem*, puisqu'on l'intente pour réclamer des choses (héréditaires) (tout cohéritier étant propriétaire en partie de ces choses), mais encore les effets de l'action personnelle ; car on y discute les différents chefs de la demande qui doivent être la base de la *condemnatio*; ce qui est le caractère propre de l'action *personalis*, et non de celle *in rem*, ainsi que nous l'apprendrons, avec l'aide de Dieu, dans les livres *de judiciis* (3).

(1) Harmenop., V, v, § 47 — Voy. *infra*, § 25 *huj. tit.*

(2) L. 22, § 5, D. *famil. erciscund.*

(3) *Voy.* notre Appendice.

Il faut en dire autant de l'action *communi dividundo* pour le partage d'une chose commune entre ceux qui à un titre quelconque en sont copropriétaires.

Est comptée aussi parmi les actions mixtes celle *finium regundorum* (1) entre ceux qui ont des fonds contigus, et qui sont en procès pour le bornage de ces fonds.

Dans ces trois actions le juge peut, d'après les règles de l'équité naturelle, adjuger une partie de la chose commune (2) à l'un des colitigants et une autre partie à un autre, à celui-ci, par exemple, pour cent solides, à celui-là pour cent solides aussi; car, ces actions ont été établies pour faire cesser l'indivision et les contestations qu'elle engendre. Que s'il a été adjugé à l'un un fonds de mille solides, à l'autre une maison de huit cents solides, celui à qui revient le fonds de mille solides sera condamné à donner cent solides à celui à qui revient la maison de huit cents solides, par la raison que sa portion est plus considérable, et afin que chacun d'eux reçoive neuf cents solides.

21. Voici la troisième division des actions : toute action a une condamnation au simple, au double, au triple ou au quadruple, jamais au delà (3)

22. Ont la condamnation au simple, par exemple, l'action qui naît de la stipulation, des actions *mutui* ou *ex empto ex vendito, locati,* ou *conducti,* ou *mandati,* et beaucoup d'autres qui ont des causes diverses.

23. (Ont la condamnation) au double, par exemple, l'action *furti nec manifesti* (4), celle de la loi Aquilia, en cas de dénégation, et quelquefois celle *depositi,* quand le dépôt qui a été fait en cas de tumulte ou d'incendie n'est pas restitué.

(1) L. 1, 2, 3 et 4, D. *finium regund.*

(2) Harmenop., III, XVI, § 19. — Voy. *infra,* § 4, 5, 6 et 7, l. IV, tit. XVII.

(3) L. 3, D. *qui satisd.*

(4) Voy. *supra,* § 5, lib. IV, tit. I

Il en est de même de l'action *servi corrupti* (1), qui s'exerce contre celui qui a sollicité et exhorté mon esclave à prendre la fuite, ou à se révolter contre moi, ou à se livrer à la débauche, ou qui, en un mot, l'a corrompu d'une manière quelconque. Dans cette action *servi corrupti*, on fera entrer aussi la valeur des choses emportées par cet esclave (2).

Contient encore la condamnation au double, ainsi que nous l'avons déjà dit, l'action en réclamation de legs ou de fidéicommis laissés à des lieux vénérables, et qui n'ont pas été payés avant la comparution en justice (3).

24. La condamnation au triple a lieu dans cette espèce : Une constitution de notre Empereur qui veut qu'on donne à titre de *sportules*, aux exécuteurs des sentences judiciaires, un salaire proportionné à la somme portée dans l'assignation. Si, par exemple, il s'agit d'une demande de cent solides, elle a statué qu'on donnerait la moitié d'un solide : mais si elle est plus considérable, les sportules seront plus considérables aussi. Si, donc, voulant nuire à mon adversaire, et lui faire supporter des sportules plus considérables, je l'ai assigné pour mille solides; qu'ainsi par suite de l'indication d'une plus forte somme dans l'assignation, le défendeur ait été obligé à de plus grandes sportules, mais qu'après l'examen de la demande, il ait été reconnu qu'il ne m'était dû que cent solides ; comme il en résulte qu'il m'a donné plus qu'il ne devait me donner, six solides, par exemple, il aura contre moi, suivant la susdite constitution, une condiction *ex lege*, par laquelle je serai tenu de lui rendre dix-huit solides ; savoir : les six qui ont été donnés en sus de ce qui était dû, et les douze autres.

(1) L. 10 et 14, § 3, D. *de serv. corrupt.*

(2) Paul., *Sent.*, I, XIX, § 1. — Gaius, *Comm.*, III, § 190; et IV, § 9 et 171.

(3) L. 46, § 7, D. *de episc. et cler.*

Car, il n'est pas douteux que la *condictio ex lege* est une conséquence de cette constitution (1).

25. Ont la condamnation au quadruple, les actions *furti manifesti*, et *metus causa*. Si, en effet, j'effraye quelqu'un, et que par là je l'amène à me livrer sa chose, il aura contre moi l'action *metus causa*, et je serai condamné au quadruple. Il est aussi deux actions *in factum* qui ont la condamnation au quadruple, dans cette espèce, par exemple : Je vous ai donné cent solides pour intenter un procès à Titius, et l'empêcher de jouir de sa tranquillité; Titius peut intenter contre vous l'action *in factum*, pour cent solides. Ou bien encore, quelqu'un voulait, sans motif légitime de m'appeler en justice, me traduire par chicane devant les juges; moi, homme paisible et ennemi des affaires, désirant éviter le procès dont il me menaçait, je lui ai donné cent solides; je pourrai intenter contre lui une action *in factum*, et même lui demander le quadruple des solides que je lui ai donnés (2).

De la constitution de notre Empereur découle aussi une *condictio ex lege*, qui a la condamnation au quadruple,

(1) L. 2, § 2, C. *de plus petit.* — Eclog., 7, 4, περὶ ἐνδιβαστῶν. — Harmenop., I, IV, § 55 — C., tit. *de sportulis.* — Harmenop., I, IV, περὶ των ἐνταγιατικῶν. — *Voy.*, sur les *sportulæ*, les savantes notes de Fabrot, de Curtius, de Cujas, dans l'édition de Reitz. *Sportula*, diminutif de *sporta*, en grec σπορίδιον, signifie proprement *petit panier*. Plaute, *Menech.*, sc. III, l'emploie dans ce sens :

. . . Sportulam cape atque argentum

On appela ainsi plus tard les paniers dans lesquels les grands de Rome plaçaient la viande ou l'argent qu'ils donnaient à leurs clients.

Nunc sportula primo
Limine parva sedet turbæ rapienda togatæ.
(Pers. Sat., I).

Plus tard, on donna ce nom aux honoraires ou épices des huissiers, *viatores*, *executores*.

(2) L. 14, § 1, *quod metus caus.*; l. 1, 3, § 1; et l. 7, D. *de calumn.* — Gaius, *Comm.*, III, § 189.

par exemple, dans cette espèce : J'ai appelé mon adversaire en justice ; je lui ai dénoncé la somme qu'il me devait véritablement ; l'exécuteur de la sentence devait recevoir deux solides à titre de sportule ; il en a reçu huit ; j'intenterai contre lui la *condictio ex lege*, qui l'obligera à payer le quadruple de huit solides.

Nous avons dit que les actions *furti nec manifesti*, *servi corrupti*, de la loi Aquilia, celle *depositi* et quelquefois celle en réclamation de legs ou fidéicommis laissés à des lieux vénérables, avaient la condamnation au double. Or, voici en quoi diffèrent ces actions : celles *furti nec manifesti* et *servi corrupti* ont dans tous les cas la condamnation au double, soit qu'il y ait dénégation ou aveu. Mais celle de la loi Aquilia et celle *depositi* (1), ont lieu au double dans les mêmes cas, contre le défendeur qui dénie, tandis qu'elles ne peuvent faire condamner qu'au simple le défendeur qui avoue. Quant aux legs laissés aux églises, ou à d'autres lieux vénérables, la condamnation est du double, soit que le défendeur dénie ou même refuse de payer le montant de ce qui a été laissé, jusqu'à ce qu'il y soit forcé par ordre des magistrats compétents ; car si on agit contre un héritier qui avoue et paye avant l'ordre des magistrats, il ne payera que le simple (2).

27. Voici maintenant en quoi diffèrent entre elles les actions qui ont la condamnation au quadruple. L'action *metus causa* se distingue des autres en ce qu'il est de sa nature que le débiteur soit absous, quand sur l'ordre du juge il restitue à celui qui le poursuit par cette action, la chose arrachée par violence à ce dernier ; ce qui n'a pas lieu pour les autres actions, parce qu'en vertu de ces actions, tout débiteur est condamné au quadruple. Dans tous les cas, comme dans les actions *in factum* et dans la condiction

(1) Paul., *Sent.*, I, XIX, § 1.

(2) Gaius, *Comm.*, IV, § 9 et 173. — L. 46, § 7, C. *de episc et cleric*

*ex lege* qu'on donne contre l'exécuteur de la sentence qui a reçu au delà des sportules établies par la loi, ainsi que dans l'action *furti manifesti* (1).

28. Les actions sont encore *bonæ fidei* ou *strictæ*. Sont *bonæ fidei*, celles *ex empto, ex vendito, locati conducti, negotiorum gestorum, mandati, depositi, pro socio, tutelæ, commodati, pignoratitia, familiæ erciscundæ, communi dividundo*, et celle *præscriptis verbis* qui est nommée *æstimatoria*. Il y a lieu à cette dernière, si je vous livre, pour que vous la vendiez, une chose estimée (à prix d'argent), un ornement, ou quelque autre chose de semblable, en vous disant : « Rapportez-moi cent solides, ou la chose même. » Ajoutez cette autre action *præscriptis verbis* résultant de la *permutatio*, et l'*hæreditatis petitio* ; car, bien que jusqu'ici on ait mis en question et douté si elle devait être ou non comptée parmi les actions *bonæ fidei*, cependant la constitution de notre Empereur a expressément voulu qu'elle fût au nombre des actions *bonæ fidei* (2).

29. Autrefois l'action *rei uxoriæ* était aussi de bonne foi. Or, cette action compétait à la femme contre son mari, après la dissolution du mariage, pour la reprise de ses biens dotaux, et elle était du nombre des actions *bonæ fidei* (3). Mais une constitution de notre Empereur qui l'a supprimée, lui a donné pour la reprise de sa dot l'action *ex stipulatu*, comme étant plus étendue, et a transporté en elle tous les effets attachés à l'action *rei uxoriæ*, de sorte que, pour ce cas là, il a rendu *bonæ fidei* l'action *ex stipulatu*, et, après avoir établi plusieurs divisions. En outre, il a accordé à cette même action *ex stipulatu*, quand elle a pour

(1) L. 14, § 1 et 4, D. *quod met. caus.* — Gaius, *Comm.*, IV, § 173.

(2) L. 38, D. *pro socio* ; l. 4, § 2, D. *comm. divid.* ; l. 1, D. *de reclamat.* — Gaius, *Comm.*, IV, § 62. — L. 6, C. *de pign. act.* ; l. 9, C. *famil. erciscund.*, l. 2, C. *de rerum permut.* ; l. ult., § 3, C. *de pet. hæred.*

(3) L. 24, D. *solut. matrim.*

objet la répétition de la dot, une hypothèque tacite, et une préférence (un privilége) sur tous les créanciers quelconques, même ceux qui sont antérieurs à la femme, mais, alors seulement, que la femme veut reprendre les choses qu'elle a elle-même données à titre de dot. Si donc elle veut intenter l'action *ex stipulatu* pour la répétition d'une donation anténuptiale, ou d'une donation faite à cause du mariage, elle n'obtiendra pas les mêmes priviléges (1).

30. Dans les actions *bonæ fidei*, il est facultatif au juge d'apprécier, d'après l'équité naturelle, le montant de ce que le *reus* doit restituer à l'*actor*. Voici encore un cas où le juge jouit de cette faculté : si quelqu'un intente contre moi une action *bonæ fidei* pour me réclamer dix solides, et que, de son côté, il m'en doive cinq, le juge faisant une compensation avec ce qu'il me doit, me condamnera à payer, non dix écus, mais cinq seulement.

Or, la compensation (2) est un compte mutuel, c'est-à-dire, qu'elle consiste dans la balance des dettes (réciproques).

La nature elle-même veut donc qu'il y ait lieu à compensation dans les actions *bonæ fidei*. Mais dans les actions de droit strict qui ne sont régies que par le droit rigoureux, si je suis poursuivi en payement de dix solides par un individu qui m'en doit cinq, je ne serai pas moins condamné à en payer dix. Voilà ce que voulait le droit rigoureux. Mais une constitution de l'Empereur Marc-Aurèle ordonne que, si je suis poursuivi par action stricte en payement de dix solides, et qu'il me soit dû cinq solides, je puisse opposer à cette action l'exception de dol, et que conséquemment, le juge puisse admettre la *compensatio*, et ne me condamner qu'à payer cinq solides.

(1) L. unic., § 1 et 2. C. *de rei uxor. act.*; l. ult., § 1, C. *qui potior.*

(2) L. 1, D. *de compens.* — Gaius, *Comm.*, IV, § 61. — Eclog. 7, 10. — Harmenop., III, IX, § 22.

Telles étaient les prescriptions des anciennes constitutions. Mais une constitution de notre Empereur a établi que les compensations fondées sur un droit évident diminueront *ipso jure*, l'action soit *in rem*, soit personnelle. Par exemple : quelqu'un a contre moi une action *stricta* ou *bonæ fidei* pour dix solides; mais il m'en doit trois de son côté. Par cela seul qu'il me doit quelque chose, l'action qu'il a contre moi est de plein droit diminuée de trois solides, en sorte que ce n'est plus dix, mais sept solides que je lui dois. J'ai dit qu'il en était ainsi dans toutes les actions *in rem* ou personnelles, excepté celle *depositi* (1). Si, en effet, quelqu'un dépose chez moi dix solides, qu'il m'en doive trois de son côté, et qu'il intente ensuite contre moi l'action *depositi*, il poursuivra le payement des dix solides : car notre très-divin Empereur pensait qu'il était on ne peut pas plus absurde qu'on pût, sous prétexte d'opposer la compensation, refuser la complète restitution des objets déposés.

31. Il est certaines actions que nous nommons *arbitrariæ*, parce qu'elles dépendent de l'arbitrage du juge. Dans ces actions, si le *reus*, sur l'ordre et par l'intervention du juge, ne restitue pas, n'exhibe pas, ne paye pas, ou ne donne pas à la *noxa* l'esclave ou la chose réclamée par l'*actor*, il doit être nécessairement condamné. Mais s'il les restitue, ou fait une de ces choses, il échappera à toute condamnation, parce que toutes ces choses sont indiquées dans la formule de ces actions.

Or, parmi ces actions, les unes sont *in rem*, les autres personnelles *in rem*, telles que la Publicienne que j'intente, si j'ai perdu la possession d'une chose que je possédais, et que j'étais en train d'usucaper, et la Servienne que j'exerce sur les effets du *colonus*, qui m'a donné pour gage du payement des fermages de mon fonds, les choses qu'il y a apportées. Telle est encore l'action quasi-Servienne, qu'on

(1) L. ult., D. *commod.* — Paul., *Sent.*, II, XII, § 5. — L. ult., C. *de compens.* ; l. penult., C. *depositi*.—Harmen., III, XIX, § 22

nomme aussi hypothécaire, accordée à tout créancier, pour la revendication des choses affectées à la garantie de sa créance. Si, en effet, l'une de ces actions est intentée, et que le *reus*, docile à l'ordre du juge, restitue la chose avant la condamnation, il obtiendra son *absolutio*.

Les actions *metus causa* et *de dolo* sont personnelles et arbitraires. L'action *metus causa* est celle que j'intente contre vous en réclamation de ce que vous m'avez ravi par violence. Si, en effet, docile à l'ordre du juge, vous me restituez la chose (que vous m'avez ravie), vous échappez à la condamnation au quadruple. Voici ce qu'est l'action *de dolo* (1) : par exemple, en m'enivrant ou par tout autre artifice, vous m'avez fait consentir à vous livrer ma chose; mais après avoir repris mes sens, j'intente contre vous l'action *de dolo*, et si, avant la condamnation, vous me restituez la chose, vous échapperez à la condamnation et à l'infamie qui en est la suite.

L'action *ad exhibendum* est aussi une action arbitraire. Si, en effet, vous restituez la chose que vous avez cachée, vous ne pouvez plus être condamné. Ainsi donc, dans toutes ces actions, et d'autres semblables, il est permis au juge d'apprécier, suivant la nature de l'action et d'après les règles de l'équité naturelle, quelle satisfaction est due à l'*actor* (2).

32. Nous exhortons le juge à condamner autant que possible, à une somme ou à une chose *certa*, bien que l'action intentée devant lui soit *incerta*, et à dire : « Je condamne un tel à cent solides, » ou bien : « Je condamne un tel à telle chose, » et à ne pas se prononcer en ces termes : « autant qu'il se trouvera devoir; » car une pareille condamnation ne pourra

(1) L. 18, D. *de dolo*. — Harmenop., I, III, § 71 et 72.

(2) L. 14, § 4, D. *quod met. caus.*; l. 16, § 3, D. *de pign. et hypothec.*; l. 18, D. *de dol. malo*; l. 2, D *de eo quod cert. loc.*; l. 3, § 2, 3 et 13, D. *ad exhibend.*; l. 68, D. *de rei vindicat.*

terminer la contestation, mais, au contraire, sera la source d'une autre contestation et d'un nouveau procès (1).

33. Quant à l'*actor*, je l'exhorte à ne demander dans l'*intentio* et dans l'action, que ce qui lui est véritablement dû. Car s'il y demande plus qu'il ne lui est dû ; si, par exemple, il a agi pour quinze solides, quand il ne lui en était dû que dix, non-seulement il n'obtiendra pas le surplus, mais encore il sera déchu du droit de demander les dix solides qui lui sont véritablement dus. Or, voici la définition de la *plus-petitio* : c'est un mélange de vrai et de faux (une demande qui repose à la fois sur la vérité et sur le mensonge). L'auteur de la *plus-petitio* n'est pas secouru par le préteur, et n'est que très-difficilement restitué en entier, s'il n'est pas mineur de 25 ans (2) : car, ici, le préteur, comme dans beaucoup d'autres circonstances, et conformément à l'usage, jugeait le mineur digne de son secours, *causa cognita*, c'est-à-dire, en connaissance de cause, s'il apprenait que son erreur avait son jeune âge pour cause.

Quelquefois même, il accorde aux majeurs (3) la restitution en entier : c'est lorsqu'il est intervenu une si grande cause de légitime erreur que l'homme le plus prudent aurait pu se tromper. Dans cette espèce, par exemple : un testateur qui possédait (4) un patrimoine de quatre cents solides, m'a institué son héritier, et a légué à Primus cent solides et cent à Secundus ; plus tard, dans un codicille, il a laissé à Tertius et à Quartus, à chacun cent solides. Or, vous devez savoir que ce qu'on lègue au delà de neuf onces, est réduit *ipso jure*, par la Falcidie, et que ce cas est assimilé à celui où on n'a rien légué au delà. Si donc, après la mort du testa-

(1) Caïus, *Comm.*, IV, § 52. — L. 1, 2, 3 et 4, C. *de sent. quæ sine certa quantit.*

(2) L. 1 et 12, § 3, D. *de minor.* ; l. 1, C. *de præd. et aliis reb. minor.*

(3) Dig., tit. *ex quibus caus. major.*

(4) L. pen., C. *ad leg. Falcid.*

teur, on ouvre le testament, et qu'aucun des légataires ne sache qu'il y a des codicilles; si, en outre, après mon adition, Primus, qui n'ignore pas que le patrimoine du défunt est de quatre cents solides, qu'il n'en a été légué que deux cents, et que j'ai, non-seulement le quart, mais au delà du quart, agit contre moi pour cent solides, c'est-à-dire, me demande la totalité du legs: dans ce cas, si on produit ces codicilles dans lesquels deux cents solides ont été laissés à Tertius et à Quartus, ou dans lesquels a été révoqué en partie le legs fait à Primus, et qu'il soit ainsi prouvé que Primus a demandé plus qu'il ne lui était véritablement dû, dans ce cas, dis-je, on lui pardonnera une erreur dont la cause est si légitime, et il recevra soixante-quinze solides, bien qu'il ait agi pour cent solides, lorsque, en réalité, il ne devait agir que pour soixante-quinze.

La *plus-petitio* (1) peut avoir lieu de quatre manières: par rapport à la chose, au temps, au lieu, à la cause. Par rapport à la chose: par exemple, si quelqu'un, au lieu de dix solides qui lui sont dus, en demande vingt; ou encore, si je revendique par l'action *in rem*, un champ possédé par vous, mais dont je suis propriétaire pour moitié seulement, et que je dise que ce champ m'appartient tout entier, ou pour les deux tiers. Par rapport au temps, je demande plus qu'il ne faut: si, par exemple, je demande avant le terme ou l'événement de la condition, ce qui m'est dû *in diem* ou sous condition. De même, en effet, que celui qui paye tardivement, c'est-à-dire, après le terme, est censé moins payer, de même celui qui demande avant le terme, est censé demander davantage.

Par rapport au lieu (2), il y a *plus-petitio*, si, par exemple, ce qui doit m'être payé dans un lieu convenu, je le demande dans un autre lieu, sans parler de celui où la dette devait m'être payée, comme dans cette espèce; J'ai stipulé de vous

(1) Paul., *Sent.*, I, x, § 1; et II, I, § 3.
(2) L. 1, D. *de eo quod cert. loc.*

en ces termes : Promettez-vous de me donner cent solides à Éphèse? D'après le droit civil, je ne puis vous les demander nulle autre part qu'à Éphèse. Si, en effet, je vous les demande ailleurs qu'à Éphèse, je demande *plus* sous le rapport du lieu : car, si vous vous trouvez à Rome, et que j'agisse purement et simplement contre vous, c'est-à-dire, sans parler d'Éphèse, il y a *plus-petitio* (1). Mais comme il en résultait, d'une part, que je ne pouvais rien vous demander tant que vous n'étiez pas à Éphèse; et de l'autre, que j ne pouvais rien vous demander, ni à Éphèse, parce que vous n'y étiez pas, ni ailleurs qu'à Éphèse, parce qu'il y avait alors *plus-petitio*, le préteur a créé, pour ce cas, la manière de procéder que voici : il m'a donné le droit d'agir contre vous, ailleurs qu'à Éphèse, pourvu que je parle d'Éphèse et que j'évite ainsi la *plus-petitio*. Si, en effet, j'agis contre vous, à Rome, en disant : « S'il appert que mon adversaire doive me donner cent solides à Éphèse, » je ne serai pas censé demander *plus*. Mais si j'agis purement et simplement, c'est-à-dire sans parler d'Éphèse, il y aura *plus-petitio* : par là, en effet, je prive le promettant de l'intérêt et du profit que lui eût procuré son argent, s'il m'eût payé à Éphèse; peut-être, en effet, lui était-il facile de payer à Éphèse, et très-difficile de payer ailleurs qu'à Éphèse. Il ne doit donc pas être condamné à payer les cent solides ailleurs qu'à Éphèse, parce qu'il faut déduire de cette somme la valeur du préjudice qu'il éprouve en payant hors d'Éphèse; peut-être, en effet, forcé de payer à Rome, a-t-il dépensé vingt solides pour se procurer la somme qu'il devait me donner. Aussi ne sera-t-il pas condamné à payer cent solides, mais quatre-vingts seulement. Mais si, intentant l'action hors d'Éphèse, je ne parle pas d'Éphèse dans le procès, comme je ne fais cela que pour faire condamner mon débiteur à payer cent solides (l'*intentio* pure et simple

(1) L. 2, D. *ratam rem haberi*. — Eclog., 9, 11, c. II.

de la formule exclut toute demande de dommages-intérêts, par cela seul je demande *plus* (1).

Or, ces dommages-intérêts produisent une très-grande différence dans le montant de la dette, surtout à l'égard des marchandises, telles que le vin, le froment, l'huile, dont le prix varie suivant les diverses localités: car, si je suis poursuivi à Rome pour cent solides, et que je sois forcé d'y vendre mes marchandises, peut-être n'en retirerai-je que cent solides, tandis que si je les vendais à Éphèse, j'en retirerais cent vingt. La même variation, suivant les diverses localités, se remarque encore dans l'intérêt de l'argent. En effet on ne demande pas partout le même intérêt : à Rome, où les usuriers sont nombreux, on ne me demandera que le quart de l'intérêt, c'est-à-dire, trois pour cent; tandis que dans la province où ils sont peu nombreux, si j'emprunte pour vous payer, on me demandera la moitié de l'intérêt, c'est-à-dire, six solides pour cent ; ainsi donc l'argent ne rapporte pas le même intérêt dans toutes les localités. Voilà pourquoi je dois nécessairement parler d'Éphèse, si j'intente ma demande hors d'Éphèse, pour ce qui concerne le calcul des intérêts. Mais si vous, mon promettant, vous vous trouvez à Éphèse, mon action doit être intentée contre vous, purement et simplement, puisqu'en effet, vous l'intentez à Éphèse ; vous n'avez pas besoin de parler du lieu : car, assurément, il vaut autant intenter l'action sur le lieu même que de le nommer, et il est évident que l'action étant intentée à Éphèse, c'est d'après le taux d'Éphèse qu'on calculera l'intérêt.

De cette plus-pétition par rapport au lieu, se rapproche beaucoup celle par rapport à la cause. Comment a lieu la *plus-petitio* par rapport à la cause? Elle a lieu dans le cas d'*alternatio*. Or, l'*alternatio* s'appelle en grec ἐπαμφοτερισμός.

(1) L. 2 *pr.*, et § 1 ; l. 4, D. *de eo quod cert. loc* ; l. 12, § 1, D. *de verb. signif.* — Gaius, *Comm.*, IV, § 53.

Par exemple, j'ai stipulé avec vous en ces termes : « Promettez-vous de me donner l'esclave Stichus ou dix solides? » puis, je ne vous ai demandé que les dix solides ; ici, je fais une *plus*-pétition par rapport à la cause, puisque par là je vous enlève le choix que vous avait donné la stipulation. Celui, en effet, avec qui on a ainsi stipulé : « Promettez-vous de me donner dix solides ou l'esclave Stichus? » a la faculté de donner ce qu'il voudra. Celui donc qui ne demande que les dix solides ou bien que l'esclave, enlève au défendeur le choix qui lui appartient, rendant ainsi meilleure sa condition, et plus mauvaise celle du défendeur. Quelquefois, en effet, il est plus difficile au *reus* de donner dix solides qu'un esclave ; on lèse donc ses droits si on lui enlève le choix. Aussi faut-il que l'*intentio* s'accorde parfaitement avec la stipulation, et que je la formule ainsi : « S'il appert que mon adversaire doive donner Stichus, ou dix solides. »

Il y aura encore plus-pétition si quelqu'un, après avoir stipulé un esclave en général, me demande Stichus en particulier ; ou si, après avoir stipulé du vin en général, il demande du vin de Campanie ; ou si, après avoir stipulé de la pourpre en général, il demande ensuite de la pourpre de Tyr, en particulier : car, il enlève au défendeur le choix que lui donne la stipulation. Celui, en effet, dont on a stipulé un esclave, du vin, ou de la pourpre en général, peut, à son gré, payer ces objets de quelque lieu qu'ils viennent. Je dis plus : quand même l'objet demandé serait le plus bas en valeur, l'*actor* n'en aura pas moins demandé *plus*. Car, il arrive quelquefois que le défendeur ne peut que difficilement payer l'objet du plus bas prix : par exemple, le vin de Campanie est le pire de tous les vins (1) ;

(1) On sait que le Falerne, le Cécube et le Surrentinum étaient des vins renommés de Campanie (aujourd'hui Terre de Labour). Comment donc Théophile a-t-il pu l'appeler le pire des vins, πάντων τῶν οἴνων χείρων? Il va sans dire que les Commentateurs n'ont pas manqué de mettre à contribution toute leur érudition et toute leur

néanmoins, si après avoir stipulé du vin en général, je demande du vin de Campanie en particulier, par cela seul je demande *plus*, parce qu'il peut arriver quelquefois que le défendeur donne plus facilement un vin meilleur que celui de Campanie, parce qu'il n'a pas de ce dernier (1).

Tel était l'ancien droit sur les *plus-petitiones*. Plus tard, une constitution (2) de Zénon, de divine mémoire, et un édit de notre Empereur ont restreint les *plus-petitiones* dans plusieurs cas. S'il y a plus-pétition par rapport au temps, le juge doit décider comme l'ordonne la constitution de Zénon; quant à la *plus-pétition* par rapport à la quantité ou de toute autre manière (3), s'il en résulte un dommage quelconque pour le défendeur, tel que l'augmentation des sportules, l'*actor* sera, ainsi que nous l'avons dit plus haut, condamné au triple du dommage qu'il aura injustement causé au *reus*.

34. Un demandeur a répété *minus* contre moi (4). En effet, créancier de dix solides, il ne m'a poursuivi que pour cinq; ou bien encore, propriétaire pour le tout du fonds que je possède, il ne m'a actionné que pour la moitié. Néanmoins, il ne court aucun danger: car, pour le surplus même, le juge n'en doit pas moins, dans la même instance, condamner le défendeur, conformément à ladite constitution de Zénon (5).

sagacité pour expliquer ce passage *important*. Plus heureux que ses devanciers, Reitz a cru justifier Théophile de tout reproche, en disant, d'après Pline (*Hist. nat.*, XIV, vi), que du temps de Théophile le vin de Campanie avait complétement dégéneré. Quoi qu'il en soit de cette explication plus ingénieuse que solide, tous les manuscrits portant ces mots : *ὁ καμπανός*, etc., il n'est pas probable que notre auteur n'ait pas été fondé à l'appeler *πάντων τῶν οἴνων χείρων*.

(1) Gaius, *Comm.*, IV, § 53

(2) L. 1, C. *de plus-petit.*

(3) L. 2 *pr.*, C. *de plus-petit.*

(4) L. 2, § ult., C. *de plus-petit.*

(5) Gaius, *Comm.*, IV, § 56. — L. 1, § 3, C. *de plus-petit.*

35. Si, par erreur, quelqu'un a demandé *aliud pro alio*, son erreur ne lui préjudiciera en rien ; car la vérité étant reconnue, l'erreur sera immédiatement réparée. Or, on prend *aliud pro alio* de deux manières, par rapport à la chose ou par rapport à la cause : par rapport à la chose, si celui à qui on devait Stichus, a demandé Érotès; par rapport à la cause, s'il intente une action pour une autre : si, par exemple, au lieu d'intenter l'action *ex testamento*, il a intenté celle *ex stipulatu*, ou *vice versa* (1).

36. Il y a encore une autre division des actions; il est, en effet, des actions par lesquelles nous n'obtenons pas tout ce qui nous est dû, mais tantôt tout, tantôt moins. Par exemple, si j'intente contre vous, pour dix solides, l'action *de peculio* pour une dette de votre fils ou de votre esclave : si le *peculium* (2) est considérable, je recevrai dix solides; mais si le pécule n'est que de dix solides, le père ou le maître ne seront condamnés qu'à cinq solides. Nous apprendrons plus tard ce qu'il faut entendre par le *peculium* (3).

37. Outre l'action *de peculio*, il y a encore une autre action qui n'a pas toujours la condamnation pour le tout. Si, en effet, j'ai reçu la dot de ma femme, et qu'ensuite notre mariage se soit dissous, ma femme, intentant contre moi l'action *ex stipulatu* pour la répétition de sa dot, n'obtiendra pas toute sa dot, mais seulement autant que le permettra (4) mon patrimoine ; et si la valeur de mes biens équivaut à celle de la dot, la femme prendra le tout. Mais si la dot était de cent solides, et que mon patrimoine ne s'élevât qu'à la somme de cinquante solides, je serai condamné à en payer cinquante, parce que mes ressources ne vont pas au delà.

(1) Gaius, *Comm.*, IV, § 55.

(2) L. 47, § 2, D. *de pecul.*

(3) L. 12, C. *quod cum eo.*

(4) L. 17 *in fine*. et l. 20, D. *de re judicat.*, l. 173, D. *de regul. jur.* — Eclog., 2, 3, c. CLXIX. — Harmenop., I, IV, § 17.

Quelquefois même il arrive que, bien que je sois assez riche pour payer toute sa dot, ma femme cependant ne la reçoit pas tout entière, parce que je lui oppose une *retentio* qui diminue le montant de sa dot.

Si, en effet, il m'a été apporté en dot pour mille solides, et que j'en aie dépensé cent pour les choses dotales ; qu'ensuite, après la dissolution du mariage, on me réclame mille solides ; je puis opposer la *retentio*, et dire que j'ai dépensé cent solides pour les fonds ou les maisons qui m'ont été apportés en dot ; et, comme ces dépenses diminuent la dot *ipso jure* ou de plein droit, je ne serai pas condamné à payer mille solides, mais neuf cents seulement si toutefois les dépenses étaient nécessaires, c'est-à-dire, faites par nécessité. Peut-être, en effet, la maison fût-elle tombée, si cent solides n'eussent été dépensés pour sa réparation. Je me prévaudrai donc de la *retentio*, c'est-à-dire, du droit de rétention qu'on appelle *ob necessarias impensas*. On trouvera tout ceci avec plus de détails dans le Digeste (1)

38. Si un fils émancipé ou un affranchi intente contre son père ou son patron une action quelconque, ou si un associé intente contre son associé l'action *pro socio*, le défendeur ne pourra pas être condamné, envers son adversaire, au delà de ce que ce dernier peut faire. Il en est de même si j'ai promis, *donandi animo*, de donner à quelqu'un cent solides ; car je ne dois pas être condamné à lui donner plus que ne me permet ma fortune (2).

39. Les compensations opposées par le défendeur ont pour effet ordinaire d'empêcher celui qui exerce l'action de recevoir tout ce qu'il demande. Si, en effet, il agit (3) con-

(1) L. 4 et 5, D. *de impens. in rem dotal.* — Ulp., *Fragm.*, VI, § 9, 14 et sqq.

(2) L. 16, 17 et 19, § 1, D. *de re judic.*

(3) Les Instituts disent *ex eadem causa.* Ces expressions sont une réminiscence de l'ancien droit (Gaius, *Comm.*, IV, LXI), en matière de compensation dans les actions *bonæ fidei* Théophile ne

tre moi pour dix solides, tandis qu'il m'en doit trois, je serai condamné à lui en payer sept, ainsi qu'il a déjà été dit. Je dis *effet ordinaire* : car, si la dette opposée en compensation n'est pas liquide, l'*actor* n'en peut pas moins demander la dette en entier (1).

40. Titius devait à divers créanciers une forte somme ; sur la poursuite de ses créanciers, il a fait cession de ses biens, qui n'ont pas suffi pour les payer : s'il arrive que Titius fasse plus tard d'autres acquisitions s'élevant à une somme considérable, les créanciers qui n'ont pu être payés (intégralement) pourront lui demander le reliquat de ses dettes, et il sera condamné à leur payer, non tout ce qu'il leur doit, mais jusqu'à concurrence de ce qu'il peut faire. Il serait, en effet, inhumain de le condamner pour le tout (2), lui qui s'est dépouillé de tous ses biens.

## TITRE VII.

### DU PÉCULE.

Nous avons mentionné plus haut l'action *de peculio*, laquelle s'intente à l'occasion du *peculium* de l'esclave ou du fils en puissance contre le père ou le maître. Il faut donc en parler ici : car c'est à ce moment que nous avons renvoyé l'enseignement de ce qui la concerne. Mais il nous faut aussi traiter avec un soin tout particulier des autres actions qui peuvent être intentées contre le père ou le maître, du chef de ces mêmes individus. Or, comme les contrats passés soit avec l'esclave, soit avec le fils, sont régis presque par les mêmes principes, pour éviter toute longueur et tout détail fastidieux, je ne parlerai que des contrats passés avec l'es-

les reproduit pas : et *recte*, dit Cujas, *Not. secund.*, conformément à ce texte de Paul : *compensatio debiti ex pari specie et causa dispari admittitur* (Paul., *Sent.*, II, v, § 3).

(1) L. 4, D. *de compensat.*, L. 4 et 5, C. *eod. titul.*

(2) L. 4 et 6, D. *de cess. bonor.*— Eclog., 7, 6, c. III, v et VIII.

clave, et de son action contre son maître : ce qui devra s'entendre aussi du fils et du père ayant son fils *in potestate*. Que s'il existe quelque droit concernant spécialement ces derniers, nous l'exposerons séparément (1).

1. Il existe donc contre le maître l'action *quod jussu* (2) qui s'intente à l'occasion des contrats passés avec l'esclave. Si, en effet, par ordre de son maître, il a contracté avec moi, j'aurai contre ce maître l'action *quod jussu* : car je serai en quelque sorte censé avoir contracté avec lui et avoir suivi sa foi, par suite de l'ordre qu'il a donné. Cette action *quod jussu* a la condamnation pour le tout (3).

2. A l'instar de l'action *quod jussu*, le préteur promet encore deux autres actions qui ont la condamnation pour le tout : l'une se nomme *exercitoria*, et l'autre *institoria*. L'*exercitoria* a lieu quand quelqu'un a préposé son esclave comme *magister* de son navire ; un tiers a contracté avec lui pour l'affaire à laquelle il a été préposé : dans cette espèce, j'aurai pour le tout contre le maître l'action *exercitoria*. On la nomme *exercitoria*, parce qu'on appelle *exercitor* celui à qui appartiennent les bénéfices journaliers du navire.

Quant à l'*institoria* (4), elle a lieu quand quelqu'un a préposé un esclave, soit à un cabaret, soit à tout commerce quelconque. S'il arrive, en effet, qu'on contracte avec lui pour l'affaire à laquelle il a été préposé, le maître sera tenu pour le tout par l'action *institoria* (5). On la nomme *institoria*, parce qu'on appelle *institores* ceux qui sont préposés à quelque affaire.

Il y a lieu aux actions *institoria* et *exercitoria*, bien

(1) Gaius, *Comm.*, IV, § 69.

(2) Eclog., 18, 5 et 8.

(3) L. 1, D. *quod cum eo*. — Gaius, *Comm.*, IV, § 71.

(4) Paul., *Sent.*, II, VI et VIII, § 1 et 2. — L. 1, D. *de inst. act.* — Eclog., 1, 18.

(5) Eclog., 18, 6, 1 ; 18, 8, c. XLI.

que le préposé au navire ou au cabaret, ou à un commerce quelconque, soit un homme libre ou l'esclave d'autrui : car ici encore l'équité donne contre le préposant l'action *exercitoria* ou *institoria*. Celui, en effet, qui prépose quelqu'un à une affaire, est censé dire clairement (1) : J'ai préposé un tel à mon affaire, contracte avec lui qui voudra.

3. Le préteur a encore introduit une action dite *tributoria* (2). Car si mon esclave se sert de son pécule pour faire un commerce sans mon ordre, sans que je l'y aie préposé, et qu'au su de son maître, et sans contradiction de sa part, il contracte un engagement à raison de ce commerce, voici ce que décide le préteur : si l'esclave doit à diverses personnes, en même temps qu'à moi, son maître (je n'entends parler ici que d'une dette naturelle, et non d'une dette civile), et que l'esclave fasse un commerce, les créanciers se présentent devant le préteur, qui force le maître à exhiber les marchandises; et, s'il en a été vendu une partie, et qu'il en ait retiré l'argent, à le distribuer proportionnellement entre les autres créanciers et lui. Mais si le maître à qui le préteur a permis de faire cette distribution des marchandises détourne quelque chose et ne les exhibe pas en entier, qu'ensuite quelqu'un des créanciers s'en plaigne en disant qu'il a été exhibé moins de marchandises que n'en avait l'esclave dans son commerce, on donnera à ce créancier contre le maître l'action *tributoria*, par laquelle celui-ci sera contraint d'exhiber tout ce qu'il aura caché de marchandises. On l'appelle *tributoria* ou divisoire, du mot *distribuere*, c'est-à-dire, distribuer (3).

4. Outre ces actions, le préteur a encore introduit les actions *de peculio* et *de in rem verso* (4), c'est-à-dire, de ce

(1) L. 11, § 3, D. *de instit.* — Gaius, *Comm.*, IV, § 71. — Eclog., 18, 1, c. v.

(2) Eclog., 18, 1, 2, c. 1.

(3) L. 1, D. *de trib. act.* — Gaius, *Comm.*, IV, § 72.

(4) D., tit. *de in rem verso.* — Paul., *Sent.*, II, xix. — C., tit. *quod cum eo qui in alien. potest.* — Eclog., 18, 7, c. 1.

qui a tourné au profit du père ou du maître ou a été dépensé sur leurs choses : de telle sorte que quand même, sans le consentement du maître, l'esclave aurait fait quelque contrat, cependant, s'il a été dépensé quelque chose pour le patrimoine de son maître, c'est-à-dire, a été *in rem versum*, le maître sera condamné à en payer tout le montant, et, si rien n'a été *versum*, il sera condamné jusqu'à concurrence du *peculium*.

Or, on présume qu'il y a *versum* au profit des biens du maître, s'il a été fait quelque impense nécessaire sur ses biens. Par exemple, mon esclave a payé mes créanciers de l'argent qu'il a emprunté, ou réparé ma maison qui tombait en ruine; ou bien, il a acheté du blé pour ma *familia*, ou un fonds, ou une autre chose quelconque qui m'était nécessaire. Si donc il a emprunté de vous dix solides, qu'il en ait payé cinq à mon créancier, et qu'il ait dépensé les cinq autres de toute autre manière, je suis condamné à payer en entier les cinq *versa*. Quant aux cinq qui n'ont pas été dépensés pour moi, je serai tenu jusqu'à concurrence du *peculium* ; d'où il suit évidemment que, si les dix solides ont été dépensés sur mes biens, le créancier pourra en réclamer, non pas cinq seulement, mais bien dix : car, bien qu'il n'y ait qu'une seule action *de peculio*, elle a néanmoins deux condamnations. En effet, dans cette action, l'*intentio* ou la condamnation a lieu, ou pour le *peculium* ou pour le *versum*.

Aussi le juge qui connaît de l'action *de peculio*, commence-t-il ordinairement par examiner s'il a été dépensé quelque chose sur les biens du maître ; et si, en réalité, il a été dépensé quelque chose, il condamne le maître à en payer le montant. Dans le cas contraire, il passera à l'estimation du pécule, et se demandera si rien de ce qu'a emprunté l'esclave n'a été dépensé sur les biens du maître, ou bien si tout ce qu'il a emprunté, il l'a dépensé.

Après avoir parlé de l'action *de peculio*, disons ce qu'est le *peculium*. Voici la définition du *peculium* : c'est le bien naturel accordé à celui qui est en puissance au gré du père ou du maître, et déduction faite des créances naturelles du père ou du maître et de ceux qui sont sous la même puissance. J'ai dit bien *naturel*, parce que, suivant la loi civile, un individu en puissance ne peut rien avoir; j'ai dit : *accordé au gré du père ou du maître*, parce que le *peculium* est ce que le père ou le maître déterminent eux-mêmes : car ce que le fils ou l'esclave possèdent contre leur volonté, ne sera pas compté dans le *peculium*; j'ai ajouté *déduction faite des créances naturelles*, parce que le *peculium* proprement dit est ce qui reste déduction faite des créances naturelles. Par exemple, celui qui est sous votre puissance me doit cent solides; il a un *peculium* qui, au premier abord, paraît être de trois cents solides; mais comme il doit cent solides à son pere ou à son maître, et qu'il en doit cent cinquante à celui qui est sous la même puissance que lui, tel que son coesclave ou son frère (ou bien encore comme votre fils doit à votre esclave, ou votre esclave doit à votre fils en puissance), le *peculium* net est censé n'être que de cinquante solides.

Il est des cas où la créance de celui qui est en puissance ne se déduit pas dans l'action intentée *de peculio*, comme dans cette espèce : Votre esclave avait un esclave dans son *peculium*; les jurisconsultes appellent ce premier esclave *ordinarius*, et l'esclave de l'esclave *vicarius*; mais l'*ordinarius* est aussi bien esclave que le *vicarius* (1), et partant, ils sont sous la même puissance. Or, l'esclave me devait cent solides et avait un *peculium* de cent cinquante solides; car l'estimation des choses comprises dans le *peculium* s'élevait à cette somme. Or, dans cette estimation était aussi compris le *vicarius*; et l'*ordinarius* devait cent solides au *vicarius*. Si donc vous êtes poursuivi par moi en vertu de l'action *de peculio*, vous ne pourrez dire que le *peculium* de votre esclave n'est que de cinquante solides, et que vous ne devez être condamné qu'à payer cinquante solides, puis-

(1) L. 17, D. *de pecul.* — Eclog., 18, 5, c. LVI.

que l'*ordinarius*, pour lequel vous êtes poursuivi par l'action *de peculio*, doit cent solides au *vicarius*; car cette dette ne se déduit pas.

Il est nécessaire d'en dire la raison. La voici, cette raison : si nous voulons connaître le *peculium* de l'esclave *ordinarius*, après avoir calculé le prix de ce qu'il renferme, nous ajoutons à ce prix l'estimation du *vicarius*, et alors nous affirmons que le *peculium* est d'une telle somme. Cela étant, le *vicarius*, dont l'estimation augmente le montant du *peculium*, ne peut le diminuer par la déduction de ce qui lui est dû, et cela, afin qu'une seule et même personne ne remplisse pas deux rôles opposés, augmentant et diminuant le *peculium* dans une seule et même espèce. Il en est de même dans le cas où celui qui est sous votre puissance a dans son *peculium* un esclave appelé *péculiaire*, et me doit cent solides, en même temps qu'il en doit cent autres à son esclave péculiaire. Ici encore nous disons qu'il n'y aura pas déduction de la dette, afin que l'esclave péculiaire n'augmente pas, d'une part, le *peculium* de votre fils par sa propre estimation, et ne le diminue pas, de l'autre, par la déduction de ce qui lui est dû naturellement; et qu'ainsi la même personne ne fasse pas dans la même espèce deux choses contraires, augmentant et diminuant le *peculium*.

5. De ce qui vient d'être dit il résulte évidemment qu'il y a plusieurs actions qu'on peut intenter contre le maître, à l'occasion de ce qui est dû par l'esclave; car il y a l'action *quod jussu*, l'*institoria*, l'*exercitoria*, la *tributoria*; il y a encore celle *de peculio*. Il est permis à celui qui a négligé l'action *quod jussu*, ou l'*exercitoria*, ou l'*institoria*, de recourir à celle *de peculio*. En effet, l'action *de peculio*, étant générale, peut être intentée au lieu de toutes les autres, parce que les unes sont spéciales, tandis que l'autre est générale. Or, celui-là est insensé, qui, négligeant celles qu'il est facile de justifier et qui procurent au demandeur la totalité de sa créance, a recours à celle *de peculio*, d'abord, parce qu'il est difficile de prouver le montant du *peculium*,

les étrangers ne connaissant pas clairement le *peculium* d'autrui ; ensuite, parce qu'alors même qu'il parviendrait à prouver le montant du *peculium*, on pourrait encore lui opposer une dette naturelle diminuant le *peculium*. Car il n'est pas moins difficile de prouver quelles sont les sommes empruntées par l'esclave et par lui rendues *versa*, sur les biens de son maître.

Or, il est des cas où l'action *de peculio* est tout à la fois intentée, et comme action spéciale et comme action générale. Mais, quand se réalisent ces cas? c'est, par exemple, dans cette espèce : J'ai contracté avec votre esclave qui n'avait pas d'ordre de vous, et qui n'avait été préposé à aucune affaire, ni sur terre ni sur mer. Ici l'action *de peculio* est en même temps spéciale et générale. Mais, si l'action *tributoria* vous compète, et que vous l'ayez négligée, vous pourrez recourir à celle *de peculio* ou *de in rem verso*; car, dans ce cas, nous ne condamnons pas toujours celui qui a négligé l'action *tributoria*, et a eu recours à celle *de peculio*, puisque l'action *de peculio* est tantôt plus avantageuse que la *tributoria*, tantôt moins efficace que la *tributoria*. Or, la *tributoria* est préférable, lorsque, par exemple, il y a plusieurs dettes naturelles; car, si on intente l'action *tributoria*, on ne déduira aucune dette naturelle, puisqu'il n'y a pas de différence entre la créance du maître et celle des créanciers, que le maître ne jouit dans cette action d'aucune préférence, et qu'il ne s'y fait pas de déduction de ce qui lui est dû. Mais, si on intente celle *de peculio*, la condition du maître est préférable ; car la dette naturelle, c'est-à-dire, ce qui est dû au maître, se déduit dans cette action, de sorte que, pour le restant, le maître est condamné envers le créancier de l'esclave.

Or, voici en quoi l'action *de peculio* est préférable à la *tributoria* : c'est que, dans celle *de peculio*, on tient compte de la totalité du *peculium*, tandis que, dans celle *tributoria*, on se contente d'examiner quelle part de son *peculium* l'esclave a mise dans son commerce, si c'est le tiers, le quart ou le sixième, sans s'occuper de la totalité de ce sixième du pécule que l'esclave a employé à son commerce, mais seulement de ce que le maître a soustrait dans la distribution de ses marchandises; de sorte qu'il peut n'y être questoin que de la partie d'une part (du pécule). Quant au reliquat du *peculium*, consistant en héritages, en esclaves, en argent prêté par l'esclave, on n'en tient pas compte. Ainsi donc, on doit examiner laquelle des deux actions *tributoria* ou *de peculio* il nous importe le plus de choisir; si on peut prouver que ce qu'il a prêté à l'esclave a tourné au profit de son maître, qu'on choisisse de préférence l'action *de peculio*, afin que la condamnation ait lieu pour le capital *de in rem verso* (1).

6. Ce que nous avons dit de l'esclave et du maître, doit encore s'entendre du fils et de la fille, du petit-fils et de la petite-fille, du père et de l'aïeul, sous la puissance de qui ils se trouvent.

7. Or, il y a cela de particulier pour les personnes libres qui sont *in potestate* que le sénatus-consulte Macédonien peut être par eux opposé en forme d'exception, à ceux qui leur ont prêté, lorsqu'ils étaient encore en puissance. Nous devons en dire la raison : Il y avait autrefois à Rome un homme nommé Macédon qui, étant encore en puissance de son père, emprunta dans l'espoir qu'après la mort de son père il pourrait rembourser sa dette; un long espace de temps s'étant écoulé (entre l'emprunt et la mort du père de l'emprunteur), le prêteur demanda le payement de sa créance; Macédon ne pouvant rembourser, parce qu'il était encore en puissance, tua son père. Le sénat en ayant été instruit, il fut frappé de la peine du parricide, et un sénatus-consulte nommé Macédonien (2), fut rendu, qui ordonna qu'aucun prêteur ne pourrait demander le remboursement du prêt fait à

(1) L. 11, D. *de trib. act.* — Gaius, *Comm.*, IV, § 74.

(2) Suivant Tacite, le sénatus-consulte Macédonien fut rendu sous le règne de Claude (*Annal.*, XI, 13), et, suivant Suétone, sous

l'homme libre encore en puissance, afin qu'averti par là qu'on ne peut rien répéter contre lui, on n'osât plus lui rien prêter. Or, ce n'est pas seulement contre le fils ou la fille, le petit-fils ou la petite-fille encore en puissance, qu'on ne peut plus rien répéter, mais encore contre ces mêmes individus devenus maîtres de leurs droits, soit par la mort du père, soit par l'émancipation. On ne pourra pas même intenter l'action *de peculio* contre le père ou l'aïeul, soit qu'ils aient encore leurs enfants sous leur puissance, soit qu'ils les aient émancipés : ce que le Sénat voulut ainsi, parce que souvent, grevés de dettes qu'ils contractaient pour de folles dépenses, les enfants encore en puissance tendaient des embûches à la vie de leurs parents (1).

8. En résumé, nous devons savoir que si, par l'ordre du père ou du maître, un contrat a été passé avec celui qui est en puissance, ou s'il y a eu *versum* à leur profit, on peut, si on néglige l'action *de peculio* ou celle *de in rem verso*, intenter directement contre le père ou le maître la condiction, comme si le contrat avait été passé principalement avec le maître ou le père lui-même ; et en outre, que celui qui a l'action *exercitoria* ou celle *institoria* peut exercer contre le père ou le maître la condiction, puisque c'est par leur ordre que le contrat a été passé avec celui qui est en puissance. J'ai dit plus haut (2), en effet, que celui qui prépose quelqu'un à un commerce sur terre ou sur mer, est censé

celui de Vespasien ; peut-être le fut-il sous l'empire de Claude et sous le consulat de Vespasien.

Mais pourquoi ce sénatus-consulte a-t-il été ainsi nommé? est-ce du nom d'un fameux usurier de Rome, comme l'ont pensé quelques auteurs, ou d'un fils de famille obéré de dettes et perdu de débauche? Théophile se prononce pour cette dernière opinion, et c'est avec raison, la première ne reposant que sur une fausse interprétation de la loi 1, D. *de senatus-consult. Maced.*

(1) L. 1 et 3, § 3; l. 7, § 10, D. *de senat. Maced.* — Paul., *Sent.*, II, x. — C., tit. *de senat. Maced.* — Eclog., 18, 4.

(2) Voy. *supra*, § 2 *huj. tit.*

annoncer à tout le monde qu'on peut contracter sans crainte avec le préposé encore en puissance (1).

## TITRE VIII.

### DE L'ACTION NOXALE (2).

De même que le maître est tenu en vertu des contrats passés avec ceux qui sont en sa puissance, de même les maîtres s'obligent en vertu de leurs délits. Si, en effet, votre esclave a volé ma chose, ou me l'a ravie par violence, m'a causé un préjudice, ou fait une injure, on me donne contre vous l'action noxale; et une fois condamné par suite de l'action noxale, vous avez le choix ou de me payer des dommages-intérêts, ou de me donner l'esclave à la noxe (3).

1. Or, on appelle *noxa* (4) le corps même qui cause le préjudice, puisque c'est l'esclave qui a causé le préjudice. *Noxia* est le nom du délit; tels sont : le vol, le dommage, la rapine, ou l'injure (5).

2. Or, c'est avec toute raison qu'on a admis que le maître condamné par suite de l'action noxale peut donner l'esclave à celui contre qui l'esclave a délinqué : car, on a cru qu'il était très-absurde que la méchanceté d'un esclave entraînât pour les maîtres une perte supérieure au corps même de l'esclave. Si donc je suis condamné par suite de l'action noxale, à raison de mon esclave, je ne pourrai qu'être forcé à le donner à la noxe : car je ne puis l'être à payer l'estimation du délit (6).

(1) L. 84, D. *pro soc.;* l. 17, § 5, D. *de inst. act.;* l. 29, D. *de reb. credit*

(2) Paul., *Sent.*, II, XXXI, § 7. — Eclog., 18, 8.

(3) L. 1, D. *de nox. act.* — Gaius, IV, § 75. — L. 2, C. *de nox. act.*

(4) Festus, v° *Noxa.* — Eclog., 2, 2, c. CXXXVIII. — L. 238, D. *de verb. signif.*

(5) L. 1, § 1, *si quadrup. pauper.*

(6) L. 2, D. *de nox. act.* — Gaius, *Comm.*, IV, § 75.

3. Si je donne à la noxe, au demandeur, l'esclave délinquant, je suis libéré de l'action noxale, parce que je transfère ainsi pour toujours au demandeur la propriété de cet esclave : car, nous ne disons pas que si l'esclave paye avec ses *operæ* et par ses services l'estimation du délit à celui contre qui il a délinqué, ou bien que s'il lui a offert l'argent qu'il a gagné de toute autre manière, il puisse retourner chez son maître, mais bien qu'il doit s'adresser au préteur, et s'il lui prouve (le payement de l'estimation du délit), il sera affranchi par le préteur, nonobstant la volonté contraire de celui qui l'a reçu à la noxe (1).

4. Or, les actions noxales ont été introduites ou par les lois, ou par l'édit du préteur : par les lois, telle que celle *furti*; car, la loi des Douze Tables l'a créée, et l'action noxale pour dommage établie par la loi *Aquilia*; par l'édit du préteur, telle que l'action noxale *injuriarum*, et l'action noxale *vi bonorum raptorum* (2).

5. Il est une règle que nous tenons des Anciens, laquelle porte : *noxa caput sequitur* : ce qui a lieu dans les cas de cette nature : Votre esclave a volé ma chose; tant qu'il est sous votre puissance, j'ai contre vous l'action noxale *furti*; mais s'il passe à un autre maître, c'est contre lui que s'intentera l'action noxale, et s'il est affranchi, j'aurai contre lui l'action directe *furti*, et l'action noxale sera éteinte (3). Mais, en sens inverse, l'action directe peut devenir noxale. Si, en effet, un homme libre m'a volé ma chose et qu'il devienne ensuite esclave, ainsi que nous l'avons dit dans le premier Institut : si, par exemple, il s'est laissé vendre *ad pretium participandum*, et est devenu votre esclave, l'action qui était auparavant une action directe *furti*, deviendra maintenant noxale (4).

(1) L. 20, D. *de noxal. act.*

(2) Gaius, *Comm.*, IV, § 76.

(3) L. 1 *in fine*, D. *de priv. delict.* — Eclog., 8, 5, c. II.

(4) L. 15, D. *de condict. furt.* — Paul., *Sent.*, II, XXXI, § 8. — Gaius, *Comm.*, IV, § 77.

6. Mon esclave a volé ma chose, je n'aurai pas d'action contre lui : car entre le maître et celui qui est sous sa puissance ne peut naître aucune obligation (1); mais si l'esclave tombe sous la puissance d'un autre maître, ou est affranchi, je ne puis intenter l'action ni contre l'affranchi, ni contre son maître actuel, parce que l'action qui dès le principe n'a pu naître du délit, par la raison que le voleur était mon esclave, ne peut pas naître davantage parce que le voleur est sorti de ma puissance (2).

Or, il est si vrai qu'entre l'esclave et le maître il ne peut exister d'action que, si l'esclave d'autrui lui-même a volé votre chose, qu'ainsi il en résulte pour vous l'action *furti*, et qu'ensuite cet esclave tombe sous votre puissance, l'action *furti* qui existait déjà s'éteindra, en vertu de la règle qui veut que le fait juridique qui cesse de pouvoir commencer à exister, cesse d'exister (de plein droit). Or, comme aucune action n'aurait pu naître en votre faveur si cet esclave avait volé, se trouvant sous votre puissance, par cela seul que vous le possédez, l'action qui était née en votre faveur n'existe plus.

Elle est tellement éteinte dans le cas où vous venez ensuite à posséder cet esclave, que quand même il se soustrairait à votre puissance par la fuite, vous ne pourriez intenter cette action contre lui. Comment, en effet, intenter une action éteinte? car j'ai déjà dit plus d'une fois, que le maître n'a aucune action contre l'esclave. Il en est de même si l'esclave a commis quelque délit contre son esclave, ou en l'injuriant ou en le battant, quand même l'esclave qui les a reçus aurait été affranchi, ou serait devenu la propriété d'un autre maître : son premier maître ne sera tenu par aucune action envers lui (3).

(1) L. 7, § 1, D. *de capit. minut.* — Gaius, *Comm.*, IV, § 77.

(2) L. 11, D. *de minor.*; l. 1, C. *de nox. act.* — Gaius, *Comm.*, IV, § 78.

(3) L. 37, D. *de nox. act.*

7. Les Anciens (1) admettaient encore ces actions noxales, même pour les fils ou les filles encore en puissance. Mais les nouvelles relations des hommes entre eux, et leurs nouvelles mœurs, ont avec raison repoussé cette sévérité, et l'ont fait tomber en pleine désuétude : car, quel homme sensé oserait donner à la noxe son fils et surtout sa fille à un autre? Le père ne souffrirait-il pas plus encore que son fils? Quant aux filles, la décence était une raison de plus pour bannir un pareil usage de notre droit. Aussi a-t-on voulu que les actions noxales ne compétassent qu'aux seuls esclaves, les anciens interprètes des lois ayant souvent décidé que les hommes libres en puissance peuvent être poursuivis pour leurs délits et être tenus pécuniairement, et non, comme jadis, être donnés à la noxe (2).

## TITRE IX.

### SI ON DIT QU'UN QUADRUPÈDE A CAUSÉ DU DOMMAGE (3).

A l'égard des animaux dépourvus de raison qui causent du dommage à autrui, on a aussi créé des actions noxales. Mais on ne peut dire qu'à leur égard il y a lieu à l'action noxale, *furti* ou *vi bonorum raptorum* ou *injuriarum*. En est-il de même de l'action noxale de la loi Aquilia? Nous disons que non, puisque cette loi donne l'action *damni injuria*, c'est-à-dire, l'action pour ce qui est fait injustement. Or, le juste et l'injuste présupposent nécessairement une intention bien arrêtée; mais les brutes manquent de raison : que faut-il donc décider? La loi des Douze Tables a créé à leur égard une action noxale qui s'intente, en vertu de cette même loi contre le maître. Si donc en s'ébattant,

(1) Gaius, *Comm.*, IV, § 75, 77, 78 et 79; I, § 140.

(2) L. 33, 34 et 35, D. *de nox. act.*

(3) Dig., tit. *si quadrup. paup.* — Eclog., 19, 10, περὶ ζημιούντων. — Harmenop., VI, I, περὶ ζημίας.

ou emporté par sa fougue ou par sa férocité, votre animal *pauperiem* (1) *fecerit*, c'est-à-dire, me cause un dommage, il y a lieu à l'action noxale en vertu de la loi des Douze Tables, et si cet animal est donné à la noxe, le défendeur est libéré; car la loi des Douze Tables dit : « Si, par exemple, un cheval fougueux a blessé quelqu'un d'un coup de pied. »

Or, il y a lieu à l'action noxale de la loi des Douze Tables à l'égard des animaux qui, devenus féroces contre leur naturel, ont causé du dommage à quelqu'un : car s'ils étaient naturellement féroces, la loi des Douze Tables cessait d'être applicable. Si donc un ours, en prenant la fuite, a causé du dommage à autrui, celui qui a été son maître ne sera pas tenu par l'action noxale. Je dis *qui a été*, parce que cet ours est rentré par la suite dans sa liberté naturelle et a cessé d'être la propriété de qui que ce soit.

On appelle *pauperies* le dommage causé sans mauvaise intention; ce qui a lieu pour les animaux sans raison : car l'animal sans raison ne peut, dépourvu qu'il est de connaissance, être animé d'une intention coupable contre quelqu'un. Voilà ce qui a trait à l'action noxale (2).

1. Il faut encore savoir que les Édiles défendent (3) dans leur édit, à toute personne, d'avoir ou un chien, ou un sanglier, ou un ours, ou un lion dans les lieux fréquentés par la multitude. Si, en effet, on contrevient à l'édit, et qu'il en résulte un préjudice pour un homme libre, le maître de l'animal qui a causé le dommage sera condamné à ce qui paraîtra juste et équitable au juge. Mais s'il a causé le dommage à tout autre, par exemple, à mon esclave, ou à mon cheval, ou à un autre animal quelconque qui est en

(1) *Pauperies, damnum dicitur quod quadrupes facit* (Festus, v° *Pauperies*).

(2) L. 1 *pr.*, § 3, 4, 7 et 10, D. *si quadrup. paup. feciss. dic.* — Paul., *Sent.*, I, XV, § 1.

(3) L. 40, 41 et 42, D. *de ædilit. edict.* — Paul., *Sent.*, I, XV, § 2. — Eclog., 19, 10, 4, c. XXX. — Harmenop., VI, I, § 2.

ma propriété, le maître de l'animal payera le double du dommage; par exemple, le dommage est de dix solides : j'en recevrai vingt. Et ce ne sont pas seulement les actions *ædilitiæ* qui ont lieu dans ces cas, mais encore les actions noxales. Vous devez, en effet, savoir qu'en général les actions *pœnales* qui concourent pour un même objet ne se détruisent pas entre elles (1).

## TITRE X.

### DE CEUX PAR QUI NOUS POUVONS INTENTER LES ACTIONS.

Après avoir parlé des actions qu'on peut intenter contre nous, en vertu des contrats, ou à l'occasion des délits de ceux qui sont en notre puissance, passons maintenant à l'exposé d'une nouvelle matière. Il faut savoir que les actions que nous exerçons en justice, nous les exerçons ou par nous-mêmes, c'est-à-dire, *suo nomine*, ou par autrui, c'est-à-dire, *alieno nomine*.

Nous les intentons *alieno nomine*, par les *procurateurs*, les tuteurs ou les curateurs : ce qui a lieu encore aujourd'hui. Mais autrefois on ne pouvait agir *alieno nomine* que pour des causes déterminées. Par exemple, on pouvait plaider pour le peuple ou pour la liberté : car celui qui était possédé comme esclave et réclamait la liberté, ne pouvait pas plaider lui-même, de peur que si, une fois le procès engagé, il venait à être démontré qu'il était véritablement esclave, l'esclave ne se trouvât pas avoir plaidé en réalité contre son maître. Voilà pourquoi un autre individu nommé *assertor* devait plaider pour lui. Il en était de même pour la tutelle (2). Souvent (3), en effet, le pupille

(1) L. 130, D. *de reg. jur.*; l. 60, D. *de oblig. et act.*

(2) L. 123, D. *de reg. jur.* — Gaius, *Comm.*, IV, § 82.

(3) Tout ce passage, jusqu'à la fin de cet alinéa de ce titre, renferme une erreur si grossière, que nous sommes tenté de croire qu'il a été interpolé par quelque ignare copiste.

n'ayant pas de tuteur, deux individus se disputaient sa tutelle : évidemment, l'un devait l'emporter sur l'autre. Celui donc qui succombait se trouvait avoir agi *alieno nomine*, c'est-à-dire, avoir plaidé pour une tutelle qui, ainsi que le prouvait l'issue du procès, ne lui importait en rien.

La loi Hostilia (1), dans le cas de vol au préjudice de ceux qui étaient prisonniers chez les ennemis, ou absents *reipublicæ causa*, permettait à toute personne d'intenter pour eux l'action *furti*, et si j'étais tuteur d'un pupille victime d'un vol, pendant que j'étais prisonnier chez les ennemis, ou absent *reipublicæ causa*, toute personne pouvait également intenter pour lui l'action *furti*. Mais l'impossibilité d'agir ou de défendre *alieno nomine* n'entraînant pas peu d'inconvénients, on introduisit le droit de plaider par *procuratores*. En effet, une maladie, la vieillesse, une absence nécessaire, et plusieurs autres causes empêchent l'*actor* de se présenter en personne devant le juge (2).

1. Or, je me constitue un *procurator* quand je donne mandat à quelqu'un de plaider pour moi, comme nous l'avons dit en traitant du *mandatum*. Et je n'ai pas besoin pour cela de paroles solennelles : je puis, en effet, me constituer un *procurator* par quelques paroles que ce soit ; peu importe que mon adversaire soit absent ou présent (3) ; car le plus souvent, je me constitue un *procurator* à son insu. En un mot, quel que soit celui à qui vous avez confié le soin de poursuivre votre procès, ou d'y défendre, on doit le regarder comme votre *procurator* (4).

2. Nous avons dit dans le premier Institut comment s'établissent les tuteurs et les curateurs.

(1) On ne sait pas précisément à quelle époque elle fut portée. Pacius en place la promulgation an 582 de Rome, sous le consulat d'A. Attilius et d'A. Hostilius.

(2) L. 1, § 2, D. *de procurat.*

(3) Paul., *Sent.*, I, III, § 1. — Gaius, *Comm.*, IV, § 84.

(4) L. 1, § 1 et 3, D. *de procurat.*

Or, vous devez encore savoir que le *procurator* s'exprime ainsi, quand il est *actor* : « S'il appert que mon adversaire doive donner à Titius, dont je suis le *procurator*, condamne-le, ô juge. » C'est donc au *dominus litis* qu'il applique l'*intentio*, c'est-à-dire le principe de l'action. Quant à la *condemnatio*, c'est sur lui-même qu'elle tombe. Mais si quelqu'un est poursuivi comme *procurator*, le demandeur doit s'exprimer ainsi : « S'il appert que Seius doive donner dix solides, condamne Primus, son *procurator*, à me payer dix solides (1). »

## TITRE XI.

### DES SATISDATIONS.

Maintenant il est nécessaire de parler des satisdations, c'est-à-dire des cautions qui sont fournies à l'occasion d'un procès, ou par l'*actor* ou par le *reus*.

Or, avant tout, vous devez savoir qu'autrefois on avait adopté un système de satisdation, et qu'aujourd'hui on en a adopté un autre. Autrefois, en effet, dans les actions *in rem*, le demandeur était tenu de donner une *satisdatio* par laquelle il promettait que dans le cas où, perdant son procès, il ne restituerait ni la chose pour laquelle il était poursuivi, ni l'estimation du litige, l'*actor* pourrait à son gré intenter contre lui ou contre sa caution l'action *ex stipulatu*. Or, une telle caution s'appelait *judicatum solvi*, et il est facile de savoir pourquoi on l'a ainsi nommée. L'*actor* stipulait en ces termes : « Promettez-vous de me payer ce qui sera jugé ? » Cette stipulation avait lieu quand on était poursuivi *in rem* et *suo nomine*, à plus forte raison, quand on défendait *alieno nomine* à une action *in rem* (3). Ici le

(1) Gaius, *Comm.*, IV, § 85. — Harmenop., I, II, § 55.

(2) Eclog., 9, 10 et 11 ; 44, 51.

(3) L. 6 et 9, D. *de jud. solv.* — Gaius, *Comm.*, IV, § 89, 90 et 91.

défendeur était tenu de donner la caution *judicatum solvi*, en vertu de la règle *Nemo sine satisdatione alienæ rei defensor idoneus intelligitur* (1), c'est-à-dire, sans dation de caution nul n'est réputé défenseur idoine de la cause d'autrui. Voilà pour le *reus*.

Quant au demandeur *in rem*, on ne lui demandait pas de caution, s'il agissait *suo nomine*. Comment, en effet, pourrait-on exiger de lui, *dominus litis*, la caution *ratam rem dominum habiturum?* Mais s'il agit *alieno nomine*, il est obligé de donner la caution *ratam rem dominum habiturum*, par laquelle nous disons que le *dominus litis* ratifiera et confirmera ce que fait son *procurator*. Car il serait quelquefois à craindre que le *dominus* ne se présentât en justice, et que sous prétexte que le *procurator* n'a pas agi de son consentement, il ne voulût recommencer le procès, et qu'ainsi on ne pût être poursuivi de nouveau pour la même cause.

Le tuteur et le curateur sont pareillement soumis à la dation de caution, comme le proclament les termes de l'édit. Quelquefois, néanmoins, on les dispensait de toute satisdation, lorsqu'ils étaient demandeurs : ce qui doit s'entendre du cas où cela résulte clairement du mode même de leur nomination de tuteur ou de curateur. Voila pour l'action *in rem* (2).

1. Quant à l'action personnelle, on appliquait au demandeur ce que nous avons dit pour l'action *in rem*, c'est-à-dire, que le *dominus litis* ne donnait pas de *satisdatio*, mais le *procurator* donnait celle *ratam rem*. Il en était de même des tuteurs et des curateurs, quand leur constitution était mise en doute. Mais le défendeur *alieno nomine* à l'action personnelle donnait caution dans tous les cas en vertu de la règle ci-dessus mentionnée, *Nemo sine satis-*

(1) L. 110, § 1, D. *de reg. jur.* — Eclog., 8, 2, περὶ διαδι-κατῶν.

(2) L. 33, § 3, D. *de procurat.* — Gaius, *Comm.*, IV, § 96, 98, 99 et 100.

***datione alienæ rei defensor idoneus intelligitur***, car le défendeur *suo nomine* à une action personnelle n'était pas tenu de donner caution *judicatum solvi* (1).

2. Voilà ce qui avait lieu chez les Anciens. On suit aujourd'hui d'autres principes sur cette matière. Car, soit qu'on défende *suo nomine* à une action *in rem*, soit qu'on le fasse à une action personnelle, on ne donne pas de *satisdatio* pour l'estimation du litige ; on est seulement tenu de donner caution pour sa personne, c'est-à-dire de promettre qu'on restera personnellement en cause jusqu'à la fin du procès. Quelquefois même le défendeur ne donne pas cette caution ; mais on s'en rapporte à sa promesse faite avec serment qu'il restera en cause, et qu'il ne s'absentera pas, promesse qu'on a coutume d'appeler en latin *juratoria cautio*, c'est-à-dire, caution juratoire ; souvent même, il ne fait qu'une simple promesse sans serment : toutes choses qui ont lieu suivant la qualité du défendeur. Aussi le défendeur *suo nomine* donne-t-il tantôt caution (proprement dite), tantôt une caution juratoire, tantôt une simple promesse (2).

3. Mais quand c'est un *procurator* qui plaide, soit comme demandeur, soit comme défendeur, si c'est comme demandeur, il doit donner la caution *ratam rem dominum habiturum* (3), à moins qu'il ne prouve que le *dominus litis* lui a donné le *mandatum* de plaider pour lui, *mandatum* qui doit être mentionné dans l'acte introductif d'instance ; ou bien que le *dominus litis*, présent dans l'instance, ne confirme la constitution du *procurator*, en disant : « J'ai constitué un tel (pour mon *procurator*). » Il en sera de même si le tuteur ou le curateur agissent par un autre, comme par un *actor* et autres semblables personnes chargées de l'administration des affaires d'autrui (4) : car il y a plusieurs

(1) L. 46, § 2, D. *de procurat.* — Gaius, *Comm.*, IV, § 100 et 101. L. 4, *de nox.*, D. *si caus.* — Gaius, *Comm.*, IV, § 102.

(2) L. 17, C. *de dignit.* ; l. 12, C. *de proxim. sacr. scrin.*

(3) Eclog., 9, 11, c. II.

(4) L. unic., C. *de satisdat.*

espèces de curateurs, ainsi que vous le savez déjà et que vous l'apprendrez mieux encore plus tard. Voilà pour le demandeur (1).

4. Quant au défendeur présent dans l'instance et disposé à constituer un *procurator*, il peut le constituer ou se présenter lui-même devant le juge, et confirmer devant lui la constitution du *procurator* après avoir promis, par les stipulations d'usage, la caution *judicatum solvi* (2). Le *dominus litis* peut encore s'engager extrajudiciairement, comme caution de son *procurator* pour tous les chefs de la caution *judicatum solvi*, c'est-à-dire, que son *procurator* restera en cause et plaidera jusqu'à la fin du procès, et payera ce qui sera jugé, affectant tous ses biens à la garantie de sa promesse, qu'il l'ait faite judiciairement ou extrajudiciairement, de telle sorte qu'elle l'obligera, lui et ses héritiers. Il sera, en outre, tenu de promettre ou de donner caution qu'il se présentera en personne (car, suivant ce que nous avons dit un peu plus haut, il peut promettre ou donner caution pour sa personne) et qu'il se trouvera devant le juge lors de la prononciation de la sentence (3); et s'il ne se présente pas, lui ou sa caution payera le montant de la condamnation, à moins que l'appel de la sentence ne l'empêche de sortir à effet.

5. Si (pour une cause quelconque) le *reus* principal n'est pas présent, et qu'une autre personne veuille prendre sa défense, sans distinguer entre les actions *in rem* ou personnelle, il remplacera sans contredit le *defensor*, pourvu cependant qu'elle donne la caution *judicatum solvi*, et garantisse ainsi le payement du montant du litige; et cela, en vertu de l'ancienne règle que nous avons déjà plus d'une fois rappelée: *Nemo sine satisdatione alienæ rei defensor idoneus intelligitur* (4).

(1) Eclog. 8, 2, περὶ διεκδεκητῶν.
(2) Eclog., 9, 10, c. 1. — Harmenop., IV, § 85.
(3) Nov., 112, c. 1.
(4) L. unic., C. *de sent.*

6. Tout cela s'apprendra plus facilement et d'une manière plus complète par la fréquentation des audiences et la pratique des affaires.

7. Notre très-divin Empereur veut que toutes ces règles en matière de satisdations et de promesses soient observées non-seulement dans cette ville impériale, mais encore dans toutes les provinces, quoique par impéritie on y suive peut-être d'autres usages; car il est nécessaire que les provinciaux imitent la capitale de toutes les villes de l'empire c'est-à-dire cette ville impériale.

## TITRE XII.

### DES ACTIONS PERPÉTUELLES ET TEMPORAIRES, ET DE CELLES QUI PASSENT AUX HÉRITIERS OU CONTRE LES HÉRITIERS (1).

Parmi les actions, il en est qui émanent du droit civil, d'autres qui ont été introduites par le préteur. Quand je dis *du droit civil*, entendez par là : soit qu'elles dérivent de la loi, d'un sénatus-consulte (2) ou d'une constitution. Ces actions étaient ordinairement perpétuelles; car ainsi le voulait le droit primitif. Mais plus tard, les Constitutions ont limité la durée des actions *in rem* comme des actions personnelles. Quant à celles qui ont été créées par le préteur, elles sont presque toujours *annales*, parce qu'autrefois l'édit du préteur n'était en vigueur que pendant un an.

Mais il est quelques actions prétoriennes (3) qui sont perpétuelles, c'est-à-dire, qui durent jusqu'au terme fixé (4) par les Constitutions : ces actions sont celles qu'il promet au *bonorum possessor* (5) et à toutes autres personnes tenant lieu d'héritiers. Vous savez, en effet, que le *bonorum pos-*

(1) Harmenop., I, III, περὶ των ἀγωγῶν καὶ χρόνων.
(2) Harmenop., I, III, § 1.
(3) L. 3, D. *de præscript. trigint. ann.*
(4) Harmenop., I, III, § 38.
(5) L. 2, D. *de bon. poss.*; l. 1, D. *de poss. hæred. petit.*

38

*sessor* est un successeur prétorien que ne connaît pas le droit civil et lequel, ainsi qu'il a été dit dans le troisième Institut, demande ou défend indirectement. Ainsi donc, puisque les actions données aux successeurs civils, c'est-à-dire aux héritiers, sont *perpetuæ*, le *bonorum possessor*, et tous ceux qui représentent l'héritier, tels que le fidéicommissaire Trébellien, qui, par suite d'une fiction, sont revêtus du titre d'héritier ; si bien que, pour que la fiction soit vraie en toutes choses, le préteur a cru devoir nécessairement établir qu'à l'instar des actions qui compètent aux héritiers, celles qui compètent aux *bonorum possessores* seront perpétuelles.

L'action *furti manifesti*, quoique prétorienne, est néanmoins perpétuelle ; car il eût été fort absurde d'en limiter la durée à un an. Mais pourra-t-on dire, l'action *furti*, elle aussi, était connue de la loi des Douze Tables. Pourquoi donc l'appelez-vous prétorienne ? Voici notre réponse : la loi des Douze Tables, ayant créé l'action *furti*, a porté une peine capitale contre le voleur, tandis que le préteur n'a prononcé qu'une peine pécuniaire. Le droit des Douze Tables, ayant donc été repoussé à cause de la rigueur de ses dispositions, c'est le droit prétorien seul qui est aujourd'hui en usage ; car il était juste que celui qui avait causé un dommage pécuniaire subît une peine pécuniaire : c'est pour cela que nous appelons cette action *prétorienne*. Voici pourquoi elle est devenue perpétuelle : c'est parce que le préteur a cru qu'il était absurde de venir, en toutes choses, au secours des voleurs, soit en rendant pécuniaire une peine capitale, soit en rendant annale une action perpétuelle : aussi n'a-t-il pas touché à la perpétuité de cette action (1).

1. Or, toute action qui nous compète ou est donnée contre nous, soit par le droit civil, soit par le préteur, n'est pas

(1) L. 35, D. *de oblig. et act.* — Gaius, *Comm.*, IV, § 110 et 111. — L. 3, C. *de præscript. trigint.*

pour cela donnée à nos héritiers ou contre nos héritiers. Il est une division toute naturelle des actions : les unes naissent des délits, les autres des contrats. Mais celles qui naissent des délits ne passent pas contre les héritiers; car il est une règle constante qui veut que les actions pénales (1) ne soient pas données contre les héritiers : telles sont celles *furti* (2), *vi bonorum raptorum*, *damni injuria*, celle de la loi *Aquilia*. Mais toutes se donnent contre les héritiers, excepté celle *injuriarum* et autres semblables : par exemple, l'action *in factum*, qui a lieu lorsque le patron a été appelé en justice par l'affranchi qui ne lui en avait pas demandé la permission. Et la raison en est évidente : toutes les fois que le délit diminue le patrimoine du défunt, son héritier, lésé en sa personne, poursuivra le délit. Ce qui a lieu pour l'action *furti*, celle *vi bonorum raptorum*, et celle de la loi *Aquilia*; car, pour celle *injuriarum*, comme l'injure faite à ma personne ne diminue en rien mon patrimoine, c'est avec raison que mon héritier, qui n'a pas été lésé en même temps que moi, n'aura pas cette action. Il en est de même pour l'action *in factum*. Quant aux actions dérivant des contrats, on les donne sans contredit aux héritiers et contre les héritiers.

Quelquefois cependant l'action naissant du contrat ne se donne que contre les héritiers (3) : si, en effet, je dépose (4)

(1) L. 111, § 1, D. *de reg. jur.*

(2) Paul., *Sent.*, II, XXXI, § 6.

(3) L. 7, § 1, D. *deposit.* — Gaius, *Comm.*, IV, § 112 et 113.

(4) Ce texte a été l'objet de vives critiques de la part de Vinnius, et Reitz lui-même, cet ardent champion de Théophile, n'a pas cherché à l'en défendre. Cependant rien, suivant nous, n'était plus facile que de venger notre auteur des reproches du jurisconsulte hollandais. De quelle action parle ici Théophile? de l'action qui naît d'un contrat; or, quelle est l'action naissant du dépôt contre le dépositaire infidèle? une action au double. D'un autre côté, quelle est celle qui compète au déposant contre l'héritier du dépositaire? une action au simple. Or, la première naît du contrat de dépôt, et on la nomme *actio depositi*; la seconde, bien qu'elle ait

une chose chez vous, et qu'ensuite, par votre dol, cette chose ait complétement péri, ou ait été détériorée, et que votre héritier n'en retire aucun profit, il ne sera pas tenu par l'action *depositi*, bien qu'il y ait contrat de *depositum*.

Mais les actions pénales, dont nous avons dit plus haut qu'elles ne passent jamais contre les héritiers, tandis que quelques-unes d'entre elles passent aux héritiers, elles pourront sans difficulté être exercées parmi les héritiers, s'il y a eu *litis contestatio* du vivant de leurs auteurs (1).

2. A ce que nous avons dit des actions, il est nécessaire d'ajouter que, si le défendeur a reconnu la dette avant la condamnation, et qu'il ait ainsi satisfait à l'*actor*, c'est-à-dire, payé la dette ou rendu la chose pour laquelle il a été poursuivi, il n'est pas nécessaire qu'il soit condamné, par cela seul qu'il y a eu *litis contestatio* avec lui. Mais nous venons au secours de sa bonne foi et de son bon vouloir, et nous lui accordons l'*absolutio*, bien qu'après la *litis contestatio*, il eût dû être condamné ; et c'est en ce sens qu'on dit vulgairement que toutes les actions sont *absolutoires*, c'est-à-dire, qu'il est permis au juge de renvoyer de l'action dirigée contre lui le *reus* qui reconnaît la dette avant la condamnation (2).

## TITRE XIII.

### DE L'EXCEPTION (3).

Après avoir parlé des actions, il nous a paru logique de traiter des exceptions qui ont été créées pour venir au secours des défendeurs. Or, qu'est-ce qu'une exception?

pour cause le contrat de dépôt, ne peut pas néanmoins recevoir cette dénomination, et voilà pourquoi Théophile dit : οὐ κατασχεθήσεται τῇ *depositi* (ἀγωγῇ), καὶ τὸ *depositum* συνάλλαγμά ἐστιν.

(1) L. 56 et 58, D. *de oblig. et act.*

(2) Gaius, *Comm.*, IV, § 114.

(3) Dig., tit. *de except.* — Eclog., 51, 1, περὶ παραγραφῶν.

c'est la défense (1) que peut opposer le *reus* à une action valable aux yeux de la loi (civile), mais inique d'après le droit naturel (2).

1. Voici un exemple : par crainte (3), par dol, ou par erreur, je vous ai fait promettre que vous me donneriez cent solides, ou toute autre chose ; ou bien vous avez promis ce que vous croyez, à tort, devoir, bien que la stipulation soit valable en elle-même, et engendre l'obligation *verbis* et l'action qui en dérive : en sorte que j'ai contre vous l'action *ex stipulatu* ou la *condictio*. Mais, comme il serait absurde que, d'après la loi, vous pussiez être poursuivi, alors que vous ne devez rien, vous opposerez une exception à mon action *ex stipulatu*, en disant : « Si je n'ai pas promis par crainte, » ou encore : « Si je n'ai pas promis par erreur de vous donner. » L'action, en effet, est valable aux yeux de la loi. Mais comme, d'après le droit naturel, elle est inique, on a créé une défense ou *exception* pour repousser vous-même l'action. Or, l'exception d'erreur s'appelle *in factum*, parce que le défendeur l'oppose comme fait (4).

2. On peut encore opposer une exception dans l'espèce suivante : Vous m'avez prié de vous prêter cent solides ; j'ai promis de vous les prêter. Si donc, avant que je vous donne cette somme, vous me donnez l'écrit (qui en constate le prêt) ; que je vous promette de vous compter l'argent le lendemain, et que cependant je ne vous le compte pas : si, quelque temps après, sachant bien que la stipulation est valable, j'intente contre vous une condiction naissant comme d'une stipulation, conformément à la rigueur du droit civil ; dans ce cas, comme il est injuste que vous soyez condamné, puisque l'argent ne vous a pas été compté, on vous donnera l'exception d'argent, que les jurisconsultes

(1) L. 2 et 22, D. *de except.* — Eclog., 51, 1, c. III.
(2) L. 1, § 1, D. *de dol. mal.* — Gaius, *Comm.*, IV, § 116.
(3) Dig., tit. D. *de doli mali et metus except.*
(4) L. 36, D. *de verb. oblig.* ; l. 5, C. *de inut. stipul.*

appellent *pecuniæ non numeratæ* (1). Cette exception pouvait jadis être opposée pendant cinq ans; mais aujourd'hui, suivant ce que nous avons dit dans le troisième Institut. titre xxi, en traitant de l'obligation *litteris*, une constitution de notre Empereur (2) en a restreint la durée à deux ans; et si, dans ces deux ans, j'intente une action, cette exception pourra m'être opposée : ce délai expiré, l'exception sera refusée au *reus*.

3. Voici une autre espèce semblable à la première : je vous ai prêté cent solides; quelque temps après, j'ai fait un *pactum* avec vous que je ne vous demanderai pas le payement de votre dette, ce *pactum* ne détruit pas *ipso jure* la *condictio* qui est une action stricte; mais vous serez encore obligé aux yeux de la loi. Si donc la condiction que je dirige contre vous est valable, c'est avec raison que je dis « S'il appert que vous me devez donner; » mais cependant, aux yeux du droit naturel, je commets une injustice contre vous; et, comme je viole mes accords en faisant tantôt cession de la dette, tantôt en vous en demandant le payement, on m'opposera l'exception de pacte (3).

4. Quelqu'un me devait cent solides : je lui ai demandé le payement de cette dette : il a nié me rien devoir; je lui ai déféré le serment ; il a juré qu'il ne devait rien ; je n'en ai pas moins le droit d'intenter la condiction ; car, comme le pacte, le serment ne dissout pas *ipso jure* l'action. Mais, comme il ne convient pas que je le convainque de parjure, il m'opposera l'exception de serment, en disant : « Si je n'ai pas juré ne vous rien devoir (4). »

Ce n'est pas seulement dans les actions *in rem*, mais en-

(1) L. 2, § 3, l. 4, § 16, D. *de dol. mal.* — Gaius, *Comm.*, IV, § 116. — Eclog., 23, 1, περὶ ἀναργυρίους. — Harmenop., II, II, *id.*
(2) L. 14, C. *de non num. pecun.*
(3) L. 2, § 4, D. *de dol. mal.* — Gaius, *Comm.*, IV, § 116 — L. 5, C. *de pact.*
(4) L. 5; l. 9 *pr.*, et § 1, D. *de jurejur.*

core dans les actions personnelles, qu'on peut opposer des exceptions. Par exemple, vous détenez une chose qui m'appartient : je vous ai prié de me la rendre : vous avez soutenu qu'elle vous appartenait : je vous ai déféré le serment sur ce point : vous avez juré que vous en étiez vous-même le propriétaire. Si j'intente ensuite contre vous l'action *in rem* (qui me compète encore, le serment n'ayant pas éteint mon droit de propriété), on pourra, d'après le droit naturel, m opposer l'exception de serment (1).

5. J'ai intenté contre vous une action *in rem*, ou une action personnelle ; j'ai succombé, soit par injustice, soit par erreur de la part du juge ; les actions n'en subsistent pas moins. Mais si je veux renouveler le procès, je serai repoussé par l'exception *rei judicatæ* (2).

6. Mais voilà un assez grand nombre d'espèces dans lesquelles naissent des exceptions ; il en existe encore, dans des cas nombreux et variés, que nous apprendrons plus au long dans le Digeste ou les Pandectes.

7. Mais il faut savoir que parmi les actions, les unes naissent de la loi, les autres d'actes qui en tiennent lieu, comme des sénatus-consultes et des constitutions. C'est le préteur qui a introduit ces dernières (3).

8. Quant aux exceptions, les unes sont perpétuelles, on les appelle aussi péremptoires ; les autres temporaires ou dilatoires (4).

9. Sont péremptoires celles qui peuvent toujours être opposées à l'*actor*, et qui repoussent toujours l'action intentée par lui, parce qu'elles en dissolvent toute la force. Telles (5) sont les exceptions de dol, de crainte, ou de pacte : si,

(1) L. 3, § 1, D. *de except.* — Gaius, *Comm.*, IV, § 117.

(2) L. 7, § 4, D. *de except. rei judicat.* — Gaius, *Comm.*, IV, § 106 et 107.

(3) Gaius, *Comm.*, IV, § 118.

(4) L. 3, D. *de except.* — Gaius, *Comm.*, IV, § 120.

(5) L. 3, D. *de except.* — Gaius, *Comm.*, IV, § 121. — Eclog., 51, 1, c. IV.

par exemple, je conviens avec vous, mon débiteur, que je ne vous demanderai jamais le payement de la dette.

10. Sont temporaires celles qui ne s'opposent que pendant un certain temps : par exemple, l'exception de pacte temporaire, lorsque je conviens avec vous, mon débiteur, que je ne vous demanderai le payement de la dette qu'après un délai de cinq ans ; dans le cours de ce délai, l'exception pourra m'être opposée, mais après l'expiration des cinq ans, elle sera éteinte : de sorte que, suivant ce que nous avons déjà dit, je pourrai opposer l'exception dudit pacte ou toute autre semblable à quiconque voudra me poursuivre dans le cours de ce délai. Je devrai donc attendre pendant cinq ans, et n'agir qu'après ce délai : car cette exception s'appelle dilatoire, parce qu'elle implique un certain délai ; or, délai se dit en latin, *dilatio*. Si donc je veux agir dans les cinq ans, dans la pensée que si je puis gagner le juge, je pourrai, dès ce moment, exiger le payement de la dette, et que l'on m'oppose l'exception de pacte temporaire, je serai forcé de ne le demander qu'après les cinq ans. Celui, donc, qui raisonnera de la sorte, se donne à lui-même un funeste conseil : car, tant qu'il est dans le délai, il peut être repoussé ; et, après les cinq ans, s'il veut encore agir, on lui opposera l'exception *rei judicatæ*, qui est péremptoire. Sachez, en effet, que c'est une règle générale, que l'exception dilatoire qui a été une fois opposée et admise, c'est-à-dire, qui peut débouter l'*actor* de son action, engendre une exception péremptoire qui, en définitive, fait déclarer l'*actor* déchu de sa demande (1).

Tel était l'ancien droit. Mais aujourd'hui, notre très-divin Empereur, ne voulant pas qu'on procède avec une si injuste rigueur, a ordonné que si, après avoir stipulé en ces termes : « Promettez-vous de me donner dans cinq ans? » ou après avoir fait un prêt, on a fait ce pacte : Je ne vous demanderai le remboursement que dans cinq ans, on agit dans

(1) L. 3, D. *de except.* — Gaius, *Comm.*, IV, § 122 et 123.

les cinq ans de la stipulation ou du pacte, il y aura lieu à l'application de la constitution de Zénon, en matière de *plus-petitio*, sous le rapport du temps, laquelle porte que l'auteur d'un pareil délit, qui agit trois ans avant l'expiration des cinq ans fixés dans le pacte, ou insérés dans la stipulation, non-seulement ne pourra rien obtenir, mais encore que le terme fixé sera doublé à son égard, et qu'ainsi il sera forcé d'attendre l'expiration du délai de six ans; et même, à cette époque, l'*actor* ne pourra rien toucher qu'il n'ait préalablement remboursé tous les frais faits par le *reus* actionné avant le terme de la convention. De cette sorte, les créanciers plus avisés n'oublieront plus le terme qu'ils accordent à leurs débiteurs (1).

11. Or, parmi les exceptions dilatoires, il en est qui naissent de la chose, d'autres de la personne (2) : de la chose, par exemple, l'exception de pacte temporaire; de la personne, telles que les exceptions dilatoires. Si, par exemple, quelqu'un veut agir par le ministère d'un soldat (3) ou d'une femme, il est repoussé par une exception : car le soldat, qui ne doit s'occuper qu'à combattre, ne peut pas agir *procuratorio nomine*, ni pour son père, ni pour sa mère, ni pour sa femme, pas même en vertu d'un rescrit impérial. Mais rien ne l'empêche d'agir pour lui-même; les lois militaires ne s'y opposent nullement (4).

Il est encore d'autres exceptions dilatoires qui naissent des personnes et qu'on oppose aux *procurateurs*, pour cause d'infamie. Or, il est nécessaire de dire ici ce qu'on entend par là. Retenez bien ces notions préliminaires. Si quelqu'un est condamné par l'action *depositi* ou celle *injuriarum*, il devient infâme : or, celui qui est infâme est passible de plusieurs peines; car il ne peut devenir ni sénateur, ni dé-

(1) L. 2, C. *de plus-petit.*
(2) Gaius, *Comm.*, IV, § 124.
(3) L. 41, D. *de procurat.* — Harmenop., I, VIII, § 1.
(4) L. 54, D. *de except.*, l. 7 et 9, C. *de procurat.*

curion (conseiller), ni militaire, ni défenseur, ni *procurator*; il est encore incapable de nommer un *procurator;* mais rien ne l'empêche d'agir par lui-même. Maintenant que vous avez ces notions préliminaires, en voici l'application : je voulais intenter un procès contre vous ; j'ai constitué un *procurator* qui était infâme, ou bien, il était honorable lui-même, et c'est moi qui étais infâme; on oppose l'exception d'infamie; car le défendeur dit : « Si vous n'êtes pas infâme, ô *procurator*, » ou : « Si vous n'avez pas été constitué par un infâme; » c'est là une exception dilatoire naissant de la personne.

Mais voici comment nous pouvons facilement repousser ces exceptions : Si le *reus* dit que le *procurator* est infâme, je puis, moi, le remplacer par un autre *procurator* honorable, ou bien plaider par moi-même. Mais s'il dit : « Celui qui vous a constitué est infâme,» je repousse cette exception en écartant le *procurator*, et en plaidant par moi-même ; car l'infâme peut agir par lui-même, bien qu'il ne puisse pas constituer de *procurator*. Que si l'*actor* ne tient pas compte d'une telle exception, dans la pensée de gagner le juge, et de triomphe de son adversaire, ou si on lui oppose l'exception, d'agir par lui-même et de recevoir le montant de sa dette, il se trompe lui-même : car s'il agit plus tard, il sera repoussé par l'exception péremptoire *rei judicatæ*, en vertu de la règle que nous avons déjà rapportée, qui veut que l'exception dilatoire, une fois opposée et justifiée, rende l'exception péremptoire.

Voilà ce qu'on pensait autrefois de l'infamie : mais aujourd'hui, comme les exceptions de ce genre ne sont presque plus jamais opposées, et qu'elles sont tombées en désuétude, il n'est pas même permis de parler d'infamie à propos de *procurator* : car il est absurde que par des contestations sur la qualité des personnes, on traîne en longueur la discussion du procès lui-même.

## TITRE XIV.

### DES RÉPLIQUES.

De même qu'on oppose les exceptions aux actions reconnues par la loi civile, mais injustes aux yeux de la loi naturelle, ainsi les demandeurs peuvent opposer aux exceptions incontestablement bonnes et valables, mais injustes aux yeux de la nature, une autre exception qu'on nomme *replicatio*. On la nomme ainsi, parce qu'elle repousse et détruit toute la force de l'exception : car *plico* signifie je noue, et *replico*, je renoue, je détruis. Or, voici un exemple de *replicatio* : J'ai fait un pacte avec mon débiteur, un pacte par lequel je me suis obligé à ne pas lui demander le payement de la dette : quelque temps après, le débiteur, soit parce qu'il est devenu considérablement riche, soit parce qu'il a reçu de moi ou de tout autre des reproches injurieux, a fait un pacte avec moi, par lequel il m'a permis de lui demander payement de sa dette, si, en vertu de ce second pacte, j'exerce contre lui la condiction, et que, regrettant de l'avoir fait, il m'oppose l'exception du pacte, disant : « Si vous n'avez pas fait pacte de ne me rien demander, » au premier coup d'œil, ce pacte paraît devoir m'empêcher de demander le payement : car le pacte a eu lieu en réalité, et il n'en existe pas moins encore, le second pacte ne détruisant pas *ipso jure* le premier pacte. Mais comme il est injuste que le créancier soit repoussé, on lui accorde, en vertu du second pacte, une *replicatio* conçue en ces termes : S'il n'a pas été fait un second pacte qui m'a permis de demander payement (1).

1. De même que la *replicatio* s'oppose à l'exception, de même une autre exception qu'on nomme *duplicatio* s'op-

(1) L. 2. § 1 et 2; et l. 15 et 2, D. *de except.*; l. 27, § 2, D. *de pact.* — Eclog., 51, 1, c. III.

pose à la *replicatio*, qui paraît juste au premier aspect, mais qui est unique d'après le droit naturel. Par exemple : j'ai fait un pacte par lequel je me suis engagé à ne pas demander le payement de la dette ; mais vous, vous avez fait un second pacte qui me permet de vous le demander, et j'ai fait ensuite un troisième pacte par lequel je vous ai remis la dette (1).

2. Que si, à son tour, la *duplicatio* se trouve injuste aux yeux de la nature, l'*action* peut recourir à une autre exception qu'on nomme *triplicatio* (2).

Cet usage des exceptions peut encore s'étendre plus loin, suivant la variété des affaires : car à la *duplicatio* on peut opposer la *quadruplicatio*. On peut en voir l'énumération dans la vaste collection du Digeste (3).

Quant aux exceptions dont peut user le débiteur principal, la caution peut aussi, presque toujours, les opposer, et c'est avec raison. En effet, ce qu'on demande à la caution, on est censé le demander au débiteur principal : car la caution, obligée de payer, aura contre lui l'action *mandati*. Conséquemment, si je fais un *pactum* par lequel je m'oblige à ne pas demander payement au débiteur, on accordera également à ceux qui se sont obligés pour lui l'exception de pacte, comme s'il avait dit formellement : « A vous non plus, je ne vous demanderai pas de payement (4). »

Mais il est quelques exceptions dont la caution ne profite pas conjointement avec le débiteur principal. Par exemple, j'ai prêté à Primus : j'ai pris Secundus pour caution ; Primus a fait cession de biens ; il n'a plus rien. Si je le poursuis, il peut m'opposer une exception et me dire : « Si je n'ai pas fait cession de biens, » et par là il me déboute de mon action. Or, cette exception, ses cautions ne pourront

(1) L. 22, § 1, D. *de except.* — Gaius, *Comm*, IV, § 127.
(2) L. 2, § 3, D. *de except.* — Gaius, *Comm*, IV § 128.
(3) L. 2, § 3, D. *de except.* — Gaius, *Comm.*, IV, § 129.
(4) L. 7 *pr.*, et § 1 ; l. 19, D. *de except.*

s'en prévaloir, parce que celui qui reçoit caution de son débiteur ne l'a reçue que pour garantir sa créance, et que pour avoir la faculté d'agir contre les cautions, dans le cas de l'insolvabilité du débiteur principal. Or, si nous donnions à la caution l'exception de cession de biens, vainement aurais-je voulu pourvoir à la sûreté de ma créance en recevant caution (1).

## TITRE XV.

### DES INTERDITS (2)

Quand on a traité des actions, des exceptions et des *replicationes*, il est logique de traiter des interdits, ou des actions qu'on intente à la place des interdits. Mais pour traiter des interdits, il est nécessaire de savoir ce qu'il faut entendre par la possession, et la quasi-possession. Or, la possession (3) est la détention d'une chose corporelle ; la quasi-possession est l'usage d'une chose incorporelle. Sont choses corporelles, un champ, une maison, et toutes choses de ce genre; sont incorporelles, l'*ususfructus*, la servitude, et autres droits semblables. Lors donc qu'il y a contestation entre deux individus touchant la possession ou la quasi-possession, ils doivent s'adresser au préteur, lui exposer l'objet de leur contestation (car il arrive souvent dans les affaires de cette nature, qu'on se tue, qu'on se blesse ou qu'on se bat), et lui raconter le fait dont il s'agit. Celui-ci, sans décider la question, leur dit quelques paroles et les renvoie au juge *pédane* qui doit connaître de leur affaire. Il faut donc, à l'aide de ces données, dire ce qu'est un *interdictum*. L'interdit est ce que dit le préteur à deux individus qui plaident pour la possession ou la quasi-posses-

(1) L. 24 et 41, D. *de re judic.*; l. 32, D. *de pact.*; l. 3, C. *de bon. auctor. judic.*

(2) Eclog., 58, 14, περὶ παραγγελίων.

(3) Eclog., 50, 2, § 6. — Harmenop., II, III, § 4.

sion d'un objet, (et cela) non pour terminer leur contestation, mais pour apprendre au juge comment il doit la juger (1). Or, par là le préteur prohibe ou ordonne. C'est surtout en matière de possession qu'il y a lieu aux interdits. Je dis *surtout*; car il est des cas où il ne s'agit pas de possession, et où, cependant, il y a lieu à interdit.

1. La principale division des interdits est qu'ils sont *prohibitoria* ou prohibitifs, *exhibitoria* ou exhibitoires, *restitutoria* ou restitutoires (2).

Les interdits prohibitoires sont ceux par lesquels le préteur défend de faire quelque chose (3). Par exemple, quelqu'un ayant menacé d'envahir mon fonds, et de troubler ma possession, je me suis adressé au préteur, et je lui ai parlé des menaces de mon adversaire; je lui ai dit que je possédais régulièrement, et le préteur a prononcé ces mots: *Sine vitio possidenti vim fieri veto*, c'est-à-dire : je défends qu'on fasse violence à celui qui possède régulièrement. Ou bien encore, quelqu'un voulait transporter et déposer un mort, l'un de ses proches, dans un lieu où il avait le droit de le déposer : on lui donnera l'interdit prohibitoire contre quiconque voudrait l'en empêcher. Ou bien encore, quelqu'un voulait bâtir sur un lieu sacré, ou faire dans un fleuve public ou sur sa rive, quelque ouvrage nuisible à la navigation de ce fleuve : ici encore on donnera un interdit prohibitoire.

Sont *restitutoria* les interdits par lesquels le préteur ordonne de restituer quelque chose (4); par exemple, au *bonorum possessor*, de rendre la possession des biens qu'un autre a reçus *pro hærede* ou *pro possessore* (nous apprendrons plus bas ce qu'est le *pro hærede* ou le *pro possessore*); ou bien encore, ceux par lesquels il ordonne qu'on me res-

(1) Gaius, *Comm.*, IV, § 138 et 139.

(2) L. 1, § 1, D. *de interd.* — Gaius, *Comm.*, IV, § 142.

(3) L. 2, § 1, D. *de interd.* — Gaius, *Comm.*, IV, § 140.

(4) L. 1 *pr.*, et § 1, D. *quor. bonor.*; l. 1 *pr.*, et § 1, D. *de vi et vi armat.*

titue la possession du fonds, possession dont j'ai été dépouillé par violence.

Sont *exhibitoria*, les interdits par lesquels le préteur ordonne qu'on *exhibe* quelque chose (1). Par exemple, vous avez caché mon frère et prétendu qu'il est votre esclave, quand j'ai voulu plaider pour sa liberté ; ou bien encore, vous avez caché mon affranchi, à qui je veux imposer les *operæ* ; ou bien (ce qui arrive souvent), vous avez caché mon fils ou mon petit-fils encore en ma puissance, et je veux qu'on me les exhibe.

Néanmoins, quelques jurisconsultes pensent (2) qu'à proprement parler, on appelle *interdicta*, les interdits par lesquels le préteur défend de faire quelque chose, parce que *interdicere* signifie défendre et prohiber, et que les interdits *restitutoria* et *exhibitoria* ne s'appellent pas *interdicta*, mais *decreta*, de *decernere*, qui veut dire *statuer*. Mais on a admis pour tous la dénomination d'*interdicta*, *quia inter duos dicuntur*, parce qu'ils sont prononcés entre deux individus.

2. La seconde division des interdits est que les uns ont la vertu *adipiscendæ* (*possessionis*), c'est-à-dire, d'acquérir la possession : ce sont ceux que nous demandons, quand nous voulons acquérir la possession : les autres, celle *retinendæ* (*possessionis*), c'est-à-dire, de retenir la possession ; d'autres, celle *recuperandæ* (*possessionis*), c'est-à-dire, de recouvrer la possession (3).

3. L'interdit *quorum bonorum*, qu'on donne au *bonorum possessor* a la vertu et la puissance *adipiscendæ possessionis*. Par exemple, mon cognat est décédé ; j'ai demandé la possession *unde cognati* de ses biens ; quelques personnes en détiennent une partie : je puis entrer en possession de

(1) L. 1 *pr.*, et § 1, D. *de homin. liber.* ; l. 1 *pr.*, et § 1, D. *de liber. exhibend.*

(2) Gaius, *Comm.*, IV, § 139 et 140.

(3) L. 2, § 3, D. *de interd.* — Gaius, *Comm.*, IV, § 143.

cette partie de ses biens, en vertu de l'interdit *quorum bonorum*. Or, l'interdit ne me sera pas donné contre tout possesseur quelconque, mais seulement contre ceux qui possèdent *pro hærede* ou *pro possessore*.

Mais qu'est-ce que le possesseur *pro hærede* (1)? celui qui croit être héritier. Il est nécessaire de dire ici l'origine de cette dénomination. Il y a plusieurs causes d'acquisitions : or, autant de causes d'acquisition (2), autant de titres. Le titre (3) est la cause de la possession. Par exemple, je vous demande pourquoi vous possédez telle chose, et vous me dites : « Parce qu'on m'en a fait donation. » Ici le titre est: *pro donato* ; ou : « Parce que je l'ai achetée. » Alors le titre est : *pro empto* ; ou : « On me l'a donnée en dot. » Le titre est *pro dote* ; ou : « Elle m'a été léguée. » C'est le titre *pro legato*. Dans notre espèce, le possesseur répond : « Parce que je crois être héritier. » Voilà pourquoi on l'appelle possesseur *pro hærede*.

Qu'est-ce que le possesseur *pro possessore* (4)? On appelle *pro possessore* celui qui a ravi une chose par violence, sans aucune juste cause de détention, et qui, lorsqu'on lui demande pourquoi il possède, répond : « Parce que je possède, » changeant ainsi la question en réponse ; tel est celui qu'on appelle *pro possessore*, sans distinguer s'il possède toute l'hérédité, ou seulement un objet déterminé.

On compte parmi les interdits *adipiscendæ* (*possessionis*) l'interdit *quorum bonorum*, parce qu'il est utile à celui qui veut pour la première fois acquérir la possession (5).

Tel est l'interdit Salvien qu'on donne au propriétaire d'un fonds contre le colon qui est convenu avec lui que les

(1) L. 11, D. *de hæred. petit.*, l. 33, § 1, D. *de usurpat.*

(2) L. 3, § 21, D. *de adquir. possess.*

(3) L. 1, D. *pro donat* ; l. 2, D. *pro emptore*, l. 1, D. *pro dote*, l. 2. D. *pro legato* ; l. 11, D. *pro hærede*, l. 33, § 1, D. *de usucap.* — Eclog., 50. 6, § 4, 5 et 8.

(4) L. 11 *in fine* ; l. 12 et 13, D. *de hæred. petit.*

(5) L. 2, § 3, D. *de interd.* — Gaius, *Comm.*, IV, § 144.

choses qu'il a apportées dans son fonds seraient affectées au payement des fermages : si, en effet, il cesse de les payer, on agira par l'interdit Salvien contre tout détenteur des biens du colon (1).

Si donc quelqu'un vient, pour la première fois, prendre possession d'une chose, il a besoin des interdits *adipiscendæ* (*possessionis*); mais si, ayant déjà eu la possession, il la perd, dans ce cas, il doit recourir aux interdits qui ont la vertu *recuperandæ* (*possessionis*).

4. Après avoir parlé des interdits qui ont la vertu *adipiscendæ* (*possessionis*), parlons des interdits *retinendæ* (*possessionis*). Tel est celui *uti possidetis* et celui *utrubi*, qui ont lieu dans les cas suivants (2) : J'ai trouvé, en votre présence, un esclave que je soutiens m'appartenir; vous affirmez, vous, que vous en êtes le maître, et chacun de nous prétend en avoir la propriété. A la fin, je vous ai dit : si vous croyez être le maître de cet esclave, moi, de mon côté, je le possède : intentez contre moi l'action *in rem*. Mais, de votre côté, vous me disiez : Et moi aussi, je le possède, c'est bien plutôt à vous d'intenter contre moi l'action *in rem*. Mais après avoir d'abord parlé de la propriété de cet esclave, parlons maintenant de sa possession : il faut donc bien distinguer quel est le *reus*, et quel est l'*actor*, parce que l'action ne pourra s'instruire, ni d'après le droit civil, ni d'après le droit naturel, que nous ne sachions préalablement quel est le demandeur et quel est le défendeur. Or, en matière d'action, mieux vaut être le *reus* que l'*actor*, et c'est pour cela qu'il y a presque toujours grande contestation sur la question de savoir à qui appartient la possession elle-même. Or, l'avantage de la possession consiste en ce que, quand même la chose n'appartiendrait pas à celui qui la possède, cependant si l'*actor* ne peut pas prouver qu'elle soit à lui, le *reus* gagnera le procès. Aussi, en cas

(1) L. 3, § 3, D. *de interd.* — Gaius, *Comm.*, IV, § 147.
(2) L. 1, § 3 et 4, D. *uti possid.* — Gaius, *Comm.*, IV, § 148.

de doute sur la propriété de la chose litigieuse, le juge prononce-t-il en faveur du *reus*, le défaut de preuves de la part de l'*actor*, qui est seul tenu de prouver, donnant toujours gain de cause au *reus*.

Ces deux interdits ont donc (également) la vertu *retinendæ* (*possessionis*); mais ils diffèrent entre eux, en ce que l'interdit *uti possidetis* s'applique aux choses immobilières, telles qu'un fonds, une maison, tandis que l'interdit *utrubi* s'applique aux choses mobilières.

Or, dans l'interdit *uti possidetis* (1), la victoire appartient à la partie qui possède régulièrement le fonds litigieux au moment même où le préteur donne l'interdit, c'est-à-dire, sans violence, sans clandestinité, sans titre précaire. Néanmoins, si je le possède, soit après l'avoir enlevé par violence à un autre, soit après l'avoir envahi clandestinement, soit après en avoir obtenu la possession précaire, pourvu que je n'aie commis contre vous aucune de ces voies de fait, et que vous ne m'ayez pas concédé précairement la possession, armé de cet interdit, je l'emporterai sur vous.

Mais dans l'interdit *utrubi*, la victoire appartient à la partie qui a le plus longtemps possédé dans l'année. Par exemple, j'ai possédé pendant sept mois, et vous, pendant les cinq autres; je l'emporterai sur vous. Conséquemment, forcé de me restituer la possession, et par là devenu *actor*, vous serez seul chargé de la preuve (2).

Tel était l'ancien droit. Mais il en est autrement aujourd'hui, où, sans distinguer entre eux, les interdits relatifs à la possession, la victoire appartient à celui qui, au moment de la *litis contestatio*, possède régulièrement la chose liti-

(1) Harmenop., II, I, § 59.

(2) Cf. l. 62, D. *de judic.*; l. 24, D. *de rei vindic.*; l. 128, D *de reg. jur.*; l. 1, § 9; et l. 2, D. *uti possid.* — Paul, *Sent.*, I, XIII, § 6 et 7; V, VI, § 1. — Gaius, *Comm.*, IV, § 149 et 150. — L. 2, C. *de probat.*

gieuse, qu'elle soit immobilière ou mobilière : en sorte que nous n'examinons plus quel est le possesseur au moment où est donné l'interdit, ni quelle est la partie qui a possédé le plus longtemps dans l'année qui a précédé le litige.

5. Ce n'est pas seulement par nous-même ou par ceux qui sont sous notre puissance que nous possédons, mais encore par d'autres personnes qui ne sont pas dans notre *potestas*. Tel est celui qui a affermé notre fonds, le locataire, et celui chez qui j'ai déposé un objet, ou à qui j'ai prêté ma chose : ces personnes détiennent naturellement ces choses, tandis que moi, je les possède légalement. Aussi dit-on vulgairement que je puis retenir la possession par une autre personne possédant en mon nom.

On peut retenir la possession par la seule intention. En effet, bien qu'on ne possède la chose ni par soi ni par un autre en notre nom, néanmoins, si ce n'est pas dans l'intention d'abandonner la chose, comme un objet dont on ne fait aucun cas, mais au contraire, dans l'espoir d'y revenir, on est toujours censé en retenir la possession : c'est ce qui arrive pour les fonds ou les héritages des faubourgs que nous abandonnons l'hiver, parce que leur séjour devient alors incommode, mais avec l'espoir d'y retourner à la belle saison. Mais on ne peut, par la seule intention, entrer, pour la première fois, en possession d'une chose. Par exemple, vous m'avez vendu des terres situées dans la province ; vous vouliez m'en faire la tradition (1); je ne peux

(1) *Οὔτε ἐγὼ δύναμαι καταλαβεῖν τοὺς τόπους ἐκείνους, ἤγουν οὐκ ἀνέχομαι*, etc. — Curtius, Fabrot et Reitz ont cru que cet endroit avait été corrompu : quelque respectable que soit leur opinion, nous ne craignons pas de la combattre. Toute la difficulté gît dans la véritable interprétation du verbe *ἀνέχομαι*. Or, ce mot signifie souffrir, supporter avec peine, *ægre ferre, laborare*, ne pas avoir la force de, *non sustinere*, comme dans ce passage d'Ovide :

. . . Nec jam suspendere fletum
Sustinet. Fast., lib. IV.

Ainsi *δύναμαι*, dans notre texte, indique, d'une manière géné-

pas en prendre possession, et je ne veux pas envoyer quelqu'un pour les prendre en mon nom. Je ne puis donc vous dire : « Quittez ces terres ; car je les possède par la seule intention ; » nous ne pouvons, en effet, par la seule intention entrer pour la première fois en possession d'une chose. Quant à la possession qui m'a été donnée en fait, je puis la retenir par la seule intention (1).

Nous avons dit au long, dans le second Institut, par quelles personnes nous pouvons acquérir la possession.

6. L'interdit *unde vi* a aussi la vertu *recuperandæ* (*possessionis*). Si, en effet, quelqu'un m'expulse par violence de mon fonds ou de ma maison, j'aurai besoin de cet interdit pour le forcer de me restituer la possession, quand même j'aurais déjà usé de violence envers lui, ou que je me serais mis clandestinement en possession, ou que j'aurais obtenu de lui cette possession à titre précaire (2).

Tel était l'ancien droit. Mais, comme nous l'avons déjà dit, les Constitutions (3) veulent que, si quelqu'un s'empare de sa propre chose par violence, il en perde la propriété, et que, s'il s'est emparé de celle d'autrui, il la restitue et en paye l'estimation à celui qui aura souffert la violence. Quant à celui qui par violence a expulsé quelqu'un de sa possession, il est non-seulement passible de cet interdit, mais il est encore soumis à l'action criminelle de la loi *Julia de vi privata* ou *de vi publica*. Or, il y a lieu à l'action *de vi privata*, quand on exerce la violence sans armes. Mais, si on a expulsé quel

rale, l'impossibilité pour l'acquéreur de prendre possession du fonds par lui acquis, et ἀνέχομαι désigne, en particulier, l'obstacle physique, la distance, par exemple, la maladie qui l'en empêche. Ἀνέχομαι est donc, en quelque sorte, synonyme de οὐ δύναμαι : ce que Théophile montre assez clairement par la particule ἤγουν qui le précède

(1) L. 9, D. *de adquir. vel amitt. possess.* — Paul., *Sent.*, II, § 1 et 2. — Gaius, *Comm.*, IV, § 153.

(2) Paul., *Sent.*, II, § 1 ; et L. 1, § 1, D. *de vi et vi armat* — Paul., *Sent.*, V, VI, § 7. — Gaius, *Comm.*, IV, § 154 et 155.

(3) L. 7, C. *unde vi.*

qu'un de sa possession, par violence et avec des *armes*, on est passible de la loi *Julia de vi publica*. Par le mot *armes*, on entend non-seulement les boucliers, les épées, les casques, mais encore les bâtons, les pierres, toute chose, enfin, qui peut nuire (1).

7. Nous avons dit que, parmi les interdits, il en est de *prohibitoria*, de *restitutoria*, d'*exhibitoria*. Établissant ensuite une seconde division, nous avons dit que les uns ont la vertu *adipiscendæ* (*possessionis*), les autres celle *retinendæ* (*possessionis*); d'autres, enfin, celle *recuperandæ* (*possessionis*). (Mais) parlons maintenant d'une troisième division des interdits : les uns sont simples, les autres sont doubles.

Sont simples ceux dans lesquels on distingue l'*actor* du *reus* : tels sont tous les interdits *restitutoria* et *exhibitoria*. Ici l'*actor* est celui qui veut se faire restituer la possession, ou se faire exhiber une personne cachée. Est *reus*, au contraire, celui qui est forcé de restituer la possession, ou d'exhiber la personne en question.

Or, parmi les interdits prohibitoires, les uns sont simples, les autres sont doubles. Ils sont simples, quand le préteur défend à quelqu'un de bâtir sur un lieu sacré, ou de faire aucun ouvrage dans un fleuve public ou sur sa rive; car celui qui défend est l'*actor*, tandis que celui à qui défense est faite est le *reus*. Sont doubles, par exemple, les interdits *uti possidetis* et *utrubi*. On les appelle doubles, parce que la condition des deux parties y est égale, aucune d'elles n'étant plutôt *reus* qu'*actor*, mais chacune soutenant à la fois le rôle de *reus* et d'*actor*. Aussi le préteur, en leur donnant ces interdits, se sert-il d'expressions qui peuvent s'appliquer à chacune d'elles, n'appelant *actor* ni l'une ni l'autre. En effet, dans l'interdit *uti possidetis*, voici ce qu'il disait : *uti possidetis quominus possideatis*,

(1) Cf. l. 5, D. *ad leg. Jul. de vi priv.*; l. 3, § 2, D. *ad leg. Jul. de vi public.*; l. 41, D. *de verb. signif.*

***vim fieri veto***, c'est-à-dire, comme vous possédez, je défends qu'on vous fasse violence pour vous empêcher de posséder : il ne dit pas *uti possides*, pour ne pas avoir l'air de ne s'adresser qu'à une partie. Et dans l'interdit *utrubi*, voici quelles étaient ses paroles : ***utrubi vestrum servus ille de quo agitur majore parte hujus anni fuerit quominus is eum ducat, vim fieri veto***, c'est-à dire, quel que soit celui d'entre vous qui ait possédé l'esclave dont il s'agit pendant la majeure partie de cette année, je défends qu'on lui fasse violence pour l'empêcher de le posséder, c'est-à-dire, je ne veux pas qu'on l'empêche de posséder cet esclave dont il a été en possession pendant la majeure partie de cette année. Remarquez, en effet. que le préteur dit *utrubi*, c'est-à-dire, quel que soit celui des deux, au lieu de dire, toi (1).

8. Quant à la procédure suivie autrefois en matière d'interdits, et aux effets qu'ils produisaient, il est aujourd'hui superflu d'en parler : car, dans les jugements extraordinaires, (et tels sont aujourd'hui tous les jugements), il n'est pas nécessaire qu'un interdit soit rendu, puisqu'on juge sans les interdits, remplacés maintenant par une action utile qu'on exerce en ces termes : « J'intente contre vous l'action utile, à l'instar de l'interdit Salvien, ou de l'interdit *unde vi* ou de tout autre (2). »

## TITRE XVI.

### DE LA PEINE ÉTABLIE POUR ÉCARTER LES PLAIDEURS.

Ceux qui jadis nous donnèrent des lois et tracèrent les règles de la procédure, voulurent empêcher qu'on ne recourût trop facilement et trop témérairement à la justice, et c'est aussi ce que notre Empereur a eu à cœur : car souvent un individu qui n'a pas d'action contre moi m'intenterait un procès, dans la pensée que, s'il parvient à ga-

(1) L. 2, D. *de interd.* — Gaius, *Comm.*, IV, § 155, 157, 158, 159 et 160.

(2) L. 5, C. *de interd.*

gner le juge, son adversaire sera condamné, et que, s'il ne le peut, il n'éprouvera aucun préjudice. De même, l'individu qui me doit se déciderait à nier la dette, dans la pensée que, s'il gagne le juge, il obtiendra l'*absolutio*, et que, s'il ne peut le gagner, il ne risquera rien à payer ce qu'il doit. Les Anciens donc, voulant tout à la fois mettre fin à ces chicanes des demandeurs et à ces détours des défendeurs, ont établi tantôt des peines pécuniaires, tantôt une prestation de serment, et tantôt ont menacé de l'infamie.

1. Et d'abord, en vertu d'une constitution (1) de notre Empereur, on défère le serment à tout défendeur, et il ne peut faire valoir ses défenses qu'après avoir juré au préalable que c'est de bonne foi qu'il répond à l'action, et qu'il se présente en justice. Et c'est là pour lui une très-forte peine, parce qu'il est ainsi exposé à la peine du parjure, et que s'il en est convaincu, il est tenu de payer ce qu'il doit.

Il est quelques actions qui ont la condamnation au double ou au quadruple. Au double, quand elles ont pour objet la loi Aquilia (2) et les legs faits à des lieux vénérables. Nous avertissons donc ceux qui sont tenus, par une de ces actions, de confesser la dette ; car, s'ils la dénient, ils payeront le double, obligés qu'ils seront de payer à titre de peine, un autre *simple*, indépendamment de ce qu'ils doivent (3).

Il est encore d'autres actions qui ont une condamnation qui dépasse le simple, bien que l'action soit dirigée contre un défendeur qui confesse la dette. Quant à l'action *furti nec manifesti*, elle est portée au double, et celle *furti manifesti* au quadruple. Voilà les peines infligées aux défendeurs.

On a aussi établi des peines contre la *calomnie* des de-

(1) L. 2, C. *de jurejur. propt. calumn.* — Novell. 40, c. ult. *in fine.* — Eclog., 7, 8, c. XVI.

(2) Gaius. *Comm* . IV, § 171.

(3) Gaius, *Comm.*, IV. § 173

mandeurs (1). Car, avant tout, l'*actor* doit, dès le commencement de l'instance, conformément à la constitution de notre Empereur, jurer qu'il a intenté le procès de bonne foi.

En vertu d'une autre constitution de notre très-divin Empereur (2), l'avocat de chaque partie est soumis au serment (3). Or, c'est pour remplacer l'ancienne action de *calomnie* tombée en désuétude que notre Empereur a prescrit ce serment. Si, en effet, j'avais intenté une action contre quelqu'un, que j'eusse succombé, et que j'eusse été reconnu de mauvaise foi, le *reus* pourrait, à son tour, intenter contre moi l'action de calomnie, qui avait la condamnation au dixième du montant de ma demande. Par exemple : j'ai intenté la condiction pour cent solides, j'ai succombé : on intentera contre moi l'action de calomnie pour dix solides. Cette action de calomnie ayant donc cessé d'être en usage, on a établi le serment à sa place, et ordonné que le plaideur téméraire serait tenu de rembourser à son adversaire, les frais qu'il lui a occasionnés par son procès (4).

2. Outre les peines contre les *rei* dont nous avons parlé plus haut, il en est encore d'autres. En effet, dans certaines actions, la condamnation est infamante. En matière de délits ce sont les actions *furti*, *vi bonorum raptorum*, *injuriarum*, *de dolo* En matière de contrats ou de quasi-contrats, ce sont les actions directes *tutelæ*, *mandati*, *depositi*. Il n'en est pas de même si elles sont contraires; car les actions contraires ne sont pas infamantes. Par exemple, l'action contraire *tutelæ*, que le tuteur a contre le pupille, pour les dépenses qu'il a faites pour lui. L'action contraire *mandati* a lieu quand vous me mandez

(1) Nov. 90, c. ult — Eclog., 60, περὶ συκοφαντῶν.

(2) L. 14, § 3, C. *de judic.*

(3) L. 2, C. *de jurejur. propt. calumn.* — Novell. 90, c. ult. — Eclog., 7, 4, c. XVI.

(4) Gaius, *Comm.*, IV, § 175.

de plaider pour vous, et que je vous réclame les frais du procès; il y a action contraire, *depositi*, si, par exemple, l'esclave que vous avez déposé chez moi est tombé malade, les dépenses que j'ai faites à l'occasion de sa maladie, je les réclame par l'action contraire; *depositi*. L'action *pro socio* est aussi infamante. Mais vous ne pouvez dire qu'elle est aussi contraire; car elle est directe de part et d'autre, et la condamnation est infamante quel que soit l'associé condamné.

Or, en cette matière, il y a entre les délits et les contrats cette différence que, dans l'action *furti*, et autres semblables, ce n'est pas seulement le condamné qui est infâme, mais encore celui qui a transigé extrajudiciairement, parce qu'il est censé avoir racheté à prix d'argent la peine qui devait être prononcée contre lui, et que par ce pacte il confesse (indirectement) son crime. Dans les contrats, au contraire, il n'y a que le condamné qui soit infâme, et celui qui transige est digne de pitié (1).

3. Or, les premières règles de la procédure à suivre dans l'exercice de toute action sont tracées dans le titre *de in jus vocando* de l'édit du préteur. En effet, celui qui veut plaider doit s'adresser au magistrat, et appeler son adversaire en jugement. Si c'est un ascendant (2) qui est appelé en justice, ou un patron cité par un affranchi, ou un ascendant ou un descendant du patron, il faut que le demandeur en obtienne la permission du préteur, et si on les y appelle sans avoir préalablement obtenu cette permission, les demandeurs, poursuivis en vertu de l'action *in factum*, seront condamnés à leur payer cinquante écus (3).

(1) L. 1, 4, § 6; et l. 6, § 3 et 7; l. 7, D. *de his qui not.* — Paul, *Sent.*, XXXI, § 13. — Gaius, *Comm.*, VI, § 182.

(2) L. 4, § 1, D. *de in jus vocando.* — Eclog., 7, 8. c. II.

(3) L. 24, D. *de in jus vocando.* — Gaius, *Comm*, IV, § 46 et 183.

## TITRE XVII.

### DE L'OFFICE DES JUGES

Reste à traiter de l'*officium* des juges. Et avant tout, le juge doit s'attacher à ne juger que suivant les constitutions (1), le droit écrit, et les décisions des Prudents (2).

1. Si donc j'intente contre vous une action noxale, et que je prouve que j'ai été victime d'un délit, le juge devra prononcer la sentence en ces termes : « Je condamne Publius Mævius à payer dix solides ou à donner à la noxe son esclave à l'*actor*, Lucius Titius. »

2. Dans l'action *in rem*, s'il juge contre l'*actor*, il doit absoudre le *reus*. S'il pense, au contraire, que c'est le défendeur qui a tort, il doit lui ordonner de restituer la chose avec les fruits. Que si le défendeur prétend ne pas pouvoir la restituer au moment même, et que cette allégation n'ait pas pour but de lui faire gagner du temps, le juge devra fixer un délai après lequel le défendeur sera tenu de restituer la chose à l'*actor*, en promettant toutefois sous caution de payer l'estimation du litige, pour le cas où, après le délai fixé par le juge, il ne restituerait pas la chose.

En cas d'*hæreditatis petitio*, qu'il juge à l'égard des fruits comme dans le cas de l'action *in rem*. Quant aux fruits que le possesseur a manqué, par sa faute, de recueillir dans l'hérédité, qu'il soit condamné à en tenir compte, s'il est entré *mala fide* en possession de l'hérédité. A son égard, il en est à peu près comme pour l'action *in rem* (dans le cas spécial dont nous avons parlé) : car, dans cette action aussi, celui qui est entré *mala fide* en possession d'une chose sera tenu de rendre compte des fruits que par sa négligence il a manqué de recueillir. J'ai dit *à peu près* : nous

(1) L. 2, C. *de pœna judic.* — Nov. 15, c. 1; nov. 82, c. XIII.

(2) L. 40, § 1, D *de judic.*; l. 1, § 3, D. *de leg. Cornel. de falsis*.

en verrons la raison dans le titre *de judiciis*. Que si le défendeur est un possesseur *bona fide*, on ne pourra lui demander ni les fruits qu'il a consommés, ni ceux que par sa négligence il a manqué de recueillir, pourvu toutefois qu'il s'agisse de fruits recueillis avant la *litis-contestatio*. Mais après la *litis-contestatio*, le juge doit le condamner, tant à raison des fruits perçus que de ceux qui ont été consommés. Voilà pour l'action spéciale *in rem*. On doit en dire autant de l'*hæreditatis petitio* (1).

3. Quant à l'action *ad exhibendum* (2), il ne suffit pas au *reus*, pour éviter la condamnation, d'exhiber la chose (litigieuse); il doit encore *prester* le profit de la chose, c'est-à-dire, restituer à l'*actor* tout ce qu'il aurait eu, si la restitution avait eu lieu dès le commencement du procès. Conséquemment, quand même le défendeur, pendant les retards que nécessite l'instruction de l'action *ad exhibendum*, usucaperait la chose, il n'en sera pas moins condamné, dans l'impossibilité où il sera de se dire qu'il est devenu propriétaire de cette chose par usucapion, et qu'ainsi il ne doit pas être condamné à restituer ce dont il est devenu propriétaire, par la raison qu'au moment de la *litis-contestatio* de l'action *ad exhibendum*, le cours de l'usucapion n'était nullement accompli, bien qu'il se soit réellement accompli dans l'intervalle. Comme, en effet, nous nous reportons au moment de la *litis-contestatio*, et qu'à ce moment la chose n'était pas encore usucapée, c'est avec raison que la chose, qui n'est nullement censée être devenue la propriété du *reus* par l'usucapion, devra être restituée à l'*actor*, parce que, ainsi que nous l'avons déjà dit, nous faisons rétroagir la condamnation au moment de la *litis-contestatio* Pour les fruits du temps intermédiaire, c'est-à-dire, ceux qui ont été

(1) L. 11, 17, § 1; et l. 27, § 4, D. *de rei vind.*; l. 55, § 3 et 4, D. *de hæred. petit.*; l. 4, § 2, D. *de finium regund.*; l. 22, C. *de rei vind.*

(2) Eclog., 15, 4, *περὶ παραστάσεως ἤτοι ἐπιδείξεως πραγμάτων*.

perçus depuis la *litis-contestatio* jusqu'à la condamnation, le *reus* doit les rendre. S'il prétend ne pouvoir les restituer au moment même, et que ce ne soit pas pour gagner du temps, mais parce qu'ils sont, par exemple, dans un autre lieu, il jouira d'un délai pour la restitution, pourvu, toutefois, qu'il garantisse à l'*actor* la restitution de la chose. Mais si, n'obéissant pas à l'ordre du juge, il n'exhibe pas immédiatement la chose et ne garantit pas sa restitution, il sera condamné à indemniser l'*actor* de tout l'intérêt qu'il avait à ce que la restitution en fût faite au moment même de la *litis-contestatio* (1).

4. Dans le cas de l'action *familiæ erciscundæ*, l'*officium* du juge est d'adjuger en entier chaque objet à chaque héritier. Si l'objet adjugé à un héritier est d'une plus grande valeur que l'objet adjugé à un autre héritier, le juge doit, ainsi que nous l'avons dit plus haut, condamner un de ces héritiers à payer à l'autre une somme certaine, afin qu'ils aient chacun une part égale. Par exemple, il a été adjugé 1000 solides à Primus, et 800 à Secundus: le juge doit condamner Primus à lui payer 1000 solides, afin qu'ils aient 100 solides chacun. Que si l'un des héritiers a seul perçu les fruits de la chose commune ou a détérioré une chose héréditaire, ou l'a consommée (si, par exemple, c'était du vin, et qu'il l'ait bu), il sera condamné, envers chaque héritier, au payement de leur portion virile sur cette chose, ce qui aura lieu, qu'il y ait deux ou plusieurs héritiers (2).

5. Nous en dirons autant de l'action *communi dividundo*, lorsqu'il s'agit de partager entre quelques héritiers plusieurs choses communes entre eux. S'il n'y a qu'une seule chose à partager, un fonds, par exemple, et qu'elle puisse être commodément partagée en plusieurs portions (peut-être, en effet, se compose-t-elle d'un verger d'oliviers et d'un vignoble), le juge peut adjuger le verger à l'un et le

(1) L. 5, § 7 et 8, l. 9, § 5 et 6; l. 12, § 5, D. *ad exhibend.*
(2) L. 52, § 2; l. 56, D. *famil. erciscund.*

vignoble à l'autre, en condamnant toutefois celui qui reçoit la meilleure portion, à payer à l'autre une somme d'argent Que si la chose n'est pas partageable; si, par exemple, il s'agit, dans l'action, d'un esclave, d'un mulet, le juge doit l'adjuger tout entier à un seul, en le condamnant, toutefois, à payer à l'autre une somme certaine (1).

6. Dans l'action *finium regundorum*, le juge doit examiner si l'*adjudicatio* est utile. Or, elle ne sera nécessaire que dans un seul cas. Si, en effet, les fonds ne sont séparés que par des limites douteuses que le juge peut transposer a son gré, son *officium* sera de donner pour limite à l'un des deux fonds une partie de l'autre, pour y établir des limites apparentes. Dans ce cas, le juge doit naturellement condamner l'un des propriétaires à payer à l'autre un certain nombre de solides.

Mais si l'un des propriétaires voisins commet frauduleusement quelque entreprise contre les limites de leurs fonds, par exemple, en enlevant les pierres qui servent de termes, il sera condamné à payer une indemnité à son adversaire.

Quelquefois aussi le contumace, de même que celui qui a contrevenu aux ordres du juge, sont condamnés (en vertu de la même action *finium regundorum*), c'est, par exemple, lorsque, résistant aux injonctions du juge qui a ordonné le mesurage des deux fonds, l'une des parties s'y est oppoposée (2).

7. Or, tout ce qui est adjugé par suite de ces actions, c'est-à-dire, des actions *familiæ erciscundæ, communi dividundo, finium regundorum*, devient immédiatement la propriété de l'adjudicataire (3). Il faut donc compter aussi ce mode d'acquisition parmi les moyens particuliers d'acquérir d'après le droit civil.

(1) L. 55, D. *famil erciscund.*

(2) L. L. 2, § 1, l. 3 et 4, § 3 et 4, D. *fin. regund.* — Eclog., 58, 9, περὶ ὅρων ἀποκινηθέντων. — Harmenop., VI, I, § 10.

(3) L. 11 *in fine*, D. *de jurisdict.*; l. 21, § 3, D. *de annuis.* — Ulp., *Fragm.*, XXIX, § 16.

## TITRE XVIII.

### DES PROCÉDURES PUBLIQUES (1).

La loi s'est occupée avec un soin tout particulier des procédures publiques. Or, les procédures ne s'instruisent pas par des actions ordinaires, et ne ressemblent en rien aux autres genres de procédure, dont elles diffèrent beaucoup, soit quant à leur introduction, soit quant à leur poursuite. Aussi, dans l'instruction d'une procédure publique, ne peut-on pas dire : « J'intente telle action » mais bien : « Je poursuis en vertu de telle loi. » Elles peuvent être suivies d'une condamnation à la torture, à la confiscation, à la perte de la cité, de même qu'à la perte de la liberté, et quelquefois même de la vie. Toutes choses qui n'ont pas lieu dans les instances qui n'ont pour but qu'une condamnation pécuniaire (2).

1. On les nomme publiques, parce que, d'ordinaire, le public a le droit de les diriger. Je dis *d'ordinaire*, parce qu'il est quelques personnes qui ne peuvent pas agir par procédure publique, comme on peut le voir plus au long dans notre Cours approfondi sur les procédures publiques.

2. Parmi les procédures publiques, les unes sont capitales, les autres ne le sont pas. Nous appelons *capitales* celles qui emportent le dernier supplice, c'est-à-dire, la perte de la vie ou l'*aquæ et ignis interdictio*, ou la *deportatio*, ou le *metallum* Quant aux autres procédures publiques qui emportent l'infamie avec peine pécuniaire, on les nomme, à la vérité, publiques, mais non capitales (3).

3. Mais il est nécessaire d'énumérer ici les procédures publiques. De ce nombre sont la loi *Julia*, *de majestate* (4),

(1) D. *de public. judic.*
(2) L. 43, § 10, D. *de rit. nupt judic.*
(3) L. 2, D. *de pub. judic.*
(4) Eclog., 60, 36, περὶ ἐπιβουλῶν. — On pense que la loi Julia,

contre ceux qui conspirent contre l'Empereur ou l'Etat. Elle est punie de la perte de la vie, et, comme nous avons dit en commençant le troisième Institut, s'exerce même après la mort du coupable (1).

4. Il y a encore la loi *Julia, de adulteriis* (2), qui soumet au supplice capital, non-seulement ceux qui souillent la couche d'autrui, mais encore ceux qui ont commerce avec des hommes (3). Cette loi punit aussi le crime de *stuprum*, c'est-à-dire, la séduction exercée sans violence sur une fille ou une veuve de mœurs honnêtes. Elle prononce contre l'auteur d'un tel crime la peine de la confiscation de la moitié de son patrimoine et, s'il est de basse condition, une peine corporelle suivie de la rélégation (4).

5. Il est une troisième loi, la loi *Cornelia de sicariis*, qui frappe d'un glaive vengeur les homicides ou ceux qui, armés d'un trait que le texte nomme *telum*, marchent au meurtre de quelqu'un (5). Gaius, dans son Commentaire de la loi des Douze Tables, dit qu'on entend vulgairement par *telum* (6), non-seulement le trait lancé par un arc, mais encore tout ce qui se lance à la main. Ainsi donc, une pierre, du bois, du fer, sont compris sous cette dénomination. Quant au mot *telum*, qui dérive du grec τῆλος, on s'est servi de ce terme, parce qu'il exprime toute chose lancée au loin. Aussi trouvons-nous la même signification dans le mot grec : car ce que les Romains appellent *telum*, les Grecs

*de majestate*, fut portée sur la proposition de César (Cicer., *Philip.*, I, IX).

(1) Paul., *Sent.*, V, XXIX, § 1.

(2) Elle fut publiée sous Auguste, l'an 736 ou 737 de Rome.

(3) Eclog., 60, 37, περὶ μοιχείας : *id.*, 39. — Harmenop., VI, IV, § 3.

(4) L. 6, § 1, D. *de pub. jud.* — Paul., *Sent.*, II, XXVI.

(5) L. 1, D. *ad leg. Cornel. de sicar.* — Harmenop., VI, VI, περὶ φονέων. — La loi Cornelia, *de sicariis et veneficiis*, fut portée sous la dictature de Sylla, l'an 672 ou 673 de Rome.

(6) L. 233, D. *de verb. signif.* — Paul., *Sent.*, V, XXIII, § 7.

le nomment βέλος, de βάλλεσθαι. C'est, d'ailleurs, ce qui résulte de ce passage de Xénophon : (1) « On apporta tout à la fois des projectiles (τὰ βέλη), des lances, des flèches, des frondes et une grande quantité de pierres. » Ici, sous la dénomination de βέλος, il a compris toutes sortes d'armes.

Cette loi donc se nomme loi *Cornelia de sicariis*. Or, les *sicarii* sont ainsi nommés de *sica*, mot qui signifie poignard.

La même loi punit aussi de la peine capitale (2) ceux qui, par d'odieux artifices, des poisons, des paroles magiques et des enchantements, font mourir les hommes ; ou ceux qui vendent publiquement des médicaments léthifères.

6. Il y a encore la loi *Pompeia de parricidiis* (3), qui punit d'un supplice tout particulier le plus horrible des crimes (4). D'après cette loi, celui qui tue secrètement ou ouvertement un ascendant, un fils, ou un descendant à qui il doit la même affection, et dont le meurtre est compris sous la dénomination de *parricidius*, de même que l'instigateur ou le complice d'un tel crime, fût-il étranger à la famille, seront condamnés au supplice que voici : la loi ne les frappera pas de son glaive, ne les livrera pas aux flammes, ne les frappera d'aucune peine ordinaire ; mais elle les fera coudre dans un sac de peau de bœuf avec un chien, un coq, une vipère et un singe ; et renfermés avec ces animaux dans cette étroite prison, elle ordonne, suivant la nature du lieu du supplice, qu'ils soient jetés dans la mer la plus voisine ; ou, si la mer est trop éloignée, dans un fleuve, afin

(1) Ξενοφ. Ἀνάβασις (*Retraite des Dix Mille*, lib. V).

(2) L. 3, D. *ad leg. Cornel. de sicariis*. — Harmenop., VI, x, § 1 et 2.

(3) Portée l'an 701 de Rome, sous le consulat de Cnéius Pompée.

(4) Dig., tit. *de lege Pompeia de parricid.* — Paul., *Sent.*, V, xxiv. — Cod., tit. *de his qui parric.* — Eclog., 36, 40, c. 1, περὶ πατροκτόνων.

que pendant leur vie, comme après leur mort, ils soient privés de l'usage de tous les éléments : pendant leur vie, puisque, renfermés dans un sac et jetés dans l'eau, ils sont privés de l'usage de l'air et de la vue du ciel : après leur mort, puisque, emportés par les eaux, la terre manque à leurs cadavres. Quant aux animaux dont nous venons de parler, on les renferme dans le sac avec eux, parce qu'il y a ressemblance entre eux. Les uns, en effet, tuent ceux dont ils sont nés, les autres ne craignent pas de combattre contre eux (1). Que si quelqu'un tue d'autres personnes unies à lui par parenté ou par alliance, il est passible de la loi *Cornelia de sicariis* (2).

7. Il y a encore une autre loi *Cornelia de falsis* (3), que nous nommons aussi testamentaire, qui punit celui qui a écrit, signé, lu ou supposé un testament ou tout autre acte faux, ou bien qui a apposé un faux cachet, ou l'a gravé avec mauvaise foi. La peine est capitale contre les esclaves, de même que la loi *Cornelia de sicariis et veneficiis*, et la *deportatio* contre les hommes libres (4).

8. Il y a deux lois *Julia*, l'une *de vi publica*, l'autre *de vi privata*, portées contre ceux qui se rendent coupables de violence à main armée ou même sans armes. Dans le cas de violence à main armée, le coupable est puni de la *deportatio*; dans celui de violence faite sans armes, on lui confisque le tiers de son patrimoine (5). Mais, si par violence on enlève une fille, une veuve ou une femme consacrée à Dieu, c'est-à-dire une ascète ou une diaconesse, le

(1) L. un., C. *de his qui parricid.*

(2) L. 1 et 9, § 1, D. *de leg. Pomp. de parricid.*

(3) Cette loi, qui est encore appelée *testamentaria* et *testamentaria nummaria*, fut publiée sous la dictature de Sylla. — L. 1, D. *de publ. judic.* — Paul., *Sent.*, V, xxv. — Eclog., 60, 41, περὶ πλαττῶν.

(4) Eclog., 53, 16, c. II.

(5) L. 10, § 2, D. *ad leg. Jul. de vi public.* — Paul., *Sent.*, V, xxvi, § 1 et 3. — Eclog., 60, 18, c. I — Harmenop., VI, vii, 8.

ravisseur et ses complices subiront la peine capitale, conformément aux prescriptions de la constitution de notre Empereur, dans laquelle on trouvera de plus longs détails sur ce point (1).

9. Ajoutons à ces lois la loi *Julia de peculatu* (2), qui punit les voleurs de deniers ou d'objets publics, sacrés ou religieux. Mais, si ce sont des magistrats qui, pendant leur administration, ont soustrait des deniers publics, ils seront frappés de la peine capitale, ainsi que leurs complices. Subiront aussi la même peine, ceux qui auront sciemment recélé le vol; toute autre personne qui succombe à une pareille accusation, est punie de la déportation (3).

10. On compte encore parmi les procédures publiques la loi *Fabia de plagiariis* (4), qui, dans certains cas, inflige la peine capitale, suivant les constitutions impériales, et, dans d'autres, une peine plus légère, comme on peut le voir dans le Code et dans les Constitutions.

11. Il y a encore d'autres lois *publiques*. Telles sont : la loi *Julia de ambitu* (5) contre ceux qui ont donné de l'argent à quelqu'un pour obtenir une magistrature ou une dignité (6) :

(1) L. unic., C. *de rapt. virg.*

(2) L. 1, D *ad leg. Jul pecul.* — Paul., *Sent.*, V, XXVII.

(3) L. unic., C *de cum pecul.*; l. 5, D. *ad leg. Jul. pecul.*

(4) Dig., tit. *de lege Fabia de plagiar.* — Eclog., 60, 48, περὶ ἀνδραποδιστῶν.

On ne connaît pas bien l'année où fut rendue la loi *Fabia* ou *Favia, de plagiariis;* ce qui est certain, c'est qu'elle existait du temps de Cicéron (*pro Rabirio*, III). Elle punissait quiconque, sciemment et de mauvaise foi, recélait, vendait, achetait, mettait ou tenait dans les fers un citoyen romain, ingénu ou affranchi, et même l'esclave d'autrui (l. 7 et 16, C. *ad leg. Fab. de plagiar.*).

(5) Dig., tit. *de leg. Jul. ambit.* — Eclog., 60, 46, περὶ κολάκων. — Elle fut portée sous Auguste, on ne sait pas en quelle année.

(6) *Ambitus judicium in eum est qui largitione honorem capit et ambit, omnemve dignitatem quam munere invadit* (Isid., *Origin* lib. V, c. XXVI)

La loi *Julia de repetundis* (1), qui frappe les magistrats, ou les juges, ou les assesseurs qui ont volé dans un procès :

La loi *Julia de annona* (2), qui punit ceux qui détournent de leur destination le blé ou les vivres qu'on porte à la ville impériale :

La loi *Julia de residuis* (3), répressive de ceux qui administrent les deniers publics, et qui n'en restituent pas le reliquat :

Ces lois s'occupent encore de certains points spéciaux. Aucune d'elles ne fait encourir la perte de la vie au coupable, contre qui elles prononcent d'autres peines (4).

12. Cet exposé sommaire sur les procédures publiques suffit pour les faire toucher du bout du doigt (5) aux jeunes gens qui, avec l'aide de Dieu, en puiseront une connaissance plus approfondie dans la lecture des livres plus étendus du Digeste ou des Pandectes.

(1) Dig., tit. *de leg. Jul. repetund.* — Elle fut promulguée sous le premier consulat de César, vers l'an 695 de Rome.

(2) Dig., tit. *de leg. Jul. de annona.*

(3) L. 2 et 4, § 3, D. *ad leg. Jul. pecul. et de sacrileg. et de residuis.*

(4) L. 1, D. *de publ. judic.* — Paul., *Sent.*, V, XXVIII, 30.

(5) Ακρῳ γευσασθαι τῳ δακτυλῳ, litt. goûter du bout du doigt (*summo gustare digito*).

FIN

# FRAGMENTS DE THÉOPHILE,

Tirés de ses Commentaires sur les trois premières parties du Digeste

Reitz a réuni sous le titre de : *Fragmenta Theophili antecessoris, ex Leunclavii Basilicorum Synopsi, ipsis Fabroti Basilicis, etc., etc., collecta,* tous les textes qui dans la *Synopsis* des Basiliques de Lowenklaau, les Basiliques de Fabrot, les Scholies de ces deux recueils, les Gloses nomiques et le Manuel d'Harménopule lui ont paru avoir été extraits de la Paraphrase de Théophile. Nous avons dû nous contenter de mettre sous les yeux du lecteur des fragments beaucoup plus intéressants, parce qu'ils ont pour objet certains endroits du Digeste, et surtout beaucoup plus authentiques, si on en excepte le premier.

Pour ne pas grossir inutilement notre ouvrage, nous avons cru devoir défalquer des textes rapportés par Reitz, tout ce qui n'appartient pas exclusivement à Théophile, ou n'est pas absolument nécessaire pour le comprendre.

## I

Sur la loi 2, D., lib. I, t. vi.

Ἀλλὰ καὶ τὴν πρᾶσιν καὶ αἱρέσει ποιεῖν, ὥστε μὴ διά τινων πεσσουισμένων αἱρέσεων καὶ μετὰ τὴν ἐκποίησιν αὐτοὺς κακοποιεῖν, ἢ ἐν δεσμοῖς εἶναι συμφωνοῦντας, ἢ ἐπὶ τῷ οἰκεῖν ἐν χώρᾳ βαρυτάτους ἐχούσῃ τοὺς ἀέρας. — Basiliques, texte, *Synopsis* de Lowen-

La vente doit être faite sous de bonnes conditions, de peur que les vendeurs, au moyen de conditions frauduleuses, ne lèsent les acheteurs même après la vente, soit en convenant qu'ils (les esclaves) resteront dans les fers, soit (en convenant) qu'ils demeureront dans un pays malsain et pestilentiel.

Klaau, p. 42, 43. — Édition de Fabrot, t. II, p. 662.

On a vu dans notre Dissertation (1), que quelques jurisconsultes avaient pensé que la *Paraphrase de Théophile* reproduisait textuellement plusieurs passages empruntés aux Basiliques : Lowenklaau est de ce nombre (*Notationes in Basilic.*, lib. II, sect. IV). Pour réfuter leur sentiment, il nous suffirait de faire remarquer l'énorme différence d'expressions qui ressort de la comparaison du texte des Instituts, avec celui des Basiliques, *vid. inf.*, Appendice. Telle est l'opinion de Meermann, adoptée par Reitz. De plus, ces deux savants philologues estiment que le texte des Basiliques, que nous venons de traduire, est extrait des Commentaires de Théophile sur les Pandectes, et ils croient que de même que certaines scholies de Thalælée (Hoffman, *Hist. jur.*, vol. I, p. 1 et 665), certaines scholies de Théophile se sont glissées dans le texte des Basiliques. Il nous semble que c'est aller trop loin ; rien ne prouve, en effet, que ce texte n'ait pas été tiré d'un autre commentateur des Pandectes. Quoi qu'il en soit, nous avons cru devoir le citer avec Reitz, parmi les Fragments de Théophile, laissant à d'autres plus habiles que nous le soin de décider une question insoluble peut-être

II

Sur la loi 4, D. lib. II, t. XIV.

Philoxène, dans ses Novelles, a proposé l'explication de *Théophile*, laquelle est ainsi conçue : Sont *invecta* les choses qu'on porte (sur soi), telles qu'un habit, de l'or, de l'argent, des livres et autres cho-

Ὁ Φιλόξενος παρέθετο ἐν ταῖς Νεαραῖς ἐξήγησιν Θεοφίλου λέγουσαν· Ἰνβέκτα μέν ἐστι τὰ βασταζόμενα, οἷον ἐσθὴς, χρυσὸς, ἄργυρος, βιβλία, καὶ εἴ τι τοιοῦτον· ἰλλᾶτα, τὰ ἔμψυχα, οἷον βοῦς, ἵππος, οἰκέτης, καὶ τὰ τοιαῦτα. —

(1) Voy. *supra*, p. 45.

Schol. Basilic., t. I. p. 751, éd. Fabrot.

ses de ce genre. Sont *animata*, (les êtres) animés, tels qu'un bœuf, un cheval, un esclave et autres choses semblables.

### III

Sur la loi 4, pr., D., l. III, t. II

*Καὶ αὐτὸς γὰρ ὁ Θεόφιλος ἐν τῷ ἰδίῳ* Indici *τῶν πρώτων οὐ λέγει τοὺς ἡνιόχους αἰσχρὰ ἢ ἄτιμα πρόσωπα.* — Scholiaste de Théophile, page 417 de l'édition des Basiliques de Reitz (Reitz a publié 4 livres inédits des Basiliques).

Car *Théophile*, dans son *Index* des *τὰ πρῶτα*, n'appelle pas les cochers personnes honteuses ou déshonorées.

### IV

Sur la loi 75, D., l. III, t. III

*Θεόφιλος μέντοι ὁ μακαρίτης, τὸ* rursus defendere *πρὸς αὐτὸν ἐνόησε τὸν ἀγοραστὴν, εἰπὼν ἵνα μὴ τοῦ ἀγοραστοῦ ἐπανιόντος καὶ βουλομένου τὸν ἀγρὸν ἐκ τοῦ ἐκνικήσαντος ἐκδικῆσαι καὶ ἀναλαβεῖν, ἀναγκασθῇ ὁ πράτης πάλιν αὐτὸν δεφενδεῦσαι, τουτέστι δικαιολογίαν αὐτοῦ κινοῦντος χορηγῆσαι, καὶ ἐπὶ ἄκτορος ἐχρήσατο τῇ δεφενσίονι.* — *Ex Schol. ineditis apud Ruhnkenium.* — Ce texte est extrait d'un texte beaucoup plus étendu de l'*Anonyme*, un des scholiastes des Basiliques.

Mais, *Théophile* d'heureuse mémoire appliquait à l'acheteur lui-même les mots *rursus defendere*, disant que même dans le cas où l'acheteur voudrait exercer un recours contre le vendeur pour revendiquer le fonds vendu entre les mains de celui qui l'a évincé, et rentrer en possession de ce fonds, le vendeur ne doit pas être forcé de le defendre une seconde fois, c'est-à-dire, de lui fournir une exception contre l'action de ce dernier, de sorte donc qu'il (Théophile) a appliqué à l'*actor* le mot *defensio*.

### V

Sur la loi 57, D., l. V, t. III.

*Ὁ Ἰσίδωρος φησὶν ἅμα τοὺς δύο προκατάρξασθαι, καὶ τὸν ἕνα κρε-*

Isidore dit que deux individus ont engagé un procès

en même temps, et que l'un d'eux s'est désisté : *Théophile*, au contraire, dit qu'ils ont engagé le procès à des époques différentes.

κασιν. Θεόφιλος δὲ κατὰ διαφόρους καιροὺς αὐτοὺς λέγει προκατάρξασθαι. — Schol. Basilic., t. V, p. 644, édit. Fabrot.

## VI

Sur les mots *sive ex incerto* de la loi 9 pr., D., l. XII, t. 1

Mais *Théophile* d'heureuse mémoire dit que la condiction ne peut remplacer ni la stipulation consistant *in faciendo*, ni l'action *ex empto*, que l'acheteur peut intenter, parce que la stipulation qui consiste *in faciendo* est incertaine de sa nature. Il dit, en effet, qu'il est des contrats qui sont incertains de leur nature, tels que les stipulations consistant *in faciendo*, et qu'il en est d'autres qui le sont à cause de l'ignorance des contractants, dans le cas, par exemple, où on stipule ce qui est dans un coffre. Or, il dit que la condiction ne peut être intentée dans les contrats qui sont incertains de leur nature. Quant à ceux qui sont incertains, non de leur nature, mais à cause de l'ignorance des contractants, il dit que la condiction peut être intentée. Mais dans l'action *ex empto*, l'acheteur ne peut dire avec raison : *Si paret dare*, car le vendeur n'est pas forcé de rendre l'acheteur propriétaire, mais seulement de lui *traditionner* la chose vendue, et de lui promettre (par stipulation) le double (du prix) en cas d'éviction.

Θεόφιλος μέντοι ὁ μακαρίτης φησὶν, μήτε ἀντὶ τῆς ἰν φακιένδο ἐπερωτήσεως, μήτε ἀντὶ τῆς ἐξ ἔμπτο, ἣν ὁ ἀγοραστὴς δύναται κινεῖν, κινεῖσθαι τὸν κονδικτίκιον· καθὸ ἡ μὲν ἰν φακιένδο ἐπερώτησις κατὰ φύσιν ἰγκέρτα ἐστί· τῶν γὰρ συναλλαγμάτων τὰ μὲν κατὰ φύσιν ἰγκέρτα εἶναί φησι, ὡς τὰς ἰν φακιένδο ἐπερωτήσεις· τὰ δὲ διὰ τὴν τῶν συναλλασσόντων ἄγνοιαν, ὡς ἐὰν τις ἐπερωτήσῃ τὰ ἐν κιβωτῷ· καὶ ἐπὶ μὲν τῶν κατὰ φύσιν ἰγκέρτων οὔ φησι κινεῖσθαι τὸν κονδικτίκιον· ἐπὶ δὲ τῶν, ὅσα μὴ κατὰ φύσιν, ἀλλὰ διὰ τὴν ἄγνοιαν τῶν συναλλαττόντων, ἐστὶν ἰγκέρτα, κινεῖσθαί φησι τὸν κονδικτίκιον, ἐπὶ δὲ ἐξ ἔμπτο ὁ ἀγοραστὴς οὐ καλῶς λέγει· σι παρετ δάρε· οὔτε γὰρ ἀνάγκη τὸν πράτην δεσπότην ποιεῖν τὸν ἀγοραστὴν, ἀλλὰ μόνον αὐτῷ τραδιτεύειν ἀναγκάζεται τὸ πεπραμένον, καὶ ἐπερωτᾶσθαι τὴν περὶ ἐκνικήσεως δουπλίαν. Schol. Basilic., t. III, p. 249, édit. Fabrot. — Cette scholie est d'Étienne (Stephanus).

## VII

Sur la loi 25, D., l. XII, t. 1.

[illegible] — Schol. Basilic., t. III, p. 287, edit. Fabrot. — Cette scholie est d'Étienne.

Mais *Théophile* d'heureuse mémoire, interprétant le présent Digeste, dit qu'il (le créancier) est préféré dans les actions personnelles.

## VIII

Sur la loi 31, § 1 *in f.*, D., l. XII, t. 1.

[illegible] — Schol. Basilic., t. III, p. 292, edit. Fabrot.

*Théophile* d'heureuse mémoire a accordé l'action *negotiorum gestorum de peculio*, même dans le cas où l'*ordinarius* (l'esclave) a géré les affaires du possesseur *bona fide*.

## IX

Sur la loi 31, § 1, D., l. XII, t. 1.

[illegible] — Schol. Basilic., t. III, p. 295, edit. Fabrot. — Cette scholie est d'Étienne.

*Théophile* d'heureuse mémoire dit qu'il en est de même, quand même le vendeur ne vous aurait pas livré le *vicarius* (l'esclave) à vous qui en êtes le véritable, maître, mais bien à moi qui en suis possesseur *bona fide*, conformément à notre espèce.

## X

Sur la loi 35, D., l. XII, t. 1.

[illegible]

*Théophile* d'heureuse mémoire a supposé le cas où l'écrit (constatant la créance, *nomen*) a subi une rature, ou est devenu obscur de quelque autre manière.

τως ἐθεμάτισεν, ἀπαλοιφὰς δεξαμένου τὸ γραμματεῖον, ἢ ἄλλως γενομένου ἀμφιβόλου. — Schol. Basilic., t. III, p. 298, édit. Fabrot. — Cette scholie est d'Étienne.

## XI

Sur la loi 40 *in f.*, D., l. XII. t. 1

*Théophile* d'heureuse mémoire a supposé le cas où le fidéjusseur ayant fourni caution *judicatum solvi*, après la condamnation du *reus* (défendeur), les fruits seraient demandés à partir de la *litis contestatio*, même en dehors de toute convention spéciale (à cet égard).

Θεόφιλος μὲν ὁ μακαρίτης οὕτως ἐθεμάτισε τὸν ἐπὶ ἰουδικάτουμ σολβὶ δοθέντα ἐγγυητὴν ἀπαιτούμενον μετὰ καταδίκην τοῦ ῥέου, καὶ τοὺς ἀπὸ τοῦ καιροῦ τῆς προκατάρξεως καρπούς, κἂν μὴ τοῦτο συνεδόξεν ἰδικῶς. — Schol. Basilic., t. III, p. 510, édit. Fabrot.

## XII

Sur la loi ult., § 1, D., l. XII, t. 1.

Mais *Théophile* d'heureuse mémoire interprète cette espèce dans le sens que, moi, voulant prêter de l'argent à quelqu'un, et n'étant pas sûr de sa solvabilité, vous avez stipulé avec moi, en ces termes, pour m'engager à le lui prêter : « Je vous promets de veiller à ce que vous ayez ces dix solides, » et c'est pour cela qu'il (Théophile) dit que je ne puis agir contre vous et vous dire : « S'il appert qu'il faille que vous donniez dix solides » puisque, soit que vous vouliez m'emprunter (ces dix solides), et m'en garantir le

Θεόφιλος μέντοι ὁ μακαρίτης οὕτως ἑρμηνεύει τὸ θέμα, ὅτι ἐμοῦ βουληθέντος δανεῖσαί τινι, καὶ ἀποροῦντος εἰ ἔστιν ἀξιόχρεως, ἵνα τούτῳ δανείσω, σὺ ἐπηρωτήθης μοι λέγων, Ὁμολογῶ φροντίδα θέσθαι σου ἐπὶ τοῖς ι'. νομίσμασι· καὶ διὰ τοῦτό φησιν, Οὐ δύναμαι κινῆσαι κατά σε καὶ λέγειν· Εἰ φαίνεταί σοι χρῆναι δοῦναι μοι νομίσματα δέκα· ἐπειδὴ εἴτε θελήσῃς σὺ δανείσασθαι ταῦτα, καὶ τὸ ἀσφαλὲς μοι ποιήσασθαι ἐπ' αὐτοῖς, εἴτε εὔπορον ἀγάγῃς δεβίτορα, ἐλευθερωθήσῃ τῆς ἐπερωτήσεως. — Schol. Basilic., t. III, p. 519, édit. Fabrot. — Cette scholie est d'Étienne.

payement, soit que vous me déléguiez, vous débiteur, une personne riche, vous serez affranchi de la stipulation.

## XIII

Sur la loi § 2, D., l. XII, t. II.

Θεόφιλος μὲν ὁ μακαρίτης ἐθεμάτισεν ἔξω δικαστηρίου δοθέντα τὸν ὅρκον, καὶ μετὰ ταῦτα ἐξ ἀγνωμοσύνης τοῦ ἐπενεγκόντος κινηθεῖσαν κατ' αὐτοῦ τὴν μανδάτι τυχὸν ἢ τὴν δεποσίτι· καὶ μετὰ τὸν ὅρκον γὰρ καὶ τὸ τεχθῆναι τὴν ἰν φάκτουμ, μένει οὐδὲν ἧττον ἡ πρωτότυπος ἀγωγὴ φυλαττομένη, ὡς ἔστι μαθεῖν ἐξ ὧν ὁ Παῦλος ἐν τῷ λʹ. διγ. τοῦ παρόντος τίτλου γράψας φησίν. — Schol. Basilic., t. III, p. 147, edit. Fabrot.

*Théophile* d'heureuse mémoire a supposé que le serment a été déféré extrajudiciairement, et qu'ensuite, à cause du dol de celui qui l'a déféré, a été intentée contre lui une action *mandati* ou *depositi*. Car, même après le serment et l'action *in factum* qu'il fait naître, l'action principale ne reste pas moins entière, comme on le peut voir dans ce que Paul enseigne sur la loi 30 du présent titre.

## XIV

Sur la loi 9, § 4, D., l. XII, t. II.

Θεόφιλος μέντοι οὕτως ἐνόησε, κατὰ τοῦτο αὐτό, τουτέστι τῇ τοῦ ὅρκου ἐπιφορᾷ· οὐδὲ γὰρ ἔδει με, φησί, τὸν ὅρκον ἐπαγαγεῖν ἀνθρώπῳ ἐπιόρκῳ· ἄμεινον δὲ τὸν ὅρκον διὰ τὴν ἡλικίαν νοῆσαι, ὅτι δυνάμενος ἀποδείξεσι χρήσασθαι, οὐκ ἐχρήσατο, ἀλλ' ὅρκον ἐπήγαγε· βλέπε γάρ, τί ἐπιφέρει ὁ Οὐλπιανός, ὅτι οὐ πᾶς νέος ἤδη καὶ περιγράφεσθαι δοκεῖ κατ' αὐτὸ τοῦτο, καθὸ νέος ἐστί. — Schol. Basilic., t. III, p. 149, édit. Fabrot. — Cette scholie est d'Étienne.

Mais *Théophile* entendait par ces mots : *cela même*, la délation du serment. Car je ne devais pas, dit-il, déférer le serment à un parjure ; mais à cause de l'âge (du mineur), il vaut mieux entendre par là le serment lui-même, en ce sens que le mineur pouvant fournir des preuves, ne l'a pas fait, mais, au contraire, a déféré le serment. Voyez, en effet, ce qu'ajoute Ulpien, savoir que tout mineur, en sa seule qualité de mineur, n'est pas censé avoir été circonvenu.

## XV

Sur la loi 11, § 1, D., l. XII, t. II.

Remarquez que pour l'action *in factum* on demande et les fruits, et les petits des animaux, et le part des esclaves. Et qu'en outre, on demande encore les fruits perçus après le serment : c'est ainsi que l'a entendu *Théophile* lui-même

Σημείωσαι ὅτι ἐν τῷ ἰν φάκτουμ ἀπαιτεῖται καὶ ὁ καρπὸς καὶ αἱ γοναὶ τῶν ζώων καὶ τὸ τέκνον· ἔτι δὲ καὶ τοὺς μετὰ τὸν ὅρκον ληφθέντας καρπούς· [illegible] γὰρ [illegible] μείζων παρὰ [illegible] αὐτὸς γὰρ καὶ Θεόφιλος ὁ μακαρίτης ἐνόησεν. — Schol. Basilic., t. III, p. 155, 6e édition Fabrot.

## XVI

Sur la loi 28, § 8, D., l. XII, t. II.

Mais *Théophile* d'heureuse mémoire suppose que le défenseur lui-même a fourni la caution *judicatum solvi*, et voici la raison de cette doctrine : c'est que le texte prouve évidemment qu'une fois l'action *judicati* intentée, le défendeur a juré qu'il n'avait pas été condamné.

Θεόφιλος μέντοι ὁ μακαρίτης αὐτὸν ὑποτίθεται τὸν δεφένσορα δεδωκότα ἦν ἰουδικάτουμ σόλβι· καὶ ἔχει λόγον ἡ τοιαύτη παράδοσις· καὶ γὰρ σαφῶς τὸ ῥητὸν ὅτι τῆς ἰουδικάτι κινουμένης ὤμοσεν ὁ ἐναχθεὶς μὴ καταδεδικάσθαι. — Schol. Basilic., t. III, p. 176, édit. Fabrot. — Cette scholie est d'Étienne.

## XVII

Sur la loi 28, § 9, D., l. XII, t. II.

Mais *Théophile* d'heureuse mémoire s'exprime en ces termes : Qu'arrivera-t-il, si celui qui a juré qu'il a été victime d'un vol, n'était pas *cependant* le maître de la chose (volée), la *condictio furtiva* ne se donnant qu'au seul maître (de la chose volée)? Mais il est évident qu'on la donne encore

Θεόφιλος μέντοι ὁ μακαρίτης αὐτολεξεί φησι· τί γὰρ εἰ οὐκ ἦν δεσπότης τοῦ πράγματος ὁ ὀμόσας τὴν κλοπὴν ὑποστῆναι· μόνῳ [illegible] δεσπότῃ ἁρμόζει ἡ φούρτιβος κονδικτίκιος, δῆλον δὲ ὅτι καὶ κληρονόμῳ αὐτοῦ, ὡς ὁ Παῦλος ἐν τῷ ιζ΄ βιβλ. τιτ. α΄. διγ. α. — Schol. Basilic., t. III, p. 177, édition Fabrot.

à son héritier, comme le dit Paul, dans le livre suivant, tit. I, liv. XI, du Digeste.

## XVIII

Sur la loi 30, § 9, D., l. XII, t. II.

*Θεόφιλος μὲν ὁ μακαρίτης ῥεπουδίῳ ἐθεμάτισε διαλυθέντα τὸν γάμον, καὶ εἶπε μετὰ τὴν ὑπεξαίρεσιν τῶν νεκεσσαρίων δαπανημάτων τὰ δέκα νομίσματα λαβεῖν τὴν γυναῖκα, τὴν ὀμωμοκυῖαν τοσαῦτα λόγῳ προικὸς ἐπιδεδωκέναι· ἐθεμάτισε δὲ πάντως τῇ αἰτίᾳ τοῦ ἀνδρὸς διαλυθέντα τὸν γάμον, ἢ βόνα γράτια, ἤγουν τῇ ἀγαθῇ χάριτι· εἰ δὲ αἰτίᾳ τῆς γυναικὸς διελύθη ὁ γάμος, ἐξέπιπτε τῆς οἰκείας προικὸς, καὶ οὐ χώραν εἶχε τὸ εἰρημένον.* — Schol. Basilic., t. III, p. 180, édit. Fabrot. Cette scholie est d'Etienne

*Théophile* d'heureuse mémoire suppose que le mariage a été dissous par le *repudium*, et dit que, déduction faite des impenses nécessaires, la femme qui a juré avoir donné dix solides à titre de dot, peut les prendre. Mais il suppose que le mariage a été dissous par la faute du mari ou *bona gratia*, c'est-à-dire, de bonne grâce (volontairement). Que si le mariage s'est dissous par la faute de la femme, elle sera déchue du droit de demander sa dot, et il n'y aura pas lieu à ce qui vient d'être dit.

## XIX

Sur la loi 32, D., l. XII, t. II.

*Θεόφιλος μέντοι ὁ μακαρίτης φησὶ, μὴ δύνασθαι τὸν πουπίλλον τὸν ὅρκον παραχωρεῖν, κἂν παρῇ ὁ ἐπίτροπος αὐτῷ τὴν ἀρχὴν, ὅτι οὔτε δύναται ἐπάγειν τὸν ὅρκον, εἰ μὴ ἐν ἀπορίᾳ πάσης ἀποδείξεως, ὡς ὁ Παῦλος ἐν τῷ λε'. διγ. φησι.* — Schol. Basilic., t. VII, p. 261, édit. Fabrot. Cette scholie est d'Etienne.

Mais *Théophile* d'heureuse mémoire dit que le pupille ne peut pas faire remise du serment, quand même le tuteur l'aurait assisté dès le commencement (de l'instance), parce qu'il ne peut déférer le serment que dans le cas où il manque de tout autre moyen de preuve, comme le dit Paul, au liv. XXXV du Digeste.

## XX

Sur la loi 40 pr. *in f.*, D., l. XIII, t. i.

Mais *Théophile* d'heureuse mémoire fait rapporter le mot *occidisse* (avoir tué), à celui-là même qui a été victime du vol. Il s'exprime en ces termes : On suppose que le voleur surpris en flagrant délit a tué celui qui l'a ainsi surpris.

Θεόφιλος μέντοι ὁ μακαρίτης τὸ occidisse πρὸς αὐτὸν ἐλόγισε τὸν τὴν κλοπὴν ὑπομεμενηκότα, εἰπὼν ὅτι ὑπόθεσις, τὸ κλέπτην ἐπ' αὐτοφώρῳ καταληφθέντα πεφονευκέναι τὸν καταλαβόντα αὐτόν. — Schol. Basilic., t. VII, p. 261, édition Fabrot.

## XXI

Sur la loi 4 pr., D., l. XXI, t. iii.

Mais *Théophile* d'heureuse mémoire suppose que l'action de tutelle a été intentée contre l'un des tuteurs, pendant que l'impubère était encore pupille.

Θεόφιλος μέντοι ὁ μακαρίτης τὴν τουτέλας κινουμένην κατά τινος τῶν ἐπιτρόπων ἐθεμάτισεν, ἀνήβου ἔτι τυγχάνοντος τοῦ πουπίλλου. — Schol. Basilic., t. III, p. 212, édit. Fabrot. Cette schol. est d'Etienne.

## XXII

Sur la loi 4, § 3, D., l. XII, t. iii.

Or, sachez que *Théophile* ne met aucune différence entre ces mots : *pour une cause grave*, et ceux-ci, *après en avoir fait la preuve*, mais qu'au contraire, il se sert de ces expressions : *après en avoir fait la preuve*, pour interpréter celles-ci. *pour une cause grave :* et qu'il s'exprime ainsi Pourvu qu'il y ait cause grave et légitime, si, par exemple, on a fait la preuve (voulue).

Ἴσθι, ὅτι Θεόφιλος ὁ μακαρίτης τὸ ἐκ μεγάλης αἰτίας, καὶ τὸ ἀποδείξεων εὑρεθεισῶν, ἐν οὐδεμίαν διαφορὰν ἐποιήσατο· ἀλλὰ τὸ ἀποδείξεων εὑρεθεισῶν πρὸς ἑρμηνείαν ἐδέξατο τοῦ ἐκ μεγάλης αἰτίας, καὶ οὕτως εἶπε· μεγάλης καὶ εὐλόγου αἰτίας ὑποκειμένης, οἷον εὑρεθεισῶν ἀποδείξεων. — Schol. Basil., t. III, p. 213, 214, édit. Fabrot.

## XXIII

Sur la loi 34 pr., D., l. XVII, t. I.

*Ἰστέον δέ, ὅτι καὶ Θεόφιλος λέγει συστῆναι τὸ δάνειον.* — Schol. Basilic., t. III, p. 258, édition Fabrot. Cette scholie est d'Enantiophanes.

Or il faut savoir que *Théophile* dit aussi (sur ce texte) qu'il y a *mutuum*.

## XXIV

*Τοῦτο παρὰ κανόνα λέγει εἰσαχθῆναι ὁ Θεόφιλος ἐν τῷ λδ'. κεφ. τοῦ ιδ'. βιβ. φιλαγάθως δεδεχθῆναι· ἐν ᾧ φησίν, ὡς τὰ παρὰ κανόνα εἰσαχθέντα φιλαγάθως δέχεσθαι χρή, οὐ μὴν εἰς ἀναίρεσιν τῶν κανόνων ἢ τῶν ζητουμένων εἶναι.* — Schol. Basilic., t. III, p. 271, édit Fabrot.

*Théophile*, dans le ch. xxxiv, liv. XIV, dit que ce droit a été introduit contrairement à la règle, mais qu'on l'a admis par équité. Il dit au même endroit, que ce qu'on a introduit contrairement à la règle doit être admis par équité, sans cependant violer les règles ou (dénaturer les questions qu'il s'agit de résoudre).

Tels sont les textes que nous avons extraits des *Fragmenta Theophili* recueillis par Reitz. On sera peut-être surpris de ne pas trouver à leur suite le *fragmentum græcum* découvert en 1816, par le savant Angelo Mai. Mais on a déjà vu plus haut, qu'il ne doit pas être attribué à Théophile.

Voici maintenant d'autres fragments, appartenant incontestablement à notre auteur, et que nous avons puisés dans les Scholies des Basiliques, édition d'Heimbach.

## XXV

Sur la loi 18, D., lib. XIII, t. VI.

*... Ἐπὶ δὲ τῶν δοταλίων πραγμάτων τοιαύτην ὁ ἀνὴρ ἀπαιτεῖται σπουδὴν ὁποίαν αὐτὸς ἐπὶ τοῖς*

Mais, à l'égard des biens dotaux, le mari doit les soins qu'il apporte à l'égard de ses propres biens, comme le dit Paul au tit. 1, Dig., liv. XVII, *de Sponsalibus*. Cependant *Théophile* d'heureuse mémoire, voulant éviter (toute) contradiction (entre cette loi et la loi 18 pr., D. XIII, vi), l'interprète en disant qu'à l'égard des biens donnés à titre de dot, de même qu'à l'égard de ceux qui ont été donnés à titre de gage, (le mari) doit apporter les soins qu'il apporte à l'égard de ses propres biens.

[illegible] ἰδίων πραγμάτων, [illegible] Παῦλος [illegible] βιβ. [illegible] Θεόφιλος [illegible] τοῦ [illegible] ὥσπερ ἐπὶ τῶν ἐνεχυριασθέντων πραγμάτων [illegible] ἐπιμέλειαν, οἵαν ἐπὶ τοῖς ἑαυτοῦ — Schol. Basilic., t. II, p. 19, edit. Heimbach. Ce texte est extrait d'une scholie de l'*Anonyme*.

## XXVI

Sur la loi 22, § 8, D., l. XVII, t. 1

Dans la première espèce où l'esclave, à qui on a donné mandat, a simplement mis en compte l'argent qu'il a emprunté, il ne naît pas d'action *mandati* contre moi, parce que, en vertu de la remise de l'argent faite par le prêteur à l'esclave, le maître de l'esclave a acquis par cet esclave la propriété de l'argent, et qu'ainsi ce maître recevant l'argent dont il était déjà propriétaire, je ne suis pas libéré de ma dette. Mais, dans le second cas, comme l'argent a été remis pour payer en mon nom, à moi débiteur, le maître de l'esclave, la propriété des espèces lui est transférée par le payement, et c'est à juste titre que je suis (par là) libéré de (mon) obligation envers mon prêteur.

Θεοφ. Ἐπὶ μὲν τοῦ πρώτου θέματος, ἔνθα ἁπλούστερον ὁ ἐντολθεὶς οἰκέτης δανεισάμενος εἰσήγαγε τοὺς νομισμοὺς, διὰ τοῦτο οὐ κινεῖται κατ' ἐμοῦ ἡ μανδάτι, ἐπειδὴ πρὸ τῇ δόσει τῇ ὑπὸ τοῦ δανειστοῦ εἰς τὸν οἰκέτην γέγονε δεσπότης τῶν χρημάτων ὁ τοῦ δούλου δεσπότης διὰ μέσου τοῦ δούλου, καὶ λοιπὸν ὡς ὑποδεχόμενος χρήματα, ὧν γέγονεν ἤδη δεσπότης, οὐκ ἐλευθεροῦμαι τοῦ χρέους. Ἐπὶ δὲ τοῦ καταβληθῆναι αὐτῷ τῷ δεσπότῃ τοῦ δούλου ἐπ' ὀνόματι ἐμοῦ τοῦ δεβίτορος, τότε μεθίσταται ἡ δεσποτεία τῶν ἀργυρίων ἐπ' αὐτὸν, ἐπειδὰν καταβληθῶσιν αὐτῷ, καὶ εἰκότως παύομαι ἔνοχος εἶναι τῷ δανειστῇ μου.

Σημείωσαι, ὅτε δοθῶσί τινι νομίσματα ἐπὶ τῷ δοθῆναι πρός τινα ἐπὶ τοίῳδε ὅρῳ, τότε μετατίθεται πρὸς τὸν μέλλοντα λαβεῖν ἡ δεσποτεία τῶν νομισμάτων, ὅτε πληρωθῇ ὁ ὅρος. — Schol. Basilic., t. II, p. 102, édit. Heimbach

Remarquez que si on a donné de l'argent à remettre à quelqu'un, la propriété de cet argent est transférée à celui qui doit le recevoir, alors (seulement) que ce but a été rempli (que l'argent lui a été remis).

## XXVII

Sur la loi 22, § 11, D, l. XVII, t. I.

Θεόφιλ. Τὸν ἐμὸν οἰκέτην φυγάδα γενόμενον εἰδὼς ὑπεδέξατο Πρῖμος, ὥστε αὐτὸν κλοπὴν ἁμαρτάνειν ἐπὶ τῷ οἰκέτῃ. εὐπορήσας πόθεν χρημάτων ὁ οἰκέτης ἠγόρασεν οἰκέτας. τοὺς οἰκέτας τούτους Τιτίῳ παρέδωκεν ὁ πράτης. κινήσω κατὰ Τιτίου τὴν μανδάτι, ὥς φησιν ὁ Μάρκελλος, ἐπὶ τῷ ἀποκαταστῆσαί μοι τοὺς οἰκέτας· δοκεῖ γὰρ κατὰ μανδάτον τοῦ φυγάδος εἰληφέναι τούτους ὁ Τίτιος. εἰ δὲ παρὰ γνώμην τοῦ ἐμοῦ οἰκέτου ὁ πράτης τοὺς οἰκέτας παρέδωκε τῷ Τιτίῳ, τότε ὁ πράτης ἐναχθήσεται τῇ προσπορισθείσῃ μοι ἐξ ἔμπτο προφάσει τῶν οἰκετῶν· αὐτὸς δὲ κινήσει κατὰ Τιτίου τὸν κονδικτίκιον, ἐπὶ ρεπετιτίονι τῶν ἀνδραπόδων, ἅτινα δέδωκε τῷ Τιτίῳ ὑποπτεύσας τυχὸν αὐτὸν εἶναι δεσπότην. — Schol. Basilic., t. II, p. 102, édit. Heimbach.

*Théophile*. Primus a sciemment reçu (chez lui) mon esclave fugitif; de telle sorte qu'il a commis un vol (en recevant cet) esclave. L'esclave, qui avait une grande somme d'argent, a acheté des esclaves. Le vendeur a livré ces esclaves à Titius. J'intenterai l'action *mandati* contre Titius, comme dit Marcellus, pour qu'il me restitue ces esclaves; car Titius est censé avoir reçu les esclaves, en vertu du *mandatum* de l'esclave fugitif. Mais si le vendeur a livré les esclaves à Titius malgré mon esclave, le vendeur sera poursuivi relativement à ces esclaves par l'action *ex empto* qui m'est acquise (en ma qualité de maître). Quant à lui, il exercera contre Titius la condiction pour la *repetitio* des esclaves qu'il a livrés à Titius, dans l'opinion peut-être que celui-ci en était le maître.

## XXVIII

Sur la loi 22, § 2, D., l. XVII, t. I.

Θεόφ. Ἐλευθέρα δίδοται παρρη-

*Théophile*. Il est libre à chacun de ne pas accepter le mandat qui lui est donné ; mais que celui qui l'a accepté remplisse son mandat, ou y renonce. Or, le mandataire ne peut renoncer (au mandat) qu'autant que tout reste sain et sauf pour le mandant, ou que l'objet du mandat peut être utilement rempli par lui-même (mandataire) ou par un autre. Que si celui qui a accepté le mandat, ne le remplit pas, le préjudice provenant (de l'inaccomplissement du mandat) rejaillira sur lui. Si donc je vous ai mandé de m'acheter un esclave ; que vous ne me l'ayez pas acheté; que vous n'ayez pas renoncé (au mandat); et qu'un autre ne vous ait pas empêché (d'acheter l'esclave, ou de renoncer au mandat), mais que vous ayez négligé (de le faire), vous serez tenu (envers moi) par l'action *mandati*. Bien plus, Méla dit que le mandataire est tenu par l'action *mandati*, s'il a renoncé à dessein (au mandat), dès l'instant où il a su qu'il ne pouvait acheter. Que décider, en effet, si le vendeur de l'esclave avait besoin d'argent ; qu'ainsi le mandataire pût acheter l'esclave à un prix moindre (qu'en toute autre circonstance), et que dans l'intervalle le maître, ayant trouvé de l'argent, ne veuille plus vendre l'esclave, ou le vende à un prix plus élevé?

σία παντὶ, τὸ γινόμενον εἰς αὐτὸν μὴ ὑποδέξασθαι μάνδατον· ὑποδεξάμενος δέ τις πληρούτω τὸ μάνδατον ἢ ἀπαγορευέτω· ἀπαγορεύειν δὲ οὕτω δύναται, ὥστε ἀκέραιον τῷ ἐντειλαμένῳ σώζεσθαι τὸ πρᾶγμα, καὶ δύνασθαι ἢ δι' ἑαυτοῦ ἢ δι' ἑτέρου λυσιτελῶς τοῦτο πληρῶσαι. εἰ δὲ μὴ ποιήσῃ ὁ τὸ μάνδατον ὑποδεξάμενος, ἡ ἐντεῦθεν ζημία κατὰ αὐτὸν τραπήσεται· οὐκοῦν ἐνετειλάμην σοι ἀγοράσαι μοι οἰκέτην· σὺ δὲ οὐκ ἠγόρασας, οὔτε μοι ἀπηγόρευσας· τοῦτο δὲ γενέσθαι οὐχ ἕτερος ἐνεπόδισε, ἀλλ' αὐτὸς ἐρρᾳθύμησας. κατασχεθήσῃ τῇ μανδάτι· πλέον φησὶν ὁ Μέλας, ὅτι κατασχεθήσεται τῇ μανδάτι, εἰ ἐν ἐκείνῳ τῷ χρόνῳ ἐπίτηδες ἀπηγόρευσεν, ἐν ᾧ ἔγνω, ὡς αὐτὸς οὐκ ἠδύνατο ἀγοράσαι· τί γὰρ, εἰ τῶν χρημάτων ὁ πιπράσκων τὸν οἰκέτην ἐδεῖτο, καὶ διὰ τοῦτο ἂν ἥττονος αὐτὸς ἀγοράσαι· ἐν δὲ τῷ μεταξὺ εὐπορήσας χρυσίου ἢ οὐ βούλεται τοῦτον πωλῆσαι, ἢ πιπράσκει πλείονος τιμήματος; — Schol. Basil., t. II, p. 104, édit. Heimbach.

## XXIX

Sur la loi 23, 24, 25, D., l. XII, t. I.

*Théophile*. Mais si une maladie, ou une inimitié capitale, survenant entre le mandant et moi, a empêché l'accomplisse-

Θεόφιλ. Εἰ δὲ νόσος διεκώλυσεν, ἢ κεφαλικὴ ἔχθρα παρεντεθεῖσα μεταξὺ ἐμοῦ καὶ τοῦ δεδωκότος τὸ μάνδατον ἐνεπόδισε πληρωθῆναι το ἐντυλθὲν, ἢ καὶ πολλάκις ἐνετείλαμέν σοι κινῆσαι τὰς ἁρμοζούσας μοι ἀγωγὰς, σὺ δὲ κατανοήσας ταύτας καὶ εὑρὼν σαθρὰς οὐκ ἐκίνησας, ἀλλ' εὔλογον αἰτίαν προεβάλου, διαφεύγεις τὴν μανδάτι, καὶ τοῦτο μὴ πληρώσας τὸ μάνδατον. —Schol. Basilic., t. II, p. 105, éd. Heimbach.

ment du mandat, ou bien encore, si je vous ai mandé d'exercer mes actions, et qu'en ayant pris connaissance et les trouvant sans fondement, vous ne les ayez pas exercées, mais que vous ayez fait valoir de bons moyens (à l'appui de ma demande), vous échappez à l'action *mandati*, bien que vous n'ayez point rempli le mandat.

## XXX

Sur la loi 26, § 2, D., XVII, t. I.

Θεόφιλ. Ἐὰν προφάσει τῶν ἐποφειλομένων ἡ περιουσία μειωθῇ τοῦ ἐγγυησαμένου με, ἐνάγομαι τῇ μανδάτι· μειοῦσθαι δὲ δοκεῖ οὐ μόνον, ἐν ᾧ κατέβαλεν τὸ χρέος, ἀλλὰ καὶ ἐν ᾧ τὸν οἰκεῖον δεβίτορα ἐδελεγάτευσε τῷ ἐμῷ κρεδίτορι, εἰ καὶ τὰ μάλιστα ἄπορος ὁ ὑπ' αὐτοῦ δελεγατευθεὶς εὑρεθῇ. εὔπορος γὰρ εἶναι δοκεῖ ὁ δελεγατευθεὶς, εἰ κατεδέξατο αὐτὸν ὁ κρεδίτωρ, ᾧ ἐδελεγατεύθη· διὸ ἐναχθήσομαι ὑπὸ τοῦ ἐγγυητοῦ. — Schol. Basilic., t. II, p. 106, éd. Heimbach.

*Théophile.* Si les biens de mon fidéjusseur sont diminués par des dettes, je suis poursuivi en vertu de l'action *mandati*. Or, les biens ne sont pas seulement censés être diminués, quand le fidéjusseur a payé les dettes, mais encore quand il a délégué son débiteur à mon créancier, alors même que le débiteur par lui délégué se trouverait insolvable : car le débiteur délégué est censé être solvable, si le créancier à qui il a été délégué, l'a accepté. Voilà donc pourquoi je serai actionné par le fidéjusseur.

## XXXI

Sur la loi 25, § 5. D., l. XVII, t. I.

Θεοφιλ. Συμβάλλεται δέ μοι ἡ ἐκχώρησις, ἐπειδὴ ἔσθ' ὅτε ὑποθήκας εἶχεν ὁ κρεδίτωρ, ἐγὼ δὲ μόνην περσοναλίαν ἀγωγήν.

*Théophile.* La cession des actions me profite, parce que quelquefois le créancier a des hypothèques, tandis que je n'ai qu'une action personnelle.

Cherchez au livre XXVI, tit. I, ch. LXXXIII, et vous apprendrez l'utilité, pour le mandataire qui paye, de la cession des actions. — Bien que Stephanus (Etienne interprète le texte qui est relatif à cette matière), il n'allègue (cependant) pas sa propre interprétation, (parce qu'il se contente) de citer une loi.

Ζήτει βιβλ. κς'. τιτ. α'. κεφ. πγ'. καὶ μάθῃς περὶ χρείας τῆς ἐκχωρήσεως τῷ ἐντειλαμένῳ καταβαλόντι. εἰ καὶ ἑρμηνεύει μὲν περὶ τό... ὁ Στέφανος οὐκ ἐπιστηρίζει δὲ τὴν οἰκείαν ἑρμηνείαν διὰ νόμου τινος μαρτυρήσας. — Schol. Basilic. tom. II, p. 112, édition Heimbach.

## XXXIII

Sur la loi 22, § 10, D., l. XVII, t. I.

*Théophile.* Mais si (ceux qui sont) présents, croyant être les seuls créanciers, donnent mandat au curateur, ils seront tenus envers les absents par l'action *in factum*. Or, par (l'action) *in factum*, vous devez entendre l'action utile *negotiorum gestorum*, parce que c'est dans la croyance de gérer leurs propres affaires, qu'ils ont géré les *negotia* d'autrui.

Θεοφιλ. Εἰ δὲ οἱ παρόντες μόνους ἑαυτοὺς νομίζοντες εἶναι κρεδίτορας, ἐνετείλαντο τῷ κουράτωρι, ἰμφάκτουμ ἀγωγῇ κατασχεθήσονται τοῖς μὴ παροῦσι· ἰμφάκτουμ δὲ δεῖ νοεῖν ἐνταῦθα τὴν οὐτιλίαν νεγοτιορουμ γεστορουμ, ἐπειδὴ ἐν ὑπονοίᾳ τοῦ πράττειν οἰκεῖα πράγματα ἀλλότρια ἐχείρισαν νεγότια. — Schol. Basilic., édition Heimbach, tom. II, p. 104.

## XXXIV

Sur la loi 48, § 1, 2, D., l. XVII, t. I.

*Théophile*, expliquant cette espèce, a substitué les mots *à toi*, à ceux-ci : *à moi*, et s'exprime ainsi : « Je te donne inutilement mandat d'acheter le fonds qu'il te plaira. »

Τὸ πρὸς θέμα Θεόφιλος ἐξηγούμενος τὸ ἐμοὶ ἀντὶ τοῦ σοι παρέλαβε καὶ φησιν· ἀχρήστως σοι ἐντέλλομαι ἀγοράζειν ὃν ἂν θέλῃς, ἀγρόν. — Schol. Basilic., p. 129, édit. Heimbach. Ce fragment est tiré d'une scholie d'Énantiophanes.

FIN DES FRAGMENTS.

# APPENDICE PHILOLOGIQUE.

Dans cet Appendice, nous avons réuni les principaux textes qui ont été, ou peuvent être l'objet de différentes versions, et sur l'interprétation desquels les traducteurs latins de Théophile n'ont pas toujours été d'accord.

Il est peu d'auteurs qui, plus que Théophile, aient subi de ces altérations ou de ces interpolations qu'il est du devoir du philologue de faire remarquer à ses lecteurs. C'est pour ne pas avoir toujours distingué avec assez de soin le vrai texte de notre auteur d'avec celui que d'inhabiles copistes ou des scholiastes peu éclairés se sont permis de lui prêter, qu'on lui a imputé des erreurs juridiques et historiques qu'il n'a pas commises, ou qu'on l'a accusé d'une foule de défauts littéraires auxquels il est pleinement étranger.

Ici, comme dans toutes les autres parties de notre travail, nous nous sommes efforcé de ne pas sortir des bornes étroites que nous nous sommes imposées. Plus tard, si, comme nous osons l'espérer, nous publions une édition græco-latine de la Paraphrase, beaucoup moins volumineuse que celle d'Otto Reitz, et que nous réalisions ainsi les vœux de l'auteur de l'*Introduction aux Éléments d'Heineccius*, nous essaierons d'accompagner notre texte, partout où il en sera besoin, de notes philologiques, dont nous ne devons présenter ici que quelques fragments.

Page 71, note 3.

Τοῦτο δὲ πράξας.

Indépendamment des raisons que nous avons exposées dans la note 3, page 71, de notre Traduction, il est facile de se convaincre, par le rapprochement purement grammatical de la fin du § 2 avec le commencement du § 3, de la supériorité de la version que nous avons adoptée sur celle de tous les éditeurs antérieurs à Otto Reitz. Théophile, en effet, parle, dans le § 2, du premier recueil législatif de Justinien, de la première édition du Code. Aussi emploie-t-il toujours l'aoriste premier ou l'aoriste second, ἤγαγε, ἐκέλευσε, ἠξίωσε, κατώρθωσεν, συνήγαγε. Mais, dans le § 3, il rappelle l'ordre donné par Justinien à trois jurisconsultes de composer les Institutes, dont la promulgation suivit celle du premier Code; et, enfin, dans le § 4, il parle de la grande collection de textes ordonnée par le même Justinien, je veux dire, des Pandectes. Dès lors il est certain, à notre avis du moins, que, par les mots qui ouvrent notre § 2, Théophile a simplement traduit le texte des Instituts (*hic*) : *Quæcumque hoc......... peractum est.*

Page 13, note 5.

Μετὰ ταῦτα συντίθεται βιβλία τῶν Διγεστῶν, ἤτοι Πανδέκτων, ἐν οἷς ἤθροισται πᾶσα ἡ τῶν ἀρχαίων νομοθεσία, ἅτινα διὰ τοῦ ἐνδοξοτάτου Τριβουνιάνου, καὶ τῶν λοιπῶν περιφανῶν, ἐλλογιμωτάτων ἀνδρῶν συντέθειται· μετ' ἐκεῖνα δὲ τέτρασι τούτοις βιβλίοις τῶν εἰρημένων Διγεστῶν τὰς εἰσαγωγὰς ἐκέλευσε.

*Ego quid hæc oppositio,* μετὰ ταῦτα μὲν..... μετ' ἐκεῖνα δέ, *sibi velit vix satis intelligo,* dit Reitz dans sa note, *hic.* Rien pourtant ne nous paraît plus facile à comprendre que cette *opposition.* Il suffit, pour cela, de remarquer qu'entre l'idée de composition du Code et celle de composition du Digeste ou des Instituts, ces ouvrages si différents entre eux, il existe une *opposition,* ou plutôt une différence qui justifierait à elle seule les deux locutions adversatives : μετὰ ταῦτα μὲν... μετ' ἐκεῖνα δέ.

Quant au μετὰ ταύτας (διατάξεις), que l'habile critique allemand propose de substituer au μετὰ ταῦτα μὲν de tous les manuscrits, nous n'hésitons pas à le rejeter, non-seulement comme inutile, mais encore comme peu conforme au génie de la langue grecque et à la pensée de Théophile.

Page 77, note 2.

Il est bon de remarquer ici avec quel soin Théophile ne se sert d'aucune expression qui puisse ne pas s'appliquer tout à la fois aux hommes et aux animaux : *ἄρρενων, θηλείας, περὶ τοὺς τεχθέντας ἀνατροφή*, etc. Obligé de parler des animaux sans raison, *bruta animalia*, à peu près comme de l'homme lui-même, il a, mieux que Justinien et Harménopule, employé des expressions qui laissent entrevoir, comme à travers un voile transparent, la distinction qu'il fallait pourtant établir entre eux et l'animal raisonnable. C'est là, ce nous semble, une preuve frappante de ce que nous avons dit dans notre Introduction du style et de la manière de Théophile.

Page 86, note 2.

La version de Reitz porte *νομίσματα η'* (huit sols, *solides* ou écus d'or) ; celle de Fabrot, plus conforme à l'idée que l'histoire nous donne du *fœnus* des Romains, porte *νομίσματα π'* ou cinquante solides. Mais, comme le fait remarquer le philologue allemand, il est difficile d'admettre que les copistes aient substitué un *η* à un *π* : suivant lui, peut-être faudrait-il lire *κ'*, c'est-à-dire vingt. Cette opinion nous paraît plus plausible.

Page 110, note 1.

*Τὸ ἐν τῇ συνηθείᾳ λεγόμενον, ἀναθρεπτος ἢ συνθρέπτη τουτέστιν ὁμογάλακτος.*

Reitz, contre son habitude, au lieu de traduire ces mots littéralement, s'est contenté de rendre *ὁμογάλακτος* par *collactaneus*, qui en est l'exacte traduction, mais dont nous n'avons pas d'équivalent dans notre langue.

Page 115, note 5.

Nous ne saurions mieux justifier l'assertion que nous avons avancée dans cette note qu'en confrontant, pour ainsi dire, le texte de la Paraphrase avec celui des Basiliques.

**TEXTE DE LA PARAPHRASE.**

(Διὰ τοῦτο δὲ εἶπε·) Καλῇ αἱρέσει, ἵνα μὴ ὁ δεσπότης ἀγνωμονῶν, ἔσθ' ὅτε κατὰ τοῦ οἰκέτου, αἱρέσεις ἐν τῇ πράσει βαρείας ἐγγράψῃ; συμφωνήσας τυχὸν, ὥστε αὐτὸν εἶναι ἐν δεσμοῖς, ἢ ἐπὶ τῷ μηδέποτε ἐλευθερωθῆναι, ἢ ἐπὶ τῷ οἰκεῖν αὐτὸν ἐν χώρᾳ βαρυτάτους ἀέρας ἐχούσῃ τοῖς ἤθεσι. — Paraph. Théoph., Edit. Reitz, t. I, p 82.

**TEXTE DES BASILIQUES.**

Ἀλλὰ καὶ τὴν πρᾶσιν καλῇ αἱρέσει ποιεῖν, ὥστε μὴ διά τινων σεσοφισμένων αἱρέσεων, καὶ μετὰ τὴν ἐκποίησιν αὐτοὺς κακοποιεῖν, ἢ ἐν δεσμοῖς εἶναι συμφωνοῦντας, ἢ ἐπὶ τῷ οἰκεῖν ἐν χώρᾳ βαρυτάτους ἐχούσῃ τοὺς ἀέρας. — Basilic., édit. Fabrot, t. II, p. 662.

Page 122, note 5.

*Αἰσχυνέσθω γὰρ τὴν θετὴν ἡ πάλαι τοῦ πατρὸς καὶ πάππου προσηγορία.*

Telle est la version que nous offrent les plus anciens manuscrits. Reitz, qui l'a suivie, propose cependant de la corriger, en substituant αἰσχυνέτω à αἰσχυνέσθω, qu'on lit dans tous les manuscrits et dans le Πρόχειρον d'Harménopule, IV, vi, 21, et en remplaçant πάλαι par πότε. Nous croyons avec lui que αἰσχυνέτω est préférable à αἰσχυνέσθω. Mais nous ne pensons pas que πάλαι doive faire place à πότε, ces deux adverbes se prenant souvent l'un pour l'autre. Quant au mot θετὴν, *adoptivam*, que Fabrot, induit en erreur par la traduction, si rarement fidèle, de Curtius, a supprimé dans sa seconde édition de la Paraphrase, nous estimons qu'il doit être conservé, si on ne veut rendre cette phrase inintelligible ou, tout au moins, fort obscure.

Page 123, note 6.

*Τὴν, τοῦ ἀδελφοῦ μου, ἢ τῆς ἀδελφῆς μου θυγατέρα λαμβάνειν πρὸς γάμον οὐ θεμιτόν· ἀλλ' οὐδὲ τὴν τούτων ἔγγονον, εἰ καὶ τὰ μάλιστα τετάρτου ἐστὶ βαθμοῦ· ἐξ οὗ βαθμοῦ (οὐ) δύναμαι λαμβάνειν πρὸς γάμον, οἷον θετὴν θυγατέρα τοῦ θείου, ἢ τῆς θείας.*

Nous avons dans notre traduction rejeté la négation οὐ (*non*), qu'on ne lit ni dans l'édition de Curtius, ni dans aucune de celles qui ont précédé l'édition de D. Godefroi, et cela, par la raison que plus bas, dans le § 5, même titre, où Théophile dit avec Justinien qu'on ne peut épouser ni sa tante paternelle, ni sa tante maternelle (θεῖαν, μητρτέρα), quand même la tante paternelle ne serait qu'adoptive, il ne parle nullement de prohibition entre la tante maternelle ou paternelle, θεία, et la fille adoptive : ce qu'il n'eût pas manqué de faire, si telle n'avait pas été sa pensée. Au surplus, il suffira de lire attentivement le texte que nous venons de reproduire, pour être convaincu que les mots traduits par ceux-ci : *et qu'à ce degré je puisse épouser la fille adoptive de mon oncle ou de ma tante,* ne sont, à vrai dire, que la continuation du rapport que Théophile a voulu établir entre sa proposition principale : *il ne m'est pas permis*, οὐ θέμις, *d'épouser la fille de mon frère* ou *de ma sœur, plus même leur petite-fille,* et la phrase qui la suit immédiatement : *bien que, etc.*, εἰ καὶ, etc. S'il n'en était ainsi, l'ἐξ οὗ βαθμοῦ de notre texte serait, sans contredit, précédé de quelque conjonction ou adverbe adversatif.

Page 130, note 3.

Οὐκ εἰσιν in potestate (ἄπαιδες) διὰ τὸ γάμον μὴ προηγέεσθαι, ἀλλ' ἔστι φυσικὸς ὁ παῖς· τοῦτον ἐπιδέδωκα μετὰ ταυτα εἰς βουλευτήριον, γενήσεταί μοι in potestate.

Curtius a cru devoir mettre la conjonction εἰ, *si*, devant τοῦτον, et Cavellius la conjonction καὶ après βουλευτήριον. Ils n'eussent pas proposé ces corrections, s'ils n'eussent oublié (ce dont Théophile leur avait déjà donné de nombreuses preuves) que, dans ses exemples, il a la sage habitude de couper ses phrases, afin que son auditeur saisisse plus facilement et plus parfaitement sa pensée. Pour nous, toutes les fois que nous l'avons pu sans trop choquer le génie de notre langue, nous avons tâché d'imiter le style de notre auteur, sacrifiant ainsi notre satisfaction personnelle, et peut-être aussi celle de nos lecteurs qui ne connaîtraient pas suffisamment la manière de Théophile, à l'exactitude et à la fidélité, ces deux lois que ne devrait jamais violer un traducteur.

Page 164, note 2.

Ἤ in diem.

Les Instituts portent *die (sub conditione aut die certo)* ; mais, ici comme dans plusieurs lois du Digeste, *in diem* est pris dans le sens de *ex die*, à partir de tel jour ( *Vid.* D., l. 8, *de verb. obligat.*; l. 213, *de verb. significat.*).

Page 177, note 5.

Οὔτε Ῥώμης, οὔτε τῆς πόλεως ἔπαρχος : *ni le préfet de Rome, ni celui de la ville.*

Les Instituts disent : *Neque autem præfectus urbi.* — Fabrot, qui souvent a plié le texte grec à sa pensée, comme il plie quelquefois sa pensée au texte latin de Curtius, proposait la correction suivante, d'accord avec la Glose græco-latine : Οὔτε δὲ ὁ Ῥώμης τῆς πόλεως ἔπαρχος. — Reitz pense qu'il faut supprimer οὔτε Ῥώμης, qu'il regarde comme une scholie. Mais nous croyons que le texte doit rester tel qu'on le trouve dans les manuscrits, et tel que l'a conservé Reitz lui-même. — Il est vrai que, pour motiver la version qu'il préfère, Reitz s'appuie sur la conclusion posée dans la préface de Ritter, livre II, du Code Théodosien, savoir que, sous Justinien, Constantinople jouissait de tous les priviléges jadis accordés à Rome. Mais, outre que cette opinion peut être victorieusement repoussée par les mots *urbium regiarum* qu'on lit dans la préface *omnem* du Digeste, n'est-il pas naturel de penser qu'il restait encore à Rome, du temps de Justinien, quelques vestiges de ses antiques priviléges ?

Page 191, note 1.

Nous avons relevé dans notre note 1, page 89, le tribut d'adulation payé par Théophile à Justinien ; il paraîtrait, à en juger par le texte suivant de Théodose Hermopolites, que les jurisconsultes de son temps ne le cédaient en rien à notre auteur : Σήμερον, dit Théodose sur la loi 17, D. *de verb. signif.*, οὔτε αἱ πόλεις ἔχουσιν ἴδια πράγματα, οὔτε ὁ δῆμος τῶν Ῥωμαίων, ἀλλὰ πάντα τοῦ βασιλέως τυγχάνουσι.

Page 193, note 4.

Καὶ οὔπω γέγονε ῥελιγίοσος ἄκοντος τοῦ κοινώνου (ἐπεισφέρειν ἐκείνῳ μὴ βουλομένῳ) οὐκ ἔξεστιν αὐτῷ ἀποτίθεσθαι λείψανον.

Nous n'avons pas traduit les mots renfermés entre parenthèses; evidemment, ils n'ont été glissés dans les manuscrits que par l'inhabile main des copistes, ou peut-être les devons-nous à quelque ignorant scholiaste. Au reste, ils ne figurent là que comme une vaine redondance, qui n'ajoute rien à la clarté de la phrase.

### Page 209, note 1.

*Καταγέλαστον γὰρ ἐνόμισεν εἶναι, τὴν Ἀπέλλου ζωγραφίαν (ζώγραφος δὲ οὗτος τῶν παρ' Ἕλλησιν ἀριστευσάντων) ἢ Παρρασίου (εὐδοκίμησε δὲ οὗτος παρὰ Ῥωμαίοις), ὑπείκειν τῇ εὐτελεστάτῃ σανίδι.*

Ce texte a été corrompu, à partir de Παρρασίου jusqu'à ὑπείκειν; car il est impossible de supposer que Théophile ait ignoré la patrie de Parrhasius. Dès lors, il est inutile, pour le justifier d'une erreur qui ne saurait lui être raisonnablement imputée, d'épiloguer sur les mots, comme l'a fait Reitz, pour donner au verbe εὐδοκίμησε le sens forcé de *fama celebratum est.*

### Page 213, note 1.

*Στιπενδιάρια δὲ καὶ τριβουτάρια λέγεται τὰ ἐν ταῖς ἐπαρχίαις διακείμενα κτήματα, βασιλικῇ κελεύσει ὑπὸ τοῦ δήμου κρατούμενα.*

Nous avons suivi la version du manuscrit de Viglius, adoptée par Curtius et conservée par Reitz, qui néanmoins a cru devoir s'écarter du texte grec, par la raison que suivant l'opinion de Samuel Petit (*Var. lect.*, p. 88), il faudrait lire, au lieu de ὑπό, par, ἤπου, pris dans le sens copulatif de ἤτοι ou ἤγουν. Or, nulle part dans Théophile, cette particule ne se trouve employée dans ce sens. Nous avouons pourtant que si on s'en tient à la version du manuscrit de Viglius, le texte présente quelque obscurité; mais nous devons ajouter qu'ici, comme dans d'autres endroits, où l'on peut reprocher à notre auteur ce défaut presque inévitable dans des leçons publiques improvisées (*academicæ prælectiones*), il ne tarde pas à s'expliquer avec tant de lucidité, qu'on ne peut plus concevoir aucun doute sur sa pensée.

### Page 229, note 1.

*Εἰ δὲ τοῦ δωρησαμένου προτελευτήσῃ ὁ ταύτην δῶραν δεξάμενος.*

C'est avec raison que Fabrot, Ernstius et Reitz ont reproché à Théophile d'avoir rendu le texte latin, *sin autem supervixisset is qui donavit*, comme s'il avait lu : *sin autem super-*

*vixisset ei qui donavit.* — L'erreur de Théophile provient évidemment de la confusion qu'il a faite du cas où le donateur survit, échappe au danger qu'il a couru, et de celui où il survit au donataire lui-même.

Page 248, note 3.

Οἶδας γὰρ ὅτε ὁ ἄνηβος κουρατωρεύεται. *Scis enim quando impuber curatorem habeat* (Vers. Reitz, conforme à celle de Curtius).

Fabrot préfère ὅτι, *quia*, à ὅτε, *quando* : nous avons suivi la version de Reitz, parce qu'elle nous a paru mieux exprimer la pensée de Théophile.

Page 382, note 1.

Ici encore nous avions à opter entre la version de Fabrot et celle de Reitz. Nous avons préféré cette dernière, parce que le texte, tel que l'a restitué le critique allemand, nous présente une nouvelle espèce de succession *ab intestat*, différente de toutes celles que Théophile a examinées jusqu'ici : tandis qu'au contraire, si on adopte celle de Fabrot, il faut voir dans cet endroit, ou une répétition inutile, avec Curtius, *magnum loquacitatis vitium*, ou avec Fabrot une inconséquence, un oubli, une interpolation, ou avec Ernstius une chose impossible à comprendre.

Page 410, note 3.

..... Ὁ πραίτωρ ἐδίδου τῷ πάτρωνι τὴν contra tabulas διακατοχήν, δι' ἧς ἐλάμβανε τὸ ἐξαούγκιον. Les Instituts disent seulement, sans désigner l'espèce de *possessio bonorum* accordée au patron : *dabatur æquè patrono.... partis dimidiæ bonorum possessio*, et, au lieu de ces mots, *contra tabulas*, qu'on lit dans Théophile, elles portent ceux-ci : *contra hunc suum hæredem*. De la comparaison de ces deux textes, Fabrot et Doujat ont conclu que celui de la Paraphrase avait été corrompu, et Doujat a pensé qu'au *contra tabulas* du texte, il fallait substituer *undè patrono*. Reitz préférerait lire *contra suos hæredes*, par la raison que, quelques lignes plus bas, au même paragraphe, dans un passage où on lit encore *contra tabulas*, quelques manuscrits offrent, au rapport de Fabrot : *contra σοὺους* et *contra suos*. Nous ne saurions admettre la correction présentée par Reitz, et que Fabrot avait proposée avant lui. Nous croyons qu'ici, comme en beaucoup d'autres endroits, Théophile, dans la chaleur de l'improvisation, a oublié de rappeler certaines parties du texte que les élèves avaient sous leurs yeux, et qui d'ailleurs n'étaient pas absolument nécessaires pour leur faire comprendre sa pensée. Il faut donc, suivant nous, laisser dans notre texte le *contra tabulas* de Théophile parfaitement d'accord avec l'*æquè dabatur bonorum possessio* des Instituts, et y ajouter, pour plus de clarté, *contra* σοῦον (κληρονόμον).

Page 413, note 2.

Voici le texte de la partie de notre traduction renfermee entre parenthèses, à la page 413 :

Τυχὸν exhæredatis οὖσιν ἢ πραιτεριτευθεῖσιν, ὅτε ἡ πραιτεριτίων ἔοικε τῇ exhæredationi. εἰ δὲ ἐγράφησαν κληρονόμοι, οὐδὲν ἐχρεωστεῖτο τῷ πάτρωνι. καὶ εἰ συνέβη αὐτὸν γραφῆναι κληρονόμον, ἐχρεωστεῖτο τοῖς παισὶ τὸ λήγατα.

On a vu dans la note 2, p. 413, que nous supposions avec Reitz que tout ce texte avait été corrompu, ou devait être attribué au scholiaste de Théophile. Mais un examen plus approfondi de ce texte, et des raisons que Reitz invoque à l'appui de son opinion, nous force de retracter notre sentiment. Voici ces raisons : 1° Le savant philologue allemand, argumentant de la constitution de Justinien recueillie par Cujas, et qui dispose que si le patron est institué pour plus d'un tiers de l'hérédité (ὑπὲρ τὸ τετραούγκιον) ou pour tout l'*as*, il sera chargé de tous les legs et de tous les fidéicommis pour le surplus de son tiers; tandis que, d'après la Paraphrase, il ne pourrait retenir que la quarte Falcidie de la part pour laquelle il aurait été institué, et qui serait quelquefois moindre que le tiers de l'hérédité, le savant philologue allemand, disons-nous, pense qu'il n'est pas vrai de dire avec Théophile que le patron devra purement et simplement les legs aux enfants exhérédés, ou passés sous silence (*præteriti*). Il ajoute ensuite 2° que Théophile n'a pas l'habitude de poser un plus grand nombre d'espèces que les Instituts; 3° que la solution qu'il donne dans cet endroit est contraire à celle qu'il a précédemment donnée conformément au texte des Instituts; 4° qu'en outre, ce qui prouve évidemment que ce passage a été, au moins, corrompu, c'est que les mots τυχὸν, etc., jusqu'à *exheredationi*, doivent être placés deux lignes plus haut, à la suite de οὐδὲ τοῖς παισί· 5° et que notre auteur, au lieu d'employer comme auparavant, et à l'exemple de Justinien, le present ou le futur, se sert de l'imparfait. Tels sont les arguments juridiques et philologiques de Reitz, auxquels il nous paraît facile de répondre. En effet, 1° Théophile ne dit rien de contraire à la constitution de Justinien ; or, d'après cette constitution, les patrons doivent garder leur tiers en entier, quels que soient les legs et les fidéicommis dont ils sont chargés, πρόσχωσι τὰ λήγατα καὶ τὰ φιδεικόμμισσα, δηλονότι μὴ βλαπτομένου τοῦ τετρουγκίου αὐτῶν. Qu'importe, dès lors, qu'il ne s'exprime pas aussi clairement que cette constitution? D'ailleurs, peut-on supposer raisonnablement, en dehors de toute preuve irrécusable, qu'un texte qui naturellement est censé appartenir à celui à qui on l'attribue, contrarie d'une manière flagrante la teneur de la constitution qu'il explique? 2° Quant au second argument, il n'est pas assez sérieux pour mériter une réponse. 3° Le troisième repose sur une erreur. Il suffit, en effet, de lire attentivement l'alinea dont fait partie le texte que nous examinons, pour reconnaître qu'il s'agit ici d'une espèce différente de celles qui la precèdent, comme l'a d'ailleurs reconnu Reitz lui même dans son second argument, qui partant contredit le troisième. 4° Pour son quatrième argument, nous admettons qu'il est fondé : mais nous n'en pouvons point tirer la même conséquence que lui : car, de ce que le texte précité nous paraît avoir été transposé, il ne suit nullement que le reste de ce passage ait été corrompu ou interpolé. 5° Son dernier argument, le plus spécieux de tous, ne saurait être décisif pour tout lecteur attentif du texte grec de la Paraphrase, dans laquelle il n'est pas rare de trouver de brusques interversions des temps des verbes, semblables à celle que Reitz a signalée ici avec raison.

Page 116, note 1.

Οὐ μόνον δὲ ἀπελεύθερον, ἀλλὰ καὶ ἐλεύθερον ἔξεστιν ἀδοςυγατελεῖν (add. οὐ μόνον δὲ υἱῷ ἢ ἐγγόνῳ, ἀλλὰ καὶ θυγατρὶ ἢ ἐγγόνῃ· τοῦ δὲ ἀπελεύθερον ἢ τὴν ἀπελευθέραν) ἔξεστιν ἀντιγνωστεῦσαι τῷ πάτρωνι, τῷ ἔχοντι δύο, ἢ πλείονας παῖδας in potestate.

Page 138, note 2.

Ὁ δὲ χρησάμενος, ἐπιμελῶς μὲν φυλάττων το νομισματον, οὐκ ἀπαιτεῖται. — Le mot grec ἐπιμελῶς, que Reitz a justement traduit par *diligenter*, et qui correspond parfaitement à l'*exacta diligentia* des Instituts, aurait suffi pour faire rejeter la version de Fr. Hotoman, qui voulait substituer *exactissima* au mot *exacta* des Instituts.

Nous avons traduit ἀπαιτεῖται, littéralement *expetitur*, (est recherché), par les mots *est actionné*, comme étant plus conformes au langage juridique. Reitz l'a rendu par *convenitur*, qui n'est nullement l'équivalent de l'expression grecque. Nous avons fait cette remarque pour prouver, par l'exemple de Reitz lui-même, qui, nous l'avons dit (p. 67), s'est efforcé de traduire mot à mot, κατὰ πόδα, combien il est difficile au traducteur de calquer toujours ses expressions sur celles de son original.

Page 162, note 3.

Ἐὰν ἐν τῷ τῆς ἐπερωτήσεως συμβολαίῳ γραφῇ, ὅτι ὡμολόγησε Τίτιος (add. οὐδ' ἄλλως γενήσεται ἢ) ὡς προηγησαμένης ἐπερωτήσεως ἀπεκρίνατο.

Page 511, note 1.

Ἕκαστος ενάγων οφείλει περιποιεῖν αὐτῷ τὴν νίκην ἐκ τῶν προσόντων αὐτῷ. Rien n'était plus facile que la traduction littérale de cette phrase, aussi simple dans sa construction que dans le sens qu'elle exprime. Or, voici pourtant comme l'ont traduite ou plutôt paraphrasée Fabrot et Curtius : le premier a traduit : *Quicumque* cum aliquo agit, *eo jure quod ipse habet* judicio *vincere debet ;* et le second : *Quicumque* cum alieno agit *cum eo jure quod ipse habet,* causam suam judici probare *debet.* Voici maintenant la version de Reitz *quisque agit, victoriam sibi parare debet* ex juribus *ipsi* suppetentibus. Nous lui préférons celle de Mercerius, comme plus exacte et non moins élégante :

*Debet quisque actor* (litt. *agens*) *victoriam sibi ex iis quæ adsunt, comparare*. — On peut voir par ce qui précède combien il est important de traduire les auteurs grecs sur leur texte même, et non sur des traductions.

Page 556, note 3.

ὡς ἐν τοῖς *de judiciis* σὺν Θεῷ μαθήσομαι. Théophile ne renvoie son lecteur ou plutôt son *auditeur* (*Voy. sup.* Dissertation) ni au titre *de publicis judiciis*, ni à celui *de officio judicis*, comme l'ont cru Curtius, Fabrot, D. Godefroi et plusieurs autres traducteurs ou commentateurs, mais bien à la seconde partie du Digeste, qu'on désigne par les mots *De judiciis*. — L'article τοῖς, en effet, ne peut pas se rapporter à τιτύλῳ, mais seulement à βιβλίοις, *livres* (*Vid. infr.*, lib. IV, § 2, où, au lieu de « le titre », il faut lire « les livres »).

FIN DE L'APPENDICE.

# TABLE ALPHABÉTIQUE

## DES TITRES DES INSTITUTS DE JUSTINIEN

**Destinée à faciliter la comparaison de leur texte avec celui de la Paraphrase de Théophile.**


### A

LIV. III. TIT. X. De acquisitione per adrogationem.............. 425
LIV. IV. TIT. VI. De actionibus. 541
LIV. II. TIT. XXI. De ademptione et translatione legatorum. 345
LIV. I. TIT. XII. De adoptionibus. 130
LIV. III. TIT. VIII. De assignatione libertorum.............. 415
LIV. III. TIT. XX. De Attiliano tutore, et eo qui ex lege Juliâ et Titiâ dabatur. ........... 163
LIV. I. TIT. XXI. De auctoritate tutorum.................... 166

### B

LIV. III. TIT. IX. De bonorum possessionibus.............. 417

### C

LIV. I. TIT. XVI. De capitis deminutione. ................. 157
LIV. II. TIT. XXV. De codicillis. 364
LIV. I. TIT. XXIV. De curatoribus...................... 173

### D

LIV. III. TIT. XVIII. De divisione stipulationum......... 449
LIV. II. TIT. VII. De donationibus...................... 238
LIV. III. TIT. XVI. De duobus reis stipulandi et promittendi. 445

### E

LIV. III. TIT. XXIII. De emptione et venditione.............. 473
LIV. III. TIT. XI. De eo cui libertatis causâ bona addicuntur... 428
LIV. IV. TIT. XIII. De exceptionibus...................... 596
LIV. I. TIT. XXV. De excusationibus tutorum vel curatorum . 178
LIV. II. TIT. XIII. De exhæredatione liberorum............ 275

### F

LIV. II. TIT. XXIII. De fideicommissariis hæreditatibus ..... 351
LIV. III. TIT. XX. De fidejussoribus ..................... 466
LIV. I. TIT. XIX. De fiduciariâ tutela..................... 162

### G

LIV. III. TIT. VI. De gradibus cognationum................ 402

### H

LIV. II. TIT. XIV. De hæredibus instituendis................ 232
LIV. III. TIT. I. De hæreditatibus quæ ab intestato deferuntur . 365
LIV. II. TIT. XIX. De hæredum qualitate et differentiâ ...... 30[illegible]
LIV. IV. TIT. X. De his per quos

agere possumus ............ 587
LIV. I. TIT. VIII. De his qui sui vel alieni juris sunt......... 113

I

LIV. I. TIT. IV. De ingenuis.... 96
LIV. IV. TIT. IV. De injuriis.... 532
LIV. II. TIT. XVIII. De inofficioso testamento ........... 305
LIV. IV. TIT. XV. De interdictis.......................... 589
LIV. III. TIT. XIX. De inutilibus stipulationibus.............. 453

J

LIV. I. TIT. II. De jure naturali, gentium et civili .......... 76
LIV. I. TIT. III. De jure personarum ........................ 93
LIV. I. TIT. I. De justitiâ et jure. 74

L

LIV. II. TIT. XX. De legatis.... 317
LIV. IV. TIT. III. De lege Aquilia. ........................ 524
LIV. II. TIT. XXII. De lege Falcidiâ...................... 346
LIV. I. TIT. VII. De lege Fusiâ Caninia tollendâ.......... 112
LIV. III. TIT. II. De legitimâ agnatorum successione ...... 382
LIV. I. TIT. XV. De legitimâ agnatorum tutelâ............ 154
LIV. I. TIT. XVIII. De legitima parentum tutelâ........... 161
LIV. I. TIT. XVII. De legitimâ patronorum tutelâ.......... 160
LIV. I. TIT. V. De libertinis.... 98
LIV. III. TIT. XXI. De litterarum obligatione............. 478
LIV. III. TIT. XXIV. De locatione et conductione ............ 478

M

LIV. III. TIT. XXVI. De mandato ...................... 487
LIV. II. TIT. II. De militari testamento.................... 266

N

LIV. IV. TIT. VIII. De noxalibus actionibus.................. 552
LIV. I. TIT. X. De nuptiis..... 217

O

LIV. III. TIT. XIII. De obligationibus.......... 434
LIV. III. TIT. XXII. De obligationibus ex consensu... ..... 472
LIV. III. TIT. XXVII. De obligationibus quæ quasi ex contractu nascuntur................ 494
LIV. IV. TIT. I. De obligationibus quæ ex delicto nascuntur. 507
LIV. IV. TIT. V. De obligationibus quæ ex quasi-delicto nascuntur.................. 538
LIV. IV. TIT. XVII. De officio judicis.................. 618

P

LIV. I. TIT. X. De patria potestate.................. 117
LIV. IV. TIT. XII. De perpetuis et temporalibus actionibus, et quæ ad hæredes et in hæredes transeunt ............ 591
LIV. II. TIT. IX. Per quas personas nobis adquiritur. .... 250
LIV. III. TIT. XXVIII. Per quas personas nobis obligatio adquiritur.................. 498
LIV. IV. TIT. XVI. De pœna temerè litigantium....... .. 611
LIV. IV. TIT. XVIII. De publicis judiciis.............. 622
LIV. II. TIT. XVI. De pupillari substitutione........... 294

Q

LIV. II. TIT. VIII. Quibus alienare licet vel non........... 243
LIV. I. TIT. VI. Quibus ex causis manumittere non licet......................... 104
LIV. I. TIT. XII. Quibus modis jus patriæ potestatis solvitur . 138
LIV. III. TIT. XIV. Quibus modis

re contractum obligatio ..... 435
LIV. III. TIT. XXIX. Quibus modis tollitur obligatio........ 501
LIV. II. TIT. XVII. Quibus modis testamenta infirmantur....... 300
LIV. I. TIT. XXII. Quibus modis tutela finitur................ 169
LIV. II. TIT. XII. Quibus non est permissum facere testamentum.......................... 271
LIV. I. TIT. XIV. Qui testamento tutores dari possunt......... 150
LIV. IV. TIT. VII. Quod cum eo qui in aliena potestate est, negotium gestum esse dicitur.... 217

R

LIV. II. TIT. II. De rebus corporalibus et incorporalibus...... 277
LIV. IV. TIT. XIV. De replicationibus ..........................
LIV. II. TIT. I. De rerum divisione..................... 189

S

LIV. I. TIT. XXIV. De satisdatione tutorum vel curatorum. 171
LIV. IV. TIT. XI. De satisdationibus.......................... 589
LIV. III. TIT. IV. De senatusconsulto Orphitiano.......... 397
LIV. III. TIT. III. De senatusconsulto Tertulliano ........... 393
Partie du LIV. III. TIT. VI. De servili cognatione............ 405
LIV. II. TIT. III. De servitutibus. 220
LIV. II. TIT. XXIV. De singulis rebus per fideicommissum relictis.......................... 362
LIV. IV. TIT. IX. Si quadrupes pauperiem fecisse dicatur.... 585
LIV. III. TIT. XXV. De societate........................... 482
LIV. III. TIT. XVII. De stipulatione servorum............. 447
LIV. III. TIT. V. De successione cognatorum................ 399
LIV. III. TIT. VII. De successione libertorum................. 408
LIV. III. TIT. XII. De successionibus sublatis................ 439
LIV. I. TIT. XXVI. De suspectis tutoribus vel curatoribus..... 214

T

LIV. II. TIT. X. De testamentis ordinandis....................... 257
LIV. II. TIT. XI. De testamento militari........................ 266
LIV. I. TIT. XIII. De tutelis.... 147

V

LIV. III. TIT. XV. De verborum obligationibus.............. 440
LIV. IV. TIT. II. De vi bonorum raptorum..................... 520
LIV. II. TIT. XV. De vulgari substitutione..................... 290
LIV. II. TIT. VI. De usucapionibus et longi temporis possessionibus..................... 228
LIV. II. TIT. V. De usu et habitatione......................... 226
LIV. II. TIT. IV. De usufructu.. 228

# TITRES

## DES QUATRE LIVRES DE LA PARAPHRASE DE THÉOPHILE.


Constitution confirmant les Instituts. . . . . . . . . . . . . 69

PREMIER LIVRE

TIT. I. De la justice et de la loi. 74
TIT. II. Du droit naturel, du droit des gens et du droit civil..... 76
TIT. III. Du droit des personnes. 93
TIT. IV. De l'ingénuité........ 96
TIT. V. Des affranchis......... 98
TIT. VI. Qui ne peut affranchir, et pour quelles causes....... 104
TIT. VII. De l'abrogation de la loi *Fusia* .............. ... .. 112
TIT. VIII. Quels sont ceux qui dépendent d'eux-mêmes ou d'autrui.................... 113
TIT. IX. De la puissance paternelle...................... 117
TIT. X. Des noces........... . 118
TIT. XI. Des adoptions ....... 130
TIT. XII. De quelles manières se dissout la puissance......... 138
TIT. XIII. Des tutelles......... 147
TIT. XIV. Quels tuteurs peuvent être nommés par testament. . 150
TIT. XV. De la tutelle légitime des agnats................. 154
TIT. XVI. De la diminution de tête........................ 157
TIT. XVII. De la tutelle légitime des patrons.... ............ 160
TIT. XVIII. De la tutelle légitime des ascendants ........ 161
TIT. XIX. De la tutelle fiduciaire 162
TIT. XX. Du tuteur Atilien, et de celui qu'on donnait en vertu de la loi Julia et Titia... 163
TIT. XXI. De l'autorisation des tuteurs.................... 166
TIT. XXII. De quelles manières finit la tutelle...... ........ 169
TIT. XXIII. Des curateurs ..... 171
TIT. XXIV. De la caution des tuteurs et des curateurs.... . 174
TIT. XXV. Des excuses des tuteurs et des curateurs...... 178
TIT. XXVI. Des tuteurs et des curateurs suspects..... . .. 185

SECOND LIVRE

TIT. I. De la division des choses. 189
TIT. II. Des choses corporelles et incorporelles............ 217
TIT. III. De la servitude prédiale. 220
TIT. IV. De l'usufruit......... 223
TIT. V. De l'usage et de l'habitation.................. .. 226
TIT. VI. Des choses qu'on acquiert par l'usage et de celles qu'on possède depuis longtemps ... 228
TIT. VII. Des donations....... 238
TIT. VIII. Qui peut aliéner ou non. 243
TIT. IX. Par quelles personnes on acquiert................ 250
TIT. X. De la forme des testaments .......... .......... 257
TIT. XI. Du testament militaire. 266
TIT. XII. De ceux à qui il n'est pas permis de faire un testament. 271
TIT. XIII. De l'exhérédation des enfants......... ........ ... 275
TIT. XIV. De l'institution des héritiers.......... ........ 282
TIT. XV. De la substitution vulgaire.......... . ......... 290
TIT. XVI. De la substitution pupillaire ................. 294
TIT. XVII. De quelles manières les testaments sont infirmés.. 300

TIT. XVIII. Du testament inofficieux ........................ 305
TIT. XIX. De la qualité et de la différence des héritiers ....... 309
TIT. XX. Des legs .. ........... 317
TIT. XXI. De la révocation des legs ........ ............... 345
TIT. XXII De la loi Falcidie. .. 346
TIT. XXIII. Des hérédités fidéicommissaires et du sénatus-consulte Trebellien ......... 351
TIT. XXIV. Des objets particuliers laissés par fidéicommis. 362
TIT. XXV. Des codicilles ....... 364

TROISIÈME LIVRE.

TIT. I. Des hérédités qui sont déférées *ab intestat* ........ 368
TIT. II De la succession légitime des descendants par males (des agnats)... .............. 382
TIT. III. Du sénatus-consulte Tertullien ..... ............... 393
TIT. IV. Du sénatus-consulte Orphitien . ... .. ...... .... 397
TIT. V. De la succession par les femmes (des cognats).. ..... 399
TIT. VI. Des degrés de parenté. [illegible]02
TIT. VII. De la succession des affranchis ............. .... [illegible]08
TIT. VIII. De l'assignation des affranchis ............. .... [illegible]
TIT. IX. De la succession prétorienne ............ .... [illegible]
TIT. X. De l'acquisition par adrogation.... .... ...... [illegible]
TIT. XI. De celui à qui des biens sont adjugés en faveur des affranchissements .... ....... [illegible]28
TIT. XII. Des successions supprimées qui avaient lieu par la vente des biens et en vertu du sénatus-consulte Claudien ... 431
TIT. XIII. Des obligations. .... [illegible]
TIT. XIV De quelles manières l'obligation se contracte par la chose.......... .. ........ [illegible]
TIT. XV. De l'obligation par paroles .... . ......... ...... [illegible]40
TIT. XVI. Des costipulants et des copromettants ... .... ..... 445
TIT. XVII. De la stipulation des esclaves.................. 447
TIT. XVIII. De la division des stipulations.......... .. .. 449
TIT. XIX. Des stipulations inutiles.................. .... 453
TIT. XX. Des fidéjusseurs..... 466
TIT. XXI. De l'obligation littérale. 470
TIT. XXII. De l'obligation consensuelle..... ............. 472
TIT. XXIII. De l'achat et de la vente........................ 473
TIT. XXIV. Du louage et de la conduction ................. 478
TIT. XXV. De la société....... 482
TIT. XXVI. Du *mandatum* ou mandat............... ..... 487
TIT. XXVII. De l'obligation comme d'un contrat.... ........ 494
TIT. XXVIII. Par quelles personnes nous acquérons une obligation ..................... 498
TIT. XXIX De quelles manières se dissout l'obligation........ 501

QUATRIÈME LIVRE.

TIT. I. Des obligations qui naissent d'un délit............. 507
TIT. II. Des biens ravis par violence..................... 520
TIT. III. De la loi Aquilia. .... 521
TIT. IV. De l'injure.......... 532
TIT. V. Des obligations qui naissent comme d'un délit...... 538
TIT. VI. Des actions........... 541
TIT. VII. Du pécule.......... 573
TIT. VIII. De l'action noxale.. 582
TIT. IX. Si on dit qu'un quadrupède a causé du dommage.... 585
TIT X. De ceux par qui nous pouvons intenter les actions.. 587
TIT. XI. Des satisdations....... 589
TIT XII. Des actions perpétuelles et temporaires, et de celles qui passent aux héritiers ou contre les héritiers ........ .... 593
TIT XIII. De l'exception...... 596
TIT. XIV. Des répliques....... 603
TIT. XV. Des interdits.. ...... 605
TIT. XVI. De la peine établie pour arrêter les plaideurs......... 614
TIT. XVII. De l'office du juge.. 618
TIT XVIII. Des procédures publiques.. .. ................... 622

FIN.

# TABLE ANALYTIQUE

**Et alphabétique des principales matières renfermées dans la Paraphrase.**


## A

Absents. 179-460
*Absolutio* 596
*Abstention* des héritiers siens. 312 314
Acceptilation. 502
— par stipulation aquilienne 503
*Accessio.* 469
Accession. 199 sq
Accusation du tuteur suspect. 185
*Acta.* 174
*Actio.* 541
— origine de ce mot. 541
— ce que c'est. 541
— leur division : en actions *in rem*, personnelles, et mixtes. 542 et 555
— *ad rei persecutionem* de la chose, et *pœnales.* 554
— *directa in rem* 546-551
— au simple et au double. 555-6-7
— *bonæ fidei et strictæ fidei.* 561-2
— confessoire et négatoire. 544
— Publicienne. 546 et 547
— Paulienne. 547
— Servienne, quasi-servienne. Id. sq
— *constitutæ pecuniæ.* 546 et 550
— *receptitiæ.* 549
*de peculio.* 550-71
— *negotiorum gestorum.* 495-561
— *in factum.* 550 et 551
— *albi corrupti.* 551
— *præjudiciales.* 552-3
— *æstimatoria.* 561
— *rei uxoriæ* 561
— *servi corrupti.* 553
*Actiones arbitrariæ.* 563
— *metûs causâ et de dolo* 549 560 et 564
— *pœnales.* 551
— *ad exhibendum.* 564
— *de dote repetenda.* 556
— *familiæ erciscundæ.* 196, 557 et 519
— *communi dividundo.* Id.
— *finium regundorum* 557
— *quod jussu.* 574
— *exercitoria et institoria.* Id.
— *tributoria.* 575
— *de in rem verso.* Id.
— *noxalis.* 583
— *vi bonorum raptorum.* 520-588
— *si quadrupes pauperiem*, etc. 585
— *ædilitia de feris.* 587
— *dejecto vel effuso aut suspenso* 533
— *ex testamento.* 571
— *tigni injuncti* 206
— *famosa.* 616
— *ex stipulatu* 130, 450 et 561
— *subsidiaria* 175
— temporaires et perpétuelles. 593
— passant aux héritiers ou non 595
— *utilis in rem.* 209
*Actor.* 173-151 et 563-5-589-609
*Actus.* 220
Accroissement (droit d') sur l'esclave commun 242

Addiction des biens *libertatum servandarum causâ* 431-434
*Ademptio.* 346-6
*Adition.* 314
*Ædiles curules.* 90
*Æditui.* 148
Affinité ou alliance. 126
— (prohibition du mariage pour cause d') 126 sq.
*Adjudicatio.* 621
— comment elle a lieu. Id
— ses conséquences. Id.
*Adoptio*. ce que c'est. 131
— combien de sortes Id.
— en quoi elle diffère de l'adrogation. 133
— en quoi elle lui ressemble. 134
— dissoute, dissout la parenté. 122
— comment elle rompt le testament. 301
— *ex tribus maribus.* 377
Adrogation. 132 sq.
Adventifs (biens). 250-251
Adultère 75
Adultère (femme ne peut ni affranchir ni instituer héritier l'esclave adultère) 283
*Adquisitio* (moyens naturels d'). 255
— (moyens civils (ou légitimes d'). 256
— à titre particulier. Id.
— à titre universel. Id
— d'hérédité Id.
— par adrogation 133
— par qui elle se fait. 250
*Adsertor* 587
*Ædiles curules.* 90
Affranchis (division des). 98-100
Affranchissement (Vid. *Manumissio*).
Age naturel et legitime. 102
Agri in rem confessorie et negatorie. 544
Agnats ce que c'est. 120-121-155
— deux sortes. 121-155
— sont en même temps cognats. 121
— interruption de l'agnation. 156
*Album*. ce que c'est 571
Aliéner, qui le peut ou non. 213 sq.
*Alieni vel sui juris* (personnes). 113
*Alluvio.* 199
*Alternatio.* 568
*Alumnus, alumna.* 109
*Amita.* 121
Animaux (croît des). 199
*Aquæductus.* 220
*Aquæ haustus.* 222
Arbres (plantation d'). 207
Arrhes. 473
*As.* 286
Ascendants. 120-122-402 sq.
Assignation des affranchis. 415
Autorisation des tuteurs 166
Aveugle 275

## B

Bénéfice d'inventaire 315
Bêtes sauvages et non sauvages. 195 et sq
Biens (*bona*) *vi rapta.* 520
— *in bonis et ex bonis* (*res*). 102-523
— *vacantia.* 235
*Bonorum possessores* 233 236-593
*Bonorum addictio* Voy. *Addiction*).
*Bonorum possessio.* 417
— *contra tabulas* 376-7 418
— *secundùm tabulas* 423
— *intestata.* Id.
— *unde liberi.* 371 419
— *undè legitimi.* 401 et id
— *unde decem personæ.* 422
— *unde cognati* 388-420
— *tanquam ex familiâ* 421
— *unde liberi patroni.* 422
— *unde vir et uxor.* 423
— *unde cognati manumissoris.* 421
— *quibus ex legibus.* 423
*Bonorum venditiones.* 432
— *emptor.* 433

## C

*Calumniæ actio.* 616
Capacité de l'héritier. 312, 313
*Capitis diminutio.* 157
— combien de sortes. 158 sq
— ses effets. Id
*Castrati.* 613
*Causa* (en matière de legs). 338

*Causa falsa* en matière de legs. 339
— diffère de la condition. Id.
*Causa lucrativa.* 282
Caution *damni infecti.* 451
— de l'usufruitier. 224
— des tuteurs et curateurs. 174
*Census.* 103
Cession de legs. 330
— *ab aditâ hæreditate.* Id
— *a morte testatoris.* Id
Choses. 189
— division des choses. Id
— corporelles et incorporelles. 190, 217-18 sq.
— *in patrimonio et extra patrimonium.* Id.
— *nullius.* 192 et 193
— communes 190
— saintes. 194
— religieuses. 193
— sacrées. 192
— *publicæ.* 190
— *singulorum* ou *privat.* 195
— *universitatis.* 190 et 192
— principales. 328
— accessoires. Id.
Clause pénale. 463
Codicille. 364
Cognation. 120
— naturelle. Id.
— civile. Id.
— mixte. Id.
— directe. 120
— collatérale. Id
*Cognomen.* 387
*Commercium.* 320-454
Commodat. 437
*Compensatio.* 562
Conception. 96-7
*Concilium.* 108
*Condicere.* 478
*Condictio.* 478
Condition. 280-444
— écrites *conjunctim* ou *separatim.* 289 et 290
*Conductio.* 478
Confusion des choses. 203-4
*Consilium* et *eventus.* 107
*Concilium.* 482 sq.
*Consobrini.* 385
*Consolidatio.* 225
*Constitutio* des princes. 84
Constitution personnelle. 87
— générale. 88
Constitut. 549
Contrats. 434-5
— unilatéraux. Id.
— synallagmatiques. Id.
— réels. Id.
— verbaux. Id.
— consensuels. Id.
*Conventus.* 108
*Convicium.* 5?3
*Correi stipulandi et promittendi.* 4?5
Coutume. ?3
*Culpa.* ?27
Curatelle. 171
*Curia* (oblation à la). 1?0
*Custodia.* ?77

D

*Damnum.* ?2
*Dare.* 439
*Decretum.* 85
Débordement 201
Déditices. 100 sq.
*Defensor.* 592
Délibérer (droit de). ?15
Délit. 507
*Demonstratio (falsa)* ?38
*Deportatio.* 139-625
*Depositum.* 438-9
Descendants (Voy. *Ascendants*)
*Dilatio* 660
*Dispensator.* 492-3
*Dominium.* 102
— naturel. Id.
— civil Id.
— bonitaire. Id.
— quiritaire. Id.
*Dominus litis.* ?90
Donation. 238
— *mortis causâ.* Id.
— *inter vivos.* 239
— *propter nuptias.* Id sq.
Dot. 241
Droit civil. 78
— naturel. 76
— public. Id.
— privé. Id.
— des gens. 80-93
— honoraire (*jus honorarium*). 91
— écrit. 79

Droit non écrit. 93
*Derelicta (res pro).* 216

**E**

Echange. 480
*Edictum* du prince. 86, 87 et 88
— des magistrats. 88 et 89
Emancipation. 144 sq.
Emphytéose. 481
*Emptor familiæ.* 259
*Epistola principis.* 84 et 85
Esclaves, esclavages. 95
Eunuques. 135
*Eventus.* 107
Exception. 596 sq.
— *metus, doli, erroris.* 559
— *pecuniæ non numeratæ* 472 598
— *pacti, jurisjurandi.* 589
— *rei judicatæ.* 599
— *perpetuæ et peremptoria.* Id.
— *temporales et dilatoriæ.* Id.
— personnelles et réelles. 601
Excuses des tuteurs et curateurs. 178
*Exercitor.* 540
*Exhæredatio* 275 sq.
— *nominatim.* 276
— *inter cæteros.* 277
*Extraneus* (héritier). 312

**F**

*Factio testamenti.* 261 313-355
Fidéicommis. 351
— universel. 361
— à titre particulier. 362
Fidéjusseurs 466
Fidéjusseurs des tuteurs et curateurs. 174
*Fides (bona vel mala).* 228 sq.
*Fiscalia.* 179 237
Fleuves. 190
Fruits (perception des). 209
Furieux. 120 sq., 273
Fureur Id.
*Furtiva* (res). 230-234
*Furtum.* 508 sq

**G**

Gage. 439
*Gentium (jus),* Voy. *Droit des gens.*
*Gerere pro domino.* 315
— *pro hærede.* Id.

**H**

*Habitatio* (droit d'). 220 et 227
Hérédité. 218-219
— testamentaire. 282
— *ab intestat.* 368-618-561
— fidéicommissaire. 351
*Hæreditatis petitio.* 218-218
Héritier. 309 sq.
— *necessarius.* 310 et 311
Héritier *extraneus.* 312
— *suus.* 312-369 sq.

**I**

*Ignis interdictio.* 622
Ile. 200
*Immixtio* de l'héritier sien. 314
*Improbus.* 261
Impubère. 118 183-273
*Indebitum.* 436
*Infans.* 496-509
Ingénuité. 96 sq.
Ingratitude. 241
*Injuria.* 534
*Inquisitio.* 165 sq., 174 176
Insensé. 173-274
*Institor.* 574
Institution d'héritier. 282 sq.
Institution d'un esclave *cum* ou *sine libertate.* 284
Institution de plusieurs héritiers *sine parte*, ou *ex certâ parte.* 287 sq.
*Interdictum.* 605
— ce que c'est. Id.
— leur origine. Id.
— prohibitoire. 605
— restitutoire. Id.
— exhibitoire. 607
— *adipiscendæ possessionis* 607
— *retinendæ poss.* 609
— *recuperandæ poss.* 612
— *quorum bonorum.* 607
— Salvien. 608
— *uti possidetis.* 609
— *utrubi.* Id.
— *unde vi.* 612
*Intestabilis.* 261

*Intestat (ab)*. 568
*Inventio*. 199
*Iter*. 220

J

Juge. 621-2-19
*Judicia* division. 622
— *publica*. Id.
*privata*. Id.
— *capitalia*. Id.
*Juridicus*. 166
Jurisprudence. 75
Justice. 74
*Jus civile* (Voy. *Droit civil*).
*Jus liberorum*. 395
— *quiritarium* 102

L

*Latinus-Junianus* 103
Legs. 317
— Définition Id.
— *per vindicationem* 318
— *per damnationem*. Id., 498
— *sinendi modo*. Id.
— *per præceptionem*. Id
— *conjunctim* 323
— *disjunctim* Id.
— de la chose d'autrui. 322
— de la chose du légataire. 324
— de la chose engagée 324
— de la chose future. 323
— de la chose aliénée par le testateur, après le testament 325
— de libération Id.
— de sa dette au créancier. 326
— de la dot 327
— d'un esclave Id
— d'une femme esclave et de ses enfants 328
— d'un fonds *cum instrumento*. 328 et 323
— d'un troupeau 329
— d'une maison. 330
— du pécule. 331
— de choses incorporelles. 33.
— d'un genre. Id.
— d'option. Id
— pur et simple. 340
— conditionnel. Id.
Legs *pœnæ nomine*. 343 et 344
— à une personne *incerta*. 335
— au posthume 336 sq.
— au maître de l'esclave héritier. 341
Légataire partiaire. 355
*Lex* (loi). 81
— *Ælia Sentia*. 105
— *Atilia*. 163-230
— *Aquilia* 524
— *Cornelia de captivis*. 275
— — *de falsis*. 625
— — *de sicariis*. 529-623
— *Fabia de plagiariis*. 626
— *Falcidia* 346
— *Fusia Caninia*. 112
— *Furia de testamentis*. 347
— *Hostilia*. 588
— *Julia de vi privatâ*. 625
— — *publicâ*. 613-625
— *Julia majestatis* 623
— — *de adulteriis*. Id.
— — *de peculatu* 626
— — *de ambitu*. Id.
— — *de repetundis* 627
— — *de annonâ*. 627
— — *de residuis*. Id.
— — *de prædio dotali*. 241
— *Julia Plautia* 230
— *Julia et Titia* 163
— *Julia Velleia* 279
— *Julia Norbana* 100
— — *Papia*. 411-412
— — *Pompeia* 624
— — *regia*. 85
— — *Voconia* 347
— — *Junia*. 414
Liberté. 414
*Litis contestatio*. 596
— *Locatio*. 478

M

*Magister bonorum* 433
*Magistratus populi Romani*. 88
*Mancipia* 95 et 102
*Mandatum*. 487 sq
*Manumissio*. 98
— son origine. 98 et 99
— *sacrosanctis ecclesiis* Id.
— *vindictâ*. 102
— *censu*. 103

*Manumissio testamento.* 103
— *inter amicos.* Id.
— *per mensam.* Id.
— *per epistolam* Id.
— *in fraudem credit.* 104
— *matrimonii causa* 110
— *inter vivos.* 112
— *contractâ fiduciâ* 122
— *procuratoris habendi causâ.* 110
*Manumissionis justæ causæ.* 109
*Matertera.* 124
*Matrimonium* (Vid. *Nuptiæ*)
Mélange. 204-5
*Metallum* 622
*Metrta.* 127
*Militare.* 127 sq.
*Mutuum* 436
Muet. 173

N

*Nomen* 337
Novation. 504
*Nova et novia.* 582
Nubiles. 118
*Nullius* (choses). 190-192
*Nuptiæ* (noces) 117-118 sq.
— permises. 120-122
— prohibées. 122 sq
— (secondes). 127

O

Objets du droit 94
*Obligatio* ce que c'est 434
— naturelle. 135
— civile. Id.
— prétorienne. Id.
— *ex contractu.* 135
— *re.* 435
— *verbis.* 440
— *litteris.* 470
— *consensu.* 472
— *quasi ex contractu.* 494
— *ex delicto* 507
— *quasi ex delicto* 538
— du juge (*officium judicis*). 618
— comment elle se dissout 501
Occupation 195
*Officium judicis* 618
*Operæ.* 227-499
*Opinio.* 92-252-3-4
Option (legs d') 334
*Ordinarius* (esclave) 577

P

*Pactum.* 598
Parenté (degrés de) 402
— servile 405-6
*Partitio.* 355
Patriciat. 141
*Patronus* (Voy. *Affranchis*).
*Pauperies* 585-6
*Peculium.*  573
— *castrans.* 272
— *quasi-castrans.* 271-273
— paganique. 272-275
*Pecus.* 529
*Peregrini.* 352
*Permutatio.* 209-223-480
Personnes 93 sq., et 98
— libres, esclaves. Id
— ingénues, affranchies Id
— *sui juris, alieni juris.* 113
— en tutelle. 147
— en curatelle. Id.
— *incertæ.* 335
Peuple. 82
*Plagarii.* 626
Plainte (*querela*) *de inofficioso testamento.* 305 sq
Plainte d'inofficiosité (*querela inofficiosi*). 305 sq
*Plebs.* 82
Plébiscite. 82
*Plus petitio.* 566 sq.
*Populus.* 81
Possession. 228 sq
— *bona fide.* Id.
— *mala fide* Id.
— *pro hærede* 608
— *pro possessore.* Id
— (acquisition de la). 611
— *longi temporis.* 228
*Postliminium.* 141-143
Posthume. 278-8
— étranger 336 et 337
*Potestas.* 113, 114, 117, 130 et 138
— dominicale. Id
— paternelle. Id. sq.
— sa dissolution. 138
*Præda bellica* 199
*Prædia* d'Italie. 213 et 214

*Prædia* des provinces. 213 et 214
— *stipendiaria*. Id.
— *tributoria*. Id.
*Præjudicium* (Voy. *Actions préjudicielles*).
*Prænomen*. 337
*Præteritio*. 276 sq.
*Prætor*. 89
— fidéicommissaire. 353
— pérégrin. 89-90
— urbain. 89
*Precaria verba*. 152
Préceptes du droit. 76
Prince (*princeps*). 84
Procédures publiques. 622
Prix 474
*Procurator*. 464-587 sq.
Prodigue. 172-274
Propriété (sortes de). 182-223
*Proximus infantiæ*. 458 et 459
— *pubertati*. 170-459-520
*Præscriptis verbis* (*actio*). 479
*Prudentes*. 97 et 98
*Pubertas* (*plena*). 134
Pubères. 118
Puberté (Voy *Pubère*).
Pupille (Voy. *Tutelle*).
— n'aliène pas valablement sans l'autorisation du tuteur. 245 et 246 sq.

## Q

Quarte Pégasienne. 355
Quasi-délit 538
Quasi-posthume. 278
*Quirites* 80

## R

*Re* (*integra*). 491
— *nondum secuta*. 506
*Recuperatores*. 108
Règle Catonienne. 340
Relégués. 140
Réplique. 603
*Repudiatio*. 314
*Repudium*. 126
Réponses des Prudents. 92
*Responsum*. Id.
Retour (esprit de). 198
Révocation des legs. 345
*Reus*. 598-602-609

## S

*Sanctio*. 194
*Satisdatio*. 589
Sénat. 82
*Senatus-consultum*. Id.
— Claudien. 431 sq.
— — *de assign. libert.* 415
— Largien. 415
— Macédonien. 580
— Orphitien. 397
— Pégasien. 355-358
— Sabinien. 378
— Tertullien. 393
— Trébellien. 351
*Sententia*. 62
*Servi*. 95
Servitudes urbaines. 219
— rurales. 219 et 220
— (constitution des). 222
— (extinction des). Id. sq.
Société. 482
*Solutio*. 501
*Spado*. 135
Spécification. 201
*Sportulæ*. 558
*Spurii*. 129
*Status* (*integri*) 100
Stipulation, ou *obligatio verbis*. 440
— pure. 441
— conditionnelle. 443
— à terme, ou *in diem*. 442
— des esclaves. 447
— des esclaves communs. 449
— d'un fait. 465
— judiciaire. 450
— prétorienne. 451
— conventionnelle. 452
— commune. 452
— *damni infecti*. 451
— *emptæ et venditæ hæreditatis*. 354
— *ex parte*, et *pro parte*. 351 et 356
— *legatorum*. 451
— *ædilitiæ*. 452
— *rem pupilli salvam fore*. 188-452
— *ratam rem dominum habiturum*. 453

Stipulation inutile. 453 sq.
— *post mortem* 460 et 462
— *præpostera.* 460 et 461
— Aquilienne. 503
— *partis et pro parte.* 356
Substitution. 290
— vulgaire. Id.
— pupillaire. 294
— quasi - pupillaire. 295 et 296
— vulgaro-pupillaire. 295
Succession. 382
— légitime, des agnats (Voy. *Hérédité*). 382
— des cognats. 399
— prétorienne. 417
— des affranchis. 408
Sourd. 268 et 274
Spécification. 201
Suspect (tuteur et curateur). 185

T

*Tabellio.* 474
*Telum.* 623
Témoins. 257 sq.
*Testamentum.* 257
— *calatis comitiis.* 258
— *in procinctu* Id
— *per æs et libram.* 259
— prétorien. 259 et 260
— nuncupatif ou non écrit. 265 et 266
— militaire. 266
— *injustum.* 300
— *ruptum.* 301 et 302
— *irritum.* 303
— *inofficiosum.* 305 sq.
— principal. 298
— *pupillare.* Id.
Tester (qui peut ou non). 271
*Testimonium domesticum.* 268
Θλίβιαι. 135
*Tignum.* 206
*Traditio.* 212 sq.
*Translatio* (des legs). 345
Trésor. 211
Tutelle. 147 sq.
— *adgnatorum.* 147
— *patronorum.* 160
— *parentum.* 161
— fiduciaire. 162
— *Atiliana* et *Julia-Titiana.* 163
— dative. Id.
— testamentaire. 150
— comment elle se constitue. 151 sq.
— comment elle finit. 169
*Tutor.* 148

V

Vente. 473
*Verba directa* ou *precaria.* 151
*Versum.* 576
*Veteranus.* 263
*Via.* 220-1
— *publica, militaris.* 526
*Vicarius* (esclave). 577
*Vicinalis.* 526
*Vindicatio.* 317 et 318
*Vindiciæ.* 102
*Vindicta.* 102
*Vi possessa (res).* 230-233-4
*Vol* (Voy. *Furtum*).
*Vulgo concepti.* 129

U

*Uncia.* 286
*Universitas.* 190
Usage (acquisition par l'). 228
Usucapion. 228 sq.
*Usus.* 220 et 226 sq.
*Ususfructus.* 210-211-223 sq
— comment il se constitue. Id.
— comment il s'éteint. 225

FIN.

## ERRATA, CORRECTIONS ET ADDITIONS.

Pag. IV. lig. 4. — Au lieu de « succédé », lisez « succédées ».
VIII. — 8 — Au lieu de « à l'émulation », lisez « qu'à l'émulation ».
VIII — 10. — Au mot « œuvres », ajoutez « juridiques ».
XVIII. — Note 1 — Au lieu de « *studiæ* », lisez « *studia* ».
XXV. — 5. — Au lieu de « scolies », lisez « scholies ».
XXVI. — Note 1. — Au lieu de « πρῶτα », lisez « lib. I-XIX. *Digest*
XXXI. — 23 — Au lieu de « additions », lisez « Editions ».

38. — 5 — On peut ajouter à ces auteurs : Ant. August., *De nominib. propr. Pandect* Thes. *Ott, I* 355. — Brisson, *De verb. signif.* v° Antecessor. — Steph. Riccius, *Vindiciæ juris ad* § 2, *de action*, c. XV. *Thes. Ott, I*, 792. — Bœhmer, *Dissert. prælim. ad Paraph. Theoph*, § 9. — Bach, *Hist. jur.*, p. 627, édit. 1807 8°. — Pohl, *sur Suarez*, § 18, note 2, p. 62 — Schomberg, *Précis hist. du Droit rom.* trad. 1808, p. 85 — Heimbach, *de Basilic orig.* p. 24 — Hugo, *Gesch. des rœm. Rechts* — Mackeldey, *Lehrbuch*, § 67, édit. 1831. — Berriat-Saint-Prix, *Hist. du Droit rom.*, p. 197. — Dupin, *Lettres sur la profession d'avocat*, t. II, et *Précis hist. du Droit rom.*, p. 80, édit. 1820

43. — 6 — Zachar., *Delineat.*, p. 22 et 27, note 22 — Biener, *Gesch. der Nov.*, p. 54, note 31, dit formellement que Théophile n'a pas connu les Novelles, comme le démontrent plusieurs textes de la Paraphrase que nous avons eu soin de signaler à l'attention du lecteur.

49. — Note 2, lisez « t. III, p. 553, 555, 558, 579, etc ; et t. I, p. 99 »

50. — Note 1, après « p. 290 », ajoutez « t. II. »

55. — Note 2, lisez « note 1 », et à la suite de cette note, ajoutez « Zachar., *Prochiron* p. 12, note 3, et page 62 »

64. — 11. — Ajoutez : « On trouve dans l'ouvrage précité de M. Mortreuil, t. I, pages 125 et 126, une liste plus complète et plus détaillée des différents manuscrits de la Paraphrase grecque ; la voici avec l'indication des dates :

Paris, 1364 (olim CIƆIƆCCV, 1856, 2517) (XII^e siècle).
— 1365 (olim DCLVIII, 712, 2050.) (Id.)
— 1366 (olim DCLVIII, 711, 2518.) (Id.)
Venise, Saint-Marc, 178 (XIII^e siècle)
Florence, Laurentienne, XI, 16-LXXX. 1, 2, 6 (XV^e siècle).
Rome, Palat. 19 (Suarez Vatican 196.) F. 1-125 (XIII^e siècle).
Basil. Vatic. 115 (XI^e siècle)
Turin, Athen. 162 (XV^e siècle)
Messine, en Sicile (XI^e siècle).
Bruxelles, 403.

64. — 33. — Schœll (*Hist. de la litt. grec.*, t. VII, p. 222) cite

comme traduction latine de la Paraphrase publiée par Pierre Schoyffer de Gernsheim, Mayence, 1468, une édition des *Instituts de Justinien* par cet auteur.

65. — 29. — « et recueilli », supprimez « et ». — Ajoutez au bas du texte de la même page : « Traduction en grec vulgaire, in-8. Athènes, 1836. — Traduction allemande, par Wustemann Berlin, 1823.

66 — 9 —Nous mentionnerons encore ici une autre traduction française, qui a paru au moment où notre travail allait être publié ; nous devons nous contenter d'en donner le titre :

*Institutes de Théophile, paraphrase des Instituts de Justinien*, traduites en français, accompagnées de notes et précédées de la traduction de l'*Histoire du Droit civil romain*, de Jacques Godefroy, par B.-J. Legat, avocat à la cour royale de Paris. — Paris, Alph. Leclère, 1847, in-12.

67 — 10. — Au lieu de « quand il les a variées lui-même », lisez « quand il a lui-même varié les siennes ».

67. — 35. — *Vid.* Degen, *op. cit.*, p. 65-72.

98 — 7. — « légitime », lisez « *légitime* ».

101. — 7. — Au lieu de « voilà pourquoi », lisez « ainsi donc ».

102 — 24. — « légitime » lisez « légal ».

104. — 4. — Au lieu de « qui ne peuvent être affranchis », lisez « qui ne peuvent affranchir ».

104. — 21. — « qn'on », lisez « qu'on ».

110. — Note 1. — « Naunius », lisez « Nannius ».

111. — 1. — « feinte », lisez « supposée ».

115 — 12. — « à de bonnes conditions », lisez « *à de bonnes conditions* ».

115. — Note 5. — Ajoutez « ou Lowenklaau ».

123. — 20. — après le mot « fille », ajoutez « adoptive ».

126. — 2e alinéa, au lieu de « comment », lisez « dans quel cas »

127. — 3 — « celle qui fut autrefois ma bru » lisez « *celle qui fut autrefois ma bru* ».

127 — 20. — « *metrya* », lisez « metria ».

135 — 17. — « on donne au petit-fils », lisez « donne ce petit-fils »

137. — 8. — « des enfants », lisez « d'enfants ».

137. — 15. — « fuit », lisez « suit »

165. — 18. Supprimez « naturel ».

196. — 3. — « en interdire l'entrée », lisez « interdire l'entrée de ce fonds ».

201. — 4. — « ses eaux », lisez « réunissant ses eaux ».

198 — 23 — « perdant », lisez « en perdant ».

209. — Note 2. — Supprimez « de reste ».

335. — 17. « paysans », lisez « *pagani* ».

— 29. « fonds », lisez « fruits ».

218. — 9 — « tableau », lisez « tableaux ».

219 — 19 — « le plus souvent », lisez « *le plus souvent* ».

225. — 7. — Après les mots « à la charge », lisez « pour lui ».

238. — 25. — Au lieu de « mais », lisez « et ».

241. — 23. — « jugeât », lisez « jugeait », « augmentât », lisez « augmenter ».

243. — 4. — « du plus mauvais », lisez « d'un très-mauvais ».

246. — 15. — « non cette chose, etc. », lisez « *non cette chose* ».

251. — 11. — « qu'en surplus », lisez « qu'au surplus ».

267. — Note 1, lig. 9. — Au lieu de « Εέδετον », lisez « Σέδετον ».

269. — 27. « *Mutatio* », lisez « *permutatio*. »

357. — 11 — « d'hérédité », lisez « de l'hérédité ».
358. — 21. — « est suspecte », lisez « était suspecte ».
366. — 4. — « civils et », lisez « par écrit ; mais si quelqu'un veut faire un testament non écrit (c.-à-d. civil), car le préteur ne reconnaît pas de testament non écrit ».
352. — 3-4. — « De là », lisez « or, voici pourquoi eut lieu ».
308. — 2. — « à traiter », lisez « par traiter ».
390. — 19. — « le plus proche », lisez « *le plus proche* ».
393. — 11 — « et d'autre part », lisez « et que d'autre part ».
394. — 18 — « il n'était plus », lisez « ils n'étaient plus ».
410. — 3 — « privé », lisez « primé ».
411. — Note 4. — « l'indication », lisez « la traduction ».
417. — 3. — « tantôt qu'ils existent », lisez « tantôt (seulement) qu'ils existent ».
417 — 10. — « auquel », lisez « dans lequel ».
423. — 30. — « dans chacune », lisez « à chacune ».
484. — 9. — Supprimez « contraire ».
619. — 1. — « le titre », lisez « les livres ». Voyez les scholies des Basiliques.
622. — 29 — « De ce nombre sont », lisez « de ce nombre est ».
623 — 2. — « est punie », lisez « punit ».

639. — Fragment XXIV, après le 2e alinéa, ajoutez : « Ce fragment, qui a pour objet la stipulation Aquilienne, a été inséré, par le cardinal Angelo Mai, à la suite de son édition de la *Lettre de Porphyre à Marcella* (Milan, 1816, in-8). Haubold en a donné une nouvelle édition, Leipz 1817, in-4, elle a été réimprimée dans ses *Opuscula academica*, II. 358. Leipz 1826-29, in-8

Même page, même fragment ajoutez : « M. Mortreuil (op. cit., t. 1. p. 180) n'ose affirmer que le commentaire ou l'*expositio*, ἐξήγησις, d'où ont été tirés les fragments recueillis par Reitz et par M. Heimbach, ait été écrit directement par Théophile ; et argumentant des mots : λέγουσαι, ἐθεμάτισε, ἐξηγούμενος, φασίν, etc., des différentes scholies qui rappellent l'opinion de Théophile, il est porté à croire que les fragments qu'elles renferment sont moins des extraits littéraux d'un commentaire écrit, que des passages de ses leçons orales, rapportés par les Jurisconsultes à qui nous devons ces scholies. Si grave que soit, à nos yeux, l'autorité de l'érudit historien du Droit Byzantin, nous osons ne pas partager son opinion, car, 1o les termes précités, et plusieurs autres de ce genre, qu'il aurait pu y ajouter, peuvent également s'appliquer à une leçon orale et à une opinion écrite ; 2o on a vu dans le fragment III, p. 631, que Théophile a écrit un Ἰνδιξ (vid. p. 69, not., ce qui fait naturellement supposer que, de même que Dorothée, Isidore et Etienne, il a écrit un commentaire ou ἐξήγησις ; 3o le fragment XXIV ne laisse aucun doute sur ce point · λέγει... Θεόφιλος ἐν τῷ λδ΄. κεφ. τοῦ ιδ΄. βιβλ. ; 4o enfin, il nous paraît impossible d'expliquer, dans l'opinion de M. Mortreuil, pourquoi les fragments publiés par M. Heimbach, d'après le manuscrit Coislin, 152, sont presque tous placés sous le nom de Théophile.

640. — 17. — Ajoutez « Théophile ».

# TABLE GÉNÉRALE.

Pages.

Introduction . . . . . . . . . 1

Dissertation . . . . . . . . . . . . . . . 15

Notice historique, etc. . . . . . . . 57

Notice bibliographique, etc. . . 63

Paraphrase de Théophile . . . . 69

Fragments de Théophile . . . . . . . . 629

Appendice philologique . . . . . . . . 645

Table alphabétique, etc. . . . . . . . 658

Table analytique, etc. . . . . . . . . . . . . 662

Errata, corrections et additions . . . 670

www.ingramcontent.com/pod-product-compliance
Lightning Source LLC
Chambersburg PA
CBHW031444210326
41599CB00016B/2106